Simone Rudolph

**Servicebasierte Planung und Steuerung
der IT-Infrastruktur im Mittelstand**

GABLER RESEARCH

Informationsmanagement
und Computer Aided Team

Herausgegeben von Professor Dr. Helmut Krcmar

Die Schriftenreihe präsentiert Ergebnisse der betriebswirtschaftlichen Forschung im Themenfeld der Wirtschaftsinformatik. Das Zusammenwirken von Informations- und Kommunikationstechnologien mit Wettbewerb, Organisation und Menschen wird von umfassenden Änderungen gekennzeichnet. Die Schriftenreihe greift diese Fragen auf und stellt neue Erkenntnisse aus Theorie und Praxis sowie anwendungsorientierte Konzepte und Modelle zur Diskussion.

Simone Rudolph

Servicebasierte Planung und Steuerung der IT-Infrastruktur im Mittelstand

Ein Modellansatz zur Struktur der IT-Leistungserbringung

Mit einem Geleitwort von Professor Dr. Helmut Krcmar

RESEARCH

Bibliografische Information der Deutschen Nationalbibliothek
Die Deutsche Nationalbibliothek verzeichnet diese Publikation in der
Deutschen Nationalbibliografie; detaillierte bibliografische Daten sind im Internet über
<http://dnb.d-nb.de> abrufbar.

Dissertation Technische Universität München, 2009

1. Auflage 2009

Alle Rechte vorbehalten
© Gabler | GWV Fachverlage GmbH, Wiesbaden 2009

Lektorat: Claudia Jeske | Anita Wilke

Gabler ist Teil der Fachverlagsgruppe Springer Science+Business Media.
www.gabler.de

Das Werk einschließlich aller seiner Teile ist urheberrechtlich geschützt. Jede Verwertung außerhalb der engen Grenzen des Urheberrechtsgesetzes ist ohne Zustimmung des Verlags unzulässig und strafbar. Das gilt insbesondere für Vervielfältigungen, Übersetzungen, Mikroverfilmungen und die Einspeicherung und Verarbeitung in elektronischen Systemen.

Die Wiedergabe von Gebrauchsnamen, Handelsnamen, Warenbezeichnungen usw. in diesem Werk berechtigt auch ohne besondere Kennzeichnung nicht zu der Annahme, dass solche Namen im Sinne der Warenzeichen- und Markenschutz-Gesetzgebung als frei zu betrachten wären und daher von jedermann benutzt werden dürften.

Umschlaggestaltung: KünkelLopka Medienentwicklung, Heidelberg
Gedruckt auf säurefreiem und chlorfrei gebleichtem Papier
Printed in Germany

ISBN 978-3-8349-1788-1

Geleitwort

Industrialisierung und Automatisierung der IT-Leistungserstellung sowie die Flexibilität der Informationstechnologie führen zu komplexer werdenden Anforderungen an eine effektive und effiziente Gestaltung und Bereitstellung von IT-Leistungen. Die systematische Strukturierung des IT-Leistungsangebots und der darunter liegenden Managementprozesse gewinnt dabei zunehmend an Bedeutung. Dennoch erweist sich eine praktische Ausgestaltung solcher Managementprozesse häufig als schwierig, da es bisher an konkreten und hinreichend detaillierten Gestaltungshilfen mangelte. Dies zeigt sich vor allem für den Mittelstand und seine besonderen Bedürfnisse.

Die Arbeit von Simone Rudolph greift diese Problematik auf. Sie entwickelt ein Modell zur servicebasierten Planung und Steuerung der IT-Infrastruktur, das gezielt auf die Anforderungen und Rahmenbedingungen mittelständischer Unternehmen ausgerichtet ist und dabei drei zentrale Aspekte der IT-Servicebereitstellung fokussiert. Auf Basis einer systematischen Aufarbeitung der theoretischen Grundlagen wird in einer qualitativen Erhebung mit integrierter Interviewserie der Status quo der betrachteten Themen in der mittelständischen Praxis untersucht. Im Rahmen einer gelungenen Synthese mit den Erhebungsergebnissen vergleicht Frau Rudolph Bedeutung und Anwendung des analysierten Schrifttums in den befragten Unternehmen und leitet hieraus Anforderungen an die Modellgestaltung ab. Darauf aufbauend werden drei Modellkomponenten als zentrale Bestandteile entwickelt. Sie beinhalten ein aufeinander abgestimmtes Set praxisorientierter Gestaltungshilfen zur Strukturierung und Beschreibung des IT-Serviceangebots, der Prozessmodelle zur servicebasierten Planung und Steuerung sowie der hierfür geeigneten Bewertungsgrößen. Der wissenschaftliche Beitrag der Arbeit begründet sich dabei vor allem aus der Integration dieser drei Modellkomponenten vor dem Hintergrund des mittelständischen Anwendungskontextes.

Die Arbeit ist im Zuge der aktuellen Forschung zum IT-Servicemanagement entstanden und liefert einen wichtigen Beitrag zur Erforschung und Ausgestaltung der Schnittstelle zwischen Leistungsgeber und Leistungsnehmer im betrieblichen Bereitstellungsprozess von IT-Services. Mit ihrem Modellansatz ist es Frau Rudolph gelungen, ein durchgängiges und in sich schlüssiges Methodenset zu entwickeln, das konkrete Aspekte im IT-Servicemanagement unter Einbindung mittelständischer Wesensmerkmale detailliert ausgestaltet.

Dem interessierten Praktiker liefert die Arbeit wertvolle Unterstützung für Einstieg oder Weiterentwicklung der IT-Serviceausrichtung. Neben objektiven Bewertungsansätzen zur Reifegradbestimmung von IT-Service-Katalogen sowie der Beurteilung von Service- und Prozessqualität, bietet das Modell vor allem mittelständischen IT-Verantwortlichen eine auf sie angepasste Grundlage zur Prozess- und Strukturgestaltung.

Vor diesem Hintergrund wünsche ich der Arbeit von Simone Rudolph und den darin enthaltenen Lösungsansätzen die ihr gebührende weite Verbreitung.

Prof. Dr. Helmut Krcmar

Vorwort

Die Idee zur vorliegenden Arbeit entstand im Austausch mit vielen mittelständischen Unternehmen, die ich während meiner Tätigkeit am Lehrstuhl für Wirtschaftsinformatik an der Technischen Universität München kennengelernt habe. Diese Zusammenarbeit gewährte mir den erforderlichen Einblick in die Struktur und die Herausforderungen des Mittelstands.

Zum Entstehen und Gelingen meiner Dissertation haben viele Menschen in meinem Umfeld beigetragen, denen ich an dieser Stelle ganz besonders danken möchte.

Zuallererst danke ich meinem akademischen Lehrer Professor Dr. Helmut Krcmar für seine Unterstützung, Förderung und Betreuung. Seine konstruktiven Ratschläge, Ideen und Kritik waren mir stets eine wertvolle Hilfe und haben mich motiviert, die für mich perfekte Themenstellung zu finden. Mein weiterer Dank geht an Professor Dr. Dr. h.c. Horst Wildemann für die Übernahme des Zweitgutachtens.

Zudem danke ich Professor Dr. Tilo Böhmann, Dr. Matthias Baume, Andreas Schwertsik, Dr. Petra Wolf und Tobias Zimmermann, die mich durch fachliche Diskussionen, den gemeinsamen Austausch oder bei der Umsetzung verschiedener Aufgabenstellungen tatkräftig unterstützt und motiviert haben. Mein Dank geht ebenso an Tsvetina Bacheva, Clemens Bürgel und Anna Lätzer, die mich bei der Erstellung der Graphiken sowie der Publikation der Arbeit unterstützt haben.

Die Ausgestaltung und Umsetzung meiner Ideen wurde mir im Rahmen eines Forschungsvorhabens, das von der Stiftung Industrieforschung co-gefördert wurde, ermöglicht. Dabei gilt mein besonderer Dank dem außerordentlichen Engagement der involvierten Praxispartner, mit deren Unterstützung ich das nötige Verständnis über Anforderungen und Bedarfe mittelständischer Unternehmen entwickeln konnte. Hier sind vor allem Michael Berkner, Sylke Fleischhut, Thomas Horriar, Michael Jud, Gert Kautt, Jürgen Krisor, Dr. Michael Müller-Wünsch, Ralf Offermann, Markus Runne, Hanno Sohr, Torsten Wagener sowie Dirk Unnewehr zu nennen.

Im Weiteren danke ich besonders herzlich Herrn Dr. Nicolai Krämer, der mir in zahlreichen Konzept- und Detaildiskussionen stets ein wertvoller Gesprächspartner war und mich über die Jahre in allen Höhen und Tiefen des Dissertationsprozesses motiviert hat.

Schließlich gilt mein Dank meiner Familie, die stets an mich geglaubt und in allem bestärkt und unterstützt hat.

Simone Rudolph

Inhaltsverzeichnis

Inhaltsverzeichnis IX
Abbildungsverzeichnis XIII
Tabellenverzeichnis XVII
Abkürzungsverzeichnis XIX

1 Einführung 1
   1.1 Ausgangslage und Problemstellung 1
   1.2 Zielsetzung und Forschungsdesign 3
      1.2.1 Forschungsleitende Fragestellungen 3
      1.2.2 Forschungsstrategie und Forschungsmethoden 5
         1.2.2.1 Forschungsstrategie 5
         1.2.2.2 Forschungsmethoden 8
   1.3 Gang der Arbeit 10

2 Theoretische Grundlagen 13
   2.1 Begriffliche Einordnung und Abgrenzung der IT-Infrastruktur 13
      2.1.1 Begriffsverständnis IT-Infrastruktur 13
      2.1.2 Management der IT-Infrastruktur 17
         2.1.2.1 Ziele, Aufgaben und Anforderungen 17
         2.1.2.2 Einordnung in das Informationsmanagement 19
   2.2 Servicebasierte Planung und Steuerung der IT-Infrastruktur 20
      2.2.1 Planung und Steuerung der IT-Infrastruktur als servicebasierte
            Managementaufgabe 20
      2.2.2 IT-Services und IT-Service-Katalog als Planungs- und Steuerungsgrundlage 21
         2.2.2.1 Begriffliche Grundlagen 21
         2.2.2.2 Management von IT-Services und IT-Service-Katalogen 24
         2.2.2.3 Struktureller Aufbau von IT-Services 26
         2.2.2.4 Struktureller Aufbau von IT-Service-Katalogen 32
         2.2.2.5 Zusammenfassung 34
      2.2.3 Planung und Steuerung 35
         2.2.3.1 Begriffliche Grundlagen 35
         2.2.3.2 Rahmenparameter und Aktivitäten der Planung, Kontrolle und Steuerung. 37
         2.2.3.3 Ansätze zur Planung im Schrifttum 40
         2.2.3.4 Ansätze zum IT-Controlling im Schrifttum 51
         2.2.3.5 Zusammenfassung 53
      2.2.4 IT-Kennzahlen und IT-Kennzahlensysteme 53
         2.2.4.1 Begriffliche Grundlagen 54
         2.2.4.2 Anforderungen an IT-Kennzahlen und IT-Kennzahlensysteme 57
         2.2.4.3 Ansätze zu IT-Kennzahlensystemen im Schrifttum 59
         2.2.4.4 Zusammenfassung 60
   2.3 Zusammenfassung 61

3 Anwendungskontext mittelständische Unternehmen ... 63
3.1 Grundlagen zum Mittelstandsbegriff ... 63
- 3.1.1 Zur Problematik der Begriffsabgrenzung ... 63
- 3.1.2 Quantitativ geprägte Abgrenzungsversuche ... 65
- 3.1.3 Qualitativ geprägte Abgrenzungsversuche ... 67
- 3.1.4 Festlegung einer Arbeitsdefinition ... 71
3.2 IT im Mittelstand ... 73
- 3.2.1 Rolle und Bedeutung der IT im Mittelstand ... 73
- 3.2.2 Rolle und Bedeutung des IT-Servicemanagements im Mittelstand ... 76
3.3 Zusammenfassung ... 78

4 Empirische Untersuchung zu mittelständischen Merkmalen und Besonderheiten ihres IT-Einsatzes ... 79
4.1 Qualitativer Forschungsansatz als methodisch-analytischer Rahmen ... 79
- 4.1.1 Qualitative Datenerhebung ... 79
  - 4.1.1.1 Zielsetzung und Vorgehen ... 79
  - 4.1.1.2 Zielsetzung und Befragungsinhalt ... 81
  - 4.1.1.3 Auswahl des Befragungsinstruments ... 83
  - 4.1.1.4 Entwicklung des Interviewleitfadens ... 86
  - 4.1.1.5 Auswahl und Erhebung der Stichprobe ... 87
- 4.1.2 Qualitative Datenanalyse ... 96
  - 4.1.2.1 Zielsetzung der Datenauswertung ... 96
  - 4.1.2.2 Qualitative Inhaltsanalyse als Auswertungsansatz ... 97
4.2 Charakteristische Merkmale mittelständischer Unternehmen ... 100
- 4.2.1 Konstituierende Erkenntnisse ... 100
- 4.2.2 Aufbau- und ablauforganisatorische Erkenntnisse ... 104
- 4.2.3 Weitere Eingrenzung zum Mittelstandsverständnis ... 107
4.3 Besonderheiten des IT-Einsatzes ... 110
- 4.3.1 Grundlegende Erkenntnisse zum IT-Einsatz ... 111
  - 4.3.1.1 Zentrale Kernpunkte der Literatur ... 111
  - 4.3.1.2 Erkenntnisse der empirischen Untersuchung ... 113
  - 4.3.1.3 Vergleich der empirischen Erkenntnisse mit dem Schrifttum ... 119
- 4.3.2 Servicebasierte Strukturierung von IT-Unterstützungsleistungen ... 122
  - 4.3.2.1 Modelle, Rahmenwerke und Ansätze in der Literatur ... 122
  - 4.3.2.2 Erkenntnisse der empirischen Untersuchung ... 123
  - 4.3.2.3 Vergleich der empirischen Erkenntnisse mit dem Schrifttum ... 126
- 4.3.3 Ablauf und Umsetzung der servicebasierten Planung und Steuerung der IT-Infrastruktur ... 129
  - 4.3.3.1 Modelle, Rahmenwerke und Ansätze in der Literatur ... 129
  - 4.3.3.2 Erkenntnisse der empirischen Untersuchung ... 131
  - 4.3.3.3 Vergleich der empirischen Erkenntnisse mit dem Schrifttum ... 140
4.4 Zusammenfassung ... 146

5 Modell zur servicebasierten Planung und Steuerung der IT-Infrastruktur im Mittelstand 149

5.1 Methodisches Vorgehen zur Modellentwicklung 149
5.1.1 Grundlagen zur Modellentwicklung 150
5.1.2 Modellkomponenten und Einbettung der Modellentwicklung 151
5.1.2.1 Überblick über Modell und Modellkomponenten 151
5.1.2.2 Einbettung der Modellentwicklung 155

5.2 Modellkomponente zur Strukturierung des IT-Serviceangebots 157
5.2.1 Ist-Analyse von IT-Service-Katalogen mittels Reifegradmodell 158
5.2.1.1 Grundlagen, Zielsetzung und Vorgehen zur Entwicklung des Reifegradmodells 158
5.2.1.2 Inhaltliche Ausgestaltung der Bewertungskriterien des Reifegradmodells 167
5.2.1.3 Empirische Anwendung des Reifegradmodells 174
5.2.1.4 Zentrale Ergebnisse der Reifegrad-Analyse 177
5.2.2 Strukturierung von IT-Services und IT-Service-Katalogen 182
5.2.2.1 Formale Gestaltungsstruktur für IT-Services 182
5.2.2.2 Formale Gestaltungsstruktur für IT-Service-Kataloge 194
5.2.2.3 Musterstruktur für IT-Service-Kataloge 196
5.2.2.4 Exemplarische Ausgestaltung des IT-Services E-Mail 202
5.2.3 Zusammenfassung 215

5.3 Modellkomponente zu servicebasierten Planungs- und Steuerungsprozessen der IT-Infrastruktur 217
5.3.1 Vorgehen und methodischer Bezugsrahmen zur Prozessgestaltung 218
5.3.1.1 Thematischer Hintergrund und Vorgehen 218
5.3.1.2 Methodischer Bezugsrahmen für die Prozessgestaltung 220
5.3.2 Struktureller Aufbau der Prozesslandschaft 221
5.3.2.1 Überblick 221
5.3.2.2 Prozesslandkarte (Ebene 1) 225
5.3.2.3 Schnittstellen zwischen Prozessen (Ebene 2) 229
5.3.2.4 Detaillierte Prozessdarstellung über EPK (Ebene 3) 232
5.3.3 Rollen in den Planungs- und Steuerungsprozessen 234
5.3.4 Prozesse zur IT-Bedarfserhebung und IT-Planung 241
5.3.4.1 IT-Bedarfserhebung 242
5.3.4.2 IT-Planung 256
5.3.5 Prozesse zur IT-Steuerung 273
5.3.5.1 Mengensteuerung 273
5.3.5.2 Kostensteuerung 292
5.3.5.3 Fachliche Steuerung 309
5.3.6 Zusammenfassung 315

5.4 Modellkomponente zu Schlüsselkenngrößen der servicebasierten Planung und Steuerung 317
5.4.1 Thematische Eingrenzung und Vorgehen 317
5.4.2 Zusammenstellung ausgewählter Schlüsselkenngrößen 319
5.4.2.1 Strukturierung der Steuerungsfelder 319
5.4.2.2 Zuordnung von KPI und Zielen zu den Steuerungsfeldern 321
5.4.2.3 Aufschlüsselung der KPI über IT-Kennzahlen 323
5.4.3 Zusammenfassung 328

6 Fazit und Ausblick	**331**
Literaturverzeichnis	**337**
Anhang	**367**

Abbildungsverzeichnis

Abbildung 1 1:	Gang der Arbeit	10
Abbildung 2 1:	IT-Infrastrukturverständnis nach Weill/Broadbent	15
Abbildung 2 2:	Abgrenzung der Komponenten einer IT-Infrastruktur	16
Abbildung 2 3:	Ebenen im Service Engineering	28
Abbildung 2 4:	Phasen des Planungsprozesses nach Cassidy	40
Abbildung 2 5:	IT-Strategieformulierungs- und Strategieplanungsprozess nach Ward/ Peppard	42
Abbildung 2 6:	Integrierter IT-Planungsprozess nach Buchta/ Eul/ Schulte-Croonenberg	45
Abbildung 2 7:	Prozess des Kapazitätsmanagements nach ITIL	48
Abbildung 2 8:	Transformation der IT-Infrastruktur in IT-Services	62
Abbildung 3 1:	Qualitative Abgrenzung nach Kußmaul	70
Abbildung 4 1:	Parametrisierung der typischen Ablaufschritte einer qualitativen Datenerhebung für den Fall der empirischen Untersuchung	81
Abbildung 4 2:	Fragenblöcke der empirischen Untersuchung	83
Abbildung 4 3:	Vorgehen bei der Entwicklung des Interviewleitfadens	87
Abbildung 4 4:	Zusammenhang von Datenerhebung, Datenanalyse und Theoriebildung bei der theoretisch geleiteten Stichprobenauswahl	89
Abbildung 4 5:	Stichprobenstruktur der empirischen Untersuchung	95
Abbildung 4 6:	Ablauf der strukturierenden Inhaltsanalyse	99
Abbildung 4 7:	Vergleich der empirischen Erkenntnisse mit dem Schrifttum	111
Abbildung 4 8:	Aufgabenspektrum der IT	114
Abbildung 4 9:	Bedeutung der IT aus Sicht von IT-Organisation und Geschäftsführung	116
Abbildung 4 10:	Ablauf der IT-Planung	133
Abbildung 4 11:	Durchsetzungsgrad der eingesetzten Steuerungsform	136
Abbildung 5 1:	Modell zur servicebasierten Planung und Steuerung der IT-Infrastruktur	152
Abbildung 5 2:	Zusammenspiel der Modellkomponenten	155
Abbildung 5 3:	Vorgehen zur Entwicklung der Bausteine	156
Abbildung 5 4:	Stufenförmige Sichtweise (staged representation) im CMMI-Modell	160
Abbildung 5 5:	Kontinuierliche Sichtweise (continuous representation) im CMMI-Modell	161
Abbildung 5 6:	Struktur der ITSCMM	162
Abbildung 5 7:	Vorgehen zur Entwicklung des Reifegradmodells für IT-Service-Kataloge	163
Abbildung 5 8:	Zusammenhang von KEF, Führungsgrößen und Reifegraden	166
Abbildung 5 9:	Zusammenhänge der KEF	167
Abbildung 5 10:	Inhaltliche Ausgestaltung von KEF und Führungsgrößen	171
Abbildung 5 11:	Reifegrade der CobiT	172
Abbildung 5 12:	Reifegradestufen und -ausprägungen des KEF „Planung und Steuerung des IT-Service-Budgets" aus dem Reifegradmodell für IT-Service-Kataloge	174
Abbildung 5 13:	Vorgehen zur empirischen Anwendung des Reifegradmodells	175
Abbildung 5 14:	Gegenüberstellung von Bedarfsäußerung und -bereitstellung	178
Abbildung 5 15:	Zusammenhang der Gliederungsebenen der Gestaltungsstruktur für IT-Services	183
Abbildung 5 16:	Template mit Beschreibungskriterien für die Ebene der IT-Services	187
Abbildung 5 17:	Template mit Beschreibungskriterien für die Ebene der Servicemodule	190
Abbildung 5 18:	Template mit Beschreibungskriterien für die Ebene der Serviceelemente	193

Abbildung 5 19:	Formale Gestaltungsstruktur für IT-Service-Kataloge	195
Abbildung 5 20:	Exemplarische Musterstruktur auf Ebene der IT-Services	197
Abbildung 5 21:	Exemplarische Servicemodule zum IT-Service „Desktopmanagement"	198
Abbildung 5 22:	Exemplarische Servicemodule zum IT-Service „Telefonie"	199
Abbildung 5 23:	Exemplarische Servicemodule zum IT-Service „Dateiablage/ Netzlaufwerk"	200
Abbildung 5 24:	Exemplarische Servicemodule zum IT-Service „Ausstattung von Besprechungsräumen"	200
Abbildung 5 25:	Exemplarische Servicemodule zum IT-Service „Individualleistungen"	201
Abbildung 5 26:	Exemplarische Servicemodule zum IT-Service „ERP-System"	201
Abbildung 5 27:	Servicemodule des IT-Services „E-Mail"	204
Abbildung 5 28:	Ausgestaltete Strukturierungsebenen des IT-Services E-Mail	208
Abbildung 5 29:	Thematische Verortung der Planung und Steuerung der IT-Infrastruktur	218
Abbildung 5 30:	Prozesslandkarte der Planungs- und Steuerungsprozesse	226
Abbildung 5 31:	Prozessschnittstellen der Planungs- und Steuerungsprozesse im Überblick	230
Abbildung 5 32:	Rollenübersicht	235
Abbildung 5 33:	Abgrenzung der Bedarfsarten	244
Abbildung 5 34:	Prozessschaubild „Abstimmungsrunde durchführen"	246
Abbildung 5 35:	Prozessschaubild „Individuelle Gesprächsrunden mit FB durchführen"	249
Abbildung 5 36:	Prozessschaubild „FB-Budgetrunde durchführen"	251
Abbildung 5 37:	Prozessschaubild „Review der individuellen Gesprächsrunden durchführen"	253
Abbildung 5 38:	Prozessschaubild „Priorisierung der IT-Services der FB durchführen"	254
Abbildung 5 39:	Prozessschaubild „IT-Basisbedarfe der IT-Organisation erheben"	255
Abbildung 5 40:	Prozessschaubild „Übergreifende Priorisierung der IT-Services für FB und IT-Organisation durchführen"	259
Abbildung 5 41:	Prozessschaubild „Mengenplanung durchführen"	260
Abbildung 5 42:	Mengenzuordnungsschlüssel für Serviceelemente und IT-Ressourcen	262
Abbildung 5 43:	Exemplarische Struktur eines Mengenplans	264
Abbildung 5 44:	Prozessschaubild „Kostenplanung durchführen"	265
Abbildung 5 45:	Exemplarische Struktur eines Kostenplans	267
Abbildung 5 46:	Prozessschaubild „Anpassung des Kosten- und Mengenplans durchführen"	270
Abbildung 5 47:	Prozessschaubild „IT-Budgetrunde durchführen"	271
Abbildung 5 48:	Prozessschaubild „Mengenüberwachung durchführen"	276
Abbildung 5 49:	Prozessschaubild „Unterjährige Mengenmehrbedarfe bereitstellen"	279
Abbildung 5 50:	Prozessschaubild „Mengenverteilung bei Mengenmehrbedarf durchführen"	283
Abbildung 5 51:	Prozessschaubild „Mengenverteilung bei Mengenminderbedarf durchführen"	284
Abbildung 5 52:	Prozessschaubild „Mengenverteilung bei Budgetkürzung durchführen"	286
Abbildung 5 53:	Prozessschaubild „Ressourcenverfügbarkeit sicherstellen"	287
Abbildung 5 54:	Prozessschaubild „Mengenplan aktualisieren"	289
Abbildung 5 55:	Prozessschaubild „Mengenverbrauchsanalyse durchführen"	291
Abbildung 5 56:	Prozessschaubild „Kostenüberwachung durchführen"	295
Abbildung 5 57:	Prozessschaubild „Kostenverrechnung durchführen"	298
Abbildung 5 58:	Prozessschaubild „Kostenverteilung bei Mehrkosten durchführen"	302

Abbildung 5 59: Prozessschaubild „Kostenverteilung bei Minderkosten oder bei Budgeterhöhung durchführen".. 304
Abbildung 5 60: Prozessschaubild „Kostenverteilung bei Budgetkürzung durchführen".... 306
Abbildung 5 61: Prozessschaubild „Kostenplan aktualisieren".. 308
Abbildung 5 62: Prozessschaubild „Maßnahmen zur Einhaltung der fachlichen IT-Vorgaben ergreifen".. 311
Abbildung 5 63: Prozessschaubild „Änderungen der fachlichen IT-Vorgaben durchführen"... 314
Abbildung 5 64: Steuerungsfelder zur Ableitung geeigneter Schlüsselkenngrößen............. 320

Tabellenverzeichnis

Tabelle 2 1:	Aufgaben im IT-Infrastrukturmanagement	18
Tabelle 2 2:	Vergleich von Beschreibungskriterien zur Strukturierung von IT-Services	31
Tabelle 2 3:	Kategorisierungsschema für Kennzahlen	55
Tabelle 2 4:	Aufgabenspektrum von IT-Kennzahlen	57
Tabelle 3 1:	Quantitative Abgrenzung zur Unternehmensgröße des IfM-Bonn	66
Tabelle 3 2:	Quantitative Abgrenzung zur Unternehmensgröße der EU	66
Tabelle 4 1:	Kriterien zur Stichprobenauswahl der Interviewpartner	90
Tabelle 4 2:	Eingrenzung der Grundgesamtheit nach statistischen Werten	94
Tabelle 4 3:	Abgrenzung des Mittelstands von Großunternehmen	110
Tabelle 4 4:	Organisatorische Verankerung der IT	113
Tabelle 4 5:	Vergleich von Schrifttum und empirischen Erkenntnissen zum IT-Einsatz	120
Tabelle 4 6:	Vergleich von Schrifttum und empirischen Erkenntnissen zur IT-Servicestrukturierung	127
Tabelle 4 7:	Vergleich von Schrifttum und empirischen Erkenntnissen zur Planung und Steuerung der IT-Infrastruktur und zu IT-Kennzahlen	140
Tabelle 4 8:	Zusammenfassung der abgeleiteten Anforderungen	147
Tabelle 5 1:	Verteilung der Benchmarking-Teilnehmer nach Anzahl IT-Nutzer	176
Tabelle 5 2:	Umsetzung der Dokumentation des IT-Serviceangebots	180
Tabelle 5 3:	Vergleich formaler Gestaltungskriterien nach der Häufigkeit ihrer Nennung	186
Tabelle 5 4:	Serviceelemente der Module „Mailbox/Kalender", „Multiuser-Mailbox", „öffentlicher Mailordner"	205
Tabelle 5 5:	Serviceelemente des Moduls „Elektronische Verschlüsselung und Signatur"	206
Tabelle 5 6:	Serviceelemente des Moduls „Mobiler Zugang auf E-Mail/Kalender-Funktionalitäten mittels tragbarer Endgeräte"	207
Tabelle 5 7:	Exemplarische Beschreibung des IT-Services ‚E-Mail'	209
Tabelle 5 8:	Exemplarische Beschreibung des Servicemoduls ‚Mailbox/ Kalender'	211
Tabelle 5 9:	Exemplarische Beschreibung des Serviceelements ‚Speicherplatz'	215
Tabelle 5 10:	Gestaltungsparameter zur Ausgestaltung der Planungs- und Steuerungsprozesse	220
Tabelle 5 11:	Verwendete Beschreibungselemente für die Prozessmodellierung	233
Tabelle 5 12:	Aufgaben und Verantwortlichkeiten der Rolle IT-Planer	236
Tabelle 5 13:	Aufgaben und Verantwortlichkeiten der Rolle IT-Controller	237
Tabelle 5 14:	Aufgaben und Verantwortlichkeiten der Rolle IT-Leiter	238
Tabelle 5 15:	Aufgaben und Verantwortlichkeiten der Rolle IT-Führungskräfte	239
Tabelle 5 16:	Aufgaben und Verantwortlichkeiten der Rolle IT-Mitarbeiter	239
Tabelle 5 17:	Aufgaben und Verantwortlichkeiten der Rolle FB-Leiter	240
Tabelle 5 18:	Aufgaben und Verantwortlichkeiten der Rolle Keyuser	240
Tabelle 5 19:	Aufgaben und Verantwortlichkeiten der Rolle FB-Mitarbeiter	241
Tabelle 5 20:	Aufgaben und Verantwortlichkeiten der Rolle GF	241
Tabelle 5 21:	Rollenverteilung in der IT-Bedarfserhebung	243
Tabelle 5 22:	Ergebnisse der Prozesse der IT-Bedarfserhebung	256
Tabelle 5 23:	Rollenverteilung in der IT-Planung	257
Tabelle 5 24:	Ergebnisse der Prozesse der IT-Planung	272
Tabelle 5 25:	Rollenverteilung in der Mengensteuerung	274
Tabelle 5 26:	Ergebnisse der Prozesse der Mengensteuerung	292
Tabelle 5 27:	Rollenüberblick in der Kostensteuerung	293
Tabelle 5 28:	Ergebnisse der Prozesse der Kostensteuerung	309

Tabelle 5 29:	Rollenüberblick in der fachlichen Steuerung	310
Tabelle 5 30:	Ergebnisse der Prozesse der fachlichen Steuerung	315
Tabelle 5 31:	Zusammenstellung von KPI zu den Steuerungsfeldern	322
Tabelle 5 32:	IT-Kennzahlen zum Steuerungsfeld 1	324
Tabelle 5 33:	IT-Kennzahlen zum Steuerungsfeld 2	325
Tabelle 5 34:	IT-Kennzahlen zum Steuerungsfeld 3	326
Tabelle 5 35:	IT-Kennzahlen zum Steuerungsfeld 4	327
Tabelle 5 36:	IT-Kennzahlen zum Steuerungsfeld 5	328

Abkürzungsverzeichnis

ARIS	Architektur integrierter Informationssysteme
BPEL	Business Process Execution Language
CAD	Computer Aided Design
CIO	Chief Information Officer
CMM	Capability Maturity Model
CMMI	Capability Maturity Model Integration
CobiT	Control Objectives for Information and related Technology
CPU	Central Processing Unit
DIN	Deutsches Institut für Normung
DV	Datenverarbeitung
EN	Europäische Norm
EPK	Ereignisgesteuerte Prozesskette
ERM	Entity Relationship Model
ERP	Enterprise Resource Planning
EU	Europäische Union
FB	Fachbereich
FF	Forschungsfrage
GdPDU	Grundsätze zum Datenzugriff und zur Prüfbarkeit digitaler Unterlagen
GF	Geschäftsführung
HW	Hardware
IfM	Institut für Mittelstandsforschung
IKT	Informations- und Kommunikationstechnik
IM	Informationsmanagement
IS	Information System
ISACA	Information Systems Audit and Control Association
ISO	International Organization for Standardization
IT	Informationstechnologie
ITIL	IT Infrastructure Library
ITSCMM	IT Service Capability Maturity Model
IV	Informationsverarbeitung
Jh.	Jahrhundert
KEF	Kritischer Erfolgsfaktor
KPI	Key Performance Indicator
KMU	Kleine und mittlere Unternehmen
KonTraG	Gesetz zur Kontrolle und Transparenz im Unternehmensbereich
LAN	Local Area Network
MA	Mitarbeiter
OLA	Operational-Level-Agreement
o.V.	Ohne Verfasser
PC	Personal Computer
PKI	Public Key Infrastructure
RZ	Rechenzentrum

SCAMPI	Standard CMMI Appraisal Method for Process Improvement
SEI	Software Engineering Institute
SLA	Service-Level-Agreement
SLM	Service-Level-Management
SME	Service-Modul-Element
SOA	Serviceorientierte Architektur
SPICE	Software Process Improvement and Capability Determination
SW	Software
VDA	Verband der Automobilindustrie e.V.
VDMA	Verband Deutscher Maschinen- und Anlagenbau e.V.
WLAN	Wireless Local Area Network

1 Einführung

1.1 Ausgangslage und Problemstellung

Die Informations- und Kommunikationsinfrastrukturen haben sich im Laufe der letzten Jahrzehnte in allen Bereichen vom Kleinunternehmen über den Mittelstand bis zum internationalen Konzern mit enormer Geschwindigkeit verändert und weiterentwickelt (vgl. Krämer 2001, S. 1). Dadurch war insbesondere das Liefer- und Leistungsverhältnis zwischen Fachbereichen (FB) und Informationstechnologie (IT) einem starken Wandel unterworfen. FB erheben in ihrer Rolle als Leistungsnehmer immer höhere Ansprüche an die Unterstützungsleistungen der IT und deren konsequente Ausrichtung auf die Geschäftsprozesse. Die tägliche Arbeit soll nicht mehr nur durch IT erleichtert und wirtschaftlicher gemacht werden, vielmehr soll die IT neue Möglichkeiten des Arbeitsablaufs (Prozesse) und der Geschäftstätigkeit (Business-Modell) eröffnen. Das führt zu einer Vielfalt an IT-Unterstützungsleistungen, die bedarfsgerecht und flexibel bereitzustellen sind (vgl. Garschhammer et al. 2001, S. 297).

Die Beherrschung von Komplexität und Flexibilität in der IT-Unterstützung stellt die IT als Leistungsgeber in vielen mittelständischen Unternehmen vor eine große Herausforderung (vgl. Prautsch 2000, S. 727). Denn die hohe Erwartungshaltung der Leistungsnehmer führt verbunden mit einer fehlenden Transparenz über das IT-Leistungsangebot und einer mangelnden Qualität in dessen Bereitstellung zu Unzufriedenheit über die IT-Leistungen (vgl. Elsener 2005, S. 118f.).

Eine transparente und vor allem leistungsnehmerorientierte Abbildung der angebotenen IT-Unterstützungsleistungen kann mit der Strukturierung in IT-Services erfolgen (vgl. Hochstein/Brenner 2006). Für die Erhebung und Ausgestaltung der IT-Services ist neben der detaillierten Kenntnis der Bedarfe eine intensive Zusammenarbeit der IT-Organisation mit den Leistungsnehmern erforderlich. Hierdurch sollen die IT-Services in einer für die Leistungsnehmer verständlichen Form beschrieben werden (vgl. Kopperger et al. 2006, S. 120). Anhand definierter IT-Services kann eine Kommunikationsgrundlage aufgebaut und Transparenz hinsichtlich der erbrachten Leistungen geschaffen werden. Darauf aufbauend können Stellhebel zur Kostenreduzierung identifiziert werden. Damit verbunden ist vielfach eine Neuausrichtung der IT-Organisation von einer vornehmlich IT-technischen Orientierung hin zu einem servicebasierten Verständnis, um die IT-Services in Übereinkunft mit den Geschäftsanforderungen bedarfsgerecht und effizient zu erbringen (vgl. Böhmann/Krcmar 2004, S. 7ff.; Holst/Holst 1998).

Eine Neuausrichtung der IT-Organisation und der IT-Servicebereitstellung bedingt auch die Anpassung der darunter liegenden Erstellungs- und Managementprozesse (vgl. Zarnekow 2004, S. 42f.). Das Spannungsfeld besteht in der Verknüpfung der zunehmend hohen Anforderungen der Leistungsnehmer mit einem wirtschaftlichen IT-Prozessmanagement. Das betrifft vor allem IT-Organisationen mittelständischer Unternehmen, die oftmals einem hohen Kostendruck unterliegen, der hinsichtlich der Wirtschaftlichkeit der Leistungserbringung neue und strukturierte Wege der Prozessgestaltung erfordert (vgl. Prautsch 2000, S. 727).

Diese neuen Wege sind in standardisierten Produkten und Dienstleistungen der einschlägigen IT-Servicemanagementanbieter für Großunternehmen bereits vorspezifiziert. Für den mittelständischen Anwendungskontext sind die Lösungen allerdings hinsichtlich Komplexität und Aufwand nicht adäquat.

Aktuellere Studien belegen, dass mittelständische Unternehmen vor allem dem Kostenmanagement in der IT eine unvermindert hohe Bedeutung beimessen (o.V. 2005b, S. 1, 4). Das führt dazu, dass sich IT-Verantwortliche vermehrt mit der Anforderung konfrontiert sehen, Effizienz und Effektivität ihrer IT nachzuweisen. Das erfordert jedoch Transparenz über die IT-Services und die damit verbundenen Planungs- und Steuerungsprozesse.

Entgegen diesen Sachverhalten gestaltet sich die unternehmerische Praxis häufig ganz anders. So besitzen viele größere mittelständische Unternehmen bisher kaum umfassend dokumentierte und kontinuierlich optimierte IT-Prozesse (vgl. Friedmann 2004, S. 34). Das erschwert die Schaffung einer durchgängigen Transparenz, was zu Schwierigkeiten führt, die Leistungsfähigkeit der IT gegenüber der GF und FB nachzuweisen.

IT-Verantwortliche können zur Erstellung, Pflege und zum Management von IT-Services sowie zur Gestaltung zugehöriger Planungs- und Steuerungsprozesse der IT-Infrastruktur unterschiedliche in der Praxis bekannte Rahmenwerke zum IT-Servicemanagement, wie z.B. ITIL (IT Infrastructure Library) oder CobiT (Control Objectives for Information and related Technology), heranziehen. Als problembehaftet erweist sich oftmals die konkrete Umsetzung dieser Rahmenwerke, die zwar grob die Inhalte vorgeben, aber nur einen unzureichenden Detaillierungsgrad in ihrer Ausgestaltung bieten. Während Konzerne und Großunternehmen eigene Ausgestaltungen und Rahmenwerke des IT-Prozessmanagements wirtschaftlich realisieren können, sind mittelständische Unternehmen auf Grund eingeschränkter personeller und finanzieller Ressourcen dazu meist nicht in der Lage (vgl. Schmidt 2004; Kemper et al. 2004). Die Rahmenwerke werden als zu umfangreich und komplex für mittelständische Bedürfnisse empfunden (vgl. Schmidt 2004), was zu einer unnötigen Formalisierung führt.

Zudem legen viele Ansätze, Modelle oder Rahmenwerke zum IT-Servicemanagement ihren Fokus auf die Umsetzung bei Großunternehmen oder professionellen Dienstleistungsunternehmen. Die explizite Berücksichtigung mittelständischer Besonderheiten, so z.B. die starke Ressourcenbeschränkung, kurze Entscheidungs- und Abstimmungswege, geringer Formalisierungsgrad, Rollenzuordnung in multipler Personalunion oder hohe Flexibilitätsanforderungen, erfolgt meist nicht. Das erweist sich für eine praktische Ausgestaltung als zentral, da sich hieraus Anpassungsbedarfe ergeben, die in den Ansätzen etc. nicht vorgesehen sind. Beispiele für derartige Anpassungsbedarfe sind die Reduzierung der Komplexität und die Zusammenfassung von Rollen oder Prozessabläufen (vgl. Taylor/Macfarlane 2006, S. 4f.; Knöpp et al. 2005, S. 12ff.). Damit verbunden wird oftmals ein höherer Detaillierungsgrad oder das Anführen von Beispielen benötigt, was mittelständische Unternehmen unterstützt, eine eigene Ausgestaltung vorzunehmen.

Das erfordert eine gewisse Praktikabilität in den Ansätzen und Modellen, die sich durch eine Beschränkung von Umfang und Komplexität verknüpft mit Anpassungsflexibilität auszeichnet. Der daraus abgeleitete Forschungsbedarf bezieht sich auf die Entwicklung konkreter Gestaltungshilfen zur Systematisierung und Strukturierung des IT-Serviceangebots sowie auf die transparente und durchgängige Abbildung darauf aufbauender Planungs- und Steuerungsprozesse. Mit der vorliegenden Arbeit soll ein umfassender Gestaltungsvorschlag entwickelt werden, der einen essenziellen Beitrag zur aufgezeigten Problemstellung liefert.

1.2 Zielsetzung und Forschungsdesign

1.2.1 Forschungsleitende Fragestellungen

Im wissenschaftlichen und praktischen Schrifttum existieren bisher kaum umfassende Ansätze, Konzepte oder Modelle zur servicebasierten Planung und Steuerung der IT-Infrastruktur, die über Hinweise und Empfehlungen zur Prozessgestaltung hinausgehen und sich der Thematik auf einer detaillierteren Ebene nähern. Die bislang vorhandenen Ansätze wie z.B. die ITIL geben häufig nur Gestaltungsvorschläge zu Anforderungen, Zielsetzungen und inhaltlichen Eckpunkten zur servicebasierten Planung und Steuerung der IT-Infrastruktur, ohne konkret auf deren Ausgestaltung einzugehen. Gerade letzteres ist insbesondere für den Anwendungskontext mittelständischer Unternehmen von hoher Relevanz, da oftmals nicht der für einen umfassenden Aufbau erforderliche Ressourcenrahmen zur eigenständigen Ausgestaltung vorhanden ist. Damit verbunden fehlt vielen Ansätzen, Konzepten und Modellen der Mittelstandsbezug.

Die zentrale forschungsleitende Fragestellung der Dissertation soll die in Kapitel 1.1 aufgezeigte Problemstellung schließen, indem ein Modell zur servicebasierten Planung und Steuerung der IT-Infrastruktur für den Anwendungskontext großer mittelständischer Unternehmen entwickelt wird. Dies wird die folgenden Modellkomponenten beinhalten:

- Gestaltungshilfen zur systematischen Strukturierung des IT-Serviceangebots.
- Prozessmodelle zur servicebasierten Planung und Steuerung der IT-Infrastruktur.
- Aufstellung ausgewählter Schlüsselkenngrößen, abgeleitet aus den erarbeiteten Prozessmodellen.

Basierend auf der zentralen forschungsleitenden Fragestellung als Untersuchungsgegenstand der Arbeit lassen sich mehrere Forschungsziele ableiten, die anhand von vier Forschungsfragen untersucht werden.

Das 1.Forschungsziel untersucht den Anwendungskontext mittelständischer Unternehmen. Der Fokus liegt auf der Erfassung von aufbau- und ablauforganisatorischen, (finanz-) wirtschaftlichen und strukturellen Besonderheiten mittelständischer Unternehmen in Abgrenzung zu Großunternehmen. Daran anknüpfend werden ausgewählte IT-Aspekte zur servicebasierten Planung und Steuerung in mittelständischen Unternehmen analysiert. Die Erkenntnisse liefern Anforderungen und Rahmenbedingungen für den Gestaltungsprozess des Modells. Damit verbunden wird das Mittelstandsverständnis für diese Arbeit definiert.

Forschungsfrage 1:

Worin liegen Anforderungen aus strukturellen Besonderheiten mittelständischer Unternehmen im Allgemeinen und in ausgewählten IT-Aspekten, die die Ausgestaltung des Modells zur servicebasierten Planung und Steuerung der IT-Infrastruktur beeinflussen?

Darauf aufbauend stellt sich die Frage nach dem Gestaltungsprozess der Modellkomponenten. Mit dem 2.Forschungsziel wird die Problemstellung zur IT-Servicestrukturierung in mittelständischen Unternehmen aufgegriffen. Für diesen Anwendungskontext werden detaillierte formale Gestaltungshilfen erarbeitet, anhand derer eine systematische Strukturierung des IT-Serviceangebots unter Berücksichtigung der Sichtweisen von Servicenehmer und Servicegeber in einer Leistungsbeziehung unterstützt wird. Damit kann eine Grundlage zur Schaffung eines durchgängigen Serviceverständnisses der beiden Sichtweisen geschaffen werden.

Forschungsfrage 2:

Wie sehen konkrete Gestaltungshilfen zur formalen Strukturierung des IT-Serviceangebots für den Anwendungskontext mittelständischer Unternehmen aus und wie können sie inhaltlich ausgestaltet werden?

Ausgehend von einer Strukturierungsgrundlage für das IT-Serviceangebot ist deren Bereitstellung zu planen und zu steuern. Das 3. Forschungsziel besteht zum einen darin, einen Beitrag zum Design und zur konkreten Ausgestaltung ausgewählter Prozessmodelle zur servicebasierten Planung und Steuerung der IT-Infrastruktur im Anwendungskontext mittelständischer Unternehmen zu leisten. Zum anderen werden in der Prozessmodellierung Schnittstellen, Input- und Outputfaktoren sowie Rollen definiert und mit den Prozessmodellen verbunden.

Forschungsfrage 3:

Welche zentralen Planungs- und Steuerungsprozesse lassen sich im Rahmen der servicebasierten Bereitstellung der IT-Infrastruktur für mittelständische Unternehmen bestimmen und wie sieht deren konkrete Ausgestaltung aus?

Ein letztes Forschungsziel umfasst die Ableitung ausgewählter IT-Kennzahlen und Schlüsselkenngrößen (Key Performance Indicators) aus den Prozessmodellen. Hiermit sollen Bewertungsgrößen definiert werden, die die Wirkungsweise und Steuerungsmöglichkeiten der zuvor ausgestalteten Planungs- und Steuerungsprozesse transparent machen.

Forschungsfrage 4:

Welche Bewertungsgrößen lassen sich aus den entwickelten Planungs- und Steuerungsprozessen für den mittelständischen Anwendungskontext ableiten?

Die Ergebnisse der Arbeit zeigen Auswirkungen auf den wissenschaftlichen Erkenntnisgewinn auf dem Gebiet der Wirtschaftsinformatik im Themenbereich des Informationsmanagements, insbesondere im IT-Servicemanagement und IT-Controlling. Da die Wirtschaftsinfor-

1.2 Zielsetzung und Forschungsdesign 5

matik die Schnittstelle zwischen Informationstechnik und Betriebswirtschaftslehre darstellt (WKWI 2007, S. 319), lassen sich auch auf dem betriebswirtschaftlichen Gebiet des Prozessmanagements Auswirkungen auf den wissenschaftlichen Fortschritt feststellen. Das kann bspw. daran verdeutlicht werden, dass sich die Geschäftsprozesse und deren Unterstützung heutzutage auf den Gesamtbereich der betrieblichen Wertschöpfung erstrecken.

1.2.2 Forschungsstrategie und Forschungsmethoden

1.2.2.1 Forschungsstrategie

Die thematische Einordnung der Arbeit erfolgt in das Gebiet der Wirtschaftsinformatik, die als eigenständige Disziplin eine Querschnittswissenschaft zwischen der Betriebswirtschaftslehre und der Informatik bildet (vgl. Kurbel/Strunz 1990, S. 3). Innerhalb der Wirtschaftsinformatik ist die Arbeit sowohl im IT-Controlling wie im IT-Servicemanagement zu verankern. Mit der Kombination beider Themenbereiche wird das IT-Controlling aus einer servicebasierten Sichtweise heraus beleuchtet, indem die Strukturierung des IT-Leistungsangebots in IT-Services den Gegenstand von Planungs- und Steuerungsaktivitäten darstellt. Umgekehrt werden die Prozesse im IT-Servicemanagement um eine IT-Controlling-Komponente im IT-Infrastrukturfeld ergänzt. Beide Themenbereiche können in das übergreifende Themengebiet des Informationsmanagements eingefügt werden (vgl. Krcmar 2005). Zudem lassen sich thematische Parallelen zum Prozessmanagement ziehen, das wiederum der Betriebswirtschaftslehre zugeordnet wird.

Ein wichtiges Wissenschaftsziel in der Wirtschaftsinformatik ist die Gewinnung von Erkenntnissen und die Generierung von Wissen, um praxisrelevante Probleme zu lösen (Hill/Ulrich 1979). Eine Prämisse zur Umsetzung dieses Ziels ist meist die empirische Kenntnis über den Untersuchungsgegenstand selbst. Die Wirtschaftsinformatik versteht sich im Sinne einer teilempirischen Wissenschaft als Instrument, um informationsverarbeitende Prozesse in Unternehmen zu optimieren, ohne dass die unternehmensbezogene Individualität verloren geht. Das erfolgt mit oder ohne den Einsatz von IT (Holl 1999, S. 168). Zu den zentralen Erkenntniszielen, die auch der Arbeit zu Grunde gelegt werden, zählen die praktische Anwendbarkeit von Forschungsergebnissen und deren Bedeutung für die Gesellschaft (vgl. Heinzl et al. 2001, S. 225).

Die Einordnung der Arbeit in den wissenschaftstheoretischen Kontext erfolgt nach dem Verständnis der Betriebswirtschaftslehre als praktisch-normative Wissenschaft, was gemäß Schütte (1999, S. 214) auch auf die Disziplin der Wirtschaftsinformatik übertragbar ist. Die Relevanz von Verhaltensnormen wird nach diesem Verständnis zwar generell akzeptiert, deren Bewertung wird aber abgelehnt. Die praktisch-normative Einstellung trifft demnach Annahmen über Entscheidungen, die jedoch nicht weiter begründet werden (Schütte 1999, S. 214). Die wissenschaftliche Zielsetzung besteht in der Erklärung und Gestaltung der Realität (Heinen 1976, S. 368). Die Eigenschaften der Realität dienen u.a. als Kriterien zur Eingrenzung des Untersuchungsgegenstands (Schütte 1999, S. 215). Hieraus lässt sich auf einen gestaltungsorientierten Forschungsansatz schließen (vgl. Junginger 2005, S. 5), der auch in dieser Arbeit zu Grunde gelegt wird.

Da im wissenschaftlichen und praktischen Schrifttum bisher keine umfassende Auseinandersetzung mit der Thematik zur servicebasierten Planung und Steuerung der IT-Infrastruktur unter dem Anwendungskontext mittelständischer Unternehmen erfolgte und geeignete Konzepte, Ansätze oder Modelle fehlen, eignet sich der gewählte Forschungsansatz. Hierdurch besteht eine notwendige Flexibilität und Offenheit gegenüber dem Untersuchungsgegenstand.

Kernpunkt des Forschungsansatzes bildet die Gestaltung des Untersuchungsobjekts mittels eines ziel- und problemlösungsorientierten Vorgehens. Den Ausgangspunkt bildet ein wahrgenommenes Problem in der Realität, dessen Lösung mit Hilfe erzeugter Artefakte erfolgt. Der Gestaltungsprozess versteht sich als Suche nach der optimalen Lösung. Es existiert zunächst ein Spektrum an Handlungsalternativen, die unter gegebenen Rahmenbedingungen bestimmte Lösungen herbeiführen können. Damit verknüpft ist die Festschreibung von Parametern, welche die Lösungen unterschiedlich beeinflussen (vgl. Hevner et al. 2004).

Aufgabe der Forscherin ist es nun, unter Berücksichtigung der zu Grunde gelegten Zielfunktion diejenige Alternative zu wählen, die zur Lösung des identifizierten Problems am besten geeignet scheint. Die Lösungen können aus bereits bestehenden Komponenten neu zusammengesetzt und erforscht werden oder es werden neue Lösungen entwickelt (vgl. Vaishnavi/Kuechler 2004). Aus Praktikabilitätsgründen ist es oftmals nicht sinnvoll, alle möglichen Lösungen aufzuzeigen, vielmehr liegt die Auswahl im Ermessen der Forscherin (vgl. Simon 1996, S. 116f.).

Gemäß der Argumentation von Hevner *et al.* (2004, S. 81) kann der gestaltungsorientierte Forschungsansatz für schwierig zu lösende Problemstellungen herangezogen werden, die folgende Aspekte aufweisen:

- Sich ständig ändernde Anforderungen und Rahmenbedingungen auf Grund eines wenig erforschten Anwendungsfeldes.
- Komplexe Verflechtungen einzelner Problem- und Lösungsbestandteile.
- Inhärente Flexibilität zur Anpassung von Gestaltungsprozessen und Artefakten.
- Abhängigkeit von kognitiven Fähigkeiten der Forscher/ des Forschungsobjekts zur Lösungsfindung.
- Abhängigkeit von sozialen Fähigkeiten der Forscher/ des Forschungsobjekts zur Lösungsfindung.

Die gestaltungsorientierte Wissenschaft beschäftigt sich mit der Erzeugung und Gestaltung von kontextsensitiven Artefakten (Simon 1996, S. 111), mit dem Ziel, einen signifikanten Problemsachverhalt zu lösen. Hierbei vereint der Ansatz positivistische und konstruktivistische Merkmale der Erkenntnisgewinnung. Das bedeutet, dass neben dem Verständnis über den Untersuchungsgegenstand (konstruktivistisch) mit den Ergebnissen gleichzeitig ein wissenschaftlicher Fortschritt (positivistisch) erzielt werden soll.

Voraussetzung für die Gestaltung des Untersuchungsobjekts ist die praktische Relevanz der zu lösenden Problemstellung sowie der nutzenstiftende und verwertbare Charakter der Forschungsergebnisse für die Praxis (vgl. Hevner et al. 2004). Unter Beachtung der gegebenen

1.2 Zielsetzung und Forschungsdesign

Prämissen lassen sich die Ergebnisse der vorliegenden Arbeit auf Grund des problemzentrierten Vorgehens auf gleichartige Problemkontexte übertragen.

Nach Churchman (1971, S. 5) können für den gestaltungsorientierten Forschungsansatz verschiedene grundlegende Merkmale differenziert werden:

- Die Suche nach geeigneten Handlungsalternativen zur Problemlösung.
- Die Messung und Bewertung der Alternativen anhand ihres Zielerreichungsgrads.
- Die Sammlung der so erzielten Lösungen in einer Wissensbasis.
- Die anschließende Kommunikation der identifizierten Lösungen sowie deren Anwendung in ähnlichen Problemkontexten.

Die Anwendung des gestaltungsorientierten Ansatzes erweist sich bezugnehmend auf die erläuterten Forschungsfragen als geeignetes Vorgehen. Die Gestaltung des Artefakts erfolgt durch die Entwicklung konkreter Gestaltungshilfen zur servicebasierten Planung und Steuerung der IT-Infrastruktur im Mittelstand, abgebildet in einem umfassenden Modell. Das entspricht den Grundsätzen des gestaltungsorientierten Ansatzes, indem das Modell einen Gestaltungscharakter und gleichsam einen direkten Problembezug aufweist (vgl. Dresbach 1999, S. 74).

Es erfüllt den von Hevner *et al.* (2004, S. 81) aufgezeigten Problemtatbestand des unzureichend erfassten und beschriebenen Anwendungskontextes. Zudem sind die zu entwickelnden Modellkomponenten in der Problembeschreibung wie in der Lösungsfindung eng miteinander verbunden. Die Praxistauglichkeit des Modells wird erhöht, indem im Vorfeld das Anwendungsfeld mittelständischer Unternehmen empirisch untersucht und Anforderungen an die (Aus-)Gestaltung der Modellkomponenten analysiert werden. Das wird ergänzt durch eine kontinuierliche Einbeziehung von Praxispartnern in den Gestaltungsprozess. Der gegenwärtigen und zukünftigen Praxisrelevanz des Themas sowie der Forderung, mit der Problemlösung konkreten Mehrwert für das praktische Anwendungsfeld zu schaffen, kann mit der Entwicklung des umfassenden Modells eindeutig Rechnung getragen werden (vgl. Kapitel 1.1).

Zur wissenschaftstheoretischen Positionierung der Modellgestaltung in der Wirtschaftsinformatik wird der epistemologische Bezugsrahmen nach Becker *et al.* (2004) herangezogen. Referenzmodelle besitzen grundsätzlich einen normativen Charakter, indem sie für einen festgelegten Problemkontext Gestaltungsempfehlungen aufzeigen. Sie können einerseits induktiv auf der Basis bestehender Informations- und Prozessmodelle abgeleitet oder andererseits deduktiv auf der Grundlage bekannter theoretischer Erkenntnisse gewonnen werden (Rosemann/Schütte 1997, S. 17). Oftmals erfolgt eine Kombination aus beiden Vorgehensweisen.

Gemäß der Argumentation von Becker *et al.* (2004, S. 1f.) ergibt sich das Modellverständnis des Forschers aus dessen epistemologischen Grundpositionen. Der Bezugsrahmen besteht aus insgesamt fünf Dimensionen (Becker et al. 2004, S. 3), welche auch den Modellbegriff für diese Arbeit prägen:

- Gegenstand der Erkenntnis.
- Verhältnis von Erkenntnis und Erkenntnisgegenstand.
- Wahrheit der Erkenntnis.
- Quelle der Erkenntnis.
- Mittel der Erkenntnis.

Die ontologische Grundposition, die im Folgenden eingenommen wird und auf die sich der Erkenntnisprozess bezieht, legt eine reale Welt zu Grunde, die unabhängig vom menschlichen Bewusstsein existiert. Gepaart mit dem Verständnis, dass die Erkenntnisgewinnung rein subjektvermittelt erfolgt, wird eine gemäßigt konstruktivistisch geprägte Grundposition vertreten (vgl. Schütte 1999). Der Erkenntnisprozess besteht darin, die Realität durch (sprachliches) Handeln zu (re-)konstruieren. Der mit der Erkenntnis verbundene Wahrheitsbegriff folgt hierbei dem Verständnis der Konsenstheorie der Wahrheit. Aussagen werden demzufolge als wahr betrachtet, wenn sie unter optimalen und idealen Rahmenbedingungen von einer zuvor definierten Gruppe akzeptiert und für wahr befunden werden. Als Quelle des Erkenntnisvermögens dient sowohl empirisches Wissen (Erfahrungswissen aus der empirischen Untersuchung und durch die Einbeziehung von Praxispartnern in den Gestaltungsprozess) wie auch apriorisches Wissen (Verstand). Beide Aspekte beeinflussen sich gegenseitig und führen zur kontinuierlichen Fortentwicklung des Modells.

Die Herleitung des Wissens erfolgt mittels einer Kombination aus induktiver (verallgemeinerbare Aussagen) und deduktiver (auf einen Sachverhalt angewendet) Vorgehensweise. Somit können in der Praxis etablierte Aussagen konkretisiert und mit kontextsensitiven Gestaltungshilfen sinnvoll verknüpft werden. Die in der Arbeit vertretene Grundposition entspricht vornehmlich dem Ansatz der konsensorientierten Referenzmodellierung nach Becker et al. (2004).

1.2.2.2 Forschungsmethoden

Die Neuartigkeit des Untersuchungsgegenstands der Arbeit und die bisher unzureichenden wissenschaftlichen Erkenntnisse in diesem Forschungsbereich erfordern eine gewisse Flexibilität und Offenheit. Die gewählten Forschungsmethoden sind daher der empirischen Forschung zuordenbar. Sie unterscheidet drei grundlegende Vorgehensweisen: (1) die explorative Forschung untersucht das Anwendungsfeld als Grundlage zur Bildung von Theorien und Hypothesen, (2) die explanative Forschung dient der Prüfung von Hypothesen und Theorien im Anwendungsfeld und (3) die deskriptive Forschung beschreibt Populationen (vgl. Atteslander 2003, S. 21ff.; Bortz/Döring 2005, S. 360ff.).

Die für diese Arbeit gewählte Vorgehensweise ist die Exploration. Zur Gestaltung des Modells können die drei grundlegenden Explorationsstrategien der theoriebasierten, methodenbasierten und qualitativ-empirischen Exploration herangezogen werden.

Die theoriebasierte Forschung analysiert und vergleicht existierende Theorien und Modelle des wissenschaftlichen und praktischen Schrifttums und leitet durch systematische Synthese und Integration neuartige Erklärungsmodelle ab (vgl. Bortz/Döring 2005, S. 362ff.). Die methodenbasierte Vorgehensweise betrachtet neben bestehenden Theorien und Modellen auch

1.2 Zielsetzung und Forschungsdesign

Methoden, die im betrachteten Anwendungskontext eingesetzt werden. Aus den Zusammensetzungen der Methoden und theoriebasierten Erkenntnisse werden zentrale Ergebnisse gewonnen (vgl. Bortz/Döring 2005, S. 370ff.).

Mit der Verknüpfung beider Explorationsstrategien lassen sich grundlegende Anhaltspunkte zur Modellgestaltung ableiten, indem bestehende Konzepte, Ansätze und Modelle zu den relevanten Themenbereichen analysiert werden. Hieraus ergeben sich Anknüpfungspunkte, die in den Gestaltungsprozess der Arbeit einbezogen werden.

Ergänzt wird dies durch eine qualitativ-empirische Datenerhebung, um die praktische Relevanz des Modells sicherzustellen. Schwerpunkt der qualitativen Forschung ist die Identifikation von (neuen) Zusammenhängen und Handlungsanforderungen, verbunden mit deren Darstellung und Erläuterung. Gerade in wenig erforschten Bereichen erweist sich das Verstehen von Sachverhalten und Zusammenhängen auf Basis des erhobenen Datenmaterials als essenziell.

Grundlage der Informationsgewinnung sind semi-standardisierte Interviews, die mit IT-Verantwortlichen in mittelständischen Unternehmen durchgeführt werden. Als Befragungsform wird das problemzentrierte Interview gewählt. Der Interviewer übernimmt hier eine aktive Rolle, da er während der Erzählphase der Probanden gezielt eingreifen und inhaltsbezogene Fragen stellen kann. Damit kann der Gesprächsverlauf nicht nur an die Erzählweise des Probanden angepasst werden, vielmehr erhält der Interviewer die Möglichkeit gezielt auf den Probanden einzugehen und dadurch gehaltvollere Informationen und Erkenntnisse zu erhalten. Das erweist sich insbesondere für den Untersuchungsgegenstand von Bedeutung, da das Problembewusstsein der Probanden meist erst im Gespräch geweckt wird. Die Reihenfolge, die Formulierung und der Zeitpunkt der zu stellenden Fragen liegen deshalb im Ermessen des Interviewers (vgl. Diekmann 2004, S. 450). Die Auswertung der Interviews erfolgt anhand der qualitativen Inhaltsanalyse (vgl. Mayring 1995; Flick et al. 2000). Die Ergebnisse fließen in die (Aus-)Gestaltung des Modells ein.

Die anschließende Modellgestaltung erfolgt iterativ unter Einbeziehung von Praxispartnern aus dem späteren Anwendungsfeld. Durch ein mehrstufiges Rückspiegeln ihrer Erfahrungen und Anregungen zu den Ergebnissen im Gestaltungsprozess soll der Praxisbezug der Ergebnisse erhöht werden. Zielsetzung der qualitativ-empirischen Forschung der Arbeit ist deshalb die Identifikation und Analyse von Anforderungen, Rahmenbedingungen und Änderungsbedarfen in der servicebasierten Planung und Steuerung der IT-Infrastruktur für den Anwendungskontext mittelständischer Unternehmen vor und während des Gestaltungsprozesses.

1.3 Gang der Arbeit

Unter Einbeziehung der festgelegten Forschungsstrategie, der ausgewählten Forschungsmethoden und den forschungsleitenden Fragestellungen lässt sich folgender Aufbau für diese Arbeit ableiten (Abbildung 1-1).

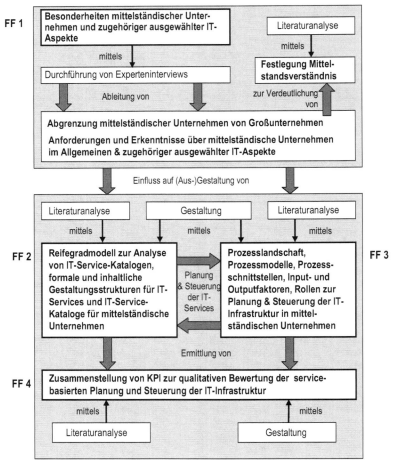

Abbildung 1-1:   *Gang der Arbeit*
(Quelle: Eigene Darstellung)

1.3 Gang der Arbeit

Basierend auf dem einleitenden Problemaufriss folgt in Kapitel 2 die Aufarbeitung der relevanten Literatur zu den betrachteten Themenbereichen in Verbindung mit der Festlegung zentraler Begriffsdefinitionen. Hiermit wird die Grundlage für ein problemspezifisches Verständnis geschaffen.

In Kapitel 3 wird der Anwendungskontext mittelständischer Unternehmen eingehender betrachtet, welcher sich hinsichtlich der definitorischen Eingrenzung sehr heterogen gestaltet. Aus diesem Grund wird zunächst ein Überblick über grundlegende Definitionsansätze und Begriffsverständnisse aus dem Schrifttum gegeben. Darauf aufbauend wird eine Arbeitsdefinition abgeleitet, welche das Mittelstandsverständnis der Arbeit bestimmt. Anschließend wird der Fokus auf den Themenbereich des IT-Servicemanagements gelegt, um die Bedeutung der gemeinsamen Betrachtung herauszustellen.

Den Mittelpunkt von Kapitel 4 bildet die Durchführung der empirischen Untersuchung, mit dem Ziel, einen umfassenden Einblick in das bisher wenig erforschte Feld der servicebasierten Planung und Steuerung der IT-Infrastruktur in der befragten mittelständischen Praxis zu bekommen. In Ergänzung werden mittelständische Besonderheiten in der Aufbau- und Ablauforganisation sowie im Hinblick auf ausgewählte IT-Aspekte analysiert. Die Erkenntnisgewinnung erfolgt mittels problemzentrierter Interviews mit Mitgliedern des IT-Managements aus Unternehmen, die dem Mittelstandsverständnis der Arbeit entsprechen. Auf Basis der Erkenntnisse soll einerseits das zuvor festgelegte Mittelstandsverständnis gefestigt werden. Andererseits werden Anforderungen an die Gestaltung des Modells zur servicebasierten Planung und Steuerung der IT-Infrastruktur in mittelständischen Unternehmen abgeleitet. Mit der Erarbeitung von Kapitel 4 wird die Forschungsfrage 1 (FF1) beantwortet.

Kapitel 5 widmet sich der Modellgestaltung, wobei in Kapitel 5.1 die zu Grunde gelegte Zielsetzung und Vorgehensweise sowie der Rahmenkontext für den Gestaltungsprozess dargelegt werden. Hierbei wird auch das Zusammenspiel der zu entwickelnden Modellkomponenten veranschaulicht. Die Erarbeitung der Modellkomponente 1 zur Strukturierung des IT-Serviceangebots erfolgt in Kapitel 5.2, womit ebenso die Forschungsfrage 2 (FF2) beantwortet wird. Im Mittelpunkt steht die Entwicklung konkreter Gestaltungshilfen zur formalen und inhaltlichen Strukturierung des IT-Serviceangebots für mittelständische Unternehmen. Kapitel 5.3 legt den Schwerpunkt auf die Entwicklung konkreter Prozessmodelle, die für eine anknüpfende Planung und Steuerung der IT-Infrastruktur von Bedeutung sind. Für eine umfassende Abbildung werden neben der Prozessmodellierung die Zusammenhänge zwischen den Prozessen, Input- und Outputfaktoren sowie zugehörige Rollenbilder entwickelt. Damit erfolgt die Beantwortung der Forschungsfrage 3 (FF3).

Durch die Verknüpfung der beiden Modellkomponenten soll die Durchgängigkeit und Transparenz an der zentralen Schnittstelle zwischen Servicenehmer und Servicegeber vermittelt werden. Hiervon abgegrenzt ist die Betrachtung dedizierter technischer Aspekte im IT-Infrastrukturmanagement, die sich ausschließlich mit der (technischen) Erbringung sowie der Optimierung der Ressourcenauslastung und -verteilung in Sinne eines Optimierungsproblems beschäftigen (z.B. Systemmanagement). Vielmehr bildet das Management einer mengen- und kostenbezogenen Bereitstellung von IT-Unterstützungsleistungen in Form von IT-Services den Kernpunkt. Ein weiterer Fokus liegt auf dem IT-Infrastrukturbezug der IT-Services, was bedeutet, dass der Bereich der technischen Anwendungsentwicklung (Softwareentwicklung) nicht betrachtet wird, dessen IT-Infrastrukturunterstützung hingegen schon.

Mit der Erarbeitung der Modellkomponente 3 in Kapitel 5.4 wird die Forschungsfrage 4 (FF4) beantwortet. Es werden ausgewählte Schlüsselkenngrößen (KPI), die sich aus den entwickelten Planungs- und Steuerungsprozessen ableiten lassen, zusammengestellt.

Mit Kapitel 6 schließt diese Arbeit, indem nach einem zusammenfassenden Rückblick auf die beantworteten Forschungsfragen die Relevanz der erarbeiteten Ergebnisse herausgestellt wird. Den Abschluss bildet der Ausblick auf Forschungsbedarf in angrenzenden Gebieten sowie in Detailfragestellungen.

2 Theoretische Grundlagen

Das Kapitel widmet sich der Aufarbeitung theoretischer Grundlagen, die mit der in Kapitel 1 eingeführten Problemstellung verknüpft sind. Den Mittelpunkt bilden begriffliche Abgrenzungen und die Darstellung zentraler Ansätze aus dem Schrifttum. In Kapitel 2.1 wird der IT-Infrastrukturbegriff analysiert und im Informationsmanagement verankert. Hervorgehoben wird dabei das sich verändernde Verständnis in Richtung einer IT-Servicestrukturierung.

Kapitel 2.2 knüpft hieran an und verdeutlicht den Stellenwert der servicebasierten Planung und Steuerung der IT-Infrastruktur (Kapitel 2.2.1). Darauf aufbauend wird zunächst die IT-Servicestrukturierung beleuchtet (Kapitel 2.2.2). Es werden begriffliche Grundlagen geklärt und Ansätze zur Strukturierung und Beschreibung von IT-Services und IT-Service-Katalogen analysiert und verglichen. Kapitel 2.2.3 greift Ansätze zur Planung und Steuerung auf und schafft ein Verständnis für die thematischen Abläufe und Zusammenhänge. In Kapitel 2.2.4 werden schwerpunktmäßig Merkmale und Anforderungen an die Gestaltung von IT-Kennzahlen und IT-Kennzahlensystemen herausgearbeitet. Abschließend erfolgt in Kapitel 2.3 eine Schärfung des Begriffsverständnisses zur IT-Infrastruktur, das dann für die weitere Arbeit zu Grunde gelegt wird.

Um die Aufarbeitung zu fokussieren, wird der Schwerpunkt der theoretischen Grundlagen auf Themenstellungen gelegt, die zur Verständnisbildung beitragen und für die Erarbeitung der Zielsetzung der Arbeit von Relevanz sind.

2.1 Begriffliche Einordnung und Abgrenzung der IT-Infrastruktur

2.1.1 Begriffsverständnis IT-Infrastruktur

Die anhaltende Relevanz von IT-Infrastrukturen zur Unterstützung der Geschäftsprozesse ist unbestritten (McKay/Brockway 1989, S. 1f.; Byrd/Turner 2000, S. 169f.). Sie steigert die Flexibilisierung, Effizienz, Integrationsfähigkeit und Durchgängigkeit dieser Prozesse und gilt als wesentlicher Einflussfaktor und Treiber bei der Durchführung von Geschäftsprozessänderungen (Business Process Reengineering) (Broadbent et al. 1999, S. 159ff., 177f.).

Obwohl auf den ersten Blick der Begriff allgemein verständlich erscheint, existieren im Schrifttum vielfältige Definitionsansätze. Das zeigt sich in der Begriffsbezeichnung. Neben IT-Infrastruktur finden sich ebenso die Termini Informationsinfrastruktur, IuK-, IV- oder DV-Infrastruktur, ergänzt um die angloamerikanischen Begriffe IS oder IT infrastructure. Weiterhin beinhalten die Definitionsansätze unterschiedliche inhaltliche Schwerpunkte.

Alle untersuchten Ansätze umfassen Auflistungen zu technischen Elementen einer IT-Infrastruktur wie z.B. Hardware, Software, Netzwerk oder Datenmanagement (vgl. Hanseth/Monteiro 1998, S. 39; Robertson/Sribar 2002; Buchta et al. 2004, S. 230). Das wird oft als technische IT-Infrastruktur bezeichnet (Heinrich 2002, S. 19; Krcmar 2005, S. 211).

Dieses sehr fokussierte Begriffsverständnis erweitern einige Ansätze um personelle und organisatorische Aspekte (vgl. Schöne 1997, S. 14; Krcmar 2005, S. 211; Schwarze 1998, S. 112).

Das trägt der Annahme Rechnung, dass für eine Bereitstellung und Aufrechterhaltung der technischen IT-Infrastruktur aufbau- und ablauforganisatorische Strukturen, Prozesse und vor allem Personalressourcen benötigt werden (vgl. Krcmar/Wolf 2003, S. 182f.). Krcmar (2005, S. 211) erfasst das unter dem Begriff der organisatorischen IT-Infrastruktur.

Weitere Definitionsansätze betonen den Zielcharakter von IT-Infrastrukturen und zeigen einen direkten Zusammenhang zum Geschäftsnutzen (vgl. Voß/Gutenschwager 2001, S. 205; Kumar 2004, S. 11; Heinrich 2002, S. 19). Doch dieses Verständnis greift meist zu kurz, da keine genaue Abgrenzung zwischen Technik und Geschäftsnutzen erfolgt. Einige Ansätze knüpfen an diesem Punkt an, indem sie sich von einem rein technischen Begriffsverständnis lösen. Die IT-Infrastruktur wird dabei in Form von IT-Services strukturiert und definiert, die dem Geschäft bereitgestellt werden und in die die technischen Bestandteile aufgehen (vgl. Byrd/Turner 2000, S. 169f.; Broadbent/Weill 1997, S. 78; Weill et al. 2002a, S. 59).

Das Spektrum an Begriffsverständnissen im Schrifttum verdeutlicht das Fehlen einer allgemein anerkannten Definition. Als möglicher Grund kann die zunehmende Verschmelzung von IT-Applikations- und IT-Infrastrukturkomponenten angeführt werden, die genaue Abgrenzungen erschwert (vgl. Kütz 2005, S. 13). Daher wird im Anschluss an die Festlegung der für diese Arbeit geltenden Definition eine weitere begriffliche Eingrenzung vorgenommen.

Im Folgenden wird das Begriffsverständnis nach Krcmar (2005, S. 211) zu Grunde gelegt, das um einige Aspekte aus der Definition nach Weill *et al.* (2002a, S. 59) sowie Byrd/Turner (2000, S. 169f.) ergänzt wird. Dabei wird das technische und organisatorische Verständnis von IT-Infrastrukturen um den Geschäftsnutzen erweitert, mit dem Ziel, deren enge Verknüpfung transparent zu machen.

> *Die IT-Infrastruktur umfasst sämtliche Hard- und Software, die zur Verarbeitung, Speicherung und Kommunikation von Geschäftsprozessinformationen eingesetzt wird (technische Infrastruktur). Das umschließt auch Humanressourcen und Dienstleistungen, die zur Installation und Nutzung erforderlich sind (organisatorische Infrastruktur). Diese Bestandteile werden integriert in Form von IT-Services abgebildet, die in ihrer Zusammenstellung den Geschäftsnutzen verdeutlichen und den IT-Nutzern bereitgestellt werden.*

Da hieraus noch nicht ersichtlich wird, welche technischen und organisatorischen Bestandteile der Begriff umfasst, wird zur weiteren Eingrenzung der Strukturierungsansatz nach Weill/ Broadbent (1998) herangezogen. Der Ansatz ist im wissenschaftlichen Schrifttum weit verbreitet (vgl. Byrd/Turner 2000, S. 169f.; Sirkemaa 2002). Er gliedert den IT-Infrastrukturbegriff in vier Bereiche (Abbildung 2-1).

Die *IT components* stellen die Basis der IT-Infrastruktur dar. Dazu gehören z.B. Rechner, Netzwerk, Drucker oder Betriebssysteme. Der Bereich *Shared IT Services* umfasst sehr stabile Dienste, die geschäftsprozessübergreifend genutzt werden. Beispiele sind das Management von Mainframes, Datenbankdienste oder Telekommunikationsdienste. Der Bereich bildet auch die Schnittstelle zu den IT-Applikationen.

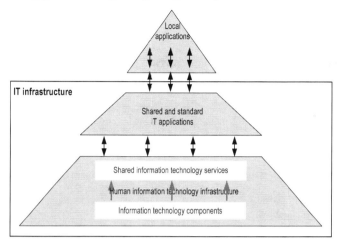

Abbildung 2-1:   *IT-Infrastrukturverständnis nach Weill/ Broadbent*
(Quelle: (Weill/Broadbent 1998, S. 86))

Die Dienste und Komponenten in den beiden oben genannten Bereichen werden von qualifiziertem, erfahrenem Personal zu IT-Infrastrukturservices zusammengesetzt und bereitgestellt (Bereich *human IT infrastructure*). Die Ausführung der Geschäftsapplikationen erfolgt unter Anwendung der IT-Infrastrukturservices. Hierbei wird zwischen geschäftsprozessübergreifenden (*shared and standard IT applications*) und geschäftsprozessbezogenen Applikationen (*local applications*) differenziert. Letzterer Bereich wird nicht mehr zur IT-Infrastruktur gezählt, da der Nutzerkreis sehr beschränkt und die Flexibilitätsanforderungen an die IT-Unterstützung sehr hoch sind. Die *shared and standard IT applications* hingegen erstrecken sich auf unternehmensweit eingesetzte Applikationen, wie z.B. E-Mail oder ERP-Systeme mit hoher Standardisierung (Weill/Broadbent 1998, S. 86).

Frühere Publikationen (vgl. Weill/Broadbent 1997, S. 78f.) erfassen die Bereiche *shared IT services* und *shared and standard IT applications* in Anlehnung an McKay/Brockway (1989) zusammen. Eine Detaillierung erfährt der Ansatz in Weill *et al.* (2002b), der die erwähnten IT-Infrastrukturservices inhaltlich aufschlüsselt (vgl. Kapitel 2.2.2.4).

Basierend auf dem erläuterten Ansatz wird der IT-Infrastrukturbegriff in dieser Arbeit präzisiert. In Ergänzung schlüsselt bspw. Ward/Peppard (2003, S. 548) den Begriff nach physischer IT-Infrastruktur (Middleware, horizontale Applikationen, Netzwerk, Hardware, Basissoftware), IT-Architekturen (Beschreibung der physischen IT-Infrastruktur anhand ihrer Konfiguration), Richtlinien und Standards von Technologien (Beschaffung, Verteilung, Support, Sourcing, Backup, Wiederherstellung) sowie Managementprozesse (Sourcingmanagement, Absicherung der Investitionen) auf. Fokus der Abgrenzung bildet ein strategisch geprägtes Verständnis. Das erklärt z.B. die Einbeziehung von Architekturvorgaben, Richtlinien und

Standards. Solche Aspekte werden im Schrifttum häufig dem Begriff der IT-Governance zugeordnet (vgl. Sambamurthy/Zmud 1999; Weill/Ross 2004; Van Grembergen et al. 2004).

Eine weitere detaillierte Aufschlüsselung des Begriffes zeigt Liu (2002), der ebenfalls vier Bereiche (*environments*) unterscheidet. Innerhalb dieser Bereiche werden Services gebildet, die in ihrer technischen Formulierung mit zunehmender Geschäftsnähe abnehmen. Das Fundament bildet *network environment*, das alle Netzwerkkomponenten einschließt, die der Übertragung, Kommunikation und Sicherstellung der Interoperabilität dienen. Darauf aufbauend umschließt *computing environment* Komponenten, die zur Verwaltung der Applikationsumgebungen erforderlich sind. Dazu gehören Betriebssysteme und Hardwareplattformen (z.B. Speicher, Rechenleistung). Mit *development environment* werden infrastrukturnahe Komponenten abgedeckt. Das sind Applikations-, Datenbank- und Integrationsserver sowie Middleware. Darüber liegen die Geschäftsapplikationen (*business applications*), die nach vertikalen und horizontalen Applikationen unterschieden werden. Eine Querschnittsfunktion über alle Bereiche bilden die ablauf- und aufbauorganisatorischen Prozesse sowie das IT-Personal, das die erforderlichen Administrations- und Managementaufgaben ausführt (Liu 2002, S. 15ff.).

Diese Strukturierung wird in Verbindung mit dem Ansatz von Weill/Broadbent (1998) für die vorliegende Arbeit übernommen, wobei in der Abgrenzung der Bereiche einige Anpassungen vorgenommen werden. Das dient der präziseren Darstellung der engen Verknüpfung einzelner Komponenten sowie einer exakteren hierarchischen begrifflichen Strukturierung (Abbildung 2-2).

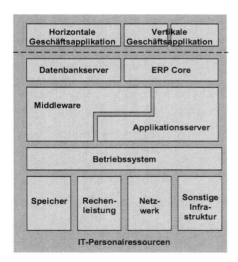

Abbildung 2-2:   *Abgrenzung der Komponenten einer IT-Infrastruktur*
(Quelle: Eigene Darstellung, in Anlehnung an (Liu 2002; Weill/Broadbent 1998))

Zusammengefasst werden der IT-Infrastruktur alle Komponenten einschließlich Middleware sowie große Teile der IT-Applikationslandschaft inklusive Betrieb zugeordnet. Nicht betrachtet werden alle nicht-infrastrukturbezogenen Aspekte der IT-Applikationen wie z.B. Lizenzmanagement oder Entwicklungsaufgaben, die meist sehr systemspezifisch sind.

2.1.2 Management der IT-Infrastruktur

Das Management der IT-Infrastruktur ist ein Teilbereich des IT-Managements (vgl. Krcmar 2005, S. 47ff.; Mauch/Wildemann 2006, S. 14ff.). Die nachfolgenden Kapitel klären die thematische Verankerung in das übergeordnete Themengebiet und geben zuvor einen Überblick über zentrale Ziele, Managementaufgaben und Anforderungen. Das dient dem vertiefenden Verständnis sowie der Eingrenzung der Thematik.

2.1.2.1 Ziele, Aufgaben und Anforderungen

Ziele

Das Management der IT-Infrastruktur zielt auf die effektive und effiziente Bereitstellung von Technologien, Ressourcen und Prozessen zur Unterstützung der Geschäftsprozesse (Ward/Peppard 2003, S. 550; Buchta et al. 2004, S. 19f.). Steigende Anforderungen an die Unterstützungsleistungen wie z.b. die Erhöhung von Flexibilität und Verfügbarkeit in der Bereitstellung sowie die Modularisierung von IT-Infrastrukturkomponenten führen zu weiteren Zielen (vgl. Duncan 1995, S. 42; Dernbach 2003, S. 26).

Sie manifestieren sich in der Reduzierung von Komplexität und Nicht-Standardisierung verbunden mit der gleichzeitigen Sicherstellung von Integrationsfähigkeit und Konsistenz der IT-Infrastrukturkomponenten. Damit sollen die Kosten der IT-Infrastrukturbereitstellung gesenkt und die Transparenz sowie Steuerbarkeit vor dem Hintergrund der Kerngeschäftsziele verbessert werden (vgl. Diedrichsweiler 2004; Dernbach 2003, S. 25). Unterstützt wird das durch die Abbildung der IT-Infrastrukturkomponenten in IT-Services, die Geschäftsanforderungen vollständig abdecken. Hierdurch soll ein optimierter Einsatz der IT-Infrastruktur erfolgen, was schließlich zur Stärkung der Wettbewerbsfähigkeit der IT beiträgt (vgl. Feridun/Dreo Rodosek 2003, S. 1; Liu 2002, S. 19).

Managementaufgaben

Der Schwerpunkt der Managementaufgaben liegt in der Umsetzung der zentralen Zielsetzungen. Varughese (1998, S. 72ff.) unterscheidet vier zentrale Aufgabenbereiche: Allokation und Ausbildung der IT-Mitarbeiter, Optimierung der Prozesse (Änderungsmanagement, Durchlaufzeiten), Verwaltung der Technologien (Allokation und Innovation) sowie den Querschnittsbereich IT-Architektur, der die anderen drei Bereiche durchzieht.

Weiterhin lassen sich die Aufgaben in strategische und operative Aufgaben unterteilen. In Tabelle 2-1 sind die zentralen Aktivitäten zusammengefasst.

Strategische Aufgaben	Operative Aufgaben
Ausrichtung der IT-Infrastruktur an Bedarf und Zielen des Geschäfts (IT-Servicegestaltung)	Betrieb der IT-Infrastruktur unter Einsatz der gegebenen Technologien
IT-Strategieformulierung zur Nutzung, Positionierung und Entwicklung der IT-Infrastruktur	Umsetzung und Einhaltung der strategischen Vorgaben und Standards
Analysen zu Wirtschaftlichkeit und Nutzen der IT-Infrastruktur (IT-Infrastruktur-Marketing)	Planung und Steuerung der Bedarfe (Mengenverbrauch) der IT-Infrastrukturkomponenten
Management des Innovationsportfolios (Technologieentwicklung, strategischer Technologieeinsatz)	Planung und Steuerung der Budgetentwicklung der IT-Infrastrukturkomponenten
Management des Investitionsportfolios zur IT-Infrastrukturentwicklung	Planung und Steuerung des Personaleinsatzes im IT-Infrastrukturbereich
Management der Portfoliogestaltung der IT-Landschaft	Beschaffung der IT-Infrastruktur
Festlegung von Standards und Vorgaben zum IT-Einsatz	Dokumentation der Prozessabläufe zwecks Wiederholbarkeit
Lieferantenmanagement	Berichtswesen
Qualifizierung, Entwicklung des IT-Infrastruktur-Personals	Problemlösungsmanagement, Änderungsmanagement

Tabelle 2-1:   *Aufgaben im IT-Infrastrukturmanagement*
(Quelle: Eigene Darstellung)[1]

Den Mittelpunkt der strategischen Aufgaben bildet die Bestimmung der strategischen Ausrichtung der IT-Infrastruktur. Das schlägt sich in den gesetzten Vorgaben und Standards sowie in der Portfoliogestaltung nieder. Zentrale Ziele sind die Umsetzung von Kompatibilität, Konsolidierung und Standardisierung in der Bereitstellung der IT-Infrastrukturkomponenten. Die festgelegten Maßnahmen werden dann im Rahmen der operativen Aufgaben umgesetzt.

Zentrale Anforderungen

An das Management der IT-Infrastruktur werden die folgenden zentralen Anforderungen geknüpft, die sich aus den Zielen ableiten und bei der Aufgabenausführung zu berücksichtigen sind (vgl. Weill/Broadbent 1998, S. 219ff.; Voß/Gutenschwager 2001, S. 205; Byrd/Turner 2000, S. 170f.):

- Verfügbarkeit der IT-Infrastrukturkomponenten.
- Leistungsfähigkeit (im Sinne von *Performance*) der IT-Infrastrukturkomponenten.
- Sicherheit der IT-Infrastrukturumgebung.
- Flexibilität der IT-Infrastrukturbereitstellung (schnelle Reaktionsfähigkeit auf Anforderungsänderungen).
- Zuverlässigkeit/Stabilität der IT-Infrastrukturumgebung.
- Skalierbarkeit der IT-Infrastrukturkomponenten.

---

[1] Unter Verwendung der Quellen (Krcmar 2005, S. 215; Voß/Gutenschwager 2001, S. 241ff.; Sirkemaa 2002, S. 202-205; Ward/Peppard 2003, S. 552f., 576; Liu 2002, S. 19; Byrd/Turner 2000, S. 170; Varughese 1998, S. 17ff.; Dernbach 2003, S. 28-31; Rehäuser 1999, S. 103).

2.1 Begriffliche Einordnung und Abgrenzung der IT-Infrastruktur

Die Relevanz der Anforderungen belegt zudem eine jährlich durchgeführte Studie, nach der Verfügbarkeit, Sicherheit, Flexibilität und Leistungsfähigkeit (Performance) als wichtigste Anforderungen an die IT-Infrastruktur gelten (vgl. Capgemini 2005, S. 22).

2.1.2.2 Einordnung in das Informationsmanagement

Informationsmanagement (IM) setzt sich aus den Grundbegriffen Information und Management zusammen. Unter dem Managementbegriff wird im Allgemeinen das Führen eines Unternehmens verstanden. Das umschließt Aufgabenschwerpunkte wie die Entscheidungsfindung, Informationsversorgung und -generierung, Koordination, Motivation, Delegation, Organisation oder Kontrolle (vgl. Steinmann/Schreyögg 2000, S. 5-11; Mauch/Wildemann 2006, S. 14f.; Bleicher 1992, S. 1271ff.). Der Informationsbegriff hingegen lässt sich aus verschiedenen Perspektiven betrachten, die in Krcmar (2005, S. 14-22) ausführlich dargelegt werden. In der Zusammensetzung beider Teilbegriffe ergibt sich jedoch ein unterschiedliches Verständnis im Schrifttum.

Heinrich (2002, S. 8) versteht IM als Leitungshandeln im Unternehmen hinsichtlich Information und Kommunikation. Den Schwerpunkt bildet die Bedeutung der Information als Produktions- und Wettbewerbsfaktor. Die damit verbundenen Aufgaben werden als Informations- und Kommunikationsfunktion bezeichnet und stellen eine Querschnittsfunktion dar.

Krcmar (2005) definiert IM detaillierter als *„[...] das Management der Informationswirtschaft, der Informationssysteme, der Informations- und Kommunikationstechniken sowie der übergreifenden Führungsaufgaben. Das Ziel des IM ist es, im Hinblick auf das Unternehmensziel den bestmöglichen Einsatz der Ressource Information zu gewährleisten. IM ist sowohl Management- wie Technikdisziplin und gehört zu den elementaren Bestandteilen der Unternehmensführung."*.

Das zugehörige IM-Modell differenziert Management- und Gestaltungsaufgaben. Die Managementaufgaben umfassen (top-down betrachtet) die drei Ebenen *Informationswirtschaft*, *Informationssysteme* und *Informations- und Kommunikationstechnik* (IKT). Ebenenübergreifende Gestaltungsaufgaben umfassen z.B. die Einordnung strategischer IM-Fragestellungen in die Unternehmensstrategie, die aufbauorganisatorische Gestaltung des IM, das Management des IM-Personals oder das IV-Controlling zur Steuerung des IM (Krcmar 2005, S. 47ff.). Demnach ist das Management der IT-Infrastruktur eine IM-Aufgabe, die auf der IKT-Ebene wie auch in Teilen der Gestaltungsaufgaben (z.B. IT-Prozesse, Personal, Controlling) angesiedelt ist.

Im Schrifttum existieren verschiedene Ansätze zur Gestaltung des IM. Krcmar (2005, S. 28-47) gliedert diese nach problemorientierten, aufgabenorientierten, Ebenen- und Architekturmodellen.[2] Die praktische Umsetzung vieler Ansätze scheitert nach Heinrich (2002, S. 33f.) häufig am fehlenden Praxisbezug. Er konstatiert deshalb die Notwendigkeit einer kontinuierlichen kritischen Reflektion im Hinblick auf die Anpassungsfähigkeit an unternehmensspezifische Belange.

---

[2] Eine empirische Untersuchung zu IM-Ansätzen im Schrifttum findet sich bei Schlögl (2001).

In diesem Zusammenhang tritt die im Schrifttum unterschiedlich betrachtete Abgrenzung zwischen IM und IT-Management in den Blickwinkel der Diskussion. So sehen einige Autoren das IT-Management als integralen Bestandteil des IM (vgl. Krcmar et al. 2006, S. 190f.; Krcmar 2005, S. 47ff.; Stahlknecht/Hasenkamp 2005, S. 437f.), während andere keine explizite Unterscheidung aufzeigen (vgl. Pietsch et al. 2004, S. 48ff.; Mauch/Wildemann 2006, S. 14; Zarnekow et al. 2005a, S. 1).

Generell wird dem Management der IT-Infrastruktur in vielen Ansätzen eine hohe Bedeutung beigemessen (vgl. Heinrich 2002, S. 8, 21; Wollnik 1988, S. 39; Biethahn et al. 2004). Eine einseitige Ausrichtung auf die technische IT-Infrastruktur soll dabei vermieden werden (Szyperski/Winand 1989, S. 135). Vielmehr ist sie mit den Anforderungen der Geschäftsbereiche zu verknüpfen, um ein ausgewogenes Verhältnis zwischen technischen und geschäftsnutzenbezogenen Entwicklungspotenzialen zu erzielen (vgl. Hars/Scheer 1994, S. 6ff.). Deshalb umfassen die Managementaufgaben der IT-Infrastruktur wie auch im IM Aktivitäten der Planung, Steuerung, Kontrolle, Koordination sowie der Entscheidungsfindung und -umsetzung (vgl. Hildebrand 2001, S. 35; Voß/Gutenschwager 2001, S. 70).

2.2 Servicebasierte Planung und Steuerung der IT-Infrastruktur

2.2.1 Planung und Steuerung der IT-Infrastruktur als servicebasierte Managementaufgabe

Wie bereits in Kapitel 2.1.2.1 angeführt sind Planung und Steuerung grundlegende Managementprozesse (Steinmann/Schreyögg 2000, S. 9ff.). Das gilt gleichermaßen für das Management der IT-Infrastruktur respektive für die IT selbst (vgl. Mauch/Wildemann 2006, S. 14f.; Biethahn et al. 1999). Mit den wachsenden Anforderungen der Geschäftsprozesse an eine bedarfsgerechte IT-Unterstützung ist auch die Planung und Steuerung gefordert, vor allem den Ressourceneinsatz differenzierter zu gestalten (Boynton/Zmud 1987, S. 59f.). Hierbei können Ansätze zum IT-Servicemanagement eine wertvolle Hilfestellung liefern, um die IT-Infrastrukturkomponenten in Form von IT-Services zu strukturieren und die Bereitstellungsprozesse daran auszurichten (vgl. Broadbent/Weill 1997, S. 78f.; Rehäuser 1999, S. 103).

Terminologisch wird im IT-Servicemanagement im angloamerikanischen Schrifttum der Begriff *service oriented* verwendet (Office of Government Commerce 2007a). Er wird von der deutschsprachigen Literatur häufig übernommen (vgl. Zarnekow et al. 2005a; Resch/Neumann 2006; Hochstein et al. 2004b). Bisher gab es hierzu keine weiteren Eingrenzungsbedarfe, was sich aber mit dem Aufkommen serviceorientierter Architekturen (SOA) geändert hat.

SOA versteht sich als *„[...] paradigm for organizing and utilizing distributed capabilities that may be under the control of different ownership domains."* (OASIS 2006, S. 8, 29). Obwohl bei beiden Ansätzen die Festlegung von Services im Mittelpunkt steht, ist der gesetzte Fokus ein anderer. SOA definiert vornehmlich technische Leistungsbündel als (Web) Services im Sinne einer Orchestrierung der Softwarefunktionen nach dem Prinzip der losen Kopplung und Wiederverwendbarkeit. Im IT-Servicemanagement hingegen wird das komplette Leistungsangebot der IT (Applikationen und Infrastruktur) in kundenorientierten, d.h. geschäfts-

2.2 Servicebasierte Planung und Steuerung der IT-Infrastruktur

nutzenbezogenen Services formuliert (als IT-Service-Katalog). Der Verzicht auf technische Ausdrücke soll den Mehrwert der Services für die IT-Nutzer verständlich machen.

Um begriffliche Ungenauigkeiten im Weiteren zu vermeiden, wird für diese Arbeit der Terminus servicebasiert statt serviceorientiert verwendet.

2.2.2 IT-Services und IT-Service-Katalog als Planungs- und Steuerungsgrundlage

Grundlage der Planung und Steuerung der IT-Infrastruktur ist die Ermittlung der Bedarfe, die die Leistungsnehmer zur Unterstützung ihrer Geschäftsprozesse benötigen. Ein Instrument zur systematischen und strukturierten Erfassung der Bedarfe ist der IT-Service-Katalog (Mayerl et al. 2003, S. 2, 5). Die hierin beschriebenen IT-Services dokumentieren alle offerierten Leistungsdefinitionen, -umfänge und -merkmale sowie die verfügbaren Qualitätsparameter.

Die Entwicklung und das Management der IT-Service-Kataloge erweist sich in der Praxis häufig als Herausforderung (vgl. o.V. 2006b). Das liegt zum einen darin begründet, dass geeignete Vorlagen zum Aufbau einer solchen Katalogstruktur fehlen oder unzureichend beschrieben sind. Zum anderen mangelt es vielen Unternehmen an der durchgängigen Umsetzung einer Servicekultur, die für den effektiven Einsatz von IT-Service-Katalogen unerlässlich ist.

Ein Schwerpunkt des Kapitels besteht in der Festschreibung des für diese Arbeit geltenden Verständnisses zur Begriffswelt *IT-Service* respektive *IT-Dienstleistung*.[3] Das Verständnis wird sodann auf IT-Service-Kataloge erweitert. Den Ausgangspunkt bilden die definitorische Abgrenzung und die Darstellung von Bedeutung und Aufgaben. Daran anknüpfend werden existierende Strukturierungsformen (Beschreibungselemente) für IT-Services analysiert. Da deren Aufbau und Charakteristik auch die hierarchische Struktur von IT-Service-Katalogen beeinflusst, wird dies anschließend untersucht.

2.2.2.1 Begriffliche Grundlagen

Zur Definition des Dienstleistungsbegriffs existieren vielfältige meist diskrepante Ansätze, die dazu führten, dass sich im wissenschaftlichen Schrifttum noch keine konsistente Begriffsbestimmung als allgemeingültig durchgesetzt hat (vgl. Böhmann 2004, S. 9; Burr 2002, S. 5-8). Zur wissenschaftlichen Abgrenzung des Begriffs haben sich drei Vorgehensweisen herauskristallisiert:

(1) Negativdefinition (alle Güter, die keine Sachgüter sind, werden als Dienstleistung verstanden) und Enumeration (Beispiele, die das Wesen von Dienstleistungen aufzeigen). Diese Vorgehensweise stellt jedoch die am stärksten kritisierte und als „Verlegenheitslösung" bezeichnete Abgrenzung dar (vgl. Burr 2002, S. 6; Böhmann 2004, S. 9).

---

[3] IT-Service ist der angloamerikanische Begriff für IT-Dienstleistung. Zur Wahrung einer einheitlichen Begriffsverwendung wird im Anschluss an die Begriffsdefinition ausschließlich der Terminus *IT-Service* benutzt, da er sich in der Begriffswelt des relevanten Schrifttums zunehmend etabliert.

(2) Die Abgrenzung mittels konstitutiver Wesensmerkmale versucht, durch die Festlegung trennscharfer Kriterien, eine Differenzierung zwischen Sach- und Dienstleistungen abzuleiten (vgl. Meffert/Bruhn 2006, S. 28-49; Corsten 2001, S. 21-30).

(3) Dienstleistungen werden als Bestandteile übergeordneter Leistungssysteme verstanden, die Sach- und Dienstleistungen gleichermaßen umfassen. Differenziert wird nach sachleistungsorientierten (mit überwiegendem Sachdienstleistungsanteil) und dienstleistungsorientierten (mit überwiegendem Dienstleistungsanteil) Leistungssystemen (vgl. Burr 2002, S. 6).

Von diesen Vorgehensweisen wird vor allem der Ansatz der Negativdefinition und Enumeration als unzureichend und äußerst unscharf bezeichnet (Burr 2002, S. 6). Als weitestgehend etabliert gilt eine wissenschaftlich geprägte Arbeitsdefinition, die sich konstitutiver Merkmale bedient (vgl. Böhmann 2004, S. 9; Kleinaltenkamp 2001, S. 30; Meffert/Bruhn 2000, S. 30).[4] Hiernach werden Dienstleistungen anhand der drei zueinander komplementären Dimensionen Leistungsergebnis, Leistungsprozess und Leistungspotenzial beschrieben (vgl. Böhmann/Krcmar 2005c, S. 15f.):

- *Leistungsergebnis*: Das umfasst Dienstleistungen, deren Ergebnisse materielle und immaterielle Wirkungen auf externe Faktoren ausüben (Ergebnis-Dimension). Ergebnisse bzw. Informationsobjekte können bspw. IT-Service-Kataloge, IT-Services oder Service-Level-Management-Regelungen sein.

- *Leistungsprozess*: Einbezogen werden alle Aktivitäten zur Erbringung von Dienstleistungen, in deren Erstellungsprozesse externe Faktoren entweder integriert werden oder an denen bzw. mit denen die Dienstleistung erbracht wird (Prozess-Dimension). Generell ist bei der Leistungserbringung die Beteiligung oder Mitwirkung des Leistungsnehmers erforderlich (Haller 1998, S. 53). Bei externen Faktoren kann es sich um Subjekte (z.B. Mitarbeiter des Leistungsnehmers als Schulungsteilnehmer), Objekte (z.B. Hardware-Reparatur) oder Informationen (z.B. Beratungen) handeln. Beispiele für Informationsobjekte sind Prozessmodelle, Serviceaufträge und Supportanfragen.

- *Leistungspotenzial*: Dazu gehören Dienstleistungen, die als Sach- und Humanressourcen über die Fähigkeit und Bereitschaft zur Dienstleistungserbringung verfügen (Potenzial-Dimension). Mögliche Informationsobjekte sind z.B. Hardware, Mitarbeiterqualifikationen und Wissensobjekte.

Ergänzt werden kann die Abgrenzung um eine Markt-Dimension, die den Aspekt der Vermarktbarkeit von Dienstleistungen fokussiert (Mertins/Spath 2004, S. 10f.). Dabei erfüllen Dienstleistungen interne wie externe Bedarfe der Leistungsnehmer und liefern bei Inanspruchnahme auch den Leistungsgebern einen wahrnehmbaren Mehrwert.

---

[4] In Ergänzung zum konstitutionellen Verständnis sei noch das institutionelle Verständnis erwähnt, nach welchem die Erstellung und Erbringung von IT-Services durch wirtschaftlich und rechtlich selbständige IT-Dienstleistungsunternehmen oder aber durch unternehmensinterne IT-Organisationseinheiten erfolgen (vgl. Böhmann/Krcmar 2005a, S. 454).

2.2 Servicebasierte Planung und Steuerung der IT-Infrastruktur

Darüber hinaus verfügen Dienstleistungen über weitere konstitutive Merkmale, von denen diejenigen herausgegriffen werden, die im Kontext dieser Arbeit eine zentrale Rolle spielen. Die *Immaterialität* von Dienstleistungen (Leistungen sind nicht fühlbar, riechbar, sichtbar oder geschmacklich unterscheidbar) führt dazu, dass es Leistungsnehmern häufig Schwierigkeiten bereitet, Art und Umfang der Dienstleistungen vor ihrer Inanspruchnahme zu beurteilen (Burr 2002, S. 6). Unter diesen Umständen gewinnt die Notwendigkeit einer präzisen IT-Servicebeschreibung durch den Leistungsgeber besondere Bedeutung.

Eine weitere Eigenschaft stellt die *mangelnde Lagerfähigkeit des Leistungsergebnisses* dar, die aus der Unteilbarkeit von Leistungserstellung und Leistungsabgabe resultiert (Bruhn 1997, S. 11). Nach Haller (1998, S. 53) existieren Ausnahmen, z.B. bei Dienstleistungen, die auf materiellen Trägermedien (z.B. Festplatten, DVD, Speichersysteme) gespeichert werden können.

Die Dienstleistungsdimensionen und -merkmale lassen sich auf die Begriffsabgrenzung von IT-Services anwenden (Mertins/Spath 2004, S. 11). Vereinfacht ausgedrückt, setzen sich IT-Services aus mehreren Bestandteilen und Funktionalitäten zusammen, wobei die technische Erbringung nicht unbedingt primärer Gegenstand der Betrachtung ist (Elsässer 2005, S. 19; Mayerl et al. 2003, S. 2). Die Definition der ITIL setzt den Fokus etwas anders und beschreibt IT-Services als die Anzahl an IT-Systemen, die einen Geschäftsprozess unterstützen oder ermöglichen (Office of Government Commerce 2007a, S. 61, 309). Was genau ein IT-System umfasst wird dabei nicht erläutert.

Eine ausführlichere Begriffsabgrenzung gibt Böhmann (2004, S. 29-32). Er differenziert ein weiter gefasstes und ein enges Begriffsverständnis. IT-Services im weiteren Sinne umfassen alle IT-Systeme und IT-Aktivitäten, die ein wesentlicher Bestandteil des Leistungsergebnisses sind, mit dem das Management von IT-Systemen oder durch IT-Systeme ermöglichte Geschäftsaktivitäten in Planung, Entwicklung und Bereitstellung unterstützt werden. Die IT-Systeme beziehen sich auf den informationstechnischen Teil betrieblicher Informationssysteme. IT-Services im engen Verständnis bauen auf der vorliegenden Definition auf und ergänzen sie, indem IT-Systemen und IT-Komponenten die Eigenschaft als Potenzialfaktor zugeordnet wird. Dieser stellt die Leistungsfähigkeit sicher und bindet externe Faktoren in den Leistungserstellungsprozess ein.

In Anlehnung an die Ausführungen von Meffert/Bruhn (2003, S. 27) und Böhmann (2004, S. 29-32) wird in dieser Arbeit folgendes Begriffsverständnis zu Grunde gelegt:

> IT-Services sind IT-Leistungen und IT-Leistungsbündel, die mit der Bereitstellung und/oder dem Einsatz von Leistungsfähigkeiten verknüpft sind (Potenzial-Dimension). Interne und externe Faktoren werden im Rahmen des Leistungserstellungsprozesses durch die Kombination von Mensch, Aufgabe und Technik in Relation gesetzt (Prozess-Dimension). Die Faktorkombination des Leistungsgebers erfolgt mit dem Ziel, eine nutzenstiftende Wirkung an den externen Faktoren zu erreichen (Ergebnis-Dimension).

Die angebotenen IT-Services werden mit ihren Eigenschaften, Serviceinhalten und Preis- bzw. Kostenstrukturen von der IT-Organisation (als Leistungsgeber oder Servicegeber) in einem IT-Service-Katalog beschrieben und dokumentiert (Mayerl et al. 2003, S. 5f.). Er wird deshalb oft als Stückliste bezeichnet, aus der die FB als Leistungsnehmer (oder Servicenehmer) auswählen können (vgl. Uebernickel et al. 2006, S. 202).

Nach dem Verständnis von ITIL (2007a, S. 309) werden IT-Service-Kataloge definiert als *„A database or structured Document with information about all Live IT Services, including those available for Deployment. The Service Catalogue is the only part of the Service Portfolio published to Customers, and is used to support the sale and delivery of IT Services. The Service Catalogue includes information about deliverables, prices, contact points ordering and request Processes."*.

IT-Services umfassen auf Basis einer vorgegebenen Servicehierarchie unterschiedliche Servicearten. Sie lassen sich aus technischer (z.B. Infrastruktur-Services, Applikations-Services) wie aus Geschäftsprozessperspektive (z.B. Einrichten eines Logins zum ERP-System) betrachten und werden in Matrix-, Tabellen- oder Formularform abgebildet (Office of Government Commerce 2007a, S. 62).

Mit den Katalogen soll die unkontrollierte und intransparente Verbreitung und Bereitstellung von IT-Services vermieden und eine Standardisierung des IT-Serviceangebots erreicht werden (vgl. Mayerl et al. 2003, S. 4ff.; Uebernickel et al. 2006, S. 199).

Für diese Arbeit wird in Anknüpfung an die aufgezeigten Literaturquellen das folgende Begriffsverständnis festgelegt:

> *Ein IT-Service-Katalog umfasst sämtliche von einer unternehmensinternen IT-Organisation und/oder unternehmensexternen IT-Dienstleistern angebotenen IT-Services, die über eine formale und inhaltliche Katalogstruktur beschrieben und dokumentiert sind. Für Servicenehmer und Servicegeber transparent und verständlich, werden die im IT-Service-Katalog enthaltenen IT-Services durch Angaben zu deren Eigenschaften, Serviceinhalten, Qualitätsparametern und Verrechnungspreisen respektive Verrechnungskosten festgeschrieben.*

2.2.2.2 Management von IT-Services und IT-Service-Katalogen

Die Bereitstellung von IT-Services wird durch Angebot und Nachfrage in einem bestehenden Serviceverhältnis bestimmt. Hierbei stehen sich im Wesentlichen die zwei Akteure Servicegeber und Servicenehmer gegenüber (vgl. Uebernickel et al. 2006; Garschhammer et al.

2.2 Servicebasierte Planung und Steuerung der IT-Infrastruktur

2001). Während Servicenehmer die IT-Services entsprechend ihres Bedarfs nachfragen, stellt der Servicegeber die angeforderten IT-Services bereit. Im Mittelpunkt stehen die servicenehmerbezogene Vermittlung der IT-Bedarfe an die IT-Organisation (Bedarfsäußerung) und deren Übertragung in eine technische Spezifikation (vgl. Blomer 2002, S. 17). Der IT-Service-Katalog bildet die Kommunikationsgrundlage und -schnittstelle zwischen den Akteuren (Dreo Rodosek/Hegering 2004, S. 86f.).

Ein Resultat der zunehmenden IT-Durchdringung im unternehmerischen und privaten Umfeld ist die teils (zu) hochgesteckte Erwartungshaltung der Servicenehmer, die Leistungen der IT (z.B. Verfügbarkeit, Performanz) flexibel und kostenminimal zu erbringen (vgl. Zarnekow et al. 2005b, S. 6f.). Das steht häufig in keiner Relation zur daraus entstehenden Komplexität der IT-Unterstützung. Doch die Vermittlung dieses Wirkungszusammenhangs bereitet IT-Organisationen häufig Schwierigkeiten, da die Abläufe der IT-Servicebereitstellung den Servicenehmern nicht transparent sind. Deshalb wird die IT von vielen Servicenehmern noch als reiner Kostenblock wahrgenommen (vgl. Sturm et al. 2000, S. 8ff.). Doch mit der Dokumentation von IT-Services in Katalogform kann die notwendige Transparenz geschaffen werden, um ein realistisches Erwartungsmanagement und gleichsam eine höhere Glaubwürdigkeit und Qualitätsanmutung bei den Servicenehmern zu etablieren (vgl. Meffert/Bruhn 2006, S. 287).

Ein Mittel zur Umsetzung der Transparenzforderung liegt in der Beschreibung der IT-Services in einer für die Servicenehmer verständlichen Form mit der Angabe von Wahlmöglichkeiten zu Quantität und Qualität (vgl. Mayerl et al. 2003, S. 6; Dreo Rodosek/Hegering 2004, S. 89). Dabei ist für die Servicenehmer unerheblich mit welchen einzelnen Ressourcen die IT-Services von der IT-Organisation erbracht werden. Hier besteht in der Praxis vielfach ein Defizit, da Vorschläge für IT-Servicebeschreibungen im Schrifttum gar nicht oder vornehmlich technisch-orientiert vorliegen (vgl. Böhmann/Krcmar 2004, S. 7ff.).

Aufgabe der IT-Organisation ist es, die IT-Services bedarfsgerecht unter Berücksichtigung von IT-Strategie und fachlichen IT-Vorgaben bereitzustellen (Office of Government Commerce 2007b, S. 163ff.). Das erfordert Kenntnis und Verständnis der IT über die Geschäftsprozesse der Servicenehmer. Denn nur auf Grund dieses Wissens ist es der IT möglich, die Bedarfe gezielt zu erfassen und darüber hinaus eine aktive und beratende Rolle im Serviceverhältnis einzunehmen. Die Servicenehmer können in die IT-Servicegestaltung eingebunden werden (Kern/Johnson 1996). Das dient dem Ziel des Imagewechsels der IT-Organisation vom reinen Kostenblock hin zur Wahrnehmung als wertschöpfender Faktor (Bertleff 2001, S. 57).

IT-Services existieren in der Praxis nicht in einem Vakuum, vielmehr sind sie durch Anforderungsänderungen der Servicenehmer einer Weiterentwicklung unterworfen. Änderungsbedarfe können mitunter ad-hoc und somit wenig planbar auftreten (vgl. Tardugno et al. 2000, S. 29). Der IT-Organisation obliegt es zu erkennen, ob und inwieweit Anforderungsänderungen eine Anpassung des IT-Serviceangebots erfordern oder nur auf persönlichen Wünschen einzelner Servicenehmer beruhen. Der IT-Service-Katalog kann als Diskussionsgrundlage herangezogen werden, um über Änderungen im IT-Serviceangebot zu entscheiden. Beschlossene Änderungen werden anschließend in den Katalog überführt. Die damit erzielte Aktualität erlaubt es, den Katalog als Basis für die Planung und Steuerung der Ressourcen und Kosten zu verwenden (vgl. Office of Government Commerce 2007a, S. 60ff.).

Ein effektives und effizientes Management von IT-Services und IT-Service-Katalogen erfordert auch die Definition von Qualitätsparametern, die als Service-Levels bezeichnet werden. Grundsätzlich lassen sich technische und servicenehmerbezogene Qualitätsparameter festlegen (Dreo Rodosek/Hegering 2004, S. 88). Service-Levels verkörpern definierte Qualitätsstufen und -ausprägungen für die IT-Servicebereitstellung, die anhand konkreter Werte auf ihre Erfüllung hin überprüft werden können. Dies schließt die Lücke zwischen Leistungserwartung und Leistungsrealität. Die Verbindlichkeit der Einhaltung der Service-Levels zwischen Servicenehmer und Servicegeber kann durch eine vertragliche Vereinbarung erhöht werden. Sie erfolgt über *Service-Level-Agreements* (SLA), indem sämtliche wählbare Qualitätsparameter hierüber fixiert werden (vgl. Burr 2003, S. 33; Sturm et al. 2000, S. 8-38).

Einen übergeordneten Rahmen für diese Aktivitäten stellt das *Service-Level-Management* (SLM) dar. Sturm *et al.* (2000, S. 13) bezeichnen SLM als *„ [...] disciplined, proactive methodology and procedures used to ensure that adequate Levels of services are delivered to all IT users in accordance with business priorities and at acceptable cost."* Das umfasst die Definition, Planung, Ausgestaltung und Vereinbarung von Service-Levels sowie deren Dokumentation, Überwachung und Berichterstattung. Für jeden Service-Level sind dedizierte wertmäßige Ausprägungen hinterlegt (Office of Government Commerce 2007a, S. 65ff.).

Während sich SLA auf die vertragliche Schnittstelle zwischen IT und Servicenehmer erstrecken, werden für die technische Erbringung der IT-Services zwischen IT-Organisation und unternehmensinternen oder -externen Lieferanten *Operational Level Agreements* (OLA) vereinbart. Die hierbei geschlossenen Subaufträge werden als *Underpinning Contracts* (UC) bezeichnet (Office of Government Commerce 2007a, S. 72). Im Rahmen des SLM werden die Beziehungsstrukturen zwischen den Akteuren geregelt, überwacht und gesteuert. Damit lässt sich eine Brücke zwischen den unterschiedlichen Anforderungen von Servicenehmer und Servicegeber schlagen. Voraussetzung für die Umsetzung von SLM ist das Vorhandensein einer tatsächlich ‚gelebten' Servicekultur sowie einer organisatorischen Reife, die sich in einer Unterstützung der Aktivitäten durch die oberen Führungsebenen ausdrückt (Bernhard 2002a, S. 258ff.; Wengorz 2004, S. 81).

Die Abbildung des IT-Serviceangebots in Katalogform ermöglicht die Schaffung eines einheitlichen Begriffsverständnisses zwischen den Akteuren. Das erweist sich insbesondere in heterogen gewachsenen IT-Infrastrukturen als hilfreich. Ein erster Schritt zur Ausgestaltung von IT-Service-Katalogen besteht in der Entwicklung einer durchgängigen Strukturierung für IT-Services, die anhand definierter Beschreibungskriterien eine einheitliche Dokumentation ermöglicht.

2.2.2.3 Struktureller Aufbau von IT-Services

Zielsetzung

Zielsetzung der Strukturierung ist es, ein einheitliches und für die Servicenehmer wahrnehmbares IT-Serviceangebot zu erstellen, das den direkten Geschäftsbezug (IT-Business-

2.2 Servicebasierte Planung und Steuerung der IT-Infrastruktur

Alignment) und den erzielten Mehrwert aufzeigt (vgl. Office of Government Commerce 2007a, S. 30ff.; Mayerl et al. 2005). Das unterstützt deren Verankerung in den Geschäftsprozessablauf der Servicenehmer. Die mit der Strukturierung erreichte schriftliche Fixierung soll zudem Bestrebungen der Homogenisierung und Standardisierung der IT-Landschaft unterstützen (vgl. Böhmann/Krcmar 2004, S. 7ff.; Bertleff 2001, S. 57). Mit Hilfe der Strukturierungskriterien schließlich soll die Übertragbarkeit der IT-Services auf die Planungs- und Steuerungsprozesse gefördert werden (Kütz 2005, S. 14ff., 27ff.). Diese Aspekte lassen sich wie folgt zusammenfassen:

- Festlegung von Beschreibungskriterien zur Ausgestaltung der einheitlichen Definition von IT-Services.
- Schaffung von Transparenz zur inhaltlichen Abgrenzung der IT-Services voneinander.
- Organisation des Ablaufs zur Bereitstellung von IT-Services auf Servicenehmer- und Servicegeberseite (z.B. Klärung von Rechten und Pflichten der Akteure).
- Bedarfsgerechte Zusammenstellung (Modularität) von IT-Services durch die Servicenehmer.
- Unterstützung der Standardisierung des IT-Serviceangebots.

Strukturierungsformen von IT-Services im Schrifttum

Die IT-Servicestrukturierung erstreckt sich in der Regel auf mehrere Betrachtungsebenen, auf denen mitunter Beschreibungskriterien definiert sind. Hieraus ergibt sich eine einheitliche Vorgehensweise zur Dokumentation der IT-Services. Die Analyse des Schrifttums zeigt, dass die zumeist sehr aktuelle Literatur vornehmlich der Praxis entstammt (z.B. Office of Government Commerce 2007a; Olbrich 2004; Schoepp/Horchler 2002; Bertleff 2001). Eine primär wissenschaftlich-orientierte Aufarbeitung findet sich bspw. bei (Zarnekow et al. 2005b; Mayerl et al. 2003; Böhmann 2004; Garschhammer et al. 2001; Uebernickel et al. 2006). Nachfolgend werden im Besonderen die Ansätze dargestellt, auf die in Kapitel 5.2.3 Bezug genommen wird.

Das Rahmenwerk ITIL unterscheidet grundsätzlich zwischen einer geschäftsbezogenen (Servicenehmer) und einer technischen (Servicegeber) Betrachtungsebene im IT-Servicemanagement. Diese Differenzierung erstreckt sich auch auf die Gestaltung von IT-Services und SLA. Während für SLA (und OLA) zahlreiche Beschreibungskriterien existieren, gibt es für IT-Services selbst keine dedizierten Kriterien. Diese Form der Strukturierung findet sich insbesondere in der Phase *Service Design* im Lebenszyklusmodell der ITIL (Office of Government Commerce 2007a). Hieran stark angelehnt sind die Ausführungen der ISO 20000-2 (ISO 2005), die die IT-Servicemanagement-Richtlinien in einen Standard umsetzen.

Mayerl *et al.* (2003; 2005) differenzieren ebenfalls zwischen Servicenehmer- und Servicegebersicht. Die Strukturierung setzt auf einem Dienstmodell auf, das aus zwei Teilmodellen besteht und zu SLA-Verhandlungen sowie zur Kontrolle der SLA-Einhaltung herangezogen wird. Das 1.Teilmodell umfasst die Beschreibung von IT-Services mittels Beschreibungskriterien und Qualitätsparametern. Dabei werden nochmals zwei Betrachtungsebenen unterschieden. Die Ebene der IT-Services bildet die Schnittstelle zu den Servicenehmern, wobei die IT-Services in einem IT-Service-Katalog hinterlegt sind. Die Ebene der Module fokussiert die technischen Ressourcen. Sie werden in einem separaten Modulkatalog durch Attribute beschrieben. Im 2.Teilmodell werden Qualitätsparameter und Angaben, die für SLA-Verhandlungen benötigt werden, ausgestaltet (SLA-Modell). Das Dienstmodell unterstützt eine Modularisierung und Hierarchisierung von IT-Services. Hierbei ist jedoch nicht transparent, aus welcher Sichtweise heraus dies umzusetzen ist und wie die Ebenen verknüpft sind.

Die Modularisierung von IT-Services besitzt auch in den Modellen von Dreo Rodosek/ Hegering (2004) und Böhmann et al. (2004; 2002) eine zentrale Bedeutung. Erstere unterscheiden nach generischer, kundenspezifischer und dienstleisterspezifischer Ebene. In Abhängigkeit der eingenommenen Sichtweise erfolgt die Servicemodellierung, auf der die Beschreibung der IT-Services aufsetzt (Dreo Rodosek/Hegering 2004). Hierbei wird nicht explizit auf Beschreibungskriterien eingegangen. Das Servicemodell basiert auf dem ganzheitlichen Ansatz von Garschhammer et al. (2001), dessen Schwerpunkt die Beschreibung von IT-Services als Basis für eine Vertragsgestaltung zwischen Servicenehmer und Servicegeber bildet. Dazu gehört gleichermaßen ein Rollenkonzept, das die Integration der Akteure in die IT-Servicebereitstellung aufzeigt.

Böhmann et al. (2004; 2005) modellieren IT-Services ebenfalls auf drei Ebenen. Der Strukturierungsansatz umfasst die Ebene der Servicearchitektur, auf der die technischen Ressourcen für die IT-Serviceerbringung definiert werden. Die Ebene der Serviceprodukte stellt die Servicebestandteile bereit, die zu standardisierten Produkten zusammengestellt werden. Sie bildet die Schnittstelle zwischen Servicenehmer- und Servicegebersicht. Auf der Ebene der Servicekonfiguration erfolgt die kundenindividuelle Serviceausgestaltung, indem bspw. Qualitätsparameter und Serviceinhalte ausgewählt und vereinbart werden. Auf den einzelnen Ebenen können Module gebildet werden, die sich bedarfsgerecht zusammenstellen lassen. Beschreibungskriterien für IT-Services werden für Servicemodule sowie auf der Ebene der Serviceprodukte definiert. Abbildung 2-3 veranschaulicht die drei Ebenen, auf die in Kapitel 5.2.3 u.a. zurückgegriffen wird.

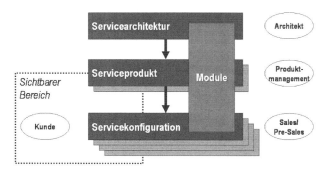

Abbildung 2-3: **Ebenen im Service Engineering**
(Quelle: (Böhmann et al. 2004, S. 113))

2.2 Servicebasierte Planung und Steuerung der IT-Infrastruktur

Uebernickel et al. (2006) stellen in Anlehnung an Zarnekow et al. (2005a) einen Ansatz zur Produktgestaltung vor. Die IT-Services werden als IT-Produkte bezeichnet, die in einem Produktkatalog beschrieben sind. Die Produkte setzen sich aus unterschiedlichen modularen IT-Leistungen zusammen und werden den Servicenehmern in einer für sie verständlichen Form offeriert. Ihre Gestaltung kann mehrere Aggregationsstufen umfassen, die aber nicht näher spezifiziert werden. Die IT-Leistungen fokussieren die IT-interne Sicht in IT-Dienstleistungsunternehmen. Der Ansatz stützt sich u.a. auf die Ausführungen von Bertleff (2001). Die dort aufgezeigte Strukturierung unterscheidet die Ebene der IT-Produkte aus Servicenehmersicht. Die Servicegebersicht unterteilt sich in zwei Ebenen, die hierarchisch verknüpft sind (IT-Leistungen und IT-Ressourcen).

Tardugno et al. (2000, S. 34-63) strukturieren IT-Services aus einer objektbezogenen Sichtweise heraus. Jedem IT-Service werden die drei Komponenten Prozesse, Personen und Technologien zugeordnet. Die Prozesse können als einzelne Objekte dargestellt werden, die von mehreren Services (sogen. Subobjekten) unterstützt werden. Hierdurch lassen sich die IT-Services bei Bedarfsänderungen der Servicenehmer schneller anpassen, ohne dass eine Anpassung der bestehenden Prozessattribute, Fähigkeiten oder Technologien bei gleichem Leistungsergebnis erforderlich ist.

Die aufgezeigten Strukturierungsformen entstammen vornehmlich dem Service Engineering. Gemeinsam ist den Ansätzen die grundlegende Unterscheidung nach den Sichtweisen Servicenehmer und Servicegeber, die in Anlehnung an die ITIL erfolgt. Unterschiede offenbaren sich in der Zielsetzung der Ansätze und der Ausgestaltung und Benennung der Strukturierungsebenen. Der Schwerpunkt der Ausrichtung der Ansätze liegt auf der Dienstleistersicht (vgl. Dreo Rodosek/Hegering 2004, S. 86). Ein umfassender Überblick über Modelle und Ansätze im Service Engineering findet sich in Bullinger et al. (2003).

Vergleich der Strukturierungsformen anhand der Beschreibungskriterien

Da sich die Betrachtungsebenen der Strukturierungsformen im analysierten Schrifttum ähneln, werden für den Vergleich die Beschreibungskriterien für IT-Services herangezogen. Sie sind Grundlage für die Dokumentation und inhaltliche Ausgestaltung. Die gewonnenen Erkenntnisse fließen in die Entwicklung der Modellkomponente 1 zur Strukturierung des IT-Serviceangebots ein (vgl. Kapitel 5.2).

Die analysierte Literatur besitzt ein unterschiedliches Verständnis über das Zusammenspiel von IT-Services, Service-Level und SLA. So werden Beschreibungen zu IT-Services einerseits direkt in SLA-Kontrakte integriert, ohne Einbeziehung eines IT-Service-Katalogs. Das bedeutet, dass Änderungen in IT-Servicebeschreibungen gleichzeitig eine Anpassung der geschlossenen SLA bedeuten. Dieses Verständnis verkörpert das häufig praktizierte Vorgehen vor dem Bekanntwerden und der Verbreitung der ITIL im deutschsprachigen Raum. Seit dem wachsenden Einsatz wandelt sich das Verständnis, indem Relevanz und Zielsetzung von IT-Service-Katalogen erkannt werden (vgl. Kemper et al. 2004).

Das ist insbesondere im praktischen Schrifttum noch nicht durchgängig umgesetzt worden (vgl. Bernhard 2002b; Heinrich 2002; Schoepp/Horchler 2002). Es fehlen Verweise auf IT-

Service-Kataloge und ihre Rolle bei der Schließung von SLA-Verträgen, obwohl sie die hierfür unverzichtbare Grundlage darstellen (Office of Government Commerce 2007a, S. 60ff.). Die auf der ITIL basierende Literatur (vgl. z.B. Zarnekow et al. 2005b; Vogt 2002; Olbrich 2004; Elsässer 2005; Mayerl et al. 2003) folgt diesem Verständnis in verstärktem Maße. Der IT-Service-Katalog enthält die IT-Serviceinhalte, auf die im SLA verwiesen wird. Die zunehmende Verbreitung des Verständnisses erfährt durch das weitere Schrifttum Bestätigung (vgl. z.B. Burr 2003, S. 36; Böhmann et al. 2005; Uebernickel et al. 2006).

Ausgangspunkt des Vergleichs ist ein Vergleichsschema, das die Beschreibungskriterien für IT-Services gegenüberstellt. Es basiert auf den Ausführungen der ITIL, die in der Praxis als De-Facto-Standard anerkannt ist. Da sich der Großteil der analysierten Quellen ebenfalls an den dort verwendeten Beschreibungskriterien orientiert, erwies es sich für den Vergleich als geeignet. Die Zuordnung der Quellen erfolgte auf Basis der im Schrifttum vorgegebenen Gliederung sowie durch Einordnung der Autorin dieser Arbeit. Tabelle 2-2 veranschaulicht das Vergleichsergebnis.

Erste Unterschiede sind in der Strukturierungstiefe der Beschreibungskriterien erkennbar. ITIL (2007a) und die daran angelehnten Quellen (vgl. Zarnekow et al. 2005b; Vogt 2002; Olbrich 2004; Elsässer 2005) weisen sehr detaillierte Beschreibungskriterien auf. Die Angaben von Mayerl *et al.* (2003; 2005) sind ebenfalls sehr umfassend und liefern eine gute Grundlage zur Beschreibung der IT-Services insbesondere der technischen Module. Das gestaltet sich in der Strukturierung von Bernhard (2002b), Heinrich/Bernhard (2002) und Schoepp/Horchler (2002) weniger detailliert. Dies führt zu der Vermutung, dass die Beschreibungskriterien aus der Management-Perspektive betrachtet werden. Die anderen Quellen setzen den Fokus vornehmlich auf die Perspektive der Endanwender von IT-Services und die der Servicegeber.

Das unterschiedliche Verständnis im Zusammenspiel von IT-Services, IT-Service-Katalog und SLA kann an einem weiteren Beispiel verdeutlicht werden: Heinrich/Bernhard (2002) weisen in ihrer Strukturierung SLA-Elemente wie z.B. Sanktionsmaßnahmen bei SLA-Verletzungen oder Methoden für SLA-Messungen auf. Olbrich (2004) verweist bei der Beschreibung von SLA und IT-Services auf einen IT-Service-Katalog und dessen Aufbauelemente. Auch bei Böhmann *et al.* (2005), Mayerl *et al.* (2003; 2005) und Zarnekow *et al.* (2005b) findet sich eine strikte Trennung zwischen der Aufbaustruktur von IT-Services und SLA-Elementen. Jedoch legen Böhmann *et al.* (2005) entgegen den Ausführungen der anderen Quellen für ihre definitorischen Abgrenzungen einen differenzierteren Fokus, indem sie die Beschreibungen der IT-Servicebestandteile in einen übergeordneten Architekturrahmen für das Management von IT-Service-Verträgen einbetten. Die Struktur unterscheidet nach Servicearchitektur (Elemente zur IT-Servicedefinition), geschäftsbeziehungsorientierter Architektur (Akteure und Mitwirkungspflichten) sowie finanz- und kostenorientierter Architektur (Kosten- und Preisaspekte von IT-Services).

Wie Tabelle 2-2 zeigt, gibt es insbesondere in den Kriterien zur IT-Servicebeschreibung, Rollen und Verantwortlichkeiten, Berichtswesen und Service-Levels Überschneidungen. Unterschiede finden sich im Detailgrad der Ausführungen, von denen nachfolgend die erklärungsbedürftigen Aspekte herausgegriffen und erläutert werden.

Strukturierung	Bernhard (2002)	Böhmann et al. (2005)	Heinrich / Bernhard (2002)	ITIL (2007); Elsässer (2004), Vogt (2002), Zarnekow et al. 2005)	Mayerl (2003), (2005)	Olbrich (2004)	Schoepp / Horchler (2002)
Allgemeine Bestimmungen	-	-	X	X	X	X	-
Kurzbeschreibung IT-Service	-	X	-	X	X	X	-
Rollen / Verantwortlichkeiten	X	X	X	X	X	X	(X)
Stellung IT-Service im Lebenszyklus	-	-	-	(X)	X	-	-
Detailbeschreibung IT-Service	X	X	X	X	X	X	X
Über- oder untergeordnete Servicebestandteile	-	X	-	(X)	X	-	-
Service-Level-Parameter mit Messinstrumenten	(X)	X	(X)	(X)	X	X	(X)
Eskalation	X	-	-	X	(X)	(X)	X
Berichtswesen	X	-	X	X	-	X	X
Änderungsprozess	-	(X)	-	X	-	(X)	(X)
Verrechnung IT-Service	-	X	-	X	X	X	X
Optionale Angaben (z.B. Glossar, Rechte & Pflichten)	-	X	-	X	X	X	(X)

X	Kriterien vorhanden
(X)	Kriterien teilweise vorhanden
-	Kriterien nicht vorhanden

Tabelle 2-2: ***Vergleich von Beschreibungskriterien zur Strukturierung von IT-Services***
(Quelle: Eigene Darstellung)

Schoepp/Horchler (2002) bspw. verdeutlichen die Beschreibungskriterien am konkreten Beispiel User Help Desk. Dabei werden keine Verantwortlichkeiten, sondern Mitwirkungspflichten der Servicenehmer in Verbindung mit einer Zuständigkeitsmatrix definiert. Diesen Punkt behandeln die anderen Quellen detaillierter, indem wie bei Heinrich/Bernhard (2002) auch die von der IT-Servicebereitstellung betroffenen IT-Bereiche berücksichtigt werden. Des Weiteren definieren Böhmann et al. (2005) und Mayerl et al. (2003; 2005) ein ergänzendes Beschreibungskriterium, das die Positionierung der IT-Services in einem zu Grunde gelegten Lebenszyklus betrachtet. Auch ITIL berücksichtigt in der Version 3 erstmalig die Stellung im Lebenszyklus. Die an Version 2 angelehnten Quellen berücksichtigen das Kriterium noch nicht explizit.

Weitere Unterschiede zeigen sich in der Definition von Service-Levels. So betrachtet Mayerl et al. (2003; 2005) die Messung der Service-Levels und belegt das exemplarisch. Derartige Beispielparameter finden sich auch bei ITIL (2007a), Olbrich (2004, S. 69), Vogt (2002), Schoepp/Horchler (2002), Elsässer (2005) und Zarnekow et al. (2005b). Schoepp/Horchler

(2002) weisen überdies auf die Einteilung in Service-Level-Klassen hin. Bernhard (2002b) und Heinrich/Bernhard (2002) definieren Methoden, Verfahren und Zeitpunkte zur Messung. Beispiele für Service-Level-Parameter werden in Form von Kennzahlenverweisen gegeben. Böhmann *et al.* (2005) zeigen die strukturellen Zusammenhänge bei der Messung der Servicequalität und modellieren auf theoretischer Ebene die Beziehungen und Abhängigkeiten.

Das Beschreibungskriterium zur Eskalation findet sich bis auf Heinrich/Bernhard (2002) und Böhmann *et al.* (2005) in allen Quellen wieder. Mayerl *et al.* (2003; 2005) und Olbrich (2004, S. 69) erkennen ebenfalls die Notwendigkeit von Eskalationsverantwortlichen, beschreiben jedoch keinen Eskalationsprozess oder Eskalationsmaßnahmen. Der Änderungsprozess von IT-Services ist bei ITIL (2007a) und den angelehnten Quellen ein fester Bestandteil, wobei Olbrich (2004) den Änderungsprozess dem IT-Service-Katalog zuordnet und nicht einzelnen IT-Services. Schoepp/Horchler (2002) definieren Anforderungsänderungen (Change Requests), ohne dass eine weitere Ausführung des dahinter liegenden Prozesses erfolgt.

Optionale Beschreibungskriterien (z.B. Anhang, Glossar) finden sich sehr ausführlich bei ITIL (2007a), Vogt (2002), Olbrich (2004), Elsässer (2005), Böhmann *et al.* (2005), Mayerl *et al.* (2003) und Zarnekow *et al.* (2005b). Schoepp/Horchler (2002) hingegen definieren nur Abwicklungsmodalitäten der Leistungsbereitstellung.

In Abhängigkeit des gesetzten Schwerpunktes unterscheidet sich die analysierte Literatur in Anzahl und Benennung der Beschreibungskriterien. Zusammenfassend lässt der Vergleich erkennen, dass sich das Rahmenwerk ITIL (2007a) als dominierende Grundlage und Orientierungspunkt zur Strukturierung und Beschreibung von IT-Services etabliert hat.

2.2.2.4 Struktureller Aufbau von IT-Service-Katalogen

Zielsetzung

Da sich die Strukturierung des IT-Service-Katalogs an den darin enthaltenen IT-Services ausrichtet, muss er gleichermaßen Servicenehmer und Servicegeber gerecht werden. Weitere Zielsetzungen sind (vgl. Mayerl et al. 2003; Sturm et al. 2000, S. 37; Kütz 2005, S. 127f.):

- Integrierbarkeit der Strukturierungsebenen und Beschreibungskriterien für IT-Services in die Katalogstruktur.
- Integration neuer IT-Services.
- Schaffung einer Kommunikationsgrundlage für die Bestellung und Bereitstellung von IT-Services.
- Abgrenzbarkeit und Unterscheidbarkeit der Kombinationsmöglichkeiten der IT-Services für die Servicenehmer (Modularisierung).
- Schaffung einer Verhandlungsgrundlage für die Vereinbarung von SLA.
- Flexibilität in der Beschreibung von Serviceumfängen.

Strukturierungsformen für IT-Service-Kataloge im Schrifttum

Die Strukturierungsformen für IT-Service-Kataloge lassen sich nach formalen und inhaltlichen Aspekten differenzieren. Die formalen Strukturierungsformen orientieren sich im Wesentlichen an denen von IT-Services. Da deren Erläuterung bereits zuvor erfolgte, wird hierauf nur verwiesen. Daran anknüpfend finden sich einige Ansätze mit inhaltlichen Beispielen.

Dem Ansatz der ITIL (2007a, S. 61ff.) folgend umfasst der IT-Service-Katalog eine Servicenehmersicht (*Business Service Catalogue*) und Servicegebersicht (*Technical Service Catalogue*), die hierarchisch gegliedert sind. Sie unterscheiden sich in der Beschreibung der IT-Services und ihrer Bestandteile. Zudem wird eine beispielhafte Auflistung möglicher IT-Services gezeigt. Eine tiefergehende Gliederung erfolgt nicht. In Anlehnung an ITIL gibt die Strukturierung bei Olbrich (2004, S. 67ff.) neben den ITIL-Kriterien ergänzende Beschreibungskriterien vor (z.B. Änderungshistorie, Vorwort, Unternehmensdarstellung, Ansprechpartner, Detailbeschreibung IT-Services, Änderungsprozess, Anhang).

Uebernickel et al. (2006) strukturieren IT-Service-Kataloge nach geschäftsprozessübergreifenden (z.B. Desktopmanagement) und geschäftsprozessbezogenen (z.B. Buchhaltung durchführen) IT-Services. In diese formale Katalogstruktur integriert sind die IT-Services. Anhand der Strukturierung sind eine servicenehmergerechte Ausgestaltung und ein modularer Katalogaufbau möglich. Mayerl et al. (2003; 2005) strukturiert IT-Service-Kataloge inhaltlich nach Kern- und Zusatzservices. Die IT-Services werden ebenfalls mit ihren formalen Beschreibungskriterien in die Katalogstruktur übernommen. Zusätzliche Beschreibungskriterien werden nicht gegeben.

Die Strukturierung nach Victor/Günther (2005, S. 98ff.) differenziert neben der inhaltlichen Gruppierung in Servicecluster nach einer hierarchischen Gliederung für IT-Service-Kataloge. Sie beinhaltet die Kriterien aus der IT-Servicestrukturierung ergänzt um die Kriterien Messung, Leistungseinheit, SLA-Relevanz und Verrechnungspreise. Inhaltlich werden Strukturierungsvorschläge für IT-Service-Kataloge aufgezählt (nach ITIL-Prozessen, aufbauorganisatorischer Ausrichtung der IT-Organisation, Systemplattformen, Outsourcinggrad, Nähe zum Servicenehmer) (Victor/Günther 2005, S. 102). Eine ausführlichere Beschreibung und Abgrenzung wird nicht gegeben.

Eine weitere inhaltliche Strukturierung zeigt der Ansatz von Weill et al. (2002a; 1997). Auf Basis von 70 empirisch hergeleiteten IT-Infrastrukturservices wurden zehn Servicecluster gebildet (vgl. Kapitel 2.1.1). Diese werden in sechs technisch-orientierte (*physical layer of IT infrastructure capability*) und vier management-orientierte (*management–oriented layer of IT infrastructure capability*) Servicecluster unterteilt:

- *Channel-management services* dienen dem Partner- und Kundenmanagement und umfassen die Bereitstellung und Pflege von bspw. Kommunikations-, Distributions- und Vertriebskanälen.
- *Security and risk-management services* geben Sicherheitsrichtlinien vor und gewährleisten die Sicherheit und den Schutz von materiellem (z.B. Büromaterial, Hardware) und immateriellem (z.B. Daten, Informationen) Unternehmenseigentum.

- *Communication services* betreffen alle netzwerkbezogenen Leistungen.
- *Data-management services* umfassen die Verwaltung von Kunden- und Produktdaten sowie das Management von Prozessen und Ressourcen. Sie unterstützen die Entscheidungsfindung und das Wissensmanagement.
- *Application-infrastructure services* umfassen die zur Entwicklung und zum Betrieb der unternehmensweiten Standardanwendungen erforderlichen IT-Services.
- *IT-facility-management services* integrieren die vorangegangenen fünf Cluster, indem sie die Umgebung zur Erbringung der technischen Services (z.B. Server, Testumgebungen, Hochleistungsrechner) bereitstellen.
- *IT-management services* koordinieren die Abwicklung der technisch-orientierten Servicecluster und bilden die Schnittstelle zu den Servicenehmern ab (z.B. SLA).
- *IT-architecture-and-standard services* umfassen die Verwaltung von Richtlinien und Vorgaben für die gegenwärtige und zukünftige Entwicklung und Verwendung der IT.
- *IT-education and training services* dienen der Schulung und Ausbildung der Nutzer in der Technologieanwendung sowie der Führungskräfte über den Wertbeitrag der IT.
- *IT R&D services* fokussieren auf die Erforschung neuer Technologien und deren Einsatzmöglichkeiten zur Sicherstellung des Wertbeitrags der IT-Services für das Unternehmen.

Aufbauend auf den Beschreibungen werden die Abhängigkeiten zwischen den IT-Services aufgezeigt. Die Servicecluster können als Strukturierungsgrundlage für IT-Services dienen. Denn sie erstrecken sich nicht nur auf die technischen Komponenten der IT-Infrastruktur, sondern erweitern das Betrachtungsspektrum auf zu unterstützende Geschäftsbereiche wie z.B. Forschung und Entwicklung oder Schulungs- und Trainingsmaßnahmen. Es werden zudem IT-Governance-Aspekte wie Vorgaben zu IT-Architekturen und IT-Standards integriert.

Der Strukturierungsansatz von Elsener (2005, S. 124-133) gestaltet sich weitaus detaillierter. Es werden die drei Servicecluster *Infrastruktur-Services*, *Applikations-Services* und *Individual-Services* gebildet. Infrastruktur-Services beinhalten IT-Services zum Betrieb der PC-Landschaft und anderer IT-Infrastrukturkomponenten (z.B. Notebook, Drucker). Applikations-Services umfassen den Betrieb der geschäftsrelevanten Anwendungen. Individual-Services beziehen sich auf individuell zu vereinbarende IT-Serviceinhalte und -umfänge (z.B. zusätzliche Supportregelungen), die separat verhandelt und verrechnet werden. In jedem der Servicecluster werden unterschiedliche Beschreibungskriterien definiert. Deshalb kann es bei diesem Ansatz mehr als einen IT-Service-Katalog in einem Serviceverhältnis geben.

2.2.2.5 Zusammenfassung

Die erläuterten Ansätze verdeutlichen die Unterschiedlichkeit in Herangehensweise, Ausprägung und Granularität bei der formalen und inhaltlichen Strukturierung. Eine standardisierte und allgemein akzeptierte Strukturierung hat sich in der Literatur bisher nicht durchgesetzt (vgl. Dreo Rodosek/Hegering 2004, S. 88). Darüber hinaus weisen die Ansätze kaum Hinweise auf deren Eignung für mittelständische Unternehmen auf. Für die vorliegende Arbeit kann deshalb noch kein Rückschluss gezogen werden, inwiefern die Berücksichtigung mittelständischer Besonderheiten für die Strukturierung von IT-Services und IT-Service-Katalogen von Relevanz ist. Daher wird der Aspekt in Kapitel 4 erneut aufgegriffen und bearbeitet.

2.2.3 Planung und Steuerung

Der Blickwinkel auf die Planung und Steuerung ist verlaufs- oder ergebnisorientiert (vgl. Hammer 1998, S. 14). Beide Perspektiven erfordern eine Festlegung und Dokumentation der verfolgten Zielsetzung und Ausgestaltung der Prozesse und Aktivitäten. Dies zielt auf die Wiederholbarkeit der Abläufe und die Schaffung von Transparenz bei den involvierten Akteuren ab (vgl. Buchta et al. 2004, S. 89; Gälweiler 1986, S. 117).

Ausgangspunkt des Kapitels ist die Klärung begrifflicher Grundlagen, wobei der Schwerpunkt auf die Darstellung des Wechselspiels von Planung, Kontrolle und Steuerung gelegt wird. Das wird durch die Erläuterung typischer Rahmenparameter und Aktivitäten ergänzt. Daran anschließend werden zentrale Ansätze zur Planung (wie auch zur Kontrolle und Steuerung) aus dem Schrifttum aufgearbeitet. Betrachtet werden weithin bekannte und umfassende Ansätze, die vor allem zur Ausarbeitung der Modellkomponente 2 der Arbeit wichtige Gestaltungshinweise lieferten (vgl. Kapitel 5.3). Weitere Ansätze, die Teilaspekte der Planung betrachten (z.B. Portfoliomanagement (vgl. Schönwälder 1997) oder Budgetmanagement (vgl. Rickards 2007)), werden nicht einbezogen. Abgerundet wird die Literaturanalyse mit der Darstellung zentraler (IT-)Controllingansätze. Ziel ist es, diese von traditionellen Planungsansätzen abzugrenzen. Zuvor wird ein Einblick in das Wesen des IT-Controllings gegeben.

2.2.3.1 Begriffliche Grundlagen

Im ersten Schritt sind die Termini Plan und Planung zu definieren. Dabei wird für das weitere Verständnis zunächst keine explizite Unterscheidung zwischen der Planung im Allgemeinen und der Planung der IT(-Infrastruktur) gemacht, da die Ausführungen im Schrifttum für diese Arbeit gleichermaßen gelten.

Ein *Plan* ist das schriftliche Ergebnis oder Zwischenergebnis des Planungsprozesses. Er ist ein Instrument zur inhaltlichen und zeitlichen Steuerung von Planungsobjekten (vgl. Hentze et al. 1993, S. 18; Gälweiler 1986, S. 48, 226).

Während das Verständnis zum Planbegriff im Schrifttum weitestgehend einheitlich ist, ist die Definition der Planung abhängig von deren Anwendungskontext. Das führte zu einer Vielzahl an Definitionsansätzen (vgl. z.B. Hammer 1998, S. 13; Hentze et al. 1993, S. 19). Eine im Schrifttum bekannte und weit verbreitete Definition stammt von Zangemeister (1976), die auch für die vorliegende Arbeit gilt.

> *Planung ist „[...] vorausschauendes, systematisches Durchdenken und Formulieren von Zielen, Handlungsalternativen und Verhaltensweisen, deren optimale Auswahl sowie die Festlegung von Anweisungen zur rationalen Realisierung der ausgewählten Alternative."*

Auf Basis der Begriffsdefinition lassen sich konstituierende Merkmale an die Planung ableiten (vgl. Hammer 1998, S. 12f., 18; Hentze et al. 1993, S. 19-23, 36; Gälweiler 1986, S. 27-32, 89):

- *Zukunftsbezug*: Antizipation von erwarteten zukünftigen Verlaufsentwicklungen. Als maßgeblichstes Merkmal grenzt es die Planung eindeutig von der Kontrolle und Steuerung ab, die beide gegenwartsbezogen sind.
- *Abstraktionsbezug*: Gedankliche Vorwegnahme mehrerer Planungsaufgaben in einer sachlogisch strukturierten Reihenfolge.
- *Gestaltungsbezug*: Gestaltung zukünftiger Entwicklungen durch Transparentmachen von Auswirkungen und Abhängigkeiten bei der Realisierung.
- *Prozessbezug*: Planung als Prozess bestehend aus einer Ablauffolge von Schritten.
- *Informationsbezug*: Planung als Entscheidungsvorbereitung durch Aufbereitung der Entscheidungsobjekte, Rahmenbedingungen und Handlungsoptionen. Ergebnis der Planung ist die Entscheidung.

Zur weiteren Präzisierung des Planungsbegriffs erfolgt die Abgrenzung zur Improvisation. Letztere beschreibt das Reagieren und Anpassen auf unvorhergesehene Situationen, ohne dass auf entscheidungsunterstützende oder -vorbereitende Informationen oder Alternativen zurückgegriffen werden kann. Obgleich eine möglichst vollständige Planung angestrebt wird, sind Improvisationen auf Grund von Planungsunsicherheiten ein fester Bestandteil des Planungsprozesses (vgl. Hentze et al. 1993, S. 23f.; Salmela et al. 2000, S. 3). Denn die Planung ist kein statisches Konstrukt. Sie unterliegt einem Anpassungsbedarf, da sich die angenommenen Rahmenbedingungen im Verlauf der Planperiode ändern können. Das erfordert die kontinuierliche Beobachtung und Analyse der Rahmenbedingungen, um sie beherrschbarer zu machen (vgl. Cassidy 2006, S. 48; Sambamurthy et al. 1994, S. 3).

Damit liefert die Planung die Basis für die *Kontrolle der Planungsaktivitäten*. Ziel ist die Überwachung der Planungsobjekte, indem Soll-Ist- bzw. Plan-Ist-Vergleiche durchgeführt werden. Das dient der Ermittlung von Planabweichungen (Identifikationsfunktion) und deren Analyse (Erklärungsfunktion). Die Pläne sind die dokumentierte Grundlage für die Kontrolle. Der Planungsverlauf ist dabei möglichst zeitnah nachzuhalten, um frühzeitig auf Abweichungen reagieren zu können (vgl. Gälweiler 1986, S. 325f.).

Identifizierte Planabweichungen erfordern eine Planungsanpassung, die in der Steuerung realisiert wird. Die *Steuerung der Planungsaktivitäten* umfasst in Abhängigkeit der Planungssituation die Ableitung von Handlungsalternativen zur Anpassung der Planungsobjekte. Die bestehende Planungsunsicherheit ist in der Steuerung im Gegensatz zur Planung weitaus geringer, was ein gezielteres bzw. planbareres Handeln ermöglicht (vgl. Bendixen/Kemmler 1972, S. 42ff.). Ausgangspunkt der Steuerung sind die Ergebnisse der Kontrolle. Die Zielsetzung besteht darin, die bestehenden Handlungsalternativen unter gegebenen Bedingungen zu priorisieren und auszuwählen. Der Auswahl- und Entscheidungsprozess berücksichtigt vorgegebene Regeln und Rahmenparameter (vgl. Bendixen/Kemmler 1972, S. 19-32; Gälweiler 1986, S. 235ff.).

2.2 Servicebasierte Planung und Steuerung der IT-Infrastruktur

Gemäß diesen Ausführungen können die Kontrolle und die Steuerung als Iterationen der vorgelagerten Planung bezeichnet werden, die gleich einem Kreislauf im Verlauf der Planperiode in zyklischer Weise wiederholt werden. Dabei werden die Planwerte zu Ist-Werten transformiert (vgl. Gälweiler 1986, S. 75, 83ff.).

Zum Abschluss der begrifflichen Eingrenzung werden zentrale Zielfunktionen der Planung aufgezeigt. Obwohl im Schrifttum hierzu nur wenige Angaben zu finden sind, lassen sich folgende Aspekte zusammenfassen, die ebenfalls auf die Kontrolle und Steuerung übertragbar sind (vgl. Hentze et al. 1993, S. 31-45; Bendixen/Kemmler 1972, S. 42ff., 64ff.; Raghunathan/Raghunathan 1994, S. 331f.):

- *Sicherungsfunktion*: Sicherstellung von Effektivität und Effizienz in der Ressourcenallokation für die betrachtete Planperiode.

- *Koordinations- und Integrationsfunktion:* Abstimmung und Zusammenführung der Einzelaktivitäten und Rahmenbedingungen in eine Gesamtbetrachtung. Dies ist vor allem bei klassischen unternehmensweit eingesetzten Unterstützungsfunktionen wie z.B. der IT erforderlich. Denn es bestehen meist viele Abhängigkeiten zu anderen Geschäftsbereichen. Dieser Zusammenhang lässt sich auf die beteiligten Akteure der Planung übertragen, die gemeinsam über die Planungsobjekte abstimmen.

- *Flexibilitätsfunktion*: Reaktionsfähigkeit auf nachträglich erhaltene Informationen, die zu Planänderungen in der Steuerung führen können. Das sind Planungsunsicherheiten, die reduziert werden sollen, aber nicht vollständig aufzulösen sind. In welchem Ausmaß eine Reduktion erfolgt, hängt vom Aufwand der Informationsbeschaffung ab. Deshalb sind in der Planung Freiheitsgrade bzw. Anpassungsmöglichkeiten einzukalkulieren. Das schafft schließlich notwendige Handlungsspielräume in der Steuerung.

Dennoch erstreckt sich die Planung nicht nur auf ihre flexible Handhabung. Gälweiler (1986, S. 41) fasst das treffend zusammen: „Sinn der Planung ist es nicht, Unvorhergesehenes vorhersehbar zu machen, sondern das Unvorhergesehene so gut wie möglich zu ergründen, sichtbar zu machen und es in beherrschbare Kategorien zu überführen.".

2.2.3.2 Rahmenparameter und Aktivitäten der Planung, Kontrolle und Steuerung

Planung

Für die Durchführung der Planung sind Rahmenparameter zu bestimmen, die je nach Ausprägung zu unterschiedlichen Zielfunktionen, Herangehensweisen und schließlich Entscheidungssituationen führen. Sie werden als Planungsprämissen bezeichnet (vgl. Bendixen/Kemmler 1972, S. 32ff.). Dazu gehören Detailgrad der Planung, zeitlicher Horizont und Planungsebenen. Darauf aufbauend ist der Planungsprozess auszugestalten und die beteiligten Akteure festzulegen.

Gegenstand der Planung der IT-Infrastruktur sind die IT-Ressourcen, die sich aus Sach- (z.B. Hardware, Software, Netzwerk) und Personalressourcen (interne und externe IT-Mitarbeiter, Berater) zusammensetzen (vgl. Boynton/Zmud 1987, S. 59). Die Ressourcen können wiederum über IT-Services abgebildet werden (vgl. Weill/Broadbent 1997, S. 78f.).

Zur Festlegung des *Detailgrads* wird je nach Verankerung im betrieblichen Hierarchiegefüge nach Grob- und Feinplanung differenziert. Die Grobplanung wird top-down durchgeführt, indem der Planungsgegenstand in Planungsobjekte zerlegt wird (Dekomposition). Initiatoren sind die oberen Managementebenen. Es erfolgt eine schrittweise Detaillierung bzw. Verfeinerung der Planung. Die Feinplanung erfolgt schließlich bottom-up durch ein schrittweises Aggregieren der Planungsobjekte (Komposition). Die Integration beider Herangehensweisen wird als Gegenstromverfahren oder gegenläufige Planung bezeichnet und ist ein in der Praxis häufig angewendetes Verfahren (vgl. Hentze et al. 1993, S. 51f.).

Als weiterer Rahmenparameter ist der *Zeitbezug* zu bestimmen, der die Fristigkeit respektive den Zeithorizont der Planung festlegt. Unterschieden wird nach kurzfristiger (ein Jahr), mittelfristiger (ein bis vier Jahre) sowie langfristiger Planung (größer vier Jahre). Die Kurzfristplanung fokussiert die Erreichung konkreter Ziele unter effektivem und effizientem Ressourceneinsatz. Die Mittelfristplanung betrachtet die Budgetierung unter Einbeziehung der Unternehmensziele. Die Langfristplanung ist eine Mehrjahresplanung auf Basis der Mittelfristplanung. Sie kann daher auch als Grobplanung bezeichnet werden (vgl. Hentze et al. 1993, S. 50ff.; Gälweiler 1986, S. 118f.). Mit dem Zeithorizont wird gleichermaßen die Planperiode fixiert. Für diesen definierten Kalenderzeitraum gilt die Planung als verpflichtend (Hammer 1998, S. 19f.).

Mit der Auswahl der *Planungsebenen* wird der Betrachtungsfokus auf strategische, taktische oder operative Aspekte gelegt. Die strategische Planung versteht sich als langfristig angelegte Planung, die von den oberen Managementebenen initiiert wird. Sie besitzt Richtlinienfunktion und zielt auf die Sicherung des betrieblichen Ertrags und des wertsteigernden Bestands des Unternehmens. Die taktische Planung ist mittelfristig angelegt und fokussiert konkrete Problem- oder Handlungsoptionen. Sie wird in der Regel auf Funktions- oder Geschäftsbereichsebene durchgeführt. Die operative Planung konzentriert sich auf die Erreichung kurzfristiger Ergebnisziele. Sie ist ablauf- und handlungsorientiert und konkretisiert die geschäftsbereichsbezogene Planung. Somit besitzt sie den höchsten Detailgrad. Zur Abgrenzung der einzelnen Ebenen herrscht im Schrifttum jedoch Uneinigkeit (vgl. z.B. Hammer 1998, S. 60f.; Gälweiler 1986, S. 121f., 316ff.).

An die Fristigkeit und den Detailgrad der Planung ist meist eine sachliche Unterscheidung des Planungsinhaltes, sprich der Strukturierung der Planungsobjekte gebunden (Gälweiler 1986, S. 16f., 54f.). In Abhängigkeit der ausgewählten Planungsebene werden unterschiedliche Planungsobjekte definiert. Mit zunehmendem Detailgrad der Planung werden die Ziele auf strategischer Ebene sukzessive in konkrete Maßnahmen und Aktionen auf operativer Ebene zerlegt (vgl. Hentze et al. 1993, S. 56ff.).

In Anknüpfung an die Festlegung der Rahmenparameter wird der Planungsprozess ausgestaltet, wobei sich die Anzahl der Schritte am Planungsproblem orientiert (Gälweiler 1986, S. 185f.). Die an der Planung beteiligten Akteure werden als Planungsträger bezeichnet. Das sind Personen oder Organisationseinheiten (oder auch Organe), deren Aufgaben und Formen der Zusammenarbeit in Rollen festgeschrieben werden. Beispiele für Planungsträger sind Geschäftsführung (GF), Linienmanagement, Planungsabteilung, Gremium, Controlling oder Berater (vgl. Hentze et al. 1993, S. 79-85). Bendixen/Kemmler (1972, S. 78-112) unterscheiden zusätzlich Informationsgruppen. Sie geben Input zu Planungsobjekten und Rahmenbedingungen der Planung.

Kontrolle

Die Kontrollaktivitäten sind das Bindeglied zwischen einzelnen Planungsständen, da sie Plananpassungen auf Grund von Planabweichungen auslösen. Sie werden regelmäßig im Verlauf der Planperiode durchgeführt, gleich dem Durchlaufen eines Regelkreises. Die Kontrollobjekte sind mit denen der Planung identisch (vgl. Gälweiler 1986, S. 119f.).

Die Verarbeitung planungsrelevanter Informationen ist ein kontinuierlicher Prozess, da sich diese ändern können. Deshalb werden die Kontrollaktivitäten häufig als Bestandteil der rollenden Planung verstanden (vgl. Hammer 1998, S. 13). Der Ansatz propagiert eine kontinuierliche Aktualisierung des Plans durch dessen Fortschreibung und Anpassung. Dabei kann die Durchführung der Kontrolle mitlaufend (als Planfortschrittskontrolle), nachgelagert (mit Plan-Ist-Vergleichen) und antizipierend (als Prämissenkontrolle zur Einhaltung von Planungsgrundlagen) erfolgen. Zu den Kontrollaktivitäten gehören die Überwachung der Planeinhaltung bei der Planrealisation, die Ermittlung von Planabweichungen und deren Ursachenanalyse, die Berichterstattung zur Planeinhaltung sowie die Erarbeitung von Korrekturmaßnahmen. Zur Eingrenzung der Aktivitäten werden Kontrollschwerpunkte, Kontrollfrequenz und Kontrollintensität festgelegt. Die Koordination der Aktivitäten erfolgt über Kontrollsysteme, die Zusammenhänge zwischen den Kontrollobjekten und die Aktivitäten strukturieren (vgl. Hentze et al. 1993, S. 116ff.; Gälweiler 1986, S. 117f.).

Zur Darstellung und Vermittlung der Kontrollergebnisse werden Berichte erstellt, deren Umfang und Zielsetzung sich je nach Zielgruppe unterscheiden (vgl. Bendixen/Kemmler 1972, S. 151-164). Sie dienen auch der Dokumentation. Zusammengefasst werden den Kontrollaktivitäten eine Berichts- und eine Beeinflussungsfunktion zugeordnet (Hentze et al. 1993, S. 26f., 115).

Steuerung

Voraussetzung zur Durchführung der Steuerungsaktivitäten ist die Planung und das Vorliegen der Ergebnisse der Kontrolle. Daher entsprechen die Steuerungsobjekte denen der Planung und Kontrolle. Auslöser und Einflussfaktoren für die Steuerung sind geänderte Rahmenbedingungen, die zu Planabweichungen führen (vgl. Bendixen/Kemmler 1972, S. 19ff., 32; Gälweiler 1986, S. 119f.).

Denn der Informations- und Erkenntnisstand über die vorweggenommenen Unsicherheiten in der Planung ändert sich im Verlauf der Planperiode, indem sie eintreten oder präziser werden. Unter Anwendung der rollenden Planung lassen sich die aufgetretenen Abweichungen in die Planung einbeziehen. Dazu werden die in der Kontrolle erarbeiteten Korrektur- bzw. Anpassungsmaßnahmen realisiert. Korrigiert werden kann entweder in Richtung der ursprünglichen Planwerte oder durch Anpassung der ursprünglichen Planung an die geänderten Vorgaben. Analog zur Kontrolle werden auch die Steuerungsaktivitäten kontinuierlich durchgeführt, so dass eine Iteration der ursprünglichen Planung erfolgt (vgl. Hammer 1998, S. 21; Gälweiler 1986, S. 107-120).

Die Herausforderung der Steuerungsaktivitäten liegt in der Bewältigung der sich ändernden Rahmenbedingungen. Auf strategischer Ebene sind das Umfeldfaktoren des Unternehmens bzw. des Unternehmensbereichs in einem zumeist offenen Ablaufsystem, in dem die Variablen mitunter unbekannt sind. Auf operativer Ebene bezieht es sich auf Änderungen bekannter Variablen in einem vornehmlich geschlossenen Ablaufsystem. Die Auswahl der Steuerungsaktivitäten hängt von Art, Anzahl, Abfolge und Zusammenwirken der Rahmenbedingungen ab (vgl. Gälweiler 1986, S. 96f., 102ff.).

2.2.3.3 Ansätze zur Planung im Schrifttum

Ansatz nach Cassidy

Fokus des Planungsansatzes ist die Identifikation, Formulierung und Umsetzung von strategischen IT-Themen. Das umfasst Themen der IT-Governance bis zur IT-Architektur, strategische IT-Projekte, die Positionierung der IT im Unternehmen oder Wertbeitragsanalysen zur IT-Unterstützung. Der betrachtete Zeithorizont sind drei Jahre, was der Planung einen mittel- bis langfristigen Charakter verleiht. Zur Aktualisierung werden jährliche Anpassungen (*Reviews*) durchgeführt (Cassidy 2006, S. 40, 53-63, 357f.).

Der Planungsprozess beinhaltet die Entwicklung eines strategischen IT-Plans in vier Phasen (Abbildung 2-4). In der Ausführung der Phasen sind zentrale Einflussfaktoren wie Planungsumfang und -tiefe, die involvierten Personen (nach Hierarchieebene und Anzahl) sowie Aufwand und Priorisierung der Planungsrealisierung (Stellenwert der IT-Planung) zu berücksichtigen. Jede Phase erstreckt sich auf mehrere Vorgehensschritte (Cassidy 2006, S. 48ff.).

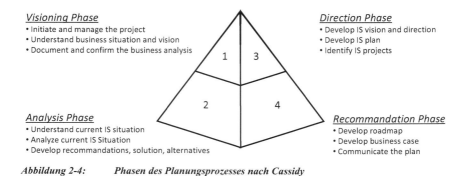

Abbildung 2-4: ***Phasen des Planungsprozesses nach Cassidy***
(Quelle: (Cassidy 2006, S. 42))

Phase 1 (Visioning): Ziel ist die Erfassung und Analyse von Zielen sowie von Rahmenbedingungen und Anforderungen der Geschäftsbereiche als Grundlage für die Festlegung der strategischen Ausrichtung der IT. Cassidy (2006) betont in diesem Rahmen die explizite Ausrichtung der IT-Unterstützung an den Geschäftsanforderungen. Die Phase beinhaltet drei Schritte.

2.2 Servicebasierte Planung und Steuerung der IT-Infrastruktur

Im 1.Schritt wird ein Projekt zur Planung des Planungsprozesses aufgesetzt. Im 2.Schritt erfolgt die Ist-Analyse der Geschäftssituation, wobei die Informationsgewinnung sehr breit gefasst wird. Erhoben werden z.b. Informationen zur Unternehmensgeschichte, zu Produktlinien, Mitarbeiterentwicklung, Umwelteinflüssen (zum Markt, Gesetz, Kunden, Lieferanten), Stärken und Schwächen, kritischen Geschäftsbereichen oder zur Analyse der Geschäftsprozesse auf Änderungsbedarfe. Im 3. Schritt werden die Erkenntnisse aufbereitet und zusammengefasst. Die ermittelten Geschäftsanforderungen sind in diesem Planungsschritt noch sehr strategischer Natur (*high-level*). Dennoch lassen sich bereits erste Anforderungen an die strategische IT-Ausrichtung ableiten, z.b. Abdeckungsgrad von Geschäftsanforderungen und IT-Unterstützung (Cassidy 2006, S. 42f., 56ff., 102-119).

Phase 2 (Analysis): Sie umfasst drei Schritte und zielt auf die Analyse der Ist-Situation der IT. Im 1. und 2.Schritt erfolgt die Bestandsaufnahme in der IT-Landschaft. Dazu werden zunächst Standards und Vorgaben zur IT-Governance erfasst sowie Ressourcen und IT-Ausgaben analysiert. Anschließend werden in Schritt 2 Einflussparameter auf die IT identifiziert und untersucht. Dazu gehören bspw. die Erstellung von Wettbewerberprofilen, die Ermittlung strategischer IT-Einsatzpotenziale oder Technologietrends. Zudem werden Stärken, Schwächen, Chancen und Risiken auf strategischer Ebene erfasst und mit den *High-Level*-Anforderungen des Geschäfts abgeglichen. Auf Basis der Erkenntnisse werden im 3. Schritt Verbesserungspotenziale für die IT-Unterstützung abgeleitet. Diese werden in Entwicklungsempfehlungen zusammengefasst, z.B. Ersetzen des Personalmanagementsystems durch eine integrierte Standardlösung (Cassidy 2006, S. 44f., 122, 194-219). Anhand der strategischen Empfehlungen kann auf der taktischen und operativen Ebene die Realisierung erfolgen, was jedoch nicht mehr Betrachtungsgegenstand des Ansatzes ist.

Phase 3 (Direction): Das Ziel besteht in der Festlegung und Ausgestaltung der zukünftigen strategischen IT-Ausrichtung (auf *High-Level*-Ebene) unter Einbeziehung der Ergebnisse aus den Phasen 1 und 2. Im ersten der insgesamt drei Schritte werden die übergreifenden und die strategischen IT-Ziele (als *IS vision*) formuliert. In den Schritten 2 und 3 wird darauf aufbauend der strategische IT-Plan entwickelt. Er beinhaltet die strategische Ausrichtung der IT-Applikationen (z.B. Make or Buy), der technischen IT-Architektur (z.B. Technologieeinsatz), der IT-Service-Architektur für Ressourcen und Prozesse (z.B. Mitarbeiterentwicklung, Prozessautomatisierung), der fachlichen IT-Vorgaben sowie des Priorisierungsprozesses. Die IT-Architektur wird hiervon separat erfasst. Es werden zudem Projektthemen identifiziert und deren Realisierbarkeit geprüft. Eine konkrete Ausplanung der Projekte erfolgt hier nicht (Cassidy 2006, S. 44ff., 221-295).

Phase 4 (Recommendation): Ziel ist die Erarbeitung von Handlungsempfehlungen zur Erreichung des Zielzustands in der strategischen IT-Ausrichtung. Die Empfehlungen sind Umsetzungsalternativen, die erst in der taktischen und operativen IT-Planung ausgewählt und realisiert werden. Dort erfolgt deren Genehmigung durch die GF. Die Phase umfasst drei Schritte. Im 1.Schritt wird eine *Roadmap* zur Umsetzung der strategischen Themen entwickelt. Sie beinhaltet Kostenschätzungen und Risikoplanungen für die strategischen Projekte. Die Roadmap wird jährlich aktualisiert. Im 2.Schritt erfolgt die ROI-Betrachtung für die strategische IT-Entwicklung und die IT-Ausgaben im Planungshorizont. Der 3. Schritt schließlich plant die Kommunikation des strategischen IT-Plans an die Stakeholder im Unternehmen (Cassidy 2006, S. 46f., 296-332).

Der Ansatz weist eine deutliche strategische Ausrichtung des IT-Planungsprozesses auf. Er bildet die Grundlage für eine jährlich durchgeführte operative Ausplanung, die im Ansatz nicht mehr betrachtet wird (Cassidy 2006, S. 335ff.). Auf der operativen Ebene erfolgt die Umsetzung der zuvor geplanten Projekte wie auch die Erhebung der jährlichen Geschäftsbedarfe. Steuerungsthemen wie z.B. die Kostenentwicklung werden dabei zwar angesprochen, aber nicht ausführlich behandelt.

Ansatz nach Ward/Peppard

Zielsetzung des Planungsansatzes nach Ward/Peppard (2003) ist die Umsetzung der Unternehmensstrategie in IT-Strategien. Die Planung umfasst die Ausgestaltung der IT-Strategien, die Entwicklung eines Maßnahmenplans, die Planung von IT-Investitionen und IT-Innovationsthemen sowie die Umsetzung der IT-Strategien in der operativen IT-Planung. Der Planungshorizont des Ansatzes beträgt ein bis drei Jahre, was einer vornehmlich mittelfristigen Planung entspricht (vgl. Ward/Peppard 2003, S. 119ff., 153f.).

Ward/Peppard (2003) entwickelten einen Ansatz zur Formulierung und Planung von IT-Strategien, der in Abbildung 2-5 dargestellt ist.

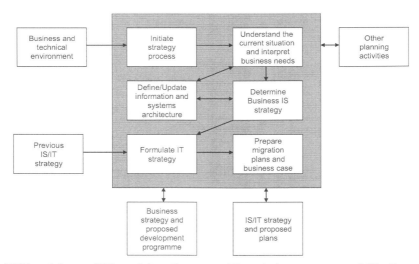

Abbildung 2-5: ***IT-Strategieformulierungs- und Strategieplanungsprozess nach Ward/ Peppard***
(Quelle: (Ward/Peppard 2003, S. 157))

Bevor der Ansatz näher beleuchtet wird, werden Input- und Einflussfaktoren aufgezeigt, die sich einzelnen Schritten oder dem gesamten Prozess zuordnen lassen. Dazu gehören die Fest-

2.2 Servicebasierte Planung und Steuerung der IT-Infrastruktur

legung des Strategieplanungsansatzes (Festlegung von Ausrichtung, Zielen, Ergebnissen des Strategieentwicklungsprozesses), die Abstimmung des Strategieprozesses mit dem Entwicklungsprozess der Unternehmensstrategien sowie mit anderen betrieblichen Planungsaktivitäten, die Einbeziehung bestehender IT-Strategien und die Klärung der Verantwortlichkeiten. Darüber hinaus werden zentrale unternehmensinterne und -externe Einflussfaktoren aus dem Geschäft und der IT analysiert und der Planung zu Grunde gelegt (Ward/Peppard 2003, S. 155ff.).

Unternehmensinterne Einflussfaktoren des Geschäfts sind z.B. Strategie, Ziele, Prozesse, Ressourcen und Unternehmenskultur, während zu den unternehmensexternen Einflussfaktoren die Betrachtung von Markt, Branche oder Wettbewerbssituation gehören. Einflussfaktoren der unternehmensinternen IT-Landschaft sind z.B. IT-Mitarbeiter, IT-Architektur, bestehendes Applikationsportfolio, Reifegrad der Geschäftsprozessunterstützung oder IT-Infrastruktur. Zur unternehmensexternen IT-Umgebung werden Technologietrends, Technologieeinsatz von Wettbewerbern, Kunden und Lieferanten in der IT gezählt (Ward/Peppard 2003, S. 276-298).

Der Planungsansatz umfasst insgesamt sechs Schritte.

Schritt 1 (initiate strategy process): Der Planungsprozess zur Strategieformulierung wird initiiert. Dazu werden Zweck, Ziele, Ergebnisse, Vorgehensweise, Ressourcen, beteiligte Akteure auf FB- und IT-Seite, Lenkungs- und Managementmechanismen, Vorgehen zwecks Verknüpfung zur Geschäftsplanung, Meilensteine, Arbeitspakete, Zeitrahmen, Rollen und Verantwortlichkeiten festgelegt (Ward/Peppard 2003, S. 157ff.).

Schritt 2 (understand the current situation and interpret business needs): Der Fokus liegt auf der Analyse der Ist-Situation und der Geschäftsanforderungen. Ziel ist es, ein Verständnis über Rahmenbedingungen und Geschäftsanforderungen zu erlangen. Dazu werden drei Schwerpunkte gesetzt. Zunächst erfolgt die Analyse der Unternehmensstrategie und -ziele, der KEF, der kritischen Geschäftsprozesse, der betrieblichen Informationsbedarfe mit Auswirkungen auf die IT sowie der Investitionsmöglichkeiten. Darauf aufbauend wird die Ist-Situation zur Ermittlung von Verbesserungspotenzialen in der Geschäftsprozessunterstützung und der Erbringung der Leistungen untersucht. Abschließend werden unternehmensinterne und -externe Einflussfaktoren von betrieblicher Seite ermittelt und Anpassungsbedarfe der Applikationslandschaft erfasst (Ward/Peppard 2003, S. 159, 179-274).

Schritt 3 (determine Business IS strategy): Mit der Festlegung der FB-bezogenen IT-Strategie wird der IT-Bedarf der FB in den IT-Strategien verankert. Für jeden FB wird ein Applikationsportfolio entwickelt, indem der Einsatz von Applikationen determiniert und priorisiert wird (Ward/Peppard 2003, S. 160, 275-338).

Schritt 4 (define/update information and system architecture): Das Ziel besteht in der Entwicklung der zukünftigen Informations- und Systemarchitektur zur Unterstützung der Geschäftsprozesse. Auf dieser Basis werden die FB-Strategien definiert (Ward/Peppard 2003, S. 160, 179-236).

Schritt 5 (formulate IT strategy): In diesem Schritt werden die IT-Strategie und das IT-Serviceangebot mit der Geschäftsstrategie abgestimmt. Ziel ist die Konsolidierung der Einzelstrategien in einer übergreifenden IT-Strategie. Darüber hinaus werden das Investitionsprogramm und die Struktur des IT-Angebotsportfolio festgelegt (Ward/Peppard 2003, S. 160, 299-588).

Schritt 6 (prepare migration plans and business case): Im Mittelpunkt steht die Festlegung eines strategischen Maßnahmenplans zur Umsetzung der IT-Strategie. Das umfasst die Erarbeitung von Migrationsplänen zur Einbettung der Initiativen in die IT-Landschaft, die Definition von Meilensteinen für die großvolumigen IT-Investitionen, die Entwicklung eines Umsetzungsplans für IT-Programme in Abstimmung mit den FB sowie die Erstellung von grobgranularen Business Cases (*High-Level Business Cases*) (Ward/Peppard 2003, S. 160, 299-588).

Die Ergebnisse (*Outputs*) des Planungsansatzes lassen sich folgendermaßen zusammenfassen (Ward/Peppard 2003, S. 154f., 163-176):

- IT-Managementstrategien mit strategischen Rahmenelementen, IT-Richtlinien, IT-Ziele, KEF, Angebots- und Nachfrageprozess der IT-Unterstützung, Regelung der Entscheidungskompetenzen und -wege, Priorisierungskriterien, Lieferantenstrategien, Mitarbeiterentwicklung, Bilanzierungsrichtlinien.
- Geschäftsbereichsbezogene IT-Strategien mit Portfoliogestaltung für Applikationen (zur Erreichung der Geschäftsziele, für Entwicklungspotenziale), Informationsarchitekturen für die Geschäftsbereiche, Geschäftsanforderungen an die IT-Unterstützung, Verknüpfung von IT- und Geschäftsstrategie.
- IT-Strategien mit Richtlinien und Strategien zum Management von Technologie und Fachressourcen der IT-Organisation, Profil der Kompetenzen und Verantwortlichkeiten auf Seiten der IT und der FB, Analyse von Technologietrends, Vorschlägen zum Technologieeinsatz und der Applikationsentwicklung, Festlegung der Änderungsbedarfe in der IT.
- Erfassung der *Soft Factors* der Ressourcen mit Qualifikationen, Kompetenzen, Verhaltensweisen, Kultur.
- Kommunikation der Ergebnisse der IT-Strategieplanung an alle Stakeholder.

Der Fokus des Planungsansatzes besteht in der Entwicklung und Umsetzungsplanung von IT-Strategien. Ihre eigentliche Umsetzung und damit verbundene Auswirkungen werden nicht mehr betrachtet. Daher werden diese Aktivitäten, die der operativen Ebene zuzuordnen sind, lediglich angerissen oder gar nicht erfasst.

Ansatz nach Buchta/Eul/Schulte-Croonenberg

Im Mittelpunkt des Ansatzes steht die integrierte Planung und Steuerung der IT. Obwohl die betrachtete Planungsebene strategisch ist, werden dennoch einzelne operative Elemente einbezogen. Daher scheint der Ansatz auch für kleinere Unternehmen geeignet (vgl. Buchta et al. 2004, S. 90ff., 103).

2.2 Servicebasierte Planung und Steuerung der IT-Infrastruktur

Die IT-Planung konkretisiert die Umsetzung von IT-Strategien und dient der Verbesserung des IT-Betriebs und der Priorisierung von IT-Initiativen. Geplant werden das IT-Budget, das IT-Portfolio oder der laufende IT-Betrieb. Hier erfolgt zudem die Festlegung von Verrechnungsmodalitäten. Das IT-Controlling liefert dazu Vergangenheitswerte und weitere Angaben. Zur Ermittlung der Servicebedarfe werden Planungsrunden durchgeführt, in denen vor allem mögliche Projekte diskutiert werden (vgl. Buchta et al. 2004, S. 95, 101f.).

Zur Steuerung der IT wird eine IT-Roadmap mit den strategischen Themen erstellt, die bereits realisiert werden oder deren Umsetzung geplant wird. Ein ähnliches Vorgehen findet sich bei Cassidy (2006). Themen der Steuerung sind z.B. die Identifikation neuer strategischer Aspekte oder innovativer Gestaltungsideen (Buchta et al. 2004, S. 96).

Der Ansatz umfasst vier Schritte, in denen die Aktivitäten nach Anbieter- und Nachfragerseite unterschieden werden (vgl. Kapitel 2.2.2). Abbildung 2-6 zeigt den Planungsansatz.

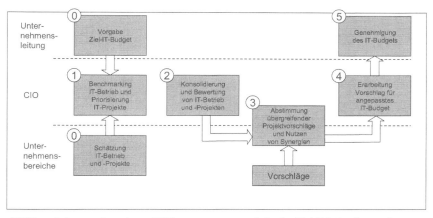

Abbildung 2-6:   *Integrierter IT-Planungsprozess nach Buchta/Eul/Schulte-Croonenberg*
(Quelle: (Buchta et al. 2004, S. 103))

Schritt 0 (Unternehmensbereiche): Bevor die IT-Planung startet, sind in den FB Bedarfe und Budgets für die Planperiode zu ermitteln. Das erfolgt über das Gegenstromverfahren, indem die Services und Kosten zunächst bottom-up aus den FB heraus geplant werden. Dazu werden die Mengen für den IT-Betrieb (unter Einsatz des IT-Service-Katalogs) und für die Projektvorschläge erfasst. Das ist Grundlage der Kostenschätzung. Anschließend werden die Mengen und Kosten top-down mit dem vorgegebenen Zielbudget der GF abgeglichen, um den Abdeckungsgrad der Planbudgets mit dem Zielbudget zu ermitteln (Buchta et al. 2004, S. 105ff.). In diesem Schritt werden die Aktivitäten zur vorgelagerten Bedarfsermittlung in den FB und der eigentlichen Planung der IT nicht getrennt. Das erschwert eine Abgrenzung und Zuordnung einzelner Schritte.

Schritt 0 (Unternehmensleitung): Im Vorfeld der Planung gibt die GF das Zielbudget unter Einbeziehung der vorherigen Kostenschätzungen der Projektvorschläge und des IT-Betriebs vor. Das ist gleichzeitig Auslöser zur Durchführung des Planungsprozesses (Buchta et al. 2004, S. 103f.).

Schritt 1: Nach der Planung der FB-Budgets und der Bedarfsermittlung werden diese von der IT zusammengefasst und bewertet. Das erfolgt über ein Benchmarking des IT-Betriebs und die Priorisierung der Projektvorschläge. Zielsetzung der Aktivitäten ist die Erfassung von Synergiepotenzialen durch Zusammenlegen von IT-Anforderungen unterschiedlicher Projekte und die Priorisierung der angeforderten Mengen nach festgelegten Kriterien. Die Priorisierungskriterien dienen gleichzeitig als Entscheidungsparameter bei der Erstellung von Umsetzungsempfehlungen für die Projekte. Auf Basis der Priorisierung wird ein Projektportfolio erstellt (Buchta et al. 2004, S. 109-117).

In *Schritt 2* werden die FB-Planungen bewertet. Dann erfolgt deren Genehmigung durch den IT-Leiter, die GF und das Controlling. Im Anschluss werden in *Schritt 3* die noch grob geplanten Projektvorschläge detailliert ausgearbeitet und in *Schritt 4* mit den FB abgestimmt. Ggf. kann zu diesem Zeitpunkt das Budget der FB noch einmal angepasst werden, da jetzt konkretere Planungen vorliegen. Darauf basierend wird das IT-Budget in *Schritt 5* von der GF genehmigt (Buchta et al. 2004, S. 103f.). Detaillierte Ausführungen zu den einzelnen Schritten werden jedoch nicht gegeben.

Weitere Ansätze zur strategischen IT-Planung

Die erläuterten drei Ansätze sind der strategischen IT-Planung zuzuordnen. Weitere Ansätze entstammen vorwiegend dem angloamerikanischen Schrifttum. Im Mittelpunkt stehen Fragestellungen zur Verknüpfung von IT- und Geschäftsstrategien (IT-Business-Alignment) (vgl. z.B. Peak/Guynes 2003; Henderson/Venkatraman 1993) oder der strategischen IT-Nutzung zur Erreichung von Wettbewerbsvorteilen (vgl. z.B. Porter 2000; McFarlan 1984).

Segars/Grover (1998) stellen bspw. einen Ansatz zur Bewertung von Planungserfolg vor. Die Erfolgsmessung erstreckt sich auf die Verknüpfung der Planung mit Unternehmenszielen und -strategien (*planning alignment*), die Analyse der Planungsanforderungen (*planning analysis*), die Kommunikation und Kooperation in der Planung (*planning cooperation*) und die Planungsfertigkeiten und -fähigkeiten (*planning capabilities*) (Segars/Grover 1998, S. 146). Eine Ablauffolge zur IT-Planung lässt sich dabei allenfalls vermuten, nicht aber konkret ableiten.

In Salmela *et al.* (2000) werden zwei diskrepante IT-Planungsansätze hinsichtlich ihres Planungserfolgs verglichen. Das sind der formal ablaufende übergreifende Planungsansatz und der informell ablaufende inkrementelle Ansatz im Kontext hochdynamischer Umweltfaktoren. Die Studie hat belegt, dass sich der formale Planungsprozess in der untersuchten Praxis trotz der Bedenken zwecks hohem Aufwand und Kosten als geeigneter erwies als der erfahrungsbasierte inkrementelle Ansatz.

Weitere Ansätze zur Planungsevaluation stammen bspw. von King (1988) oder Raghunathan/ Raghunathan (1994). Ergänzend existieren Planungsansätze, die Verhaltensmuster bei der

2.2 Servicebasierte Planung und Steuerung der IT-Infrastruktur

Durchführung der strategischen IT-Planung untersuchen (vgl. z.B. Hackney/Little 1999; Earl 1993; Byrd et al. 1995) oder die die Gestaltung von strategischen IT-Planungssystemen fokussieren (vgl. z.B. Fredrickson 1986; Dutton/Duncan 1987; Segars/Grover 1999).

Ein weiterer aktueller Ansatz stammt von Wittenburg (2007), der in seiner Arbeit ein Konzept zur Strukturierung und Beschreibung von Anwendungslandschaften vorstellt. Er entwickelt u.a. einen Managementprozess zur Planung und Steuerung von Anwendungslandschaften. Die dort fokussierten strategischen Aktivitäten beziehen sich vor allem auf die (Projekt-)Portfolio- und Architekturgestaltung. Operative Planungsaktivitäten werden nicht berücksichtigt.

Ansatz nach IT Infrastructure Library (Service Design)

Das Rahmenwerk ITIL beinhaltet in den Best-Practice-Prozessen u.a. Ausführungen zu Planungs- und Steuerungsaktivitäten der IT. Diese sind keinem dedizierten Prozess zugeordnet. Vielmehr finden sie sich in mehreren Prozessen wie dem *Availability Management*, *Service Level Management* (vgl. Kapitel 2.2.2), *Financial Management* und insbesondere im *Capacity Management* wieder (vgl. Office of Government Commerce 2007a, S. 81, 2001). Letzterer wird ausführlicher betrachtet.

Das Kapazitätsmanagement wird in der ITIL Version 3 dem Service Design zugeordnet. Die Zielsetzung besteht in der Sicherstellung *"[...] that cost-justifiable IT capacity in all areas of IT exists and is matched to the current and future agreed needs of the business, in a timely manner."* (Office of Government Commerce 2007a, S. 79).

Zu den zentralen Aktivitäten gehören Erstellung und Aktualisierung des Kapazitätsplans, Überwachung von Ausführung, Einsatz und Durchsatz der IT-Services und IT-Ressourcen, Regelung von Ressourcenangebot und -nachfrage, Analyse kapazitätsbezogener Störungen und Probleme, Erfassung des Technologieeinsatzes und der Optimierungspotenziale im Ressourceneinsatz, Bereitstellung von Messgrößen, Initiierung von Anpassungs- und Beschaffungsmaßnahmen von IT-Ressourcen inkl. Planung, Budgetierung und Bereitstellung, Management kurzfristiger Bedarfe, Identifikation von Ressourcenrestriktionen und -verfügbarkeiten sowie Impulsgeben zur Entwicklung neuer IT-Services. Zudem liefert das Kapazitätsmanagement Input für den Prozess *Availability Management* und den Beschaffungsprozess (Office of Government Commerce 2007a, S. 79ff., 90ff.).

Ausgangspunkt der Kapazitätsplanung sind Geschäftsanforderungen, die über IT-Services abgebildet und mit den zugeordneten Ressourcen erbracht werden. Das erfordert ein Verständnis über das technische wie über das geschäftsbezogene Umfeld. Darauf basierend werden die Aktivitäten auf unterschiedlichen Abstraktionsebenen durchgeführt. Abbildung 2-7 zeigt den zyklischen Prozessablauf im Kapazitätsmanagement. Dabei werden den Prozessschritten die jeweiligen Abstraktionsebenen der Aufgabenausführung zugeordnet.

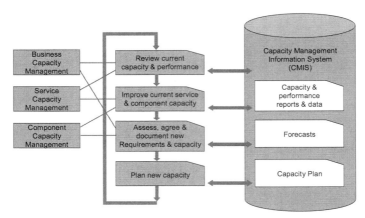

Abbildung 2-7:   *Prozess des Kapazitätsmanagements nach ITIL*
(Quelle: In Anlehnung an (Office of Government Commerce 2007a, S. 82))

Die Aktivitäten im Kapazitätsmanagement werden folgenden drei Abstraktionsebenen zugeordnet (vgl. Office of Government Commerce 2007a, S. 82ff., 93):

- *Business Capacity Management:* Zielsetzung ist die Abbildung der Geschäftsanforderungen auf IT-Services. Das erfordert das Verstehen der Anforderungen und das Management von Angebot und Nachfrage der IT-Services und der zugehörigen Ressourcen inkl. deren Planung und Steuerung. Zu den Aufgaben gehören Prognose zukünftiger Anforderungen in Abhängigkeit des aktuellen IT-Servicebedarfs und Ressourcenverbrauchs, Durchführung von Ressourcenanpassungen auf Grund von Bedarfsänderungen und Sicherstellung der SLA-Einhaltung auf Ressourcenseite. Die Ergebnisse liefern Input bei der Verhandlung von Service-Level-Anforderungen und SLA sowie bei der Neugestaltung und Änderung von IT-Serviceinhalten. Betrachtungsfokus der Abstraktionsebene sind die Geschäftsanforderungen.

- *Service Capacity Management:* Zielsetzung besteht im Management der Nachfrage nach IT-Services. Die Aufgaben umfassen Einhaltung der Serviceziele, Überwachung, Steuerung und Prognose von Leistung und Auslastung der eingesetzten IT-Services, Datensammlung und Datenanalyse, Identifikation von Planabweichungen und Festlegung von Schwellwerten, Analyse und Prognose von Verlaufsentwicklungen der IT-Servicenutzung, Aufdecken von Anpassungsbedarfen der Planung, Erstellung von Berichten, Identifikation und Initiierung von Korrekturmaßnahmen und Überwachung von Leistungsänderungen. Die Durchführung von Änderungen oder Neugestaltungen von IT-Services ist nicht mehr Bestandteil dieses, sondern des SLM-Prozesses. Betrachtungsfokus der zweiten Abstraktionsebene sind die IT-Services.

- *Component Capacity Management:* In Version 2 der ITIL wird diese Ebene noch als *Resource Capacity Management* bezeichnet. Zielsetzung ist das Management der technischen Ressourcen, die zur Umsetzung der erhobenen IT-Services benötigt werden. Zu den Aufgaben gehören Messung, Überwachung, Steuerung und Prognose von Leistung und Auslastung des technischen Ressourceneinsatzes inkl. Festlegung von Schwellwer-

2.2 Servicebasierte Planung und Steuerung der IT-Infrastruktur

ten, Analyse und Prognose von Verlaufsentwicklungen der Ressourcennutzung, Datensammlung und Datenauswertung, Erstellung von Berichten, Identifikation von Abweichungen, Ermittlung und Initiierung von Korrekturmaßnahmen, Sicherstellung einer optimalen Ressourcennutzung zur Einhaltung der Service-Levels (hierauf stützt sich auch die Bereitstellung der IT-Services) und die Identifikation von Beschaffungsmaßnahmen. Fokus der Abstraktionsebene sind die technischen IT-Ressourcen, wie z.B. die IT-Infrastruktur.

Inputfaktoren des Kapazitätsmanagements sind z.B. Informationen zu Strategien, Zielen und Plänen der IT und der Geschäftsbereiche, zu Geschäftsanforderungen an die IT-Unterstützung, zu Änderungsanforderungen, zu Ressourcen und zum Bereitstellungsprozess. Außerdem wird der IT-Service-Katalog sowie eine Aufstellung der Störungen und Probleme benötigt (Office of Government Commerce 2007a, S. 93f.).

Die Ergebnisse umfassen den Kapazitätsplan, das Kapazitätsmanagementinformationssystem, Berichte zu Kapazitätseinsatz und -auslastung, Vorhersagen und Prognosen zur Kapazitätsentwicklung sowie definierte Schwellenwerte und Toleranzbereiche zur Überwachung von Verlaufsentwicklungen (Office of Government Commerce 2007a, S. 94).

Das Kapazitätsmanagement ist insbesondere für die taktische und operative Planung und Steuerung der IT von Relevanz, da hier die Bedarfserhebung und Planung der IT-Services respektive der IT-Ressourcen sowie deren Bereitstellung fokussiert wird. Zur strategischen Planung liefert das Kapazitätsmanagement nur wenige Informationen, wie z.B. zu Technologieeinsatzpotenzialen oder zu Kapazitätsentwicklungen im Zeitverlauf (Office of Government Commerce 2007a, S. 81). Die Ausführungen beschränken sich vornehmlich auf die Nennung der Aktivitäten, ohne dass detailliertere Beschreibungen zum Inhalt oder zu bestehenden Zusammenhängen gegeben werden.

Abschließend wird das Kapazitätsmanagement von den eingangs erwähnten ITIL-Prozessen abgegrenzt. Ziel des *Availability Managements* ist die Sicherstellung der Einhaltung der zugesicherten Service-Levels zur Verfügbarkeit. Das umschließt das Messen, Überwachen, Ableiten von Korrekturmaßnahmen zur Einhaltung der zugesicherten Werte, die Erfassung und Dokumentation von Abhängigkeiten zwischen mehreren Verfügbarkeiten und deren Optimierung (Office of Government Commerce 2007a, S. 97ff.). Diese Informationen benötigt das Kapazitätsmanagement bei der Planung und Steuerung der Ressourcen. Das SLM besitzt ebenfalls Schnittstellen zum Kapazitätsmanagement. So leitet letzteres die Änderungsbedarfe zur Servicegestaltung an das SLM weiter. Andererseits liefert das Kapazitätsmanagement die Grundlagen zur Einhaltung der im SLM definierten Service-Levels (Office of Government Commerce 2007a, S. 81).

Im *Financial Management* werden IT-Services durch Preise oder Kostensätze monetär bewertet. Es werden Preisstrukturen ermittelt, die zur Preisfindung für IT-Services führen, die dann im Katalog hinterlegt werden. Die Preise schaffen Transparenz bei den Serviceakteuren, was wiederum die operative Steuerung der Nachfrage unterstützt, vor allem bei unterjährigen Bedarfsänderungen. Denn sie dienen der Entscheidungsfindung in der IT-Serviceauswahl. Hier besteht die Schnittstelle zum Kapazitätsmanagement, da die Kosten aus der Bereitstellung der verbrauchten Mengen mittels Preise an die Verursacher verrechnet werden. Die erforderlichen

Modalitäten und Preise werden im *Financial Management* festgelegt (Office of Government Commerce 2007b, S. 97-112).

Ansätze zur Unternehmensplanung

Die Einbeziehung von Unternehmensplanungsansätzen dient der weiteren Ergänzung, da die IT-Planung durchaus Ähnlichkeiten zur Unternehmensplanung in Umfang und Aufgaben aufweist (vgl. Venkatraman/Henderson 1994; Segars/Grover 1998, S. 139f.). Die Unternehmensplanung beschreibt ein Planungssystem zur betrieblichen Gesamtplanung. Sie setzt sich aus den Teilplanungen aller Unternehmensbereiche, also auch der IT zusammen. Planungsfokus ist das Unternehmen (vgl. Hentze et al. 1993, S. 216f.).

Die Unternehmensplanung umfasst die Schritte der Problemformulierung, Zielbildung, Alternativensuche, Alternativenbewertung, Auswahlentscheidung und Umsetzung der besten Alternative. Die Schritte können teils parallel oder in Rückkopplung durchgeführt werden (vgl. Hahn 1974, S. 164; Hammer 1998, S. 68-90; Bendixen/Kemmler 1972, S. 117-138). Andere Ansätze verstehen die Unternehmensplanung als primär informationsverarbeitenden Prozess. Zentrale Schritte sind die Informationsgewinnung und -umwandlung, Informationsauswertung und Alternativenfestlegung sowie Alternativenauswahl und Planfixierung (vgl. Grochla 1975, S. 32f.; Hammer 1998, S. 68).

Ein im Schrifttum weit verbreiteter generischer Ansatz stammt von Gälweiler (1986, S. 186ff.). Er unterscheidet vier Planungsphasen, die auf nahezu jedes denkbare Planungsproblem anwendbar sind. In Phase 1 (Analyse- und Diagnosephase) werden die Rahmenbedingungen zur Planung analysiert. Phase 2 (Zielphase) formuliert die Ziele zur Planungsproblemlösung. In Phase 3 (Strategiephase) werden Strategien zur Zielerreichung oder Problemlösung ausgewählt. In Phase 4 (Ausführungsplanung) werden konkrete Umsetzungsaufgaben für die Geschäftsbereiche ausgestaltet (Gälweiler 1986, S. 191f.). Der Planungsprozess auf Unternehmensebene wird auf die Geschäfts- und Produktbereiche im Unternehmen heruntergebrochen. Die IT-Planung ist auf Geschäftsbereichsebene angesiedelt (Gälweiler 1986, S. 206, 215ff.). Die Qualität des Planungsprozesses ist abhängig von den Planerfähigkeiten, der Planungsmethode sowie der Qualität der Planungsergebnisse (Entscheidungen) und der einbezogenen Informationen.

Grundsätzlich differenzieren die Ansätze nach strategischer und operativer Planung. Zielsetzung der strategischen Planung ist die Festlegung von Unternehmensstrategien zur Erreichung der Unternehmensziele sowie von Maßnahmen zu deren Umsetzung (vgl. Hammer 1998, S. 37, 52). In der operativen Planung werden die strategischen Vorgaben für die einzelnen Unternehmensbereiche konkretisiert. Hahn (1974, S. 232ff.) bspw. ordnet der operativen Planung die Produktprogrammplanung, die Maßnahmenplanung für einzelne Unternehmensbereiche sowie die Projektplanung zu. Die Abgrenzungen finden sich dergestalt auch in den Ansätzen zur strategischen IT-Planung wieder.

Zusammengefasst kann keiner der betrachteten Ansätze als der beste identifiziert werden. Ihre Anwendung ergibt sich vielmehr aus dem verfolgten Zweck bzw. der Zielsetzung der IT-Planung und ihrem Stellwert im Unternehmensgefüge (vgl. z.B. Boynton/Zmud 1987, S. 69).

2.2 Servicebasierte Planung und Steuerung der IT-Infrastruktur

Dabei sind Ähnlichkeiten zwischen den Ansätzen zur Unternehmensplanung und zur strategischen IT-Planung erkennbar.

2.2.3.4 Ansätze zum IT-Controlling im Schrifttum

Der Controlling-Begriff unterliegt im Schrifttum keinem einheitlichen Begriffsverständnis (Weber 2004, S. 6). Eine allgemein bekannte Definition stammt von Horvath (1998, S. 142), der Controlling als Subsystem eines Führungssystems versteht, das Planung, Kontrolle und Informationsversorgung ergebniszielorientiert koordiniert.

Die analysierten Definitionsansätze setzen unterschiedliche Schwerpunkte. Fokussiert werden z.B. der Informationsbezug (vgl. Reichmann 2006, S. 2ff.; Jaspersen 2005), die Führungsphilosophie bzw. das Führungssystem (vgl. Hahn 1987) oder die Koordination (vgl. Küpper 2001; Reichmann 2006). Die Genauigkeit dieser Ausrichtungen wird im Schrifttum kritisch diskutiert (vgl. Weber 2004, S. 30f.; Schöne 1997, S. 34). Dennoch lassen sich typische Controllingaufgaben ableiten. Dazu gehören die Koordination, Planung, Steuerung, Kontrolle und Information (vgl. Steinle/Bruch 2003, S. 13ff.).

Die Durchführung des Controllings wird im Schrifttum meist im Kontext eines Controlling-Ansatzes, einer Konzeption oder eines Regelkreises gesehen. Das dient der Erfassung und Strukturierung der aufgezeigten Aufgaben in einem kontinuierlich zu durchlaufenden Kreislauf. Da die Controlling-Konzeption einen integralen Bestandteil im betrieblichen Führungssystem darstellt, dient Controlling gleichsam der Führungsunterstützung (vgl. Steinle/Bruch 2003, S. 13f., 20f.; Horvath/Rieg 2001). Inhalt von Controlling-Konzeptionen sind z.B. Ziele, Objekte, Rahmenbedingungen, Zeitbezug, Aufgaben, Inputs und Outputs (vgl. Reichmann 2006, S. 4ff.). Seine Konkretisierung erfährt es durch ein Controlling-System mit Instrumenten bzw. Werkzeugen zur Ausübung der Controllingaufgaben.

Das IT-Controlling ist ein Teilbereich des Unternehmenscontrollings mit dem übergreifenden Ziel der Koordination der IT-Organisation und Informationswirtschaft im Unternehmen (Horvath/Reichmann 2003, S. 343ff.). Demnach kommt dem IT-Controlling eine Querschnittsfunktion zu. Krcmar/Buresch (2000, S. 4) definieren den Begriff als *„[...] Konkretisierung einer allgemeinen Controlling-Konzeption für das Informationsmanagement."*

Kernpunkte im IT-Controlling sind die Bestimmung von Controllingzielen und Controllingobjekten. Zu den häufig angeführten Zielen gehören die Erreichung von Effektivität und Effizienz in der Planung, Kontrolle, Steuerung und Koordination der IT-Aktivitäten und IT-Prozesse sowie die IT-Ausrichtung an den Unternehmenszielen. Hieraus werden Controllingaufgaben abgeleitet (vgl. Krcmar/Buresch 2000, S. 6ff.; Weber 2004, S. 29ff.; Horvath/Rieg 2001, S. 10). Eine umfassende Übersicht über Ziele in der IT-Controlling-Literatur findet sich in Schöne (1997).

Die Strukturierung der IT-Controllingobjekte gestaltet sich sehr unterschiedlich, wobei der Fokus häufig auf dem Lebenszyklus von IT-Systemen liegt. Beispiele für Handlungsfelder in der IT sind Portfolio, Projekt, Kosten, Ressourcen, Infrastruktur oder Produkte. Sie sind prozessorientiert strukturiert (vgl. Krcmar et al. 2000). In Abhängigkeit der Objekte lassen sich

Aufgaben, Verantwortungsbereiche, organisatorische Schnittstellen, Methoden, Werkzeuge und die organisatorische Verankerung bestimmen. In mittelständischen Unternehmen bspw. werden die IT-Controllingobjekte meist weniger differenziert strukturiert. Zudem ist das IT-Controlling organisatorisch entweder komplett in der IT oder im Unternehmenscontrolling verankert (vgl. Jaspersen 2005, S. 23-39; Weber 2004, S. 29).

Zur Ereichung der IT-Controllingziele lässt sich der IT-Controlling-Kreislauf in vier grundlegende Schritte strukturieren, die hier als exemplarisch angenommen werden. Ergänzend können unterstützende oder beeinflussende Prozesse definiert werden (Kütz 2005, S. 39ff.; Krcmar/Buresch 2000):

- *Planung*: Durchführung von Planungsaufgaben zur Festlegung von Zielwerten bzw. Planwerten für die Planperiode.
- *Umsetzung*: Umsetzung der ursprünglichen oder angepassten Planung durch Erfassung und Dokumentation von Ist-Daten.
- *Analyse*: Durchführung von Kontrollaufgaben mit Auswertung der Ist-Daten über Plan-Ist-Abgleiche, Durchführung von Abweichungsanalysen, Ermittlung und Auswahl von Handlungsalternativen zur Plankorrektur, Berichterstellung.
- *Korrektur*: Durchführung von Steuerungsaufgaben durch Umsetzung der ausgewählten Handlungsalternativen und Weiterentwicklung des IT-Controllingsystems.

Auf Basis der festgelegten Ziele, Objekte und der grundlegenden Vorgehensweise lassen sich schließlich die Aufgaben im IT-Controlling konkretisieren. Weber (2004, S. 44) unterscheidet grundsätzlich nach Entlastungs-, Unterstützungs-, Ergänzungs- und Begrenzungsaufgaben sowie Aufgaben zur Rationalitätssicherung.

Zusammengefasst ergeben sich folgende zentrale Aufgaben (vgl. Kargl/Kütz 2007, S. 1f.; Horvath/Rieg 2001, S. 10f.; Weber 2004, S. 45ff.):

- Entwicklung von IT-Planungs- und Kontrollsystemen.
- Informationsbesorgung, -verarbeitung und -bereitstellung, Zielfindung und Entscheidungsunterstützung für das IT-Management.
- Koordination der Ausführung der Planung (Festlegung von Planwerten), Steuerung (Ableitung von Korrekturmaßnahmen) und Kontrolle (Überwachung der Planeinhaltung durch Plan-Ist-Abgleiche) der IT.
- Rationalitätssicherung in der Qualität der Ausübung der IT-Führungsaufgaben.

In Analogie zu den Planungsansätzen kann auch im IT-Controlling ein Zeitbezug hinterlegt werden. Die Unterscheidung erfolgt nach strategischem (langfristig) und operativem (kurzfristig) IT-Controlling. Ergänzend wird mitunter eine weitere taktische Ebene definiert, die einen mittelfristigen Zeithorizont aufweist (vgl. Steinle/Bruch 2003, S. 23; Weber 2004, S. 421-484). Die Abgrenzung des Zeithorizonts erstreckt sich neben den Aufgaben auf die Zielsetzung, Objekte, organisatorische Ausrichtung sowie auf die Auswahl der Methoden und Werkzeuge (vgl. Schöne 1997, S. 45; Kütz 2005, S. 47-56).

2.2 Servicebasierte Planung und Steuerung der IT-Infrastruktur

Nachfolgend werden zentrale Aufgaben des strategischen und operativen IT-Controllings beispielhaft zusammengefasst (vgl. Krcmar/Buresch 2000; Kütz 2005, S. 47-56; Kargl/Kütz 2007; Dobschütz et al. 2000):

- *Strategische IT-Controllingaufgaben* (mittel- bis langfristiger Zeithorizont): Formulierung, Planung, Steuerung und Überwachung der übergreifenden IT-Portfolioausrichtung und -entwicklung, Budget- und Investitionsbetrachtung inkl. Planung und Steuerung von (interner) Kostenrechnung und (externer) Rechnungslegung, IT-Governance, IT-Projektprogramm, strategische IT-Planung, IT-Innovationen, etc.

- *Operative IT-Controllingaufgaben* (kurzfristiger Zeithorizont): Koordination der Planung, Steuerung und Überwachung der IT-Ressourcen, Bildung von IT-Kennzahlensystemen, Umsetzung, Überwachung und Steuerung konkreter Portfolien (z.B. Infrastruktur, Applikation, Projekte), Verrechnung der IT-Kosten, Kosten- und Budgetmanagement, Wirtschaftlichkeits- und Nutzenbetrachtungen, Berichtswesen, etc.

Weitere Ansätze zum IT-Controlling zeigen von Dobschütz (2000), Kargl/Kütz (2007) oder Kesten *et al.* (2007). Einen umfassenden Überblick zu IT-Controlling-Ansätzen im Schrifttum zeigt Schöne (1997).

Obwohl das IT-Controlling ebenso Planungs- und Steuerungsaufgaben umfasst, lässt sich eine deutliche Abgrenzung zu den Planungsansätzen in Kapitel 2.2.3.3 herstellen. Das IT-Controlling begleitet die Aufgaben der Planung, Steuerung und Kontrolle der IT, trifft aber nicht die jeweiligen Entscheidungen (vgl. Kütz 2005, S. 5ff.; Reichmann 2006, S. 4-13). Daher kommt dem IT-Controlling weniger eine ausführende als vielmehr eine übergreifende, koordinierende Bedeutung zu. Das manifestiert sich in den Zielen, Objekten und Abläufen. Mit diesem Verständnis lassen sich die IT-Planung und Steuerung in die Querschnittsfunktion des IT-Controllings einbetten (vgl. Tiemeyer 2005, S. 7).

2.2.3.5 Zusammenfassung

Im Schrifttum finden sich zahlreiche Ansätze zur Planung und damit verbunden zur Kontrolle und Steuerung, die sich in Zielsetzung sowie in Anzahl und Fokus der Vorgehensschritte unterscheiden. Obgleich dieser Fülle besteht in der Praxis häufig ein Defizit, was Transparenz, Formalisierung und Dokumentation der Planungs- und Steuerungsprozesse, vor allem in der IT, betrifft (vgl. Buchta et al. 2004, S. 89).

Hinweise zur Eignung der betrachteten Ansätze für mittelständische Unternehmen konnten kaum entnommen werden. Es gibt jedoch darauf basierende Ansätze, die den Fokus auf mittelständische Unternehmen legen. Sie beziehen sich überwiegend auf inhaltliche Aspekte zur Unternehmensplanung (vgl. z.B. Weber 2000; Hoch 1989). Da aus den untersuchten Ansätzen noch keine konkreten Schlussfolgerungen zur Durchführung der Planung und Steuerung der IT-Infrastruktur gezogen werden konnten, wird die Thematik erneut in Kapitel 4 aufgegriffen.

2.2.4 IT-Kennzahlen und IT-Kennzahlensysteme

Das Kapitel stellt zentrale Aspekte zu Kennzahlen und Kennzahlensystemen der IT dar. Hierbei soll die Zielsetzung weniger in der erneuten Aufarbeitung der umfassenden Erkenntnisse des Schrifttums liegen. Vielmehr werden gezielt diejenigen Aspekte herausgegriffen, die für die Zusammenstellung der Schlüsselkenngrößen in Kapitel 5.4 von besonderer Relevanz sind. Auf weiterführende Literatur wird verwiesen.

2.2.4.1 Begriffliche Grundlagen

Kennzahlen sind ein zentrales Instrument zur Unterstützung von Führungsaufgaben. Ihr Ursprung liegt in der betriebswirtschaftlichen Forschung (vgl. Schulz-Mehrin 1960; Staehle 1969), wobei sich ihr Einsatzspektrum im Zeitverlauf sukzessive erweiterte (vgl. Sandt 2004, S. 2ff.). So sind Kennzahlen heutzutage ebenfalls ein fester Bestandteil im IT-Management oder IT-Controlling (vgl. Weber 2004, S. 242; Kütz 2006; Gadatsch/Mayer 2004). Sie dienen der Informationsentlastung, indem sie komplexe Sachverhalte auf wenige Zahlenwerte abbilden und Transparenz schaffen, da sie klare Fakten zu Eigenschaften der untersuchten Objekte repräsentieren (vgl. Gladen 2003, S. 13f.).

Der Kennzahlenbegriff wurde ausgehend vom Verständnis als Analyseinstrument um die Steuerungsfunktion zur Bewertung von Zuständen und Merkmalen der untersuchten Objekte ausgedehnt (vgl. Reichmann 2003, S. 19). Daher wird der Begriff in Schrifttum und Praxis vielfältig verwendet, was die eindeutige terminologische Abgrenzung erschwert. So besteht das Begriffsspektrum bspw. aus den Termini Messgröße, Kenngröße, Indikator, Maßzahl oder Kennziffer (vgl. Botta 1997, S. 2ff.; Sandt 2004, S. 9f.).

Eine vielfach zitierte Begriffsabgrenzung stammt von Staehle (1969, S. 62), dessen Verständnis auf IT-Kennzahlen übertragen und für diese Arbeit zu Grunde gelegt wird.

> IT-Kennzahlen sind „ [...] Zahlen, die quantitativ erfassbare Sachverhalte in konzentrierter Form erfassen."

Ein weiterer vor allem in der angloamerikanischen Literatur oft verwendeter Terminus ist *Key Performance Indicator*, kurz KPI. Er misst die Effektivität und/oder die Effizienz von Messobjekten in einer quantifizierbaren Form. Neben finanzbezogenen Kennzahlen werden im Sinne eines umfassenden Ansatzes auch nicht-finanzbezogene Größen erhoben. Im Mittelpunkt steht die Bewertung der Leistung und Leistungsfähigkeit (vgl. Neely et al. 1995, S. 80f.; Dörner/Exner 2006, S. 169ff.).

Dazu werden die KPI mit Zielsetzungen verknüpft, um hieraus Leistungslücken (z.B. durch Erfüllungsgrade) zu identifizieren. KPI können mehrere Inputgrößen umfassen, so dass sich komplexe Sachverhalte zu einem Aussagewert aggregieren lassen. Sie besitzen konkreten Handlungsbezug und sind auf Grund ihrer Eigenschaften für die Kommunikation auf der oberen Managementebene geeignet (vgl. Buchta et al. 2004, S. 121ff.; Gleich 2001, S. 11ff.). Im Schrifttum werden häufig IT-Prozesse über KPI bewertet (vgl. ISACA 2005, S. 23; Holtz/Gadatsch 2004, S. 7ff.).

Die Besonderheit der Indikatoren liegt in ihrer Aussagekraft. Eine statistisch exakte Erfassung der Ausprägungen ist meist nur schwer möglich, weshalb ihnen abgrenzbare Wertebereiche

2.2 Servicebasierte Planung und Steuerung der IT-Infrastruktur

zugewiesen werden. Kennzahlen sind somit stets gleichermaßen Indikatoren, was vice versa nicht zwangsläufig gilt (vgl. Sandt 2004, S. 11f.; Kütz 2006, S. 19).

Die Vielfalt an Einsatzmöglichkeiten erfordert eine Strukturierung der IT-Kennzahlen nach verschiedenen Kriterien, was die Erhebungsgültigkeit und Aussagefähigkeit eingrenzt. Tabelle 2-3 zeigt exemplarisch das Strukturierungsschema nach Sandt (2004, S. 10ff.).

Gliederungs-kriterium	Arten betriebswirtschaftlicher Kennzahlen							
Statistische Form	Absolute Zahlen					Verhältniszahlen		
	Einzel-zahlen	Sum-men	Diffe-renzen	Mittel-werte	Streu-ungsmaße	Beziehungs-zahlen	Gliederungs-zahlen	Indexzahlen
Bezugsobjekt	Unternehmensumfeld					Unternehmen		
				Gesamtunternehmen		Unternehmensteilbereiche		
						primäre Bereiche		sekundäre Bereiche
						Beschaffung / Produktion / Marketing & Absatz / Kundendienst		F&E / Finanzen / Personal / IT
Adressaten / Nutzer	Unternehmensinterne					Unternehmensexterne		
	Führungskräfte			Nicht Führungskräfte				
	Top-manager / Middle-manager / Lower-manager							
Zeitbezug	Vergangenheitszahlen / Ist-Zahlen					Zukunftszahlen / Plan-Zahlen		
Monetärer Bezug	monetäre (finanzielle) Kennzahlen					nicht-monetäre (nicht-finanzielle) Kennzahlen		
Beeinflussung des Endergebnisses	vorlaufende Kennzahlen *(leading measures, drivers)*					nachlaufende Kennzahlen *(lagging measures, outcome)*		
Verknüpfung der Kennzahlen in einem System	kein Kennzahlensystem					Kennzahlensystem		
						Rechensystem		Ordnungssystem
...	...					...		

Tabelle 2-3: **Kategorisierungsschema für Kennzahlen**
(Quelle: In Anlehnung an (Sandt 2004, S. 12))

Die vorgenommene Einteilung wird in zentralen Punkten erläutert und durch weitere, im Schrifttum viel verwendete Kriterien, ergänzt (vgl. Schulz-Mehrin 1960, S. 29-40; Gladen 2003, S. 16ff.; Sandt 2004, S. 10ff.; Kütz 2007, S. 42f.):

- *Statistische Größen:* Unterscheidung nach absoluten Kennzahlen (Menge an Einzelelementen ohne Bezugspunkt) und Verhältniszahlen (Inbezugsetzen von Kennzahlen durch einen Quotienten als Bezugspunkt).
- *Zeitbezug:* Unterscheidung nach vergangenheitsbezogenen (Ist-Werte) und zukunftsbezogenen (Zielwerte, Planwerte, Soll-Werte) Kennzahlen. Zu letzteren zählen auch Prognosewerte, die Verlaufsentwicklungen vorhersagen bzw. antizipieren.
- *Adressat*: Unterscheidung nach unternehmensexternen und -internen Adressaten. Das können Organisationseinheiten (z.B. Fachgruppe, Abteilung, Geschäftsbereich, Unternehmen) oder Personen (z.B. IT-Leiter, Geschäftsführer) sein.
- *Reichweite*: Unterscheidung nach z.b. regional, national und international
- *Aussageform*: Unterscheidung nach Informationskennzahlen (keine direkte Beeinflussbarkeit, gehen z.B. in Steuerungskennzahlen ein) und Steuerungskennzahlen (direkte Beeinflussbarkeit, zur Identifikation von Steuerungsbedarfen und Ableitung von Maßnahmen). Eine weitere Aussageform sind Benchmarks. Sie umfassen definierte Referenzwerte, an denen sich die Kennzahlenmessung ausrichtet. Als Zielwert beschreiben sie einen quantifizierbaren Spitzenwert für eine festgelegte Zielgruppe.
- *Zahlenmäßige Erfassung*: Unterscheidung nach quantitativen (zahlenmäßig erfassbare Werte) und qualitativen Kennzahlen (zahlenmäßig schwer erfassbare Werte, abgebildet über definierte Messabstände oder mehrere quantitative Kennzahlen, Bewertungen erstrecken sich meist auf subjektive Beurteilungen).

Neben der Strukturierung der IT-Kennzahlen sind die Objekte zu definieren, die über IT-Kennzahlen bewertet und gesteuert werden sollen.

Im IT-Kontext können das z.B. Aufgabenstellungen der IT, aufbauorganisatorische Bereiche oder Prozesse der IT-Organisation sein. Mit der Bestimmung der zu steuernden Objekte (nachfolgend als Steuerungsobjekte bezeichnet) wird ein erster Fokus auf die Auswahl geeigneter IT-Kennzahlen gelegt. Zur Festlegung konkreter Messpunkte muss das Steuerungsobjekt in einzelne Felder zerlegt werden. Die so geschaffenen Steuerungsfelder sind überschaubarer und weniger komplex, was eine sehr zielgerichtete Zuordnung von IT-Kennzahlen unterstützt. Daran geknüpft ist die Voraussetzung der direkten Beeinflussbarkeit der Steuerungsfelder durch die Verantwortlichen (vgl. Kargl/Kütz 2007, S. 123; Kütz 2006, S. 15f.).

Die Ausgestaltung und Abgrenzung der Steuerungsfelder orientiert sich an der Zielsetzung des Steuerungsobjekts und der Zielgruppe, die Steuerungsmaßnahmen ableitet. Deshalb werden für die Steuerungsfelder Zielsetzungen definiert, deren Erreichung durch die Kennzahlen nachgehalten wird. Dieser Ansatz entspricht dem Verständnis der Balanced Scorecard (vgl. Kaplan/Norton 1992). Zielführend für die Auswahl der IT-Kennzahlen ist deren Ausrichtung am Steuerungsobjekt (Kütz 2007, S. 45f.).

Beispiele zur Abgrenzung von Steuerungsobjekten und -feldern der IT zeigen Kargl/Kütz (2007), Kütz (2006) oder Gadatsch/Meyer (2004). Auf Basis des bisherigen Begriffsverständnisses lassen sich Aufgaben ableiten, die nach Analyse-, Steuerungs-, Kontroll- und Entscheidungsunterstützungsaufgaben differenziert werden (Weber 2004, S. 244; Lachnit 1976, S. 220). Tabelle 2-4 fasst zentrale Aufgaben zusammen:

Analyseaufgaben	Steuerungsaufgaben	Kontrollaufgaben	Aufgaben zur Entscheidungsunterstützung
• Ableitung von Aussagen zur Entwicklung der Kennzahlen durch Ziel-Ist-Abgleiche • Durchführung von Abweichungsanalysen • Frühzeitiges Erkennen von Abweichungen und Veränderungen in den Zielwerten • Gewinnung von Informationen über die Messobjekte	• Identifikation von Steuerungsbedarfen • Steuerung der gemessenen Objekte durch Ableitung von Handlungsmaßnahmen	• Überwachung der Einhaltung der Zielwerte • Messbarmachen von Zielen über konkrete Zahlenwerte • Dokumentation der ermittelten Werte und der Analyseergebnisse als Wissensgrundlage zur Durchführung von Zeitreihenvergleichen	• Komplexitätsreduktion durch Verdichtung der Informationen und Aussagen • Schaffung einer Grundlage zur Kommunikation der erhobenen Werte an die Zielgruppen (z.B. über Berichtswesen) • Versachlichung der Managementdiskussion bei der Entscheidungsfindung und Führung • Förderung der kritischen Auseinandersetzung über den Zustand der Steuerungsobjekte

Tabelle 2-4:   *Aufgabenspektrum von IT-Kennzahlen*
(Quelle: Eigene Darstellung)[5]

2.2.4.2 Anforderungen an IT-Kennzahlen und IT-Kennzahlensysteme

Im Schrifttum finden sich zahlreiche Aufstellungen zu Anforderungen, die an die Ausgestaltung von IT-Kennzahlen gestellt werden. Im Folgenden werden diejenigen herausgegriffen, die im Rahmen der Modellentwicklung in Kapitel 5.4 von Relevanz sind (vgl. Gladen 2003, S. 156f.; Kütz 2007, S. 42f., 184f.; Kargl/Kütz 2007).

- *Messbarkeit*: Erfassbarkeit der IT-Kennzahlen über Zahlen- oder Indexwerte, Sicherstellung der Reliabilität der Kennzahlen.

- *Erhebbarkeit*: Aufwand-Nutzen-Relation, indem der Erkenntnisgewinn aus der IT-Kennzahl nicht deren Erhebungsaufwand übersteigt.

- *Steuerbarkeit*: faktische Einflussnahme des Verantwortlichen auf die Zielerreichung des Steuerungsobjekts unter der Voraussetzung, dass die zu steuernden Kennzahlen in dessen Verantwortungsbereich liegen.

- *Einfachheit und Klarheit*: Nachvollziehbarkeit von Erhebungszweck und Aussage der IT-Kennzahlen für die Zielgruppen, Vermittlung der Aussagewerte über grafische Abbildungen wie z.B. mittels Ampeldarstellung oder über Normierungen durch Inbezugsetzen der relevanten IT-Kennzahlen mit deren Zielwerten.

- *Zielbezogenheit*: Festlegung von Zielen, Zielwerten und Zielkorridoren für IT-Kennzahlen, an denen eine Ausrichtung der Ist-Werte erfolgt, Bestimmung der Zielgruppen, für die die Kennzahlen erhoben werden, Festlegung der Zielsetzung der IT-Kennzahlen, aus denen sich der Informationsbedarf der Zielgruppen ergibt.

---

[5]   Unter Verwendung der Quellen (vgl. Sandt 2004, S. 9-29; Küting 1983; Gladen 2003, S. 18-26; Gadatsch/Mayer 2004, S. 110ff.; Kütz 2007, S. 41ff.; Gleich 2001, S. 11ff.).

- *Zeithorizont*: zeitpunktbezogene oder zeitraumbezogene Messung der IT-Kennzahlen.
- *Kontinuität*: regelmäßige Erhebung der IT-Kennzahlen zur Beobachtung von Entwicklungen und frühzeitigen Identifikation von Abweichungen.

Das Zusammenwirken mehrerer IT-Kennzahlen lässt sich über IT-Kennzahlensysteme abbilden (vgl. Weber 2004, S. 254f.; Kargl/Kütz 2007, S. 123). Sie werden für das weitere Verständnis der Arbeit in Anlehnung an Horvath (2006, S. 545) definiert:

> *IT-Kennzahlensysteme umfassen eine systematische und strukturierte Gesamtheit von IT-Kennzahlen, die in einem definierten Beziehungszusammenhang stehen und in ihrer Gesamtheit über einen bestimmten Sachverhalt informieren.*

Die Zusammenhänge zwischen IT-Kennzahlen lassen sich mathematisch (Rechensysteme) oder sachlogisch (Ordnungssysteme) darstellen (vgl. Weber 2004, S. 255; Reichmann 2006). Hieraus lassen sich Konstruktionsregeln für den Aufbau von Kennzahlensystemen ableiten (vgl. z.B. Gladen 2003, S. 116ff., 127ff.; Kütz 2006, S. 81ff.; Sandt 2004, S. 107ff.).

In Analogie zu den IT-Kennzahlen weisen IT-Kennzahlensysteme ebenfalls einen Analyse- oder Steuerungscharakter auf. Letzteres erfordert die Festlegung von Zielen, an denen der Ist-Zustand gemessen wird. Die Zusammenhänge zwischen den Einzelzielen lassen sich in einer Zielhierarchie abbilden. Ein typisches Beispiel für eine derartige Strukturierung ist die Balanced Scorecard (vgl. Gladen 2003, S. 22f.; Sandt 2004, S. 15).

Unter Berücksichtigung der Ausführungen zu den IT-Kennzahlen finden sich im Schrifttum ebenfalls Anforderungen, die an Gestaltung und Aufbau von IT-Kennzahlensystemen gestellt werden. Nachfolgend werden zentrale Anforderungen zusammengefasst (vgl. Kütz 2007, S. 51ff.; Kargl/Kütz 2007, S. 123ff.; Gladen 2003, S. 92):

- *Dokumentation*: Erstellung von Kennzahlenbeschreibungen über sogen. Steckbriefe, in Kütz (Kütz 2007, S. 46ff.) oder Botta (Botta 1997, S. 18) finden sich hierfür Beispiele, Dokumentation der Abhängigkeiten und Zusammenhänge im IT-Kennzahlensystem.
- *Zielsetzung*: Festschreibung der mit der Kennzahlenerhebung verfolgten Zielsetzung für jede IT-Kennzahl und das IT-Kennzahlensystem, Festlegung über welche Objekte Aussagen getroffen werden.
- *Verantwortlichkeiten*: Bestimmung der IT-Verantwortlichkeiten für die Festlegung, Beschreibung, Erhebung und Steuerung der IT-Kennzahlen und des IT-Kennzahlensystems auf unterschiedlichen Aggregationsebenen.
- *Aktualität und Stabilität*: Anpassung des IT-Kennzahlensystems auf Grund von Anforderungsänderungen an die Bewertung des Steuerungsobjekts, durch ein stabiles IT-Kennzahlensystem führen Änderungen nicht immer zu dessen Neustrukturierung.
- *Vollständigkeit und Umfang:* umfassende Abbildung des Steuerungsobjekts durch die IT-Kennzahlen, dennoch ist die Beschränkung des Kennzahlenumfangs zur Gewährleistung der Erhebbarkeit erforderlich, Fokussierung auf jene IT-Kennzahlen, die der Zielerreichung zweckdienlich sind.

- *Systematisierung:* Beschreibung der Abhängigkeiten zwischen den IT-Kennzahlen, die in der Erhebung, Analyse und Steuerung zu berücksichtigen sind, Unterstützung der Zielerreichung im IT-Kennzahlensystem.

- *Widerspruchsfreiheit:* widerspruchsfreie Abgrenzung der Abhängigkeiten zwischen den IT-Kennzahlen zur Vermeidung von Zielkonflikten.

- *Vergleichbarkeit:* Schaffung von Transparenz durch Kennzahlenbeschreibungen, Unterstützung der Wiederholbarkeit in der Erhebung gleicher IT-Kennzahlen, Unterstützung der Durchführung von Benchmarking-Vergleichen.

- *Modularität:* flexible Anpassbarkeit auf Anforderungsänderungen in der Bewertung des Steuerungsobjekts, Erhöhung der Flexibilität der bedarfsgerechten IT-Unterstützung, Anpassungen umfassen die Erweiterung um neue sowie die Streichung oder Änderung bestehender IT-Kennzahlen, Überprüfung von Auswirkungen auf bestehende Abhängigkeiten zwischen den IT-Kennzahlen.

Zur Vervollständigung der Ausführungen sind neben den Anforderungen von IT-Kennzahlensystemen zugleich deren Grenzen zu definieren. Sie umfassen im Wesentlichen die folgenden Punkte (vgl. Sandt 2004, S. 28f.; Kütz 2007; Gaitanides 1979):

- IT-Kennzahlensysteme sind kein Ersatz für die Durchführung der IT-Steuerung.

- Messverfahren und Erhebungsqualität im IT-Kennzahlensystem bestimmen die Aussagequalität der einzelnen IT-Kennzahlen.

- Die Darstellung der Abhängigkeiten im IT-Kennzahlensystem ist fehleranfällig, was zu falschen Interpretationen oder Aussagewerten führen kann.

- Die Ausschöpfung von ermittelten Steuerungspotenzialen erfordert den tatsächlichen Einsatz und die Akzeptanz der IT-Kennzahlen in der Zielgruppe.

- Die Verdichtung von komplexen Sachverhalten über IT-Kennzahlen führt zu Informationsverlusten, was bei der Kommunikation zu berücksichtigen ist.

2.2.4.3 Ansätze zu IT-Kennzahlensystemen im Schrifttum

Als Orientierungspunkte für die Ausgestaltung von IT-Kennzahlensystemen dienen Zielsetzung, Steuerungsobjekte, Kennzahlenumfang, Informationsbedarf der Zielgruppe sowie der betrachtete Zeitraum. Das Schrifttum bietet eine Fülle an Aufarbeitungen und Zusammenstellungen. Daher wird auf diese Arbeiten verwiesen.

Eine sehr umfassende Zusammenstellung bekannter Kennzahlensysteme aus Wissenschaft und Praxis findet sich in Kütz (2007, S. 79ff.). Neben den als traditionell bezeichneten Kennzahlensystemen werden auch aktuelle Ausrichtungen zum IT-Servicemanagement (z.B. CobiT, ITIL) betrachtet. Denn gerade diese IT-Kennzahlen bzw. KPI gewinnen in der Praxis zunehmend an Bedeutung, da sie eine prozessorientierte Messung der IT-Servicebereitstellung und deren Leistungsfähigkeit fokussieren (vgl. Holtz/Gadatsch 2004, S. 7ff.).

Die Kategorisierung der analysierten IT-Kennzahlensysteme in Kütz (2007, S. 79ff.) unterscheidet zunächst zwischen Ansätzen der Praxis und des wissenschaftlichen Schrifttums. Während die Praxisansätze nach Aufgabenbereichen der IT gegliedert sind, wird die analysierte Literatur anhand der fünf Perspektiven Kunden-, Prozess-, Lieferanten-, Mitarbeiter-,

Innovations- und Finanzmanagement bewertet. Diese Perspektiven orientieren sich am Balanced-Scorecard-Ansatz. Ergänzend werden Adressat und Zielsetzung der Ansätze untersucht. Auf Basis der Systematisierung werden einzelne IT-Kennzahlen herausgegriffen und detaillierter betrachtet. Die Aufarbeitung zeigt, dass sich hinsichtlich des Zeitverlaufs der betrachteten IT-Kennzahlensysteme ein Wandel von vorrangig bereichs- und systembezogenen Ansätzen hin zu leistungs- und prozessbezogenen IT-Kennzahlensystemen vollzogen hat. Das entspricht den gewachsenen Anforderungen an die Flexibilität und Komplexität der IT-Unterstützung. Insgesamt dominieren finanz- und prozessbezogene Kennzahlen im Schrifttum. Die Aufarbeitung gibt außerdem Hinweise zur Eignung und Ausgestaltung ausgewählter IT-Kennzahlen.

Weitere aktuellere Ausarbeitungen zum Forschungsstand von Kennzahlensystemen und deren historischer Entwicklung finden sich bspw. bei Sandt (2004), Weber (2004) und Gladen (2003).

Ein in Praxis und Schrifttum weit verbreiteter Ansatz ist die Balanced Scorecard, die zur Strukturierung und Entwicklung von Kennzahlensystemen (auch in der IT) häufig herangezogen wird. Der Ansatz unterstützt den Prozess der Formulierung und Systematisierung von Steuerungsfeldern sowie deren Zielsetzungen für ein definiertes Steuerungsobjekt. Zur Strukturierung werden die vier Perspektiven Kunden, (interne) Prozesse, Finanzen sowie Lernen und Entwicklung vorgeschlagen, die in Abhängigkeit vom Anwendungskontext angepasst und erweitert werden können. Ausgangspunkt einer Ausgestaltung ist die Festlegung einer übergreifenden Vision, die anschließend in Zielsetzungen und Umsetzungsstrategien für die einzelnen Perspektiven heruntergebrochen wird. Entsprechend der Zielsetzungen werden für alle Steuerungsfelder KPI in Form von Kennzahlen bestimmt, die zur Zielerreichung zweckdienlich sind. Identifizierte Zusammenhänge zwischen den Messgrößen werden darüber hinaus in Ursache-Wirkungsketten abgebildet (vgl. z.B. Kaplan/Norton 1992; Kaplan/Norton 1997).

Der Ansatz lässt sich auf die IT übertragen. Dazu finden sich im Schrifttum zahlreiche Strukturierungsansätze, die die vier Perspektiven um weitere ergänzen (vgl. z.B. van der Zee 1996; Kütz 2006; Buchta et al. 2004).

2.2.4.4 Zusammenfassung

Das Schrifttum verfügt über zahlreiche Auflistungen zu IT-Kennzahlen und IT-Kennzahlensystemen für unterschiedlichste Themenbereiche. Schwierigkeiten in der praktischen Anwendung ergeben sich daher nicht aus der Kennzahlenbestimmung, sondern vor allem aus deren Beschreibung und der Festlegung von Messvorschriften.

Dabei unterscheiden sich IT-Kennzahlensysteme für mittelständische Unternehmen in Aufbau und Zielsetzung nicht unbedingt von denen in Großunternehmen. Eine Differenzierung erfolgt vielmehr über den Kennzahlenumfang sowie über die Festlegung von zeitlichem und personellem Erhebungsaufwand. Gerberich/Schäfer (2005, S. 61ff.) sprechen in diesem Zuge von einem schlanken IT-Kennzahlensystem („Lean Balanced Scorecard"). Weitere mittelstandsbezogene Beispiele finden sich bei (Vohl 2004; Scheibeler 2003; Steinhardt 2001), die jedoch nicht IT-bezogen ausgestaltet sind.

2.3 Zusammenfassung

Die Zielsetzung des Kapitels 2 bestand in der zusammenfassenden Darstellung der relevanten Literatur für die in Kapitel 1 aufgezeigte Problemstellung.

Ausgehend von der Begriffseinordnung und -abgrenzung zur IT-Infrastruktur wurden Ziele, Aufgaben und Anforderungen an deren Management aufgezeigt. Anschließend wurde ein Überblick über Ansätze zur Strukturierung und Beschreibung von IT-Services und IT-Service-Katalogen vorgestellt. Schwerpunkt bildete die Gegenüberstellung der Gemeinsamkeiten und Unterschiede, um hieraus Gestaltungshinweise für die Entwicklung der Modellkomponente in Kapitel 5.2 abzuleiten.

Die Aufarbeitung zur Planung und Steuerung orientierte sich ebenfalls an den thematischen Aspekten, auf die in Kapitel 5.3 zurückgegriffen wird. Dabei wurde der Fokus auf Ansätze zur IT-Planung und Steuerung gelegt. Das wurde um Unternehmensplanungsmodelle ergänzt, die häufig den Ursprung der IT-basierten Ansätze bilden. Es wurde zudem eine Einordnung in das verwandte Thema IT-Controlling aufgezeigt.

Schwerpunkt der Aufarbeitung des daran anschließenden Kapitels bildete die Darstellung von Zielen und Anforderungen an die Gestaltung von IT-Kennzahlen und IT-Kennzahlensystemen, die in Kapitel 5.4 herangezogen werden. Hierbei wurde der Ansatz der Balanced Scorecard hervorgehoben, da er zur Steuerung der fokussierten Aktivitäten besonders eignet.

Zwischen den behandelten Themen lassen sich inhaltliche Verknüpfungen herstellen, die nachfolgend abgeleitet werden und zu einer differenzierteren Betrachtung der Thematik beitragen sollen.

Ausgehend von den Ansätzen nach Weill/Broadbent (1998) und Liu (2002) wurde deutlich, dass sich das Verständnis der IT-Infrastrukturkomponenten von einer rein technischen Betrachtung hin zu einer geschäftsnutzenbezogenen Abbildung über IT-Services wandelt, die je nach Geschäftsnähe unterschiedlich formuliert sind (Kapitel 2.1.1). Dieses Verständnis wird in Weill *et al.* (2002a) aufgegriffen und fortgeführt, indem ein Set an IT-Infrastrukturservices empirisch abgeleitet wird (vgl. Kapitel 2.1.1.4).

Das verdeutlicht den zunehmenden Anspruch, die IT-Unterstützung geschäftsorientiert abzubilden und an die Servicenehmer zu kommunizieren. Denn für die Servicenehmer als IT-Nutzer ist ausschließlich das Funktionieren der IT zur Ausübung ihrer Geschäftsaufgaben (z.B. Mailboxzugang für den elektronischen Schriftverkehr) von Bedeutung. Welche technischen Konfigurationen wie z.B. Hersteller und Ausstattung von Applikationsserver oder Datenbanksoftware von der IT verwendet werden, ist für sie unerheblich. Diese Form der Serviceausrichtung wird in die Planungs- und Steuerungsprozesse übertragen (vgl. Kapitel 2.2.3). Die IT-Kennzahlensysteme beinhalten ebenfalls vermehrt Leistungsgrößen zur Servicequalität und zur Leistungsfähigkeit von IT-Prozessen (vgl. Kapitel 2.2.4). Somit kann eine Durchgängigkeit in den Steuerungsobjekten erreicht werden. Abbildung 2-8 verdeutlicht die Zusammenhänge und zeigt die Transformation der technischen IT-Infrastrukturkomponenten in IT-

Services vor dem Hintergrund der zunehmenden IT-Serviceausrichtung. Dieses Verständnis wird dieser Arbeit im Weiteren zu Grunde gelegt.

Servicegeberorientierte Sicht  **Servicenehmerorientierte Sicht**

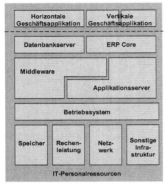

Transformation der technischen Bestandteile zu einer servicenehmerbezogenen Sicht

IT-Infrastruktur **IT-Servicebereitstellung**

Abbildung 2-8: **Transformation der IT-Infrastruktur in IT-Services**
(Quelle: Eigene Darstellung)

3 Anwendungskontext mittelständische Unternehmen

Im Mittelpunkt des Kapitels steht die Eingrenzung des Anwendungskontextes auf mittelständische Unternehmen, indem einleitend definitorische Grundlagen zum Mittelstandsbegriff vorgestellt und diskutiert werden. Darauf aufbauend wird das Begriffsverständnis als Basis für die weiteren Kapitel festgelegt. Im Anschluss erfolgt zur weiteren Eingrenzung des Untersuchungsgegenstands eine Betrachtung der Rolle und Bedeutung der IT im Mittelstand. Insbesondere wird auf das IT-Servicemanagement im Mittelstand und dessen thematische Verankerung in der Zielsetzung dieser Arbeit eingegangen. Es wird herausgearbeitet, weshalb der Mittelstand auf Grund seiner Charakteristika gesondert von Großunternehmen zu betrachten ist.

3.1 Grundlagen zum Mittelstandsbegriff

Zur Ein- und Abgrenzung des Mittelstands wird ein Überblick über bestehende Begriffsabgrenzungen im Schrifttum gegeben, indem nach quantitativen (Kapitel 3.1.2) und qualitativen (Kapitel 3.1.3) Abgrenzungsversuchen differenziert wird. Daraus wird ein für diese Arbeit geltendes definitorisches Verständnis abgeleitet. Dabei steht nicht die Schaffung einer neuen Definition oder die systematische Aufarbeitung der Mittelstandsliteratur im Vordergrund, sondern die Vermittlung des hier zu Grunde gelegten Verständnisses zum Mittelstandsbegriff.

3.1.1 Zur Problematik der Begriffsabgrenzung

In der Literatur existiert eine große Vielfalt an Definitions- und Abgrenzungsversuchen zum Mittelstandsbegriff, die teils sehr kontrovers diskutiert werden. So stellte z.B. Gantzel (1962, S. 293-310) bereits Anfang der 60er Jahre eine Übersicht über 190 existente Definitionen auf. Die Anzahl der Begriffsbestimmungen hat sich seit dieser Untersuchung sicherlich im Verlauf der zweiten Hälfte des 20. Jh. vervielfacht. Zum gegenwärtigen Forschungsstand konnte sich insbesondere im deutschen Sprachraum noch keine einheitliche und weitläufig geltende Mittelstandsdefinition durchsetzen (vgl. z.B. Wallau 2006, S. 12). Das führte zu einer sprachlichen Vielfalt unterschiedlich verwendeter Begrifflichkeiten wie z.B. Familienunternehmen, mittelständische Unternehmen oder KMU.[6]

Zurückführen lässt sich dieses sprachliche Phänomen auf die ausschließlich in Deutschland gebräuchliche Abgrenzung des ‚(wirtschaftlichen) Mittelstands', während in anderen Ländern hierfür ausschließlich die statistisch erhebbare Angabe der Unternehmensgröße verwendet wird (vgl. Günterberg/Wolter 2002, S. 1). Begründen lässt sich das mit dem historischen Bedeutungswandel des Terminus Mittelstand im Zeitverlauf bei gleichzeitiger Beibehaltung der Bezeichnung (vgl. Gantzel 1962, S. 12-24).

---

[6] Für das Akronym KMU finden sich im Schrifttum sowohl Bezeichnungen als kleine und mittlere Unternehmen wie auch als kleine und mittelständische Unternehmen (vgl. z.B. Hausch 2004; Khadjavi 2005; Weseloh 2004; Pfohl 1997, S. 3; Mugler 2005, S. 29).

Grundlegend unterscheidet das Schrifttum nach quantitativ und qualitativ geprägten Begriffsbestimmungen. Während sich die quantitativen Abgrenzungsversuche durch die Festlegung konkreter statistisch ermittelbarer Zahlenwerte direkt messen lassen, gestaltet sich das bei qualitativen Begriffsbestimmungen schwieriger, da sie beschreibende Wesensmerkmale des Mittelstands umfassen. Zudem besteht über die Anzahl der Abgrenzungsmerkmale kein allgemein gültiger Konsens. Pfohl (1997, S. 3f., 16) bspw. argumentiert die Vorteilhaftigkeit eines einzigen Abgrenzungsmerkmals. Gleichermaßen schränkt er ein, dass damit zentrale Unterschiede in den Unternehmen z.B. durch Branchenspezifika nicht aussagekräftig genug erfasst werden (vgl. auch Mugler 2005, S. 23).[7] Das ist allerdings von zentraler Bedeutung.

Eine ausschließlich statistische, sprich quantitative, Erfassung würde die bestehende organisatorische und strukturelle Heterogenität, die Dynamik und die Vielschichtigkeit der Wesensmerkmale mittelständischer Unternehmen nicht umfassend abbilden (vgl. Kayser 2006, S. 34; Bickel 1962, S. 2). Denn es spielen ebenfalls gesellschaftspolitische, ökonomische und soziale Rahmenbedingungen bzw. Gegebenheiten eine wichtige Rolle, die es ob ihrer Bedeutung innerhalb einer Branche wie branchenübergreifend zu berücksichtigen gilt. Bspw. entstehen Abgrenzungsschwierigkeiten bei einer rein quantitativen Abgrenzung von wirtschaftlicher und rechtlicher Selbständigkeit, wenn Mittelständler durch Großunternehmen gekauft, aber nicht in den Konzern integriert werden oder wenn Unternehmensteile von Konzernen in Tochtergesellschaften ausgelagert werden. Diese Unternehmen würden zwar gemäß ihrer Größe als Mittelstand gelten, obwohl sie es dem Wesen nach nicht mehr sind (vgl. Wolter/Hauser 2001, S. 27ff.).

Daher wird im Schrifttum vielfach auf qualitative Abgrenzungsmerkmale zurückgegriffen, die vornehmlich betriebswirtschaftliche Aspekte fokussieren. In Merkmalsauflistungen und Kriterienkatalogen werden wesensbestimmende Merkmale z.B. auf sozial-gesellschaftlicher, ökonomischer oder organisatorischer Ebene erfasst. Hierin liegt gleichermaßen die Schwierigkeit einer Abgrenzung begründet, da einzelne Begriffsmerkmale im Gesamtkontext ggf. für jedes Unternehmen unterschiedlich zusammenwirken können (vgl. Hamer 1990, S. 19; Gantzel 1962, S. 12-24).[8]

Deshalb wird die Kombination aus beiden Ansätzen präferiert (vgl. Wolter/Hauser 2001, S. 30). Denn die Zielsetzung besteht meist nicht in der möglichst engen und starren Begriffsbestimmung, sondern in einer kontextsensitiven Eingrenzung in Abhängigkeit vom Anwendungszweck (vgl. Hamer 1987, S. 55f.; Pfohl 1997, S. 5, 18).

Basierend auf den Ausführungen besteht die Problematik der Abgrenzung des Mittelstandsbegriffs in der Vermengung eines historisch gewachsenen sehr heterogen strukturierten Be-

---

[7] Naujoks (1975, S. 36) konstatiert, dass die Beschränkung auf ein Merkmal erforderlich ist, um der Zuordnungsproblematik dauerhaft zu entgehen. Hierzu empfiehlt er das Abgrenzungsmerkmal der Beschäftigtenzahl.

[8] Das verdeutlicht die Definition des Deutschen Industrie- und Handelskammertags, der Mittelstand umschreibt als „[…] eine Frage der Geisteshaltung, der Entscheidungsstrukturen und der Bereitschaft unternehmerisches Risiko zu tragen." (DIHT 1999, S. 5).

3.1 Grundlagen zum Mittelstandsbegriff

reichs der Volkswirtschaft und seinen charakteristischen Wesenszügen mit modernen Anforderungen und Rahmenbedingungen aus Wirtschaft und Politik. Das Identifizieren und Definieren von strukturellen Schnittmengen erweist sich sowohl mit rein quantitativen bzw. qualitativen Abgrenzungsmerkmalen als auch in ihrer Kombination als schwieriges Unterfangen.

3.1.2 Quantitativ geprägte Abgrenzungsversuche

Diese Abgrenzungsversuche manifestieren sich in der Festlegung statistischer Messgrößen. Als Abgrenzungsmerkmal dient meist die Unternehmens- bzw. Betriebsgröße, anhand verschiedener Größenklassen (vgl. Pfohl 1997, S. 3ff.; Wolter/Hauser 2001).[9] Für deren Operationalisierung wird ein breites Spektrum an Kriterien herangezogen, so dass sich eine einheitliche Definition bisher nicht flächendeckend durchgesetzt hat. Weitere Abgrenzungsmerkmale fokussieren zumeist organisations- und finanzbezogene Kriterien wie z.B. das jährliche Umsatzvolumen, die Bilanzsumme oder den Gewinn (vgl. Weseloh 2004, S. 4).

Die Bestimmung adäquater quantitativer Merkmale erscheint schwierig. Denn sie ermöglichen zwar eine gute Einordnung in festgelegte Größenklassen, jedoch entstehen durch die meist branchenübergreifend gehaltenen Definitionen Verzerrungen in der Gültigkeit der Schwellwerte für einzelne Branchen. Deshalb wird ein Branchenbezug gefordert (vgl. z.B. Rehkugler 1989, S. 628; De 2005, S. 237).[10] Begründet wird das mit unterschiedlichen Wertigkeiten von Produktionsfaktoren in den verschiedenen Branchen, wodurch gleiche Größenmerkmale nicht mehr greifen (vgl. Kußmaul 1990, S. 11; Pfohl 1997, S. 3f.). Damit verbunden unterliegen quantitative Abgrenzungsmerkmale oftmals einer zeitlichen Befristung auf Grund sich ändernder ökonomischer, gesellschaftlicher oder politischer Einflüsse in der Wirtschaftswelt (vgl. Bontrup 2002; Busse von Colbe 1964, S. 34).

Zudem sei angemerkt, dass die Abgrenzungsversuche ursprünglich weniger aus rein wissenschaftlichen Überlegungen zur Mittelstandsforschung resultieren als vielmehr aus der Notwendigkeit der öffentlichen Verwaltung, eindeutig messbare Größenkategorien für Unternehmen zu schaffen, um Fördermaßnahmen der avisierten Zielgruppe zuordnen zu können (Hamer 1987, S. 56). In Ergänzung argumentiert Wallau (2006, S. 15), dass viele Publikationen aus Praktikabilitätsgründen rein quantitative Abgrenzungsmerkmale verwenden, wobei ihr ursächlicher Zweck der Ergänzung qualitativer Merkmale sukzessive verloren ging.

Eine weit verbreitete und viel zitierte Abgrenzung zur Unternehmensgröße stammt vom Institut für Mittelstandsforschung in Bonn (IfM 2007). Die Unternehmensgröße wird durch die Abgrenzungskriterien des jährlichen Umsatzes und der Beschäftigtenzahl operationalisiert. Hierfür werden in drei Größenklassen Schwellwerte definiert (Tabelle 3-1). Weitere Merkmale werden nicht einbezogen, um die statistische Erhebbarkeit im internationalen Umfeld zu ermöglichen (Günterberg/Wolter 2002, S. 2).

---

[9] Als gängige Größenklassen zeigt sich die Aufteilung nach kleinen, mittleren und großen Unternehmen. Die ersten beiden Größenklassen werden dem Mittelstand zugeschrieben.

[10] Das bestätigt Gantzel (1962, S. 288f.). Hiernach dient das Merkmal Unternehmensgröße (nach Mitarbeitern) nur als Ersatzkriterium für qualitative Abgrenzungen, da dessen Aussagekraft in Abhängigkeit der Branche unterschiedlich zu bewerten ist.

Gleichsam wird konstatiert, dass die umfassende Abgrenzung der Unternehmensgröße nicht ausschließlich über quantitative Kriterien erfolgen kann (Wolter/Hauser 2001, S. 30).

Unternehmens-größe	Zahl der Beschäftigten	Jährlicher Umsatz (in EUR)
klein	bis 9	bis 1 Mio.
mittel	10 bis 499	1 Mio. bis 50 Mio.
groß	≥ 500	≥ 50 Mio.

Tabelle 3-1:   *Quantitative Abgrenzung zur Unternehmensgröße des IfM-Bonn*
(Quelle: (Günterberg/Wolter 2002, S. 21))

Auf europäischer Ebene hat die Europäische Kommission in der Empfehlung 2003/361/EG ebenfalls Abgrenzungsmerkmale für KMU definiert. Das dient dem Ziel, für die nationale und internationale Förderung durch EU-Rahmenprogramme, staatliche Beihilfen oder Strukturfonds eine länderübergreifende Einheitlichkeit in der Prüfung und Beurteilung von Unternehmen herzustellen (o.V. 2003). Zur Abgrenzung der Unternehmensgröße werden die Beschäftigtenzahl, das jährliche Umsatzvolumen und die Bilanzsumme herangezogen. Dies wird durch die Angabe von Kriterien der wirtschaftlichen und rechtlichen Unabhängigkeit zusätzlich eingegrenzt, indem mindestens 75% des Unternehmens unabhängig sein müssen, d.h. nicht im Besitz eines anderen Unternehmens. Somit sollen Konzernzugehörigkeiten durch Kauf oder Auslagerung von Unternehmen offengelegt werden. Tabelle 3-2 zeigt die Abgrenzungsmerkmale und Schwellwerte der EU-Definition.[11]

Unternehmens-größe	Zahl der Beschäftigten	Jährlicher Umsatz (in EUR)
kleinst	< 10	≤ 2 Mio.
klein	11 – 49	≤ 10 Mio.
mittel	50 – 249	≤ 50 Mio.
groß	≥ 250	> 50 Mio.

Tabelle 3-2:   *Quantitative Abgrenzung zur Unternehmensgröße der EU*
(Quelle: (o.V. 2003))

Wie eingangs erwähnt, betrachtet das Schrifttum die quantitative Abgrenzung zum Mittelstandsbegriff oft als sekundäres Abgrenzungsmerkmal, das sich an qualitativen Merkmalen orientiert (vgl. Gantzel 1962, S. 263ff., 270; Hamer 1990, S. 31). Die Schwellwerte sind nach dem Prinzip der Zweckmäßigkeit kontextbezogen festzulegen. Ein Beispiel für eine Abgrenzung findet sich in Krcmar (1990b; 1990a).

---

[11] Eine weitere Abgrenzung findet sich im § 267, HGB. Auch im § 1 des Publizitätsgesetzes (PublGesetz) wird eine Obergrenze für mittelständische Unternehmen angegeben, die sich von vorherigen Ansätzen deutlich unterscheidet. Ein Unternehmen gilt als groß und unterliegt der Rechnungslegung, sofern dessen Bilanzsumme 65 Mio. EUR, dessen Umsatz 130 Mio. EUR und die Arbeitnehmerzahl 5.000 Mitarbeiter pro Geschäftsjahr überschreitet (Hirte 2003). Dabei müssen zwei der drei Kriterien erfüllt sein.

3.1 Grundlagen zum Mittelstandsbegriff 67

Pfohl (1997, S. 6-18) liefert hierzu eine Vorgehensweise, nach der aussagebezogene und erhebungsbezogene Auswahlkriterien für eine Bestimmung der Schwellwerte festzulegen sind. Aussagebezogene Kriterien bewerten die Angemessenheit von Größenklassen für einen definierten Untersuchungssachverhalt. Erhebungsbezogene Kriterien bestimmen die Durchführbarkeit von Untersuchungen, den damit verbundenen Aufwand und die erreichbare Genauigkeit der Datenerhebung. Deshalb führt Pfohl keine eigenen Schwellwerte zur quantitativen Abgrenzung an, sondern verweist auf weiterführende Quellen, die Schwellwerte sortiert nach Branchen aufweisen.[12] Die Schwellwerte dienen dabei oftmals als Obergrenzen für qualitative Abgrenzungsmerkmale (vgl. Gantzel 1962, S. 265ff.).

Zusammenfassend kann festgehalten werden, dass sich statistisch-quantitative Merkmale zur exakten Erhebung und Zuordnung von Zahlenwerten zu definierten Größenkategorien gut eignen. Hiermit lassen sich betriebsgrößenbedingte Abgrenzungen einfach und pragmatisch vornehmen (vgl. Kayser 2006, S. 37f.; Mugler 2005, S. 23). Dennoch kann den statistischen Größen in ihrer Festlegung oftmals eine gewisse Willkür nicht abgesprochen werden (vgl. Mugler 1995, S. 29).[13] Obwohl die quantitative Abgrenzung des Mittelstands für bestimmte Anwendungskontexte als ausreichend erachtet wird (vgl. Wolter/Hauser 2001, S. 30), können hierdurch typische den Mittelstand charakterisierende Merkmale nicht erfasst werden. Vor allem im deutschsprachigen Wirtschaftsraum sind diese Merkmale jedoch sehr prägend (vgl. Wallau 2006, S. 13f.; Günterberg/Kayser 2004, S. 1).

3.1.3 Qualitativ geprägte Abgrenzungsversuche

Qualitative Abgrenzungsversuche beschreiben den Mittelstand anhand von Wesensmerkmalen, mit dem Ziel, dessen Vielschichtigkeit und Dynamik Rechnung tragen zu können (vgl. Kayser 2006, S. 34). Zur Eingrenzung der Fülle an Wesensmerkmalen werden im Folgenden die häufigsten Merkmale der analysierten Literatur zusammengefasst.

Ein sehr oft zitiertes charakteristisches Abgrenzungsmerkmal umfasst die *prägende Stellung der Unternehmerperson bzw. Unternehmenspersonen* und dessen/ deren Einfluss und Wirken im Unternehmen. Der Fokus liegt auf der Berufsausübung des Unternehmers, der Führung respektive Leitung des Unternehmens verbunden mit der langfristigen Sicherung der Leistungserbringung und damit der unternehmerischen Existenz (vgl. Gantzel 1962, S. 213; Mugler 1995, S. 18ff.).

Begründet wird das mit dem zweiten Merkmal, der *Einheit von Unternehmensleitung und mehrheitlichem Kapitalbesitz* (vgl. Gantzel 1962, S. 213; Hamer 1987, S. 51; o.V. 2006c, S. 10). Dies wird auch als Einheit von Eigentum und Haftung bezeichnet (vgl. Wossidlo 1993, S. 2890ff.). Das bedeutet, dass unternehmerisch geprägte Handlungen und Verhaltensweisen durch die Verflechtung von Unternehmensleitung, Eigentum, Haftung und Risiko des Unter-

---

[12] Pfohl (1997, S. 11f.) verweist bspw. auf (Thürbach/Menzenwerth 1975, S. 7; Berger 1968, S. 101ff.).
[13] Das lässt sich anhand der aufgezeigten Schwellwerte gut veranschaulichen, nach denen z.B. ein Unternehmen mit 499 Mitarbeitern zum Mittelstand zählt, ein Unternehmen mit 500 Mitarbeitern streng genommen nicht mehr.

nehmers bestimmt werden (Kayser 2006, S. 34f.). Die enge als schicksalhaft bezeichnete Verknüpfung des Unternehmers mit dem Fortbestand des Unternehmens beeinflusst den Zweck seiner Berufsausübung und prägt die Ausgestaltung und Tragweite der getroffenen Unternehmensentscheidungen. Das ist ebenso ein wesentliches Abgrenzungsmerkmal zu Großunternehmen (vgl. Hamer 1990, S. 28ff.; Wallau 2006, S. 13f.).

Weiterhin werden mittelständische Unternehmen als *rechtlich und wirtschaftlich selbständig agierende Unternehmen* charakterisiert, die in ihren Führungs- und Entscheidungsprozessen eigenverantwortlich, d.h. unabhängig von Konzernzentralen sind (vgl. Mugler 1995, S. 18ff.; Kayser 2006, S. 35ff.). Das führt u.a. zu einem weitreichenden *Einfluss des Unternehmers auf ablauf- und aufbauorganisatorische Prozesse des Unternehmens* sowie zu einer stärkeren Durchsetzungskraft von getroffenen Entscheidungen (vgl. Gantzel 1962, S. 213f., 281; o.V. 2006c, S. 10).

Die Präsenz und der Einfluss der Unternehmerperson ist ausschlaggebend für die *familiär geprägte Unternehmenskultur*, in der der Mitarbeiter im Mittelpunkt steht (vgl. De 2005, S. 236, 251f.). Das äußert sich in *informellen und persönlichen Kontakten zwischen Unternehmer und Mitarbeitern* (vgl. z.B. o.V. 2006c, S. 10). Der enge Kontakt offenbart sich zugleich bei anderen Stakeholdern des Unternehmens wie z.B. Kunden oder Lieferanten (vgl. Mugler 2005, S. 31ff.). Eine mögliche Begründung ist in der engen Verflechtung von Unternehmer und Unternehmen zu finden, womit gleichbedeutend eine *Stabilität und Kontinuität* assoziiert wird, in der sich langfristig neben der Unternehmenskultur insbesondere Unternehmenswerte entwickeln und festigen können. Dabei treten im Unterschied zu managementgeführten Unternehmen persönliche Eigeninteressen zu Gunsten des Unternehmenswohls in den Hintergrund (vgl. Pleister 1999, S. 49; De 2005, S. 251).

Weitere Merkmale sind die *hohe Flexibilität in den unternehmerischen Abläufen* (vgl. De 2005, S. 278), die weitestgehend vorhandene *Überschaubarkeit in vielen Unternehmensbereichen* (vgl. Hamer 1990, S. 28ff.), das *Fehlen einer marktbeherrschenden Stellung* in der Branche sowie der *erschwerte Zugang zum Kapitalmarkt* (vgl. Wossidlo 1993, S. 2890ff.; Mugler 2005, S. 31ff.).[14]

Während die aufgezeigten Quellen mehrere qualitative Merkmale zur Begriffsabgrenzung verwenden, grenzt Berger (1968, S. 102ff.) zur Bestimmung der Unternehmensgröße ausschließlich nach dem Prinzip der angewandten Führungsstrukturen ab. Er differenziert nach fünf betrieblichen Größenbereichen in Kleinbetriebe, Mittelbetriebe, Mittelgroßbetriebe, Großbetriebe und Mammutbetriebe, die wiederum jeweils in drei untergeordnete Größenklassen unterteilt sind. Jeder Größenklasse sind charakteristische Führungsstile und -merkmale zugeordnet (Berger 1968, S. 109). Zur Fokussierung werden im Folgenden ausschließlich die Größenbereiche der Mittelbetriebe und Mittelgroßbetriebe erläutert.

Den Schwerpunkt der Mittelbetriebe bildet die Delegation von Führungsfunktionen auf eigenverantwortlich agierende Führungskräfte. Der Unternehmer gibt Teile der operativen Un-

---

[14] Weitere Kriterien finden sich in Kapitel 4.2.

ternehmensführung ab, wobei er die Unternehmensleitung weiterhin innehat (vgl. auch De 2005, S. 250f.). Er koordiniert weiterhin die einzelnen FB.[15] Im Größenbereich der Mittelgroßbetriebe delegiert der Unternehmer teils originäre Leitungsfunktionen wie Planung und Organisation an Führungskräfte. Die Unternehmensleitung besteht dabei aus einem Führungsgremium, in dem der Unternehmer die oberste Leitungsfunktion ausübt und die FB-Leiter in zweiter Instanz die Ressorts verantworten und an den Unternehmer berichten (Berger 1968, S. 113-136).[16] Obgleich der Autor keine quantitativen Größenangaben vorgibt, lässt sich auf Grund der detailgten Abgrenzung eine branchenunabhängige Einordnung vornehmen.

Pfohl (1997, S. 18ff.) präferiert für die Bestimmung der Unternehmensgröße die Verwendung mehrerer wesensbestimmender Merkmale. Zur Strukturierung erfolgt die Ausrichtung an typischen betrieblichen Funktionsbereichen oder FB (z.B. Produktion, Vertrieb). Diese Vorgehensweise erscheint vor dem Hintergrund der skizzierten Abgrenzungsproblematik (vgl. Kapitel 3.1.1) aussagekräftiger als nur ein Abgrenzungsmerkmal. Zur Präzisierung der Begriffsbestimmung stellt Pfohl den Ausprägungen der Merkmale mittelständischer Unternehmen explizit die Ausprägungen in Großunternehmen gegenüber (Pfohl 1997, S. 19ff.). Das verwendete Schema bildet in Kapitel 4.2.3 die Grundlage für die weitere Eingrenzung der festgelegten Arbeitsdefinition.

Um die Fülle der Abgrenzungsversuche zusammenzufassen, wird der Ansatz nach Kußmaul (1990, S. 14) gewählt, da in dessen Systematisierung die wesentlichen Charakteristika strukturiert erfasst sind. Es werden drei Grundmerkmale unterschieden, die jeweils durch beschreibende Kriterien präzisiert respektive ausgestaltet werden. Abbildung 3-1 veranschaulicht die definierten Grundmerkmale *(1) Art der Kapitalaufbringung, (2) Art der Leitung* sowie *(3) der starke Personenbezug* in ablauforganisatorischen und führungsbezogenen Aufgaben mit ihren Kriterien.

---

[15] Die Unternehmensleitung kann ebenso mehrere Personen umfassen, die meist familiäre Verbindungen aufweisen. Demnach fände hier bereits eine erste Teilung der obersten Führungsverantwortung auf die Anzahl der involvierten Unternehmenspersonen statt, die sich auf der Ebene der FB weiter aufschlüsselt (vgl. Berger 1968, S. 115f.). Aus Einfachheitsgründen wird weiterhin von einem Unternehmer gesprochen, was mehrere Personen umschließen kann.

[16] Das auch dieses Führungskonstrukt noch mittelständische Merkmale aufzeigt, unterstreicht die folgende Aussage des Autors: „Es kommt in der Praxis nicht darauf an, daß (!) in der obersten Leitung nur ein Mann sitzt, sondern es kommt darauf an, daß (!) ein Mann im Zweifel das entscheidende Wort hat, wenn Meinungsunterschiede im Führungsgremium auftreten und nicht überbrückt werden können. [...] Er ist dabei immer noch primus interpares und entscheidet im Zweifel." (Berger 1968, S. 133).

Abbildung 3-1:   Qualitative Abgrenzung nach Kußmaul
(Quelle: (Kußmaul 1990, S. 14))

Dabei zeigt sich, dass einige Abgrenzungsversuche aktuellere Entwicklungen im wirtschaftlichen, rechtlichen, politischen oder gesellschaftlichen Umfeld nicht berücksichtigen. Das kann die Aktualität dieser Abgrenzungen in Frage stellen. Bspw. führen die zunehmende Globalisierung der Wirtschaft und die Technokratisierung der geschäftlichen Abläufe zu einem Strukturwandel, vor dem sich auch mittelständische Unternehmen nicht verschließen können, um nachhaltig die Existenz des Unternehmens zu sichern (Reiß 1998, S. 12ff.; Hennerkes/Pleister 1999, S. 16f.). So steht z.B. insbesondere größeren mittelständischen Unternehmen durch neuere Kapitalmarktentwicklungen der Zugang zu selbigen im größeren Maße offen als noch vor einigen Jahren (vgl. z.B. Hennerkes/Pleister 1999, S. 16; Hausch 2004f.).

Darüber hinaus besitzen viele mittelständische Unternehmen vor allem in sogen. Nischenmärkten marktführende Stellungen und verfügen über ein umfassendes Exportgeschäft (vgl. De 2005, S. 256ff.; Simon 1998).[17] Das führt zu Änderungen in der Ausrichtung der Führungsverantwortung, die auf Grund dieser Entwicklungen in ihren Anforderungen komplexer und umfangreicher geworden ist (Hennerkes/Pleister 1999). So argumentiert Wossidlo (1993, S. 2890ff.), dass der Unternehmer qua seiner Rolle zwar entscheidend an der Unternehmensführung beteiligt ist, sie jedoch gemeinsam mit zusätzlich angestellten Führungskräften ausübt. Das entspricht durchaus mittelständischer Praxis.

---

[17]   So bestätigen aktuelle Zahlen, dass die exportierenden Unternehmen in Deutschland zu 98% dem Mittelstand entstammen (vgl. Wallau 2006, S. 21).

3.1 Grundlagen zum Mittelstandsbegriff

In Anbetracht derartiger Entwicklungen wird die Begriffsabgrenzung von Kramer (2000, S. 18) erwähnt, der in Anlehnung an Wossidlo (1993, S. 2890ff.) die zentralen Merkmale mittelständischer Unternehmen unter Berücksichtigung neuerer Entwicklungen in die drei grundlegenden Wesensmerkmale

- Rechtliche Selbständigkeit,
- Wirtschaftliche Selbständigkeit und
- Personenbezogenheit

zusammenfasst und mittels weiterer Kriterien beschreibt.

Der Großteil der definitorischen Abgrenzungsversuche ordnet die Wesensmerkmale nach dem Mehrheitsprinzip zu, wobei für eine Zuordnung das Gesamtbild ausschlaggebend ist. Begründet wird das mit der Heterogenität mittelständischer Unternehmen, aus der sich unterschiedliche Bedeutungen im Zusammenspiel der Merkmale ergeben (Mugler 1995, S. 18ff.; Günterberg/Kayser 2004, S. 1f.). So führt Wallau (2006, S. 15) an, dass die Gewichtung der qualitativen Merkmale sogar die quantitativen übersteigt, indem ebenfalls Unternehmen über 500 Beschäftigte und 50 Mio. EUR Jahresumsatz, die gemäß Definitionsansatz des IfM Bonn den Großunternehmen zugeordnet würden, deutliche mittelständische Wesensmerkmale besitzen (vgl. auch Kayser/Wallau 2003, S. 10).

Doch die Zuordnung einzelner Merkmale kann sich vor allem bei der Ermittlung der Obergrenze als schwierig erweisen (vgl. Hamer 1987, S. 53f.; Kayser 2006, S. 35). Aus diesem Grund stellen einige Abgrenzungsversuche den Wesensmerkmalen mittelständischer Unternehmen explizit die Ausprägung für Großunternehmen gegenüber (vgl. Pfohl 1997, S. 19ff.). Das führt zur Erhöhung der Trennschärfe.

3.1.4 Festlegung einer Arbeitsdefinition

Die Erarbeitung einer Arbeitsdefinition dient der thematischen Eingrenzung des Forschungsgegenstands der Arbeit. Auf Basis der vorliegenden Zielsetzung werden zur Eingrenzung des Mittelstandsbegriffs in Anlehnung an Kußmaul (1990, S. 14), Kramer (2000, S. 18) und Berger (1968, S. 122-136) die folgenden qualitativen Wesensmerkmale herangezogen:

- Personenbezogenheit der Unternehmensführung durch die weitgehende Einheit von Leitung und Kapitalaufbringung.
- Art der Leitung (faktischer Einfluss der Anteilseigner auf die unternehmerischen Entscheidungsprozesse).
- Rechtliche und wirtschaftliche Selbständigkeit (das Unternehmen verkörpert eine eigene Rechtsperson in Verbindung mit einer Unabhängigkeit von Muttergesellschaften, es ist keine Tochtergesellschaft und kein Konzerngeschäftsbereich, das umfasst das Treffen eigenständiger wirtschaftlicher Entscheidungen, die sich nicht an denen eines anderen übergeordneten Unternehmens ausrichten).

In Anknüpfung an die Diskussion über Vor- und Nachteile bestehender Abgrenzungsversuche im Schrifttum erscheinen die gewählten Ansätze als geeignet, da die Struktur der Wesensmerkmale sich sehr gut in den dieser Arbeit zu Grunde liegenden Anwendungskontext fügt. Darüber hinaus beziehen sie aktuelle Entwicklungen im gesellschaftspolitischen, rechtlichen und ökonomischen Umfeld ein, die insbesondere im für den Mittelstand relativ neuen Feld des IT-Servicemanagements von Bedeutung sind (vgl. Kapitel 3.2). Überdies wird eine weitergehende Eingrenzung bzw. Präzisierung der angeführten qualitativen Merkmale durch die Festlegung von vier Annahmen vorgenommen. Sie beinhalten auch quantitative Abgrenzungskriterien, die nach dem Prinzip der Zweckmäßigkeit[18] der zusätzlichen Eingrenzung dienen:

Annahme 1: Entgegen weitläufig bekannter Größenabgrenzungen wie z.b. des IfM Bonn (vgl. z.B. Günterberg/Wolter 2002) weisen Unternehmen mit mehr als 500 Mitarbeitern oder 50 Mio. EUR Jahresumsatz ebenfalls mittelständische Wesensmerkmale auf (vgl. Wallau 2006, S. 15; Wolter/Hauser 2001, S. 29f.). Die zuvor definierten qualitativen Charakteristika gelten demnach auch bei einer Unternehmensgröße von über 500 Mitarbeitern.[19] Zudem umfasst die Zielgruppe der Arbeit weniger die nach quantitativen Maßstäben als klein bezeichneten Unternehmen, da für sie die unter Kapitel 1.1 erläuterte Problemstellung auf Grund ihrer sehr überschaubaren Mitarbeiterzahl und Komplexität noch keine Rolle spielt.

Annahme 2: Die Verteilungsstruktur des Kapitalbesitzes der mittelständischen Unternehmen muss zu mindestens 50% in der Hand des Unternehmers bzw. der Unternehmerfamilie liegen (vgl. Wolter/Hauser 2001, S. 33). Denn durch den Mehrheitsbesitz wird die grundlegende Entscheidungsfähigkeit des Inhabers/ der Inhaber gewährleistet (vgl. Berger 1968, S. 133).

Annahme 3: Die Entscheidungsverantwortung zentraler Leitungsfunktionen liegt vornehmlich beim Unternehmer, wobei dieser zur Ausübung der Führungsaufgaben zusätzlich angestellte Führungskräfte einsetzt (vgl. Berger 1968, S. 113-121; De 2005, S. 250f.).

Annahme 4: In Anbetracht der Zielsetzung ist für die Begriffsbestimmung zum Mittelstand die Größe der IT-Organisation entscheidend, da dort die Ergebnisse der Arbeit sowie die empirische Untersuchung (vgl. Kapitel 4) thematisch verankert sind. Zudem ist der Bedarf nach einer IT-Serviceausrichtung und einer darauf abgestimmten Planung und Steuerung erst ab einer gewissen IT-Organisations- und damit Unternehmensgröße von Relevanz. Kleinere IT-Organisationen werden deshalb aus der Betrachtung ausgeklammert, wobei die Untergrenze in Anlehnung an Knöpp *et al.* (2005, S. 9) bei neun bis zehn IT-Mitarbeitern gezogen wird. Es wird angenommen, dass bis zu dieser Größe die erforderlichen Prozessstrukturen überschaubar bleiben. Denn in größeren IT-Organisationen gestaltet sich das weitaus komplexer (vgl. Knöpp et al. 2005, S. 9f.). Als schwieriger erweist sich die Bestimmung einer Obergrenze (vgl. dazu Kapitel 4.2.3).[20]

---

[18] Vgl. vertiefend (Pfohl 1997, S. 6).
[19] Vgl. hierzu auch die Argumentation von Hausch (2004, S. 30).
[20] Grundsätzlich sei angemerkt, dass sich bei den aufgezeigten qualitativen Merkmalen ab einer gewissen Unternehmensgröße einzelne Charakteristika wie die Art der Leitung oder die Personengebundenheit in der Praxis nicht mehr realisieren lassen. Das würde automatisch zu einer

3.2 IT im Mittelstand

Gemäß der qualitativen Wesensmerkmale und der getroffenen Annahmen wird für die vorliegende Arbeit in Anlehnung an Hausch (2004, S. 31) die nachstehende Arbeitsdefinition zu Grunde gelegt:

> *Zu den mittelständischen Unternehmen werden insbesondere diejenigen gezählt, deren Anteilseigner, die die Kapitalmehrheit halten, die zentrale Führungsverantwortung allein oder mit Hilfe zusätzlicher Führungskräfte ausüben, dabei das Handeln und Verhalten auf Grund der wirtschaftlichen und rechtlichen Selbständigkeit des Unternehmens nicht fremdbestimmt ist und die Unternehmensziele und -entscheidungen im Wesentlichen durch die Mitwirkung des/der Mehrheitsanteilseigner geprägt sind.*

Zusammenfassend gehört die Arbeitsdefinition eindeutig zu den qualitativen Abgrenzungsversuchen, obgleich zu dessen Präzisierung teils quantitative Kriterien verwendet wurden. Daher sind für eine größenbezogene Zuordnung die qualitativen Merkmale ausschlaggebend. Zur Präzisierung der Begriffsbestimmung wird die Diskussion zur Bestimmung der Wesensmerkmale und insbesondere einer Obergrenze erneut in Kapitel 4 aufgegriffen, indem mit Hilfe der empirischen Erkenntnisse zu den mittelständischen Charakteristika die hier erarbeitete Eingrenzung verfeinert wird.

3.2 IT im Mittelstand

Schwerpunkt des Kapitels ist die weitere Eingrenzung des Forschungsgegenstands. Unter Heranziehung der Zielsetzung dieser Arbeit und der Ergebnisse aus Kapitel 3.1 werden Rolle und Bedeutung der IT im Mittelstand unter besonderer Betrachtung des IT-Servicemanagements aufgezeigt. Damit wird der Bedarf einer gesonderten Betrachtung des Mittelstands verdeutlicht.

3.2.1 Rolle und Bedeutung der IT im Mittelstand

Die IT stellt heutzutage in vielen Bereichen des Unternehmens einen integralen und integrativen Bestandteil für die Ausübung der Geschäftsprozesse dar. Was das im Einzelnen für die Ausgestaltung der IT bedeutet, gilt es insbesondere in den Branchen, in denen die IT nicht zum Kerngeschäft gehört, sondern eine Unterstützungsfunktion bekleidet, nachhaltig zu verinnerlichen. Denn vielfach klaffen die hierdurch erforderliche Bedeutung der IT und der tatsächlich entgegengebrachte Stellenwert durch die Führungsebenen in den Unternehmen weit auseinander (vgl. Dibbern/Heinzl 2001, S. 347). Das betrifft Großunternehmen in gleichem Maße wie mittelständische Unternehmen, wobei letztere mit anderen Rahmenbedingungen konfrontiert sind (vgl. Kapitel 3.1 und 4.2.3).

Beide Unternehmenskategorien stellen zwar ein ähnliches IT-Leistungsspektrum bereit, doch weisen mittelständische Unternehmen eine geringere Ausbringungsmenge auf. Das stellt einen entscheidenden Unterschied dar. Denn mittelständische Unternehmen sind im Gegensatz

---

Größenbeschränkung der Begriffsbestimmung führen. Zur Problematik der Festlegung einer Obergrenze vgl. auch (Hamer 1987, S. 53f.; Kayser 2006, S. 35).

zu Großunternehmen auf Grund ihrer Größe oftmals nicht in der Lage, Skalen- und Verbundeffekte über Mengenhebel zu realisieren. Somit liegen die Kosten pro bereitgestellte Mengeneinheit deutlich höher. Mittelständler haben dadurch in Relation höhere Proportionalkosten in der Bereitstellung und Aufrechterhaltung einer bedarfsgerechten IT als Großunternehmen (vgl. Knöpp et al. 2005, S. 10f.).

Zur Bedeutung der IT in mittelständischen Unternehmen belegen Untersuchungen von Krcmar *et al.* (1990, S. 2f.), dass der IT von der GF durchaus eine hohe bis sehr hohe Bedeutung für das Erreichen der Geschäftsziele beigemessen wird, sie gleichzeitig aber einem starken Kostendruck ausgesetzt ist. Das wurde u.a. im Zusammenhang mit einem nicht transparent gemachten Wirtschaftlichkeitsnachweis der IT gesehen (vgl. Krcmar/Federmann 1990, S. 4, 6). Als wichtigste IT-Aufgabe galt die technische Erbringung der IT-Unterstützung für die Geschäftsprozesse. Die zentralen Herausforderungen wurden dabei vornehmlich in der Datenintegration, der Standardisierung, der strategischen Nutzung der IT, der Verknüpfung von IT mit den Unternehmenszielen oder im Erzielen von Wettbewerbsvorteilen gesehen (vgl. Krcmar 1990a, S. 2, 6ff., 1991, S. 3, 8, 10f.).

Die Aktualität der Erkenntnisse scheint sich im Laufe des letzten Jahrzehnts im Wesentlichen nicht stark geändert zu haben. Aktuelleren Untersuchungen zufolge spielen viele der ermittelten Herausforderungen im IT-Bereich immer noch eine zentrale Rolle (vgl. o.V. 2006a, S. 1; Gaßner 2004). Gestiegen ist sicherlich die Komplexität der IT-Unterstützung auf Grund immer bedarfsgerechter werdender Anforderungsumfänge von Seiten der FB (vgl. Kapitel 1.1). Damit eng verbunden sind erhöhte Anforderungen an die Standardisierung bei gleichzeitiger Flexibilisierung der IT-Infrastruktur zur Unterstützung der Geschäftsprozesse (vgl. Walter et al. 2007, S. 6ff.).

Dem Management der IT-Infrastrukturen kommt hier besondere Bedeutung zu, da diese häufig organisch gewachsen sind und sich daraus meist heterogene IT-Landschaften entwickelt haben, die schnell intransparent und mitunter ineffizient werden können.[21] Weitere Herausforderungen im wirtschaftlichen Umfeld mittelständischer Unternehmen sind IT-Outsourcing-Entscheidungen und deren Auswirkungen auf die aufgabenbezogene und organisatorische Ausrichtung der IT-Organisation. Das gilt vor allem vor dem Hintergrund der zunehmenden Internationalisierung. Hinzu kommt ein verstärkter Fokus auf Kostentransparenz und Kostenkontrolle in der IT, gepaart mit anhaltenden Budgetkürzungen und einer stark begrenzten Ressourcenausstattung (vgl. z.B. Dibbern/Heinzl 2001; Zilch/Burau 2005, S. 20; Haas 2005, S. 22).

Damit verbunden werden mittelständische IT-Organisationen von der GF obgleich ihrer Bedeutung für die Geschäftsausübung häufig als reiner Kostenfaktor betrachtet (vgl. Prautsch 2000, S. 727). Einer Studie zufolge, in der ca. 1.200 IT-Entscheider befragt wurden, wird dem Kostenmanagement mit 58,7% vom Mittelstand die größte Bedeutung zugewiesen (o.V. 2005b, S. 1,4). Das geht einher mit der Forderung nach dem Aufzeigen von Kostentranspa-

---

[21] Vgl. (Tiemeyer 2005, S. 82ff.; Diedrichsweiler 2004, S. 140; Mosch 2004, S. 13-22; Hafner et al. 2004, S. 55).

3.2 IT im Mittelstand

renz und Kostenkontrolle (o.V. 2006a, S. 1). Die Praxis zeigt jedoch, dass hier deutliche Verbesserungspotenziale bestehen: etwa 90% dieser Unternehmen besitzen laut einer Untersuchung nur unzureichend dokumentierte IT-Prozesse (Schmidt 2004). Demgemäß fehlt die wesentliche Basis zum Nachweis von Kontrolle und Transparenz der IT-Leistungsfähigkeit.

Die IT-Organisationen scheinen das Potenzial und den Nutzen von transparenten Prozessabläufen dennoch vermehrt zu erkennen. Die Gründe liegen meist darin, ein unternehmensinternes IT-Marketing zu betreiben, um damit ein Bewusstsein der FB für die Leistungsfähigkeit der IT-Organisation zu schaffen. Ein weiterer Beweggrund der IT-Manager besteht in der dauerhaften Sicherung der eigenen Position hinsichtlich möglicher Outsourcing-Entscheidungen (vgl. Dibbern/Heinzl 2001, S. 342; Kemper et al. 2004, S. 23). Darüber hinaus fehlt meist das Verständnis der FB für die Inhalte und Ziele der IT, um nachhaltig in das Tagesgeschäft integriert zu werden. Als Ursachen werden die oft schwierige Zusammenarbeit von IT-Organisation und FB in Verbindung mit einem unzureichenden Kommunikations- und Informationsfluss genannt (vgl. Knöpp et al. 2005, S. 6).

Der Austausch zwischen IT und FB und die daraus resultierende Kenntnis der Anforderungen aus den Geschäftsprozessen ist aber Voraussetzung, um deren optimale Unterstützung zu gewährleisten. Denn das erlaubt die konsequente Modernisierung und ggf. auch die Flexibilisierung von Kerngeschäftsprozessen (o.V. 2005a, S. 29). Besonders mittelständische Unternehmen sind häufig einem hohen Handlungsdruck unterworfen, der sich aus den Anforderungen des Marktes bspw. durch eine hohe Abhängigkeit von einzelnen Kunden ergibt. Das führt in der Regel zu erhöhten Anforderungen an die IT-Unterstützung. Die IT hat die Aufgabe, eine adäquate Reaktions- und Anpassungsfähigkeit der Geschäftsprozesse auf sich schnell wandelnde Geschäfts-, Markt- und Produkterfordernisse zu ermöglichen (vgl. De 2005, S. 278). Dabei kann eine heterogene und komplexe IT-Landschaft entstehen, die es mit einem stark begrenzten Ressourcenumfang und gleichzeitigem Kostendruck auf die IT-Organisation zu bewältigen gilt (o.V. 2006a, S. 1; Hönicke 2006, S. 36).

Die Durchsetzbarkeit der Flexibilität lässt sich durch weitere mittelständische Wesensmerkmale (vgl. Kapitel 3.1), wie die besondere Stellung der Unternehmerperson und ihres weitgreifenden Entscheidungs- und Handlungsspielraums und des Vorhandenseins flacher Hierarchien und kurzer Berichtswege erklären (vgl. Kapitel 3.1.3 und 3.1.4). Als nachteilig konnte sich die ggf. kurze Gültigkeit getroffener Unternehmensentscheidungen und die daran geknüpfte Planbarkeit nachfolgender Abläufe erweisen. Grundsätzlich lässt sich die Übertragbarkeit mittelständischer Charakteristika auf die aufbau- und ablauforganisatorischen Prozesse der IT-Organisation ebenso für weitere Wesensmerkmale anwenden. Eine Aufstellung findet sich bspw. bei Knöpp *et al.* (2005, S. 9f.) und Elsässer (2005, S. 215ff.).

Darüber hinaus konfrontieren bestehende und/oder zukünftige gesetzliche Vorgaben[22] die mittelständischen Unternehmen mit wachsenden Anforderungen an Transparenz, Leistungs-

---

[22] Beispiele hierfür sind GDPdU (Grundsätze zur Prüfbarkeit digitaler Unterlagen), die elektronische Übermittlung von Sozialversicherungsbeiträgen, das Gesetz zur Kontrolle und Transparenz im Unternehmensbereich (KonTraG) oder Basel II.

fähigkeit, Risikomanagement und Flexibilität ihrer IT (o.V. 2005d, S. 12; Klotz 2007, S. 93-104). Da die Umsetzung derartiger Vorgaben von zwangsläufig hoher Priorität ist, führt das zu einer zusätzlichen Beanspruchung der ohnehin stark begrenzten Ressourcen. Das wiederum führt zur Verlagerung anderer Aufgabenbereiche von z.B. strategischer Natur. Obwohl sich die Relevanz der Anforderungen branchenspezifisch ausgestaltet, gewinnt die IT für die Ausübung der Geschäftsprozesse weiter an Bedeutung.

Zusammengefasst lässt sich die Bedeutung der IT für den Mittelstand an verschiedenen Herausforderungen verdeutlichen, die in Zusammenhang mit deren Wesensmerkmalen stehen. So befindet sich die IT-Organisation im Spannungsfeld zwischen anhaltendem Kostendruck und steigenden Anforderungen an die IT-Unterstützung, die gleichsam mit stark begrenzten Ressourcen zu erfüllen sind. Die hohen Anforderungen sind auf Grund der erforderlichen Handlungsflexibilität in den Geschäftsabläufen meist nicht beeinflussbar. Zudem lassen sich bei den IT-Kosten oftmals keine erkennbaren Skaleneffekte in der Ausbringungsmenge identifizieren, wodurch keine Kostensenkungspotenziale ausgeschöpft werden können. Außerdem bestehen durch eine mangelnde Transparenz in den Arbeitsabläufen der IT Schwierigkeiten bei der Vermittlung von Mehrwert und Leistungsfähigkeit gegenüber den Servicenehmern.

3.2.2 Rolle und Bedeutung des IT-Servicemanagements im Mittelstand

Das wissenschaftliche und praktische Schrifttum zeugt von einer hohen Aktualität der Thematik des IT-Servicemanagements.[23] Es haben sich unterschiedlichste Ansätze entwickelt, die mit Vorgehensweisen, Methoden, Modellen oder Checklisten die Zielsetzungen und Rahmenbedingungen einer Umsetzung aufzeigen. Bspw. geben in der Praxis bekannte IT-Servicemanagement-Rahmenwerke wie ITIL sinnvolle Empfehlungen zur Optimierung und Effizienzsteigerung von IT-Infrastrukturen (vgl. Office of Government Commerce 2007a).

Bei vielen mittelständischen Unternehmen sind derartige Ansätze auf Grund ihres oftmals zögerlichen Innovationsverhaltens, einer begrenzten Ressourcenausstattung oder dem für eine Umsetzung fehlenden Wissen bisher weniger verbreitet. Erst langsam setzt sich das Verständnis über Notwendigkeit und Vorteilhaftigkeit der Ansätze durch. Denn auch mittelständische IT-Verantwortliche können sich nicht mehr vor der Anforderung verschließen, ihre häufig technikorientierte Sichtweise aufzugeben und im Gegenzug die Ablauf- und Aufbauorganisation ihres Verantwortungsbereichs auf die IT-Serviceorientierung im Sinne der ITIL auszurichten (vgl. Böhmann/Krcmar 2004, S. 7ff.; Kemper et al. 2004, S. 23). Das lässt sich wie folgt begründen:

IT-Organisationen stehen vor verschiedenen Herausforderungen, denen es in ihrer Gesamtheit adäquat zu begegnen gilt. So muss die IT über eine grundlegende Kenntnis der Anforderungen der FB verfügen (vgl. Hochstein/Brenner 2006, S. 4ff.). Der IT wird dabei auf Grund des häufig fehlenden Technikverständnisses der FB eine stärkere Beratungskompetenz zugedacht (vgl. Rohloff 2007, S. 27). Dies bedarf seitens der IT-Organisation ein Verständnis über die

---

[23] Vgl. z.B. (vgl. Office of Government Commerce 2007a; Zarnekow et al. 2005a; Meier/Myrach 2004; Köhler 2005; Kopperger et al. 2006; Macfarlane/Rudd 2001).

zu unterstützenden Geschäftsprozesse und die Fähigkeit den Unterstützungsumfang für die Servicenehmer begreifbar zu vermitteln. Hierzu lassen sich die angebotenen IT-Services in IT-Service-Katalogen abbilden. Das scheint bisher nur unzureichend zu funktionieren, da viele Unternehmen immer wieder hohe Kosten und mangelnde Qualität bei der Bereitstellung von IT-Services beklagen (vgl. Tiemeyer 2005, S. 98). Deshalb wird hier ein Handlungsbedarf unterstellt.

Um die Bedarfe der Servicenehmer gezielt zu unterstützen, müssen sich die IT-Services an deren Erfordernissen ausrichten. Somit kann eine Übereinstimmung von bereitgestelltem Serviceumfang durch die IT und tatsächlich benötigter Leistung der Servicenehmer erzielt werden. Ein zentraler Schritt besteht in der Ausrichtung der IT-Entscheidungs- und Aufgabenbereiche sowie der IT-Ziele und IT-Strategie auf die unternehmensweit geltenden Geschäftsziele und -strategien (vgl. Krcmar 1990a, S. 2, 6). Das wird im Schrifttum häufig als *IT-Business-Alignment* bezeichnet (vgl. Buchta et al. 2004; Ward/Peppard 2003; Weill/Ross 2004).

Die aufgezeigten Herausforderungen gewinnen vor dem Hintergrund von Sourcing-Entscheidungen für die Erbringung von IT-Services, mit denen sich mittelständische IT-Verantwortliche verstärkt konfrontiert sehen, zunehmend an Relevanz (vgl. Dibbern/Heinzl 2001, S. 339ff.). Obwohl die unternehmensintern verankerten IT-Organisationen im Mittelstand vielfach noch nicht mit professionellen IT-Dienstleistungsunternehmen um die Vergabe der IT-Leistungserbringung konkurrieren müssen, wachsen die Ansprüche und Anforderungen, das IT-Angebot transparent zu machen.

Die optimale Unterstützung der Geschäftsprozesse durch die qualitative Bereitstellung von IT-Services benötigt deshalb ein effektives und effizientes Management der IT-Infrastruktur. Deren reibungsloses Funktionieren wiederum verlangt eine transparente Planung und Steuerung (vgl. Kemper et al. 2004, S. 23). Vor allem mittelständischen Unternehmen fehlt häufig eine solche Transparenz (vgl. Schmidt 2004). Eine Möglichkeit dies zu erreichen, besteht in der Standardisierung und Konsolidierung der oftmals heterogen gewachsenen IT-Landschaft (vgl. Pletschen/Böckmann 2004, S. 104ff.). Hierdurch lassen sich u.a. Kostensenkungspotenziale aufdecken, was hinsichtlich Kostendruck und hoher Flexibilitätsanforderungen insbesondere für mittelständische IT-Verantwortliche von großer Bedeutung ist.

Um die erläuterten Herausforderungen zu realisieren, liefern Ansätze zum IT-Servicemanagement unterschiedliche Strukturen, Methoden und Mechanismen zum Aufbau einer IT-Serviceausrichtung oder der Strukturierung des IT-Serviceangebots (vgl. Kapitel 2.2.2). Bekannte Rahmenwerke, wie z.B. ITIL oder CobiT liefern Unterstützungshilfen, Anregungen oder Beispiele. Schwierigkeiten bereitet deren konkrete Umsetzung, da sie nur einen geringen Detaillierungsgrad und wenig Implementierungsunterstützung bieten. Das erfordert eigene Ausgestaltungen, was mittelständische Unternehmen auf Grund stark begrenzter Ressourcen aber meist nicht erbringen können (vgl. Schmidt 2004). Zudem sind die Vorgaben der Rahmenwerke für mittelständische Belange und Anforderungen zu umfangreich und komplex.

Daher bietet ITIL eine speziell auf kleine und mittlere IT-Organisationen bezogene Ausführung zum Rahmenwerk, das Rahmenbedingungen und Anforderungen dieser Unternehmensgrößen aufzeigt und die damit verbundenen Auswirkungen auf die ITIL-Prozesse überblicksartig darstellt (vgl. Taylor/Macfarlane 2006; Elsässer 2005). Hier wird mittelständischen IT-Organisationen etwa eine geringere Komplexität in der Umsetzung der Teilprozesse der ITIL oder in der Ausgestaltung von Abläufen und Rollen unterstellt. Es lassen sich angesichts der Überschaubarkeit über das IT-Leistungsspektrum und dessen Erbringung einzelne Prozesse und Rollen der ITIL zusammenfassen. Zudem wird auf Grund der starken Ressourcenbegrenzung auf eine praktikable Umsetzung hingewiesen (vgl. Knöpp et al. 2005, S. 12ff.).

Obgleich der guten Ansatzpunkte bereitet die Umsetzung vielfach Schwierigkeiten, da konkrete Umsetzungsformen und -hilfen fehlen oder zu wenig detailliert sind (vgl. Knöpp et al. 2005, S. 9ff.). Auf Grund des steigenden Kosten- und Effizienzdrucks, z.B. durch die globalisierte Wirtschaft, müssen sich mittelständische IT-Verantwortliche jedoch der Herausforderung einer systematischen Strukturierung des IT-Serviceangebots und der servicebasierten Ausrichtung ihrer IT-Organisation stellen. Denn mit der zunehmenden Integration der IT in viele Geschäftsabläufe steigen der Unterstützungsumfang und damit die Abhängigkeit von der IT. Der IT wird ein wachsender Stellenwert beigemessen, was eine konsequente Neuausrichtung auf die Anforderungen der FB erfordert. Dazu ist bspw. das IT-Serviceangebot in einer für die FB verständlichen Form zu beschreiben und dessen Bereitstellung transparent zu machen. Die IT-Servicemanagement-Rahmenwerke bieten trotz der unzureichenden Detaillierung bereits erste gute Anhaltspunkte, bedürfen aber einer eigenen Ausgestaltung.

3.3 Zusammenfassung

In Kapitel 3 wurden die Bedeutung der Zielsetzung der Arbeit und die Notwendigkeit der expliziten Betrachtung des Anwendungskontextes mittelständischer Unternehmen herausgestellt.

Zunächst wurde ein Problembewusstsein für den im Schrifttum heterogen verwendeten Terminus Mittelstand geschaffen, indem die Problematik der eindeutigen Abgrenzbarkeit sowie Herangehensweisen an die Begriffsabgrenzung erläutert wurden. Mit der Darstellung ausgewählter quantitativer und qualitativer Abgrenzungsversuche in der Literatur wurden Vor- und Nachteile erläutert. Hierin liegt auch die Festlegung einer eigenen Arbeitsdefinition begründet, die über vier Annahmen präzisiert wurde. Der Geltungsbereich der Arbeitsdefinition erstreckt sich auf diese Arbeit und bestimmt das hier gültige Begriffsverständnis.

Daran anknüpfend wurden in Verbindung mit der Zielsetzung der Arbeit Herausforderungen aufgezeigt, mit denen insbesondere mittelständische Unternehmen im Rahmen der IT-Unterstützung der Geschäftsprozesse konfrontiert werden. Beispielhaft seien der anhaltend hohe Kostendruck und eine starke Ressourcenbegrenzung bei gleichzeitig steigenden Anforderungen der FB an eine flexible IT-Unterstützung genannt. Daraus resultierende Auswirkungen auf die aufbau- und ablauforientierte Strukturierung der IT-Organisation wurden verdeutlicht.

Weiterhin wurde beleuchtet, inwiefern die Unterstützungsmöglichkeiten bestehender Ansätze, Modelle oder Rahmenwerke zum IT-Servicemanagement für eine Anwendung im Mittelstand geeignet sind. Hier wurden Diskrepanzen zwischen dem für mittelständische Unternehmen erforderlichen Detaillierungsgrad und dem Bedarf an konkreten Gestaltungshilfen mit den in den Ansätzen etc. vorhandenen Strukturierungsumfängen festgestellt.

4 Empirische Untersuchung zu mittelständischen Merkmalen und Besonderheiten ihres IT-Einsatzes

Die Zielsetzung der empirischen Untersuchung besteht in der Ermittlung von Erkenntnissen aus der unternehmerischen Praxis zu typischen Merkmalen und Besonderheiten des IT-Einsatzes in mittelständischen Unternehmen. Die Erkenntnisse sollen Aufschluss über die Gültigkeit der in Kapitel 3 erarbeiteten Mittelstandscharakteristika für die fokussierte Zielgruppe bzw. Untersuchungseinheit geben. Weiterhin wird ein Überblick zum Stand und zur Bedeutung der IT-Unterstützung in den befragten Unternehmen gegeben. Dabei werden Unterschiede zu Großunternehmen herausgearbeitet. Die gewonnenen Erkenntnisse sollen die im Schrifttum vorhandenen Ergebnisse ergänzen, indem sie einen Beitrag für ein besseres Verständnis über die Besonderheiten und Herausforderungen in der IT-Unterstützung mittelständischer Unternehmen leisten. Aus den empirischen Erkenntnissen werden konkrete Anforderungen abgeleitet, die der Modellentwicklung in Kapitel 5 zu Grunde gelegt werden.

Ausgangspunkt des Kapitels bildet die Darstellung methodischer Grundlagen zur Erhebung und Analyse des Datenmaterials (Kapitel 4.1). Daran schließt sich die Ergebnisdarstellung der empirischen Untersuchung an, die in zwei Kapitel gegliedert ist. In Kapitel 4.2 werden typische qualitative Wesensmerkmale zum Mittelstand aus Sicht der befragten Unternehmen beleuchtet. Damit wird die Relevanz der Arbeitsdefinition zum Mittelstandsverständnis aus Kapitel 3 reflektiert und mit der anknüpfenden Abgrenzung zu Großunternehmen präzisiert. In Kapitel 4.3 wird die Ist-Situation zur servicebasierten Planung und Steuerung der IT-Infrastruktur analysiert. Die Erkenntnisse werden hierzu mit dem Schrifttum verglichen. Daraus werden zentrale Anforderungen abgeleitet, die Kapitel 4.4 zusammenfasst.

4.1 Qualitativer Forschungsansatz als methodisch-analytischer Rahmen

Zur methodischen Erhebung und Auswertung des empirischen Datenmaterials wurden Instrumente der qualitativen Sozialforschung angewendet, da neben dem Ermitteln objektiver Sachverhalte insbesondere das Verstehen und Interpretieren subjektiver Aussagen und Eindrücke über den Befragungsgegenstand im Zentrum der Untersuchung standen (vgl. Bortz/Döring 2005, S. 301; Flick 2005, S. 77ff.). Deshalb richtete sich die Auswahl der Methoden an den vorliegenden Untersuchungsgegebenheiten aus. Das soll gezieltere Interpretationen der subjektiven Aussagen der Befragten ermöglichen (vgl. Lamnek 2005, S. 92f.; Witzel 1982, S. 10; Mayer 2004, S. 46ff.).

In den nachfolgenden Kapiteln werden die angewandten Forschungsmethoden zur Datenerhebung und -analyse vorgestellt sowie in Zielsetzung und Anwendung beschrieben.

4.1.1 Qualitative Datenerhebung

4.1.1.1 Zielsetzung und Vorgehen

Die qualitative Sozialforschung konstruiert Realitäten aus der Interpretation verbaler Kommunikationsinhalte über Phänomene der natürlichen Welt (vgl. Kromrey 2002, S. 59f.). Als Erhebungsinstrumente eignen sich vor allem nicht- und teil-standardisierte Methoden wie

Interviews, da deren Anpassung an das Untersuchungsobjekt und die kontinuierliche Interaktion mit dem Forscher ein zentrales Merkmal der qualitativen Forschung darstellt (vgl. Bortz/Döring 2005, S. 295). Die Anpassung von Fragestellungen an konkrete Problemsachverhalte ermöglicht dem Forscher eine kontextsensitivere Erhebung und Auswertung des Datenmaterials (vgl. Mayring 2002, S. 65).

Voraussetzung für die Auswahl der Datenerhebungsmethode ist die Formulierung einer Fragestellung, die den definierten Problemsachverhalt analysieren soll. Die gewählte Formulierung beeinflusst die Herangehensweise an das zu erhebende Datenmaterial. Flick (2005, S. 84) präzisiert das wie folgt: „Fragestellungen sind so etwas wie die Tür zum untersuchten Forschungsfeld. Von ihrer Formulierung hängt ab, wer (d.h. welche Personen, Gruppen oder Institutionen) oder was (d.h. welche Prozesse, Handlungsweisen, Lebensstile) etc. in die Untersuchung einbezogen werden sollte. Wesentliche Kriterien zur Beurteilung von Fragestellungen sind ihre Stimmigkeit […] und Klarheit, aber auch ihre Beantwortbarkeit im Rahmen von gegebenen, begrenzten (zeitlichen, finanziellen o.ä.) Ressourcen". Vor allem letzteres spielt bei vielen empirischen Untersuchungen eine zentrale Rolle.

Abbildung 4-1 veranschaulicht typische Ablaufschritte zur Auswahl und zum Einsatz geeigneter Methoden. Während die linke Grafikhälfte ein abstrahiertes typisches Vorgehen zur qualitativen Datenerhebung im Allgemeinen aufzeigt (vgl. Diekmann 2004, S. 161ff.; Flick 2005; Bortz/Döring 2005, S. 308), bildet die rechte Grafikhälfte die Parametrisierung dieser Ablaufschritte für die durchgeführte empirische Untersuchung ab.

Ausgangspunkt jeder Datenerhebung ist die Festlegung der Zielsetzung respektive Fragestellung, die nicht nur Art und Form der Erhebung, sondern auch die Zusammensetzung der einzubeziehenden Stichprobenfälle beeinflusst. Zunächst wird das Befragungsinstrument bestimmt, indem unter Beachtung der späteren Form der Datenanalyse die Interviewform fixiert wird. Zur Unterstützung der Interviewdurchführung wird ein Interviewleitfaden erarbeitet, der die Interviews inhaltlich und formal strukturiert.

Darauf folgt die Auswahl und Erhebung der Stichprobenfälle. Zur Auswahl der Stichprobe ist zunächst die Grundgesamtheit zu bestimmen, aus der die Stichprobe stammen soll. Da sich die statistische Ermittlung der Grundgesamtheit mitunter sehr schwierig und aufwändig darstellt, sind eingrenzende Kriterien zu bestimmen. Das gilt auch für die empirische Untersuchung dieser Arbeit. Daher werden zusätzlich Kriterien für die Auswahl der Stichprobe definiert, die auf die Beantwortung der gestellten Zielsetzung fokussieren. Nach der Eingrenzung der Stichprobe erfolgt deren Erhebung.

In den nachfolgenden Kapiteln werden diese Ablaufschritte in ihrer Anwendung für die empirische Untersuchung im Einzelnen erläutert.

4.1 Qualitativer Forschungsansatz als methodisch-analytischer Rahmen

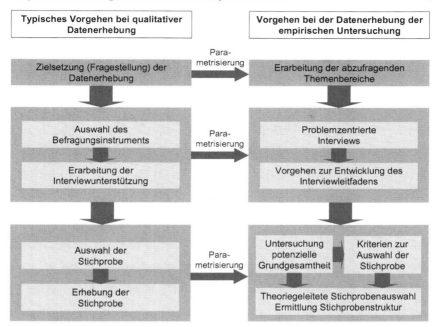

Abbildung 4-1: *Parametrisierung der typischen Ablaufschritte einer qualitativen Datenerhebung für den Fall der empirischen Untersuchung*
(Quelle: Eigene Darstellung)

4.1.1.2 Zielsetzung und Befragungsinhalt

Im 1.Ablaufschritt der in Abbildung 4-1 dargestellten Vorgehensweise wird die Zielsetzung bzw. Fragestellung der empirischen Untersuchung bestimmt. Sie besteht im

Aufdecken und Ergründen der Ist- Situation zur servicebasierten Planung und Steuerung der IT-Infrastruktur in ausgewählten deutschen mittelständischen Unternehmen des Maschinen- und Anlagenbaus sowie der Automobilzuliefererindustrie.

Um die Fragestellung mit den Interviews vollständig zu erfassen und zu beantworten, wurde sie unter Heranziehung des Schrifttums in ihren Fragebestandteilen analysiert. Hieraus wurden Themenaspekte für die Interviewserie abgeleitet. Das diente der Erhöhung der Zielgerichtetheit der Befragung (vgl. Mayer 2004, S. 43). Die zur Beantwortung der Fragestellung definierten drei Themenaspekte werden im Folgenden skizziert. Ergänzend sind zudem die Ausführungen zu den theoretischen Grundlagen in den Kapiteln 2.2.2 bis 2.2.4 sowie in Kapitel 3 heranzuziehen.

Themenaspekte zur servicebasierten Sichtweise der IT

Voraussetzung einer servicebasierten Planung und Steuerung der IT-Infrastruktur ist die Etablierung einer servicebasierten Ausrichtung der IT-Organisation in ihren Ablauf- und Aufbaustrukturen (vgl. Kapitel 2.2.2). Ein maßgeblicher Einflussfaktor auf die Umsetzung ist die Rolle und Bedeutung, welche die IT bei der Unterstützung und Aufrechterhaltung der Geschäftsprozesse und beim Zusammenspiel mit den Servicenehmern einnimmt (vgl. Ward/Peppard 2003, S. 33; Jäger-Goy 2000, S. 25ff.). Hier ist vor allem zwischen der Wahrnehmung durch die Servicenehmer und der Darstellung der IT-Organisation selbst zu differenzieren (vgl. Kopperger et al. 2006, S. 185ff.).

Eine bedarfsgerechte IT-Unterstützung erfordert eine strukturierte Gestaltung des IT-Serviceangebots in einer für alle Serviceakteure verständlichen Form. Das verdeutlicht den Mehrwert der IT-Unterstützung und schafft Transparenz über die IT-Serviceinhalte und -umfänge. Das führt wiederum zu Auswirkungen auf Umfang und Komplexität bei der Bereitstellung der IT-Services (vgl. Hochstein/Brenner 2006, S. 1ff.; Office of Government Commerce 2007a, S. 61; Mauch/Wildemann 2006, S. 20ff.).

Themenaspekt zur Planung und Steuerung der IT-Infrastruktur

Eine strukturierte servicebasierte Bereitstellung der IT-Unterstützung erfordert eine systematische Planung und eine kontinuierliche Steuerung während des Planungszyklus. In der Planung werden die Mengen und Kosten der zuvor erhobenen IT-Bedarfe geplant (vgl. Kargl 2000, S. 43ff.; Buchta et al. 2004, S. 101ff.). Der Schwerpunkt der Steuerung liegt auf der daran anknüpfenden Ermittlung und Lenkung der Mengenverbräuche und Kosten. Weiterhin zählen die Überwachung von Service-Levels zur IT-Servicebereitstellung (Office of Government Commerce 2007a, S. 68ff.) sowie fachliche IT-Vorgaben dazu (vgl. Weill/Ross 2004; Van Gremberen 2004). Ein Instrument zur Überwachung und Steuerung sind z.B. IT-Kennzahlen. (vgl. Jäger-Goy 2000, S. 34f.; Kütz 2007). Die Durchführung strukturierter Prozesse setzt außerdem deren Dokumentation voraus, um eine durchgängige Transparenz und Nachvollziehbarkeit in den Abläufen sicherzustellen (vgl. Cassidy 2006, S. 80ff., 136ff.).

Themenaspekte zum Anwendungskontext mittelständischer Unternehmen

Der Anwendungsfokus liegt auf mittelständischen Unternehmen, die in ihren organisatorischen und strukturellen Wesensmerkmalen abweichende Anforderungen an die Ausgestaltung der servicebasierten Planung und Steuerung der IT-Infrastruktur stellen (vgl. Knöpp et al. 2005, S. 9ff.; Taylor/Macfarlane 2006, S. 6ff.). Das macht ihre Erhebung unerlässlich. Der Fokus wird dabei auf mögliche Auswirkungen dieser Anforderungen auf die IT-Unterstützung gelegt. Das gewinnt vor dem Hintergrund einer nur wenig detaillierten Literaturgrundlage an Bedeutung.

Darüber hinaus werden zur Präzisierung des Mittelstandsverständnisses die qualitativen Wesensmerkmale der befragten Unternehmen selbst erhoben. Sie werden in ihren Ausprägungen mit denen in Großunternehmen verglichen. In Anlehnung an Pfohl (1997, S. 14ff.) eignet sich ein derartiger Vergleich vor allem zur Bestimmung begrifflicher Obergrenzen.

4.1 Qualitativer Forschungsansatz als methodisch-analytischer Rahmen

Anhand der Themenaspekte wurden für die empirische Untersuchung zehn abgrenzbare Fragenblöcke identifiziert und operationalisiert. Sie bildeten gleichermaßen Grundlage und Orientierungspunkt für die formale und inhaltliche Strukturierung der Interviews. Abbildung 4-2 zeigt die Fragenblöcke im Überblick. Sie sind in zwei übergreifende thematische Blöcke unterteilt worden. Damit sollte einerseits die Analyse des Datenmaterials erleichtert werden. Andererseits diente die Erhebung zur Rolle und Bedeutung der IT der tieferen Verständnisbildung und Interpretation der Aussagen zur servicebasierten Planung und Steuerung.

Abgebildet wurden die zehn Fragenblöcke in einem Interviewleitfaden, der Basis für die Erhebung des empirischen Datenmaterials war (vgl. Kapitel 4.1.1.4).

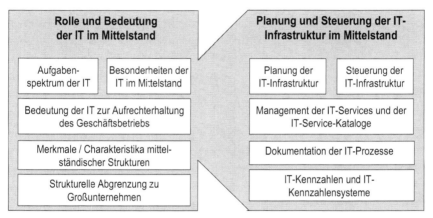

Abbildung 4-2:   *Fragenblöcke der empirischen Untersuchung*
(Quelle: Eigene Darstellung)

4.1.1.3 Auswahl des Befragungsinstruments

Zur Festlegung eines Befragungsinstruments für die empirische Untersuchung (Ablaufschritt 2 in Abbildung 4-1) kann auf eine Vielzahl an Interviewformen zurückgegriffen werden (vgl. Mayring 2002, S. 65). In Abhängigkeit ihres Einsatzzweckes werden Schwerpunkte gelegt z.B. Erfahrungen der befragten Personen zur Themenstellung, zeitlicher Bezug der Befragung, Rolle/ Position der Befragten zwecks Themenstellung, Komplexität der Fragestellungen, Gewissheit der Erkenntnisgewinnung, Kommunikationsform, Interviewerverhalten oder Strukturierungsgrad der Erkenntnisse. Hieraus lassen sich verschiedene Interviewformen ableiten (vgl. Bortz/Döring 2005, S. 308f.; Lamnek 2005, S. 351).

Interviews weisen zudem spezifische Merkmale hinsichtlich der Befragungssituation auf, die es bei der Auswahl der Interviewform für die empirische Untersuchung zu berücksichtigen gilt. Die Merkmale lassen sich gemäß Lamnek (2005, S. 346ff.) nach methodologischen[24] und methodisch-technischen Aspekten differenzieren.

Zu den methodologischen Aspekten gehören im Wesentlichen folgende Merkmale (vgl. Lamnek 2005, S. 346ff.; Heinze 2001, S. 12ff., 37ff.; Bortz/Döring 2005, S. 48, 238f., 308):

Der interviewenden Person obliegt die Aufgabe, das Gespräch zu starten, den thematischen Rahmen vorzugeben und das Gespräch daraufhin zu steuern und aufrecht zu erhalten. Sie kann durch das Einfließen eigener Gedanken oder Reaktionen beeinflussend in das Gespräch eingreifen.

- Die befragte Person, die auch als Proband bezeichnet wird, liefert durch ihre Aussagen und Eindrücke das Datenmaterial und bestimmt durch den Befragungsgegenstand qualitative und quantitative Grenzen des Gesprächs.

- Die Probanden geben das zu Grunde liegende Verständnis des Realitätsbegriffs vor und bestimmen das kommunikative Regelsystem im Interviewverlauf (z.B. Gesprächsstruktur, Rahmenbedingungen, verwendete Begriffswelt), woran sich die interviewende Person flexibel anzupassen hat. Das Datenmaterial dient dabei nicht der Theorieprüfung, sondern der Theoriefindung, indem die Äußerungen durch Interpretation des Forschers zur Theoriebildung beitragen.

Das wird durch methodisch-technische Aspekte ergänzt (vgl. Lamnek 2005, S. 331, 341, 355f.; Atteslander 2003, S. 153ff.):

- Eine zentrale Rolle bei der Datenerhebung spielt die Authentizität der erhaltenen Informationen. Es empfiehlt sich, die Probanden im Alltagsmilieu, d.h. in ihrer natürlichen (Arbeits-)Umgebung zu befragen. Durch das Interviewen in einer vertrauten Atmosphäre soll ein gegenseitiges Vertrauensverhältnis geschaffen werden, um genauere und reflektiertere Aussagen zu erhalten und um ein mögliches Gefühl des „Aushorchens" zu vermeiden.

- Der interviewenden Person kommt zwar grundsätzlich eine passive aber dennoch gesprächssteuernde Rolle zu.

- Zur Durchführung der Interviews können Aufzeichnungsgeräte verwendet werden, die ein späteres Auswerten des Datenmaterials vereinfachen und ein gesprächsbegleitendes Protokollieren nicht mehr zwingend erfordern.

- Die Erhebung der Stichprobe erfolgt bei qualitativen Interviews häufig in Anlehnung an die Methode des *Theoretical Sampling* (vgl. Kapitel 4.1.1.5).

---

[24] Nach Auffassung der Autorin dieser Arbeit werden unter den von Lamnek (2005) verwendeten Terminus der methodologischen Aspekte ausschließlich methodisch-inhaltlich Sachverhalte dargestellt. Methodologien umschreiben die Wissenschaft der Methoden (Holl 1999, S. 165; Popper 1994, S. 22ff.). Nach Chmielewicz (1994, S. 285) zielen Methodologien darauf „[...] Zielsysteme der Wissenschaft durch eine metawissenschaftliche Zielsetzungsentscheidung normativ festzulegen." Um die originalen Begriffe der zitierten Quelle beizubehalten, wird entgegen des abweichenden Verständnisses dennoch von methodologischen Aspekten gesprochen.

4.1 Qualitativer Forschungsansatz als methodisch-analytischer Rahmen

Für die empirische Untersuchung wurde die Form des problemzentrierten Interviews gewählt, da die Erforschung eines konkreten Problemsachverhalts den Kern der Untersuchung bildete. Die Interviewform wurde maßgeblich durch Witzel (1982) geprägt. Ihre Ursprünge finden sich nach Mayring (2002, S. 69) im fokussierten Interview nach Merton/ Kendall (1979) sowie in der Arbeit von Cicourel (1974).

Problemzentrierte Interviews eignen sich auf Grund ihrer Charakteristika besonders, um die eingangs erläuterte Fragestellung zu analysieren (vgl. Flick 2005, S. 134ff.).

- *Problemzentrierung*: Dieses zentrale Element ist gleichzeitig namensgebend für die Methode. Ihr Fokus liegt auf einer konkreten Problemstellung, die es zu untersuchen gilt. Damit wird eine gezieltere Durchführung der Interviews ermöglicht.
- *Gegenstandsorientierung*: Die Untersuchung bezieht sich auf einen dedizierten praktischen Problemsachverhalt, über den bereits inhaltliche Aspekte bekannt sind und vor allem spezifische Fragestellungen analysiert werden sollen.
- *Prozessorientierung*: Die schrittweise Gewinnung und Überprüfung der ermittelten Daten ermöglicht die flexible und gezielte Analyse des Problemfeldes.

Schwerpunkt der empirischen Untersuchung bildete eine praxisrelevante Problemstellung, die im Vorfeld durch Literaturrecherche (vgl. Kapitel 2) in Ergänzung zu Diskussionen mit Unternehmen und Experten aus der Praxis erarbeitet wurde. Der interessierende Problemsachverhalt ist sehr fokussiert und wurde zuvor als Handlungsbedarf identifiziert. Die Befragung erfolgte demnach stark zielorientiert und richtet sich an den zehn Fragenblöcken aus. Das erfordert einen spezifischen Erfahrungshintergrund der Probanden, was die Auswahl eingrenzt. Zudem sollen sich im Befragungsverlauf ergebende Fragen in die weitere Befragung einbezogen werden.

Die gewählte Interviewform weist weitere eindeutig der qualitativen Forschung zuordenbare Merkmale auf, die in der empirischen Untersuchung zur Anwendung kamen (vgl. Mayring 2002, S. 68; Friedrichs 1990, S. 215ff.). Bspw. wurde eine offene Fragenformulierung verwendet, in der keine Antwortkategorien vorgegeben und die Probanden in der Antwortgestaltung frei waren. Die mündlich durchgeführten Interviews fanden auf Grund der Komplexität der Fragestellung persönlich statt. Als interviewende Person fungierte die Autorin, die in den Interviews durch eine weitere Person unterstützt wurde.

Das Interviewerverhalten gestaltete sich abhängig vom Probanden stets weich bis neutral, indem sich die Interviewer aktiv auf die jeweilige Situation der Probanden einstellten und ausschließlich nachfragend sowie themensteuernd in den Gesprächsverlauf eingriffen.

Hierbei wurden neben der individuellen Interviewsituation das Verständnis der Befragten über den zu untersuchenden Problemsachverhalt und deren subjektiv empfundenen Eindrücke erfasst (vgl. dazu Aufenanger 1991, S. 43f; Schnell et al. 1999, S. 353ff.). Den Probanden wurde somit ermöglicht, eigene Erfahrungen und Eindrücke mitzuteilen und zu erklären.

4.1.1.4 Entwicklung des Interviewleitfadens

Im Ablaufschritt 3 der empirischen Untersuchung wurde ein Interviewleitfaden erarbeitet. Er diente als Orientierungsrahmen zum Nachfragen und Aussortieren von behandelten und nicht behandelten Gesprächspunkten und unterstützte eine bessere Vergleichbarkeit der Interviews in der Datenanalyse (vgl. Lamnek 2005, S. 367).[25]

Die inhaltliche Strukturierung des Leitfadens zielte auf die Beantwortung der Fragestellung und die Unterstreichung der Relevanz der Problemstellung in der befragten Praxis ab. Die zehn Frageblöcke wurden in den Leitfaden eingearbeitet. Der daran anknüpfende strukturelle, sprich formale Aufbau umfasste drei grundlegende Bestandteile (vgl. Witzel 1985, S. 245ff.; Mayring 2002, S. 69f.; Flick 2005, S. 135):

- *Allgemeine Sondierungs- bzw. Einstiegsfragen* dienten der Einstimmung und dem Verständnis der Probanden zum Befragungsgegenstand. Hiermit wurde der Erzählfluss angeregt. Zudem wurden zentrale Rahmendaten wie der Name des Unternehmens, die Position der Befragten im Unternehmen, der jährliche Firmenumsatz, die Form der Unternehmensführung, die Größe des Unternehmens und der IT-Organisation, die Höhe des IT-Budgets, die organisatorische Verankerung der IT-Organisation in der Aufbauorganisation sowie der berufliche Werdegang der Probanden abgefragt.

  Im Gesprächsverlauf selbst wurden Sondierungsfragen von den Interviewern als Mittel zur Reflexion von (mitunter diskrepanten) Aussagen der Befragten, zur Verständnisprüfung und zur besseren Nachvollziehbarkeit der Aussagen verwendet.

- *Leitfadenfragen* umfassten inhaltsbezogene Fragen, anhand derer der Gesprächsverlauf durch die Interviewer gesteuert wurde.

- *Ad-hoc-Fragen* entstanden spontan im Interviewverlauf und dienten im zur Klärung und Vertiefung von (missverständlichen) Aussagen oder zur Erhaltung des Gesprächsflusses. Diese Fragen waren nicht Bestandteil des Leitfadens.

Der so gestaltete Interviewleitfaden wurde im Vorfeld der Interviewserie einem Pretest unterzogen. Dazu wurde er zuerst im Forschungsumfeld diskutiert. Anschließend wurde er bei der Befragung eines Unternehmens verwendet. Die Verbesserungsvorschläge wurden in die Leitfadenstruktur eingearbeitet. Darüber hinaus wurde der Leitfaden im Verlauf der Interviewserie ergänzt, sofern sich aus den Interviews weitere für den Problemsachverhalt interessierende Fragen ergaben. Dabei handelte es sich stets um einzelne Fragen und nicht um ganze Fragenblöcke. Ein vollständiger Abdruck des Leitfadens findet sich im Anhang A.

In Ergänzung wurden mit dem Leitfaden Vertreter aus einer weiteren Branche[26] sowie Experten aus IT-Beratungsunternehmen mit langjährigen mittelstandsbezogenen Engagements be-

---

[25] Zur Vorgehensweise und typischen Fehlerquellen beim Aufbau von Interviewleitfäden vgl. auch (Flick 2005; Friedrichs 1990; Bortz/Döring 2005; Schnell et al. 1999).

[26] Die zusätzlich befragte Branche war die Nahrungsmittelindustrie. Insgesamt wurden die Leiter der IT-Organisation aus drei Unternehmen befragt. Durch die Betrachtung der Fragenblöcke des Interviewleitfadens aus einer nicht mit dem Maschinen- und Anlagenbau und der Automobilzuliefererindustrie verwandten Branche sollte eine objektivere Perspektive zur Beurteilung von

fragt. Damit wurde die Relevanz der Fragenblöcke aus einer objektiveren Perspektive heraus beleuchtet und auch bestätigt. Das trug gleichermaßen zur Erhöhung der Validität der Datenerhebung und vor allem der Datenauswertung bei (vgl. dazu Flick 2005, S. 321). Abbildung 4-3 verdeutlicht die erläuterte Vorgehensweise zum Leitfadenaufbau.

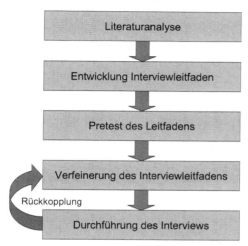

Abbildung 4-3:   *Vorgehen bei der Entwicklung des Interviewleitfadens*
            (Quelle: Eigene Darstellung)

4.1.1.5 Auswahl und Erhebung der Stichprobe

Die Ermittlung der Stichprobe in Ablaufschritt 4 erfolgte mittels theoretisch geleiteter Samplingauswahl. Sie lehnt sich an die in der *Grounded Theory* begründeten Methode des *Theoretical Sampling* an (vgl. Glaser 1992; Strauss/Corbin 1996). Dabei wurden die Probanden über eine bewusste Auswahl auf Grund ihrer theoretischen Bedeutsamkeit für den Problemsachverhalt ausgewählt (vgl. Kromrey 2002, S. 273ff.). Zur Verständnisbildung über das gewählte Vorgehen wird das zentrale Anliegen der *Grounded Theory* skizziert.

Zielsetzung ist es, eine empirisch basierte Theorie zu entwickeln, die in enger Abstimmung mit dem vorhandenen Datenmaterial gebildet wird. Durch systematisches Erheben und Auswerten von Daten, die sich auf einen konkreten Untersuchungsgegenstand beziehen, wird eine Theorie entdeckt, ausgearbeitet und vorläufig bestätigt (Strauss/Corbin 1996, S. 7). Den Ausgangspunkt bildet nicht, wie in deduktiv-statistischen Vorgehensweisen üblich, die Theorie.

Relevanz der Fragenblöcke eingenommen werden. Des Weiteren wurde zusammen mit den Interviews aus den IT-Beratungsunternehmen quasi branchenübergreifend ermittelt, ob es zudem weitere noch nicht berücksichtigte Aspekte gäbe, die zur Beantwortung der Fragestellung in die Untersuchung miteinbezogen werden könnten.

Vielmehr ergibt sich die Relevanz eines Untersuchungsobjekts erst bei der Datenerhebung und -analyse.

Zur Stichprobenerhebung wird das *Theoretical Sampling* verwendet, das theoretisch relevante Stichprobenfälle mittels bewusster Auswahl kontinuierlich einbezieht. Durch die ständige Überprüfung des erhobenen Datenmaterials erreicht die entwickelte Theorie oft einen hohen Allgemeinheitsgrad (Goulding 2001, S. 28f.). Zudem kann der Forscher sich bei ausreichender Datenerhebung ein umfassendes Bild über den untersuchten Forschungsbereich machen, um praktisch anwendbare Vorgehensweisen abzuleiten und verifizierte Kategorien und Hypothesen zum Forschungsbereich aufzustellen (Strauss/Corbin 1996; Goulding 2001, S. 22). Die Auswertung des Datenmaterials erfolgt durch systematisches Kodieren und Zuordnen von Textstellen zu einem entwickelten Kategoriensystem (vgl. Brüsemeister 2000, S. 191-233).

Charakteristisch für das *Theoretical Sampling* ist die Verschmelzung des Prozesses der Theoriebildung mit dem der Datenerhebung und -auswertung, indem in iterativen Schritten eine Theorie entwickelt wird, die durch neu erhobene Daten verfeinert respektive verfestigt wird. Dazu werden ausschließlich Datenquellen bzw. Stichprobenfälle ausgewählt, die eine theoretische Relevanz für die zu entwickelnde Theorie besitzen könnten. Die Forscher entscheiden situativ jeweils vor Beginn der Datenerhebung über den zu untersuchenden Fall. Voraussetzung ist, dass das zu erhebende Datenmaterial die Theoriebildung unterstützt und zur Entwicklung, Sättigung und Verdichtung von definierten Kategorien beiträgt. Um das herauszufinden, bedient sich ein Forscher der vergleichenden Analyse, indem im bestehenden Datenmaterial nach Indikatoren (das sind Anzeichen, Merkmale oder Charakteristika) gesucht wird, die zu Theoriebestandteilen verdichtet werden (vgl. Strauss/Corbin 1996, S. 148ff.).

Das Verständnis des *Sampling* (der Stichprobe) in der *Grounded Theory* unterscheidet sich vom üblichen Verständnis einer repräsentativen Stichprobe im statistischen Sinne (vgl. Goulding 2001, S. 25ff.). Die Auswahl der Stichprobenfälle erfolgt theoriegeleitet, was bedeutet, dass die Stichprobe in Abhängigkeit der bis dato ermittelten Erkenntnisse immer wieder neu ausgewählt wird (vgl. Atteslander 2003, S. 153ff.). Dabei werden so viele Fälle (hier Interviews) in die Theoriebildung einbezogen, bis ein weiterer Fall keinen zusätzlichen Erkenntnisgewinn mehr bringt (Grenzforschungs-Grenzaufwands-Betrachtung). Dieser Prozess wird als theoretische Sättigung bezeichnet (vgl. Glaser/Strauss 2005, S. 69; Strauss/Glaser 1967).

In Anlehnung an diese Vorgehensweise wurde die theoretisch geleitete Erhebung der Stichprobe für die empirische Untersuchung durchgeführt. Abbildung 4-4 verdeutlicht die aufgezeigten Zusammenhänge zwischen Datenerhebung, -analyse und Theoriebildung.

Die Anzahl der durchgeführten Interviews orientierte sich an der theoretischen Sättigung bzw. dem ausbleibenden Erkenntniszuwachs. Zu dessen Überprüfung wurden zusätzlich jeweils ein bzw. zwei weitere Interviews in den betrachteten Branchen Maschinen- und Anlagenbau und Automobilzuliefererindustrie geführt. Die bisherigen Erkenntnisse konnten verifiziert werden.

4.1 Qualitativer Forschungsansatz als methodisch-analytischer Rahmen

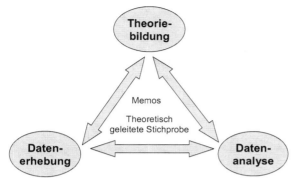

Abbildung 4-4: ***Zusammenhang von Datenerhebung, Datenanalyse und Theoriebildung bei der theoretisch geleiteten Stichprobenauswahl***
(Quelle: Eigene Darstellung)

Im Rahmen der Stichprobenauswahl wurde ein *selektives Sampling* durchgeführt (vgl. Mayer 2004, S. 38f.). Das bedeutet, dass die potenziellen Probanden der Stichprobe im Hinblick auf die Zielsetzung der Untersuchung eingegrenzt wurden, indem bereits im Vorfeld der Datensammlung Kenntnisse über bestimmte Ähnlichkeiten der Interviewpartner vorlagen. Das unterstützte die zielgerichtete Datenerhebung.

Zur Auswahl der Interviewpartner wurden Kriterien zusammengestellt. Erste Anhaltspunkte lieferte die in Kapitel 3.1.4 festgelegte Arbeitsdefinition zum Mittelstandsbegriff. Die dort aufgeführten qualitativen Merkmale lieferten die maßgebenden Auswahlkriterien. In Ergänzung wurden die gesetzten Annahmen herangezogen, woraus als weitere Kriterien die IT-Organisationsgröße bzw. die Unternehmensgröße abgeleitet wurden.

Mit dem Ziel der stärkeren Eingrenzung der Grundgesamtheit, wurden drei weitere Kriterien, der geografische Unternehmenssitz, die Branche und die herausragende Stellung im Wettbewerb festgelegt. Hiermit sollte eine möglichst homogene Gruppe für die Stichprobenauswahl gebildet werden, um die Chance zu erhöhen, vergleichbare Aussagen zu erhalten (vgl. Kromrey 2002, S. 273ff.).

Tabelle 4-1 zeigt die Kriterien, die zur Stichprobenauswahl der Interviewpartner in der empirischen Untersuchung herangezogen wurden. Das erste der Kriterien wurde bereits in Kapitel 3.1.4 erläutert, so dass im Folgenden der Schwerpunkt auf der Begründung der übrigen Kriterien liegt.

Auswahlkriterien für Interviewpartner	
Weitgehende Einheit von Unternehmensleitung und Kapitalaufbringung, Unabhängigkeit des Unternehmens	Ausübung zentraler Führungsverantwortung durch Inhaber/ Kapitaleigner, Mehrheit (> 50%) des Stammkapitals in Privatbesitz, damit verbunden rechtliche und wirtschaftliche Selbständigkeit des Unternehmens
Unternehmensgröße / Größe IT-Organisation (in IT-Mitarbeiter)	500 bis 10.000 Mitarbeiter (weltweit) und/ oder ≥ 9 IT-Mitarbeiter
Hauptsitz des Unternehmens	Süddeutsche Region (Bayern, Baden-Württemberg)
Marktführerschaft	In mindestens einem Produktbereich (Welt)Marktführer
Branchenzugehörigkeit	Maschinen- und Anlagenbau oder Automobilzulieferer

Tabelle 4-1:   *Kriterien zur Stichprobenauswahl der Interviewpartner*
(Quelle: Eigene Darstellung)

Kriterium: Unternehmensgröße und Größe der IT-Organisation

Für die Kriterien der IT-Organisationsgröße und Unternehmensgröße wurden, sofern möglich, Schwellwerte definiert. In Anbetracht der Zielsetzung der Untersuchung wurde vor allem ersterem eine zentrale Bedeutung beigemessen. Als Untergrenze der IT-Organisationsgröße diente der in Kapital 3.1.4 festgelegte Wert. Als sehr viel schwieriger erwies sich die Bestimmung einer geeigneten Obergrenze. Denn diese kann sich einerseits in Abhängigkeit der Branche und der dort immanenten Bedeutung der IT stark unterscheiden. Andererseits beinhalten bspw. viele Wirtschaftsstatistiken oder Branchenlisten, die zur Eingrenzung der Stichprobenauswahl herangezogen wurden, hierzu keinerlei Angaben.

Daher musste, vornehmlich aus pragmatischen und zeitlichen Gründen, behelfsweise die Unternehmensgröße hinzugezogen werden (vgl. dazu Flick 2005, S. 84). Als Untergrenze wurde in Abhängigkeit des gesetzten Branchenfokus und der Untergrenze der IT-Organisationsgröße der Schwellwert bei ca. 500 Mitarbeitern festgelegt, wohlwissend um dessen Willkür. Damit verbunden wurde eine Obergrenze bestimmt, die ausschließlich den Zweck verfolgte, die Stichprobenauswahl aus Branchenlisten und Statistiken weiter einzugrenzen. Unter Einbeziehung der langjährigen Erfahrungen der befragten Berater wurde der Schwellwert zunächst auf ca. 10.000 Mitarbeiter festgelegt.

Dieser Wert findet sich zum einen häufig als Intervallwert in statistischen Aufstellungen.[27] Zum anderen besitzen die Unternehmen der fokussierten Branchen auf Grund ihrer starken Exporttätigkeit vielfach eine größere Anzahl an Auslandsdependancen (z.B. Vertriebsnieder-

---

[27]   Vgl. Ausführungen zur Festlegung der geografischen Fokussierung.

4.1 Qualitativer Forschungsansatz als methodisch-analytischer Rahmen

lassungen). Die dort beschäftigten Mitarbeiter gehen ebenfalls in die Unternehmensgröße ein. Gleichzeitig werden oftmals die IT-Mitarbeiter vor Ort wiederum nicht zur IT-Organisation gezählt, da sie organisatorisch in anderen Bereichen verankert sind oder von Dienstleistern stammen. Derartige Aspekte flossen in die Bestimmung des Schwellwerts ein.

Da die Auswahl der Stichprobe nach den Prinzipien der theoriegeleiteten Stichprobenerhebung nach jedem Interview theoretisch neu erfolgen kann, dienten die Schwellwerte als Orientierung, die ggf. angepasst werden konnten. Im Laufe der Untersuchung erwies sich die Abgrenzung zusammen mit den qualitativen Merkmalen als geeignet, so dass keine Anpassungen vorgenommen wurden (vgl. Kapitel 4.2.3). Demgemäß wurden die festgelegten Schwellwerte als Orientierungspunkte und nicht als hartes Eingrenzungsmaß verstanden (vgl. Mugler 2005, S. 23).

Kriterium: Branchenzugehörigkeit

Mit der Festlegung der Branchenzugehörigkeit wurde der starken Heterogenität des Mittelstands in Größe und Branche Rechnung getragen, indem zur gezielteren Stichprobenauswahl im Vorfeld der Untersuchung eine möglichst homogene Untersuchungseinheit gebildet werden sollte. Der Fokus wurde auf die Industriezweige Maschinen- und Anlagenbau sowie Automobilzuliefererindustrie gelegt. Zur besseren Nachvollziehbarkeit der getroffenen Auswahl, werden die nachfolgenden praktisch begründeten Erklärungsansätze herangezogen:

(1) Der Maschinenbau- und Anlagenbau und die Automobilwirtschaft, insbesondere die Automobilzulieferer verkörpern die beiden umsatzstärksten Branchen der deutschen Wirtschaft, wobei letztere 23,1% des Gesamtumsatzes der deutschen Wirtschaft erzielt und der Maschinen- und Anlagenbau 12,4% (Institut der Deutschen Wirtschaft 2007, S. 35).[28] Beide Branchen besitzen in Deutschland eine historisch gewachsene und gesamtwirtschaftlich hohe Bedeutung und werden vielfach als Hauptsäulen der deutschen Wirtschaft oder als Schlüsselindustrien bezeichnet (VDMA 2007, S. 4; Gillmann 2006; Diez 2001, S. 49). Das spiegelt sich in den gestellten Anforderungen an die verschiedensten Unternehmensbereiche, also auch der IT wieder. Zudem sind beide Branchen sehr stark von mittelständischen Unternehmen durchsetzt (vgl. Diez 2001, S. 45ff.; Simon 1998; Höschl 1994, S. 32, 63, 68). Das bedeutet, dass sie für die Zielgruppe dieser Arbeit von hoher Relevanz sind.

(2) Beide Branchen erwirtschaften einen Großteil ihrer Umsätze im Exportgeschäft (vgl. Herz 2006; VDMA 2007). So belegte der Maschinen- und Anlagenbau in 2005 mit einem Anteil von 18,9 % am globalen Außenhandel weltweit Platz 1 (VDMA 2007, S. 18) und besitzt eine Exportquote von 57,9%, gemessen am Gesamtumsatz. Die Automobilwirtschaft erreicht gar eine Exportquote von 60% (Institut der Deutschen Wirtschaft 2007, S. 35). Weiteren Schätzungen zufolge beträgt der Anteil der Automobilzulieferer am Export ca. 41,3% bezogen auf den betrieblichen Umsatz (Diez 2001, S. 45). Diese starke Exportabhängigkeit und das Agieren auf den Weltmärkten führen vor dem Hintergrund des Eintretens vieler Bil-

---

[28] In Anbetracht der Branchenstruktur in der Automobilindustrie lassen sich 80% aller Unternehmen den Zulieferern zuordnen (vgl. Wildemann 2004, S. 1, 5).

liglohnländer in den globalen Wettbewerb zu erhöhen und härteren Wettbewerbsbedingungen (vgl. Vohl 2004, S. 42f.; BCG 2004, S. 16).

Obwohl vor allem der Maschinen und Anlagenbau in Deutschland einen hohen Sonderfertigungsanteil aufweist (VDMA 2007, S. 4), sind beide Industriezweige gefordert, den wachsenden Anforderungen wie z.b. die Internationalisierung, Flexibilität oder Geschwindigkeit des Leistungserstellungsprozesses zu begegnen, um langfristig die Wettbewerbsfähigkeit aufrecht zu halten (Höschl 1994, S. 58f., 65). Besonders die Automobilzulieferer werden mit verschärften Rahmenbedingungen wie bspw. hohem Wettbewerbs- und Kostendruck oder den harten Vorgaben ihrer mächtigen Kunden konfrontiert (vgl. Wildemann 2004, S. 3; Ebel et al. 2003, S. 3). Deshalb gilt es, bestehende Potenziale noch stärker auszuschöpfen. Eine effektive und effiziente IT-Unterstützung ist dabei unerlässlich. Die Umsetzung dieser Anforderungen in die betriebliche Ablauforganisation ist deshalb meist mit einer Anpassung oder Neugestaltung der bestehenden IT-Landschaft verbunden.

(3) Die aufgezeigten Anforderungen, die sich vor allem bei Automobilzulieferern zeigen, führen der IT-Unterstützung einen wachsenden Stellenwert zu (vgl. Wildemann 2004, S. 3ff.; Diez 2001, S. 45ff.; Trojan 2007, S. 14f.). Das erfordert zugleich eine effiziente Integration der Partner entlang der Wertschöpfungskette sowie eine flexible und transparente IT-Landschaft (vgl. Kopp et al. 2006, S. 20ff.).

(4) Die IT gehört in den betrachten Branchen traditionell nicht zum Kerngeschäft, so dass sie vornehmlich in Zeiten einer konjunkturell bedingten schwachen Nachfrage und einer hohen Marktdynamik einem starken Kostensenkungsdruck ausgesetzt ist (Capgemini 2006a, S. 8ff., 2006b). Hauptzweck der IT ist die Unterstützung der Geschäftsprozesse. Im Fokus der IT-Ausgaben stehen auf Grund der erläuterten Anforderungen die umfassende und nahtlose IT-seitige Integration der externen Partner und Lieferantenunternehmen sowie die Verbesserung und Optimierung der IT-Prozesse (vgl. Capgemini 2006a, S. 11; Gehr 2007, S. 34, 39).[29] Das setzt eine transparente und effektive Planung und Steuerung der IT-Infrastruktur voraus, da die Unternehmen ob des Kostendrucks gefordert sind, die IT-Serviceleistungen und ihre Kosten wie auch Leistungsfähigkeit und Rentabilität der IT gegenüber der GF nachzuweisen.

Kriterium: Marktführerschaft

Mit der Branchenzugehörigkeit eng verknüpft ist das Kriterium der Marktführerschaft. Ein Großteil der Firmen aus den beiden Branchen produziert häufig marktführend Nischenprodukte (vgl. Simon 2000; Wildemann 2004, S. 44). Unter den Rahmenbedingungen einer starken Wettbewerbssituation, des stark zyklischen Geschäfts und der Abhängigkeit von größeren Kunden sind die Unternehmen gefordert, diese Marktführerschaft aufrechtzuerhalten, indem sie hochflexibel und gleichsam effektiv und kosteneffizient wirtschaften (vgl. Diez 2001, S. 45f.; Gillmann 2006; Wildemann 2004, S. 4, 21). Das stellt hohe Anforderungen an die Leis-

---

[29] Laut einer Studie betragen die IT-Ausgaben der zu diesen Branchen gehörenden Unternehmen ca. 4,4% gemessen am Jahresumsatz. Das Hauptaugenmerk der IT-Ausgaben liegt vornehmlich auf der Erneuerung der IT-Infrastruktur (o.V. 2005c).

tungsfähigkeit und Verfügbarkeit der IT, die in ihrer unterstützenden Funktion einen unverzichtbaren Bestandteil zur Aufrechterhaltung des Geschäftsbetriebs darstellt und somit wettbewerbsdifferenzierend wirken kann (vgl. Vohl 2004, S. 47).

Das Kriterium der Marktführerschaft gilt als erfüllt, wenn ein Unternehmen zum Zeitpunkt der Untersuchung in mindestens einem seiner Produktbereiche führend (unter den Top-3-Unternehmen) auf dem deutschen, europäischen oder weltweiten Markt ist. Auf eine prozentuale Abgrenzung wurde verzichtet, da es sich auf Grund der heterogenen Produktzuschnitte der Unternehmen sowie der jeweiligen Marktanteile als unpraktikabel erwies.

Kriterium: Hauptsitz des Unternehmens

In die Stichprobenauswahl wurden ausschließlich deutsche Unternehmen einbezogen, die ihren Firmen-Hauptsitz im süddeutschen Raum, d.h. in den Bundesländern Baden-Württemberg oder Bayern haben. Das geschah einerseits aus Praktikabilitätsgründen, da die Interviews auf Grund des komplexen Problemsachverhalts persönlich geführt wurden. Unter Berücksichtigung zeitlicher und personeller Beschränkungen des Erhebungsrahmens ist die Heranziehung dieser Einschränkung weit verbreitet (vgl. z.B. Krcmar 1990b; Flick 2005, S. 84). Andererseits zeigte die natürliche geografische Verteilung der avisierten Zielbranchen, dass sie vorrangig im süddeutschen Raum ansässig sind (vgl. Gillmann 2006; Herz 2006). Hiermit wurde eine weitere Eingrenzung der Grundgesamtheit getätigt.

Ausgehend von der statistisch belegbaren Grundgesamtheit von ca. 2,9 Mio. deutschen Unternehmen [30] können die Auswahlkriterien zur Branchenzugehörigkeit, Unternehmensgröße und Hauptsitz des Unternehmens mit konkreten Zahlenwerten aus statistischen Quellen belegt werden: Die erste Eingrenzung der ca. 2,9 Mio. Unternehmen erfolgt nach der Branchenzugehörigkeit, nach der 7.197 Unternehmen dem Maschinen- und Anlagenbau und 1.749 Unternehmen dem Fahrzeugbau zugehörig sind (Institut der Deutschen Wirtschaft 2006).[31] Die Werte lassen sich unter Heranziehung der geografischen Eingrenzung und der Unternehmensgröße weiter konkretisieren.[32]

Die damit stärker eingrenzte Grundgesamtheit ist in Tabelle 4-2 in Abhängigkeit der drei Kriterien dargestellt. Das verdeutlicht den Umfang der potenziellen Probanden.

---

[30] Laut Statistischem Bundesamt (2005, S. 484) gibt es in Deutschland nach aktuellen Werten 2.926.570 umsatzsteuerpflichtige Unternehmen.

[31] Die Zahlen umfassen deutsche Unternehmen ab 20 Mitarbeiter, deren wirtschaftlicher Schwerpunkt einer der beiden Branche zuzuordnen ist (Institut der Deutschen Wirtschaft 2006, S. 34).

[32] Die in Tabelle 4-2 hinterlegten Werte stammen von den Statistischen Landesämtern in Baden-Württemberg (2006) und Bayern (2006). Die Werte können als vergleichbar angesehen werden, obgleich sich die Abgrenzung nach der Unternehmensgröße (in Mitarbeiter) um einen Wert (9.999 zu 10.000 Mitarbeiter) unterscheidet. Die Abweichung ist vernachlässigbar, da das gewählte bewusste Auswahlverfahren keine statistisch genaue Abgrenzung der Grundgesamtheit erfordert.

Unternehmensgröße (in MA, Bundesland)	500-9.999 (Baden-Württemberg)	500-10.000 (Bayern)	Summe
Maschinen- und Anlagenbau	97	51	148
Herstellung von Kraftwagen- und Kraftwagenteilen	45	27	72
Summe	142	78	220

Tabelle 4-2: **Eingrenzung der Grundgesamtheit nach statistischen Werten**
(Quelle: Eigene Darstellung in Anlehnung an Berechnungen der Statistischen Landesämter Baden-Württemberg (Statistisches Landesamt Baden-Württemberg 2006) und Bayern (Bayerisches Landesamt für Statistik und Datenverarbeitung 2006))

Unter Annahme der aufgezeigten Eingrenzungen (Tabelle 4-1 und 4-2) wurden mögliche Probanden identifiziert und kontaktiert. Im ersten Schritt wurden Unternehmenslisten aus den zentralen Verbänden der beiden Branchen (Verband der Automobilindustrie und Verband des Deutschen Maschinen- und Anlagenbau) als primäre Auswahlgrundlage herangezogen (VDA 2008; VDMA 2008). Aus insgesamt 23 kontaktierten Unternehmen aus diesen Listen, die den Auswahlkriterien entsprachen, stellten sich vier Unternehmen für ein Interview zur Verfügung. Um die Stichprobenzahl zu erhöhen, wurden in einem weiteren Schritt fünf Unternehmen auf Basis bestehender (persönlicher) Kontakte der Autorin direkt angefragt,[33] wobei sich alle für ein Interview bereiterklärten. Vier weitere Unternehmen konnten mittels Netzwerkeffekte durch Kontakte Dritter gewonnen werden.

Hierin eingeschlossen wurde für jede Branche jeweils ein managementgeführtes Unternehmen interviewt, das bis auf die Form der Unternehmensführung den anderen Kriterien entsprach. Die beiden ursprünglich inhabergeführten Unternehmen wurden vor einigen Jahren aus dem Privatbesitz an Shareholdergesellschaften veräußert. Mit der Einbeziehung der beiden Firmen sollte die Verallgemeinerbarkeit der Aussagen am Beispiel des Kriteriums der Form der Unternehmensführung überprüft werden. Bei der Datenauswertung wurde untersucht, ob und inwieweit sich die Aussagen von den inhabergeführten Unternehmen unterscheiden.

Insgesamt wurden 13 Interviews durchgeführt. Sechs Unternehmen gehörten zur Branche der Automobilzulieferer und sieben zum Maschinen- und Anlagenbau. Diese Stichprobenzahl umfasst auch die zur Überprüfung der theoretischen Sättigung zusätzlich interviewten Unternehmen. Befragt wurden ausschließlich Mitglieder der IT-Führungsebene.

In Abbildung 4-5 ist die Struktur der Stichprobe zusammengefasst, wobei für die grauen Felder keine Elemente aufgenommen wurden. Die Zuordnung der Stichprobenfälle erfolgte nach

---

[33] Viele der Kontakte entstanden im Rahmen des Netzwerks CIO-Circle (http://www.cio-circle.org). Das ist eine nicht-kommerzielle Vereinigung von IT-Managern aus überwiegend mittelständischen Unternehmen, das derzeit ca. 741 Mitwirkende umfasst (Stand: Juni 2008). Die Autorin der Arbeit besitzt auf Grund ihrer Forschungstätigkeit Zugang zum Netzwerk.

4.1 Qualitativer Forschungsansatz als methodisch-analytischer Rahmen

Branche, Unternehmensgröße und IT-Organisationsgröße. Zur Gruppierung der Größencluster wurden zuerst die zuvor festgelegten Unter- und ggf. Obergrenzen der beiden Größenkriterien zu Grunde gelegt. Darauf aufbauend wurde unter Berücksichtigung der Größenverteilung in der Stichprobe und der Vermeidung von Grenzfällen in der Zuordnung die weitere Unterteilung bestimmt. Zur Anonymisierung der Unternehmensnamen wurde eine Abkürzung bestehend aus dem Anfangsbuchstaben der Branche und einer durchlaufenden Nummerierung verwendet. So gehört z.B. M1 zur Branche des Maschinen- und Anlagenbau.

Größe IT-Organisation		Unternehmensgröße (in Mitarbeiter)		
		500 - 1.000	1.001 - 5.000	5.001 - 10.000
≤ 10	Maschinen- und Anlagenbau	Unternehmen M1		
11 - 50		Unternehmen M2	Unternehmen M3 Unternehmen M4 Unternehmen M5	
51 - 150				Unternehmen M6 Unternehmen M7
≤ 10	Automobilzulieferer		Unternehmen A2 Unternehmen A3	
11 - 50		Unternehmen A2	Unternehmen A4 Unternehmen A5	Unternehmen A6
51 - 150				

IT-Beratung: Unternehmen 1, Unternehmen 2, Unternehmen 3

IT-Beratung: Unternehmen 1, Unternehmen 4, Unternehmen 5

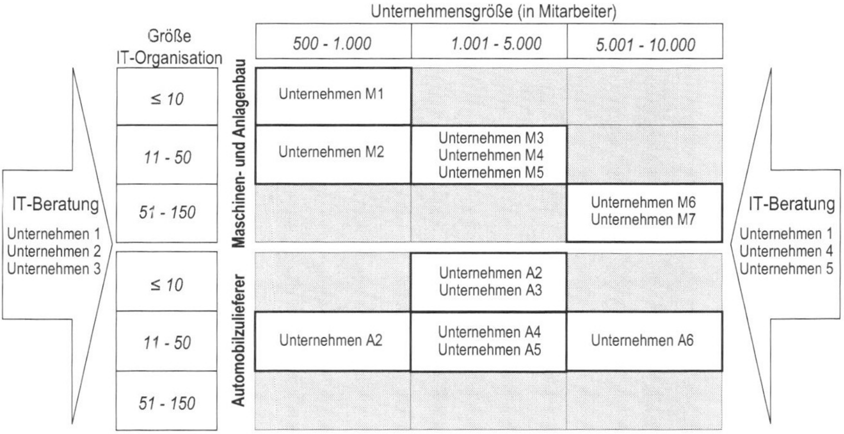

Abbildung 4-5: **Stichprobenstruktur der empirischen Untersuchung**
(Quelle: Eigene Darstellung)

Mit der Eingrenzung der Auswahlkriterien wurde sichergestellt, dass die Stichprobe nur problemrelevante Fälle umfasst. Denn das Ziel bestand weniger in der repräsentativen Erfassung der Stichprobenfälle, als vielmehr darin, gemeinsame Strukturen und Muster oder auffallende Unterschiede zu entdecken, um deren empirische Relevanz zu bestätigen (vgl. Lamnek 2005, S. 191ff.).[34]

Hinzu kommt, dass die Verteilung der Stichprobe die Art und Weise der Aussagen beeinflusst und damit auch deren Gültigkeit und Reichweite terminiert (Mayer 2004, S. 40). Zur Überprüfung einer möglichen Verallgemeinerbarkeit der Erkenntnisse der Untersuchung wurden

---

[34] Der Repräsentativität in der qualitativen Forschung wird häufig nicht die zentrale Bedeutung zugewiesen, „[…] richtet sich doch bei ihnen das Interesse weniger auf die zahlenmäßige Verteilung bestimmter Merkmale als auf die Erkenntnis wesentlicher und typischer Zusammenhänge, die sich an einigen wenigen Fällen aufzeigen lassen, unabhängig davon, wie häufig diese Merkmalskombination vorkommt." (Lamnek 2005, S. 183). Im Mittelpunkt steht die Generalisierung zu Existenzaussagen, indem wesentliche Elemente von Aussagen abstrahiert und nicht wie in der quantitativen Forschung üblich per Induktionsschluss abgeleitet werden (vgl. Lamnek 2005, S. 183).

diese im Anschluss an die Datenanalyse mit drei Experten diskutiert, die über langjährige Erfahrungen in der IT-Beratung mittelständischer Unternehmen verfügen. Zielsetzung bestand in der Überprüfung, ob die Aussagen einzelfallspezifisch oder eher branchentypisch sind. Die Diskussionsergebnisse bestätigten, dass das erhobene Datenmaterial branchentypischen Ausprägungen entspricht.

4.1.2 Qualitative Datenanalyse

4.1.2.1 Zielsetzung der Datenauswertung

Die qualitative Forschung erfordert oftmals ein enges Zusammenspiel von Datenerhebung und -auswertung (vgl. Bortz/Döring 2005, S. 307). Den Mittelpunkt bildet die Identifikation und Rekonstruktion von erkennbaren Mustern und Strukturen, um verallgemeinerungsfähige Aussagen unter Berücksichtigung des Erhebungskontextes zu erhalten. Zielsetzung ist es, aus den bewusst und explizit geäußerten Kommunikationsinhalten in einer iterativen Analyse Erkenntnisse zu gewinnen (vgl. Diekmann 2004, S. 481ff.). Von grundlegender Bedeutung ist die Definition von Auswertungsregeln. Bspw. spielt bei semi-strukturierten Interviews die Bedeutungsäquivalenz eine Rolle, da unterschiedliche Äußerungen von Befragten dennoch gleiche Bedeutungen aufweisen können (vgl. Lamnek 2005, S. 341).

Mit der Datenanalyse eng verknüpft ist die Festlegung von Gütekriterien für die Verallgemeinerbarkeit von Aussagen. Grundsätzlich wird in der empirischen Sozialforschung nach den Ausprägungen der Repräsentativität, Reliabilität (Zuverlässigkeit), Objektivität und Validität (Gültigkeit) unterschieden (vgl. z.B. Schnell et al. 1999, S. 139ff.; Friedrichs 1990, S. 100ff.).

In der qualitativen Forschung besitzen die Gütekriterien jedoch eine andere Bedeutung wie in der quantitativen, für die sie sehr prägend sind. Eine direkte Übertragung von der quantitativen auf die qualitative Forschung wird daher vielfach nicht empfohlen (vgl. Mayer 2004, S. 54ff.; Mayring 2002, S. 140ff.; Bortz/Döring 2005, S. 326ff.). Vielmehr sind spezielle Nivellierungen erforderlich, die sich an den Eigenschaften und Merkmalen der qualitativen Forschung ausrichten. Im Folgenden wird auf Grund ihrer Anwendung in der empirischen Untersuchung insbesondere auf die Ausprägungen Validität und Objektivität eingegangen.

Mit dem Gütekriterium *Objektivität* soll in der Datenanalyse transparent gemacht werden, was originäre Aussagen der Probanden und was bereits Interpretationen des Forschers sind (vgl. Mayer 2004, S. 54ff.). Die Ergebnisse sind möglichst durch mehrere Forscher zu bestätigen. Das wird als interpersonale Objektivität bezeichnet und beeinflusst die Qualität der Interpretationen (Lamnek 2005, S. 146). In der empirischen Untersuchung wurden ausschließlich zur Erhöhung der Objektivität neben der Autorin zwei weitere Personen in den Analyseprozess einbezogen. Zudem wurden der Forschungsprozess und die Untersuchungsergebnisse dokumentiert (vgl. dazu Brüsemeister 2000, S. 38ff.; Kromrey 2002, S. 390).

Dieses Vorgehen wirkt sich ferner auf das Gütekriterium *Validität* aus. Validität bezeichnet die Bestätigung der Glaubwürdigkeit und Verlässlichkeit der Aussagen der Probanden im Sinne einer Verallgemeinerbarkeit. In der qualitativen Forschung besitzt die konsensuelle (auf

4.1 Qualitativer Forschungsansatz als methodisch-analytischer Rahmen 97

Konsens basierende) Validität eine besondere Bedeutung. Sie umfasst die drei Ausprägungen der interpersonalen, kommunikativen und argumentativen Validität (Bortz/Döring 2005, S. 328), die in ihrer Anwendung skizziert werden.

Bei der *interpersonalen Validität* einigen sich mehrere Forscher über die Authentizität und den Interpretationsinhalt des Datenmaterials (Bortz/Döring 2005, S. 328). In dieser Arbeit wurden die Interpretation der Aussagen und die Abstimmung über deren Bedeutungsgehalt von insgesamt drei Forscherpersonen unter Leitung der Autorin durchgeführt. Die *kommunikative Validität* stellt eine Verknüpfung zwischen Forscher und Proband her, mit dem Ziel, sich über die analysierten Aussagen und die Angemessenheit der Interpretationen abzustimmen (vgl. Flick 2005, S. 325f.). Die vorliegenden Erkenntnisse wurden, wie zuvor erwähnt, mit mehreren Experten hinsichtlich deren Verallgemeinerbarkeit diskutiert. Die *argumentative Validität* soll die Intersubjektivität der Interpretationen erhöhen, indem der Austausch über die Erkenntnisse mit Fachkollegen und Laien erfolgt. Das findet regelgeleitet statt und fokussiert vornehmlich auf den Auswertungsprozess (vgl. Lamnek 2005, S. 156). Das wurde ebenso für die empirische Untersuchung durchgeführt.

4.1.2.2 Qualitative Inhaltsanalyse als Auswertungsansatz

Ausgangspunkt der Datenanalyse ist die systematische Aufbereitung des erhobenen Materials. Audiomitschnitte der durchgeführten Interviews können helfen, die Aussagen besser und schneller auszuwerten. Mit der Transkription, als verbreitetes Verfahren, werden die verbalisierten Kommunikationsinhalte zunächst verschriftlicht. Grundsätzlich liegt es im Ermessen des Forschers wie viel erhoben und was transkribiert wird. Die Transkription dient als Grundlage für eine möglichst umfassende Interpretation des Untersuchungsobjekts, um Handlungsvorgänge zu interpretieren, Verhaltensmuster zu erkennen oder Beziehungen und Bedeutungszusammenhänge zu identifizieren.

Eine typische Form ist die Interviewtranskription, bei der Textstücke in ihrem Kontext ausgewertet werden (Strauss/Corbin 1996, S. 14ff.). Die Protokollierung erfolgt in Schriftdeutsch, wobei Dialekte oder grammatische Fehler berichtet werden, da vornehmlich der Bedeutungsinhalt der Aussagen für die Erkenntnisgewinnung von Interesse ist (vgl. Mayring 2002, S. 91).

Für die empirische Untersuchung wurde die zusammenfassende Transkription gewählt, mit dem Ziel, die bestehende Datenfülle zu reduzieren, indem bspw. nicht der Auswertung zweckdienliche Informationen weggelassen wurden. Das umfasste den Verzicht auf die Dokumentation von Gesprächspausen, Füllwörtern oder sprachlichen Eigenheiten wie Wortanhängsel. Außerdem wurde auf die Erfassung para-verbaler Äußerungen (z.B. Mimik, Gestik) verzichtet, da der inhaltliche Aspekt der Aussagen für die Erkenntnisgewinnung von Bedeutung war (vgl. Flick 2005, S. 271ff.).

Auf Grundlage der transkribierten Inhalte wurde zur Datenanalyse der Ansatz der qualitativen Inhaltsanalyse nach Mayring (2002; 2003) gewählt, um die einzelnen Textaussagen kontextsensitiv interpretieren und miteinander in Beziehung setzen zu können. Der Ansatz wurde in den ersten Jahrzehnten des 20. Jh. entwickelt und hat seine Ursprünge in den Kommunikationswissenschaften (Mayring 2002, S. 114). Im Mittelpunkt stand die Bewertung und Verknüpfung bereits erhobenen Datenmaterials (vgl. Lamnek 2005, S. 161f.). Das bestätigt auch die Eignung des Ansatzes für die Auswertung von Interviews (vgl. Flick 2005, S. 282f.).

Auf Grund der Fülle des Datenmaterials wurde die Auswertung in der empirischen Untersuchung mit Hilfe des weit verbreiteten Softwareprogramms Atlas.ti[35] unterstützt. Das diente der Reduktion der Fehleranfälligkeit einer manuellen Analyse und damit der Erhöhung der Datenqualität (vgl. Diekmann 2004, S. 405ff.). Darüber hinaus wurde mit Atlas.ti das Vorgehen im Auswertungsprozess durch die Formulierung von Forschungsnotizen festgehalten.

Im Folgenden werden die neun zu Grunde gelegten (in Fettschrift markierten) Ablaufschritte der qualitativen Inhaltsanalyse skizziert und in ihrer Verwendung in der empirischen Untersuchung beschrieben.

Im 1. Schritt, der **Festlegung des Materials** wird bestimmt, welches Datenmaterial in welchem Umfang unter Berücksichtigung des Untersuchungsziels in die Auswertung einbezogen wird (Lamnek 2005, S. 518). In der empirischen Untersuchung wurden die Themenaspekte des Interviewleitfadens als geeignete inhaltliche Eingrenzung herangezogen. Im 2. Schritt werden allgemeine Eckpunkte zur **Entstehungssituation der Interviews** (z.B. Liste der beteiligten Personen) festgehalten. Das wurde für die Untersuchung in Kapitel 4.1.1.5 näher ausgeführt. In Ergänzung findet sich im Anhang B eine Aufstellung. Im 3. Schritt erfolgt die **formale Charakterisierung des Materials**, indem die Form der Interviewaufzeichnung und der Transkription bestimmt wird. Erläuterungen dazu erfolgten bereits zuvor.

In Schritt 4 folgt die Festlegung der **Richtung der Analyse**, welche die Zielsetzung der Interpretation determiniert. Im Rahmen der empirischen Untersuchung wurde als Analysegegenstand die zu ermittelnde Zielsetzung der Interviews gewählt. Daran schließt sich der 5. Schritt, die **theoriegeleitete Differenzierung der Fragestellung** an. Den Mittelpunkt bildet die Erarbeitung eines Kategoriensystems basierend auf dem vorhandenen Datenmaterial. Das Kategoriensystem beinhaltet alle Themenaspekte, die es herauszufiltern gilt (vgl. Atteslander 2003, S. 211ff.). Dabei kann das Kategoriensystem auch a priori aufgestellt und im Rahmen der Datenanalyse verdichtet werden (vgl. Bortz/Döring 2005, S. 330). Dieses Vorgehen wurde für die Untersuchung angewandt, indem die zehn Frageblöcke des Interviewleitfadens die Grundstruktur des Kategoriensystems bildeten. Die deduktiv abgeleiteten Kategorien wurden im Verlauf der Datenanalyse mittels induktiven Vorgehens ausdifferenziert und angepasst.

Darauf aufbauend erfolgt im 6. Schritt die **Auswahl einer** geeigneten **Analysetechnik** aus den drei Formen Zusammenfassung, Explikation und Strukturierung. Mit der *Zusammenfassung* wird Datenmaterial paraphrasiert, d.h. auf die wesentlichen inhaltlichen Aussagen reduziert (Flick 2005, S. 280f.). Die *Explikation* erfasst zusätzliche Kontextinformationen zur besseren Interpretation der Textteile, indem bspw. missverständliche Aussagen beschrieben wer-

---

[35] Atlas.ti ist das weltweit marktführende Softwareprogramm zur professionellen computergestützten Auswertung, Evaluation und Darstellung qualitativen Datenmaterials in Form von Text- und Multimediadateien, entwickelt von der gleichnamigen Firma (vgl. Atlas.ti 2006).

den. Im Mittelpunkt der *Strukturierung* steht die Erfassung von Mustern und Strukturen aus dem Datenmaterial in Form von formalen, typisierenden, skalierenden oder inhaltlichen Aspekten (Mayring 2003, S. 115ff.).

In der empirischen Untersuchung wurde neben der Explikation insbesondere die inhaltliche Strukturierung gewählt, mit dem Ziel, die Kategoriendefinitionen möglichst trennscharf zu erstellen. Dazu wurden Definitionen für die Kategorien, Ankerbeispiele (exemplarische Zuordnung einer Textstelle zu einer bestimmten Kategorie) und zentrale Kodierregeln (Vorgehen zum Kodieren der Textpassagen) festgelegt. Abbildung 4-6 veranschaulicht den gewählten Ablauf der strukturierenden Inhaltsanalyse.

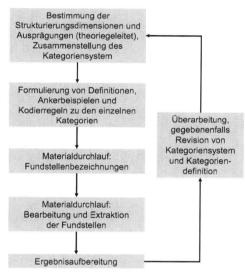

Abbildung 4-6:   *Ablauf der strukturierenden Inhaltsanalyse*
(Quelle: (Mayring 2002, S. 120))

Im 7. Schritt wird die **Analyseeinheit definiert**, indem die in die Interpretation einzubeziehenden Textstücke bestimmt und Stichworte für die Kategorieneinordnung festgelegt werden. Das erfolgte gleichermaßen in der empirischen Untersuchung.

Während die aufgezeigten Schritte 1 bis 7 im Vorfeld der Datenauswertung durchgeführt werden, erfolgt im 8. Schritt die eigentliche **iterative Analyse des Datenmaterials**. Für die empirische Untersuchung wurden bei der Datenauswertung zunächst die Kategorien definiert und anschließend die Textpassagen unter Verwendung des Softwareprogramms Atlas.ti zu den passenden Kategorien zugeordnet (kodiert). Das erleichterte die eineindeutige Zuordnung, Filterung und Aufarbeitung der Textstücke. Außerdem unterstützte es eine objektivere und verlässlichere Verknüpfung und Interpretation der Inhalte (vgl. Atteslander 2003, S. 232ff.; Flick 2005, S. 361-379).

Im letzten 9. Schritt werden die analysierten **Daten** unter Berücksichtigung der Zielsetzung **interpretiert**. Schwerpunkt der Untersuchung bildete die Einbeziehung von Kontextinformationen über Textaussagen, das Identifizieren latenter Bedeutungsmuster und charakteristischer Einzelfälle (sogen. Ausnahmen) sowie das Finden von ggf. nicht explizit geäußerten Aussagen, die sich aus dem Gesamtzusammenhang ergaben (vgl. dazu Diekmann 2004, S. 481f.).

In Anknüpfung an die methodische Erhebung und Analyse des Datenmaterials der empirischen Untersuchung werden in den Kapiteln 4.2 und 4.3 die gewonnenen Erkenntnisse präsentiert und erläutert.

4.2 Charakteristische Merkmale mittelständischer Unternehmen

Mittelpunkt des Kapitels bildet die Erfassung und Darstellung charakterisierender Merkmale und Strukturen mittelständischer Unternehmen. Die Erkenntnisse werden in konstituierende (Kapitel 4.2.1) und in aufbau- und ablauforganisatorische Merkmale und Strukturen (Kapitel 4.2.2) unterschieden. Darauf aufbauend wird das in Kapitel 3.1.4 festgelegte Mittelstandsverständnis mit der Abgrenzung zu Großunternehmen weiter eingegrenzt (Kapitel 4.2.3).

4.2.1 Konstituierende Erkenntnisse

Die Erkenntnisse werden zur besseren Übersichtlichkeit in thematisch zusammenhängende Abschnitte gegliedert.[36]

Form der Unternehmensführung und Zugänglichkeit der Geschäftsführung

Die Form der Unternehmensführung wird im Schrifttum als ein zentrales Kriterium zur Abgrenzung des Mittelstandsbegriffs herangezogen. Dem Mittelstand werden in der Regel die inhabergeführten Unternehmen zugerechnet (vgl. Kapitel 3.1.3). Elf der befragten Unternehmen weisen diese Führungsform auf, wobei den Inhabern stets eine charismatische Persönlichkeit unterstellt wird, die von Entscheidungsfreudigkeit und einem sogen. „unternehmerischen Geist" gekennzeichnet ist. Der Inhaber, der gleichbedeutend mit dem obersten Unternehmenslenker ist, ist in neun Unternehmen sehr stark in das operative Geschäft eingebunden und prägt das betriebliche Entscheidungsverhalten nachhaltig. Durch diese Führungskonstellation entsteht, auf Grund der engen Bindung zwischen GF und Unternehmenswohl, ein langfristigerer Entscheidungscharakter als bspw. in managementgeführten Unternehmen.

Diese starke Involvierung der GF empfinden die Probanden sowohl positiv (sieben Probanden) wie negativ (sechs Probanden). Als vorteilig werden die hohe Entscheidungsfreudigkeit und -schnelligkeit, das ausgeprägte Verantwortungsbewusstsein der GF für das Unternehmen selbst und das soziale Umfeld genannt. Als negativ gelten häufige schnelle Entscheidungsänderungen, die starke Fixierung auf eine Person und die große Tragweite suboptimaler Entscheidungen. In zwei der elf Unternehmen hat der Inhaber zwar die GF inne, überlässt aber

---

[36] Eine ausführliche Darstellung der Ergebnisse findet sich im Arbeitspapier zu einer Diplomarbeit, welche durch die Autorin betreut und inhaltlich gesteuert wurde (Schwertsik et al. 2007). Eine inhaltliche Zusammenfassung der Interviews steht in elektronischer Form zu Verfügung.

die operative Leitung den übrigen Geschäftsführern bzw. der nachfolgenden Führungsebene. Diese besteht entweder aus weiteren Familienmitgliedern oder aus Fremdmanagern.

Neben dem Entscheidungsverhalten zeigt sich der Einfluss des Inhabers in den elf Unternehmen weiterhin in der Prägung der Unternehmenskultur und dem Aufbau der Unternehmensorganisation. In den beiden managementgeführten Unternehmen können die beschriebenen Aspekte hingegen nicht (mehr) festgestellt werden.

Durch die häufige Nähe zum operativen Geschäft ist die GF für die Führungsebenen und die einzelnen Mitarbeiter gleichermaßen zugänglich. Das führt bspw. bei zeitkritischen Entscheidungen und Eskalationen dazu, dass der direkte Weg zur GF offen steht und durch Überspringen von Führungsebenen auch genommen wird. Das funktioniert ebenso vice versa.

Entscheidungsverantwortung der Führungsebenen

Das Führungsverhalten der GF wirkt sich direkt auf die Entscheidungsverantwortung der nachgelagerten Führungsebenen aus, die in allen befragten Unternehmen ein hohes eigenverantwortliches Handeln aufweisen. Das basiert auf einem engen Vertrauensverhältnis der GF zu den Führungsebenen, die oftmals mit langjährigen Mitarbeitern des Unternehmens besetzt sind. Das fördert das Funktionieren derartiger Entscheidungsstrukturen in einer flachen Hierarchie.

Die delegierte Entscheidungsverantwortung wird von allen Probanden als typisches mittelständisches Wesnesmerkmal bezeichnet und als Vorteil gegenüber Großunternehmen empfunden, da diese Entscheidungsfreiheit auch Fehlentscheidungen in kleinerem Ausmaße zulässt, die in der Regel ohne personaltechnische Konsequenzen (z.B. Arbeitsplatzverlust, Versetzung) bleiben.

Abhängigkeit von Wissensträgern

Das im Schrifttum häufig genannte Wesensmerkmal findet sich in unterschiedlicher Ausprägung bei den befragten Unternehmen wieder. Die damit verbundene Wissenshäufung kann durch strukturelle Probleme begründet werden, mit denen viele Mittelständler konfrontiert werden. Stetes Unternehmenswachstum und begrenzt verfügbare Ressourcen in Zeit und vor allem Personal führen zu raschem Wissenszuwachs, der nur unzureichend dokumentiert wird. Es mangelt an Aufgabenbeschreibungen und dokumentierten Prozessabläufen für einzelne Arbeitsplätze, so dass eine andere Besetzung oder gleichwertige Stellvertreterregelungen nur schwierig umsetzbar sind. Das resultiert oftmals aus den historisch gewachsenen Funktionshäufungen einzelner Mitarbeiter. Keiner der Befragten besitzt bspw. umfassende Aufgabenbeschreibungen der Managementpositionen im Unternehmen.

Berater B2 und B3 führen eine weitere psychologisch motivierte Begründung für Wissenshäufung an: Die Angst der Wissensträger vor dem Verlust von Know-how und damit von Macht beim Offenlegen und Teilen von Wissen. Deshalb wird häufig (un)bewusst eine Intransparenz gefördert, um die eigene Position zu stärken. Ein solches Verhalten wird von B3 zudem als typisches Wesensmerkmal mittelständischer Unternehmenskultur bezeichnet, was von einigen befragten Unternehmen bestätigt wird.

In der Untersuchung zeigt sich, dass die beschriebenen Probleme mit zunehmender Unternehmensgröße abzunehmen scheinen, da durch die höhere Mitarbeiterzahl die Spezialisierung und damit die Möglichkeit adäquater Stellvertreterregelungen steigt. Insgesamt können in den Aussagen der Befragten keine Unterschiede hinsichtlich Branche oder Form der Unternehmensführung (inhaber- oder managementgeführt) festgestellt werden.

Abteilungsdenken

Unterschiedlich geprägte Begriffswelten und Denkweisen von Abteilungen führen in vielen Unternehmen nach Meinung der drei Berater zu Verständnis- und Kommunikationsproblemen im gemeinsamen Austausch. Verstärkt wird das durch die mangelhafte Bereitschaft einzelner Mitarbeiter zum Wissensteilen. Das zeigt sich insbesondere zwischen der IT-Organisation und ihren Kunden, den FB. Hier bestehen, nach Aussagen der Berater, oftmals große Kommunikationsprobleme auf Grund unterschiedlicher Denk- und Herangehensweisen an die Bedeutung und Bereitstellung von IT-Unterstützung. 12 der 13 befragten Unternehmen betrachten Abteilungsdenken ebenfalls als problematisch. Auch wenn es häufig nur als gering eingestuft wird, sehen sie erhebliche Verbesserungspotenziale. Exemplarisch kann das bei M3 gezeigt werden, wo der befragte IT-Leiter die Kommunikation mit den FB nicht als Selbstverständlichkeit, sondern als unvermeidlich betrachtet.

Das Abteilungsdenken steht in scheinbarem Gegensatz zur sehr familiär geprägten Unternehmenskultur. Das liegt nach Berater B3 in der immer noch starken Ausprägung von Funktionsbereichen in den Unternehmen begründet, was eine prozessuale gesamtheitliche Betrachtung der Wertschöpfungskette behindert. Das fördert Intransparenz in den Geschäftsabläufen und ihren Unterstützungsleistungen.

Formalisierungsgrad

Der Formalisierungsgrad bestimmt, inwieweit aufbau- und ablauforganisatorische Strukturen im Unternehmen vorgegeben sind. 12 der 13 befragten Unternehmen weisen einen geringen Formalisierungsgrad auf, der sich bspw. in flachen Hierarchien, kurzen Berichts- und Eskalationswegen, der Zugänglichkeit der GF und einer geringen Prozessdokumentation manifestiert. Stärker ausgeprägt ist die Formalisierung nur in Genehmigungsprozessen zur Budgetfreigabe. Ein Unternehmen zeigt bereits Tendenzen einer stärkeren Formalisierung, was sich mit der Unternehmensgröße begründen lässt.

Acht der 13 befragten Unternehmen sind der Meinung, dass die geringe Formalisierung positive Auswirkungen auf die betriebliche Flexibilität besitzt. Durch weniger starre Vorgehensweisen kann auf ungeplante externe Unternehmenseinflüsse schneller reagiert und Entscheidungen getroffen werden. Dies erweist sich vor allem in der hochflexiblen Automobilzuliefererbranche als geschäftskritisch. Dennoch äußern sich einige Befragte wie die drei Berater kritisch, indem die kaum dokumentierten Geschäftsprozesse Doppelarbeiten und Abweichungen

4.2 Charakteristische Merkmale mittelständischer Unternehmen

von Standardabläufen z.B. in der IT-Bedarfserhebung begünstigten. Das fördert Intransparenz in vielen Geschäftsbereichen. IT-Leiter A6 fasst das prägnant zusammen:

„Das ist ja immer so das Schreckgespenst des Mittelstands, wenn alles zu bürokratisch wird. Aber von dem ‚Hey-Joe'-Prinzip muss man sich natürlich dann auch abwenden, das klappt dann auch nicht mehr."

Berater B1 bezeichnet den geringen Formalisierungsgrad in vielen mittelständischen Unternehmen als unternehmenskulturelles Merkmal. Eine stärkere Formalisierung ist meist auf Grund ressourcentechnischer Begrenzungen nicht umsetzbar. Die einzige Ausnahme bilden die hoch formalisierten Produktionsprozesse, die als betriebliches Kerngeschäft und damit häufig als wettbewerbsdifferenzierend gelten. Hier finden sich ausführliche Dokumentationen. Die Ergebnisse der Untersuchung verdeutlichen, dass der Formalisierungsgrad, wie erwartet, mit zunehmender Unternehmensgröße steigt. Das zeigt sich in den Geschäftsprozessen wie in den Hierarchieebenen.

Unternehmenskultur

Die zuvor erläuterten Merkmale spiegeln sich zugleich in der Unternehmenskultur wieder. Sie wird von allen befragten Unternehmen als ein charakteristisches Wesensmerkmal des Mittelstands bezeichnet. Sie weist einige Besonderheiten auf, mit denen sie sich von Großunternehmen abgrenzen lässt. Dazu gehört die große soziale Verantwortung, die die GF für ihre Mitarbeiter übernimmt. So steht in den meisten der inhabergeführten Unternehmen der einzelne Mitarbeiter und seine persönliche Entwicklung sehr stark im Vordergrund. Die Unternehmenskultur wird als familiär beschrieben. Berater B2 bestätigt das:

„Das ist für mich ein mittelständisches Merkmal. Das heißt, dass da der Mitarbeiter mehr zählt und gewürdigt wird im Mittelstand, als das bei einem Großunternehmen der Fall ist."

Die Unternehmenskultur wird maßgeblich durch die Person des Inhabers geprägt und gelebt. In diesem Kontext werden auch signifikante Unterschiede zu den befragten managementgeführten Unternehmen deutlich. So sind die enge Verbindung der GF zu den Mitarbeitern oder der familiäre Umgang im Unternehmen nicht mehr in dem beschriebenen Maße erkennbar.

In enger Relation dazu steht die hohe Arbeitsplatzsicherheit bei den befragten Unternehmen. So stammen bspw. viele Führungskräfte aus dem eigenen Unternehmen. Das führt, wie die meisten Probanden meinen, zu einer hohen Identifikation der Führungsebenen mit der Unternehmenskultur und ihren Idealen. Berater B3 fügt eine weitere Besonderheit hinzu, indem er den Mitarbeitern in mittelständischen Unternehmen einen stärkeren Bezug zur Sinnhaftigkeit ihrer Tätigkeit hinsichtlich des geleisteten Unternehmensbeitrags unterstellt. IT-Leiter M6 verdeutlicht das wie folgt:

„Das Zusammengehörigkeitsgefühl an sich, aber auch die Problemstellung, wenn hier irgendetwas ist, von den Mitarbeitern selbst in eigenem Antrieb dann die Lösung zu erarbeiten oder schnellst möglich dafür zu sorgen, dass alles wieder klappt, egal zu

welcher Tages- oder Nachtzeit, ist was Selbstverständliches. Da brauchen wir gar nichts zu regeln."

Neben diesen Effekten ist die mittelständische Unternehmenskultur gleichsam durch eine hohe Fokussierung auf das operative Tagesgeschäft und eine starke Funktions- und Wissenshäufung bei vielen Mitarbeitern gekennzeichnet.

Mitarbeiterloyalität und Mitarbeiterfluktuation

Die Unternehmenskultur scheint sich, nach Meinung der Probanden, positiv auf die Loyalität und Fluktuation der Mitarbeiter auszuwirken. Das wird durch eine hohe Identifikation der Mitarbeiter mit dem Unternehmen verstärkt. Begründet wird das mit der Person des Inhabers, dessen starken Unternehmensverbundenheit und das hohe Ausmaß seiner sozialen Verantwortung für die Mitarbeiter. Das führt vor allem bei den inhabergeführten Unternehmen zu einer hohen freiwillig erbrachten Arbeitsbereitschaft der Mitarbeiter. Damit werden oftmals begrenzte Ressourcenkapazitäten kompensiert. Ein Unterschied zu den managementgeführten Unternehmen ist erkennbar, in denen die Unternehmensverbundenheit stärker abzunehmen scheint.

Die hohe Loyalität der Mitarbeiter manifestiert sich zudem in einer meist langen Betriebszugehörigkeit und dem damit verbundenen fundierten Prozesswissen einzelner Mitarbeiter über geschäftskritische Arbeitsabläufe. Hierdurch entsteht bei vielen der befragten Unternehmen gleichermaßen ein tiefes Abhängigkeitsverhältnis von diesen Wissensträgern. Ein weiterer Faktor besteht in der hohen Entscheidungsverantwortung der Führungsebenen und ihrer aktiven Mitgestaltung an betrieblichen Abläufen. Das enge Vertrauensverhältnis auf den Führungsebenen und die Rekrutierung vieler Führungskräfte aus dem eigenen Unternehmen schaffen ein stabiles Unternehmensumfeld und eine starke Mitarbeiterbindung.

Mit einer hohen Mitarbeiterloyalität wird eine geringe Fluktuationsrate in den Unternehmen verbunden. Als Gründe werden die hohe Arbeitszufriedenheit, aber auch standortbedingte Faktoren genannt. Denn oftmals sind die jeweiligen Unternehmen der einzige große Arbeitgeber in der Region, was die Alternativen einschränkt.

4.2.2 Aufbau- und ablauforganisatorische Erkenntnisse

Hierarchiestruktur

Ein im Schrifttum häufig angeführtes Wesensmerkmal mittelständischer Unternehmen ist die flache Hierarchiestruktur mit wenigen Führungsebenen. Diese ist in der Regel zugleich mit kurzen Berichtswegen, der hohen Zugänglichkeit der GF, deren starke Involvierung ins operative Geschäft sowie einem geringen Formalisierungsgrad verknüpft. Das findet sich dergestalt bei allen befragten inhabergeführten Unternehmen wieder. Die managementgeführten Unternehmen besitzen ebenfalls flache Hierarchien, die jedoch sehr viel formalisierter gehandhabt werden. Hiervon bildet vor allem M7 als größtes Unternehmen die Ausnahme. Es weist erste Ansätze einer stärker gegliederten Hierarchie und einer höheren Formalisierung der Abläufe auf. Branchenunterschiede wurden nicht festgestellt.

Berichts-, Entscheidungs- und Eskalationswege

Kurze Berichts-, Entscheidungs- und Eskalationswege sind ein weiteres vielzitiertes Mittelstandmerkmal. Ermöglicht werden sie z.b. durch flache Hierarchiestrukturen, einen geringen Formalisierungsgrad oder die Zugänglichkeit der GF.

Die kurzen Wege begünstigen eine hohe Flexibilität und schnelle Reaktions- und Entscheidungsfähigkeiten auf ungeplante Unternehmenseinflüsse. Laut den befragten Unternehmen ist zudem ein schneller Durchgriff von Entscheidungen und Maßnahmen durch das Überspringen von Hierarchieebenen und die rasche Einbeziehung der bzw. Eskalation zur GF möglich. Der Informationsverlust, der oftmals beim Durchlaufen vieler Hierarchieebenen entsteht, ist sehr viel geringer. Die sehr informelle Vorgehensweise funktioniert bilateral, d.h. von den Mitarbeitern zur GF und vice versa. Dies verdeutlicht M2:

„Also bei uns ist es wirklich so, dass auch [...] der Geschäftsführer plötzlich bei mir im Zimmer steht und mich da zu einem Thema befragt, weil er gerade jetzt da vorbeimarschiert. [...] Das geht sogar soweit, dass es manchmal negativ ist, dass man sieht: dahinten steht der Geschäftsführer und unterhält sich mit einem von deinen Leuten und du weißt jetzt gar nicht so genau, was die da so machen, worum es geht."

Mit zunehmender Unternehmensgröße steigen der Formalisierungsgrad und die Anzahl der Hierarchieebenen, so dass ein Überspringen von Ebenen zwar möglich ist, aber nur in Ausnahmenfällen z.B. bei Eskalationen praktiziert wird (M7).

Flexibilität

Die hohe Flexibilität, d.h. die schnelle Anpassungsfähigkeit auf ungeplante Geschäftsanforderungen, besitzt eine vielschichtige Bedeutung. Sie wird z.B. durch kurze Berichts- und Eskalationswege, flache Hierarchien, die Form der Entscheidungsstrukturen, die schnelle Involvierung der GF oder einen geringen Formalisierungsgrad begünstigt. Die Fähigkeit flexibler Reaktionen gewinnt insbesondere bei unternehmensexternen Anforderungen des Marktes z.B. durch harten Wettbewerb, Kostendruck oder der Abhängigkeit von Kunden an Bedeutung. Ohne diese Flexibilität würden viele der befragten Unternehmen ihre marktführende Position nicht nachhaltig behaupten können. Das erfordert gleichermaßen eine unternehmensinterne Flexibilität in der Organisationsstruktur und den betrieblichen Abläufen wie der Produktion, dem Vertrieb oder der IT.

Neben den als positiv empfundenen Handlungsoptionen werden von den Probanden auch negative Auswirkungen angeführt. Das umfasst z.B. eine geringe Planbarkeit in der Bereitstellung von Unterstützungsleistungen oder kurzfristige Budgetkürzungen (vgl. Kapitel 4.3.3.2). Die Ergebnisse zeigen weiterhin, dass die Fähigkeit des flexiblen Handelns mit zunehmender Unternehmensgröße abzunehmen scheint.

Rollenverteilung und Funktionshäufung

Die Mitarbeiter in mittelständischen Unternehmen zeigen auf Grund der starken Ressourcenbegrenzung in ihren Tätigkeitsprofilen oftmals Funktionshäufungen. Das bedeutet, dass ein

Mitarbeiter mehrere Rollen und Funktionen im Unternehmen gleichzeitig innehat. Das funktioniert durch eine überwiegend generalistische Arbeitsausführung. Die Ressourcenbeschränkung führt zum Verschwinden traditioneller Berufsbilder und der Etablierung neuer Rollenbilder. Gleichzeitig entsteht eine hohe Wissenskonzentration auf wenige Personen. Der Aufgabenzuschnitt erfolgt meist personenbezogen, was das Finden von Vertreterregelungen bspw. erschwert. Das untermauert Berater B2:

„Das ist sicherlich typisch ja, [...] dass dann in der Aufgabenverteilung in einem mittelständischen Unternehmen viel mehr Aufgaben von einem wahrgenommen werden als in einem Großunternehmen."

Hinzu kommt die unzureichende Festschreibung von Mitarbeiterprofilen in dedizierten Rollenbeschreibungen. Nur sieben Unternehmen verfügen über zumeist sehr generische Aufgabenbeschreibungen. Begründet wird das Fehlen mit hohen Flexibilitätsanforderungen, die dazu führen, dass bestehende Beschreibungen schnell obsolet werden. Doch das verstärkt die Abhängigkeit von Wissensträgern. Wie M6 und M7 bestätigen, sinkt die Abhängigkeit bei steigender Unternehmensgröße, da hier eine Rollenverteilung auf faktisch mehr Mitarbeiter möglich ist.

Starke Ressourcenbegrenzung

Das Phänomen begrenzter Sach- und Personalressourcen gehört zu den charakteristischsten Merkmalen mittelständischer Unternehmen, was im Schrifttum mit der geringeren Unternehmensgröße im Vergleich zu Großunternehmen begründet wird. Die Auswirkungen zeigen sich u.a. in der Gestaltung der aufbau- und ablauforganisatorischen Strukturen. Beispiele hierfür sind Wissens- und Funktionshäufung, flache Hierarchien, kurze Berichtswege, eine hohe Flexibilität oder die Rollenteilung. Die Ressourcenbegrenzung erstreckt sich bei den befragten Unternehmen vor allem auf das Humankapital, während fünf Probanden zusätzlich einer sehr starken Kapitalbeschränkung unterliegen. Dies betrifft vornehmlich die Automobilzulieferer, die alle einem hohen Kostendruck unterliegen. IT-Leiter A1 ergänzt:

„[...] ich habe die Personaldecke einfach nicht. Und wenn der eine ausfällt, dann habe ich erstmal ein Problem den nach zu besetzen. [...] Das kostet Zeit und auch Geld, logischerweise. Wir reduzieren halt im Prinzip wenn ein Mitarbeiter ausscheidet. Auf der anderen Seite ist es natürlich so, dass wir uns mit unserer Größe mit der Finanzierung oder mit der Beschaffung von Finanzmitteln ganz anders auf dem Markt bewegen müssen als ein Großunternehmen."[37]

Die Begrenzung führt meist zu einer starken Konzentration auf das Kerngeschäft, so dass strategische Projekte außerhalb dieser Bereiche wie bspw. in der IT nur eingeschränkt umgesetzt werden. Mit steigender Unternehmensgröße sinkt die Beschränkung. Berater B3 fasst die genannten Punkte zusammen:

---

[37] Angegebener Name des Großunternehmens wurde anonymisiert.

4.2 Charakteristische Merkmale mittelständischer Unternehmen

„[...] *die Kostenbrille ist immer noch da, aber Qualität steht jetzt im Vordergrund. Mehr Leistung zu bekommen zu verbesserter Qualität, zu gleichen Kosten und dann noch mit gleichen Ressourcen.*"

Grad der Geschäftsprozessdokumentation

Die Dokumentation von Geschäftsprozessen als Mittel der Verringerung der Abhängigkeit von Wissensträgern wird von den befragten Unternehmen kaum genutzt. Obwohl die geschäftskritischen Prozesse meist dokumentiert sind, erfolgt das bei Unterstützungsprozessen wie der IT nur sporadisch. Begründet wird das mit der personellen Ressourcenknappheit auf Grund deren starker Einbindung im operativen Tagesgeschäft.

Außerdem wird angeführt, dass viele Dokumentationen zu schnell veralten. Sechs Probanden geben an, grundlegende Dokumentationen im Rahmen von Zertifizierungen wie der DIN EN ISO 9000f. erstellt zu haben. Fünf Unternehmen dokumentieren ihre Geschäftsprozesse hingegen in den IT-Systemen. Insgesamt sehen die meisten Befragten deutliche Verbesserungsbedarfe in einer durchgängigen Dokumentation. Dies gilt insbesondere für die unterstützenden Prozesse, die die effiziente Ausübung vieler Geschäftsprozesse erst ermöglichen.

4.2.3 Weitere Eingrenzung zum Mittelstandsverständnis

Basierend auf den bisherigen Erkenntnissen wird eine weitere Eingrenzung des Mittelstandsverständnisses der Arbeit vorgenommen, indem die Abgrenzung zu Großunternehmen erfolgt. Zudem werden erste Anforderungen an die Modellgestaltung in Kapitel 5 abgeleitet.

Laut der Arbeitsdefinition zum Mittelstandsverständnis bestätigen die empirischen Erkenntnisse im Abgleich mit dem Schrifttum die Aussagen zur rechtlichen und wirtschaftlichen Selbständigkeit der Unternehmen. Ergänzt werden nachfolgend die Wesensmerkmale zur Art der Leitung und zum Personenbezug der Unternehmensführung, da sich zu den Ergebnissen der analysierten Literatur weitere Erkenntnisse aus der empirischen Untersuchung ergeben haben.

Die Inhaberperson übt einen prägenden Einfluss auf die Unternehmenskultur und die betrieblichen Ablaufprozesse aus. Das Führungsverhalten der GF basiert auf dem Prinzip der Stetigkeit, was sich in der Langfristigkeit grundlegender Unternehmensentscheidungen und der Besetzung der Führungsebenen verdeutlicht. Wesentliche Grundlage für das Führungsverhalten ist das Vertrauen der GF zu den Führungsebenen, oft bedingt durch deren langjährige Zusammenarbeit und Betriebszugehörigkeit. Den Führungsebenen wird eine hohe Entscheidungsverantwortung übertragen. Sie erstreckt sich vornehmlich auf inhaltliche Entscheidungen, während der Entscheidungsspielraum bei finanziellen Aspekten vom Geschäftsführer sehr viel stärker eingeschränkt wird. Das resultiert nicht aus mangelndem Vertrauen, sondern liegt in der Persönlichkeit und im Wesen des Inhabers (als Kapitaleigner) begründet.

Die hohe Flexibilität in den Ablaufstrukturen stellt einen weiteren Kernpunkt dar. Die schnelle und gezielte Reaktionsfähigkeit auf geänderte Geschäftsanforderungen erweist sich durch die starke Kerngeschäftsfokussierung der Unternehmen als zentral. Es müssen schnelle Entscheidungen oder Entscheidungsänderungen getroffen und vor allem durchgesetzt werden. Das führt mitunter zu kurzfristigen Beschränkungen von Handlungs- und Verantwortungsspielräumen der Führungsebenen durch Entscheidungen der GF. Auf Grund der bestehenden Kapitalbesitzverhältnisse bestehen gezieltere Durchgriffsmöglichkeiten, z.B. durch das Überspringen von Hierarchieebenen, was in Großunternehmen undenkbar wäre.

Die hohe Flexibilität wird vielfach durch einen geringen Formalisierungsgrad in den Ablauf- und Aufbaustrukturen ermöglicht. Das zeigt sich z.B. in einem geringen Dokumentationsgrad der betrieblichen Abläufe und Organisationsstrukturen wie Rollen- und Funktionsbeschreibungen. Begründet wird das mit fehlenden Ressourcen für den Aufbau und die Pflege durchgängiger Dokumentationen. Das fördert Intransparenz in Abläufen und deren Schnittstellen, was sich ggf. in Mehrarbeiten äußert.

In Anbetracht der erläuterten Kernpunkte lassen sich mittelstandscharakterisierende Anforderungen ableiten, die bei der Gestaltung des Modells zur servicebasierten Planung und Steuerung der IT-Infrastruktur in Kapitel 5 berücksichtigt werden:

Anforderung 1: *Der starke Einfluss des Geschäftsführers auf betriebliche Abläufe und Entscheidungsbefugnisse der Führungsebenen sollte bei der Prozess- und Rollengestaltung des zu entwickelnden Modells erfasst werden.*

Anforderung 2: *Die hohe Flexibilität in den Aufbau- und Ablaufstrukturen ist als wesentlicher Einflussfaktor in die Modellentwicklung zu integrieren, um die erforderliche Reaktionsfähigkeit mittelständischer Unternehmen beizubehalten.*

Anforderung 3: *Die Existenz stark begrenzter Ressourcen ist ein grundlegendes mittelständisches Wesensmerkmal, das insbesondere bei der Rollen- und Aufgabengestaltung im Planungs- und Steuerungsprozess zu berücksichtigen ist.*

In Ergänzung der bisherigen Erkenntnisse soll an dieser Stelle die Diskussion zur Obergrenze der IT-Organisationsgröße erneut aufgegriffen werden. Dazu wird zunächst das Abgrenzungskriterium der Unternehmensgröße herangezogen. Der in Kapitel 3.1.4 angenommenen Obergrenze kommt eines der befragten Unternehmen sehr nahe. Obwohl es den Eingrenzungskriterien der Stichprobenauswahl entspricht und die zuvor aufgezeigten mittelständischen Wesensmerkmale aufweist, verwischt die Grenze zum Großunternehmen zusehends. Das zeigt sich bspw. darin, dass das Unternehmen zwar inhabergeführt ist, die Hierarchieebenen und damit die Berichtswege im Zuge von Reorganisationen zunehmend stärker gegliedert werden. Das führt ebenfalls zu formalisierteren Abläufen in den Geschäftsbereichen wie der IT-Organisation. Darüber hinaus entspannt sich auf Grund der bestehenden Unternehmensgröße gleichzeitig die sehr starke Ressourcenbegrenzung. Das zeigt sich vor allem in der IT-Organisation.

Das betrachtete Unternehmen kann demzufolge als Grenzfall für die empirische Untersuchung bezeichnet werden, da es bereits erste Tendenzen von Großunternehmen aufweist. Grundsätzlich kann bei qualitativen Abgrenzungskriterien nicht eindeutig bestimmt werden,

4.2 Charakteristische Merkmale mittelständischer Unternehmen

wann der Übergang zum Großunternehmen tatsächlich vollzogen ist (vgl. Taylor/Macfarlane 2006, S. 4f.). Deshalb dient die IT-Organisationsgröße des Unternehmens mit 170 IT-Mitarbeitern als Orientierungspunkt für eine Obergrenze in der empirischen Untersuchung. Die Annahme erfolgt aus Praktikabilitätsgründen, da einerseits zur verlässlichen Bestimmung die erforderliche Datenbasis fehlt. Andererseits bestand die Zielsetzung der Untersuchung auch nicht in der verallgemeinerbaren Festlegung dieser Grenzen.

Zur weiteren Eingrenzung bzw. Präzisierung des Mittelstandsverständnisses der Arbeit werden in einer tabellarischen Auflistung zentrale Wesensmerkmale mittelständischer Unternehmen den Ausprägungen in Großunternehmen gegenübergestellt.

Unter Einbeziehung des zuvor analysierten Schrifttums und der bisherigen Erkenntnisse der empirischen Untersuchung wurden mit Fokus auf die Zielsetzung der Arbeit elf hierauf bezogene Abgrenzungskriterien ausgewählt. Sie umfassen die Bereiche Organisation, Unternehmensführung und Kapitalbesitz, die in ihren Ausprägungen für mittelständische wie für Großunternehmen dargestellt werden (Tabelle 4-3).[38]

Als Ausgangs- und Orientierungspunkt zur Auswahl der Abgrenzungskriterien diente die Strukturierung nach Pfohl (1997, S. 19ff.). Ergänzend wurden die folgenden Quellen herangezogen (Kußmaul 1990, S. 14ff.; Knöpp et al. 2005, S. 9ff.; Wossidlo 1993, S. 2890ff.; Mugler 2005, S. 31ff.; De 2005, S. 236, 251f.).

Zur Einordnung von Unternehmen ist das Gesamtbild ausschlaggebend, da in der Praxis eine absolut trennscharfe Abgrenzung für alle Kriterien oftmals nicht möglich ist (vgl. Hamer 1990, S. 32; Mugler 1995, S. 33). Das unterstreicht der zuvor aufgezeigte Grenzfall in der empirischen Untersuchung.

Obwohl die Schwierigkeiten einer präzisen Abgrenzung verdeutlicht wurden, lässt sich mit der Auflistung von Abgrenzungsmerkmalen mittelständischer zu Großunternehmen und den bisherigen empirischen Erkenntnissen eine durchgängige Ein- und vor allem Abgrenzung des Mittelstandsverständnisses für diese Arbeit vornehmen. Es setzt sich zusammen, aus der Arbeitsdefinition in Kapitel 3.1.4 plus den Abgrenzungen zu Großunternehmen in Tabelle 4-3.

---

[38] Es ist zu berücksichtigen, dass es sich um (stereo)typisch formulierte Ausprägungen der befragten Unternehmen handelt, die unabhängig von möglichen Einzelfällen zu betrachten sind.

Mittelstand	Großunternehmen
• Unternehmen sind inhabergeführt und in Inhaber-/ Familienbesitz, langfristige existenzielle Verbundenheit des Inhabers mit dem Unternehmen	• Unternehmen sind managementgeführt und in Shareholder-Besitz, mittelfristige finanzielle Verbundenheit des Management mit dem Unternehmen
• Schneller Durchgriff bei kurzfristigen weitreichenden Entscheidungsänderungen durch weniger beteilige Interessengruppen und die bestehenden Kapitalbesitzverhältnisse	• Schwierige Umsetzung von kurzfristigen weitreichenden Entscheidungsänderungen durch mehr involvierte Interessengruppen
• Hohe Flexibilität in den Ablauf- und Aufbauprozessen ermöglicht schnelle Reaktion auf Veränderungen, die die wirtschaftliche Gesamtsituation des Unternehmens betreffen	• Geringe Flexibilität durch festgeschriebene Prozesse und Vorgehensweisen verlangsamt den Durchgriff von Entscheidungen bei Änderungen in der wirtschaftlichen Gesamtsituation des Unternehmens
• Starke Abhängigkeit von wenigen Kunden	• Meist großes Kundenspektrum
• Wenig Formalismus und Dokumentation der Ablauf- und Aufbauprozesse führt zu informellen und häufig intransparenten Wegen	• Hohe Formalisierung und Transparenz durch Festschreibung und Dokumentation der Prozesse in Leitfäden, Handbüchern, Ablaufdiagrammen
• Hohe Abhängigkeit von einzelnen Wissensträgern durch langjährige Betriebszugehörigkeit, geringe Bereitschaft zum Wissensteilen und wenig Dokumentation	• Geringe Abhängigkeit von einzelnen Wissensträgern durch Verteilung der Kompetenzen auf mehrere Personen, systeminduziertes Wissensteilen, hoher Dokumentationsgrad
• Zuschnitt von Rollen auf Personen, dadurch mitunter problematische Stellvertreterregelung	• Zuordnung von Personen auf Rollen, dadurch meist einfache Stellvertreterfindung
• Flache Hierarchie, kurze Berichts- und Eskalationswege führen oft zum Überspringen einzelner Hierarchieebenen	• Komplexes Hierarchiegefüge und längere Berichts- und Eskalationswege, die einzeln zu durchlaufen sind, ein Überspringen von Hierarchieebenen ist sehr schwierig und unüblich
• Starkes Abteilungsdenken durch Fokussierung auf das eigene langjährige Arbeitsumfeld, wenig Arbeitsplatzwechsel über Abteilungsgrenzen hinweg	• Geringes Abteilungsdenken durch häufige fachabteilungsübergreifende Arbeitsplatzwechsel, Erweiterung des Arbeitsumfelds
• Ausgeprägter Fokus des Unternehmens auf das Kerngeschäft durch tendenziell sehr starke Ressourcenbeschränkung	• Erweiterung des betrieblichen Fokus über das Kerngeschäft hinaus, tendenziell weniger starke Ressourcenbeschränkung
• Stark begrenzte Ressourcen durch geringeres Kapitalvolumen	• Mehr Ressourcenspielraum durch höheres Kapitalvolumen

Tabelle 4-3:   *Abgrenzung des Mittelstands von Großunternehmen*
(Quelle: Eigene Darstellung)[39]

4.3 Besonderheiten des IT-Einsatzes

Das Kapitel stellt die empirischen Erkenntnisse zur Bedeutung und Rolle des IT-Einsatzes (Kapitel 4.3.1) und zur servicebasierten Planung und Steuerung der IT-Infrastruktur (Kapitel 4.3.2 und 4.3.3) vor. Im Vorfeld werden zu den Themenaspekten jeweils die zentralen inhaltlichen Kernpunkte aus dem relevanten Schrifttum herausgearbeitet. Nach der Darstellung der empirischen Erkenntnisse werden sie mit dem aufgearbeiteten Schrifttum abgeglichen. Damit wird aufgezeigt, ob und inwieweit die Literatur praktische Anwendung findet, welche Diskrepanzen bestehen und worin sie möglicherweise begründet sind. Im Anschluss an den Ver-

---

[39] Unter Verwendung der Quellen (Pfohl 1997, S. 19ff.; Kußmaul 1990, S. 14ff.; Knöpp et al. 2005, S. 9ff.; Wossidlo 1993, S. 2890ff.; Mugler 2005, S. 31ff.; De 2005, S. 236, 251f.).

4.3 Besonderheiten des IT-Einsatzes

gleich werden Anforderungen abgeleitet, die Gestaltungshinweise für die Entwicklung der drei Modellkomponenten in Kapitel 5 liefern.

Abbildung 4-7 zeigt die Vorgehensweise, nach der sich ebenso die Kapitelstruktur ausrichtet.

Abbildung 4-7: **Vergleich der empirischen Erkenntnisse mit dem Schrifttum**
(Quelle: Eigene Darstellung)

4.3.1 Grundlegende Erkenntnisse zum IT-Einsatz

4.3.1.1 Zentrale Kernpunkte der Literatur

Über den IT-Einsatz in Unternehmen existiert eine Vielzahl an wissenschaftlicher und praxisorientierter Literatur, die sich in den gesetzten Schwerpunkten stark unterscheiden. Zur thematischen Fokussierung wird der Schwerpunkt auf die Themenbereiche gelegt, die im Rahmen der empirischen Untersuchung aufgegriffen werden (vgl. Kapitel 4.1.1.2). In Ergänzung sind die Ergebnisse der Literaturaufarbeitung aus Kapitel 2.1 und 3.2 einzubeziehen.

Zur Ausgestaltung des IT-Einsatzes existieren zahlreiche Ansätze, Modelle und Konzepte zum IM respektive zum IT-Management. Ein Überblick findet sich in Kapitel 2.1.2. Im Mittelpunkt steht die Strukturierung von Aufgabenbereichen der IT-Organisation. Das erstreckt sowohl auf inhaltliche wie auf ablauf- und aufbauorganisatorische Aspekte (vgl. z.B. Krcmar 2005; Earl/Vivian 1999; Hildebrand 2001; Voß/Gutenschwager 2001). So strukturieren bspw. Mauch/ Wildemann (2006) oder Heinrich (2002) nach strategischen und operativen Themen. Weiterhin werden ablauf- und aufbauorganisatorische Strukturen wie die Ausrichtung der IT oder deren Verankerung im Unternehmen behandelt (vgl. Tiemeyer 2006; Blomer et al. 2006; Zarnekow et al. 2005b). Das angloamerikanischen Schrifttum adressiert ähnliche Themenaspekte, wobei der Fokus oftmals auf operative Themen wie z.B. das Management von Daten, Netzwerk oder IT-Sicherheit gelegt wird (vgl. O'Brien 2003; Parker et al. 1989; Laudon/ Laudon 2004).

Einen Schwerpunkt setzt das Schrifttum vor allem auf das strategische IT-Management, das ausgewählte Themenbereiche wie z.B. IT-Architektur, Portfoliomanagement, IT-Marketing oder Sourcingthemen behandelt (vgl. Brenner et al. 2003; Römer 1997; Bernhard et al. 2004; Herzwurm 2006). Das wird ergänzt durch Quellen, die sich mit Nutzen- und Wirtschaftlichkeitsbetrachtungen des IT-Einsatzes befassen (vgl. McKeen/Smith 2003; Buchta et al. 2004; Dörner/Exner 2006).

Einen weiteren Schwerpunkt bildet das auf dem IT-Serviceverständnis aufsetzende IT-Management. Dazu existiert ebenfalls eine Vielzahl an Publikationen (vgl. Kapitel 2.2.2). Die wohl bekannteste Veröffentlichung stellt das Rahmenwerk ITIL dar (2007a). Dieser Ansatz wird von vielen Quellen aufgegriffen (vgl. Weisbecker/Kopperger 2006; Macfarlane/Rudd 2001; van Bon et al. 2006) und weiterentwickelt.

So haben bspw. Zarnekow *et al.* (2004) ein „serviceorientiertes Modell" entwickelt, dessen Zielsetzung im Aufbau eines Anbieter-Nachfrager-Verhältnisses zur Bedarfserhebung und Steuerung des IT-Serviceportfolios besteht. Kopperger *et al.* (2006) wie auch Pietsch (2006) betrachten ähnliche Zielsetzungen, wobei einzelnen Themen wie z.B. die Verrechnung von IT-Services oder die Bedarfsstrukturierung ausführlicher beleuchtet werden. Resch/ Neumann (2006) fügen ergänzende Punkte wie das Schaffen von Verständnis und einer funktionierenden Kommunikation zwischen den Serviceakteuren und das Transparentmachen des Wertbeitrags der IT hinzu. Das ist Voraussetzung, um die Erwartungshaltung der Servicenehmer zu steuern. Anhaltspunkte dazu finden sich z.B. in McKeen/ Smith (2003), Eul/ Kannegießer (2006), Ward/ Peppard (2003, S. 403).

Mittelstandsbezogene Ausführungen zum IT-Einsatz finden sich zumeist nur für einzelne IT-Themen (vgl. z.B. Mosch 2004; Coester/Hein 2005; Meinhardt 2004; Steeb 2000; Gümbel 2000; Prautsch 2000). Ganzheitlichere Ansätze existieren vornehmlich zum IT-Servicemanagement (Taylor/Macfarlane 2006), die oft in Anlehnung an ITIL entstanden sind (vgl. Knöpp et al. 2005). Auch sie weisen nur einen geringen Detaillierungsgrad auf.

Die analysierte Literatur zum IT-Einsatz behandelt überwiegend Themenstellungen zur Strukturierung der Aufgabenbereiche der IT und deren Rolle im Bereitstellungsprozess von IT-Leistungen. Die Fülle und Heterogenität der Publikationen bietet viele Ansatzpunkte.

Die inhaltlichen Kernpunkte lassen gemäß des gesetzten Fokus wie folgt zusammenfassen:

- Strukturierung der inhaltlichen Aufgabenbereiche der IT-Organisation.
- Strukturierung der Aufbau- und Ablauforganisation der IT (z.B. Ausrichtung der IT, Anforderungen und Rollen der IT-Organisation).
- Besonderer Fokus auf strategische Aufgabenbereiche der IT (z.B. IT-Governance, IT-Strategie, IT-Marketing, IT-Sourcing, IT-Architektur).
- Wertbeitrags- und Nutzenbetrachtungen zum IT-Einsatz.
- Spezifische IT-Themen mit Mittelstandsbezug.

4.3.1.2 Erkenntnisse der empirischen Untersuchung

Die empirischen Erkenntnisse zum IT-Einsatz geben einen Überblick über die Rolle und den Stellenwert der IT in den befragten Unternehmen. Sie spannen den inhaltlichen Rahmen, der der Verständnisbildung für die Erkenntnisse zur servicebasierten Planung und Steuerung der IT-Infrastruktur dient.

Organisatorische Eckpunkte

Die aufbauorganisatorische Verankerung der IT in den Unternehmensstrukturen kann einen ersten Hinweis auf den entgegengebrachten Stellenwert liefern. In den befragten Unternehmen ist die IT-Organisation entweder auf der 1. oder der 2.Führungsebene angesiedelt. Folgende branchenbezogene Verteilungen wurden identifiziert (Tabelle 4-4), die deutliche Branchenunterschiede aufzeigen.

Führungsebene	Übergeordnete Führungsebene	Masch.- und Anlagenbau	Automobilzulieferer
1. Führungsebene	Geschäftsführung (kaufmännisch, technisch, gesamt)	2	4
2. Führungsebene	Bereich Finanzen, Rechnungswesen, Personal, Organisation	5	2

Tabelle 4-4:   *Organisatorische Verankerung der IT*
(Quelle: Eigene Darstellung)

Die Zahl der von der IT betreuten Nutzer zeigt große Unterschiede in Abhängigkeit von der IT-Organisationsgröße (vgl. Abbildung 4-5). Die kleineren IT-Organisationen betreuen im Durchschnitt erwartungsgemäß die wenigsten IT-Nutzer pro IT-Mitarbeiter. Das ist mit dem Aufgabenumfang zu begründen, der sich größenunabhängig bei allen ähnlich gestaltet und der in der Bereitstellung eine gewisse Mindestanzahl an IT-Mitarbeitern erfordert. Obwohl demzufolge die Betreuungsdichte bei steigender IT-Nutzerzahl sinken müsste, zeigen die Ergebnisse ein anderes Bild. Die mittleren und nicht die größeren IT-Organisationen weisen die geringste Betreuungsdichte auf. Es scheint, dass letztere existierende Skaleneffekte nicht nutzen. Eine weitere Erklärung kann ein höherer Komplexitäts- und Integrationsgrad der IT sein. Branchenunterschiede sind nicht erkennbar. Die durchschnittliche Betreuungsdichte der Maschinen- und Anlagenbauer liegt bei 38 IT-Nutzern pro IT-Mitarbeiter, die der Automobilzulieferer bei 40 betreuten IT-Nutzern.

Deutliche Branchenunterschiede zeigt das prozentuale Verhältnis von IT-Nutzer zu Anzahl Mitarbeiter gesamt. Im Maschinen- und Anlagenbau sind 71% der Mitarbeiter gleichzeitig IT-Nutzer, bei den Automobilzulieferern jedoch nur 26%. Berater 2 führt als Begründung die hohe Technikaffinität der Maschinenbaubranche im gesamten Produktlebenszyklus an. In der Automobilzulieferindustrie unterstützt die IT vorrangig im Vorfeld der Produktion, d.h. in der Konstruktion und Entwicklung.

Die Verteilung bzw. der Höhe des IT-Budgets zeigt bei den befragten Unternehmen ein ähnliches Ergebnis wie bei der Betreuungsdichte. Die kleineren IT-Organisationen weisen ein überdurchschnittlich hohes IT-Budget pro Jahr in Relation zum betrieblichen Bruttoumsatz auf. Erklärungsansätze beziehen sich ebenfalls auf die Abdeckung eines grundlegenden Aufgabenspektrums, das in den drei Größenkategorien gleichsam anfällt und sich mit zunehmender Umsatzhöhe relativiert. Die kostenrechnerische Aufteilung des IT-Budgets weicht in den Unternehmen stark ab, so dass keine eindeutigen Aussagen abzuleiten sind. Lediglich eine vergleichbare Unterteilung in Sachkosten, die ca. 60% des IT-Budgets umfassen und Personalkosten, auf die durchschnittlich 40% des IT-Budgets entfallen, ist durchführbar.

Aufgabenspektrum der IT

Die Aufgaben der IT lassen sich drei großen Bereichen zuordnen: IT-Infrastruktur, IT-Applikationen und einem Mischbereich „Sonstiges". Letzteres subsumiert übergreifende Management- und Assistenzaufgaben der IT-Organisation sowie bei vier Probanden auch die Schlüssel- und Schließtechnik. Abbildung 4-8 zeigt die Aufgabenbereiche im Überblick.

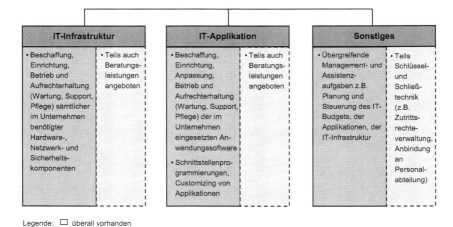

Legende: ☐ überall vorhanden
         ⌐⌐ teilweise vorhanden

Abbildung 4-8:   Aufgabenspektrum der IT
(Quelle: Eigene Darstellung)

Ein differenzierteres Bild ergibt sich bei der Betrachtung von Art und Umfang der Aufgabenbereiche. Bspw. erfolgt die Beschaffung der Hardwaregeräte als Kauf, Leasing oder Miete. Häufig eingesetzte Applikationen sind z.B. CAD-, ERP-, Archivierungs- und Datenbanksysteme sowie E-Mail und Intranet(portale), für die überwiegend Standardsoftwarelösungen eingesetzt werden. Eigenentwicklungen erstrecken sich meist auf Schnittstellen- und Anpassungsprogrammierungen (Customizing). Fünf Unternehmen betreiben auf Grund ihres Spezialisierungsgrades und fehlender Branchenlösungen zusätzlich größere Eigenentwicklungen. Nicht zum Aufgabenbereich der IT-Organisation gehören produktnahe Softwareentwicklungen z.B. für die Maschinensteuerung. Das ist fachlich und disziplinarisch bei allen befragten

4.3 Besonderheiten des IT-Einsatzes

Maschinen- und Anlagenbauunternehmen traditionell einem FB in der Forschung und Entwicklung zugeordnet. Im Zusammenhang mit der Bereitstellung von IT-Infrastruktur und Applikationen bietet die IT-Organisation in neun der 13 Unternehmen Beratungsleistungen für die FB an. Das umfasst z.B. Beratung bei der Softwareauswahl, Projektunterstützung oder der Abbildung und Unterstützung von Geschäftsprozessen auf und mittels IT.

Schnelles und starkes Unternehmenswachstum oder häufige Technologiewechsel haben in vielen mittelständischen Unternehmen zu einer heterogenen, da gewachsenen IT-Landschaft geführt, die es mit begrenzten Ressourcen bereitzustellen gilt. Das führt bei den Befragten zu starken Standardisierungsbestrebungen. Eine hohe Standardisierung wird bereits bei elf Unternehmen im Hardwarebereich (z.B. PC-Ausstattung, Auswahl der Serverprodukte) umgesetzt.

In enger Verbindung mit den Standardisierungsbemühungen steht das Outsourcing bzw. Outtasking von IT-Aufgaben und Prozessen.[40] Sieben der 13 Unternehmen lagern einzelne abgegrenzte IT-Aufgabenbereiche (z.B. WAN-Betrieb, ERP-Betrieb, Firewall) an externe Dienstleister aus, während die restlichen sechs Unternehmen keinerlei Outsourcing oder Outtasking betreiben. Auffällig ist hierbei, dass von den sechs Unternehmen allein vier aus der Maschinen- und Anlagenbaubranche stammen. Mögliche Begründungen können bspw. in der hohen Technikaffinität und Spezialisierung der Branche und der damit verbundenen Wettbewerbsdifferenzierung liegen.

Bei allen Befragten bekleidet die IT-Organisation eine reine Unterstützungsfunktion für die (Kern-)Geschäftsprozesse in den Unternehmen (Business-IT). Sie ist somit kein (wesentlicher) Bestandteil des betrieblichen Produkt- bzw. Leistungserstellungsprozesses, obwohl das von drei befragten IT-Leitern verstärkt gewünscht wird.

Branchenbezogene Anforderungen an die IT

Verschiedene Einflussfaktoren führen in den beiden untersuchten Branchen zu unterschiedlichen Anforderungen an die Geschäftsprozessgestaltung und nachgelagert auch an die IT-Unterstützung. Für die Automobilzulieferer ergeben sich folgende zentrale Anforderungen, die sich auf die IT-Unterstützung auswirken:

- Hohe Marktmacht einzelner Kunden.
- Starker Wettbewerbs- und Kostendruck.
- Hohe Flexibilität durch häufige Anforderungsänderungen.
- Chargenverfolgung der Produkte entlang des gesamten Herstellungsprozesses.
- IT-gestützte Vorratsläger (Vendor Managed Inventory).

---

[40] Unter Outsourcing wird das Auslagern von Ressourcen, Sachgütern, Aufgabenbereichen u.ä. an eine dritte zumeist unternehmensexterne Partei verstanden (vgl. Willcocks/Kern 1998, S. 2; Loh/Venkatraman 1992, S. 9; Lacity/Willcocks 1998; Kern 1997, S. 37).

Die befragten Maschinen- und Anlagenbauer sehen sich hingegen mit folgenden zentralen Anforderungen an die IT-Unterstützung konfrontiert:

- Integration der Kunden in den gesamten Produkterstellungsprozess.
- IT-technische Unterstützung im sogen. After-Sales-Bereich (Ersatzteilversorgung).

Branchenübergreifend stellen sich weitere Anforderungen an die IT. Das enorme Unternehmenswachstum führt zu steigender Komplexität in der Integration neuer Unternehmensteile in die bestehende Prozesslandschaft. Hinzu kommen gesetzliche Bestimmungen. Bspw. bedingen Richtlinien und Gesetze wie GdPDU, Basel II oder KonTraG eine hohe Transparenz in der Nachvollziehbarkeit von geschäftlichen Abläufen sowie deren stabile IT-Unterstützung für eine nachhaltige Geschäftsentwicklung. Auf Grund der starken Exporttätigkeit beider Branchen sind zugleich verstärkt ausländische Gesetzesregelungen zu beachten. Damit die geforderte hohe Flexibilität aber nicht zum unkontrollierbaren Kostentreiber avanciert, muss die IT transparent und effizient bereitgestellt werden.

Bedeutung der IT für die Aufrechterhaltung des Geschäftsbetriebs

Die bisherigen Ausführungen verdeutlichen implizit die zentrale Stellung der IT bei der Aufrechterhaltung des betrieblichen Geschäftsablaufs. Ergänzend wurden die Probanden in der Interviewserie gebeten, die Bedeutung der IT aus ihrer Sicht sowie aus der Sicht der GF auf einer fünfpoligen Skala[41] einzuschätzen. Hierbei offenbaren sich teils diskrepante Erkenntnisse (Abbildung 4-9).

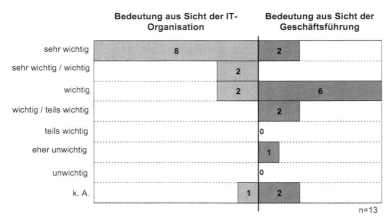

Abbildung 4-9: ***Bedeutung der IT aus Sicht von IT-Organisation und Geschäftsführung***
(Quelle: Eigene Darstellung)

---

[41] Die Befragten konnten zwischen den Ausprägungen (1) sehr wichtig, (2) wichtig, (3) teilweise wichtig, (4) kaum wichtig und (5) nicht wichtig wählen.

4.3 Besonderheiten des IT-Einsatzes

Von Seiten der IT-Leiter erfährt die IT erwartungsgemäß eine sehr wichtige bis wichtige Bedeutung. Begründet wurden die Aussagen mit der geringen Zeitdauer, in der die geschäftskritischen Abläufe bei Ausfall der IT aufrechterhalten werden können. Nach Angaben der Befragten können maximal zwischen vier bis 48 Stunden überbrückt werden. Konsequenzen eines längeren IT-Ausfalls würden sich insbesondere bei den Automobilzulieferern in der Logistik zeigen, da die Unternehmen zumeist auf einen täglichen Versand angewiesen sind (z.B. Just-in-Time-Lieferungen). Bei den Maschinen- und Anlagenbauern würde sich eine nicht funktionierende IT-Unterstützung vor allem im After-Sales-Bereich auswirken, wobei ein Ausfall weit weniger schnelle Konsequenzen nach sich zöge wie den Automobilzulieferern. Tendenziell weisen die Automobilzulieferer der IT eine etwas höhere Bedeutung auf.

Die GF messe der IT, nach Meinung der Probanden, weitaus weniger Bedeutung bei. Die dennoch überwiegend guten Bewertungen erscheinen den befragten Beratern nicht ganz realistisch. Sie argumentieren, dass die GF auf Grund fehlender Transparenz häufig die Leistungsfähigkeit der IT nicht bewerten könne. Diese scheinbar diskrepante Wahrnehmung fordert die IT-Organisationen, den Beitrag ihrer Unterstützungsleistungen klarer aufzuzeigen und verständlich zu kommunizieren. Ein erster Schritt ist die (Neu)Definition und Etablierung der Rolle der IT als Servicepartner und nicht als bloßer Technikerbringer.

Rolle der IT: Dienstleistungserbringer vs. Servicepartner

Die Erkenntnisse verdeutlichen, dass die IT-Organisation von den FB immer noch ausschließlich als Dienstleister betrachtet wird. Ihr Aufgabenumfang erstreckt sich im Wesentlichen auf die Bereitstellung von IT-Unterstützung in Verbindung mit einer beratenden Funktion. Doch mit dieser Rolle sind elf Probanden nicht mehr zufrieden, da sie der gegenwärtigen Bedeutung der IT nicht mehr gerecht werden würde. Die IT wird in der Rolle eines aktiv agierenden Servicepartners gesehen. Die dazu erforderliche Neuausrichtung als Serviceorganisation wurde dennoch bisher kaum realisiert. Eine mögliche Ursache liegt in der Selbstwahrnehmung der IT, die bei zwei Unternehmen auf die technische Unterstützung beschränkt wird. Voraussetzung für einen Wandel ist aber primär die Änderung dieser Selbstwahrnehmung.

Mit dem Wandel wird bezweckt, die Bedeutung der IT herauszustellen, um sich bei den Servicenehmern vom Image des Kostenblocks zu lösen und ein Verständnis als wertschöpfender geschäftsprozessoptimierender Unternehmensbereich zu etablieren. Bei den Befragten, die erste Schritte zum Aufbau einer Serviceorganisation vollzogen haben, scheint sich das Verständnis der Servicenehmer verbessert zu haben.

Das skizzierte Bild spiegelt sich in den Aussagen der IT-Berater wieder. Vielfach steht die IT-Organisation unter starkem Rechtfertigungsdruck hinsichtlich Leistungsfähigkeit und Kosten. Das steht im Widerspruch zur hohen Bedeutung bei der Unterstützung der Geschäftsprozesse. Die Verinnerlichung des Zusammenhangs scheint noch nicht umfassend gelungen zu sein. Das verdeutlicht die Aussage von Berater B1:

„[...] Die IT wird als Vehikel gesehen, um gewisse Aufgaben abzudecken. Aber nicht so als das Geschäftsfeld, wo auch so zum Unternehmenserfolg beiträgt, dass es dafür einen eigenen Geschäftsführer oder so etwas bedarf."

Der daraus resultierende Handlungsbedarf besteht in der nachhaltigen Verankerung der Serviceausrichtung in den Köpfen und im Handeln der IT-Mitarbeiter und anschließend bei den Servicenehmern. Denn eine funktionierende Serviceorganisation kann laut Berater B3 wettbewerbsbeeinflussend wirken.

Verständnis der Servicenehmer über die IT

Das bestehende Verständnis der Servicenehmer über die Leistungsfähigkeit, die Komplexität oder den Bereitstellungsaufwand der IT ist nach Meinung der Befragten mangelhaft, obwohl ca. die Hälfte angibt der Servicenehmer und insbesondere die GF wisse um den betrieblichen Stellenwert der IT. IT-Leiter A4 nennt einen weiteren Grund:

„[...] was ich bisher mitgekriegt habe [...] ist, dass die IT nicht wirklich den Stellenwert hat, sondern rein als Kostenblock betrachtet wird und immer zu teuer ist.[...]"

Eine mögliche Ursache findet sich in der geringen Transparenz der IT-Prozesse und in der unzureichenden Darstellung von Lieferergebnissen der IT. Elf Befragte sehen es als Aufgabe der IT-Organisation ihre Leistungsfähigkeit und den Einsatz des IT-Budgets im Sinne eines IT-Marketing offenzulegen. Berater B3 sieht das sehr viel kritischer:

„Und das große Problem, das in den Unternehmen herrscht ist: der Kunde sagt einfach ‚Ich will das und jenes haben' und es gibt da keine Diskussion, ob das geht oder nicht. Im Moment können die IT-Abteilungen aber nicht sagen, dass ihre Ressourcen erschöpft sind, weil sie es nicht beweisen können. [...] Die haben keine Transparenz ihrer Leistung."

Durch die Intransparenz besteht eine überzogene Erwartungshaltung hinsichtlich der Unterstützungsfähigkeit der IT, gepaart mit dem vermeintlichen Wissenszuwachs vieler Servicenehmer auf Grund des erhöhten privaten IT-Einsatzes. Die Wahrnehmung wird verstärkt, da das Wesen der betrieblichen IT-Unterstützung in ihrer Funktionsweise meist schwer begreifbar ist. Verbunden mit einer fehlenden Serviceausrichtung der IT verschließt sich somit für viele Servicenehmer der erzielte Mehrwert der IT-Unterstützung.

Das bestätigen die Aussagen der drei Berater. Deshalb wird in den befragten Unternehmen ein gemeinsames Verständnis von der GF (zwei Probanden) oder der IT-Organisation (elf Probanden) aktiv gefordert. Während die GF vorrangig die Offenlegung der Kosten-Nutzen-Relation bezweckt, besteht die Motivation der IT-Organisation in der Darstellung von Leistung und Mehrwert der IT. Hier rückt die marktführende Stellung der befragten Unternehmen in den Vordergrund, die basierend auf starkem Wettbewerbsdruck stets neue IT-ermöglichte Wege einer effizienteren Geschäftsausübung suchen, um die Marktposition zu festigen bzw. auszubauen.

4.3 Besonderheiten des IT-Einsatzes

Kommunikationsverhalten zwischen Servicenehmer und Servicegeber

Das unzureichende Verständnis der Servicenehmer begründet sich ebenfalls durch Fehler in der Kommunikation beider Serviceakteure. Zehn Befragte bezeichnen die Kommunikation gegenwärtig als schwierig. Als Ursachen werden unterschiedliche Denkweisen und „Sprachen" von IT-Organisation (technikbezogen) und FB (geschäftsprozessbezogen) angeführt. Berater B3 begründet das mit dem Abteilungsdenken und dem fehlenden Willen, sich über das optimale IT-Unterstützungspotenzial für die Geschäftsprozesse abzustimmen. Dieser sehr beschränkte Blick findet sich bei zwei Unternehmen.

Bestehende Kommunikationsschwierigkeiten werden bisher durch die Keyuser überbrückt, die die Schnittstelle zwischen IT und FB bilden. Die Verlagerung der direkten Kommunikation funktioniert bei allen Befragten zufriedenstellend. Das fördert jedoch nicht den Rollenwandel der IT oder die Verständnisbildung der Servicenehmer. Während die Schwierigkeiten bei den kleineren IT-Organisationen meist durch informellen Austausch beherrschbar sind, gestaltet sich das bei den anderen IT-Organisationen ob ihrer Größe weitaus problematischer.

Die Kommunikation der IT-Organisation mit der GF erstreckt sich auf regelmäßige (teils persönliche) Berichte oder die Abstimmung von Budgetfreigaben im Planungsprozess bzw. Budgetänderungen im Rahmen der Steuerung. IT-Leiter M6 verdeutlicht den Umfang:

> „Die Geschäftsführer erhalten zum Beispiel von mir einmal im Jahr immer einen Report über einen gewissen Langzeitraum, wo wir [...] zeigen, wie hat es sich entwickelt, wo sind wir besser geworden oder wo war vielleicht auch mal ein Problem mit entsprechender Beschreibung dazu."

Das gestaltet sich bei den größeren der befragten Unternehmen sehr viel formalisierter und institutionalisierter.

Die Ursache des häufig diskrepanten Kommunikationsverhaltens der Serviceakteure lässt sich in einer fehlenden Grundlage eines für alle Serviceakteure verständlichen IT-Serviceangebots zusammenfassen. Voraussetzung ist die Dokumentation der IT-Unterstützungsleistungen, was bisher nur zwei Befragte in Teilen umgesetzt haben. Auch die Dokumentation der Geschäftsprozesse beschränkt sich überwiegend auf deren Abbildung in IT-Systemen. Das erschwert, wie die befragten Berater bestätigen, ein fachbereichsübergreifendes Verständnis in der IT wie in den FB selbst.

4.3.1.3 Vergleich der empirischen Erkenntnisse mit dem Schrifttum

Der Vergleich von Schrifttum und empirischen Erkenntnissen zielt auf die Untersuchung, ob und inwieweit die Literatur den Anforderungen der befragten Praxis als Orientierungspunkt zur Verbesserung der Anwendung oder zur Umsetzung der Themenaspekte dient. Ausgangspunkt des Vergleichs ist die in Kapitel 4.3.1.1 analysierte Literatur, ergänzt um die aufgearbeiteten Ergebnisse der theoretischen Grundlagen aus den vorangegangenen Kapiteln.

Die Ergebnisse zum Vergleich sind in Tabelle 4-5 zusammengefasst. Den Abdeckungs- oder Übereinstimmungsgrad der vorhandenen Literatur mit den empirischen Erkenntnissen verdeutlichen die Symbole in der mittleren Spalte. Zur Verständnisbildung des gewählten Abdeckungsgrades listet die rechte Spalte die Begründungen auf, indem Übereinstimmungen und Unterschiede herausgestellt werden.

Themenaspekte	Abgleich Literatur und Empirie	Begründungen der Einordnung
Aufgabenspektrum der IT	●	• Umfassende Abdeckung der IT-Aufgaben der Praxis durch das Schrifttum. • Quellen beinhalten überblicksartige Darstellungen oder detaillierte Ausführungen zu den einzelnen IT-Themen und zur Strukturierung von IT-Aufgabenbereichen. • Teils kein dedizierter Mittelstandsfokus der Quellen, das ist vernachlässigbar auf Grund der Ähnlichkeiten der Aufgaben in Großunternehmen und Mittelstand.
Rolle der IT als Servicepartner	◐	• Ausreichend Literatur zum IT-Servicemanagement vorhanden, die den Themenaspekt aufgreift. • Know-How-Vermittlung durch das Schrifttum erfolgt auf Basis der Vermittlung von Grundidee, Zielsetzung, zentralen inhaltlichen Eckpunkten, praktischen Beispielen zur IT-Serviceausrichtung mit Überblick über benötigte IT-Prozesse. • Literatur unterstützt die Schaffung von Problembewusstsein. • Den Quellen fehlt es zumeist an konkreten Vorschlägen zur Umsetzung und Ausgestaltung der Zielsetzungen vor allem für Mittelstand. • Das gilt auch für Ansätze mit Mittelstandsfokus. • Mittelständischen Unternehmen fehlt es an Ressourcen, die für diese Themen freigestellt werden können, da Ansätze komplex, umfangreich, wenig detailliert sind.
Vermittlung Leistung und Mehrwert der IT, Kommunikation zw. IT und FB	◐	• Zahlreiche Publikationen, die den Themenaspekt aufgreifen und auf Probleme und Verbesserungspotenziale in der Praxis hinweisen. • Quellen verdeutlichen Problemstellung oder geben konkrete Lösungshinweise, ohne auf deren Umsetzung oder Ausgestaltung einzugehen. • Mittelständischen Unternehmen fehlt häufig schon die Voraussetzung zur Umsetzung vieler Lösungshinweise, die in einer etablierten Serviceausrichtung der IT besteht. • Kaum Mittelstandsbezug der Quellen.

● Hoher Abdeckungsgrad von Literatur und Empirie
◐ Mittlerer Abdeckungsgrad von Literatur und Empirie
○ Geringer Abdeckungsgrad von Literatur und Empirie

Tabelle 4-5:   *Vergleich von Schrifttum und empirischen Erkenntnissen zum IT-Einsatz*
(Quelle: Eigene Darstellung)

Zum 1.Themenaspekt weisen die befragten Unternehmen in ihrer IT-Bereitstellung ein ähnliches Aufgabenspektrum wie Großunternehmen auf, das jedoch mit mittelständischer Ressourcenausstattung zu erbringen ist. Das Schrifttum umfasst zahlreiche Publikationen mit unterschiedlichen Schwerpunkten zum Aufgabenspektrum von IT-Organisationen. Obgleich sie größtenteils nicht explizit auf den Mittelstand ausgerichtet sind, spielt das auf Grund der Ähnlichkeit der Aufgabenbereiche in Groß- und Mittelstandsunternehmen keine ausschlaggebende Rolle.

4.3 Besonderheiten des IT-Einsatzes

Die empirischen Erkenntnisse zum 2. Themenaspekt zeugen vom Wunsch der befragten Unternehmen das bestehende Rollenverständnis vom reinen Dienstleister zum aktiven Servicepartner der Servicenehmer umzuwandeln. Sie stehen noch am Anfang und vor der Aufgabe, ihre IT als Serviceorganisation zu strukturieren. Das erfordert ein Umdenken in der IT-Organisation selbst. Die Schwierigkeit besteht aber darin, eine Umsetzung mit möglichst wenigen (dafür einsetzbaren) Ressourcen zu bewerkstelligen. Dafür fehlt es in vielen der befragten IT-Organisationen am nötigen Know-how. Das Schrifttum bietet zahlreiche Ansätze, die sich mit der Rolle der IT als Servicepartner beschäftigen (vgl. z.B. Office of Government Commerce 2007a; Zarnekow et al. 2005a; Tiemeyer 2006). Den befragten Unternehmen stiften viele der Ansätze aber nur wenig Mehrwert bei praktischen Umsetzungsversuchen, da vielfach konkrete Gestaltungs- und Umsetzungshilfen fehlen.

In einer funktionierenden Kommunikation, einem gegenseitigen Verständnis der Serviceakteure sowie in der Darstellung von Leistungsfähigkeit und Mehrwert der IT sehen die befragten Unternehmen deutliche Verbesserungspotenziale. Die Literatur bietet zahlreiche Quellen, die einzelne Punkte aufgreifen oder Hinweise für Lösungsansätze geben, z.B. Verbesserung der Kommunikation durch SLA, Schaffen eines gemeinsamen Verständnisses durch IT-Service-Kataloge und Änderung der Rolle der IT-Organisation, Verbesserung der Erwartungshaltung der Servicenehmer durch transparente Leistungsdarstellung und Kundenorientierung (vgl. z.B. Kopperger et al. 2006; Böhmann/Krcmar 2004; Hochstein/Brenner 2006). Diese Hinweise bleiben aber meist ohne konkrete Ausgestaltung. Darüber hinaus fehlt den mittelständischen Unternehmen oftmals schon die hierfür erforderliche Voraussetzung, eine etablierte IT-Serviceorganisation und eine Strukturierung der IT-Unterstützungsleistungen in IT-Services.

Der Vergleich zeigt, dass im Schrifttum die Themenaspekte in unterschiedlichem Ausmaß aufgegriffen und beschrieben werden. Es fehlt insgesamt an ganzheitlichen mittelstandfokussierten Ansätzen. Daher sind vorhandene geeignete Literaturansätze zusammenzutragen und in ein mittelstandsgerechtes Gesamtkonzept einzubetten.

Unter Einbeziehung der Vergleichsergebnisse können folgende Anforderungen an die Modellentwicklung in Kapitel 5 abgeleitet werden.

Anforderung 4:	*Die analysierten Ansätze aus dem Schrifttum sollen in die Modellentwicklung einbezogen werden, sofern sie konkrete Anhaltspunkte für die Umsetzung der ermittelten Änderungsbedarfe liefern. Dabei sollten sie den mittelständischen Anforderungen einer flexiblen Anpassbarkeit und Anwendung gerecht werden.*

Anforderung 5:	*Der Wandel der IT-Organisation zu einem aktiv agierenden Servicepartner erfordert die Neuausrichtung des IT-Serviceangebots auf die Servicenehmer. Deshalb ist bei der Entwicklung der IT-Service-Katalogstruktur eine kundenorientierte Darstellung einzubeziehen.*

Anforderung 6:	Die Entwicklung einer praktikablen Grundlage zur Strukturierung des IT-Serviceangebots in für alle Serviceakteure verständliche IT-Services sollte unter Berücksichtigung der begrenzten Ressourcenproblematik ein Schwerpunkt der Modellentwicklung darstellen.

Anforderung 7:	Zur Nivellierung der Erwartungshaltung der Servicenehmer hinsichtlich Komplexität und Umfang der IT-Servicebereitstellung ist das Lieferergebnis für die IT-Services aufzuzeigen. Das soll in die Entwicklung der IT-Servicestruktur einfließen.

4.3.2 Servicebasierte Strukturierung von IT-Unterstützungsleistungen

4.3.2.1 Modelle, Rahmenwerke und Ansätze in der Literatur

Mit der Umsetzung der Ausrichtung der IT auf IT-Services ist ebenso eine entsprechende Denkweise in der IT-Organisation wie in den FB zu etablieren. Hierzu schlägt das Schrifttum eine Strukturierung der IT-Unterstützungsleistungen vor.

Das umfasst die Erstellung von IT-Servicebeschreibungen, die kunden- und technikorientiert zu definieren sind (vgl. Office of Government Commerce 2007a). Ziel ist es, ein gleiches Verständnis bei den Serviceakteuren über den Servicegegenstand zu schaffen, um darauf aufbauend eine realistische Erwartungshaltung bei den Servicenehmern zu erzeugen (vgl. Hochstein/Brenner 2006; Pietsch 2006; Macfarlane/Rudd 2001; Resch/Neumann 2006). Die Beschreibungen sollten deshalb vor allem das Lieferergebnis und die Lieferqualität aufzeigen, um den Mehrwert des bereitgestellten Serviceumfangs transparent zu machen (vgl. Eul/Kannegießer 2006; Buhl 2005). Neben der kundenorientierten Beschreibung ist das IT-Serviceangebot in seinen technischen Komponenten zu erfassen und zu dokumentieren. Zur systematischen Erfassung der IT-Services und zur gezielten Kommunikation an die Servicenehmer wird in der Literatur der Aufbau und Einsatz von IT-Service-Katalogen in Verbindung mit der Serviceausrichtung der IT-Organisation aufgezeigt.

Im wissenschaftlichen und praktischen Schrifttum finden sich zahlreiche Quellen mit Schwerpunkt auf die IT-Servicegestaltung und -strukturierung. Dazu gehören Modelle (vgl. z.B. Zarnekow et al. 2005b; Böhmann 2004; Garschhammer et al. 2001), Rahmenwerke (vgl. z.B. Office of Government Commerce 2007a) und daran angelehnte Ansätze (Sommer 2004; Vogt 2002; Kopperger et al. 2006). Die Publikationen umfassen vornehmlich Weiterentwicklungen oder eigene Ausgestaltungen auf Grundlage des Rahmenwerks ITIL. Ausgestaltet werden zumeist einzelne IT-Servicemanagementprozesse mit Zielsetzungen, Inputfaktoren, Ergebnissen, Schnittstellen, Abhängigkeiten oder beeinflussenden Rahmenbedingungen.

Darüber hinaus gibt es Literatur mit überblicksartigen Strukturierungsvorschlägen zur formalen und inhaltlichen Gliederung von IT-Services und vereinzelt für IT-Service-Kataloge (vgl. z.B. Böhmann et al. 2005; Victor/Günther 2005; Mayerl et al. 2005; Böni et al. 1999). Ergänzend finden sich praktische Anwendungsbeispiele, die die Umsetzung ausgewählter Teilprozesse in ihrer Vorgehensweise und den erzielten Verbesserungen skizzieren (vgl. z.B. Hochstein et al. 2004a; Lewandowski/Mann 2002).

4.3 Besonderheiten des IT-Einsatzes

Ein weiterer Schwerpunkt bilden Ausgestaltungen zur Bedeutung und zur grundlegenden formalen Strukturierung von SLA (vgl. z.B. Office of Government Commerce 2007a; Berger 2005; Sturm et al. 2000; Zarnekow et al. 2005b).

Ein konkreter Mittelbestandsbezug ist bei den analysierten Quellen meist nicht erkennbar. Ausnahmen bilden die ITIL, die für ihr IT-Servicemanagement-Rahmenwerk eine mittelstandsbezogene Anpassung anbietet (vgl. Taylor/Macfarlane 2006) sowie daran angelehnte Ausführungen (vgl. Knöpp et al. 2005).

In Ergänzung zur aufgezeigten Literatur sind ebenso die Aufarbeitungen der theoretischen Grundlagen in Kapitel 2.2.2 und 3.2 in die Betrachtung einzubeziehen. Die inhaltlichen Kernpunkte lassen sich folgendermaßen zusammenfassen:

- Beschreibung grundlegender Aspekte und Prozesse zum Aufbau und zur Etablierung einer Serviceorganisation und Servicekultur in der IT.
- Formale Kriterien zur Strukturierung und Gestaltung von IT-Services.
- Formale Kriterien und inhaltliche Gliederungspunkte zur Strukturierung von IT-Service-Katalogen.
- Formale Gliederungspunkte für die Formulierung von Service-Level-Vereinbarungen (SLA) mit Anwendungsbeispielen.
- Formale Kriterien, Rahmenbedingungen und Strukturen zum Management von Service-Level-Vereinbarungen.

4.3.2.2 Erkenntnisse der empirischen Untersuchung

Die Anwendung der skizzierten Kernpunkte der Literatur in der unternehmerischen Praxis gestaltet sich häufig sehr problembehaftet. Obwohl die Bedeutung und der Bedarf nach der servicebasierten Strukturierung des IT-Serviceangebots vom Großteil der befragten Unternehmen erkannt wurden, wird es bisher nicht bzw. kaum gelebt. Weit mehr als die Hälfte der Probanden verfügen über keine Beschreibung ihres IT-Serviceangebots, das den Servicenehmern über einen IT-Service-Katalog bereitgestellt werden kann. Begründet wird dies mit dem hohen zeitlichen, personellen und kostenbezogenen Aufwand, der zur Erarbeitung der IT-Servicebeschreibungen erforderlich ist. Das verdeutlicht IT-Leiter A3:

„[...] das kostet auch Kapazität und es ändert sich alles sehr sehr schnell. Und dann habe ich die Sachen falsch dokumentiert und es kostet einfach Ressourcen das dann sauber nachzudokumentieren. Da sind wir eher ein bißchen schlecht."

Auf konkrete und praktikable Gestaltungshilfen, die die angespannte Ressourcensituation durch vorstrukturierte Vorlagen entlasten können, besteht kein Zugriff. Somit muss „das Rad immer wieder neu erfunden" werden.

Trotzdem planen zehn Probanden, die gegenwärtig über keine IT-Servicebeschreibungen verfügen, mittel- bis langfristig deren Einführung. Die Zeitspanne gilt als realistisch, da die hierfür benötigten Personalressourcen durch die starke Einbindung in das operative Geschäft nur sehr begrenzt freigestellt werden können. Die Einbindung zusätzlicher Personalressourcen stellt häufig keine realisierbare Alternative dar. Denn vielfach gelingt es den befragten Unternehmen nur schwer, GF und FB von der Vorteilhaftigkeit einer IT-Servicestrukturierung und -ausrichtung zu überzeugen.

Die IT-Organisationen sind daher gefordert, ihre Leistungsfähigkeit transparent zu machen. Damit lässt sich die häufig noch existierende Denkweise von der IT als Kostenblock bei den Servicenehmern nachhaltig ändern. Das setzt voraus, dass ein Umdenken auch in der IT-Organisation stattgefunden hat. Die Notwendigkeit des Vorgehens bezeugt IT-Leiter A1:

> *„Ich will IT-Servicemanagement eigentlich deswegen einführen, um die Prozesse, die in den Köpfen der IT-Mitarbeiter natürlich vorhanden sind, die aber noch nicht beschrieben sind, zu institutionalisieren. [..] Und die Überzeugungsarbeit ist da aufwendig."*

Diese Problematik spiegelt sich in den Aussagen der Probanden wieder, die noch keine dokumentierten IT-Services besitzen. Denn die IT-Organisation ist ebenso von einzelnen Wissensträgern abhängig. Durch die Dokumentation des Leistungsangebots in IT-Services sehen die befragten Unternehmen die Möglichkeit, solche Abhängigkeiten zu verringern. Das hat mitunter zu Schwierigkeiten geführt, da einzelne IT-Mitarbeiter die Wissensexplikation aus Angst vor Machteinbußen oder dem Gefühl der Austauschbarkeit verweigerten. IT-Leiter A4 sieht sich mit einem weiteren Problem konfrontiert:

> *„[...] nur ist es noch sehr schwierig, den Leuten das begreifbar zu machen. [...] Sie haben auch manchmal mehr Arbeit für einen, der was verbessern will und das ist nicht wirklich dann immer einzusehen. Wenn ich etwas besser machen will, dann kann es doch nicht sein, dass ich mehr Zeit reinhänge?!"*

Die Aufgabe des IT-Leiters besteht deshalb in der Schaffung von Verständnis und Klarheit bei den eigenen Mitarbeitern. Erst dann ist ein Akzeptanzaufbau bei den Servicenehmern sinnvoll.

Initiator zur Umsetzung der servicebasierten Ausrichtung der IT ist bei elf Probanden die IT-Organisation. Bei fünf Unternehmen unterstützt außerdem die GF diese Motivation. Das wird zum einen mit dem Interesse und Verständnis der GF über die Bedeutung der Thematik begründet. Zum anderen basiert das ausschließlich auf dem entgegengebrachten Vertrauen. Die übrigen zwei befragten Unternehmen lehnen eine servicebasierte Ausrichtung der IT-Organisation grundsätzlich ab, da sie keinerlei Vorteile mit einer Einführung verbinden. Bei bedien Probanden lässt sich zugleich eine hohe Technikaffinität in ihrem Erfahrungshintergrund erkennen.

Der Wunsch nach einer servicebasierten Ausrichtung der IT-Organisation begründet sich vor allem darin, sich vom Image des reinen Dienstleistungserbringers der FB (Reagierer) zu lösen und zu einem aktiv beratenden Servicepartner (Agierer) zu entwickeln. Denn generell vertreten viele FB immer noch die Ansicht, die IT-Unterstützung müsse stets alle Wünsche und Ansprüche erfüllen. Die IT-Verantwortliche M7 beschreibt das wie folgt:

4.3 Besonderheiten des IT-Einsatzes

> „Unser Senior-Eigentümer hat den Begriff geprägt: ‚Geht nicht, gibt's nicht.' [...] Also ich habe bis jetzt noch nichts gesehen, wo ich sagen würde, wir könnten uns da nicht in irgendeinem Maße unterstützen."

Das führt in den befragten Unternehmen zu einem fehlenden Bewusstsein der FB über die Kosten, die mit der Bereitstellung der IT-Services verbunden sind. Der Effekt verstärkt sich, wenn die Kosten nicht verursachungsgerecht, sondern über Umlagesätzen oder gar nicht verrechnet werden. Hinzu kommt, dass die FB das angebotene IT-Leistungsspektrum teilweise nicht kennen, da sie es entweder nicht wahrnehmen bzw. verstehen oder es von der IT-Organisation nicht kommuniziert wird. Das erschwert die Verständnisbildung über die Leistungsfähigkeit und den Mehrwert der IT. Der Wandel zu einem aktiv agierenden Servicepartner wird somit nicht unterstützt. Hier bestehen Änderungsbedarfe seitens der befragten Unternehmen.

Eine systematische Zusammenstellung der IT-Services in Katalogform wird lediglich bei drei Unternehmen durchgeführt. Hier liegen bereits erste IT-Servicebeschreibungen vor. Auffällig ist, dass die Unternehmen allesamt der Maschinen- und Anlagenbaubranche entstammen.

Eine weitere Hürde für eine Verständnisbildung bilden die divergierenden Sprachverständnisse von IT und Servicenehmer in der IT-Servicebeschreibung. Das äußert sich bspw. bei den befragten Unternehmen, die Teile ihres IT-Serviceangebots in technischer Form dokumentiert haben. Das wird von den Servicenehmern schlichtweg nicht verstanden. Die vorhandenen Dokumentationen beziehen sich häufig auf IT-Unterstützungsleistungen, deren Erbringung einen hohen Standardisierungsgrad erreicht hat oder auf einzelne technische IT-Betriebsprozesse. Ein Verständnis zeigt sich bei den Servicenehmern vorrangig bei applikationsbezogenen IT-Services, bei denen der Mehrwert der Unterstützungsleistung auf Grund der unmittelbaren Anwendung bei der Aufgabenausführung bewusst wahrgenommen wird.

Das unzureichende Verständnis der Servicenehmer offenbart sich ebenso in der Festlegung von Qualitätsparametern wie Service-Levels und SLA, indem diese eine überzogene Erwartungshaltung besitzen (höchstmöglicher Erfüllungsgrad). Deshalb werden von acht Unternehmen von vorne herein keine Service-Levels oder Service-Level-Ausprägungen dokumentiert oder vereinbart. Das unterstreicht die Aussage von IT-Leiter M6:

> „Für unseren Bereich wird die IT im Prinzip betrachtet wie Strom aus der Steckdose. Es hat immer zu funktionieren. [...] Das hört man fast überall."

Werden Service-Levels definiert, erfolgt das hauptsächlich im Kontext von IT-Outsourcing-Beziehungen.

Die Messung der Qualität der IT-Servicebereitstellung erfolgt in der Regel über IT-Kennzahlen, die sich zumeist auf die technische Leistungsgrößen wie Systemverfügbarkeit und Kapazitätsauslastung beschränken. Begründet wird der verhaltene Einsatz von den befragten Unternehmen mit der unzureichenden Dokumentation des IT-Serviceangebots und der Bereitstellungsprozesse. Dies ist aber notwendige Grundlage für eine Steuerung.

Der Einsatz dedizierter Rahmenwerke, Ansätze oder Modelle zum IT-Servicemanagement bildet beim Großteil der 13 Unternehmen bisher die Ausnahme. Sie werden als zu abstrakt und zu komplex empfunden. Außerdem fehlt häufig das Know-how für eine Ausgestaltung und Anwendung. Von der GF erhält die IT-Organisation meist keine bis wenig Unterstützung, da der hieraus resultierende Nutzen im Vorfeld schwer vermittelt werden kann. Fünf Unternehmen haben einzelne Teilprozesse zum IT-Servicemanagement bereits eingeführt. Das erstreckt sich vor allem auf Helpdesk-Lösungen, die bei drei weiteren Unternehmen ansatzweise eingesetzt werden.

Die ermittelten Erkenntnisse gelten für beide Branchen gleichermaßen. Dabei sind die zwei managementgeführten Unternehmen und die zwei größeren IT-Organisationen in ihrer Entwicklung am weitesten. Sie besitzen bereits ausführlichere IT-Servicebeschreibungen und erste IT-Service-Kataloge. Dieser Eindruck bestätigte sich in den anschließend geführten Gesprächen mit den Experten aus dem IT-Beratungsumfeld.

4.3.2.3 Vergleich der empirischen Erkenntnisse mit dem Schrifttum

Die Umsetzung einer servicebasierten Ausrichtung der IT-Organisation setzt die vollständige Erfassung und Beschreibung des IT-Serviceangebots voraus. Das erweist sich, wie die empirischen Erkenntnisse zeigen, in der befragten Praxis als problembehaftet, da das erforderliche Know-how fehlt oder die benötigten Ressourcen nur sehr eingeschränkt freigestellt werden können. Daher werden konkrete Gestaltungshilfen bspw. aus der Literatur gewünscht, die die Umsetzung in mittelständischen Unternehmen unterstützen.

Die empirischen Erkenntnisse werden mit dem Schrifttum abgeglichen. Es wird herausgearbeitet, inwieweit auf bestehende Literatur bei der praktischen Umsetzung der Änderungsbedarfe unterstützend zurückgegriffen werden kann. Die Ergebnisse des Vergleichs sind in Tabelle 4-6 zusammengefasst. Die Festlegung der Themenbereiche orientierte sich an der vorherigen Strukturierung der analysierten Literaturquellen und der Darstellung der empirischen Erkenntnisse.

Ausgangspunkt zur Strukturierung des IT-Serviceangebots im Unternehmen ist die Bestimmung des Ist-Zustands (1. Themenaspekt). Dessen Kenntnis ist Voraussetzung für die Identifikation der Anforderungen und Rahmenbedingungen einer Umsetzung. Die Mehrheit der befragten Unternehmen besitzt heterogen gewachsene IT-Landschaften, die eine differenzierte Analyse des Ist-Zustands erschweren. Mitunter verfügen die Unternehmen bereits über erste Ansätze einer IT-Serviceausrichtung, ohne dass die Orientierung an einem dedizierten Rahmenwerk erfolgt. Zur Unterstützung einer objektiven Positionsbestimmung wird daher ein Bewertungsrahmen benötigt, der eine Reifegradermittlung zum Ist-Zustand der Strukturierung des IT-Leistungsspektrums anhand von IT-Service-Katalogen ermöglicht. Im bekannten Schrifttum findet sich bisher kein adäquater Ansatz.

4.3 Besonderheiten des IT-Einsatzes

Themenaspekte	Abgleich Literatur und Empirie	Begründungen der Einordnung
Bestimmung der Ausgangsposition für eine IT-Service-strukturierung	◔	• Mittelständische Unternehmen haben Schwierigkeiten bei der Festlegung des Ausgangspunkts für eine Umsetzung der IT-Servicestrukturierung. Es wird eine Unterstützung bei der objektiven Bewertung der Ist-Situation und der Bestimmung von konkreten Ansatzpunkten einer Umsetzung benötigt. • Im bekannten Schrifttum sind keine Publikationen bekannt, die Bewertungsrahmen zur Positions- und Reifegradbestimmung der IT-Servicestrukturierung über IT-Service-Kataloge beinhalten.
Formale Strukturierung und Beschreibung von IT-Services	◐	• Zahlreiche Publikationen, die die Strukturierung von IT-Services sehr unterschiedlich aufgreifen. • Es finden sich Quellen mit Beschreibungskriterien für IT-Services, die ausschließlich und sehr ausführlich die Sichtweise der Servicenehmer betrachten, aber keine durchgängige Verknüpfung der Sichtweisen von Servicenehmer und Servicegeber aufweisen. Andere Quellen integrieren die beiden Sichtweisen, betrachten jedoch meist die Servicenehmersicht nicht ausreichend im Hinblick auf die Komplexitätsreduktion des IT-Serviceangebots über mehrere Ebenen. • Mittelständische Unternehmen benötigen eine Kombination aus beiden Ansätzen mit einer flexiblen Anpassbarkeit der Beschreibungskriterien in der Anwendung. • Kaum Mittelstandsbezug der Quellen hinsichtlich des benötigten Zeit- und Personalaufwands im Rahmen einer praktischen Umsetzung.
Formale Strukturierung und Beschreibung von IT-Service-Katalogen	◐	• Ausreichend Literatur zur Strukturierung von IT-Service-Katalogen vorhanden, die geeignete Anhaltspunkte für eine Ausgestaltung liefern. • Quellen integrieren beide Sichtweisen und beschreiben die grundlegende Aufbaustruktur von IT-Service-Katalogen. Sie bieten einen guten Ausgangspunkt zur Strukturierung. • Anwendungsfokus der Quellen bezieht sich meist auf professionelle IT-Dienstleister. Diese stellen mitunter andere organisatorische, ökonomische und organisatorische Anforderungen an einer Katalogstrukturierung wie mittelständische Unternehmen, die IT überwiegend intern erbringen und Schnittstelle zu FB sind. • Teils gibt es Quellen, die eine flexible Anpassbarkeit der Strukturierungsansätze berücksichtigen und Ansatzpunkte für eine Ausgestaltung liefern. • Kaum Mittelstandsbezug der Quellen hinsichtlich des erforderlichen zeitlichen, personellen Aufwands zum Aufbau und zur Pflege dieser Katalogstrukturen. • Viele der Strukturierungsansätze sind zu komplex und umfangreich für Mittelständler und müssen entsprechend angepasst werden.
Inhaltliche Strukturierung von IT-Services und IT-Service-Katalogen	◐	• Schrifttum umfasst Quellen, die einzelne sehr rudimentäre Beispiele für inhaltlich ausgestaltete IT-Services bzw. IT-Service-Katalogen liefern. • Keine Quellen, die eine vollständige inhaltliche Ausgestaltung für IT-Service-Kataloge mit Mittelstandsbezug aufzeigen. • Mittelständische Unternehmen benötigen konkrete Gestaltungshilfen, die sich in Umfang, Komplexität und flexibler Anpassbarkeit an mittelständischen Anforderungen orientieren und ausgestaltete Beispiele, die eine eigene Ausgestaltung unterstützen.
Aufbau und Pflege von Service-Levels und SLA	◐	• Zahlreiche Publikationen zum Thema IT-Service-Level-Management. • Quellen beinhalten Strukturierung, Aufbau, Ausgestaltung und Bewertung von Service-Levels und SLA , vielfach mit praktischen Beispielen. • Mittelständische Unternehmen verwenden Service-Levels und SLA bisher kaum, ggf. werden technische Service-Levels erhoben, da die Vereinbarungsgrundlage in Form von IT-Services und IT-Service-Katalogen meist fehlen.

● Hoher Abdeckungsgrad von Literatur und Empirie
◐ Mittlerer Abdeckungsgrad von Literatur und Empirie
○ Geringer Abdeckungsgrad von Literatur und Empirie

Tabelle 4-6:   Vergleich von Schrifttum und empirischen Erkenntnissen zur IT-Servicestrukturierung
(Quelle: Eigene Darstellung)

Zum Themenaspekt 2 lassen sich im Schrifttum unterschiedliche Herangehensweisen ermitteln. Das sind zum einen Ansätze, die in den Beschreibungskriterien für IT-Services ausschließlich die Sichtweise der Servicenehmer einbeziehen (vgl. Office of Government Commerce 2007a; Olbrich 2004; Bernhard et al. 2003). Sie sind meist ausführlich ausgestaltet und fokussieren qualitative Aspekte der IT-Servicebereitstellung (z.B. SLA). Die Servicegebersicht wird in der Definition dieser Kriterien meist nicht explizit berücksichtigt. Das lässt eine Durchgängigkeit der Strukturierung vermissen. Das befürworten jedoch die befragten Unternehmen, da hierdurch der Erstellungs- und Pflegeaufwand bei stark begrenzten Ressourcen beherrschbar bleibt. Zum anderen werden beide Sichtweisen in einigen Ansätzen bereits verknüpft und können als Orientierungspunkt zur formalen Strukturierung in der Praxis dienen. Ihr Fokus erstreckt sich mitunter stärker auf die Servicegebersicht.

Die integrierte Betrachtung der Sichtweisen von Servicegeber und Servicenehmer erfolgt im Schrifttum auch bei der Strukturierung von IT-Service-Katalogen (Themenaspekt 3). Der Fokus der Ansätze richtet sich vornehmlich an den Anforderungen professioneller IT-Dienstleistungsanbieter aus (vgl. z.B. Böni et al. 1999; Böhmann et al. 2005; Uebernickel et al. 2006; Mayerl et al. 2005; Fährich/Grawe 2003). Das gestaltet sich für mittelständische Unternehmen oftmals zu komplex und zu formalisiert. Obwohl die Ansätze dennoch Anhaltspunkte für eine grundlegende Strukturierung liefern können (z.B. flexible Anpassung, Unterscheidung von Betrachtungsebenen), sind sie meist nicht so explizit ausgeführt, dass hiermit eine umfassende eigene Ausgestaltung erarbeitet werden kann.

Auf Grundlage der formalen Strukturierung von IT-Services und IT-Service-Katalogen kann eine inhaltliche Ausführung erarbeitet werden (Themenaspekt 4). Die Literatur bietet hierzu nur wenig Unterstützung. Einzelne Quellen nennen zwar Beispiele für IT-Services oder grundlegende Betrachtungssichten im Rahmen der Service- oder Katalogstrukturierung. Sie liefern aber keine konkrete und vor allem umfassende Gestaltungshilfe für eine eigene Ausgestaltung. Doch genau an dieser Stelle besteht für mittelständische Unternehmen Unterstützungsbedarf, um die starke Ressourcenbeschränkung und das fehlende Know-how ansatzweise kompensieren zu können.

Zum Themenaspekt 5 existieren in der Literatur zahlreiche Publikationen. Neben sehr detailliert aufbereiteten Quellen (vgl. Berger 2005) finden sich vor allem Beispiele aus der Unternehmenspraxis (vgl. Bernhard 2002b; Heinrich/Bernhard 2002). Eine praktische Anwendung zeigt sich bei den befragten Unternehmen bisher kaum. Das begründet sich weniger in fehlendem Schrifttum als vielmehr in der fehlenden Vereinbarungsgrundlage in Form eines dokumentierten IT-Serviceangebots.

In den analysierten Quellen ist kein expliziter Mittelstandsbezug erkennbar. Dennoch existiert wenig Literatur (vgl. z.B. Knöpp et al. 2005; Taylor/Macfarlane 2006), die sich auf die mittelstandsbezogene Ausführung des Rahmenwerks ITIL erstreckt. Die IT-Servicestrukturierung wird dort nur thematisch angerissen.

4.3 Besonderheiten des IT-Einsatzes

Aus dem Vergleich leiten sich Anforderungen an das in Kapitel 5 zu entwickelnde Modell ab:

Anforderung 8:   *Eine detaillierte, systematische und objektive Analyse des gegenwärtigen Umsetzungsgrades der IT-Serviceausrichtung ist Voraussetzung und wesentlicher Einflussfaktor für den Aufbau einer IT-Servicestruktur. Die Entwicklung eines geeigneten Bewertungsrahmens ist in die Modellentwicklung einzubeziehen.*

Anforderung 9:   *Die Entwicklung einer formalen Gestaltungsstruktur für IT-Services und IT-Service-Kataloge, die Servicenehmer- und Servicegeber-Perspektive durchgängig integriert, soll ein Bestandteil des Modells darstellen.*

Anforderung 10:   *Zur Unterstützung der praktischen Anwendbarkeit sollen ein exemplarischer IT-Service und eine Musterstruktur für IT-Service-Kataloge unter Anwendung der formalen Gestaltungsstruktur ausgearbeitet werden.*

Anforderung 11:   *Für die Strukturentwicklung ist ein weitestgehend modularer Aufbau zu Grunde zu legen, um bei der praktischen Umsetzung eine flexible Anpassbarkeit zu ermöglichen.*

4.3.3 Ablauf und Umsetzung der servicebasierten Planung und Steuerung der IT-Infrastruktur

4.3.3.1 Modelle, Rahmenwerke und Ansätze in der Literatur

Die Bereitstellung der IT-Servicestrukturierung erfordert eine hierauf abgestimmte Planung und Steuerung der erforderlichen IT-Ressourcen. Die Aktivitäten der Planung und Steuerung hängen eng zusammen, da der Gegenstand bzw. die Objekte der Planung in die darauf folgende Steuerung übernommen werden. Die Unterscheidung liegt im Zeitbezug begründet. Während die Planung sich ausschließlich auf zukunftsbezogene Werte bezieht, erfolgt in der Steuerung wie der Kontrolle deren Umsetzung. Die Werte sind nun gegenwartsbezogen. Diese Unterscheidung wird für die analysierte Literatur zu Grunde gelegt. Da bereits in Kapitel 2.2.3 und 2.2.4 eine Aufarbeitung des relevanten Schrifttums erfolgte, werden nachstehend vor allem ergänzende Aspekte aufgeführt.

Grover/ Segars (2005, S. 762) konstatieren, dass der übergreifende IT-Planungsprozess im Schrifttum bisher wenig Beachtung fand, die meisten Ansätze betrachten die Ausgestaltung konkreter Planungsinhalte. Das zeigt sich sehr anschaulich in den Publikationen zur strategischen IT-Planung, deren Planungsinhalt die Entwicklung und Formulierung von IT-Strategien für unterschiedliche IT-Themen darstellt (vgl. z.B. Ward/Peppard 2003; Cassidy 2006; Grover/Segars 2005; Salmela et al. 2000; Buchta et al. 2004). Die Quellen beinhalten häufig Vorgehensschritte zur Planung der IT-Strategieentwicklung verknüpft mit Rahmenbedingungen und Messgrößen zu deren Qualitätsbestimmung. Der betrachtete Themenumfang gestaltet sich sehr unterschiedlich.

Ward (2003) definiert bspw. einen Planungsprozess für IT-Strategien, der zur Strategieentwicklung verschiedener IT-Themen herangezogen wird. Dazu gehören z.b. Ressourcenmanagement, IT-Applikations- und Infrastrukturmanagement, IT-Investitions- und Kostenmanagement, Entscheidungsprozesse (IT-Governance), IT-Portfoliomanagement oder Management von Angebot und Nachfrage an IT-Unterstützung. Steuerungsthemen wie die Leistungsverrechnung im Rahmen der IT-Servicebereitstellung werden nur angerissen. Während Ward (2003) ansatzweise Steuerungsthemen aufgreift, fokussiert sich bspw. der Ansatz von Cassidy (2006) auf das Planungsvorgehen für IT-Strategien. Auf die taktische und/ oder operative Ebene wird verwiesen (z.b. Festlegung von Schätzverfahren zur Kostenschätzung von IT-Projekten), eine ausführliche Ausgestaltung erfolgt nicht (vgl. Cassidy 2006, S. 41). Ähnliche Ansätze finden sich bei (Peak et al. 2003; Heckman 2003).

Einen weiteren Kernpunkt bilden die Ansätze zum IT-Servicemanagement wie ITIL (vgl. z.B. Office of Government Commerce 2007a) oder daran angelehnte Publikationen (vgl. z.B. Zarnekow et al. 2005a). ITIL führt die Planungs- und Steuerungsaktivitäten in verschiedenen Prozessen in Abhängigkeit des Prozessinhalts durch. So beinhalten bspw. die Prozesse Capacity Management, Service-Level-Management, Financial Management und Availibility Management unterschiedliche Planungs- und Steuerungsaufgaben (Office of Government Commerce 2007a, 2007b). Zarnekow et al. (2005a) betrachten die Planung und Steuerung vor dem Hintergrund der IM- und IT-Produktgestaltung professioneller IT-Dienstleister. Darüber hinaus legen weitere Quellen dem IT-Servicemanagement einen dedizierten Mittelstandsfokus zu Grunde (vgl. Taylor/Macfarlane 2006; Knöpp et al. 2005).

In die Betrachtung werden ebenfalls Ansätze zur Unternehmensplanung einbezogen, die in ihrer Ausgestaltung neben den Planungs- vor allem Kontroll- und Steuerungsaktivitäten berücksichtigen (vgl. z.B. Hahn 1974, S. 164; Hentze et al. 1993, S. 65-76; Bendixen/Kemmler 1972, S. 117-138). Die IT-Planung stellt eine Geschäftsbereichsplanung dar, die im Vergleich zur unternehmensweiten Ausgestaltung auf einer detaillierten, meist auf der taktischen und operativen Ebene durchgeführt wird (vgl. Hentze et al. 1993, S., 2162f.). Sie ist aber nicht mehr Inhaltsschwerpunkt der analysierten Ansätze.

Zur IT-Steuerung finden sich vornehmlich im Themenaspekt zum IT-Servicemanagement Aspekte der qualitativen Steuerung über SLA (vgl. z.B. Sturm et al. 2000; Berger 2005; Bernhard et al. 2004). Die IT-Management- und IT-Controlling-Literatur hingegen beinhaltet vor allem Ausführungen zu den Aspekten der Kostensteuerung und ebenso der Mengensteuerung (vgl. z.B. Elsener 2005; Kütz 2005; Krcmar et al. 2000; Dobschütz et al. 2000; Mauch/Wildemann 2006; Gadatsch/Mayer 2004). Im Mittelpunkt der IT-Controllingaktivitäten steht oftmals der Lebenszyklus von IT-Systemen (vgl. z.B. Krcmar et al. 2000; Kütz 2005, S. 12f.).

In die (IT-)Controllingthematik eingebettet sind in der Regel (IT-)Kennzahlen als zentrales Controllingwerkzeug (vgl. Reichmann 2006; Weber 2004; Krcmar et al. 2000). Im Schrifttum existieren zahlreiche Aufarbeitungen zum Wesen und Inhalt von Kennzahlen sowie zur Gestaltung von Kennzahlensystemen (in der IT). Das umfasst vergleichende Aufstellungen von Kennzahlensystemen in Schrifttum und Praxis, Begriffsabgrenzungen, Ziele und Aufgaben vor allem Anforderungen zur Systematisierung, zum Aufbau und zur inhaltlichen Ausgestal-

4.3 Besonderheiten des IT-Einsatzes

tung verbunden mit zahlreichen Beispielen (vgl. z.B. Sandt 2004; Weber 2004; Gladen 2003; Kütz 2006; Kütz 2007).

Weitere Quellen widmen sich in Zusammenhang mit der Thematik *Performance Management* einem Teilbereich von Kennzahlensystemen, der Balanced Scorecard (vgl. Kaplan/Norton 1992; Kaplan/Norton 1996). Sie bewertet die Leistung und Leistungsfähigkeit ausgewählter Objekte über aggregierte Zielgrößen, z.B. KPI (vgl. Buchta et al. 2004). Einen Mittelstandsbezug weisen nur einzelne Quellen auf (vgl. z.B. Vohl 2004). Zur Ausgestaltung der Balanced Scorecard für den IT-Bereich finden sich in der Literatur zahlreiche Ansätze mit unterschiedlichen Fokus (vgl. z.B. van der Zee 1996; Kütz 2006; Blomer/Bernhard 2003; Tewald 2000; Buchta et al. 2004). KPI und IT-Kennzahlen finden ebenso im IT-Servicemanagement Anwendung. Das Rahmenwerk ITIL bspw. liefert zur Bewertung der IT-Prozesse im Lebenszyklus ein Set an KPI. Die Aufstellung ist sehr umfangreich und detailliert. In Ergänzung umfasst auch die CobiT eine umfassende KPI-Auflistung zu ausgewählten IT-Bereichen (vgl. ISACA 2000a, 2000b).

Basierend auf den inhaltlichen Kernpunkten sowie den Aufarbeitungen der theoretischen Grundlagen aus Kapitel 2.2.3 und 2.2.4 lassen sich vier zentrale Aspekte zusammenfassen:

- Darstellung von Vorgehensweisen für die strategische IT-Planung und die Unternehmensplanung, wobei sich die Planungsschritte in Betrachtungsschwerpunkt und Detailgrad unterscheiden.
- Fokussierung auf vier wesentliche Planungsschritte in Abhängigkeit des jeweiligen Schwerpunkts:

    (1) Analyse der Geschäftsprozesse inkl. Einflussfaktoren, Rahmenbedingungen (Erfassung des Ist-Zustands).

    (2) Ermittlung der Geschäftsanforderungen zur Ableitung von Unterstützungsbedarfen (Erfassung des Soll-Zustands).

    (3) Suche, Ausgestaltung und Bewertung von Alternativen (z.B. für die IT-Themen Budgetierung, Kapazitäts- bzw. Ressourcenmanagement).

    (4) Vorschläge für (strategische) Handlungsempfehlungen als Grundlage für eine Alternativenauswahl und -ausgestaltung auf der darunter liegenden (operativen) Ebene.

- Beschreibung einzelner Steuerungsformen (z.B. Kostensteuerung, qualitative Steuerung über SLA).
- Auflistung von Kennzahlen und KPI zur Qualitätsmessung der IT (z.B. für die (strategische) IT-Planung, IT-Prozesse).

4.3.3.2 Erkenntnisse der empirischen Untersuchung

Die Darstellung der empirischen Erkenntnisse gliedert sich in die Themenaspekte IT-Planung und IT-Steuerung. Die angewendeten IT-Planungs- und Steuerungsaktivitäten sind in Vorgehensweise und Ausprägung sehr unterschiedlich.

IT-Planung

Ein erster Schritt in der IT-Planung ist die systematische Erhebung der IT-Bedarfe der FB. Die IT-Organisation der befragten Unternehmen fordert die FB (meist mittels Formular oder E-Mail) zu Beginn des jährlichen Planungszyklus auf, die benötigten IT-Bedarfe zurückzumelden. Das umfasst in der Regel die geplanten IT-Projekte der FB und anwenderbezogene IT-Infrastrukturkomponenten wie PC- oder ERP-Arbeitsplätze. Einbezogen werden zugleich nicht realisierte Planpositionen aus dem Vorjahr. Vier Unternehmen führen im Vorfeld der IT-Bedarfserhebung eine Strategiesitzung zur Ermittlung zentraler IT-Bedarfe durch, an der neben Vertretern der IT-Organisation und der GF auch Führungskräfte und Keyuser der FB teilnehmen. Das bereits stärker formalisierte Vorgehen wird vornehmlich von den größeren befragten Unternehmen umgesetzt.

Die zurückgemeldeten IT-Bedarfe der FB werden von der IT-Organisation überprüft, bevor sie in die Budgetplanung einfließen. Die Nivellierung erfolgt auf Basis von Erfahrungswerten der IT-Verantwortlichen. Viele der Probanden beklagen, dass die IT-Bedarfserhebung sehr unstrukturiert verläuft, weil sich die FB nicht daran halten. Das Verhalten begründet sich in deren Überforderung, da zu wenig Verständnis und Transparenz über das Angebotsspektrum an IT-Unterstützung besteht. Die Folge sind ungenaue IT-Bedarfserhebungen. IT-Leiter A3 ergänzt den Punkt:

> *„[...] Da gibt es also Fachbereiche, die halten sich nicht so sehr daran und kommen dann im laufenden Jahr [...] mit ihren Anforderungen."*

Bei allen Befragten entstehen ungeplante im Verlauf des Planungszyklus auftretende (sogen. unterjährige) IT-Bedarfe, die von den Probanden recht unterschiedlich gehandhabt werden. Die Hälfte der Unternehmen belastet die aus den unterjährigen Bedarfen entstehenden IT-Bereitstellungskosten den jeweils anfragenden FB. In Anwendung dieses Steuerungshebels scheint die Einhaltung der IT-Bedarfserhebung augenscheinlich besser zu funktionieren. Die andere Hälfte rechnet die anfallenden IT-Bereitstellungskosten dem IT-Budget zu, was abhängig vom Bedarfsumfang zu Lasten bereits geplanter Bedarfe (meist IT-Projekte) geht. Ihre Umsetzung muss zur Einhaltung der IT-Budgetgrenze für den Planungszyklus deshalb zurückgestellt werden.

Ausgehend von IT-Bedarfen werden in einem weiteren Schritt die zur IT-Bedarfsdeckung erforderlichen Mengen bzw. Kapazitäten der IT-Infrastruktur und die daraus resultierenden Kosten geplant. Das erfolgt durch den Rückgriff auf Erfahrungswerte oder terminierter Tauschzyklen von IT-Endgeräten. Die IT-Projekte werden häufig in Zusammenarbeit mit den FB geplant und priorisiert. Zwei Probanden halten fest, dass sie auf Grund der großen Ungenauigkeiten bei der IT-Bedarfserhebung die Positionen nur sehr grob planen. Eine detaillierte Planung erfolgt nicht. Der Planungshorizont beträgt ein Geschäftsjahr.

Aus der Mengen- und Kostenplanung wird ein IT-Budget abgeleitet, das mit der GF und dem Controlling (teils auch unter Einbeziehung von FB-Leitern) abgestimmt wird. Diskutiert werden bei drei Unternehmen zentrale und vor allem kostenintensive Positionen, während in den

4.3 Besonderheiten des IT-Einsatzes

anderen Unternehmen alle Positionen mit der GF besprochen werden. Eine eindeutige Tendenz zum Vorgehen der GF in Abhängigkeit bestimmter Parameter war nicht feststellbar.

Abbildung 4-10 veranschaulicht das Vorgehen im IT-Planungsprozess, der gemäß den Ausführungen der Probanden zusammengestellt wurde. Er zeigt für die einzelnen Schritte die beteiligten Akteure und grundlegende Einflussfaktoren.

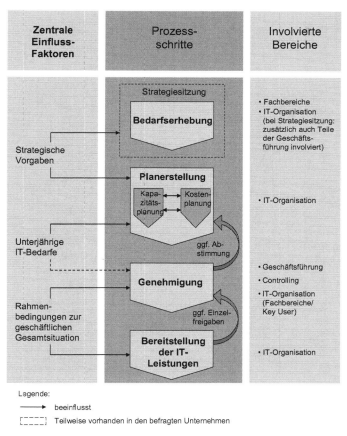

Legende:
⟶ beeinflusst
[----] Teilweise vorhanden in den befragten Unternehmen

Abbildung 4-10: **Ablauf der IT-Planung**
(Quelle: Eigene Darstellung)

Deutliche Unterschiede bestehen vor allem im Detaillierungsgrad und den involvierten Akteuren in den Schritten Strategiesitzung, Planerstellung (Kapazitätsplanung) und Genehmigung. Überdies spielt die Wirkung von Einflussfaktoren auf die Ausgestaltung der Schritte eine zentrale Rolle. Nachfolgend werden die wichtigsten von den Probanden angeführten Einflussfaktoren vorgestellt.

Ein wesentlicher Einflussfaktor ist die Durchsetzung unterjähriger IT-Budgetkürzungen durch die GF. In der Praxis ist es durchaus üblich, das geplante IT-Budget in Abhängigkeit der vorliegenden Geschäftssituation mitunter bis auf die nötigsten Funktionen zur Aufrechterhaltung des Geschäftsbetriebs zu reduzieren. Das führt zu einer flexiblen Handhabung der Budgetpositionen. Zurückzuführen ist das Verhalten der GF auf die bestehenden Kapitalbesitzverhältnisse im Unternehmen.

Durch die Einheit von Unternehmensleitung und Kapitalbesitz besitzt die GF andere, zumeist schnellere Durchgriffsmöglichkeiten als bspw. shareholdergeführte Unternehmen. Eine Hälfte der befragten inhabergeführten Unternehmen äußert, dass bei Kürzungen alle Unternehmensbereiche gleichermaßen betroffen sind. Die andere Hälfte sagt aus, angeordnete Budgetkürzungen träfen zuerst die IT-Organisation. Begründet wird das mit dem untergeordneten Stellenwert der IT in den Augen der GF. IT-Leiter M3 schildert das sehr anschaulich:

„[...] Sie haben jetzt ein Problem mit der Sicherheit und Sie wollen jetzt den kompletten Standort mit einem zweiten Glasfaserkabel verkabeln. [...] Wie bringen Sie dem Geschäftsführer das bei? ‚Wir haben einmal im Jahr einen Ausfall. Was wollen Sie dann mit einem zweiten Kabel?', das ist die Antwort."

Im Vergleich mit den managementgeführten Unternehmen ist die Durchführung unterjähriger IT-Budgetkürzungen zwar möglich, die Rechtfertigung ihrer Durchsetzung wird als weitaus aufwändiger empfunden als in inhabergeführten Unternehmen. Die flexible Handhabung der IT-Budgets wird in den befragten Unternehmen ebenso vice versa praktiziert. Das verdeutlicht der IT-Leiter M6:

„[...] wenn ich mal ein Budget nicht ausnutze, dann ist es halt so. Und wenn ich im nächsten Jahr mehr brauche und ich argumentieren kann, ist es auch so. Also hier gibt es kein Spiel, das ich von Kollegen kenne bei Großkonzernen: ‚Ich hab ein Budget frei, ich muss mir noch was kaufen.' [...] Das gibt es hier nicht."

Diese in allen Unternehmen vorhandene Einstellung führt laut der Probanden zu einer „ehrlicheren" respektive offeneren Budgetplanung der IT-Organisation gegenüber der GF. Des Weiteren bewirkt die Flexibilität, dass bei kurzfristigen Geschäftsanforderungen der FB die unterjährige Beantragung von Mehrbudget ermöglicht wird. Zusammen mit den ungenauen Rückmeldungen der FB zur IT-Bedarfserhebung und ihrem geringen Verständnis über das Angebotsspektrum der IT, konstatieren drei Probanden Schwierigkeiten in der Durchgängigkeit der Planung und der Steuerung der IT-Bedarfe.

Ein weiterer Einflussfaktor ist die Bedeutung sogen. Keyuser im IT-Planungsprozess. Keyuser sind technikversierte und verständige Mitarbeiter der FB, die bei der IT-Bedarfserhebung als Schnittstelle und Katalysator zwischen IT und FB fungieren. Über Keyuser wickeln die meisten Befragten die gesamte Kommunikation zur Erhebung der IT-Bedarfe ab, was der IT-Leiter M3 wie folgt begründet:

4.3 Besonderheiten des IT-Einsatzes

> *„Meist hat die IT-Abteilung eine andere Denkweise als jemand von der Fachabteilung. [...] Wir haben in den Fachabteilungen Leute sitzen, die wir als Keyuser bezeichnen. Der also wirklich weiß, wie die Fachabteilung läuft. Und das sind unsere Kommunikationspunkte. So löst man das einigermaßen. Um nicht mit allen sprechen zu müssen."*

Die direkte Kommunikation mit den FB wird von der IT-Organisation teils gar nicht aktiv angestrebt. Mit dem Einsatz der Keyuser wird einerseits die Überwindung bestehender Kommunikationsschwierigkeiten zwischen den involvierten Akteuren bezweckt, wodurch das Problem nicht gelöst, sondern nur verlagert wird. Überdies werden Keyuser zur Kanalisierung grundlegender Supportanfragen der Anwender genutzt, indem sie über Notwendigkeit und Umfang der Anfragen entscheiden bevor eine Weiterleitung an die IT erfolgt. Durch die partielle Übertragung von Entscheidungsverantwortung auf die Keyuser wird die IT-Organisation zwar kapazitativ entlastet, jedoch entwickelt sich eine starke Abhängigkeit von diesen Wissensträgern. Das wird momentan in Ermangelung geeigneter Alternativen akzeptiert. Andererseits wird die Multiplikatorwirkung der Keyuser genutzt, indem technisches Wissen in die FB diffundiert. Das erweist sich insbesondere für die Etablierung einer servicebasierten Ausrichtung des IT-Serviceangebots als sinnvoll.

Verbesserungsbedarfe bestehen in den befragten Unternehmen im vermehrten Einsatz von IT-Kennzahlen zur Messung der Prozessqualität, in der Automatisierung der Mengenüberwachung, dem Einsatz von konkreten Unterstützungshilfen oder in der stärkeren Formalisierung der Planungs- und Steuerungsprozesse. Zielsetzung ist es, vornehmlich die FB zur Einhaltung der Ablaufschritte zu verpflichten. Dazu sind die Prozesse im Vorfeld transparent zu machen, indem sie erfasst und dokumentiert werden. Hier besteht ebenfalls ein Defizit bei den befragten Unternehmen.

IT-Steuerung

Die Steuerung verläuft nicht auf Basis einer definierten Vorgehensweise. Vielmehr scheinen die einzelnen Steuerungsformen situationsabhängig und häufig nicht explizit aufeinander abgestimmt eingesetzt zu werden. Die Überwachung und Steuerung des IT-Budgets obliegt bei sieben Unternehmen ausschließlich der Eigenverantwortung des IT-Leiters. Bei den anderen sechs Unternehmen existieren weiterführende Kontrollmechanismen, wie das Controlling oder die GF.

Die GF nutzt darüber hinaus separate Genehmigungsprozesse für Budgetfreigaben, die über einem festgelegten Betragslimit (meist ab 10.000-20.000 EUR) liegen, zur unterjährigen Steuerung. In Abhängigkeit der Geschäftssituation wird über Einzelfreigaben erneut überprüft, welche der größeren geplanten Budgetpositionen tatsächlich realisiert werden. Im Falle einer Budgetkürzung hat die Deckung der IT-Infrastrukturbedarfe Priorität vor IT-Projekten. Das Vorgehen scheint jedoch die Bedeutung und Aussagefähigkeit der IT-Planung zu hinterfragen. Das unterstreicht ebenso die Aussage des IT-Leiters M1:

„Also wie gesagt, das Budget ist ein Plan, aber der Plan ist einigermaßen flexibel zu handhaben."

Begründet wird das mit der noch unstrukturierten IT-Bedarfserhebung und den dadurch entstehenden ungeplanten unterjährigen IT-Bedarfen, die genauere Planungen erschweren. Deshalb ist die Genehmigung unterjähriger Budgeterhöhungen bei einigen Unternehmen möglich.

In Betrachtung der eingesetzten Steuerungsformen der IT-Organisation werden im Wesentlichen die Formen der fachlichen, mengen- und kostenbezogenen Steuerung verwendet, die im Folgenden skizziert werden. Ergänzend wird die qualitative Steuerung über Parameter wie z.B. SLA oder Kennzahlen einbezogen. Sie wird von den Probanden bisher kaum eingesetzt, aber im Zusammenhang mit der Umsetzung einer servicebasierten Strukturierung des IT-Angebots als sinnvoll erachtet.

Abbildung 4-11 gibt einen Überblick über die Steuerungsformen und ihres Durchsetzungsgrads in den befragten Unternehmen. Die unterschiedliche Schattierung veranschaulicht den erreichten Wirkungsgrad in der Durchsetzung. Je dunkler die Schattierung, desto gezielter erfolgt die Durchsetzung. Die Abgrenzung der qualitativen Steuerung zeigt auf, dass sie angestrebt wird, aber bisher nicht bzw. kaum Anwendung findet.

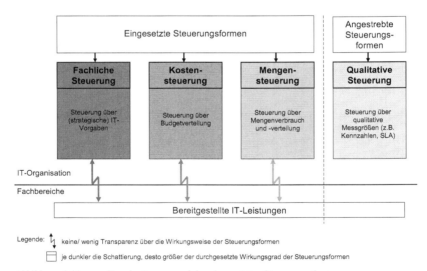

Abbildung 4-11: ***Durchsetzungsgrad der eingesetzten Steuerungsform***
(Quelle: Eigene Darstellung)

Die Durchsetzung der fachlichen Steuerung funktioniert am besten. Über die Vorgabe von Richtlinien, Standards und Produktkategorien zum IT-Serviceangebot wird die Variantenvielfalt der IT gesteuert. Initiator ist die IT-Organisation, die somit die Zielsetzung verfolgt, die Heterogenität der bestehenden IT-Landschaft zu reduzieren. Mit den Vorgaben wird zudem

4.3 Besonderheiten des IT-Einsatzes

eine effizientere Betreuung und Wartung der eingesetzten IT-Geräte verfolgt. Die Durchsetzung der Steuerungsform erfolgt bei den befragten Unternehmen sehr durchgreifend, indem ein Hinwegsetzen der FB z.B. durch Eskalation zur GF oder den Ausschluss von Supportleistungen über diese IT-Geräte sanktioniert werden. Den FB fehlt jedoch häufig das Verständnis über die fachlichen Vorgaben. IT-Leiter M6 begründet das:

> „[...] das Verständnis wird eigentlich immer schlechter. Weil jeder hat ja was zu Hause und jeder weiß es besser und kann es anders. Aber keiner sieht die Gesamtbetrachtung. Was ich zu Hause machen kann, muss ich nicht unbedingt im Unternehmen machen können. Vor Jahren, als die IT noch eher so im Blickfeld war, so nach dem Motto: ‚Mmh, ich weiß nicht so richtig was abläuft, aber meine Anwendung funktioniert.' Da war die Akzeptanz vielleicht noch größer als sie heute da ist, um das irgendwo wertzuschätzen. Die Diskussion haben Sie einfach."

Ausnahmen werden in den Unternehmen nur bei abweichenden Wünschen der GF als Unternehmenseigner gemacht, wie IT-Leiter A3 bestätigt:

> „Bei der Geschäftsführung, auf die wird eingegangen. Das ist keine Frage. Da gibt es Sonderwünsche und Ausnahmen. Das können wir kurz fassen."

Eine weitere Steuerungsform ist die Mengensteuerung, die von allen 13 Unternehmen vor allem innerhalb der IT-Organisation in Sinne der Messung von Kapazitätsauslastungen für einzelne IT-Infrastrukturkomponenten und der Ermittlung der eingesetzten Lizenzen verwendet wird. Mit der Durchführung von Plan-Ist-Vergleichen werden der Verbrauch der Planmengen von neun IT-Leitern auf Basis von Erfahrungswerten und Extrapolationen gesteuert.

Dennoch setzen zehn Probanden die Steuerungsform nicht zur Steuerung des Mengenverbrauchs der FB ein, so dass sich deren Wirkungsweise bisher nicht entfalten konnte. Hierin sehen einige Unternehmen wie die drei Berater deutliche Verbesserungspotenziale. Nur drei Unternehmen nutzen die Mengensteuerung gezielt als Stellhebel zur Förderung der Transparenz im Mengenverbrauch der FB und den damit verbundenen Auswirkungen und Kosten. Für eine umfassende Durchsetzung fehlt es häufig an geeigneten und vor allem erhebbaren Kennzahlen sowie an Werkzeugen zu deren Überwachung. Das führt dazu, dass Mengen von den FB im Übermaß angefordert werden. Es entstehen Ineffizienzen im Mengenverbrauch.

Die Kostensteuerung als dritte Steuerungsform wird von zehn Unternehmen zur Verrechnung des IT-Budgets auf Kostenstellen und -arten genutzt. Die Motivation begründet sich darin, den Mengenverbrauch transparent zu machen. Die Realisierung einer möglichst verursachungsbezogenen Verrechnung findet sich bei drei Unternehmen in unterschiedlicher Ausprägung. Sieben Unternehmen nutzen eine Kombination aus direkter Verrechnung und einer Verrechnung über Umlagen. Die Projektkosten werden direkt auf die FB verrechnet (weitestgehend verursachungsgerecht), während die IT-Infrastrukturkosten mehrheitlich per Umlageverfahren auf Bezugsgrößen wie (ERP)-Lizenzen oder PC-Arbeitsplätze verrechnet werden. Die übrigen drei Unternehmen führen gar keine Verrechnung durch. Gründe sind vor allem die fehlenden IT-Servicebeschreibungen, die als Verrechnungsgrundlage dienen.

Denn die verursachungsgerechte Verrechnung erfordert ein kontinuierliches und genaues Nachhalten über die Mengenverbräuche jedes Servicenehmers. Vielen der befragten Unternehmen ist das gegenwärtig zu aufwendig, da die Voraussetzung (die Dokumentation des IT-Serviceangebots) nicht vorhanden ist. Das gelte laut der drei Berater für viele mittelständische Unternehmen gleichermaßen. In der Kostensteuerung werden bisher Soll-Ist-Abgleiche der geplanten Budgetpositionen durchgeführt. Überschreitungen werden durch das Verschieben von IT-Projekten in den nachfolgenden Planungszyklus kompensiert.

Demgegenüber wird die Kostensteuerung von drei Probanden als aktives Steuerungsinstrument für die unterjährigen IT-Bedarfe der FB eingesetzt, indem die daraus entstehenden IT-Bereitstellungskosten den Kostenstellen der FB belastet werden. Das zielt auf die Schärfung des Kostenbewusstseins der FB. Denn die Schwierigkeiten in der Durchsetzung der Kostensteuerung resultieren aus dem fehlenden Verständnis der FB über die Zuordnung und Verrechnung der IT-Kosten. Diese Vorbehalte abzubauen wird angestrebt.

Die Vorteilhaftigkeit der Einführung einer möglichst verursachungsgerechten Verrechnung konstatieren vor allem die Befragten, die eine servicebasierte Ausrichtung ihrer IT-Unterstützungsleistungen anvisieren oder die bereits durch IT-Outsourcing-Verträge valide Marktpreise zur Verrechnung an die FB verwenden können. Den anderen Unternehmen ist das Aufwand-Nutzenverhältnis nicht ersichtlich, da geeignete Ansatzpunkte fehlen. Weiterhin bereitet die Zuordnung der IT-Kosten zu FB bei der abteilungsübergreifenden Nutzung von IT-Services Verrechnungsprobleme. Der IT-Leiter M6 schildert das sehr eindrücklich:

> *„Jetzt stellt sich gleich die Frage bezahlt das derjenige, der den Bereich anlegt, weil andere es benötigen oder der, der es benötigt? Und die Diskussion wollen wir im Unternehmen gar nicht führen. Das ist ‚Linke-Tasche-rechte-Tasche'-Rechnen. Und das tun wir nicht."*

Die umfassende Durchsetzung der drei aufgezeigten Steuerungsformen erstreckt sich bei fast allen Unternehmen ausschließlich auf die deutschen und teils auf die ausländischen Standorte. Die ausländischen Dependancen entziehen sich meist der direkten Kontrolle und Steuerung durch die zentrale IT-Organisation, obgleich grundlegende strategische Vorgaben zur Ausrichtung der IT existieren. Dazu meint IT-Leiter M3:

> *„Man könnte es als Freiheit der Töchter bezeichnen."*

Die qualitative Steuerung über Kennzahlen oder SLA wird hingegen kaum eingesetzt, obwohl sie von den Probanden meist als vorteilhaft erachtet wird, um ein (stärkeres) Kosten- und Leistungsbewusstsein der FB zu erzielen. Das bestätigen die drei Berater.

Voraussetzung der Steuerung über Kennzahlen oder SLA ist eine IT-Servicestrukturierung, auf deren Grundlage SLA definiert werden können. Hiermit könnte laut den Befragten die hohe Erwartungshaltung der FB z.B. hinsichtlich Verfügbarkeit und Performanz der IT-Systeme nivelliert und entsprechend des tatsächlichen Bedarfs gesteuert werden. Lediglich eines der shareholdergeführten Unternehmen hat bereits umfangreiche Service-Levels definiert und setzt sie als Steuerungsinstrument ein.

4.3 Besonderheiten des IT-Einsatzes

In Analogie zur IT-Planung wirken auch bei der IT-Steuerung Einflussfaktoren, von denen die am häufigsten genannten aufgezeigt werden.

Die Durchsetzung der fachlichen Steuerung wird sehr stark von strategischen Vorgaben beeinflusst, die in Zusammenhang mit der Unternehmensstrategie festgeschrieben wurden. Dazu gehören bspw. Standards für einzusetzende Hard- und Software oder die Verwendung bestimmter Technologien. Auftretende Ungenauigkeiten in der IT-Planung auf Grund der Schwierigkeiten in der IT-Bedarfserhebung wirken auf die Mengensteuerung, indem die unterjährigen Bedarfe abzudecken sind. Sie resultieren häufig aus externen Rahmenbedingungen wie z.B. Kunden- oder gesetzliche Anforderungen, die eine hohe Flexibilität in der IT-Servicebereitstellung erfordern. Das erklärt die Notwendigkeit der unterjährigen Budgetbeantragung und die Flexibilität in der Budgetverwendung.

Elf Unternehmen verwenden IT-Kennzahlen, wobei ein strukturiertes Kennzahlensystem nicht vorliegt. Die erhobenen Kennzahlen erstrecken sich vor allem auf Kapazitätsauslastung und -verbrauch, Verfügbarkeit, technische Leistung (,Performance') der IT-Systeme, Budget, Kosten und Helpdesk. Sechs Unternehmen äußerten zudem den Wunsch, die Servicequalität messen zu können. Das zielt auf die frühzeitige Ermittlung von Trends und Verlaufsentwicklungen in den Steuerungsaktivitäten. Weiterhin soll die IT-Leistungsfähigkeit für FB und GF transparent gemacht werden. Das erfolgt vornehmlich IT getrieben, nur vier Unternehmen geben als Initiator die GF an. Der Fokus der Kennzahlen ist technisch-orientiert und umfasst Kennzahlen zur IT-internen Steuerung. Nur ein Unternehmen erhebt „weiche Faktoren" in Form von einfachen Umfragen zur Zufriedenheit der FB mit der IT. Dieses Manko konstatieren in gleichem Maße die Berater B1 und B2 den mittelständischen Unternehmen, ergänzt um die Anmerkung eines geringen Zielgruppenbezugs der Kennzahlen. Das führt zu erheblichen Einbußen in deren Aussagekraft. Als Gründe der unzureichenden Ausgestaltung wird Ressourcenknappheit durch eine starke Einbindung ins Tagesgeschäft genannt. Branchen- oder größenbedingte Unterschiede konnten nicht ermittelt werden. Verbesserungspotenziale gibt es bei der Zusammenstellung geeigneter IT-Kennzahlen, die eine gezielte Ableitung von Steuerungsbedarfen unterstützen.

Zusammenfassend ist festzustellen, dass das Vorgehen zur Planung und Steuerung meist undokumentiert ist. Die zwei größten Unternehmen weisen strukturiertere und formalisiertere Abläufe auf. Bei der Steuerung sind kaum Unterschiede in der Verwendung der Steuerungsformen erkennbar. Sie offenbaren sich erst im jeweiligen Durchsetzungsgrad, der stark vom Verständnis der FB und der GF über die IT abhängt. Verbesserungspotenziale bestehen in der durchgängigen Strukturierung und gezielteren Verknüpfung des Planungsprozesses mit den Steuerungsformen. Zielsetzung ist es, die undokumentierten Prozesse transparent zu gestalten. Dazu sind die Aufgaben und Rollen der beteiligten Akteure zu klären. Das gilt insbesondere für die Darstellung der Einbeziehung der Servicenehmer in einen festgelegten Ablauf, um ihre Rolle bei der Bedarfserhebung transparent und verbindlich zu machen.

Begründet wurde die unzureichende Erfassung und Abbildung der Prozesse mit dem fehlenden Know-how zur Gestaltung der Grundlagen einer IT-Serviceausrichtung und dem zeitlichen und personellen Mehraufwand, der durch die starke Einbindung in das Tagesgeschäft schwer erbracht werden kann. Das bestätigen die befragten Berater, die den IT-Planungs- und

Steuerungsprozessen im Mittelstand bisher kaum eine IT-Serviceausrichtung bescheinigen. Ferner besteht der Wunsch, die IT-Unterstützung über geeignete Qualitätsmesser bspw. in Form von IT-Kennzahlen transparent zu machen.

Branchenunterschiede sind nicht erkennbar. Einzig in der Betrachtung der Form der Unternehmensführung zeigt sich, dass bei den inhabergeführten Unternehmen das Instrument der Budgeteinzelfreigabe häufiger eingesetzt wird als in den managementgeführten Unternehmen.

4.3.3.3 Vergleich der empirischen Erkenntnisse mit dem Schrifttum

Zielsetzung des nachfolgenden Vergleichs ist die Ermittlung von Überschneidungen und Unterschiede zwischen der Literatur und ihrer praktischen Anwendung und Relevanz (Tabelle 4-7). Die Auswahl der Themenaspekte orientierte sich an der Strukturierung im Schrifttum.

Themen-aspekte	Abgleich Literatur und Empirie	Begründungen der Einordnung
Strategische IT-Planung	◐	• Das Schrifttum umfasst zahlreiche Publikationen zur strategischen IT-Planung. Der Schwerpunkt liegt auf der Planung der Entwicklung, Formulierung und Vorbereitung der Umsetzung von IT-Strategien. • Quellen fokussieren den Planungsaspekt, die Umsetzung und Steuerung wird meist nur angerissen, kaum ausgeführt. • Quellen behandeln Themen wie z.B. Strategien für IT-Applikationen und IT-Infrastruktur inkl. Beschaffung, Bereitstellung und Anwendung, für Portfoliomanagement, übergreifende Ausrichtung der IT (IT-Business-Alignment), Ressourceneinsatz, Technologieeinsatz, IT-Governance, Investitionsentscheidungen, Innovationsmanagement, außerdem Durchführung von Nutzenbewertungen, Business-Case-Überlegungen. Beziehungsstrukturen der Akteure, Programmmanagement, Anforderungen und Rahmenbedingungen der Geschäftsprozessunterstützung. Unterschiedlicher Schwerpunkt und Detaillierungsgrad der Themen. • Fokus der Quellen überwiegend auf strategischer Planungsebene mit Verweise auf taktische bzw. operative Ebene, ohne explizite Ausführung. • Einzelne Quellen skizzieren wenige operative Themen, wie z.B. Verrechnung der IT-Kosten, Budgetplanung. Meist auf IT-Steuerung bezogen. • Quellen sind meist zu umfangreich und komplex für mittelständische Anforderungen wie z.B. Ressourcenbeschränkung, Reifegrad des Planungsprozesses. Denn viele mittelständische Unternehmen besitzen noch nicht einmal eine dokumentierte ausgestaltete IT-Strategie. • Quellen sind oftmals sehr formalisiert, Flexibilitätsanforderungen (flexible Anpassbarkeit und Anwendung) sind nur teilweise berücksichtigt, obwohl hier Unterstützungsbedarf bei mittelständischen Unternehmen besteht. • Einen weiteren Unterstützungsbedarf umfasst die durchgängige Abbildung von IT-Bedarfserhebung, Planung und Steuerung der Mengen und Kosten. Die Quellen unterstützen nur eingeschränkt, da unterschiedlicher Planungshorizont. • Gute Anhaltspunkte lassen sich aus Verweisen auf operative Aufgaben und ebenenübergreifenden Aufgaben ableiten, z.B. zu Themen wie Key User-Beziehungen, Planungsträger, Analyse von Geschäftsanforderungen, IT-Ausrichtung an Geschäftsanforderungen, Bedeutung von Verbindlichkeit und Transparenz der IT-Prozessen.

Tabelle 4-7: **Vergleich von Schrifttum und empirischen Erkenntnissen zur Planung und Steuerung der IT-Infrastruktur und zu IT-Kennzahlen**
(Quelle: Eigene Darstellung)

4.3 Besonderheiten des IT-Einsatzes

Planung und Steuerung im IT-Service-management	◐	• In der Literatur existieren Rahmenwerke, Modelle und Ansätze zum IT-Servicemanagement, die strategisch und operativ ausgerichtete IT-Prozesse fokussieren und auch die Planung und Steuerung der IT-Infrastruktur unterschiedlich detailliert aufgreifen. • Einige Quellen betrachten u.a. Kapazitätsmanagement inkl. Planung und Steuerung, IT-Kostenmanagement inkl. Planung und Steuerung sehr ausführlich. Beide Aspekte werden aber wenn überhaupt nur lose miteinander verknüpft. Kaum eine integrierte Betrachtung. • Die analysierten Quellen beziehen zwar die IT-Bedarfserhebung in die Betrachtung ein, Darstellung ist sehr überblicksartig. • Doch mittelständische Unternehmen weisen gerade in den aufgezeigten Aspekten Unterstützungsbedarf auf. • Quellen besitzen überwiegend keinen dedizierten Mittelstandsfokus, dennoch liefern sie gute Anhaltspunkte vor allem für die Erfassung von Zielsetzungen, Aufgaben und beteiligten Akteuren in der Planung und Steuerung der IT-Servicebereitstellung. • Eine Anpassung der Quellen auf mittelständische Anforderungen (z.B. starke Ressourcenbeschränkung, Flexibilität in der Anpassung und Anwendung, vor allem für die Aspekte Budgetanpassung und Genehmigung) muss noch erfolgen. • Im Schrifttum gibt es einzelne Publikationen, die Mittelstandsbezug aufgreifen, sie sind jedoch für eine praktische Anwendung zu grob granular beschrieben, so dass eigene Ausgestaltungen von der befragten Praxis bisher als zu schwierig und aufwändig empfunden wurden.
Unternehmens-planung	◐	• Ausreichend Literatur ist vorhanden. Einzelne Quellen mit dediziertem Mittelstandsbezug in Anlehnung an grundlegende Planungsansätze. • Ein Großteil der Publikationen betrachtet neben der Planung die Steuerung und Kontrolle. • Analysierte Quellen decken im Wesentlichen die Vorgehensschritte in der Planung von Mengen und Budget / Kosten ab, die in der empirischen Untersuchung ermittelt wurden. Steuerungsaspekte sind meist weniger detailliert beschrieben. • Diese Quellen liefern gute Anhaltspunkte für Planung und Steuerung der IT-Infrastruktur in den Schritten Budgetplanung und -steuerung, Mengenplanung und -steuerung (Kapazitätsmanagement) und vor allem zur Ermittlung von Zielsetzungen, Einflussfaktoren und Geschäftsanforderungen. • Publikationen stellen insbesondere strategische Aufgaben und teils operative Aufgaben in der Unternehmensplanung dar. • Ein Unterstützungsbedarf der mittelständischen Unternehmen liegt auf durchgängiger und strukturierter IT-Bedarfserhebung. Hierzu bieten die Quellen nur wenig Hilfestellung. • Inhaltliche Ausrichtung der Quellen (Planungsgegenstand ist das Gesamtunternehmen) ist zu umfangreich für zu Grunde liegenden Anwendungsfokus, was eine eigene Ausgestaltung erschwert und sehr aufwändig gestaltet.
IT-Controlling	◐	• Schwerpunkt der Publikationen liegt auf der Darstellung von IT-Controlling-Konzeptionen mit Zielsetzungen, strategischen und operativen Aufgaben, Werkzeugen, Methoden. • Quellen umfassen auch Planungs- und Steuerungsaufgaben der IT-Infrastruktur als Bestandteil der übergreifenden IT-Controlling-Konzeption. Fokus liegt auf Koordination dieser Aufgaben. • Unterstützungsbedarf der mittelständischen Unternehmen bezieht sich auf Strukturierung und Durchgängigkeit bei IT-Bedarfserhebung, Planung und Steuerung der Mengen und Kosten. • Analysierte Quellen bieten gute Anhaltspunkte zum Aspekt der Durchgängigkeit auf Grund des Kreislaufgedankens der IT-Controlling-Konzeption. • Quellen liefern ebenfalls gute Anhaltspunkte für die Kostensteuerung, da Verrechnung der IT-Kosten ein IT-Controlling-Werkzeug darstellt. Gleiches gilt für die IT-Kennzahlen / KPI zu verschiedenen IT-Themen.

(Fortführung der Tabelle 4-7)

IT-Steuerungs-formen	◐	• Im Schrifttum werden Steuerungsformen im Rahmen der vorherigen Themenaspekte mit berücksichtigt. Fokus und Umfang der Betrachtung sind sehr unterschiedlich. • Zahlreiche Publikationen, die dediziert einzelne Steuerungsformen aufgreifen, z.B. IT-Kostenmanagement, Verrechnung der IT-Kosten, qualitative Steuerung über SLA. • Quellen liefern mitunter gute Anhaltspunkte, besitzen jedoch selten Mittelstandsbezug, keine übergreifende Betrachtung mehrerer Steuerungsformen mit Schnittstellen. • Kaum Darstellung von Wirkungsweisen der Steuerungsformen zwecks ihres gezielten Einsatzes. • Mittelständische Unternehmen setzen Steuerungsformen häufig ereignisgesteuert ein. Sie benötigen daher vor allem beim gezielteren Einsatz und Ausnutzung der Wirkungsweisen der Steuerungsformen Unterstützung. Überblicksartige („schlanke") Darstellung gewünscht, die als Grundlage für eigene Ausgestaltung dient und Anforderungen an die Flexibilität in der Anwendung und der Anpassbarkeit erlaubt. Die Quellen decken das im Moment nicht ausreichend ab.
IT-Kennzahlen und KPI zur qualitativen Bewertung der IT-Services und IT-Prozesse	●	• Das Schrifttum umfasst eine Fülle an Publikationen über IT-Kennzahlen und KPI zu unterschiedlichsten IT-Themen. • Publikationen beinhalten auch Messgrößen zur qualitativen Bewertung von IT-Prozessen und IT-Services. • Sehr gute Anwendbarkeit der Messgrößen für mittelständische Unternehmen, auch wenn keine dedizierter Mittelstandsfokus vorhanden. • Fehlende Umsetzung in der mittelständischen Praxis ist vor allem mit der fehlenden Grundlage zur IT-Servicestrukturierung und zur Dokumentation der Planungs- und Steuerungsprozesse zur IT-Infrastruktur begründbar. • Unterstützungsbedarf der mittelständischen Unternehmen besteht vor allem in der Ableitung geeigneter Steuerungsgrößen zur Bewertung der IT-Service- und IT-Prozessqualität. Aufgabe ist die Zusammenstellung geeigneter IT-Kennzahlen / KPI aus dem Schrifttum, die dem Unterstützungsbedarf genügen. • Das Schrifttum bietet hierzu kein IT-Kennzahlensystem. IT-Balanced-Scorecard-Ansätze liefern ebenfalls gute Anhaltspunkte, die entsprechend des Unterstützungsbedarfs zusammenzustellen sind.

(Fortführung der Tabelle 4-7)

Die Verbesserungs- und Änderungsbedarfe der befragten Unternehmen wurden zunächst mit den identifizierten Problembereichen im IT-Planungsprozess nach Lederer/ Sethi (1988) verglichen. In einzelnen Punkten bestehen Übereinstimmungen. Das umfasst eine unstrukturierte Planumsetzung durch eine unzureichende Dokumentation der Planungs- und Steuerungsprozesse in den Unternehmen, eine fehlende Beteiligung einzelner Akteure verbunden mit einer fehlenden Verbindlichkeit zur Einhaltung bestehender Abläufe. Das führt zur unvollständigen Erfassung der IT-Bedarfe. Ergänzend werden ein Mangel an Transparenz und Verständnis bzw. Kenntnis der Prozessabläufe genannt. Es scheint in diesem Kontext immer noch Unterstützungsbedarf zu bestehen.

Unter Heranziehung der Studie von Salmela *et al.* (2000) agieren die hier befragten mittelständischen Unternehmen nach dem inkrementellen IT-Planungsvorgehen, der nur wenige Regeln vorschreibt und vornehmlich auf Erfahrungswerten aufsetzt. Die Ergebnisse der Studie zeigen jedoch, dass mit dem formalisierten Planungsprozess auf Grund der Transparenz von Ablauf und Konsequenzen der Abweichungen ein für die Akteure sichtbarer und größerer Nutzenbeitrag herausgearbeitet werden konnte als für den inkrementellen. Bei letzterem konnten Verantwortlichkeiten, Eskalationswege, Aufgabenverteilung und Ablaufschritte we-

4.3 Besonderheiten des IT-Einsatzes

gen der fehlenden Nachvollziehbarkeit nicht ausreichend verdeutlicht werden. Ähnliche Erkenntnisse finden sich in der empirischen Untersuchung der vorliegenden Arbeit.

Zum 1. Themenaspekt umfasst das Schrifttum zahlreiche Publikationen, die sich vor allem im Betrachtungsumfang unterscheiden. So existieren Ansätze, die den Fokus ausschließlich auf die Planung strategischer IT-Aspekte legen (vgl. z.B. Cassidy 2006; Heckman 2003; Salmela et al. 2000; Hackney/Little 1999). Auf Aktivitäten zur Umsetzung in der IT-Steuerung wird durch die Formulierung von Handlungsempfehlungen nur verwiesen. Dieser Betrachtungswinkel wird von anderen Ansätzen um die Einbeziehung einzelner Steuerungsaktivitäten wie bspw. die Budgetsteuerung, die Steuerung der Ressourcenentwicklung, IT-Sourcingentscheidungen oder die Steuerung von Angebot und Nachfrage erweitert (vgl. z.B. Ward/Peppard 2003; Buchta et al. 2004). Darüber hinaus werden auch operative Aufgaben z.B. zum IT-Kostenmanagement angerissen (vgl. Buchta et al. 2004). Den Schwerpunkt der Ansätze bildet jedoch die Entwicklung und Formulierung von IT-Strategien sowie deren Ausgestaltung für verschiedene IT-Themen.

Die Ansätze sind meist zu umfangreich und komplex für mittelständische Anforderungen wie z.B. die starke Ressourcenbegrenzung, die flexible Anpassbarkeit und Anwendung oder der geringen Reifegrad des IT-Planungsprozesses. Das verdeutlicht sich in der Literatur etwa in der Beziehungsstruktur der involvierten Planungsträger, die mittelständische Anforderungen weit übersteigt (vgl. z.B. Cassidy 2006; Ward/Peppard 2003). Zudem besitzen viele mittelständische Unternehmen bisher keine übergreifende IT-Strategie.

Unterstützungsbedarf besteht bei den befragten Unternehmen in der durchgängigen Bedarfserhebung sowie Planung und Steuerung der Mengen und Kosten. Die analysierten Quellen unterstützen auf Grund des unterschiedlichen Planungsgegenstands und -horizonts nur sehr begrenzt. Dennoch lassen sich Anhaltspunkte aus den Verweisen auf operative und vor allem aus ebenenübergreifenden Aufgaben ableiten, z.B. zu Themen wie Keyuser-Beziehungen, die IT-Ausrichtung an Geschäftsanforderungen oder die Bedeutung von Verbindlichkeit und Transparenz der IT-Prozesse.

Der 2.Themenaspekt betrachtet die Planung und Steuerung im Rahmen von IT-Servicemanagementansätzen (vgl. z.B. Office of Government Commerce 2007a; Zarnekow et al. 2005a). Gute Anhaltspunkte für eine praktische Umsetzung liefern die Themenbereiche zum IT-Kapazitätsmanagement inkl. Planung und Steuerung und dem IT-Kostenmanagement. Hieraus lassen sich Zielsetzungen, zentrale Aufgaben und beteiligte Akteure für die Planung und Steuerung der IT-Servicebereitstellung abgeleitet werden. Konkrete Gestaltungshilfen in Form von Prozessmodellen, Schnittstellenbetrachtungen oder Rollenzuordnungen sind nur unzureichend oder gar nicht vorhanden, was eine umfassende strukturierte Umsetzung erschwert (vgl. Rohloff 2007, S. 35). Ebenso gestaltet sich der Umfang der Ansätze als zu komplex für mittelständische Anforderungen, die eine Institutionalisierung im vorgeschlagenen Ausmaß ressourcentechnisch kaum bewältigen könnten. Einen dedizierten Mittelstandsbezug weisen aber nur wenige Quellen auf (vgl. z.B. Taylor/Macfarlane 2006; Knöpp et al. 2005).

Schwerpunkt dieser Publikationen ist die Darstellung einzelner ITIL-Prozesse unter Berücksichtigung mittelständischer Besonderheiten. Die Ausführungen sind für eine praktische Anwendung der betrachteten Planungs- und Steuerungsprozesse nicht ausreichend detailliert. Außerdem werden einzelne Unterstützungsbedarfe wie die Einbeziehung unterjähriger IT-Bedarfe, die Rolle der Keyuser, die flexible Anpassbarkeit bei Budgetänderungen oder die modulare Anwendbarkeit zu wenig berücksichtigt.

Zum 3. Themenaspekt bietet das Schrifttum zahlreiche Publikationen, deren Fokus auf der unternehmensweiten Planung liegt. Die Ansätze zeigen eine deutliche Verknüpfung der Planung mit den Steuerungs- und Kontrollaktivitäten (vgl. z.B. Gälweiler 1986; Hammer 1998; Hahn 1974). Obwohl der Fokus oftmals auf strategischen Fragestellungen liegt, lassen sich aus der Beschreibung der operativen Aufgaben Anhaltspunkte für die Schritte Budgetplanung und -steuerung, Mengenplanung und -steuerung (Kapazitätsmanagement) zur Ermittlung von Zielsetzungen, Einflussfaktoren und Geschäftsanforderungen ableiten. Zur Unterstützung der gewünschten durchgängigen und strukturierten IT-Bedarfserhebung wird hingegen nur wenig Hilfestellung gegeben.

Die Ablaufschritte der IT-Planung in den befragten Unternehmen finden sich in unterschiedlicher Ausprägung in der Literatur wieder. Überschneidungen zeigen sich vor allem in den Darstellungen von Buchta et al. (2004), Jaeger (2003) sowie in einzelnen Ansätzen zur Unternehmensplanung wie z.B. Gälweiler (1986) oder Hahn (1974). Ähnlichkeiten weisen sich die Ansätze von Cassidy (2006) und Ward/Peppard (2003) aus. Das erstreckt sich jedoch nicht auf die Ausgestaltung, sondern auf die grundlegende Zielsetzung einzelner Vorgehensschritte zur Analyse der Geschäftsanforderungen zur anknüpfenden Ableitung von IT-Bedarfen.

Themenaspekt 4 analysiert IT-Controlling-Ansätze und deren praktische Anwendung für die Planung und Steuerung der IT-Infrastruktur. Laut einer Studie des Internationalen Controllervereins wird die Steuerung der IT in der mittelständischen Praxis oftmals vernachlässigt, indem verfügbare IT-Controllinginstrumente bisher zu wenig angewendet werden. Es erfolgt oftmals kein Nachhalten der Planung verbunden mit einer unzureichenden Ausrichtung der IT-Steuerung am unternehmensübergreifenden Controlling (vgl. Gammel 2005). Die analysierten Publikationen bieten gute Anhaltspunkte zum Aspekt der Durchgängigkeit der Planung und Steuerung (Kreislaufgedanke des IT-Controllings), für die Kostensteuerung (Kostenverrechnung als IT-Controlling-Werkzeug) sowie für die Steuerung über IT-Kennzahlen oder KPI zu verschiedenen IT-Themen. Dennoch gestaltet sich die praktische Anwendung auf Grund der unterschiedlichen Betrachtungsschwerpunkte und der fehlenden Integration der Einzelthemen als schwierig.

Zum 5. Themenaspekt lassen sich erste Anhaltspunkte aus den vier zuvor erläuterten Themenaspekten ableiten. Der Unterstützungsbedarf der mittelständischen Unternehmen besteht vor allem in der überblicksartigen integrierten Darstellung einzelner Steuerungsformen und ihrer Wirkeffekte. Das Schrifttum umfasst aber vornehmlich Ansätze, die sich dediziert einzelnen Steuerungsformen widmen (vgl. z.B. Bernhard et al. 2003; Bernhard et al. 2004; Elsener 2005; Tiemeyer 2005; Kütz 2005; Scherz 1998; Zarnekow et al. 2005a).

Für den 6. Themenaspekt, der Qualitätsmessung von IT-Prozessen über IT-Kennzahlen bzw. KPI unterstützt die Literatur anhand zahlreicher Beispiele (vgl. z.B. Buchta et al. 2004; Office

4.3 Besonderheiten des IT-Einsatzes

of Government Commerce 2007c, 2007a, 2007b; Kütz 2006; ISACA 2000a; Kütz 2007). Diese sind für mittelständische Unternehmen geeignet. Aus der Fülle verfügbarer Messgrößen sind diejenigen herauszukristallisieren, die sich speziell auf den Anwendungszweck der Messung der Qualität von IT-Services und IT-Planungs- und Steuerungsprozessen eignen. Um hieraus Steuerungsbedarfe abzuleiten, sollen die IT-Kennzahlen mit Zielsetzungen verknüpft werden, gegen die gemessen wird. Dabei können IT-Balanced-Scorecard-Ansätze aus dem Schrifttum unterstützen.

Zusammenfassend zeigt der Vergleich, dass zur Strukturierung durchgängiger Planungs- und Steuerungsprozesse der IT-Infrastruktur für mittelständische Unternehmen konkrete und praktikable Gestaltungshilfen benötigt werden, die neben dem Ablauf flankierende Einflussgrößen, Schnittstellen, Rollen oder Wirkungsweisen der Prozesse aufzeigen und mittelstandsspezifische Besonderheiten in Umfang, Komplexität und Flexibilität der Ausgestaltung berücksichtigen. Die Literatur liefert für einzelne Themenaspekte bereits gute Anhaltspunkte, da es nicht an konzeptionellen Ansätzen mangelt. Vielmehr sind die Bedingungen einer Anwendung und Anpassung für mittelständische Unternehmen in die Gestaltung einzubeziehen.

Daraus lassen sich Anforderungen an die Gestaltung der servicebasierten Planungs- und Steuerungsprozesse sowie geeigneter IT-Kennzahlen bzw. KPI für die Modellgestaltung in Kapitel 5 ableiten:

Anforderung 12: Zur Wahrung der Durchgängigkeit in der Strukturierung des IT-Serviceangebots und der anknüpfenden Planung und Steuerung bilden die Ebenen der IT-Servicestruktur den Gegenstand der Planung und Steuerung.

Anforderung 13: Die Planungs- und Steuerungsabläufe sind miteinander zu verknüpfen, um die bestehenden Abhängigkeiten aufzuzeigen. Im Besonderen soll die Rolle der Servicenehmer in der IT-Bedarfserhebung festgelegt und die Auswirkungen von unterjährigen IT-Bedarfen und erforderlichen Plananpassungen berücksichtigt werden.

Anforderung 14: In den Soll-Prozessen zur Planung und Steuerung der IT-Infrastruktur sollen neben den Ablaufschritten, die Input- und Outputfaktoren, zentrale Schnittstellen zu angrenzenden Prozessen und Rollen erfasst werden. Das soll eine Umsetzung in die Praxis unterstützen.

Anforderung 15: Bei der Prozessgestaltung ist ein weitestgehend modularer Aufbau zu berücksichtigen, um eine flexible Anpassbarkeit und Anwendung zu ermöglichen.

Anforderung 16: Zur Bewertung der servicebasierten Planungs- und Steuerungsprozesse sollen geeignete Schlüsselkenngrößen zusammengestellt werden.

4.4 Zusammenfassung

Ausgehend vom Vergleich der empirischen Erkenntnisse mit der analysierten Literatur wurden zu den Themenbereichen der Untersuchung 16 Anforderungen abgeleitet, die konkrete Gestaltungshinweise und Ergebnistypen für ein integriertes Modell zur servicebasierten Planung und Steuerung der IT-Infrastruktur beinhalten (vgl. Kapitel 5). Tabelle 4-8 fasst alle Anforderungen überblicksartig zusammen und sortiert nach fortlaufender Nummerierung.

Mit Kapitel 4 wurde die **Forschungsfrage 1** dieser Arbeit beantwortet (vgl. Kapitel 1.2.1).

Den Ausgangspunkt zur Ableitung von Anforderungen für die Modellgestaltung bildete die empirische Untersuchung struktureller Besonderheiten mittelständischer Unternehmen im Allgemeinen und in ausgewählten IT-Aspekten. Unter Anwendung qualitativer Datenerhebungs- (problemzentrierte Interviews) und Datenauswertungsmethoden (qualitative Inhaltsanalyse) wurde eine Interviewserie mit 13 IT-Verantwortlichen aus zwei mittelstandsdurchzogenen Industriezweigen (Maschinen- und Anlagenbau, Automobilzulieferer) durchgeführt.

Aus der Zielsetzung der Interviewserie wurden elf Themenbereiche abgeleitet, die das Fragegerüst für die Durchführung der Interviews darstellten. Die empirischen Erkenntnisse wurden während der Befragung durch die Erfahrungen von drei langjährigen Experten aus dem Umfeld der IT-Beratung reflektiert, um die subjektiven Aussagen der Unternehmen gewissermaßen zu objektivieren. Deren Aussagen wurden demzufolge in die Auswertung integriert.

Darüber hinaus wurden die Erkenntnisse nach ihrer Auswertung von drei Fachexperten validiert, die langjährige Beratererfahrungen in den beiden Branchen aufweisen. Damit wurde die Verallgemeinerbarkeit der Aussagen für die konkrete Themenstellung erhöht und Einzelfälle aufgedeckt. Die Erkenntnisse zu strukturellen Besonderheiten im Allgemeinen flossen in eine Präzisierung der Eingrenzung des Mittestandsverständnisses für diese Arbeit ein, indem eine Abgrenzung mittelständischer Wesensmerkmale zu Großunternehmen erarbeitet wurde.

Die Erkenntnisse zu strukturellen Besonderheiten ausgewählter IT-Aspekte hingegen bildeten die Grundlage zur Ableitung von Anforderungen für die Modellgestaltung. Um diese Anforderungen möglichst konkret zu erfassen, wurden die empirischen Erkenntnisse mit dem aufgearbeiteten Schrifttum aus vorherigen Kapiteln verglichen. Damit wurden Differenzen zwischen den inhaltlichen Kernpunkten der Literatur und den identifizierten Unterstützungsbedarfen der befragten Praxis ermittelt und, sofern möglich, auch begründet.

Insgesamt wurden 16 Anforderungen abgeleitet, die als Gestaltungshinweise in die nachfolgende Modellgestaltung zur servicebasierten Planung und Steuerung der IT-Infrastruktur in mittelständischen Unternehmen eingehen.

4.4 Zusammenfassung

Nr.	Anforderungen
1	Der starke Einfluss des Geschäftsführers auf betriebliche Abläufe und Entscheidungsbefugnisse der Führungsebenen sollte bei der Prozess- und Rollengestaltung des zu entwickelnden Modells erfasst werden.
2	Die hohe Flexibilität in den Aufbau- und Ablaufstrukturen ist als wesentlicher Einflussfaktor in die Modellentwicklung zu integrieren, um die erforderliche Reaktionsfähigkeit mittelständischer Unternehmen beizubehalten.
3	Die Existenz stark begrenzter Ressourcen ist ein grundlegendes mittelständisches Wesensmerkmal, das insbesondere bei der Rollen- und Aufgabengestaltung im Planungs- und Steuerungsprozess zu berücksichtigen ist.
4	Die analysierten Ansätze aus dem Schrifttum sollen in die Modellentwicklung einbezogen werden, sofern sie konkrete Anhaltspunkte für die Umsetzung der ermittelten Änderungsbedarfe liefern. Dabei sollten sie den mittelständischen Anforderungen einer flexiblen Anpassbarkeit und Anwendung gerecht werden.
5	Der Wandel der IT-Organisation zu einem aktiv agierenden Servicepartner erfordert die Neuausrichtung des IT-Serviceangebots auf die Servicenehmer. Deshalb ist bei der Entwicklung der IT-Service-Katalogstruktur eine kundenorientierte Darstellung einzubeziehen.
6	Die Entwicklung einer praktikablen Grundlage zur Strukturierung des IT-Serviceangebots in für alle Serviceakteure verständliche IT-Services sollte unter Berücksichtigung der begrenzten Ressourcenproblematik ein Schwerpunkt der Modellentwicklung darstellen.
7	Zur Nivellierung der Erwartungshaltung der Servicenehmer hinsichtlich Komplexität und Umfang der IT-Servicebereitstellung ist das Lieferergebnis für die IT-Services aufzuzeigen. Das soll in die Entwicklung der IT-Servicestruktur einfließen.
8	Eine detaillierte, systematische und objektive Analyse des gegenwärtigen Umsetzungsgrades der IT-Serviceausrichtung ist Voraussetzung und wesentlicher Einflussfaktor für den Aufbau einer IT-Servicestruktur. Die Entwicklung eines geeigneten Bewertungsrahmens ist in die Modellentwicklung einzubeziehen.
9	Die Entwicklung einer formalen Gestaltungsstruktur für IT-Services und IT-Service-Kataloge, die Servicenehmer- und Servicegeber-Perspektive durchgängig integriert, soll einen Bestandteil des Modells darstellen.
10	Zur Unterstützung einer praktischen Anwendbarkeit sollen ein exemplarischer IT-Service und eine Musterstruktur für IT-Service-Kataloge unter Anwendung der formalen Gestaltungsstruktur ausgearbeitet werden.
11	Für die Strukturentwicklung ist ein weitestgehend modularer Aufbau zu Grunde zu legen, um bei der praktischen Umsetzung eine flexible Anpassbarkeit und Anwendung zu ermöglichen.

Tabelle 4-8: Zusammenfassung der abgeleiteten Anforderungen
(Quelle: Eigene Darstellung)

12	Zur Wahrung der Durchgängigkeit in der Strukturierung des IT-Serviceangebots und der anknüpfenden Planung und Steuerung bilden die Ebenen der IT-Servicestruktur den Gegenstand der Planung und Steuerung.
13	Die Planungs- und Steuerungsabläufe sind miteinander zu verknüpfen, um die bestehenden Abhängigkeiten aufzuzeigen. Im Besonderen soll die Rolle der Servicenehmer in der IT-Bedarfserhebung festgelegt und die Auswirkungen von unterjährigen IT-Bedarfen und erforderlichen Plananpassungen berücksichtigt werden.
14	In den Soll-Prozessen zur Planung und Steuerung der IT-Infrastruktur sollen neben den Ablaufschritten, die Input- und Outputfaktoren, zentrale Schnittstellen zu angrenzenden Prozessen und Rollen erfasst werden. Das soll eine Umsetzung in die Praxis unterstützen.
15	Bei der Prozessgestaltung ist ein weitestgehend modularer Aufbau zu berücksichtigen, um eine flexible Anpassbarkeit und Anwendung zu ermöglichen.
16	Zur Bewertung der servicebasierten Planungs- und Steuerungsprozesse sollen geeignete Schlüsselkenngrößen zusammengestellt werden.

(Fortführung der Tabelle 4-8)

5 Modell zur servicebasierten Planung und Steuerung der IT-Infrastruktur im Mittelstand

Die Zielsetzung des Kapitels besteht in der Entwicklung eines umfassenden Modells zur servicebasierten Planung und Steuerung der IT-Infrastruktur für mittelständische Unternehmen. Um die eingangs gestellten Forschungsfragen 2 bis 4 zu beantworten, werden drei integrierte und aufeinander aufbauende Modellkomponenten ausgestaltet. Hieraus leitet sich gleichermaßen die Kapitelstruktur ab.

Den Ausgangspunkt bildet die Festlegung der methodischen Rahmenbedingungen in Kapitel 5.1, die den Betrachtungsfokus und Entwicklungsprozess des Modells bestimmen. Daran anknüpfend werden die inhaltlichen Ausrichtungen der Modellkomponenten vorgestellt und ihre enge Verzahnung erläutert. Damit wird die notwendige Voraussetzung für eine Verständnisbildung zur Modellgestaltung geschaffen.

Die Modellkomponente 1 *Gestaltungshilfen zur Strukturierung des IT-Serviceangebots* wird in Kapitel 5.2 erarbeitet. Sie fokussiert die Entwicklung konkreter formaler und inhaltlicher Gestaltungsstrukturen, die im mittelständischen Anwendungskontext zur systematischen Erfassung und Beschreibung des IT-Serviceangebots herangezogen werden können. Es folgt in Kapitel 5.3 die Entwicklung der Modellkomponente 2 *Prozessmodelle zur servicebasierten Planung und Steuerung*. Sie umfasst die Gestaltung ausgewählter Planungs- und Steuerungsprozesse, die eine bedarfsgerechte Bereitstellung des zuvor strukturierten IT-Serviceangebots unterstützen und die bestehenden Zusammenhänge und Abhängigkeiten in den Abläufen transparent machen und nachvollziehbar beschreiben. In Kapitel 5.4 schließlich wird Modellkomponente 3 *Zusammenstellung ausgewählter Schlüsselkenngrößen* entwickelt. Sie beinhaltet die Bewertung der Modellkomponenten 1 und 2, indem hierfür geeignete und aufeinander abgestimmte Kenngrößen zu festgelegten Steuerungsfeldern ermittelt und erläutert werden.

Den Abschluss in der Entwicklung der einzelnen Modellkomponenten bildet eine Zusammenfassung, die die zentralen Ergebnisse unter dem Blickwinkel der Beantwortung der Forschungsfragen und der Realisierung der Anforderungen aufzeigt. Dabei wird im Besonderen das Zusammenwirken der Modellkomponenten herausgearbeitet. Ebenfalls kapitelübergreifend erweist sich der durchgehende Bezug auf den mittelständischen Anwendungskontext, wobei der Schwerpunkt auf die praktische Anwendbarkeit und die konsequente Einbeziehung der in Kapitel 4 abgeleiteten mittelständischen Besonderheiten gelegt wird.

5.1 Methodisches Vorgehen zur Modellentwicklung

Im Mittelpunkt steht die Festlegung von methodischen Rahmenbedingungen für die Modellentwicklung. Zunächst erweitert Kapitel 5.1.1 die Verständnisbildung, indem die in Kapitel 1.2.2. erläuterten Ausführungen zur wissenschaftstheoretischen Positionierung der Modellentwicklung der Arbeit um grundlegende Begriffe und Eigenschaften von Modellen ergänzt werden.

Anschließend werden in Kapitel 5.1.2 die drei Modellkomponenten überblicksartig vorgestellt und ihr Zusammenwirken erläutert. Es werden ihnen die in Kapitel 4.4 abgeleiteten Anforderungen mit Gestaltungshinweisen zugeordnet. Darauf aufbauend wird das zu Grunde liegende komponentenübergreifende Vorgehen zur Modellentwicklung dargelegt, was deren Einbettung in den Kontext begleitender Forschungsprojekte einschließt.

5.1.1 Grundlagen zur Modellentwicklung

Ein Modell stellt ein interpretiertes, d.h. strukturähnliches Abbild eines Realweltausschnitts oder Systems dar, das zur Beschreibung und/ oder Lösung konkreter Problemstellungen beiträgt (vgl. Schweitzer 2001, S. 72; Dresbach 1999, S. 75ff.). Es setzt sich aus mehreren Elementen oder Komponenten zusammen, die zueinander in Beziehung gesetzt werden (vgl. Franken/Fuchs 1974, S. 26ff.). In ihrer Ausgestaltung orientieren sich die Komponenten an der Zielsetzung der Modellentwicklung und der inhaltlichen Zerlegung der Problemstellung.

Daraus können sich in Abhängigkeit der eingenommen Perspektive und Auslegung der Problemstellung unterschiedliche Kombinationen der Komponenten ergeben. Das umschließt auch die Erweiterung und Reduzierung von Merkmalen des abgebildeten Realweltausschnittes (vgl. Dresbach 1999, S. 76ff. Art und Weise der Ausführung liegt demzufolge im Ermessen des Modellerstellers. Das führt zur Festschreibung von Modelleigenschaften, von denen nun diejenigen herausgegriffen werden, die im Kontext dieser Arbeit von Relevanz sind.

Wie erwähnt unterliegt die Modellentwicklung zunächst einer gewissen Subjektivität, deren Ausmaß vom Probleminhalt sowie von Perspektive und Interpretationsvermögen der Ersteller und Anwender des Modells bestimmt wird (vgl. Dresbach 1999, S. 79; Hansen/Neumann 2001, S. 251). Das erfährt eine Eingrenzung, indem eine weitere Modelleigenschaft dessen Abstraktionsfähigkeit vom konkreten Problemgegenstand fordert. Damit werden einerseits die Gestaltung von Handlungsalternativen und andererseits eine flexible Anpassbarkeit an unternehmensindividuelle Gegebenheiten ermöglicht (vgl. Dresbach 1999, S. 91; Remmert 2002). Diese Eigenschaften werden in ähnlicher Form von Steinmüller (1993, S. 198ff.) aufgezeigt, der im Einzelnen nach Subjektivität und Zweckbezug der Modellentwicklung sowie nach Perspektive des Erstellers unterscheidet.

Da sich die modellhafte Abbildung der Problemstellung häufig als komplex erweist, ist als weitere Eigenschaft die Anwendbarkeit des Modells sicherzustellen. Die Komplexität erstreckt sich nach Becker *et al.* (2002, S. 58) auf die drei Aspekte der *Elementekomplexität* (Festlegung von Anzahl und Umfang der Modellelemente durch Modellvarianten), der *Relationenkomplexität* (Beschreibung der Beziehungen zwischen den Elementen) und der *dynamischen Komplexität* (Erfassung der Verhaltens- oder Konfigurationsregeln im Modell).

Die Bewältigung der Komplexität kann mittels Reduktion oder Strukturierung bzw. Beherrschung erfolgen (vgl. Ferstl/Sinz 2001, S. 18). Bei der Komplexitätsreduktion werden einzelne Merkmale, Elemente, Beziehungen und Abhängigkeiten des abzubildenden Realweltausschnitts ausgeblendet, indem die Modellvarianten, Modellbeziehungen und Verhaltens- oder Konstruktionsregeln reduziert werden. Das schafft Transparenz im Hinblick auf eine einfachere überblicksartige Vermittlung von Problembeschreibungen oder -lösungen. Die Kom-

5.1 Methodisches Vorgehen zur Modellentwicklung

plexitätsbeherrschung hingegen unterstützt die Entwicklung und Anwendung von Modellen durch den Einsatz von Modellierungswerkzeugen, was eine konsistente Verwaltung der Modellkomponenten erleichtert (Becker et al. 2002, S. 58ff.). Die Modellierung bezeichnet dabei den Prozess der Modellentwicklung oder -abbildung (vgl. Ferstl/Sinz 2001, S. 18f.).

Darüber hinaus legt die Modelleigenschaft des Zeitbezugs den Gestaltungsrahmen fest. Die Unterscheidung erfolgt nach *deskriptiven Modellen*, die den gegenwärtigen Zustand von Realweltausschnitten oder Systemen beschreiben (Ist-Modell) sowie nach *normativen Modellen*, die den Handlungsrahmen eines zukünftigen Systemzustands (Soll-Modell) gestalten (vgl. Alpar et al. 2002, S. 21; Schwarzer/Krcmar 2004, S. 101ff.). Die Soll-Modelle gewinnen zunehmend an Bedeutung, da sie zur Weiterentwicklung bestehender Zustände oder zur Konstruktion neuer Zustände im Sinne einer Problemlösung beitragen (Schwarzer/Krcmar 2004, S. 102f.). Daher sind Anwendungs- und Geltungsbereich sowie der Realitätsbezug der Modelle zu bestimmen (Dresbach 1999, S. 81).

Für das Modell der vorliegenden Arbeit besteht der Anwendungsbereich in der Unterstützung der Ausführung der servicebasierten Planung und Steuerung der IT-Infrastruktur durch die Entwicklung konkreter Gestaltungshilfen und Prozessmodelle. Damit eng verknüpft ist der Geltungsbereich, der neben der Zielsetzung die Begrifflichkeiten der Arbeit eingrenzt. Das Modell liefert hiernach einen Gestaltungsbeitrag zur Lösung der in Kapitel 1 aufgezeigten Problemstellung und besitzt für diesen Kontext einen Soll-Charakter.

In der Modellgestaltung wird eine Komplexitätsreduktion des abzubildenden Realweltausschnittes angestrebt. Gleichzeitig soll bei der Ausgestaltung der Modellkomponenten ein adäquates Gleichgewicht zwischen Abstraktion und Konkretisierung erreicht werden, indem eine flexible Anpassbarkeit auf unternehmensindividuelle Gegebenheiten berücksichtigt wird. Der Realitätsbezug ergibt aus der Aktualität der Problemstellung der Arbeit. Außerdem erfolgt die Modellentwicklung iterativ durch eine kontinuierliche Rückkopplung mit IT-Verantwortlichen aus der mittelständischen Praxis, die die spätere Zielgruppe des Modells darstellen. Damit wurde die zentrale Fragestellung der Modellentwicklung „Modell-wovon-für wen-wozu" für diese Arbeit beantwortet (vgl. Steinmüller 1993, S. 178).

5.1.2 Modellkomponenten und Einbettung der Modellentwicklung

5.1.2.1 Überblick über Modell und Modellkomponenten

Modellüberblick

Die Zielsetzung des Modells besteht in der Entwicklung eines umfassenden Ansatzes, der IT-Organisationen in mittelständischen Unternehmen eine konkrete Unterstützung beim Einstieg oder der Verbesserung der IT-Serviceausrichtung gibt. Deshalb stützt sich die Ausgestaltung auf drei Modellkomponenten, die eng miteinander verknüpft sind und nachfolgend erläutert werden.

Abbildung 5-1 veranschaulicht die Modellkomponenten im übergreifenden Kontext eines IT-Serviceverhältnisses. Der IT-Service-Katalog bildet die gemeinsame Vereinbarungsgrundlage von Servicenehmer (FB, GF) und Servicegeber (IT-Organisation) für die Bestellung und Bereitstellung der IT-Services. Er deckt die Bedarfe der Servicenehmer an IT-Unterstützung (Nachfrage) über die offerierten IT-Services ab (Angebot). Zur effektiven und effizienten Regelung von Nachfrage und Angebot ist eine gezielte Planung und Steuerung erforderlich, die neben IT-Services ebenso die zu Grunde liegenden IT-Ressourcen betrachtet. Mit den IT-Ressourcen werden die IT-Services technisch erbracht. Diese Aspekte lassen sich über Kennzahlen und KPI qualitativ bewerten.

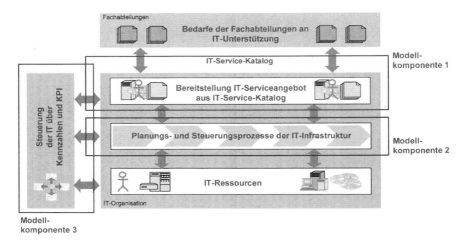

Abbildung 5-1: **Modell zur servicebasierten Planung und Steuerung der IT-Infrastruktur**
(Quelle: Eigene Darstellung)

Das Modell integriert die drei Komponenten in einem inhaltlich zusammenhängenden Bild. Modellkomponente 1 bildet mit der IT-Servicestruktur den Gegenstand und damit den Ausgangspunkt der Planung und Steuerung (WAS?). Die Ausgestaltung und Beschreibung der Aktivitäten erfolgt mit Modellkomponente 2, der Prozessgestaltung zur Planung und Steuerung der IT-Infrastruktur (WIE?/WOMIT?). Das wird mit der qualitativen Bewertung in Modellkomponente 3 abgerundet (WIE GUT?), indem sie die Erkenntnisse in die beiden Komponenten zurückspiegelt.

Mit der umfassenden Herangehensweise soll der praktische Einstieg in die Thematik erleichtert werden. Der Begriff „umfassend" ist dabei nicht als umfangreich zu verstehen. Vielmehr wird das Modell bewusst „schlank" und dennoch konkret gehalten. Der Betrachtungsfokus grenzt den grundlegenden Modellumfang ein. Dessen Ausgestaltung erfolgt schließlich auf einer sehr viel detaillierteren Ebene. Das soll eine praktische Anwendung auch bei starker Ressourcenbegrenzung ermöglichen. Das wird durch einen modularen Modellaufbau ergänzt, der einen flexiblen Einstieg in Abhängigkeit der IT-Organisations- und Unternehmensreife erlaubt. Diese Flexibilität zeigt sich ebenso in der individuellen Anpassbarkeit der inhaltlichen Ausgestaltung der Modellkomponenten.

5.1 Methodisches Vorgehen zur Modellentwicklung

Deren Umfang wird nun im Einzelnen vorgestellt, wobei die Gestaltungshinweise und Ergebnistypen der abgeleiteten Anforderungen den Komponenten systematisch zugeordnet werden.

Modellkomponente 1: Gestaltungshilfen zur Strukturierung des IT-Serviceangebots

Die Strukturierung des IT-Serviceangebots gliedert sich in eine formale und eine inhaltliche Gestaltungsstruktur. Die formale Strukturierung bildet das Beschreibungsgerüst für die inhaltliche Ausgestaltung. Dazu werden Beschreibungskriterien festgelegt, die sämtliche Informationen und Angaben, die für Servicenehmer und Servicegeber zur IT-Servicebereitstellung erforderlich sind, dokumentieren. Damit wird eine einheitliche strukturierte Grundlage für eine praktische Anwendung geschaffen.

Unter Beachtung einer starken Ressourcenbegrenzung (*Anforderung 3 und 6*), die in vielen mittelständischen Unternehmen vorherrscht, sind für den Aufbau und die Pflege einer derartigen Struktur die Informationsbedarfe von Servicenehmer und Servicegeber in einer gemeinsamen Gestaltungsstruktur für IT-Services und darauf aufbauend für IT-Service-Kataloge zu vereinen (*Anforderung 9*). Das dient der Schaffung einer Kommunikations- und Vereinbarungsgrundlage, die das Verständnis beider Sichtweisen berücksichtigt (*Anforderung 6*). Der Schwerpunkt soll auf der Ausarbeitung der Servicenehmersicht liegen, um das IT-Serviceangebot in seiner Komplexität vor allem für diese Sichtweise differenzierbar zu gestalten (*Anforderung 5*). Dazu gehört die Festschreibung eines wahrnehmbaren Mehrwerts aus der Bereitstellung der einzelnen IT-Services (*Anforderung 7*).

Auf Basis der formalen Gestaltungsstruktur kann deren inhaltliche Beschreibung erfolgen. Zur Unterstützung einer praktischen Anwendung wird ein exemplarischer IT-Service komplett ausgearbeitet, der mittelständischen Unternehmen als Orientierungspunkt für die Beschreibung weiterer IT-Services dienen kann. Daran anknüpfend wird eine Musterstruktur für IT-Service-Kataloge entwickelt, die konkrete Hilfestellung für eine eigene inhaltliche Ausgestaltung des IT-Serviceangebots gibt (*Anforderung 10*). Dabei lassen sich die formalen Beschreibungskriterien ebenso wie der exemplarische IT-Services problemlos in die Musterstruktur integrieren. Mit der Vorgabe der formalen und inhaltlichen Gestaltungshilfen soll die oftmals lange Einführungsdauer von IT-Service-Katalogen verkürzt werden.

In den Entwicklungsprozess sind geeignete Anhaltspunkte aus der Literatur einzubeziehen (*Anforderung 4*). Die Gestaltungsstrukturen sind hinsichtlich ihrer Anpassbarkeit und Anwendung flexibel zu gestalten, um den individuellen Entwicklungsstand bzw. Reifegrad der IT-Serviceausrichtung in den mittelständischen Unternehmen zu berücksichtigen (*Anforderung 11*). Das erfordert die initiale Ermittlung dieses Reifegrads, der den Ist-Zustand markiert. Dessen Bestimmung ist für die Festlegung von Maßnahmen zur Umsetzung der IT-Serviceausrichtung oder zur Nachhaltung des Umsetzungsfortschritts von zentraler Bedeutung.

Deshalb wird ein Bewertungsmaßstab in Form eines Reifegradmodells entwickelt (*Anforderung 8*), das anhand mehrerer Bewertungskriterien eine aussagekräftige Einordnung in Reifegrade ermöglicht, aus denen wiederum Verbesserungspotenziale abgeleitet werden können.

Durch die unternehmensübergreifende Ausrichtung kann das Reifegradmodell für Vergleiche mit anderen Unternehmen im Rahmen von Benchmarking-Studien herangezogen werden.

Modellkomponente 2: Prozessmodelle zur servicebasierten Planung und Steuerung der IT-Infrastruktur

Um das IT-Serviceangebot bereitzustellen, müssen Angebot und Nachfrage geplant und gesteuert werden. Hierfür bildet die Gestaltungsstruktur für IT-Services die Grundlage, die in den Planungs- wie den Steuerungsprozessen gleichermaßen verwendet wird (*Anforderung 12*). Eine integrierte Betrachtung der Prozesse ist somit unerlässlich (*Anforderung 13*).

Die Prozessgestaltung zielt auf die Strukturierung und Dokumentation der Prozesse ab, um die Abläufe transparent und wiederholbar zu machen. Das verbessert die Nachvollziehbarkeit bei Verlaufsentwicklungen, bei Entscheidungen zu Bedarfen und Kosten oder bei der Einforderung und Steuerung von Prozessinputs. Außerdem werden Verantwortlichkeiten und damit verbundene Rechte und Pflichten der Akteure geklärt. Das erfordert zwar einen gewissen Grad an Formalisierung, muss aber nicht zwangsläufig mit einem Flexibilitätsverlust verbunden sein. Vielmehr gilt es, die Handlungsflexibilität zu bewahren (*Anforderung 2*), indem durch den modularen Aufbau der Prozesse ein individuelles Herausgreifen der benötigten Abläufe oder deren sukzessive Erweiterung unterstützt wird (*Anforderung 15*).

Die praktische Anwendbarkeit wird durch die Berücksichtigung weiterer mittelstandstypischer Wesensmerkmale erhöht. Das umfasst z.B. die Einwirkung durch die GF auf die Prozessausübung (*Anforderung 1*), die starke Ressourcenbegrenzung (*Anforderung 3*) sowie das Verhalten der Servicenehmer in der IT-Bedarfserhebung (*Anforderung 13*).

Zur thematischen Einordnung und der Verdeutlichung bestehender Zusammenhänge werden die Prozesse in eine übergeordnete Prozesslandschaft eingebettet. Im Sinne der umfassenden Modellgestaltung werden die aufeinander abgestimmten Prozesse mit ihren Ablaufschritten, Zielsetzungen, Prozessinputs und Prozessoutputs, Prozessschnittstellen, beteiligten Rollen sowie deren Aufgaben in den Prozessen beschrieben (*Anforderung 14*). Geeignete Ansätze aus dem Schrifttum sind bei der Ausgestaltung zu berücksichtigen (*Anforderung 4*).

Modellkomponente 3: Zusammenstellung ausgewählter KPI

Um die Qualität beider Modellkomponenten zu bewerten, ist ein Set an IT-Kennzahlen und KPI zusammenzustellen (*Anforderung 16*). Die Zielsetzung besteht darin, die Bewertung nicht auf die Erfassung und Analyse des Ist-Zustands zu beschränken. Ihr Beitrag offenbart sich vielmehr in ihrem Einsatz als Steuerungsinstrument, um die Zielerreichung festgelegter Messobjekte zu ermitteln und darauf aufbauend zu beeinflussen. Da das Schrifttum bereits eine Fülle möglicher Kennzahlen und KPI aufweist, sind diese zu berücksichtigen (*Anforderung 4*). In Analogie zu den vorherigen Modellkomponenten erfolgt eine modulare Zusammenstellung der Kennzahlen und KPI (*Anforderung 15*), um eine flexible Anpassung der Messobjekte unter gegebenen Rahmenbedingungen zu ermöglichen (*Anforderung 2*).

5.1 Methodisches Vorgehen zur Modellentwicklung

Abbildung 5-2 veranschaulicht die Zusammenhänge zwischen allen Modellkomponenten und ihren Teilen.

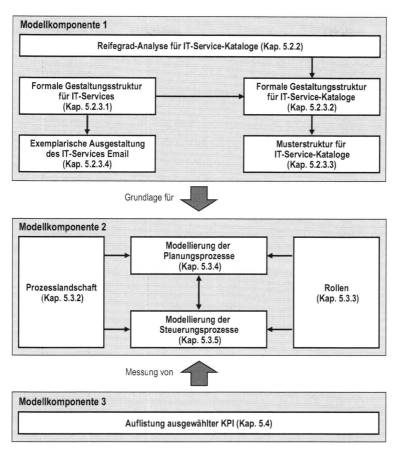

Abbildung 5-2: *Zusammenspiel der Modellkomponenten*
(Quelle: Eigene Darstellung)

5.1.2.2 Einbettung der Modellentwicklung

Ein Schwerpunkt des Modells bestand in der Realisierung eines möglichst hohen Praxisbezugs, so dass die Modellentwicklung in das Forschungsprojekt WITAMIN eingebettet wurde.[42] Im Projekt wurde ein Teil der Modellkomponenten unter der Mitwirkung von acht Praxisunternehmen erarbeitet, die mit ihrem Erfahrungswissen zur Gestaltung und Validierung der Ergebnisse beigetragen haben.

Die Projektzielsetzung orientiert sich an der Struktur der Modellkomponenten, indem in drei ineinander greifenden Bausteinen Strukturen, Prozesse und Handlungsanleitungen entwickelt wurden, die mittelständischen Unternehmen eine konkrete Unterstützung liefern bei der

(1) Aufstellung und dem Management von IT-Service-Katalogen.
(2) Gestaltung von Planungs- und Steuerungsaktivitäten der IT-Servicebereitstellung.
(3) Bewertung dieser Aspekte über ein exemplarisches IT-Kennzahlensystem.

Die Ergebnisse der drei Bausteine manifestieren sich in drei Handlungsleitfäden (vgl. Rudolph et al. 2008c; Rudolph/Krcmar 2008; Rudolph et al. 2008b).

Die Entwicklung der Bausteine erfolgte in einem mehrstufigen Vorgehen, in das die Praxisunternehmen kontinuierlich einbezogen wurden (Abbildung 5-3).

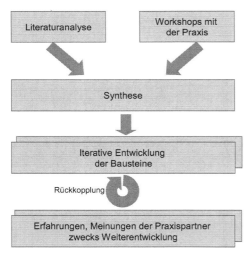

Abbildung 5-3: ***Vorgehen zur Entwicklung der Bausteine***
(Quelle: Eigene Darstellung)

Im 1. Schritt wurde die relevante Literatur aufgearbeitet und in mehreren Workshops mit der Praxis hinsichtlich Gestaltungsideen diskutiert. Hieraus wurden im 2. Schritt im Rahmen ei-

---

[42] WITAMIN steht für Handlungsleitfäden für ein wirtschaftliches IT-Infrastrukturmanagement in mittelständischen Unternehmen. Das Forschungsprojekt wurde über einen Zeitraum von 18 Monaten von der Stiftung Industrieforschung co-gefördert.

ner Synthese erste Gestaltungsvorschläge für die einzelnen Bausteine erarbeitet. In einem iterativen Vorgehen wurden die Vorschläge in mehreren Runden mit den Praxisunternehmen diskutiert und weiterentwickelt (Schritt 3 und 4). An den Diskussionen beteiligten sich insgesamt elf Praxispartner aus acht Unternehmen. Durch die Rückkopplung wurden die Ergebnisse kontinuierlich reflektiert und validiert. Das hat zu ihrem hohen praktischen Bezug beigetragen.

Anhand dieses Vorgehens wurden folgende Aspekte der Modellkomponenten entwickelt: die formale Gestaltungsstruktur für IT-Services und IT-Service-Kataloge, deren exemplarische inhaltliche Ausgestaltung, die übergreifenden Planungs- und Steuerungsprozesse sowie ausgewählte Schlüsselkennzahlen. Ergänzend wurden Synergieeffekte zu einem zweiten Forschungsprojekt *IT-Benchmarking-Initiative* genutzt, indem der dortige Teilnehmerkreis als (weiteres) Forum zur Reflektion und Validierung von Teilergebnissen der Modellkomponenten diente. Das umfasste das Reifegradmodell für IT-Service-Kataloge, die formale Gestaltungsstruktur für IT-Services sowie einzelne IT-Kennzahlen.

Da die Vorgehensschritte bei den einzelnen Modellkomponenten unterschiedlich ausgestaltet wurden, erfolgt eine separate Erläuterung in den jeweiligen Kapiteln.

5.2 Modellkomponente zur Strukturierung des IT-Serviceangebots

Die Zielsetzung des Kapitels besteht in der Ausgestaltung der Modellkomponente 1, indem konkrete Gestaltungshilfen zur Strukturierung und Beschreibung des IT-Serviceangebots für den Anwendungskontext mittelständischer Unternehmen entwickelt werden. Die Umsetzung gliedert sich in fünf Bestandteile, die aufeinander aufbauen und sich modular zusammensetzen lassen.

Den Ausgangspunkt bildet die Entwicklung des Reifegradmodells für IT-Service-Kataloge, das die Durchführung von Ist-Analysen zur objektiven Positionsbestimmung erlaubt (vgl. Kapitel 5.2.1). Basierend auf der Darstellung geeigneter Ansätze aus dem Schrifttum, wird der Aufbau mit den einzelnen Bewertungskriterien hergeleitet und vorgestellt. Die praktische Anwendbarkeit des Reifegradmodells wird im Rahmen eines Benchmarking-Vergleichs mit 16 Unternehmen aufgezeigt. Dazu wird eine Vorgehensweise erarbeitet, die als Grundlage zur Durchführung weiterer Vergleiche herangezogen werden kann. Zentrale Ergebnisse des empirischen Vergleichs werden abschließend dargestellt und Anhaltspunkte für die Entwicklung daran anknüpfender Gestaltungshilfen abgeleitet.

Die Gestaltungshilfen setzen sich aus formalen und inhaltlichen Gestaltungsstrukturen für IT-Services und IT-Service-Kataloge zusammen (vgl. Kapitel 5.2.2). Im Vorfeld der Ergebnisdarstellung wird jeweils das zu Grunde gelegte Entwicklungsvorgehen dargelegt. Bei der Entwicklung der formalen Gestaltungsstruktur für IT-Services werden Strukturierungsebenen und erläuternde Beschreibungskriterien erarbeitet (vgl. Kapitel 5.2.2.1). Darauf aufbauend wird die formale Gestaltungsstruktur für IT-Service-Kataloge entwickelt (vgl. Kapitel 5.2.2.2).

Auf Basis der erarbeiteten Gestaltungsstrukturen erfolgt deren inhaltliche Ausgestaltung. Exemplarisch wird eine Musterstruktur für IT-Service-Kataloge entwickelt, die als konkrete Unterstützungshilfe für praktische Ausgestaltungen herangezogen werden kann (vgl. Kapitel 5.2.2.3). Es folgt die beispielhafte Ausarbeitung für den ausgewählten IT-Service *E-Mail*, indem ein Überblick über die zugeordneten Servicemodule und Serviceelemente sowie zu bestehenden Zusammenhängen gegeben wird. Danach wird der IT-Services unter Anwendung der formalen Gestaltungsstruktur für IT-Services im Einzelnen erläutert (vgl. Kapitel 5.2.2.4).

Die Ausführungen schließen mit einer Zusammenfassung, die die erarbeiteten Ergebnisse unter dem Aspekt der Umsetzung der abgeleiteten Anforderungen für die Modellkomponente 1 beleuchtet.

5.2.1 Ist-Analyse von IT-Service-Katalogen mittels Reifegradmodell

5.2.1.1 Grundlagen, Zielsetzung und Vorgehen zur Entwicklung des Reifegradmodells

Grundlagen zum Reifegradmodell

Der Terminus *Reife* charakterisiert im betriebswirtschaftlichen Kontext ein Ergebnisspektrum, das im Sinne einer Leistungs- bzw. Qualitätsmessung maximal zu erreichen ist. Das Ergebnisspektrum beinhaltet mehrere gleich verteilte und aufeinander aufbauende Abstufungen (Skalen) mit den erreichbaren Qualitätsstufen. Diese werden durch Qualitätskriterien beschrieben, die sich an den zu untersuchenden Gegebenheiten orientieren (CMMI Product Team 2002b, S. 14; ISACA 2000, S. 12).

Für den Begriff *Reifegradmodell* findet sich im Schrifttum hingegen keine allgemein gültige Definition, sondern inhaltlich ähnliche Umschreibungen, die den Zielcharakter hervorheben (vgl. Paulk et al. 1993; SEI 2007). Demnach werden mit Reifegradmodellen in Abhängigkeit der erreichten Positionierung Stärken-Schwächen-Profile für das Untersuchungsobjekt erarbeitet (ISACA 2000, S. 12ff.). Ahlemann *et al.* (2005, S. 12) fassen die Zielsetzung mit der Messung des Erfüllungsniveaus von festgelegten Anforderungen eines Untersuchungsobjekts mittels definierter Reifegrade zusammen. Die Reifegrade werden durch Qualitätskriterien abgebildet und unterliegen einer sequenziellen Abfolge.

Ein Anwendungskontext für Reifegradmodelle ist das Benchmarking, was sich in dessen Zielen und Nutzenaspekten zeigt (vgl. Camp 1989, S. 31-43; Leibfried/McNair 1996; Rehäuser 1999). Reifegradmodelle dienen als Bewertungsinstrument, das über eine einheitliche Reifegradskala die Durchführung objektiver Benchmarking-Vergleiche erlaubt (ISACA 2000, S. 6, 10).

Das bekannteste und am weitesten verbreitete Reifegradmodell im IT-Umfeld stellt das *Capability Maturity Model Integration (CMMI)* dar. Es versteht sich als Rahmenwerk, das das Management von Softwareentwicklungs- sowie von Beschaffungs- und Wartungsprozessen in Softwareunternehmen fokussiert. Es unterstützt zudem den Aufbau und die Etablierung einer daran ausgerichteten Unternehmens- und Managementkultur (CMMI Product Team 2002b, S. 1, 15; Ahlemann et al. 2005, S. 12, 25f.).

Das Rahmenwerk stellt ein integriertes Modell mit Best Practices zur Prozessgestaltung und -beurteilung bereit, das die Bewertung der Software- und Prozessqualität anhand eines Reifegradmodells und eines Fähigkeitsmodells unterstützt. CMMI wird als Grundlage und Orientierungspunkt für die (Weiter)Entwicklung anderer Modelle herangezogen (vgl. Niessink et al. 2005).

Ausgehend vom CMM wurde das CMMI aus zwei weiteren Modellen heraus entwickelt.[43] Durch die Integration der Modelle wurde einerseits die Kompatibilität zum SPICE-Modell (ISO/IEC 15504 Technical Report for Software Process Assessment) sichergestellt (vgl. Hörmann et al. 2006; Wallmüller 2007). Andererseits sollte somit der Aufwand eines Modellumstiegs gering gehalten werden (CMMI Product Team 2002b, S. ii; Ahlemann et al. 2005, S. 26). Die gravierendste Änderung vom CMM zum CMMI bestand in der Einführung von zwei grundlegenden Darstellungssichten. Während in der stufenförmigen Sichtweise (*staged representation*) Reifegrade gemessen werden, ermittelt die kontinuierliche Sichtweise (*continuous representation*) die Ausprägung von Fähigkeitsgraden, sog. *capability levels* (vgl. Kneuper 2006, S. 2).

Beide Sichtweisen umfassen jeweils vier gleiche inhaltliche Kategorien (Software-Engineering, Prozessmanagement, Projektmanagement und Support). Den Kategorien werden Prozessgebiete (*process areas*)[44] zugeordnet, wobei jede Kategorie aus mehreren definierten Prozessgebieten besteht (CMMI Product Team 2002a, S. 57ff.).

Die stufenförmige Sichtweise bewertet die Reife von Softwareentwicklungsprozessen über fünf Reifegradstufen (aggregierte Betrachtung). Für jede Stufe sind Strategien zur Prozessverbesserung beschrieben. Ausgangspunkt der Bewertung sind definierte Prozessgebiete, die den Reifegraden in Abhängigkeit der Reifegradstufe zugeordnet werden. Ein Reifegrad besteht aus einem Set von Prozessgebieten, deren Anzahl mit zunehmendem Reifegrad steigt.

Zur Erlangung eines Reifegrades sind die dort hinterlegten Prozessgebiete zu erfüllen. Ein Prozessgebiet beinhaltet kategoriebezogene spezifische Ziele (*specific goals*), die durch die Umsetzung von spezifischen Praktiken bzw. Aktivitäten (*specific practices*) erreicht werden. Es werden ebenfalls generische kategorieübergreifende Ziele (*generic goals*) festgelegt, die durch generische Praktiken oder Aktivitäten (*generic practices*) erfüllt werden. Letztere werden vier allgemeinen Wesensmerkmalen (*common features*) zugeordnet. Ein Reifegrad wird

---

[43] Das CMM wurde im Auftrag des US-Verteidigungsministeriums vom Software Engineering Institute (SEI) an der Carnegie Mellon University entwickelt, mit dem Ziel, die Entwicklungsprozesse in Softwareunternehmen qualitativ zu beurteilen und zu verbessern (SEI 2007). Das CMM umfasst fünf Reifegrade (Paulk et al. 1993). Neben dem CMM entstanden mehrere nicht aufeinander abgestimmte Subsets. Die Weiterentwicklung zum CMMI erfolgte 2000 durch die Integration der Subsets in ein Modell. In 2006 wurde eine verbesserte Version veröffentlicht (vgl. Kneuper 2006, S. 12).

[44] Ein Prozessgebiet (*process area*) ist "[…] a cluster of related practices in an area that, when performed collectively, satisfy a set of goals considered important for making significant improvement in that area." (CMMI Product Team 2002b, S. 17).

erreicht, wenn die in den Prozessgebieten fixierten Ziele erfüllt sind (CMMI Product Team 2002b).

Abbildung 5-4 zeigt das Zusammenspiel der erläuterten Bestandteile der stufenförmigen Sichtweise des CMMI-Modells.

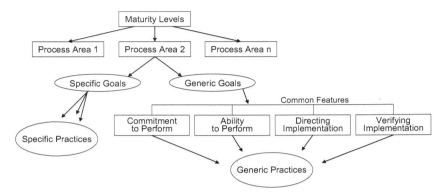

Abbildung 5-4:   *Stufenförmige Sichtweise (staged representation) im CMMI-Modell*
(Quelle: (CMMI Product Team 2002b, S. 10))

Die kontinuierliche Sichtweise fokussiert die Prozessbewertung für sechs Fähigkeitsgrade. Sie messen die Befähigung des Unternehmens zur Förderung einer kontinuierlichen Prozessentwicklung und -verbesserung in den Prozessgebieten (CMMI Product Team 2002a, S. 13). Im Gegensatz zur stufenförmigen Sichtweise werden die Prozessgebiete separat betrachtet und bewertet. In diesem Zusammenhang wird von Prozessreife gesprochen. Die Fähigkeitsgrade umfassen die Stufen 0 bis 5. Zur Erreichung eines Fähigkeitsgrades, sind die spezifischen Ziele (*specific goals*) der jeweiligen Stufe zu erfüllen. Das gilt ab Stufe 1. Stufe 0 symbolisiert den Ausgangspunkt, der keinen Nachweis erfordert.[45]

Die Erfüllung der spezifischen Ziele erfolgt durch die Umsetzung spezieller Praktiken oder Aktivitäten (*specific practices*). Deren Ausprägungen ergeben den erzielten Fähigkeitsgrad. Das wird durch das Vorliegen generischer Ziele (*generic goals*) und Praktiken bzw. Aktivitäten (*generic practices*) ergänzt, die ebenfalls über Fähigkeitsgrade bewertet werden (CMMI Product Team 2002a).[46]

Abbildung 5-5 veranschaulicht die kontinuierliche Sichtweise und deren Bestandteile.

---

[45]   Im Gegensatz dazu umfassen die Reifegrade der stufenförmigen Sichtweise Ausprägungen von 1 bis 5, wobei die Stufe 1 keine bestimmten Nachweise erfordert.

[46]   In der verwendeten Version des CMMI werden zusätzlich noch fortgeschrittene Praktiken bzw. Aktivitäten (*advanced practices*) definiert, die über die bestehenden hinaus gehen. Dieser Aspekt wird in der nächsten Version abgeschafft werden.

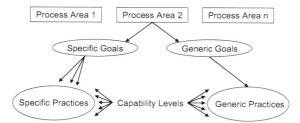

Abbildung 5-5: **Kontinuierliche Sichtweise (continuous representation) im CMMI-Modell**
(Quelle: (CMMI Product Team 2002a, S. 12))

Trotz der verschiedenen Ausrichtung der Sichtweisen sind Überschneidungen erkennbar, indem einzelne Fähigkeitsgrade und Prozessgebiete bestimmten Reifegraden entsprechen (vgl. Kneuper 2006, S. 26f.). Mit der Standard CMMI *Appraisal Method for Process Improvement* wird die Messung der Stärken und Schwächen in den Prozessen ermöglicht (vgl. Ahlemann et al. 2005, S. 26ff.).

CMMI bietet zur Integration Schnittstellen respektive Anknüpfungspunkte zu anderen Reifegradmodellen und Rahmenwerken. Seit 1995 erfolgt ein Angleichen an das SPICE-Modell (Software Process Improvement Capability Determination). Es bewertet die Reife von Softwareentwicklungsprozessen und wurde mittlerweile zur ISO-Norm erhoben (ISO 15504).[47]

Eine zweite Schnittstelle besteht zur CobiT, deren Fokus auf der Überwachung und Steuerung ausgewählter IT-Managementbereiche anhand von Kontrollobjekten liegt. Mit der Etablierung des CMMI wird die Erfüllung einzelner Kontrollobjekte der CobiT vor allem im Applikationsmanagementbereich unterstützt (ISACA 2001a; Kneuper 2006, S. 6). Das in der CobiT aufgezeigte Reifegradmodell beurteilt die Reife von IT-Governance-Prozessen über sechs Reifegradstufen, die den Fähigkeitsgraden im CMMI ähneln (ISACA 2001a, S. 27). Eine weitere Schnittstelle besteht zur ITIL. Die Überschneidungen zeigen sich insbesondere in den ITIL-Bereichen *Application Management, IT Security, Availability Management, Release Management, Change Management, Configuration Management, Incident Management* und *Service Desk* (vgl. Kneuper 2006, S. 118; Office of Government Commerce 2007c, 2007a).

Ein Beispiel für eine auf dem CMMI-Modell 1.1 basierende Weiterentwicklung stellt das IT-Service-CMM (ITSCMM) für die ITK-Branche dar (vgl. Niessink et al. 2005, S. 12). Mit dem Modell wird IT-Dienstleistern eine Unterstützung zur schrittweisen Verbesserung ihrer Fähigkeiten in der IT-Serviceerbringung aufgezeigt (Niessink et al. 2005, S. 1).

---

[47] SPICE besitzt neben dem Reifegradmodell Kontroll- und Bewertungsprozesse zur Prozessverbesserung und eine Vorgehensweise zur Bewertung mittels Reifegradmodellen. Es werden aber keine Reifegrade sondern Fähigkeitsprofile ermittelt. Die Konformität mit dem CMMI wird vornehmlich mit der SCAMPI Assessment-Methode erreicht, wobei Unterschiede in der Behandlung von generischen Zielen und Praktiken bestehen (vgl. Kneuper 2006, S. 115.; Wallmüller 2007; van Loon 2007).

Das Modell bietet eine Reifegradbeurteilung der Prozesse von IT-Dienstleistern. Die fünf erreichbaren Reifegrade bewerten das Ausmaß, in dem ein spezieller Prozess definiert, gemessen, gesteuert und effektiv durchgeführt wird (Niessink et al. 2005, S. 9ff.). Die Ausgestaltung des Modells orientiert sich an der stufenförmigen Sichtweise des CMMI. Der Reifegrad eines Unternehmens wird über Schlüsselprozessgebiete (*key process areas*), die im Unternehmen umzusetzen sind und Prozessfähigkeiten (*process capabilities*) ermittelt. Letztere beschreiben das Spektrum an erwarteten Ergebnissen, die mit der ordnungsgemäßen Umsetzung eines Soll-Serviceprozesses erreicht werden können. Jedes Schlüsselprozessgebiet hat definierte Ziele (*goals*) zu erfüllen und wird mittels allgemeiner Wesensmerkmale (*common features*) strukturiert. Diese Merkmale beinhalten Schlüsselpraktiken (*key practices*), die eine Umsetzung und Etablierung des Prozessgebiets (*implementation and institutionalization*) garantieren. Die Schlüsselpraktiken beziehen sich auf Aktivitäten und Infrastrukturthemen (*activities and infrastructure*) (vgl. Niessink et al. 2005, S. 7ff.). Abbildung 5 6 gibt ein Überblick über die Struktur des ITSCMM.

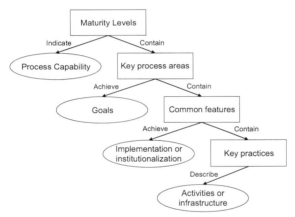

Abbildung 5-6: **Struktur der ITSCMM**
(Quelle: (Niessink et al. 2005, S. 8)

Das Modell fokussiert den Service Delivery Prozess, der alle Aktivitäten zur Entwicklung eines Kundenprodukts von der Bedarfsermittlung bis zur Produktevaluation beinhaltet. Die Hauptaufgaben der IT-Dienstleister erstrecken sich auf die Kommunikation und Abstimmung von Qualitätsstufen der Serviceerbringung, die regelmäßige Serviceevaluation der Kundenbedarfe sowie die Kooperationen mit Sub-Dienstleistern (Niessink et al. 2005, S. 10ff.).

Zielsetzung der Entwicklung des Reifegradmodells

Das Reifegradmodell soll mittelständische Unternehmen bei der Durchführung von objektiven Ist-Analysen zur qualitativen Beurteilung der Strukturierung, Dokumentation und Ausrichtung von IT-Service-Katalogen unterstützen. Anhand der Reifegradzuordnung sollen Schwachstellen, Stärken und Verbesserungspotenziale aufgezeigt werden, die eine Positionie-

5.2 Modellkomponente zur Strukturierung des IT-Serviceangebots

rung im Reifegradmodell erlauben. Des Weiteren sollen die Abgrenzungen der Reifegrade in ihrem Abstraktionsgrad unternehmens- und branchenübergreifende Benchmarking-Vergleiche ermöglichen, um Lernprozesse anzustoßen (vgl. Legner 1999, S. 9, 12). Um Aussagen aus der Positionierung abzuleiten, soll die Reifegradzuordnung anhand des Abgleichs mit vorgegebenen Soll-Anforderungen erfolgen. Die Reifegradstufen sollen das Zielerfüllungsniveau anschaulich und abgrenzbar über geeignete qualitative Messgrößen vermitteln.

Vorgehensschritte zur Entwicklung des Reifegradmodells

Unter Einbeziehung der Zielsetzung wurden zur Entwicklung des Reifegradmodells für IT-Service-Kataloge vier Schritte durchlaufen. Abbildung 5-7 zeigt den Ablauf im Überblick.

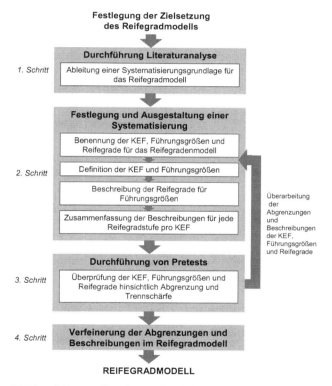

Abbildung 5-7:   *Vorgehen zur Entwicklung des Reifegradmodells für IT-Service-Kataloge*
(Quelle: Eigene Darstellung)

Der **1. Schritt** umfasste die Literaturanalyse, um geeignete Ansätze zu identifizieren, die bei der Entwicklung des Reifegradmodells inhaltliche und strukturelle Hinweise und Gestaltungsempfehlungen liefern können. Zum Zeitpunkt der Analyse existierte im einbezogenen

Schrifttum kein erprobtes Modell, das eine qualitative Bewertung von IT-Service-Katalogen über einen systematischen Bewertungsrahmen unterstützt (vgl. Kapitel 4.3.2). Das führte zur Entscheidung, das Reifegradmodell zu entwickeln. Zunächst wurden Eigenschaften von Reifegradmodellen beleuchtet, um Anhaltspunkte zum strukturellen Aufbau zu erhalten. Gemäß der Zusammenstellung von Ahlemann et al. (2005, S. 17ff.) lassen sich für das vorliegende Reifegradmodell die Eigenschaften *Erkenntnisinteresse, Methode zur Erhebung und Analyse des Datenmaterials* sowie *Untersuchungsobjekt* übertragen.

Das *Erkenntnisinteresse* differenziert nach phänomenal-orientierten Modellen, die auf die Reifegradermittlung zielen, nach kausalen Modellen, die zusätzlich Problembereiche für einzelne Reifegradausprägungen aufzeigen sowie nach aktional-orientierten Modellen, die zu den Reifegraden und Problembereichen, ergänzend Handlungsempfehlungen formulieren. Die Modelle unterscheiden sich ebenso in ihren Zielsetzungen (vgl. Ahlemann et al. 2005, S. 16). Die Entwicklung des Reifegradmodells orientierte sich für den Aufbau am kausalen Modell. Neben der Reifegradzuordnung werden in den einzelnen Abstufungen Schwachstellen, Stärken und Verbesserungspotenziale definiert. Auf die Zusammenstellung von Handlungsempfehlungen (aktional-orientiertes Modell) wurde entsprechend der Zielsetzung verzichtet. Sie können aber im Rahmen von Benchmarking-Vergleichen selbständig erarbeitet werden.

Zur *Erhebung und Auswertung der Daten* wurden Hilfsmittel bestimmt. In der Datenerhebung können personenbezogene (Interviews) und dokumentenbezogene Hilfsmittel (Dokumentenanalyse) eingesetzt werden. Die Datenauswertung umfasst quantitative und qualitative Hilfsmittel (vgl. Ahlemann et al. 2005, S. 18). Für die Erhebung des Datenmaterials im Reifegradmodell wurden personen- und dokumentbezogene Hilfsmittel verwendet. Die Analyse erfolgte unter Einsatz qualitativer Hilfsmittel (vgl. Kapitel 5.2.1.3).

Zur *Ausgestaltung des Untersuchungsobjekts* (IT-Service-Kataloge) erfolgt zunächst die Strukturierung der Reifegradmessung. Das Reifegradmodell für IT-Service-Kataloge orientierte sich in Abhängigkeit der verfolgten Zielsetzung an der kontinuierlichen Sichtweise des CMMI. Im Wesentlichen wurde deren Grundidee übernommen und auf den vorliegenden Anwendungskontext angepasst.

Die kontinuierliche Sichtweise bewertet jedes Prozessgebiet einzeln. Übertragen auf das Reifegradmodell, wurde der IT-Service-Katalog als Prozessgebiet definiert. Dessen qualitative Bewertung erfolgte anhand von kritischen Erfolgsfaktoren (KEF), die durch eine oder mehrere Führungsgrößen operationalisiert wurden. Jeder KEF bildete mehrere erreichbare Zustände ab, die in Reifegraden ausgedrückt wurden.

Nach CMMI entsprechen die KEF den spezifischen Zielen, die Führungsgrößen den spezifischen Praktiken und die Fähigkeitsgrade den Zuständen bzw. Reifegraden. Die abweichende Benennung ist mit dem Anwendungskontext und der Zielsetzung des Reifegradmodells begründbar. Denn die verwendeten Begriffe sind im Umfeld von Benchmarking-Vergleichen als auch in der Praxis sehr gebräuchlich. Da sich darüber hinaus die Ausrichtung von CMMI und dem Reifegradmodell für IT-Service-Kataloge deutlich unterscheidet, wurden zur Vermeidung begrifflicher Vermengungen anders lautende Termini verwendet. Die Einordnung und Bedeutung von KEF, Führungsgröße und Reifegrad werden nachfolgend erläutert.

5.2 Modellkomponente zur Strukturierung des IT-Serviceangebots

KEF umschreiben Merkmale, Bedingungen oder Handlungsweisen, die direkt oder indirekt erfolgsbestimmend für die Durchführung bzw. Ausübung des Untersuchungsobjekts sind. Sie beschreiben das Untersuchungsobjekt durch eindeutig operationalisierte Kriterien und reflektieren dessen Leistungsfähigkeit (vgl. Watson 1993, S. 75f.; APQC 1993, S. 7; ISACA 2001a, S. 25).[48] Die Kriterien werden als Führungsgrößen abgebildet, die empirisch-induktive Zusammenhänge zwischen den KEF aufzeigen (vgl. Legner 1999, S. 83, 108).

Brogli (1996, S. 18) definiert Führungsgrößen als eine Teilmenge von Kennzahlen, die stets auf Prozesse oder deren Ausübung bezogen sind und Managementrelevanz besitzen.[49] Sie stellen die KEF-Ausprägungen in den Reifegradstufen dar und beziehen sich auf unternehmensinterne Aspekte (Prozesssicht, die Anforderungen an die Gestaltung eines internen Mess- oder Bewertungssystems festlegt) oder unternehmensexterne Aspekte (Benchmarking-Sicht, die betriebsübergreifende Größen umfasst) (vgl. Brogli 1996, S. 18ff.).[50] Das Reifegradmodell für IT-Service-Kataloge fokussiert die unternehmensexterne Sicht.

Die Ausführung belegen, dass anhand der KEF und Führungsgrößen die Bewertungskriterien beschrieben werden. Die Bewertung selbst erfolgt über Reifegrade. Sie symbolisieren erreichbare Zustände im Reifegradmodell, für die Soll-Anforderungen hinterlegt sind. Der Soll- oder Zielzustand verkörpert den höchsten erreichbaren Reifegrad. Die darunter liegenden Reifegradstufen sind aufeinander aufbauend, also kumulativ angeordnet (vgl. CMMI Product Team 2002b, S. 13-15). Die Abfolge unterliegt einer strikt sequenziellen Reihenfolge (vgl. Niessink et al. 2005, S. 7ff.).

Das Reifegradmodell für IT-Service-Kataloge übernimmt diese Bewertungsform. Obwohl die kontinuierliche Sichtweise des CMMI die Reifemessung über Fähigkeitsgrade durchführt, setzt die Erreichung von Reifegraden die Existenz bestimmter Fähigkeiten voraus. Deshalb wird im Folgenden der Begriff Reifegrad und nicht Fähigkeitsgrad verwendet. Das ergänzt sich mit dem in der mittelständischen Praxis vorherrschenden Verständnis und stellt für den Anwendungskontext keinen Widerspruch dar. Jeder KEF besitzt eine festgelegte Anzahl an Reifegraden, die pro Führungsgröße definiert werden. Die Einzelausprägungen werden dann für die jeweiligen Reifegradstufen zusammengefasst und ergeben eine Gesamtaussage.

Abbildung 5-8 veranschaulicht den erläuterten Zusammenhang zwischen KEF, Führungsgröße und Reifegrad.

---

[48] Rehäuser (1999, S. 57) definiert KEF in Anlehnung an Rockart (1979, S. 85) und Boynton/ Zmud (1984, S. 17) sehr anschaulich als Faktoren, deren es besonderer Aufmerksamkeit bedarf und die maßgeblich für den Erfolg eines Unternehmensbereichs z.B. IT-Organisation sind.

[49] Das Verständnis spiegelt sich auch in der Definition von Legner (1999, S. 107) wieder, die Führungsgrößen als Zahlen beschreibt, die der Information und Vorhersage von quantifizierbaren interessierenden Sachverhalten dienen. Die Begriffe Führungsgröße und Kennzahl werden synonym verwendet.

[50] Ein ähnliches Vorgehen findet sich bei Bogan/English (1994), die die Führungsgrößen respektive Kennzahlen aus erfolgskritischen Bereichen ableiten.

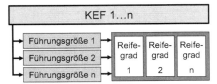

Abbildung 5-8: ***Zusammenhang von KEF, Führungsgrößen und Reifegraden***
(Quelle: Eigene Darstellung)

Basierend auf der Festlegung des strukturellen Modellaufbaus wurden im **2. Schritt** die KEF, Führungsgrößen und Reifegrade ausgestaltet. In Ermangelung geeigneter Vorgaben wurde eine Literaturanalyse durchgeführt, mit dem Ziel, mögliche Einflussfaktoren zur qualitativen Beurteilung von IT-Service-Katalogen zu ermitteln. Es wurden erste Vorschläge ausgearbeitet, die in mehreren Brainstorming-Sitzungen sukzessive weiterentwickelt wurden.

Zur visuellen Darstellung der Abgrenzungen und Zusammenhänge zwischen KEF und Führungsgrößen wurde ein Ishikawa-Diagramm verwendet (vgl. Abbildung 5-10). Anhand des Diagramms wurden Ergänzungen vorgenommen und die Trennschärfe zwischen KEF und Führungsgrößen verfeinert. Die Herausforderung lag in der Ermittlung inhaltlich verknüpfter Führungsgrößen, die gleichzeitig voneinander abgrenzbar sind (vgl. Brogli 1996, S. 18). Deshalb wurden für einzelne Führungsgrößen zusätzliche Beschreibungskriterien definiert. Insgesamt umfasst das Reifegradmodell sechs KEF und 26 beschreibende Führungsgrößen.[51]

Die Reifegradstufen wurden ebenfalls iterativ erarbeitet. Anhaltspunkte lieferten die Reifegradabstufungen der CobiT (vgl. ISACA 2000) und des CMMI (CMMI Product Team 2002a).[52] Obwohl die Benennung der Reifegradstufen in beiden Ansätzen leicht variiert, beinhalten sie im Wesentlichen die gleichen Aspekte. Die Herleitung der Reifegrade erfolgt in Kapitel 5.2.1.2.

Es folgte im **3. Schritt** ein Test des Reifegradmodells, indem für zwei Praxisunternehmen eine Reifegradbestimmung vorgenommen wurde. Getestet wurden Aussagekraft und Trennschärfe der KEF, Führungsgrößen und Reifegradstufen.

Die Erkenntnisse flossen im **4. Schritt** in eine Weiterentwicklung des Reifegradmodells. Anschließend wurde es im Rahmen der Durchführung eines Benchmarking-Vergleichs zur Analyse von IT-Service-Katalogen bei 16 Praxisunternehmen empirisch angewendet (vgl. Kapitel 5.2.2.3).

---

[51] Ergänzende Ausführungen zur Entwicklung des Reifegradmodells finden sich in der Arbeit von Zimmermann (2006), die in diesem Rahmen entstanden ist und von der Autorin inhaltlich betreut wurde.
[52] Weitere Anregungen zur Ausgestaltung lieferten (Rudolph et al. 2005; Tucher von Simmelsdorf 2000; van Loon 2007).

5.2.1.2 Inhaltliche Ausgestaltung der Bewertungskriterien des Reifegradmodells

Ausgehend von einem Überblick über die KEF werden sie einzeln mit ihren Führungsgrößen vorgestellt. Abschließend werden Anforderungen zur Ausgestaltung der Reifegrade bestimmt. Die inhaltliche Ausgestaltung wird am Beispiel eines KEF veranschaulicht.

Definition der KEF und Führungsgrößen

Erste Anhaltspunkte lieferte das Rahmenwerk ITIL, das beim Aufbau und Management von IT-Service-Katalogen nach den Sichtweisen Servicenehmer und Servicegeber differenziert (vgl. Office of Government Commerce 2007a, S. 61ff.). Dieser Ansatz wurde für das Reifegradmodell übernommen, indem die KEF beide Sichtweisen abdecken sollten. Das entspricht gleichermaßen einigen Anforderungen an die formale und inhaltliche Gestaltungsstruktur für IT-Services, so dass hierauf im Sinne einer umfassenden Modellgestaltung der Arbeit Bezug genommen wird. Abbildung 5-9 zeigt einen Überblick über die sechs KEF und ihre Zusammenhänge, die nachfolgend erläutert werden.

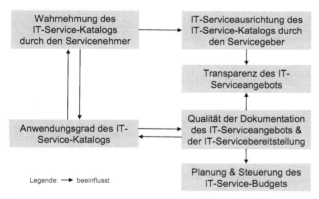

Abbildung 5-9:   ***Zusammenhänge der KEF***
(Quelle: Eigene Darstellung)

(1) Wahrnehmung des IT-Service-Katalogs durch den Servicenehmer

Ein zentraler Einflussfaktor für die Akzeptanz eines IT-Serviceangebots durch die Servicenehmer ist die Erfüllung ihrer Erwartungen und Anforderungen an die IT-Unterstützung. Denn das wirkt sich (un)mittelbar auf die subjektive Wahrnehmung der Leistungen und Leistungsfähigkeit der IT aus (vgl. Böhmann/Krcmar 2004, S. 8f.). Die Wahrnehmung kann durch die Integration der Servicenehmer in die Erstellungs- und Änderungsprozesse des IT-Serviceangebots und damit des IT-Service-Katalogs (positiv) beeinflusst werden (vgl. Office of Government Commerce 2007a, S. 61ff.; Tulowitzki 2000). Außerdem wird hierdurch die Katalogaktualisierung und die Strukturierung von erforderlichen Angebotsvarianten unterstützt (vgl. Ennemoser 2000, S. 515ff.).

Mit der Integration der Servicenehmer setzen sich diese aktiv mit ihren Bedarfen auseinander und entwickeln ein Verständnis über Zweck und Bedeutung des IT-Service-Katalogs, des Bedarfsermittlungsprozesses und der Leistungsfähigkeit der IT. Das kann sich auf den Nutzungs- bzw. Anwendungsgrad des Katalogs vor allem bei der Bestellung von IT-Services (Bedarfsäußerung) positiv auswirken (vgl. Victor/Günther 2005, S. 99; Traugott 2007, S. 88f.). Basierend auf den Erläuterungen ergeben sich sechs Führungsgrößen:

- Transparenz über die Leistungsfähigkeit der IT-Organisation.
- Integration der Servicenehmer in den Änderungsprozess des IT-Service-Katalogs.
- Ausprägung von Angebotsvarianten.
- Servicenehmerverhalten bei der Bedarfsäußerung.
- Vorgehen im Bedarfsäußerungsprozess.
- Nutzungsgrad des IT-Service-Katalogs

(2) IT-Serviceausrichtung des IT-Service-Katalogs durch den Servicegeber

Ein Stellhebel zur Steigerung der Wahrnehmung des IT-Service-Katalogs ist die durchgängige Serviceausrichtung der IT-Organisation, indem sie ihre Aufbau- und Ablauforganisation kundenorientiert aufstellt. Das fördert die Transparenz in den Prozessabläufen, in die vor allem die Servicenehmer involviert sind (vgl. Böhmann/Krcmar 2004, S. 8f.).

Zentraler Ausgangspunkt für die Umsetzung der IT-Serviceausrichtung besteht in der Strukturierung und Dokumentation des IT-Serviceangebots in einer für die Servicenehmer verständlichen und abgrenzbaren Form (vgl. Office of Government Commerce 2007a, S. 61ff.; Hochstein/Brenner 2006, S. 4ff.). Weiterhin ist die Ausrichtung des IT-Service-Katalogs auf die Geschäftsanforderungen abzustimmen (IT-Business-Alignment). Denn beide Aspekte fördern eine gezielte und bedarfsgerechte IT-Unterstützung der Geschäftsprozesse (vgl. McKeen/Smith 2003, S. 93-104; Ward/Peppard 2003, S. 44ff.). Die Bewertung der Bereitstellung der IT-Services erfolgt über Qualitätsmaße, die in Service-Levels und Service-Klassen definiert werden (vgl. Office of Government Commerce 2007a, S. 61ff.).

Mit der Umsetzung der IT-Serviceausrichtung eng verknüpft sind die bereits erwähnten Führungsgrößen *Integration der Servicenehmer in den Änderungsprozess des IT-Service-Katalogs*, *Bedarfsäußerung* sowie *Angebotsvarianten* aus KEF 1, da sich die Qualität des KEF 2 ebenfalls in der Wahrnehmung des IT-Service-Katalogs durch die Servicenehmer widerspiegelt (vgl. Ennemoser 2000, S. 515ff.). Hieraus leiten sich sechs Führungsgrößen ab:

- Kundenorientierung in den IT-Servicebeschreibungen.
- Ausprägung von Service-Levels.
- IT-Business-Alignment.
- Integration der Servicenehmer in den Änderungsprozess des IT-Service-Katalogs.
- Vorgehen im Bedarfsäußerungsprozess.
- Ausprägung von Angebotsvarianten.

5.2 Modellkomponente zur Strukturierung des IT-Serviceangebots

(3) Transparenz des IT-Serviceangebots

Ein Faktor zur Schaffung von Transparenz im IT-Serviceangebot ist die Messbarkeit von IT-Services über definierte Einheiten (vgl. Köhler 2005, S. 192ff.). Das unterstützt die quantitative (verursacherbezogene) Verbrauchserfassung und eine qualitative Nutzenvermittlung (vgl. Elsässer 2005, S. 84).

Ein transparentes IT-Serviceangebot schafft ebenso eine für alle Serviceakteure verständliche Vereinbarungsgrundlage für die IT-Bedarfserhebung und IT-Servicebereitstellung. Dazu ist der Kataloginhalt klar zu kommunizieren und für alle Serviceakteure zugänglich zu machen. Das bezieht sich insbesondere auf die Servicenehmer (vgl. Ennemoser 2000, S. 515ff.). Eine durchgängige Transparenz erlangt ein IT-Serviceangebot erst im Rahmen der Umsetzung der Serviceausrichtung in der IT (vgl. Sommer 2004, S. 93). Daraus ergibt sich eine enge Verknüpfung mit KEF 2. Insgesamt wurden vier Führungsgrößen herausgebildet:

- Eindeutige Messbarkeit der Einheit des IT-Services.
- Verursachungsgerechte Verbrauchsermittlung.
- Kommunikation des IT-Serviceangebots.
- Transparenz der IT-Leistungsfähigkeit.

(4) Qualität der Dokumentation des IT-Serviceangebots und der IT-Servicebereitstellung

Eine Voraussetzung für Transparenz im IT-Serviceangebot ist dessen Explikation in einem IT-Service-Katalog, was eine Verbindung zum KEF 3 herstellt. An die Dokumentation werden qualitative Anforderungen gestellt, die sich als Führungsgrößen formulieren lassen. Dazu gehört die inhaltliche Konsistenz und Detaillierung, um das offerierte IT-Servicespektrum vollständig in einer kundenorientierten Form zu erfassen (vgl. Böhmann/Krcmar 2004, S. 8f.). Die inhaltliche Beschreibung basiert auf formalen Gestaltungskriterien, die eine einheitliche Strukturierung und ein Zurechtfinden im IT-Serviceangebot ermöglichen (vgl. Rudolph et al. 2008a, S. 145f.). Das lässt sich mit der eindeutigen Darstellung des Leistungsergebnisses für IT-Services und der Klärung von Verantwortlichkeiten für den IT-Service-Katalog erhöhen, da hiermit eine Nutzenvermittlung in der IT-Servicebereitstellung unterstützt wird.

In der Dokumentation ist ebenfalls die Verständlichkeit der IT-Servicebeschreibungen, vor allem für die Servicenehmer, sicherzustellen (Böhmann/Krcmar 2004, S. 8f.; Office of Government Commerce 2007a, S. 60ff.). Denn die Qualität der Dokumentation beeinflusst den Anwendungsgrad des IT-Service-Katalogs (KEF 5), vice versa lässt sich hieraus mitunter auf die Dokumentationsqualität schließen. Das wird zu sechs Führungsgrößen zusammengefasst:

- Inhaltliche Struktur, Konsistenz, Detaillierungsgrad des IT-Service-Katalogs.
- Formale Struktur, Granularität, Vollständigkeit des IT-Service-Katalogs.
- Transparenz über IT-Services.
- Klare Beschreibung des IT-Serviceergebnisses.
- Verständlichkeit der IT-Servicebeschreibung.
- Verantwortlichkeiten für die Erstellung des IT-Service-Katalogs.

(5) Anwendungsgrad des IT-Service-Katalogs

Die Qualität des IT-Service-Katalogs in Beschreibung und Umfang (KEF 4) zeigt sich vor allem in dessen Nutzungsgrad (vgl. z.B. Victor/Günther 2005, S. 96, 99, 101). Das wird u.a. von der Wahrnehmung des Katalogs bei den Servicenehmern und der zu Grunde liegenden Verbindlichkeit der Nutzung beeinflusst. Letztere kann durch fachliche IT-Vorgaben verpflichtend geregelt werden. Inwieweit derartige Regelungen von den Servicenehmern bei der Bedarfsäußerung berücksichtigt werden (müssen), kann bewertet werden.

Der Nutzungsgrad des IT-Service-Katalogs hängt gleichermaßen von dessen ablauf- und aufbauorganisatorischer Verankerung in der IT-Organisation wie im Unternehmensumfeld ab. Denn mit einer reibungslosen Integration des Katalogs in die täglichen Arbeitsabläufe der Nutzer (d.h. Servicenehmer) kann eine „gelebte" Anwendung erreicht werden. Das wirkt sich auf die Wahrnehmung des Katalogs und ggf. auf die Leistungsfähigkeit der IT aus (KEF 1). Es ergeben sich hieraus zwei Führungsgrößen:

- Durchsetzung/Umsetzung von fachlichen bzw. strategischen Vorgaben der IT.
- Verbindlichkeit der IT-Vorgaben und organisatorische Verankerung der Servicestruktur in der IT.

(6) Planung und Steuerung des IT-Service-Budgets

Die IT-Servicebereitstellung verursacht Kosten, die durch ein Budget abzudecken sind. Die Planung und Steuerung der Budgetverteilung und die Verrechnung der Bereitstellungskosten greifen auf die im IT-Service-Katalog hinterlegten Preise bzw. Kostensätze zurück (vgl. Böni et al. 1999, S. 486ff.; Scherz 1998).

Voraussetzung für die Zuordnung sind dokumentierte und beschriebene IT-Services (KEF 4). Hierdurch wird bspw. die Einzelverrechnung auf dedizierte Verursacher unterstützt (vgl. Ennemoser 2000; Office of Government Commerce 2007a, S. 64f.). Die Fähigkeit der verursachungsbezogenen Verrechnung der IT-Services zeugt von einer durchgängigen IT-Serviceausrichtung. Hieraus werden zwei Führungsgrößen abgeleitet:

- Verrechnung des Servicebudgets auf Basis einzelner IT-Services.
- Verrechnung des Servicebudgets auf Basis einzelner Verursacher.

Mit der Herleitung der Führungsgrößen wurden Bedeutung und Zusammenhänge der ausgewählten KEF wie auch der Führungsgrößen für das Reifegradmodell dargelegt. In Abbildung 5-10 sind alle Bewertungskriterien in einem Ishikawa-Diagramm zusammengefasst.

Das Diagramm verdeutlicht die Einwirkung der KEF (als hellgraue Rechtecke) auf die Reifegradbewertung für IT-Service-Kataloge. Die beschreibenden Führungsgrößen jedes KEF werden anhand der horizontal ausgerichteten Pfeile dargestellt. Zur Erhöhung der Nachvollziehbarkeit und Detaillierung der Führungsgrößen werden sie vereinzelt durch ergänzende Beschreibungskriterien inhaltlich präzisiert. Das wird mittels der schräg stehenden Pfeile visualisiert.

5.2 Modellkomponente zur Strukturierung des IT-Serviceangebots 171

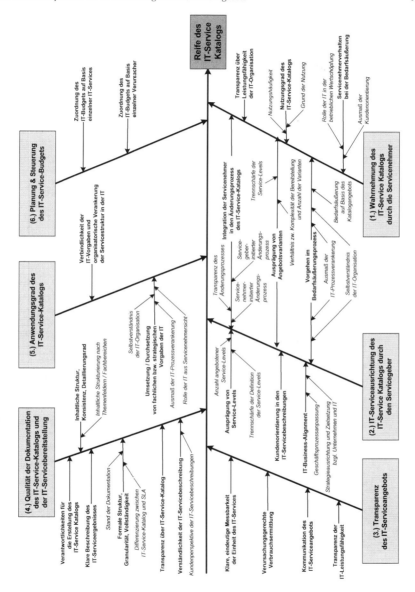

Abbildung 5-10: *Inhaltliche Ausgestaltung von KEF und Führungsgrößen*
(Quelle: Eigene Darstellung in Anlehnung an (Zimmermann 2006))

Definition der Reifegrade

Zur Strukturierung und Beschreibung der Reifegrade diente das Reifegradmodell der CobiT als Grundlage. Es basiert im Wesentlichen auf der kontinuierlichen Sichtweise des CMMI, obgleich die Bewertung nicht anhand von Fähigkeitsgraden, sondern mittels Reifegrade erfolgt (vgl. ISACA 2000, S. 11). Im Mittelpunkt der Reifegradmessung stehen IT-Governance-Strukturen im Rahmen von IT-Servicemanagement-Prozessen. Auf Grund der thematischen Ähnlichkeit erwies es sich für die Anwendung auf IT-Service-Kataloge als geeignet. Die dort formulierten Reifegradstufen und -ausprägungen wurden adaptiert.

Die CobiT gliedert die Bewertung auf sechs Reifegradstufen. Die höchste erreichbare Stufe *Optimized* beschreibt den Zielzustand, an dem sich die Ausgestaltung der anderen Stufen ausrichtet. Für die 1. Stufe *Non-Existent* sind keine Soll-Anforderungen zur Erreichung des Zielzustands hinterlegt, da es die geringst mögliche Ausprägung, nämlich nicht vorhanden, beinhaltet (vgl. ISACA 2000, S. 11f.). Faktisch bedeutet das, dass zur Bewertung der 34 CobiT-Prozesse nur fünf Reifegrade (1 bis 5) einbezogen werden. Dieses Verständnis wurde dem Reifegradmodell für IT-Service-Kataloge zu Grunde gelegt, indem ausschließlich die vergleichsrelevanten Reifegradstufen ausformuliert wurden.

Abbildung 5-11 fasst die sechs Stufen des CobiT-Reifegradmodells in Pyramidenform zusammen. Ergänzt wird die Darstellung mit generischen Beschreibungen zu jeder Reifegradstufe (vgl. ISACA 2000, S. 11, 2001b, S. 15f.).

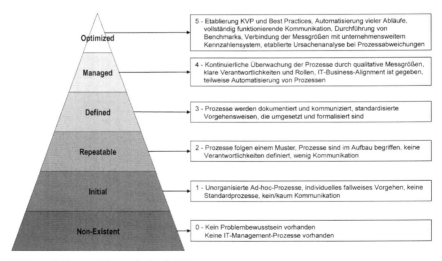

Abbildung 5-11: **Reifegrade der CobiT**
(Quelle: Eigene Darstellung in Anlehnung an (ISACA 2000, S. 11, 2001b, S. 15f.))

5.2 Modellkomponente zur Strukturierung des IT-Serviceangebots

Auf Basis der Abstufung in der CobiT wurden die Reifegrade zur Bewertung von IT-Service-Katalogen inhaltlich ausgestaltet. Es wurden für alle Reifegrade Ausprägungen für jede Führungsgröße jedes KEF definiert. Diese Detaillierung zielt auf die Ermittlung qualitativ höherer und tiefergehender Aussagen.

Zielsetzung der CobiT-Orientierung bildete die Adaption bereits überprüfter Zustände für eine Reifegradbewertung. Für eine inhaltliche Ausformulierung ist die Stabilität der Zustände grundlegende Voraussetzung, damit die Gleichmäßigkeit ihrer Erreichbarkeit erhalten bleibt. Das Vorgehen erinnert an die Vorgaben für Messabstände von Intervallskalen (vgl. Bortz/Döring 2005, S. 71f.). Unter Beachtung dieses Aspekts wurden für fünf KEF fünf Reifegrade ausformuliert, während sich für den KEF *Anwendungsgrad des IT-Service-Katalogs* nur vier stabile Reifegrade abgrenzen ließen. Inkonsistenzen in der Bewertung ergaben sich nicht, da die Ermittlung der Reife für jeden KEF separat erfolgt.

Um die Reifegraddefinition einheitlich zu gestalten und die Einordnung in die Reifegrade zu erleichtern, wurden Anforderungen an die Abgrenzung der Reifegrade festgelegt (vgl. Rudolph et al. 2005, S. 156f.):

- Die Reifegrade sind klar voneinander abgrenzbar zu formulieren. Es muss ersichtlich sein, wann eine nächsthöhere Reifegradstufe erreicht wird. Im Reifegradmodell für IT-Service-Kataloge wurden für jede Führungsgröße Reifegradausprägungen erfasst.
- Die Ausprägungen der Reifegradstufen bauen inhaltlich aufeinander auf. Das vom CMMI verwendete Vorgehen erlaubt es, die Reifegrade im Sinne eines kontinuierlichen Verbesserungsprozesses zu durchlaufen. Für das vorliegende Modell wurden die Reifegrade kumulativ von null (nicht vorhanden) bis fünf (höchste Stufe) angeordnet. Gemäß der Ausführungen der CobiT wird die geringste Stufe jedoch nicht ausformuliert.
- Die Ausprägungen der Reifegrade sind als stabile Zustände zu definieren, um eine eindeutige Zuordnung der Ist-Zustände zu den Reifegradstufen vorzunehmen. Aus diesem Grund wurden für einen der sechs KEF vier statt fünf Reifegrade definiert.

Die Umsetzung der Anforderungen und die Ausgestaltung der generischen Reifegradstufen wird exemplarisch für den KEF 6 *Planung und Steuerung des IT-Service-Budgets* gezeigt (Abbildung 5-12). Die Ausgestaltung der anderen fünf KEF ist in Anhang C hinterlegt.

Der Reifegrad jedes KEF bestimmt sich aus der Summe der einzelnen Reifegradeinordnungen seiner Führungsgrößen. Letztere können sich im Falle einer praktischen Anwendung mitunter allesamt unterscheiden. Um eine Gesamtbewertung des KEF zu ermöglichen, gilt im Sinne des (einfachen) Mehrheitsprinzips diejenige Reifegradstufe als erreicht, auf der die meisten Reifegradausprägungen der Führungsgrößen liegen. Das sollte durch die übrigen Ausprägungen bestätigt werden. Sollten die Reifegrade der einzelnen Führungsgrößen weit auseinander liegen, wird der Mittelwert der Reifegradausprägungen ermittelt. Zur zusätzlichen Plausibilisierung des Vorgehens ist die Reifegradeinordnung jedes KEF argumentativ zu begründen, um die Nachvollziehbarkeit der Bewertung zu erhöhen.

KEF	Reifegrad	Führungsgröße	Ausprägungen der Führungsgrößen
Planung und Steuerung des Service-Budgets	1	Verrechnung des Budgets auf Basis einzelner Services	Es erfolgt keine Verrechnung auf einzelne IT-Services, das bereitgestellte Serviceangebot wird als unteilbarer Kostenfaktor betrachtet.
		Verrechnung des Budgets auf Basis einzelner Verursacher	Es erfolgt keine Verrechnung der IT-Services auf einzelne Verursacher (Servicenehmer), die Deckung der IT-Kosten erfolgtkomplett über IT-Budget.
	2	Verrechnung des Budgets auf Basis einzelner Services	Es wird nicht über einzelne IT-Services verrechnet. Die IT-Kosten werden auf zusammengefasste Leistungsumfänge wie z.B. Projekte aufgeschlüsselt.
		Verrechnung des Budgets auf Basis einzelner Verursacher	Es erfolgt keine verursachungsbezogene Verrechnung. Die IT-Kosten werden größtenteils mittels Verteilungsschlüssel an die Servicenehmer verrechnet.
	3	Verrechnung des Budgets auf Basis einzelner Services	Für einzelne (v.a. projektbezogene) IT-Services erfolgt bereits eine möglichst verursachungsbezogene Verrechnung. Größtenteils werden die IT-Services über differenziertere Leistungsumfänge (z.B. Aufteilung in verschiedene Infrastrukturbestandteile) verrechnet.
		Verrechnung des Budgets auf Basis einzelner Verursacher	Direkt zuordenbare IT-Kosten werden auf die jeweiligen Servicenehmer verrechnet. Nicht direkt zuordenbare IT-Kosten werden über das IT-Budget oder per Umlageverfahren verrechnet.
	4	Verrechnung des Budgets auf Basis einzelner Services	Die Verrechnung der IT-Kosten erfolgt für den Großteil der angebotenen IT-Services verursachungsbezogen. Die übrigen IT-Services werden über sehr differenzierte Leistungsumfänge verrechnet.
		Verrechnung des Budgets auf Basis einzelner Verursacher	Die Verrechnung der IT-Kosten erfolgt für den Großteil der Servicenehmer verursachungsbezogen, ansonsten wird per Umlageverfahren verrechnet.
	5	Verrechnung des Budgets auf Basis einzelner Services	Die IT-Organisation kann den Servicenehmern aufgeschlüsselt nach IT-Services den Verbrauch der bereitgestellten IT-Services verursachungsbezogen verrechnen.
		Verrechnung des Budgets auf Basis einzelner Verursacher	Die verursachungsbezogene Verrechnung wird für jeden Servicenehmer durchgeführt.

Abbildung 5-12: *Reifegradestufen und -ausprägungen des KEF „Planung und Steuerung des IT-Service-Budgets" aus dem Reifegradmodell für IT-Service-Kataloge*
(Quelle: Eigene Darstellung in Anlehnung an (Zimmermann 2006))

5.2.1.3 Empirische Anwendung des Reifegradmodells

Nachfolgend wird die Anwendung des Reifegradmodells für IT-Service-Kataloge am praktischen Beispiel eines durchgeführten Benchmarking-Vergleichs aufgezeigt.

Die Zielsetzung der Erprobung bestand in der Identifikation von Verbesserungsvorschlägen zur Verfeinerung und Weiterentwicklung des Reifegradmodells. Zur Teilnahme konnten 16 Unternehmen aus dem IT-Manager-Netzwerk CIO-Circle gewonnen werden, von denen elf Unternehmen als mittelständisch gemäß dem Begriffsverständnis der Arbeit bezeichnet werden können (vgl. Kapitel 4.1.1.5). Die Teilnehmer entstammen sehr unterschiedlichen Branchen. Dazu gehören Maschinenbau, Handel, IT-Dienstleistung, Finanzdienstleistung, Feinmechanik/Elektronik, Nahrungsmittel, Automobilzulieferer, öffentliche Ver- und Entsorgung, Verlagswesen und Logistikdienstleistungen. Die empirische Anwendung orientierte sich im Wesentlichen an den Schritten einer Benchmarking-Studie (vgl. z.B. Leibfried/McNair 1996; Camp 1989; Watson 1993; APQC 1993). Abbildung 5-13 zeigt das Vorgehen im Überblick.

5.2 Modellkomponente zur Strukturierung des IT-Serviceangebots

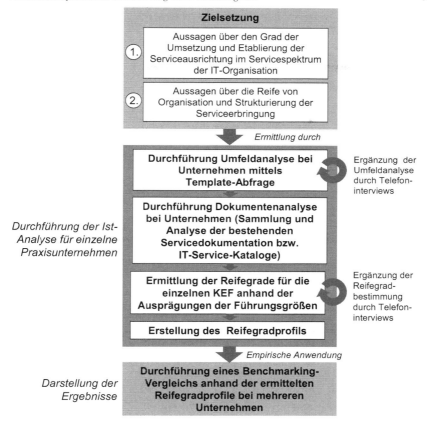

Abbildung 5-13: *Vorgehen zur empirischen Anwendung des Reifegradmodells*
(Quelle: Eigene Darstellung)

Ausgangspunkt ist die Planung des Benchmarking-Vergleichs. Das inkludierte die Auswahl der Vergleichspartner und die Festlegung der Zielsetzung. Letzteres war zentral für die strukturelle Ausgestaltung des Vergleichs und die Wahl der Vorgehensschritte. Die Studie umfasste die zwei Phasen *Umfeldanalyse* und *Reifegrad-Analyse*.

Der Schwerpunkt der Umfeldanalyse bestand in der Ermittlung von Umfeldwissen, das zur Interpretation der Reifegradeinordnung herangezogen wurde. Es lieferte außerdem die Grundlage für eine Größenkategorisierung der Benchmarking-Partner, um die Darstellung der Ergebnisse zu strukturieren. Nach der Festlegung von Zielsetzung und Vorgehen folgten die Erhebung und Auswertung des Datenmaterials. Beide Aspekte wurden zunächst im Rahmen der Umfeldanalyse und anschließend für die Reifegrad-Analyse durchlaufen.

Für die *Umfeldanalyse* wurde in **Schritt 1** ein standardisierter Fragebogen in Template-Form erarbeitet, der zur Beantwortung an die 16 Benchmarking-Teilnehmer versandt wurde (vgl. Anhang D). Der Fokus der Umfeldanalyse lag auf der Ermittlung von:

- Grundlegenden Unternehmensdaten (z.B. Größe, Anzahl IT-Nutzer).
- Stand und Umfang der IT-Servicedokumentationen.
- Organisatorische Verankerung des IT-Service-Katalogs.
- Grad der IT-Serviceausrichtung.
- Nutzung von IT-Servicemanagement-Rahmenwerken.
- Kommunikations- und Änderungsprozess für den IT-Service-Katalog.
- Bedarfsermittlung und Erbringung von IT-Services.
- Verrechnung der IT-Services.

Zur Auswertung der 16 zurückgeschickten Fragebögen wurden mit 12 Vergleichspartnern ergänzend telefonische Interviews durchgeführt, um Unklarheiten und ungenaue Angaben zu beseitigen und zusätzliche Informationen zu erhalten. Auf dieser Grundlage wurde aus Gründen der differenzierteren Auswertung die größenbezogene Kategorisierung vorgenommen. Abweichend von typischen Größenkategorien wurde nicht die Anzahl der Mitarbeiter oder der Umsatz herangezogen, sondern die Anzahl der betreuten IT-Nutzer. Das begründete sich aus der großen Heterogenität der Teilnehmergruppe bezogen auf die Branche und Bedeutung der IT. Mit der Kategorisierung wurden Brancheneffekte ausgeblendet, indem nur diejenigen Mitarbeiter erfasst wurden, die von der IT-Organisation betreut werden und das IT-Serviceangebot nutzen. Außerdem interessierte für die Reifegrad-Analyse ausschließlich der Anwenderkreis der IT-Service-Kataloge. Daher erwies sich die gewählte Kategorisierung als aussagekräftigere Bezugsgröße. Es wurden drei Größenklassen (groß, mittel, klein) gebildet. Die Abgrenzung zueinander wurde in Anlehnung an die ermittelten Größenwerte so gewählt, dass zahlenmäßig annähernd gleich große Kategorien entstanden. Das sollte die Vergleichbarkeit zueinander erhöhen. Tabelle 5-1 fasst die Größenverteilung zusammen.

Kategorien nach Anzahl IT-Nutzer	Anzahl der Vergleichspartner	Prozentuale Verteilung der Vergleichspartner
Klein (< 1.000 IT-Nutzer)	4	25 %
Mittel (1.000 bis 2.000 IT-Nutzer)	6	37,5 %
Groß (> 2.000 IT-Nutzer)	6	37,5 %

Tabelle 5-1: ***Verteilung der Benchmarking-Teilnehmer nach Anzahl IT-Nutzer***
Quelle: Eigene Darstellung in Anlehnung an (Zimmermann 2006)

Die Ergebnisse der Umfeldanalyse wurden mit den Benchmarking-Teilnehmern in einem Workshop diskutiert.

Im Anschluss an die Umfeldanalyse wurden in **Schritt 2** im Rahmen der Reifegrad-Analyse Dokumentationen der Vergleichspartner gesammelt, die im Bereitstellungsprozess der IT-Services verwendet wurden. Dazu gehörten IT-Service-Kataloge, einzelne IT-Service- und Service-Level-Beschreibungen, SLA-Vertragsdokumente oder Kennzahlenbeschreibungen.

Das Datenmaterial unterschied sich in Umfang und Tiefe erheblich, so dass es im Rahmen der Auswertung in **Schritt 3** zwecks Vergleichbarkeit zunächst aufbereitet und strukturiert werden musste. Anhand der Dokumente sowie der Ergebnisse der Umfeldanalyse wurden die Reifegradausprägungen für jeden Vergleichspartner ermittelt. Es wurde ein weiterer Forscher eingebunden, um die Intersubjektivität der Einordnungen zu erhöhen. Sie wurden deshalb argumentativ begründet. Abweichende Einordnungen wurden diskutiert und abgestimmt. Im Falle von Einordnungsschwierigkeiten erfolgt die Klärung mit den jeweiligen Vergleichspartnern in Telefoninterviews.

Im letzen **Schritt 4** wurden die Ergebnisse der Reifegrad-Analyse den Vergleichspartnern in einem weiteren Workshop vorgestellt. Dabei wurde ein Erfahrungsaustausch zwischen den Teilnehmern angestoßen, um die ermittelten Good und Best Practices gemeinsam zu erörtern.

Mit Hilfe der vier Schritte wurden objektive Aussagen über die Reife der IT-Service-Kataloge ermittelt, die sich im Wesentlichen mit den Eindrücken der Vergleichspartner hinsichtlich ihrer erwarteten Positionierung deckten. Anhand des Vorgehens konnten die Reifegradstufen hinsichtlich der Abgrenzbarkeit und des sequenziellen Ablaufs im konkreten Anwendungsfall mit einer größeren Teilnehmergruppe empirisch angewendet und validiert werden.

5.2.1.4 Zentrale Ergebnisse der Reifegrad-Analyse

Es werden zentrale Ergebnisse des Benchmarking-Vergleichs vorgestellt, um weitere Hinweise für die inhaltliche Ausgestaltung von IT-Service-Katalogen abzuleiten.[53]

KEF 1: Wahrnehmung des IT-Service-Katalogs durch die Servicenehmer

Bei zwei Drittel der Teilnehmer wurde ein Verbesserungsbedarf in der Wahrnehmung der Servicenehmer ermittelt. Das unzureichende Verständnis zeigt sich ebenso bei der Äußerung von Bedarfen. Sie erfolgt bei zehn Vergleichspartnern situativ ohne Rückgriff auf mögliche Katalogangebote, welche bei sechs Unternehmen dokumentiert sind. Die IT-Organisation in elf Unternehmen stellt die angeforderten Bedarfe hingegen ausschließlich aus dem bestehenden IT-Serviceangebot bereit. Abbildung 5-14 veranschaulicht diese scheinbare Diskrepanz in Transparenz und Kommunikation.

---

[53] Eine ausführliche Darstellung der Ergebnisse findet sich in der Masterarbeit von Zimmermann (2006), die im Rahmen der vorliegenden Arbeit durchgeführt wurde.

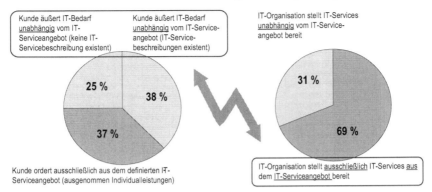

Abbildung 5-14: ***Gegenüberstellung von Bedarfsäußerung und -bereitstellung***
Quelle: Eigene Darstellung)

Das ist einerseits mit unzureichenden und unverständlichen Dokumentationen begründbar, die bei vielen Vergleichspartnern sehr technisch formuliert sind. Daraus entsteht ein erhöhtes Kommunikationsbedürfnis, was jedoch meist vernachlässigt wird. Ist ein kundenorientiertes IT-Serviceangebot existent, fehlt die Verbindlichkeit oder der Mehrwert einer Nutzung. Andererseits stellt die IT-Organisation einiger Vergleichspartner den Servicenehmern das Katalogangebot gar nicht zur Verfügung, was sich mit der bisher fehlenden Dokumentation oder der gelebten Vorgehensweise begründen lässt. Das wird verstärkt, indem 13 Vergleichspartner die Servicenehmer nicht aktiv in den Erstellungs- oder Änderungsprozess des IT-Service-Katalogs einbinden.

Die genannten Gründe führen bei den Servicenehmern zu einer Intransparenz und einem Unverständnis über das Verhalten der IT-Organisation (Bereitstellung der IT-Bedarfe aus dem bestehenden IT-Serviceangebot). Das fördert meist überzogene Erwartungshaltungen an die IT-Servicebereitstellung. Dennoch erfolgt bei sechs Vergleichspartnern die Bedarfsäußerung der Servicenehmer strukturierter unter Rückgriff auf das bestehende IT-Serviceangebot. Das wird von der IT-Organisation häufig eingefordert, indem die Nutzung der IT-Servicedokumentationen durch eine zwingend toolgestützte IT-Bedarfserhebung oder durch eine Prozessintegration in die Abläufe der Servicenehmer sichergestellt wird.

KEF 2: IT-Serviceausrichtung des IT-Service-Katalogs durch den Servicegeber

Ein Grund der mangelnden Wahrnehmung der Servicenehmer (KEF 1) besteht in der unzureichenden IT-Serviceausrichtung der IT-Organisation. Obwohl alle Vergleichspartner die Bedeutung einer IT-Serviceausrichtung erkannt haben und die meisten bereits Teile von Rahmenwerken und Normen (z.B. ITIL, ISO 20000) einsetzen, orientiert sich die Strukturierung des IT-Service-Katalogs nur bei vier Unternehmen an dedizierten IT-Services oder den unterstützten Geschäftsprozessen. Bei 12 Unternehmen erfolgt dies nach dem organisatorischen Aufbau der IT-Organisation. Das führt zu technisch-orientierten Dokumentationen für den IT-internen Gebrauch, ohne dass ein IT-Service-Katalog existiert. Zwei Unternehmen besitzen

5.2 Modellkomponente zur Strukturierung des IT-Serviceangebots

keinerlei Dokumentationen. Die Folge ist, dass sich das IT-Serviceangebot mitunter nicht an aktuellen Geschäftsanforderungen ausrichtet, sondern eher an mittelfristig fixierten IT-Zielen. Hier besteht bei allen Vergleichspartnern Verbesserungsbedarf.

Nachweise zur Erfüllungsqualität der IT-Servicebereitstellung mittels Service-Levels werden bei den Vergleichspartnern selten konkret vereinbart. Das resultiert vor allem in überzogenen Erwartungshaltungen der Servicenehmer. Der Vergleich hat ebenfalls gezeigt, dass das Begriffsverständnis über SLA, IT-Services und IT-Service-Kataloge sehr unterschiedlich ist und dementsprechend gelebt wird. Das erschwert nicht nur die Kommunikation zwischen den Serviceakteuren, sondern auch die im Rahmen der empirischen Anwendung.

Die Diversifizierung des IT-Serviceangebots umfasst eine geringe Spanne an Angebotsvarianten einzelner IT-Services. Das wird von den Vergleichspartnern vorrangig mit Standardisierungsbemühungen begründet, da eine hohe Angebotsvielfalt vor dem Hintergrund einer starken Ressourcenbegrenzung gar nicht erbracht werden könnte. Ein weiterer Grund besteht in der fehlenden Vermittlung und Kommunikation des IT-Serviceangebots an die Servicenehmer, die bestehende Wahlmöglichkeiten gar nicht kennen.

KEF 3: Qualität der Dokumentation des IT-Service-Katalogs und der IT-Servicebereitstellung

Zehn Vergleichspartner dokumentieren ihr IT-Serviceangebot meist unvollständig mit einem geringen Detailgrad und überwiegend technisch ausgerichtet. Lediglich ein Vergleichspartner gibt an, die IT-Services vollständig und ausführlich beschrieben zu haben. Vollständig dokumentiert, d.h. aufgelistet und in Eckpunkten beschrieben, sind die IT-Services bei zwei Vergleichspartnern, wobei sie von den Unternehmen als „schlanke IT-Service-Kataloge" bezeichnet werden. Die Formulierung des IT-Serviceangebots in dedizierter Katalogform haben bisher nur fünf Vergleichspartner in sehr unterschiedlichem Ausmaß umgesetzt.

Die IT-Servicebeschreibungen liegen als Präsentationen oder knapp beschriebene Auflistungen der IT-Services vor. Das ermöglicht einen schnellen Überblick und eine einfache Handhabung, gibt aber keinen Einblick in den angebotenen IT-Serviceumfang. Ein Vergleichspartner begründet die Herangehensweise damit, dass die Servicenehmer mit ihrem geringen IT-Verständnis detaillierte Informationen als kontraproduktiv empfinden würden. Der Großteil der Vergleichspartner verfügt nur über einzelne IT-Servicebeschreibungen. Tabelle 5-2 fasst die Ausführungen zusammen.

Ein ähnliches Bild ergibt die Betrachtung der formalen IT-Servicestrukturierung. Bei 14 Vergleichspartnern werden Benennung und Beschreibung der IT-Serviceumfänge, Qualitätsparameter, Leistungsergebnisse oder Mitwirkungs- und Berichtspflichten der Serviceakteure uneinheitlich und sehr fragmentarisch erfasst. Hiervon grenzen sich zwei Unternehmen ab, deren formale und inhaltliche IT-Servicestrukturierung in Katalogform für den Teil der dokumentierten IT-Services bereits umfassend erfolgt. Die zentralen IT-Services sind weitestgehend kundenorientiert gestaltet.

	Bisher keine Dokumentation vonr IT-Services oder nur „Fragmente"	Ca. 50% der IT-Services dokumentiert und in zentralen Eckpunkten erfasst	Ca. 50% der IT-Services dokumentiert und ausführlich erfasst	Alle IT-Services dokumentiert und in Eckpunkten erfasst	Alle IT-Services dokumentiert und ausführlich erfasst
Anzahl der Teilnehmer	4	6	3	2	1

Tabelle 5-2: **Umsetzung der Dokumentation des IT-Serviceangebots**
(Quelle: Eigene Darstellung)

Das umfasst Angaben zur IT-Servicebereitstellung wie z.B. Leistungsergebnis, Service-Levels, IT-Servicebeschreibungen, Verantwortlichkeiten oder Messgrößen. Beide Unternehmen lassen das IT-Serviceangebot in Teilen durch externe Outsourcing-Dienstleister erbringen, so dass im Zuge der Vertragsgestaltung die Erstellung des IT-Service-Katalogs erfolgte. Diese Teile sind in der Regel umfassend dokumentiert, da sie einen Vertragsbestandteil darstellen. Die im Rahmen der Reifegrad-Analyse untersuchten Dokumentationen wurden als mögliche Anhaltspunkte in die Ausgestaltung der exemplarischen IT-Servicebeschreibung einbezogen (vgl. Kapitel 5.2.2.1).

KEF 4: Transparenz des IT-Serviceangebots

Die Ergebnisse des KEF 4 stehen in enger Verknüpfung zu den KEF 1 bis 3. Transparenz über das IT-Serviceangebot besteht bei zwei Unternehmen auf Grund der kundenorientierten Beschreibung des IT-Serviceangebots für die Servicenehmer. Das schafft eine Grundlage für eine gemeinsame Kommunikation zwischen den Serviceakteuren. Doch nur zwei Vergleichspartner nutzen den Stellhebel, um die Akzeptanz und Anwendung des IT-Service-Katalogs zu fördern. 14 Vergleichspartner können wegen fehlender oder unzureichender Dokumentationsstände zum IT-Serviceangebot nur wenig Transparenz bei den Servicenehmern schaffen.

Liegen Dokumentationen vor, wird den Servicenehmern der Zugriff zwar faktisch ermöglicht, nicht aber aktiv gefördert. Die Nutzung erfolgt meist auf Eigeninitiative der Servicenehmer. Bei drei Unternehmen wird zur Erhöhung der Transparenz eine verursachungsbezogene Verbrauchsermittlung auf Basis der abgegrenzten IT-Services durchgeführt. Die Mehrheit der Vergleichspartner weist deutliche Verbesserungspotenziale auf.

KEF 5: Anwendungsgrad des IT-Service-Katalogs

Die unzureichende Dokumentation des IT-Serviceangebots, die mangelnde Kundenorientierung in der IT-Servicebeschreibung und die fehlende Wahrnehmung bei den Servicenehmern führt bei zehn Vergleichspartnern zu einem geringen Anwendungsgrad des IT-Service-Katalogs, sofern vorhanden. Darüber hinaus besitzen die IT-Service-Kataloge nicht die erforderliche Verbindlichkeit bei den Servicenehmern oder die notwendige organisatorische Verankerung in den Bereitstellungsprozessen. Sechs Vergleichspartner führen das bspw. auf eine mangelnde Kommunikation und eine unzureichende Zugriffsmöglichkeit der Servicenehmer auf die Dokumentationen zurück.

Die fehlende Kenntnis führt zur Umsetzung von Ausnahmen in der IT-Servicebereitstellung, da die Steuerungsmöglichkeiten zur Einhaltung der fachlichen IT-Vorgaben nur bedingt eingesetzt werden. Außerdem lassen sich die Gründe für eine Einhaltung der Vorgaben somit nur sehr schwer vermitteln. Bei sechs Vergleichspartnern werden die für das IT-Serviceangebot geltenden fachlichen IT-Vorgaben (z.B. Ausstattungsvarianten, Sicherheitsvorgaben) weitestgehend eingehalten. Hier besteht gleichermaßen ein höherer Nutzungsgrad des IT-Service-Katalogs. Ein Vergleichspartner begründet die Erreichung der hohen Nutzung mit organisatorischem Zwang.

KEF 6: Planung und Steuerung des IT-Service-Budgets

Der Dokumentationsgrad (KEF 4) beeinflusst auch den Aufwand und die Genauigkeit der Verrechnung von IT-Services. Durch unvollständige Dokumentation des IT-Serviceangebots fehlt den Vergleichspartnern eine transparente Verrechnungsgrundlage.

Obwohl die verursachungsbezogene Verrechnung vom Großteil der Vergleichspartner angestrebt wird, können bisher nur die Projektkosten verursachungsbezogen ermittelt werden, während die Kosten aus der IT-Unterstützung des operativen Tagesgeschäfts, der Bereitstellung von IT-Infrastruktur- sowie die Gemeinkosten meist per Umlageverfahren mittels pauschalem Verrechnungsschlüssel auf die Verursacher (in der Regel die Servicenehmer) verteilt werden. Zwei Vergleichspartner verrechnen die angebotenen IT-Services verursachungsbezogen, indem sie die Preise der einbezogenen Outsourcing-Dienstleister an die Servicenehmer weitergeben. Die Verrechnungspreise sind somit sehr transparent.

Zusammenfassung

Die Verbesserungsbedarfe aus dem Benchmarking-Vergleich erstrecken sich vornehmlich auf die formale und inhaltliche Strukturierung und Beschreibung des IT-Serviceangebots. Denn das ist Voraussetzung oder wesentlicher Einflussfaktor für die Umsetzung vieler Führungsgrößen und KEF. Als Gründe einer bisher unzureichenden Umsetzung der IT-Serviceausrichtung werden die schwierige personelle, zeitliche und kostenbezogene Ressourcenfreistellung und -beschaffung, vor allem von den mittelständischen Unternehmen, genannt. Das resultiert aus der mangelnden Unterstützung der GF, die den Mehrwert der IT-Serviceausrichtung bisher nicht nachvollziehen können. Des Weiteren wird das Fehlen adäquater Gestaltungshilfen für die Strukturierung des IT-Serviceangebots angeführt.

Die Relevanz und Wirkungsweise einer strukturierten Dokumentation des IT-Serviceangebots offenbart sich insbesondere bei der Betrachtung der zwei Vergleichspartner, die insgesamt eine verhältnismäßig hohe Reifegradausprägung (überwiegend Reifegrad 4) aufweisen. In den Unternehmen ist das IT-Serviceangebot weitestgehend kundenorientiert definiert und die zentralen IT-Services sind dokumentiert und beschrieben. Die Ergebnisse der Reifegrad-Analyse unterstreichen die Argumentation, eine Gestaltungshilfe zur Strukturierung für IT-Services und IT-Service-Kataloge zu erarbeiten (vgl. Kapitel 4.3.2.3). Die Ergebnisse bestätigen ebenso die themenbezogenen Erkenntnisse der empirischen Untersuchung (vgl. Kapitel 4.3.2.2).

5.2.2 Strukturierung von IT-Services und IT-Service-Katalogen

5.2.2.1 Formale Gestaltungsstruktur für IT-Services

Der Entwicklungsprozess gliederte sich in drei iterativ ablaufende Schritte, in die die Praxispartner des Forschungsprojekts WITAMIN involviert wurden. Zusätzlich wurden zur Erarbeitung der formalen Beschreibungskriterien die aus einem Erfahrungsaustausch mit 20 langjährigen IT-Verantwortlichen gewonnenen Erkenntnisse miteinbezogen.

Diskutiert wurden Vollständigkeit, Abgrenzung, Verständlichkeit, Nachvollziehbarkeit sowie praktische Anwendbarkeit der Gestaltungsstruktur mit ihren Beschreibungskriterien. Die Anregungen und Rückmeldungen der Praxispartner wie der IT-Verantwortlichen flossen in den Entwicklungsprozess ein. Somit wurde die Gestaltungsstruktur hinsichtlich Praxisbezug und Umfang kontinuierlich weiterentwickelt und verbessert. Es ist angedacht, die Struktur beim Großteil der einbezogenen Praxispartner einzuführen.

Grundlegende Strukturierungsebenen

Zur Entwicklung der formalen Gestaltungsstruktur wurde der Ansatz von Böhmann et al. (2004; 2002) aufgegriffen, der unter Anwendung des Modularisierungsprinzips eine Strukturierung des IT-Serviceangebots auf mehreren Ebenen vorschlägt und hierin die Sichtweisen von Servicenehmer und Servicegeber integriert. Die Autoren unterscheiden drei Ebenen, die im Wesentlichen den Gestaltungsprozess von IT-Dienstleistungen aus der Sicht von IT-Dienstleistungsunternehmen aufzeigen (vgl. Kapitel 2.2.2.3). Während die 1. Ebene *Servicearchitektur* das bereitgestellte Leistungsportfolio auf Basis von Modulen strukturiert, werden diese auf der 2. Ebene zu *Serviceprodukten* zusammengesetzt. Auf der 3. Ebene *Servicekonfiguration* werden die Serviceprodukte auf kundenindividuelle Anforderungen angepasst.

Für die Entwicklung der Gestaltungsstruktur wurden die Grundideen der Ebenen Servicearchitektur und Serviceprodukte aufgegriffen und weiterentwickelt. Eine direkte Übertragung der Ebenen ist nur in Ansätzen möglich, da die Gestaltungsstruktur vor dem Hintergrund eines vornehmlich unternehmensinternen Serviceverhältnisses entwickelt werden soll. Das steht im Gegensatz zum Ansatz von Böhmann et al. (2004). Daher ist die 3. Ebene Servicekonfiguration für die vorliegende Arbeit nicht von Relevanz. Dennoch liefert der Ansatz auf Grund seiner integrierten Betrachtung von Servicenehmer- und Servicegebersicht in Verbindung mit der Serviceproduktebene und dem Prinzip der Modulbildung eine geeignete Grundlage.

Durch die modulhafte Zerlegung der IT-Services in mehrere Ebenen kann die Komplexität des ausgestalteten IT-Serviceangebots aufgebrochen werden (vgl. z.B. Böhmann/Krcmar 2005b, S. 51; Kopperger et al. 2006, S. 161). Anhand der Modularisierung können klar voneinander abgrenzbare Teilleistungen definiert werden, die in sich kohärent und zueinander lose gekoppelt sind. Das ermöglicht die Wiederverwendung von Modulen bei der Strukturierung des IT-Serviceangebots. Die Modularisierung verfolgt somit das Ziel, die aus der IT-

5.2 Modellkomponente zur Strukturierung des IT-Serviceangebots

Servicebereitstellung resultierende Komplexität beherrschbar zu machen (vgl. Kauffmann/Schlitt 2007, S. 78; Burr 2002, S. 113f.).

Unter Heranziehung des Ansatzes nach Böhmann *et al.* (2004; 2002) wurden für die formale Gestaltungsstruktur drei Strukturierungsebenen gebildet, die Servicenehmer- und Servicegebersicht integrieren (Abbildung 5-15).

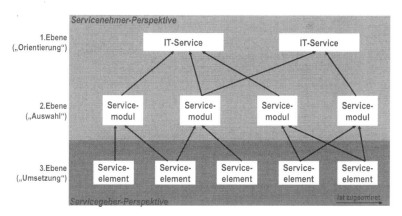

Abbildung 5-15: **Zusammenhang der Gliederungsebenen der Gestaltungsstruktur für IT-Services**
(Quelle: (Rudolph et al. 2008a, S. 146))

Grundsätzlich wurde nach Servicenehmersicht und Servicegebersicht unterschieden, wobei sich erstere aus zwei Ebenen zusammensetzt. Die Aufteilung diente dem Ziel, den Umfang im IT-Serviceangebot für die Servicenehmer unterscheidbar und damit wahrnehmbar abzubilden. Das ist vor allem bei unternehmensinternen Serviceverhältnissen von Bedeutung, da es hinsichtlich Fristigkeit, Kommunikation und Verständnisbildung andere Anforderungen stellt als ein Serviceverhältnis, in dem die Servicegebersicht ausschließlich durch unternehmensexterne IT-Dienstleister verkörpert wird. Hierin grenzt sich die Gestaltungsstruktur bspw. von weiteren Strukturierungsansätzen ab.[54]

Die Bildung der drei Strukturierungsebenen ist folgendermaßen zu begründen (vgl. auch Rudolph et al. 2008a):

---

[54] Vgl. z.B. (Mayerl et al. 2005; Böni et al. 1999; Kauffmann/Schlitt 2007; Uebernickel et al. 2006). Die meisten der Ansätze fokussieren ausschließlich ein unternehmensexternes Serviceverhältnis zwischen dem IT-Dienstleister als Anbieter (der die Strukturierung anwendet) und den nachfragenden Unternehmen. Die Schnittstelle im nachfragenden Unternehmen wird häufig durch die IT-Organisation allein oder zusammen mit den FB besetzt. Das schafft mitunter andere Voraussetzungen für die Ausgestaltung des IT-Serviceangebots und des IT-Verständnisses der Servicenehmer.

- Das IT-Serviceangebot kann in Abhängigkeit der angeforderten IT-Unterstützung zu einer Angebotsvielfalt führen, die für Servicenehmer schwer überschaubar ist (vgl. Kapitel 4.3.1 und 4.3.2). Um die Komplexität zu reduzieren, sollte das im IT-Service-Katalog erfasste Angebotsspektrum zunächst einen Überblick vermitteln. Dies wird mit der Ebene der IT-Services realisiert. Das IT-Serviceangebot wird in Leistungsumfänge strukturiert, die für Servicenehmer wahrnehmbar, verständlich beschrieben und deutlich abgrenzbar sind.

  Um eine hohe Identifikation mit den darunter liegenden IT-Servicebestandteilen zu erzielen, sollte die Bezeichnung der Abgrenzungen aus dem Erfahrungsbereich der Servicenehmer stammen. Somit lässt sich der Mehrwert der IT-Services transparent machen und verständlich vermitteln. Die auf dieser Ebene bereitgestellten Angaben und Informationen zum IT-Serviceangebot erstrecken sich auf eine Kurzbeschreibung zum Serviceumfang und zentrale organisatorische Regelungen, auf denen das Serviceverhältnis basiert. Das sind z.B. Verantwortlichkeiten, Verrechnungsangaben, Eskalationsprozesse oder Berichtsregelungen (Servicereporting).

- Die überblicksartig definierten IT-Services sind detaillierter auszugestalten, um den Servicenehmern konkrete Auswahlmöglichkeiten zu Serviceumfang, Qualitätsparametern, Mengen und Preisen aufzuzeigen. Das ermöglicht den Servicenehmern eine individuelle Zusammenstellung der benötigten IT-Services. Die Wahlmöglichkeiten werden auf der Ebene der Servicemodule erfasst, die konkrete Servicemerkmale in einer für Servicenehmer verständlichen Form definiert. Das umfasst bspw. eine detaillierte Beschreibung, die Angabe von Qualitätsmessgrößen, Mitwirkungspflichten oder die Festlegung von Mengeneinheiten und Verrechnungsmodalitäten.

  Die Wahlmöglichkeiten lassen sich auf der übergeordneten Ebene der IT-Services kontextabhängig zu IT-Services zusammenstellen. Mit der Strukturierung in klar abgrenzte und lose miteinander gekoppelte Servicemodule lassen sich sämtliche Möglichkeiten der Ausgestaltung und Konfiguration von IT-Services abbilden. Somit sind einzelne Servicemodule wiederverwendbar. Das bedeutet, dass ein Servicemodul in einen oder mehrere IT-Services eingehen kann und vice versa. Sind für einen IT-Service keine Wahlmöglichkeiten vorgesehen, kann dieser mit der Ebene der Servicemodule gleichgesetzt werden. Eine Differenzierung erfolgt nicht.

  Diese Form der Hierarchiebildung und Abgrenzung wurde von den einbezogenen Praxispartnern als verständlich und nachvollziehbar bestätigt. Dabei wurden vor allem die Aspekte der Komplexitätsreduktion auf der Ebene der IT-Services und der Beeinflussbarkeit der Ausgestaltung der IT-Services durch den Servicenehmer auf der Ebene der Servicemodule als vorteilhaft und leicht vermittelbar herausgestellt.[55]

---

[55] Kauffmann/Schlitt (2007, S. 80ff.) verwenden ebenfalls die Bezeichnung *Services* und *Module*, wobei keine dezidierte definitorische Abgrenzung erfolgt. Module werden als Standardisierung des Serviceumfangs beschrieben, beziehen sich jedoch auf die technischen Aspekte der IT-Servicebereitstellung. Ähnlich zeigt sich der Ansatz von Mayerl *et al.* (2005), bei dem die Module als Unterform der IT-Services auch einzelne IT-Ressourcen umfassen.

5.2 Modellkomponente zur Strukturierung des IT-Serviceangebots

- Anhand der beiden Ebenen wurde das IT-Serviceangebot in einer für Servicenehmer verständlichen Abgrenzung strukturiert.[56] Das gilt es nun im Rahmen der IT-Servicebereitstellung technisch zu erbringen. Die Darstellung der technischen Umsetzung erfolgt auf Ebene der Serviceelemente, die die Servicegebersicht abbilden.[57] Serviceelemente definieren klar voneinander abgrenzbare Bündel an IT-Ressourcen, die unter Anwendung des Modularisierungsprinzips mehrfach kombinierbar und damit wiederverwendbar sind. Das dient der Komplexitätsreduktion bei der inhaltlichen Ausgestaltung und Pflege der Serviceelementbeschreibungen.

  In Abhängigkeit des inhaltlichen Fokus der zugeordneten Servicemodule können die Serviceelemente in ein oder mehrere Servicemodule eingehen. Aus diesem Grund sind sie plattform- und systemunabhängig formuliert. Das ermöglicht ggf. eine Weiterverwendung der Strukturierung in angrenzenden unternehmensexternen Servicebeziehungen mit Lieferanten oder Outsourcing-Dienstleistern.

Herleitung der Beschreibungskriterien für die Strukturierungsebenen

Die Herleitung der Beschreibungskriterien erfolgte unter Heranziehung der Literaturanalyse aus Kapitel 2.2.2.3, die mit der Einbindung von Praxiserfahrungen ergänzt wurde. Beide Aspekte werden nachstehend miteinander verglichen, um erste Rückschlüsse zu Bedeutung und Verwendung zu erhalten und somit erste Beschreibungskriterien abzuleiten.

Die Ergebnisse der Literaturanalyse werden im Sinne eines normativen Verständnisses als Soll-Kriterien bezeichnet. Demgegenüber gelten die Erfahrungen der einbezogenen Praxis als Ist-Kriterien. Letztere wurden zum einen im Rahmen einer Brainstorming-Sitzung ermittelt, an der 20 langjährig erfahrene IT-Verantwortliche teilnahmen.[58] Schwerpunkt der Diskussion stellte das Sammeln und Diskutieren von Beschreibungskriterien für IT-Services dar, die bereits zur Dokumentation und Beschreibung des IT-Serviceangebots verwendet wurden oder als relevant galten. Zum anderen wurden die Ist-Kriterien aus der Reifegrad-Analyse für IT-Service-Kataloge durch Befragung der Vergleichspartner ermittelt (vgl. Kapitel 5.2.1).

Tabelle 5-3 fasst die Ergebnisse der Gegenüberstellung von Soll- und Ist-Kriterien zusammen. Die Auflistung der Kriterien erfolgte nach der Summenhäufigkeit der einzelnen Nennungen (Klammern der linken Spalte). Sofern ein Kriterium nicht genannt wurde, ist es mit einem Strich markiert. Während die ersten fünf und die letzten vier der aufgeführten Beschreibungskriterien in ihrer Bedeutung gängig sind, sollen die verbleibenden kurz erläutert werden.

Die Messmethoden umfassen Messinstrumentarien zur Bestimmung des Erfüllungsgrades von Qualitätsparametern (z.B. Service-Level). Rahmenbedingungen beinhalten Einflüsse und Beschränkungen in der IT-Servicebereitstellung wie z.B. die Definition von Mitwirkungspflichten der Servicenehmer. Das Reporting beschreibt das regelmäßige Berichten der IT-Organi-

---

[56] In Anlehnung an den Ansatz von Böhmann/Krcmar (2002) entsprächen die Strukturierungsebenen IT-Service und Servicemodul einem *Serviceprodukt*.
[57] Das Serviceelement wäre bei Böhmann/Krcmar (2002) auf der Ebene der *Servicearchitekturen* einzuordnen.
[58] Die Teilnehmer der Brainstorming-Sitzung umfassten die Praxispartner aus dem Forschungsvorhaben „IT-Benchmarking-Initiative" (Vgl. Kapitel 5.1.2.2).

sation über die Qualität der IT-Servicebereitstellung an die Servicenehmer. Das Leistungsergebnis umfasst das für Servicenehmer wahrnehmbare Resultat der IT-Servicebereitstellung (z.B. installierter PC). Mit Service-Level-Zeiten werden offerierte Servicefenster beschrieben, die in ihrer Ausprägung einer bestimmten Qualitätsstufe entsprechen (z.B. Supportfenster von 7x24 oder 99,5% garantierte Verfügbarkeit). Da Service-Level-Zeiten ebenfalls in der Service-Level-Beschreibung erfasst sein können, wird das Kriterium als teil-redundant zu Service-Levels gesehen.

Gestaltungskriterien in Häufigkeit der Nennungen (insgesamt)	Erkenntnisse aus Schrifttum („Soll-Kriterien")	Erkenntnisse aus Brainstorming („Ist-Kriterien")	Erkenntnisse aus Katalog-Vergleich („Ist-Kriterien")
Service-Level (28)	5	14	9
Servicebeschreibung/ Serviceinhalte (24)	4	14	6
Verrechnung IT-Service (21)	4	8	9
Name IT-Service (16)	5	-	11
Verantwortlichkeit IT-Service (15)	4	2	9
Messmethode für Service-Levels (12)	4	4	4
Rahmenbedingungen (10)	3	7	-
Reporting (9)	4	-	5
Leistungsergebnis (9)	2	-	7
Service-Level-Zeiten (6)	2	4	-
Änderungsprozess (3)	2	1	-
Bonifikationen/ Sanktionen (3)	3	-	-
Eskalationsprozess (2)	2	-	-
Gültigkeit/ Laufzeit (2)	1	1	-

Tabelle 5-3:   *Vergleich formaler Gestaltungskriterien nach der Häufigkeit ihrer Nennung*
(Quelle: Eigene Darstellung)

Die genannten Ist-Kriterien finden sich allesamt in den Soll-Kriterien wieder. Während sich die Nennungen der Soll-Kriterien relativ gleichmäßig über alle Kriterien verteilen, zeigen die Nennungen der Ist-Kriterien deutliche Schwerpunkte. So wurden z.B. die Kriterien Änderungsprozess, Bonifikationen/ Sanktionen, Eskalationsprozess und Gültigkeit kaum bzw. nicht angegeben.

Auf Basis des Vergleichs wurde ein erster Gestaltungsvorschlag erarbeitet. Maßgeblich für die Auswahl der Beschreibungskriterien war die Häufigkeit der Nennung und der Annahme ihrer damit verbundenen Relevanz. Das wurde mit eigenen Überlegungen ergänzt. Der Gestaltungsvorschlag wurde anschließend mit den Praxispartnern hinsichtlich Vollständigkeit, Verständlichkeit, Abgrenzung und praktische Anwendbarkeit diskutiert. Insgesamt wurden drei Iterationen durchgeführt, in denen die Gestaltungsstruktur mit ihren Gliederungsebenen und Beschreibungskriterien unter Einbeziehung der Rückmeldungen und Anforderungen weiterentwickelt wurde. Die Ergebnisse der Iterationen werden im Zuge der Erläuterung der Beschreibungskriterien dargelegt.

Die Beschreibungskriterien wurden aus Gründen der Übersichtlichkeit und inhaltlichen Abgrenzbarkeit gruppiert. Diese Gruppierung findet sich auf allen drei Strukturierungsebenen gleichermaßen wieder und dient der gezielten Orientierung zwischen den Ebenen. Das wurde

5.2 Modellkomponente zur Strukturierung des IT-Serviceangebots

zwecks praktischer Anwendung von den Praxispartnern als sehr relevant erachtet. Die Beschreibungskriterien wurden demnach nach Kataloginformationen, Leistungsbeschreibung, organisatorischen Regelungen und optionalen Aspekten differenziert:

- Kataloginformationen beinhalten zentrale Angaben für die jeweiligen Ebenen und dienen der hierarchischen Einordnung in eine Katalogstruktur. Das erfolgt anhand von Katalogobjekten, die in Abhängigkeit der Strukturierungsebene eine Verknüpfung zur direkt übergeordneten Ebene herstellen. Die hier hinterlegten Beschreibungskriterien werden gleichbedeutend auf allen drei Ebenen erfasst.

- Leistungsbeschreibung beinhaltet den angebotenen Leistungsumfang auf den einzelnen Ebenen.

- Organisatorische Regelungen umfassen Informationen und Rahmenbedingungen, die zur Bereitstellung der Leistungen aus Servicenehmer- und Servicegebersicht zu definieren sind.

- Optionale Aspekte erstrecken sich auf ergänzende Angaben für die inhaltliche Ausgestaltung. Sie werden ausschließlich für die Ebene der IT-Services formuliert.

Die Strukturierungsebenen weisen darüber hinaus eine unterschiedliche farbliche Hinterlegung auf. Das dient der besseren Orientierung und Navigation im IT-Serviceangebot und erleichtert das Wiederfinden von Beschreibungskriterien. Die Farbenwahl ist unternehmensindividuell anpassbar.

Beschreibungskriterien zur Ebene der IT-Services

Die Beschreibungskriterien auf der Ebene der IT-Services sind in Form eines Templates dargestellt, das die Kriterien anhand der Gruppierung übersichtlich gliedert (Abbildung 5-16). Nachfolgend werden die einzelnen Beschreibungskriterien in ihrer Ausgestaltung erläutert (vgl. Rudolph et al. 2008a).

Abbildung 5-16: **Template mit Beschreibungskriterien für die Ebene der IT-Services**
(Quelle: (Rudolph et al. 2008a))

- Ausgestaltung der Kataloginformationen

Zunächst ist ein sprechender **Name für den IT-Service** festzulegen (vgl. Böhmann et al. 2005). Er sollte für die Servicenehmer verständlich sein und idealerweise aus deren Erfahrungsbereich stammen.

Die Angaben zur **Katalogeinordnung** stellen eine Verknüpfung zur übergeordneten Ebene her. Da die Ebene der IT-Services selbst die oberste darstellt, existiert in diesem Fall kein übergeordnetes Katalogobjekt.

Die **Gültigkeit** bestimmt die Reichweite (Geltungsbereich) und zeitliche Fristigkeit (vgl. Olbrich 2004, S. 73f.).[59] Dem Geltungsbereich wurde von den Praxispartnern eine hohe praktische Relevanz beigemessen, da hierin standortbedingte Besonderheiten in der Ausgestaltung des IT-Serviceangebots berücksichtigt werden können. Bei der Bestimmung der Gültigkeit sind auf Grund der Abhängigkeit des IT-Services von einzelnen Servicemodulen die jeweils dort hinterlegten Gültigkeiten zu übernehmen.

Die Angabe zum **Aktuellen Stand** erfasst Änderungszeitpunkte, mit dem Ziel, die Aktualität des IT-Serviceangebots hinsichtlich der durchgeführten Änderungen nachzuhalten (vgl. Olbrich 2004, S. 68).

Mit den **Verantwortlichkeiten für die IT-Servicebeschreibung** werden Ansprechpartner für die inhaltliche Pflege (Erstellung, Änderungen) der Beschreibungen benannt. Sie sind von der IT-Organisation mit Namen, Kontaktdaten und Stellvertreterregelungen zu bestimmen (vgl. Mayerl et al. 2005). Mit der Angabe eines zentralen Ansprechpartners wird die Kommunikation zwischen den Serviceakteuren gezielt kanalisiert. Das Kriterium wurde im Rahmen der iterativen Entwicklung präzisiert, um eine deutliche Unterscheidung zu den Ansprechpartnern für den Support eines IT-Services herzustellen. Das soll Verwechslungen vermeiden. Der Support wird in der IT-Servicebeschreibung unter Punkt 6.1 im Template erfasst.

Der Differenzierung wurde zwecks klarer Zuordnung der Verantwortlichkeiten im Prozess der IT-Servicebereitstellung eine hohe Bedeutung beigemessen, um die bisher vornehmlich in mittelständischen Unternehmen informell durchgeführte Kommunikation der Servicenehmer zur IT-Organisation zu strukturieren (vgl. Taylor/Macfarlane 2006, S. 6ff.). Denn das führte bei den Praxisunternehmen häufig zu Ineffizienzen in den Arbeitsaufgaben der IT-Mitarbeiter.

- Ausgestaltung der Leistungsbeschreibung

Den Kernpunkt bildet die **Kurzbeschreibung des IT-Services**, die den IT-Serviceumfang definiert. Da der IT-Service aus ein oder mehreren Servicemodulen zusammengesetzt wird, besteht die Leistungsbeschreibung aus den einzelnen Textbestandteilen der zugeordneten Modulkombination.

---

[59] Damit können auch zeitlich befristete IT-Services angeboten werden, wie z.B. die Vereinheitlichung der IT-Landschaft bei der Eingliederung von Geschäftsbereichen im Zuge von Unternehmenswachstum oder Unternehmenskäufen. In diesem Fall können sogen. Übergangs-Services bereitgestellt werden, die nach Beendigung der Eingliederung nicht mehr offeriert werden.

5.2 Modellkomponente zur Strukturierung des IT-Serviceangebots

Die Festlegung des **Ergebnisses der IT-Servicebereitstellung** dient der Schaffung bzw. Erhöhung der Transparenz über die IT-Leistungsfähigkeit und der Nivellierung der Erwartungshaltung der Servicenehmer. Damit wird der Mehrwert aus der IT-Servicebereitstellung messbar und überprüfbar gemacht (vgl. Buhl 2005, S. 175; Jouanne-Diedrich et al. 2005). Die praktische Relevanz der beiden Kriterien, die auch auf den Ebenen der Servicemodule und Serviceelemente festgelegt werden, wurde von den Praxispartnern im Rahmen der iterativen Entwicklung untermauert.

Die Auflistung der **zugeordneten Servicemodule**, die gleichsam die Wahlmöglichkeiten für die Servicenehmer umfassen, stellt eine direkte Verknüpfung zur darunter liegenden Ebene der Servicemodule her. Die wählbaren Servicemodule werden benannt und es wird eine Verlinkung zu den Servicemodulbeschreibungen gesetzt. In Ergänzung wird deren Bereitstellungsform im IT-Service fixiert. Es wird nach Standard- und Optionalleistungen differenziert. Während die Standardleistungen einen festen Bestandteil der IT-Servicebereitstellung ausmachen und demnach nicht abwählbar sind, werden die Optionalleistungen nur auf spezielle Nachfrage und Bestellung des Servicenehmers bereitgestellt. Sie werden in der Regel separat verrechnet (vgl. Punkt 9 im Template).

- Ausgestaltung der organisatorischen Regelungen

Es wird das Vorgehen im **Eskalationsfall** definiert, um Beschwerden rasch klären zu können (Macfarlane/Rudd 2001). Obwohl das Kriterium beim vorherigen Vergleich in Tabelle 5-3 insgesamt nur wenige Nennungen aufweist, wurde es aus Gründen der Aufrechterhaltung eines reibungslosen Ablaufs der IT-Servicebereitstellung aufgenommen.

Das **Reporting** berichtet über Ergebnisse und Qualität in der IT-Servicebereitstellung. Hierbei sind Form, Zyklus, Umfang und Zielgruppe von Serviceberichten transparent zu machen (vgl. z.B. Elsener 2005, S. 134ff.).

Die Verankerung der beiden Kriterien auf der Ebene der IT-Services begründet sich mit dem Mittelstandsbezug. So könne nach Meinung der Praxispartner eine aufwändige Ausgestaltung von Eskalationsprozess und Reporting für jedes Servicemodul aus ressourcentechnischen Gründen nicht erbracht werden. Zudem würde der Eskalationsprozess auf Grund kurzer Berichts- und Entscheidungswege eine Differenzierung auf Servicemodulebene nicht erlauben. Ein Reporting auf Servicemodulebene wird ebenfalls als nicht sinnvoll erachtet, da die Servicenehmer mit der daraus resultierenden Informationsflut überfordert wären.

Die hinterlegten **Preisinformationen** setzen sich aus den Einzelpreisen der zugeordneten Servicemodule zusammen und können ggf. über ein integriertes Preismodell abgebildet werden.

- Ausgestaltung der optionalen Aspekte

Optionale Angaben ergänzen die bisherigen Informationen. Über ihre Ausgestaltung kann in Abhängigkeit der Zielsetzung und des angestrebten Erstellungs- und Pflegeaufwands der IT-Servicestruktur im Einzelfall entschieden werden. Die hier aufgezeigten optionalen Kriterien **Änderungsverfahren** und **Glossar** (vgl. Olbrich 2004, S. 68) sind grundsätzlich für alle IT-Services gleichbedeutend im IT-Service-Katalog zu dokumentieren. Sofern keine Katalogstruktur existieren sollte, sind sie auf der Ebene der IT-Services einzeln festzulegen.

Beschreibungskriterien zur Ebene der Servicemodule

Auf Basis der überblicksartigen Ausgestaltung der Ebene der IT-Services erfolgt auf der Ebene der Servicemodule deren Detaillierung über die Abbildung von Wahlmöglichkeiten. Die Servicenehmer können die Ausgestaltung der IT-Services über verschiedene Stellhebel beeinflussen (vgl. Jaeger 2003, S. 213; Elsener 2005, S. 141f.). Abbildung 5-17 zeigt das Template für die Servicemodule. Die Erläuterung der Beschreibungskriterien orientiert sich an der allgemein zu Grunde gelegten Gruppierung (vgl. Rudolph et al. 2008a).

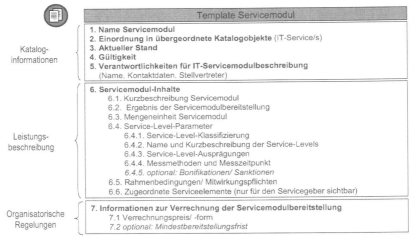

Abbildung 5-17: ***Template mit Beschreibungskriterien für die Ebene der Servicemodule***
(Quelle: (Rudolph et al. 2008a))

- Ausgestaltung der Kataloginformationen

Da sich die Kriterien in den Kataloginformationen der Ebenen nicht unterscheiden, sind sie entsprechend der jeweiligen Ebene gleichbedeutend. Für die **Einordnung in übergeordnete Katalogobjekte** werden alle IT-Services aufgelistet, in die das Servicemodul inhaltlich eingeht.

5.2 Modellkomponente zur Strukturierung des IT-Serviceangebots

- Ausgestaltung der Leistungsbeschreibung

Die Definition der **Kurzbeschreibung** und des **Ergebnisses der Servicemodulbereitstellung** erfolgt in Analogie zur Ebene der IT-Services. Beide Kriterien dienen der inhaltlichen Abgrenzung zu anderen Servicemodulen.

Mit der Festlegung der **Mengeneinheit** wird die Ausbringungsmenge des Servicemoduls eindeutig bestimmt (vgl. Kütz 2005, S. 14, 27). Eine Mengeneinheit kann je nach inhaltlicher Ausgestaltung auch mehrere Einheiten umfassen. Den Servicenehmern wird mit der Angabe der benötigten Mengeneinheiten im Bestellprozess eine Wahlmöglichkeit gegeben. Die Einheiten werden in der anschließenden Planung und Steuerung weiterverwendet (vgl. Kapitel 5.3).

Ebenso beinhaltet das Kriterium **Service-Level-Parameter** mit der Ausgestaltung von Qualitätsaspekten Wahlmöglichkeiten für die Servicenehmer. Hier werden Qualitätsstufen mit unterschiedlichen Ausprägungen (sogen. Service-Klassen) als Grundlage für eine Servicebeziehung vereinbart (vgl. Burr 2003, S. 33; Sturm et al. 2000). In die Qualitätsausprägungen sind die Service-Level-Zeiten integriert, so dass damit die in Tabelle 5-3 erläuterte Teilredundanz behoben wurde. Anzahl und Umfang der Qualitätsstufen können in Abhängigkeit der Zielsetzung und des angestrebten Aufwands für Erstellung und Pflege der Qualitätsparameter variieren.

Neben Benennung und Definition der Service-Levels sind Angaben zur Qualitätsmessung (vgl. Traugott 2007, S. 87; Maicher/Schwarze 2003) und Regelungen für Über- und Untererfüllung der vereinbarten Leistungen zu bestimmen (vgl. Böhmann et al. 2005; Herold 2006). Da insbesondere die Umsetzung des letzteren Kriteriums mit einem erheblichen Zeit- und Personalaufwand verbunden ist, sollte die Einführung und der verfolgte Zweck vor dem Hintergrund der starken Ressourcenbegrenzung im mittelständischen Umfeld genau analysiert werden. Denn in einer vorwiegend unternehmensinternen Servicebeziehung erscheinen derartige Regelungen mitunter nicht sinnvoll.

Die Service-Level-Parameter sind generell modulspezifisch definiert. Auf der Ebene der IT-Services gelten sie entsprechend der gewählten Qualitätsstufen und -ausprägungen der zugeordneten Servicemodule, wobei die Auswahl der Service-Klassen verschiedener Servicemodule aufeinander abzustimmen ist. Die Wahlmöglichkeiten der Servicenehmer können sich deshalb mitunter beschränken. Auf eine Auflistung aller zugehörigen Service-Levels auf der Ebene der IT-Services wird verzichtet, da das Template in Abhängigkeit der Anzahl untergeordneter Servicemodule und Service-Level-Parameter ansonsten unübersichtlich wird. Das stünde dann im Gegensatz zur Zielsetzung, die Komplexität auf Ebene der IT-Services zu reduzieren. Obwohl die Service-Level-Parameter auf Servicemodulebene verankert sind, werden sie dennoch als Service-Levels bezeichnet, weil sich der Terminus in der praktischen und wissenschaftlichen Sprachwelt etabliert hat. Die Schaffung eines neuen Begriffes würde nur zur Verkomplizierung eines gleich verstandenen Sachverhaltes führen.

Die Festlegung modulspezifischer **Rahmenbedingungen** macht einerseits die **Mitwirkungspflichten** der Servicenehmer transparent und zeigt andererseits mögliche (nicht) beeinflussbare Einwirkungen auf die Servicemodulbereitstellung auf. Das stellt aus Sicht der Praxispartner ein wichtiges Kriterium dar, da hiervon bspw. Bereitstellungszeiten und -qualitäten abhängen.

Mit der Angabe der **zugeordneten Serviceelemente** werden die Sichtweisen von Servicegeber und Servicenehmer verknüpft, indem der Bezug zur technischen Umsetzung hergestellt wird. Im Gegensatz zur Einordnung in übergeordnete Katalogobjekte ist das vorliegende Kriterium ausschließlich für den Servicegeber sichtbar. Das liegt zum einen daran, dass die Serviceelemente nicht mehr originärer Bestandteil des IT-Service-Katalogs sind. Zum anderen dient die Auflistung der schnellen Reaktionsfähigkeit bei Störungen, indem die zum Servicemodul gehörigen Serviceelemente an zentraler Stelle zusammengefasst sind (vgl. Mayerl et al. 2005).

- Ausgestaltung der organisatorischen Regelungen

Das Kriterium der **Verrechnung** umfasst die Festlegung von Verrechnungspreis und Verrechnungsform (vgl. Böni et al. 1999, S. 485ff.), wobei letzteres den Zeitpunkt der Verrechnung definiert (z.B. über Monatspauschale, bereitstellungsbezogen). Über die Verrechnungspreise erhält der Servicenehmer Transparenz über die Preiszusammensetzung von Standard- und optionalen Leistungen (vgl. Maicher/Schwarze 2003, S. 256f.). Hieraus entstehen Wahlmöglichkeiten, die aus Praxissicht sehr relevant sind, um den Servicenehmern Kosteneffekte einzelner optional bestellbarer Servicemodule zu verdeutlichen. Denn das führe zu genaueren Überlegungen bei Bestellentscheidungen. Die praktische Ausgestaltung der Preise hängt von unterschiedlichen Aspekten, wie der Unternehmenskultur, dem Verständnis der Servicenehmer oder der Zielsetzung der Verrechnung ab. Das beeinflusst bspw. die Entscheidung, ob die Preise möglichst nah an den Kosten liegen oder nur der Gesamtpreis der IT-Services ohne Ausweisung von Einzelleistungen angegeben werden soll. Generell sollte der Preis den Kosten entgegenstehen.

Als ergänzende Angabe kann die **Mindestbereitstellungsfrist** von Servicemodulen vereinbart werden, die Bezugsdauer und Kündigungsbedingungen enthalten.[60] Es verdeutlicht den Servicenehmern die Verbindlichkeit der Bestellung und soll für die daraus resultierenden Kosten sensibilisieren. Da die Relevanz des Kriteriums sehr unternehmensindividuell und inhaltsbezogen ist, wird es als optional gekennzeichnet.

Beschreibungskriterien zur Ebene der Serviceelemente

Die Ebene der Serviceelemente bezieht sich auf die Servicegebersicht. Abbildung 5-18 zeigt das Template mit den Beschreibungskriterien (vgl. Rudolph et al. 2008a).

---

[60] Bspw. sollten PCs von den Servicenehmern über den gesamten Zeitraum eines PC-Lebenszyklus abgenommen werden, da der IT-Organisation auf Grund des unternehmensinternen Serviceverhältnisses bei Einmalbestellung hieraus fixe Kosten über den Zeitraum entstehen.

5.2 Modellkomponente zur Strukturierung des IT-Serviceangebots

- Ausgestaltung der Kataloginformationen

In Analogie zu den servicenehmerbezogenen Ebenen werden die gleichen Kataloginformationen erfasst, so dass auf die erläuterten Ausführungen verwiesen wird. Die **Einordnung in übergeordnete Katalogobjekte** listet alle Servicemodule auf, in die das Serviceelement eingeht.

Abbildung 5-18: *Template mit Beschreibungskriterien für die Ebene der Serviceelemente* (Quelle: (Rudolph et al. 2008a))

- Ausgestaltung der Leistungsbeschreibung

Die Beschreibung der Kriterien erfolgte bereits auf den servicenehmerbezogenen Ebenen, so dass es hier keiner gesonderten Erläuterung bedarf.

- Ausgestaltung der organisatorischen Regelungen

Mit dem **Typ der Serviceelementerbringung** wird definiert, ob die Erbringung des Serviceelements unternehmensintern oder -extern erfolgt. Da die Information ausschließlich für den Servicegeber von Relevanz ist, erfolgt die Verankerung auf dieser Ebene. Die Diskussionen mit den Praxispartnern ergaben, dass bei der externen Elementerbringung zusätzliche Informationen über das Dienstleistungsunternehmen zu hinterlegen sind. Als relevante Kriterien wurden die Kontaktdaten inkl. Ansprechpartner auf Dienstleisterseite und eine Verlinkung zum Vertragsinhalt erfasst. Auf weitere Angaben soll im Sinne einer „schlanken" und praktikablen Gestaltungsstruktur über den gesetzten Link zum Vertragsinhalt verwiesen werden. Da in diesem Falle vertragliche Verpflichtungen bestehen, muss ein rascher Zugriff auf die Informationen ermöglicht werden.

Aus der Erbringung der Serviceelemente entstehen Kosten, die über Mengeneinheiten den Servicemodulen zugeordnet werden können (vgl. Mayerl et al. 2005). Um die Zuordnung durchführen zu können, sind die Kosten der Serviceelemente auf **Kostenarten** zu verteilen. Hierüber erfolgt auch die Aufschlüsselung auf IT-Ressourcen, anhand derer die Serviceelemente technisch erbracht werden. Zudem wird mit der Angabe der Kostenarten eine spätere Zuordnung zum IT-Gesamtkostenblock erleichtert.

Die **Zuleistungen von anderen Serviceelementen** zeigen Abhängigkeiten in der Elementerbringung zwischen dedizierten Serviceelementen auf. So erfordert bspw. die Erbringung eines Backup-Dienstes auch den hierfür notwendigen Speicherplatz, der in einem anderen Element beschrieben ist. Die Diskussionen mit den Praxispartnern bestätigten die Bedeutung des Kriteriums, um insbesondere bei Störungen die möglichen Auswirkungen auf andere Serviceelemente transparent zu machen. Auf diese Auflistung kann im Bedarfsfall schnell zugegriffen werden.

5.2.2.2 Formale Gestaltungsstruktur für IT-Service-Kataloge

In Anknüpfung an die Darstellung der formalen Gestaltungsstruktur für IT-Services steht nachfolgend deren Einbettung in eine übergreifende formale Katalogstruktur im Mittelpunkt.

Ausgangspunkt der Erarbeitung der formalen Katalogstruktur bilden die drei Strukturierungsebenen zur formalen Beschreibung von IT-Services (vgl. Kapitel 5.2.2.1). Sie werden im Folgenden als SME-Struktur bezeichnet.[61] Zu ihrer Einordnung in die IT-Service-Katalog-Struktur wird die zuvor erläuterte Gruppierung der Beschreibungskriterien, bestehend aus Kataloginformationen, Leistungsbeschreibung, organisatorischen Regelungen und optionalen Aspekten, aufgegriffen.

- Ausgestaltung der Kataloginformationen

Als erstes Beschreibungskriterium wird eine **Katalogbezeichnung** festgelegt.

Es folgt die Bestimmung des **Aktuellen Datums**, mit dem die Änderungshistorie im IT-Service-Katalog nachgehalten wird (vgl. Olbrich 2004, S. 66f.). Die Aktualisierung resultiert insbesondere aus inhaltlichen Änderungen in den IT-Services, Servicemodulen oder Serviceelementen. Daher ist das Änderungsdatum des Katalogs an die Daten aus der SME-Struktur gekoppelt. Damit soll die Aktualität des IT-Serviceangebots in Bezug auf sich ändernde Anforderungen aus dem Kerngeschäft sichergestellt werden.

Die Bestimmung der **Verantwortlichkeiten für den IT-Service-Katalog** dient der organisatorischen Verankerung des Katalogs in der IT-Organisation (vgl. Office of Government Commerce 2007a, S. 61f.). Denn aus der aufbauorganisatorischen Verankerung wird häufig auf den beigemessenen Stellenwert geschlossen. Deshalb erweist sich die Einordnung auf einer Führungsebene, z.B. IT-Leiter oder IT-Führungskräfte, als sinnvoll. Das ist in mittelständischen Unternehmen auf Grund der geringeren Anzahl hierarchischer Ebenen realisierbar. Festzulegen ist der zentrale Ansprechpartner mit Namen, Kontaktdaten und Stellvertreterregelungen. Die Aufgaben des Katalogverantwortlichen erstrecken sich vornehmlich auf die Koordination der Verantwortlichen auf den Ebenen der SME-Struktur und die Aktualisierung des Katalogdokuments.

---

[61] Die formale Gestaltungsstruktur für IT-Services wird aus Gründen der eindeutigen Abgrenzung zur formalen Katalogstruktur als SME-Struktur bezeichnet. Das Akronym setzt sich aus den Anfangsbuchstaben der drei Ebenen IT-Service, Modul und Element zusammen.

5.2 Modellkomponente zur Strukturierung des IT-Serviceangebots

- Ausgestaltung der Leistungsbeschreibung

Die Ebenen der **SME-Struktur** werden vollständig in die Katalogstruktur integriert. Das schließt die Übernahme aller Zielsetzungen, Bedingungen und Gestaltungsmerkmale ein. Die SME-Struktur erfasst die formale und inhaltliche Beschreibung der angebotenen IT-Services und wird demgemäß unter der Leistungsbeschreibung subsumiert. Der Servicegeber besitzt hierauf kompletten Zugriff, da er für den Aufbau und die Pflege des IT-Service-Katalogs hauptverantwortlich ist. Der Zugriff der Servicenehmer beschränkt sich auf die Ebene der IT-Services und der Servicemodule, da diese bei der Bestellung von IT-Services ausschließlich relevant sind. Die Zuweisung unterschiedlicher Zugriffsmodalitäten für die Sichtweisen propagiert ebenso das Rahmenwerk ITIL, wobei das zur Erstellung von zwei separaten Katalogdokumenten führt (vgl. Office of Government Commerce 2007a, S. 62).

Das erscheint für eine Anwendung in mittelständischen Unternehmen als wenig praktikabel, da der Erstellungs- und vor allem der Pflegeaufwand von zwei separaten Katalogen nur schwer zu erbringen ist. Vielmehr eignet sich die Strukturierung mehrerer Ansichten in einem Katalogdokument. Für die Freigabe des Katalogs an die Servicenehmer lassen sich die relevanten Ebenen der IT-Services und Servicemodule aus der Gesamtstruktur herauslösen. Das kann bspw. mit der Abbildung der Katalogstruktur in einem IT-System erfolgen, indem in Abhängigkeit der im System hinterlegten Akteure (z.B. IT-Leiter, Keyuser, FB-Leiter) die jeweiligen Ansichten des Katalogs generiert werden können.

Abbildung 5-19 veranschaulicht die formale Gestaltungsstruktur für IT-Service-Kataloge im Überblick. Zur deutlicheren Abgrenzung der Strukturierungsebenen wird die bisherige Farbgebung übernommen. Zudem findet sich auf jeder Ebene der Verweis auf die Templates mit ihren Beschreibungskriterien (vgl. Kapitel 5.2.2.1).

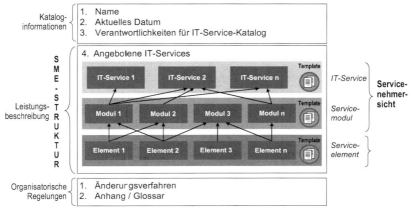

Abbildung 5-19: ***Formale Gestaltungsstruktur für IT-Service-Kataloge***
(Quelle: Eigene Darstellung)

- Ausgestaltung der organisatorischen Regelungen

Es werden das **Änderungsverfahren** sowie ein **Glossar** bzw. **Anhang** festgelegt (vgl. Olbrich 2004, S. 66f.). Das Änderungsverfahren auf der Katalogebene fasst die Ablaufschritte inkl. der beteiligten Personen zusammen, die im Falle von Anforderungsänderungen im IT-Serviceangebot zu durchlaufen bzw. zu kontaktieren sind. Das Glossar enthält erklärungsbedürftige Begrifflichkeiten. Im Anhang schließlich können weitere Ergänzungen zum IT-Serviceangebot aufgezeigt werden. Sofern die Kriterien auf Katalogebene verankert sind, werden sie nicht gesondert auf der Ebene der IT-Services angeführt.

Darüber hinaus führt Olbrich (2004, S. 67f.) bspw. weitere Beschreibungskriterien wie Angaben zur Organisation oder einen separaten Beschreibungsteil für IT-Services in Ergänzung zu den IT-Servicebeschreibungen auf. Diese Kriterien wurden für die vorliegende Katalogstruktur nicht übernommen, da unter Wahrung des Mittelstandsbezugs eine zu detaillierte Strukturierung nicht zu pflegen wäre. Außerdem sind vor dem Hintergrund der Annahme eines unternehmensinternen Serviceverhältnisses Angaben zur Organisation nicht vonnöten (vgl. Kapitel 5.2.2.1).

5.2.2.3 Musterstruktur für IT-Service-Kataloge

Die Musterstruktur soll als konkrete Gestaltungshilfe erarbeitet werden, die eine unternehmensindividuelle Ausgestaltung unterstützt. Die inhaltliche Ausgestaltung von IT-Service-Katalogen hängt grundsätzlich von der Abgrenzung der IT-Services (im Sinne eines Zuschnitts der IT-Unterstützungsleistungen) und der angebotenen Fertigungstiefe ab (Maicher/Schwarze 2003, S. 249f.). Daher besitzt die Musterstruktur einen Vorschlagscharakter. Sie kann als Vorlage und Orientierungshilfe bei einer praktischen Anwendung herangezogen werden.

Die Entwicklung erfolgte in einem iterativen Vorgehen unter Einbeziehung der Praxispartner des WITAMIN-Projekts (vgl. Kapitel 5.1.2.2). Die Erarbeitung eines ersten Gestaltungsvorschlags basierte auf den Ergebnissen einer Literaturanalyse (vgl. Kapitel 2.2.2) sowie den Erkenntnissen der empirischen Untersuchung (vgl. Kapitel 4.3.3.2), der Reifegrad-Analyse (vgl. Kapitel 5.2.1.4) und einer Brainstorming-Sitzung mit den involvierten Praxispartnern. Der Gestaltungsvorschlag wurde in zwei Iterationen unter Berücksichtigung der Anregungen und Rückmeldungen weiterentwickelt. Schwerpunkt der Diskussionen bildete im Besonderen der Mittelstandsbezug der Musterstruktur in Verbindung mit deren Vollständigkeit, Verständlichkeit, Abgrenzung und Anwendbarkeit im eigenen Unternehmenskontext.

Überblick über die Musterstruktur für IT-Service-Kataloge

Ausgangspunkt bildete die formale Gestaltungsstruktur für IT-Service-Kataloge (vgl. Kapitel 5.2.2.2), die ein Beschreibungsgerüst vorgibt. Zunächst sind jedoch die IT-Services zu bestimmen, die grundlegend nach geschäftsprozessübergreifenden und geschäftsprozessbezogenen IT-Services differenziert werden (vgl. Uebernickel et al. 2006, S. 201; Kauffmann/Schlitt 2007, S. 84).

5.2 Modellkomponente zur Strukturierung des IT-Serviceangebots

Geschäftsprozessübergreifende IT-Services beschreiben prozessneutrale IT-Services, die mehrere Geschäftsprozesse unterstützen. Sie werden deshalb meist nach ihrem Unterstützungszweck benannt. **Geschäftsprozessbezogene IT-Services** hingegen beziehen sich auf dedizierte Geschäftsprozesse oder FB-Anwendungen, woraus sich oftmals deren Benennung ableiten lässt (vgl. Uebernickel et al. 2006, S. 201). Basierend auf dieser Unterscheidung lassen sich folgende IT-Services beispielhaft zuordnen (Abbildung 5-20).

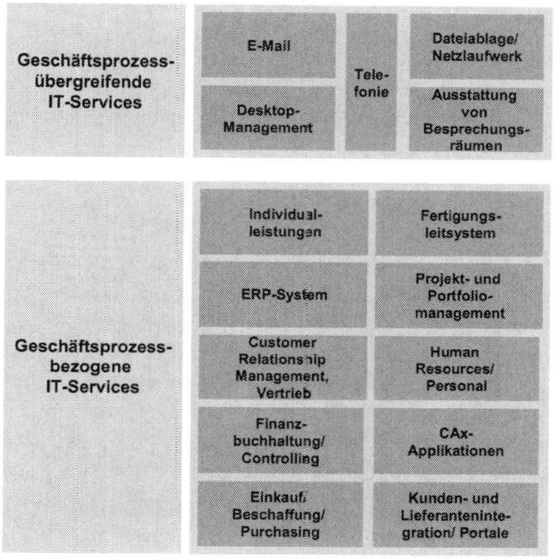

Geschäftsprozess-übergreifende IT-Services	E-Mail	Telefonie	Dateiablage/ Netzlaufwerk
	Desktop-Management		Ausstattung von Besprechungsräumen

Geschäftsprozess-bezogene IT-Services	Individualleistungen	Fertigungsleitsystem
	ERP-System	Projekt- und Portfoliomanagement
	Customer Relationship Management, Vertrieb	Human Resources/ Personal
	Finanzbuchhaltung/ Controlling	CAx-Applikationen
	Einkauf, Beschaffung/ Purchasing	Kunden- und Lieferantenintegration/ Portale

Abbildung 5-20:   *Exemplarische Musterstruktur auf Ebene der IT-Services*
(Quelle: Eigene Darstellung)

Da der Zuschnitt der IT-Services sehr individuell gestaltbar ist, resultiert die gewählte Abgrenzung aus dem iterativen Entwicklungsprozess. Hieraus hat sich ergeben, dass die abgegrenzten IT-Services das Leistungsspektrum der IT-Organisation eines mittelständischen Unternehmens gut abdecken. Das gilt vornehmlich vor dem Hintergrund der unternehmensübergreifenden Anwendbarkeit der Musterstruktur für verschiedene Unternehmen und Branchen. Aus diesem Grund enthalten die geschäftsprozessbezogenen IT-Services keine branchenspezifischen IT-Services. Ihre Benennung orientiert sich an den IT-Applikationen, die einzelne Geschäftsprozesse unterstützen. Das entspricht nach den Diskussionen mit den Praxispartnern der gängigen Unternehmenspraxis und ist für die Servicenehmer verständlich und transparent.

Darüber hinaus kann hierdurch eine zu starke Gliederung der IT-Services vermieden werden, um den Aufwand für Aufbau und Pflege des IT-Service-Katalogs im Sinne der starken Ressourcenbegrenzung vieler mittelständischer Unternehmen einzugrenzen. Die Anzahl sollte ca. 30 bis 40 IT-Services umfassen, was nach Praxiserfahrungen durchaus eine realistische Größe darstellt. Auf welcher Ebene mit der Strukturierung des IT-Serviceangebots begonnen wird, gestaltet sich sehr unternehmensspezifisch. Es ist sowohl ein *top-down* wie ein *bottom-up* Vorgehen für die inhaltliche Strukturierung, Beschreibung oder Kostenzuordnung möglich.

Exemplarische Ausgestaltung der IT-Services der Musterstruktur

In diesem Abschnitt werden die IT-Services mit ihren zugehörigen Servicemodulen exemplarisch ausgestaltet. Dabei wird nach Standard- und Optionalleistungen differenziert (vgl. Kapitel 5.2.2.1).

Der IT-Service **E-Mail** wird im Kapitel 5.2.2.4 über alle Strukturierungsebenen hinweg anhand der Beschreibungskriterien erläutert, so dass er hier nicht zusätzlich ausgeführt wird. Darüber hinaus gleichen sich die geschäftsprozessbezogenen IT-Services in Anzahl und grundlegender Ausprägung der zugeordneten Servicemodule, so dass zur Vermeidung von Redundanzen die beispielhafte Ausgestaltung an einem der IT-Services erfolgt. Die Ausnahme bildet der IT-Service Individualleistungen, der separat vorgestellt wird.

Der IT-Service **Desktopmanagement** zielt auf die Bereitstellung von Arbeitsplatzrechnern, die die Ausübung betrieblicher Tätigkeiten der Mitarbeiter eines Unternehmens unterstützen. Das umfasst die Bereitstellung eines Rechners (mit der Festlegung des Rechnertyps, z.B. Desktop, Laptop oder Thin-Client, der Hardware- bzw. Softwareausstattung) inkl. Installation, Aufbau, Konfiguration, kurze Nutzereinweisung, Wartung, Support und Abbau bei Abbestellung des Servicemoduls. Zusätzlich kann bspw. eine elektronische Verschlüsselung der Festplatte angeboten werden. Diese Leistungen sind im Servicemodul 1 als Standardleistung zusammengefasst. Weiterhin wurden zehn Optionalleistungen definiert, deren Bestellung den Bezug der Standardleistung voraussetzt. Abbildung 5-21 zeigt die Servicemodule im Überblick. Die farbliche Unterscheidung der Ebenen wurde beibehalten.

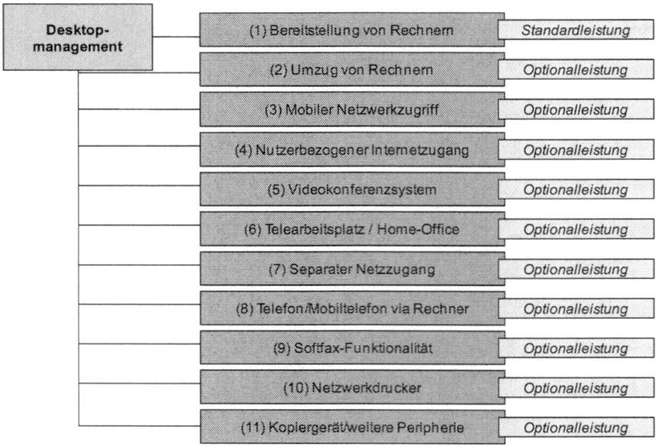

Desktop-management		
(1) Bereitstellung von Rechnern	Standardleistung
(2) Umzug von Rechnern	Optionalleistung
(3) Mobiler Netzwerkzugriff	Optionalleistung
(4) Nutzerbezogener Internetzugang	Optionalleistung
(5) Videokonferenzsystem	Optionalleistung
(6) Telearbeitsplatz / Home-Office	Optionalleistung
(7) Separater Netzzugang	Optionalleistung
(8) Telefon/Mobiltelefon via Rechner	Optionalleistung
(9) Softfax-Funktionalität	Optionalleistung
(10) Netzwerkdrucker	Optionalleistung
(11) Kopiergerät/weitere Peripherie	Optionalleistung

Abbildung 5-21: **Exemplarische Servicemodule zum IT-Service „Desktopmanagement"**
(Quelle: Eigene Darstellung)

5.2 Modellkomponente zur Strukturierung des IT-Serviceangebots

Während die Servicemodule 1 bis 3 und 6 hinsichtlich ihrer Bedeutung und Relevanz keiner gesonderten Erläuterung bedürfen, werden die anderen Servicemodule skizziert. Servicemodul 4 stellt eine vor allem in mittelständischen Unternehmen vorkommende Besonderheit dar, was die Erfahrungen der Praxispartner bestätigen. Der Internetzugang wird für die Servicenehmer nicht automatisch mit der Bereitstellung eines Rechners freigeschaltet, sondern ist bei Bedarf separat zu bestellen. Daher erfolgt eine Festlegung als Optionalleistung. Servicemodul 5 bezieht sich auf die Bereitstellung eines Videokonferenzsystems am Arbeitsplatz inkl. der hierfür erforderlichen Endgeräte (Headset, Webcam usw.). Obwohl erst wenig in Gebrauch, steigt die Relevanz des Servicemoduls stetig.

Servicemodul 7 beschreibt das von einem physischen Arbeitsplatz unabhängige Einloggen in das betriebliche Netzwerk innerhalb des Unternehmens. Damit grenzt es sich vom Servicemodul 3 ab, das den Zugriff von extern abbildet. Servicemodul 8 erlangt auf Grund der zunehmenden Konvergenz von Sprache und Daten (z.B. Voice over IP, Computer Telephony Integration) auch in mittelständischen Unternehmen an Bedeutung. Es umfasst die Bereitstellung von Telefon und Mobiltelefon zur Nutzung über die Desktop-Umgebung (z.B. Pushgeräte, Softphone) inkl. Ausgabe des Endgeräts, Konfiguration, kurzer Nutzereinweisung, Wartung und Support. Die Servicemodule 9 bis 11 lassen sich ebenfalls im Rahmen einer Arbeitsplatzunterstützung bereitstellen. Das bezieht sich vor allem auf Managementassistenzaufgaben wie z.B. das Sekretariat.

Der IT-Service **Telefonie** subsumiert in Servicemodul 1 die Bereitstellung eines Telefons inkl. Ausgabe des Endgeräts, Konfiguration, Installation, kurze Nutzereinweisung, Wartung und Support als Standardleistung. Mit der Bereitstellung von (Mobil-)Telefongeräten ist häufig ein Management von Tarif- und Vertragsleistungen verbunden. Das kann sich für einzelne Servicenehmer unterschiedlich gestalten, so dass es als eigenes Servicemodul 4 unter dem Begriff Integrationsleistungen ausgestaltet wurde. Hierunter werden ebenso angebotene Synchronisationsleistungen zwischen Mobiltelefon und Rechner gefasst. Abbildung 5-22 zeigt die vier Servicemodule im Überblick.

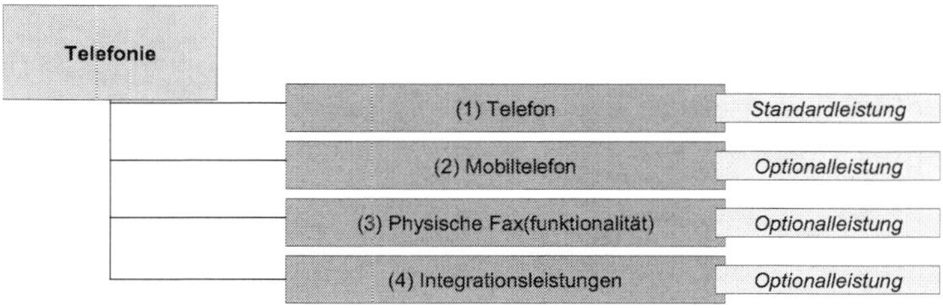

Telefonie	
(1) Telefon	Standardleistung
(2) Mobiltelefon	Optionalleistung
(3) Physische Fax(funktionalität)	Optionalleistung
(4) Integrationsleistungen	Optionalleistung

Abbildung 5-22: *Exemplarische Servicemodule zum IT-Service „Telefonie"*
(Quelle: Eigene Darstellung)

Der IT-Service **Dateiablage/Netzlaufwerk** umfasst als Standardleistung in Servicemodul 1 die Bereitstellung einer Dateiablage bzw. eines Netzlaufwerks für einen FB oder FB-Mitarbeiter mit definiertem Speicherplatz inkl. Konfiguration, Zugriffsverwaltung, Sicherungsmaßnahmen (z.B. Virenschutz), Wartung, Support und ggf. Löschung bei Abbestellung des Moduls. Als Optionalleistung kann in Servicemodul 2 der in Servicemodul 1 zugesicherte Speicherplatz erweitert werden. Abbildung 5-23 zeigt beide Servicemodule).

Abbildung 5-23:   *Exemplarische Servicemodule zum IT-Service „Dateiablage/ Netzlaufwerk"*
(Quelle: Eigene Darstellung)

Der IT-Service **Ausstattung von Besprechungsräumen** beinhaltet die Bereitstellung eines nutzungsbereiten Besprechungsraums (z.B. mit Beamer, Präsentationsrechner, Telefon sowie LAN/ WLAN-Netzwerkzugang) inkl. Bereitstellung der Geräte, kurzer Nutzereinweisung und Support (Abbildung 5-24). Das ist im Servicemodul 1 als Standardleistung zusammengefasst.

Optional kann die Nutzung eines Videokonferenzsystems inkl. Login zur Videokonferenzsoftware und Bereitstellung der benötigen Endgeräte (Servicemodul 2) hinzubestellt werden. Vor allem die Verrechnung der Kosten, die aus der Bereitstellung und Pflege der in den Besprechungsräumen verfügbaren IT-Infrastruktur entstehen, stellt aus Erfahrung der Praxispartner bisher eine Herausforderung dar. Die vorliegende Strukturierung kann eine Grundlage für eine Standardisierung des IT-Serviceumfangs schaffen, der unter Angabe einer Mengeneinheit (z.B. genutzte Stunden) verrechnet werden kann.

Abbildung 5-24:   *Exemplarische Servicemodule zum IT-Service „Ausstattung von Besprechungsräumen"*
(Quelle: Eigene Darstellung)

Neben der Darstellung der geschäftsprozessübergreifenden IT-Services werden aus dem Set der geschäftsprozessbezogenen IT-Services die „Individualleistungen" sowie das „ERP-System" vorgestellt. Die übrigen IT-Services umfassen die gleichen Servicemodule wie der IT-Service „ERP-System", die entsprechend des jeweiligen Anwendungszwecks ausgestaltet werden.

Mit dem IT-Service **Individualleistungen** wird ein Container für individuell zu vereinbarende Leistungsumfänge geschaffen (Abbildung 5-25). Dazu gehören unternehmensintern und -extern erbrachte Projekt- und/oder Beratungsleistungen, die nicht in direkter Verbindung zu einem bereits offerierten applikationsbezogenen IT-Services stehen. Derartige Leistungen werden dem jeweiligen IT-Service unmittelbar zugeordnet. Individualleistungen können z.B. strategische Projekte oder Innovationsthemen umfassen.

Die Mengeneinheit muss eine aufwandsbezogene Verrechnung unterstützen. Das kann bspw. über die Anzahl zu vereinbarender Personentage erfolgen. Der IT-Service besteht lediglich aus einem Servicemodul, was die Wahlmöglichkeiten auf Menge, Preis und ggf. Qualitätsparameter eingrenzt. Eine weitere Unterscheidung besteht zum IT-Service „Projekt- und Portfoliomanagement", der sich auf die Bereitstellung einer entsprechenden Applikation und nicht auf die Erbringung von Projektleistungen im Sinne des vorliegenden IT-Services bezieht.

Abbildung 5-25:   ***Exemplarische Servicemodule zum IT-Service „Individualleistungen"***
(Quelle: Eigene Darstellung)

Dem IT-Service **ERP-System** sind vier Servicemodule zugeordnet (Abbildung 5-26). Die Standardleistung erstreckt sich auf Bereitstellung, Betrieb, Wartung und Support eines ERP-Systems für eine festgelegte Anzahl Nutzer (für die laufende Unterstützung von Geschäftsprozessen) inkl. (Beschaffung), Installation, Konfiguration, Lizenzierung, Berechtigungskonzept, Wartung und Support des Systems (das umfasst Software, Applikationsserver, Middleware). Innerhalb dieses Leistungsumfangs ist die Bestellung weiterer optionaler Teilleistungen möglich, z.B. regelmäßige Archivierung oder elektronische Verschlüsselung.

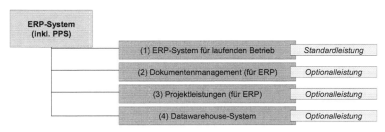

Abbildung 5-26:   ***Exemplarische Servicemodule zum IT-Service „ERP-System"***
(Quelle: Eigene Darstellung)

Darüber hinaus werden optionale Servicemodule angeboten, die im direkten Zusammenhang mit der Applikation, hier das ERP-System stehen. Servicemodul 2 umfasst die Bereitstellung eines Dokumentenmanagements, das entweder direkt im ERP-System integriert ist oder auf das applikationsbezogen zugegriffen werden kann. Ergänzend können innerhalb des Servicemoduls eine Archivierung und Verschlüsselung als optionale Bestandteile angeboten werden.

Servicemodul 3 bezieht sich auf applikationsbezogene Projektleistungen, die im Vorfeld und/ oder während der Bereitstellung, Installation, Konfiguration, Lizenzierung, Betrieb, Support und Wartung der Applikation erbracht werden bzw. entstehen. Das sind z.B. das Einrichten einer Testumgebung, die Beratung bei Kaufentscheidungen oder die Durchführung von Applikationsanpassungen. Die Bedeutung des Servicemoduls wurde von den Praxispartnern unterstrichen, da von Seiten des Servicegebers viel Unterstützung und Beratung geleistet wird.

Servicemodul 4 als weitere Optionalleistung beschreibt die applikationsbezogene Bereitstellung eines Datawarehouse-Systems inkl. Bereitstellung, Betrieb, Wartung und Support. Innerhalb des Leistungsumfangs können weitere Optionen, wie die Erstellung einer definierten Anzahl an Schnittstellen, an Berichten oder an Datenwürfel, offeriert werden.

5.2.2.4 Exemplarische Ausgestaltung des IT-Services „E-Mail"

In Anknüpfung an die Darstellung des Entwicklungsprozesses wird der exemplarische IT-Service „E-Mail" inhaltlich ausgestaltet. Aus Übersichtlichkeitsgründen beschränkt sich die Darstellung auf jeweils ein Servicemodul und ein Serviceelement. In Anhang E befindet sich die komplette Beschreibung auf allen Strukturierungsebenen.

Die exemplarische Ausgestaltung fokussiert einen abgegrenzten Ausschnitt aus einem vollständigen IT-Serviceangebot. Das bedeutet, dass ggf. mit dem IT-Service eng verknüpfte Servicemodule und Serviceelemente anderer IT-Services hier nicht explizit betrachtet werden. Das ist im Falle einer Umsetzung zu berücksichtigen. Da sich die Ausgestaltung ebenso am jeweiligen Vorverständnis der Zielgruppe orientiert, kommt dem Beispielservice ein Vorschlagscharakter gleich.

Die Entwicklung des IT-Services basierte auf einem iterativen Vorgehen (vgl. Kapitel 5.1.2.2). Den Ausgangspunkt bildete die Identifikation eines typischen und gut abgrenzbaren IT-Services (1. Schritt). Die Wahl fiel im Rahmen von Brainstorming-Sitzungen mit 20 erfahrenen IT-Managern auf *E-Mail*.[62] Im 2. Schritt wurden gemeinsam Ideen einer inhaltlichen Ausgestaltung gesammelt, wobei vor allem mögliche Infrastrukturkomponenten oder Erbringungsprozesse vorgeschlagen wurden. Das diente als Grundlage für die Erarbeitung des ersten Gestaltungsvorschlags. Bestehende IT-Servicedokumentationen einzelner Teilnehmer wurden ergänzend herangezogen. Mit dem Ziel der inhaltlichen Vollständigkeit der Beschreibung auf den drei Strukturierungsebenen wurden im 3. Schritt zunächst zwei Module und 15 Elemente erarbeitet, die dem gleichen Teilnehmerkreis vorgelegt wurden.

---

[62] Neben dem IT-Service *E-Mail* wurden die IT-Services *Messaging* und *Collaboration* identifiziert, die auf Grund ihrer inhaltlichen Verknüpfung in der Praxis häufig Ähnlichkeiten in der Bereitstellung aufweisen. Die Ausgestaltung des Beispielservices setzt auf der Ausarbeitung von Zimmermann (2006) auf, die im Rahmen der Dissertation entstanden ist.

5.2 Modellkomponente zur Strukturierung des IT-Serviceangebots

Während die inhaltliche Vollständigkeit weitestgehend bestätigt wurde, zeigten sich vor allem in der Granularität und Abgrenzung der Servicemodule und Serviceelemente Inkonsistenzen, da keine eindeutige Trennung ersichtlich war. Zudem wurde deutlich, dass sich die bisherigen Elemente zu stark an der Servicenehmersicht orientierten. Das führte zu einer Präzisierung der begrifflichen Abgrenzung und Ausrichtung auf die einzelnen Ebenen sowie zur Formulierung von Beschreibungskriterien, die Zielsetzung und Beschreibungsumfang festlegten.

Auf Basis dieser Anforderungen wurden die Servicemodule und Serviceelemente schrittweise neu strukturiert und ausformuliert, wobei die neu geschaffene Trennschärfe die Zuordnung und Ausgestaltung nun deutlich erleichterte. Aus ursprünglich zwei Servicemodulen wurden unter Einbeziehung der Verbesserungsvorschläge fünf Servicemodule herausgearbeitet, die sich von den beiden anderen Ebenen klar abgrenzen lassen. Das spiegelt sich ebenso in der Bezeichnung der Servicemodule wider.

Der angepasste Gestaltungsvorschlag wurde mit elf Praxispartnern ausführlich diskutiert (vgl. Kapitel 5.1.2.2). Die erfolgte Neuausrichtung der Servicemodule und Serviceelemente wurde als unternehmensübergreifender Gestaltungsvorschlag hinsichtlich Konsistenz und Nachvollziehbarkeit bezeichnet. Zudem wurde die Hierarchisierung und Abgrenzung durch Services und Module begrüßt. Diskussionspunkt bildete die Festlegung der Wahlmöglichkeiten und der Bestellformen der Servicemodule (Standard- und Optionalleistungen), was sich sehr unternehmensspezifisch gestalten kann. Letzteres wurde ebenfalls zur Abgrenzung und Definition der Serviceelemente angemerkt. Für den Gestaltungsvorschlag wurde bestimmt, dass das Servicemodul *Mailbox/Kalender* eine Standardleistung darstellt. Die übrigen vier Servicemodule stellen Optionalleistungen dar.

Übersicht über Servicemodule und -elemente des exemplarischen IT-Services „E-Mail"

Es wird ein systematischer Überblick über die Servicemodule, die zugeordneten Serviceelemente und die bestehenden Zusammenhänge gegeben. Hierauf setzt die anschließende Detailbetrachtung auf. Für den IT-Service wurden fünf Servicemodule gebildet:

- Mailbox/Kalender (persönliche Mailbox mit Kalender-Funktionalität).
- Multiuser-Mailbox (Gruppen-Mailbox mit Kalender-Funktionalitäten für eine definierte Nutzergruppe).
- Öffentliche Mailordner (auf dem Mailserver angelegter Speicherplatz zur E-Mail- und Dateiablage für eine festgelegte Nutzergruppe).
- Elektronische Verschlüsselung und Signatur (Sicherung des Mailverkehrs hinsichtlich Integrität, Vertraulichkeit und Authentifizierung).
- Mobiler Zugriff auf Mail/Kalender-Funktionalitäten mittels tragbarer (Handheld-) Endgeräte (Zugriff auf persönliche oder gemeinsame genutzte Mail/Kalender-Funktionalitäten und öffentliche Mailordner über ein mobiles Handheld-Gerät bzw. PDA).

Zwischen den Servicemodulen bestehen Verknüpfungen (Abbildung 5-27).

So können die Servicemodule *Mailbox/Kalender* und *Multiuser-Mailbox* bspw. optional verschlüsselt und elektronisch signiert werden. Zudem ist ein mobiler Zugriff auf beide Servicemodule sowie auf öffentliche Mailordner mittels tragbarer Endgeräte möglich. Die abgebildeten Pfeile symbolisieren die Wirkungsrichtung, in der eine Verknüpfung besteht.

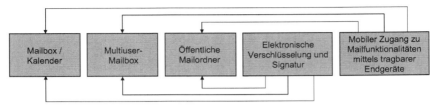

Abbildung 5-27:   *Servicemodule des IT-Services „E-Mail"*
(Quelle: Eigene Darstellung)

Den Servicemodulen wurden die Serviceelemente zugeordnet, die zur technischen Umsetzung benötigt werden. Die drei Tabellen 5-4 bis 5-6 fassen die Serviceelemente pro Servicemodul zusammen. Zur nummerierten Auflistung der Serviceelemente folgt eine Kurzbeschreibung[63] und die Darstellung der Zulieferungen zwischen den Serviceelementen anhand ihrer Nummerierung. Die Zulieferungen geben an, in welche anderen Serviceelemente ein Serviceelement eingeht, um erstere erbringen zu können. Bspw. ist eine Absicherung des Mailservers nur sinnvoll, wenn ein solcher betrieben wird und vice versa.

Die Servicemodule *Mailbox/Kalender, Multiuser-Mailbox* und *Öffentliche Mailordner* werden in Tabelle 5-4 zusammengefasst, da sie bis auf eine Ausnahme die gleichen Serviceelemente aufweisen.

Die Ausnahme bildet der *SPAM-Filter*, der nur den Servicemodulen *Mailbox/Kalender* und *Multiuser-Mailbox* zugeordnet ist. Die Reihenfolge der Serviceelemente unterliegt keiner besonderen Abfolge.

---

[63]   Die Erstellung der Kurzbeschreibungen erfolgte unter Heranziehung mehrerer Literaturquellen. Vgl. (Hansen/Neumann 2001; BSI 2005; Stahlknecht/Hasenkamp 2005; Hildebrand 2001; Voß/Gutenschwager 2001; Heinrich 2002; Anderson 2001; Whitman/Mattord 2003; Hegering/Abeck 1993; Gruhn et al. 2007; Böni et al. 1999).

5.2 Modellkomponente zur Strukturierung des IT-Serviceangebots

Lfd. Nr.	Name Serviceelement	Kurzbeschreibung Serviceelement	Zulieferung an Nr.
1	Archivierungsdienst	• Dienst zur Speicherung der Mailinhalte zu Zwecken der dauerhaften Aufbewahrung auf einem separaten Speicherplatz	-
2	Backup-Dienst	• Dienst zur regelmäßigen Sicherung der aktuellen Mailinhalte auf einem separaten Speicherplatz zu Zwecken der Wiederherstellung bei Datenverlust	1
3	Unternehmensweites Authentifizierungs- und Autorisierungsmanagement (Identity Management)	• Verwaltung der unternehmensweiten Zugriffs-, Zugangs- und Zutrittsrechte und des unternehmensweiten Adressverzeichnisses zur Identifikation der Benutzer	Alle (1,2, 4-13)
4	Mailserver-Betrieb	• Betrieb des Mailservers durch Nutzergruppenverwaltung, Verteilermanagement, Software- und Hardware-Administration	-
5	Virenscan	• Überprüfung des Mailverkehrs und der Mailinhalte auf elektronischen Virenbefall	7-10
6	SPAM-Filter	• Überprüfung des Mailverkehrs nach unerwünschten (Massen)-Zustellungen aus Werbezwecken	7
7	Absicherung des Mailservers	• Sicherungsmaßnahmen zum Schutz der Mailinfrastruktur vor unerwünschten internen und externen Angriffen	-
8	Speicherplatz	• Aufnahme und Aufbewahrung von Daten durch physikalische Speichermedien/Datenträger	Alle (1-7, 9-13)
9	Netzwerk	• Bereitstellung von Kommunikationsverbindungen (LAN/ MAN/ WAN) zur Übertragung von Maildaten	Alle (1-8, 10-13)
10	Rechenleistung	• Verarbeitungsgeschwindigkeit und Reaktionszeit von Rechnern/ Servern hinsichtlich der Erbringung mailbezogener Dienste	Alle (1-9, 11-13)
11	Rechenzentrumsleistungen	• Bereitstellung von Raumfläche, Strom, Klimatisierung usw. zum Betreiben von mailbezogener Hardware (wie Mailserver, Speichermedien)	Alle (1-10,12,13)
12	Betriebsprozesse	• Prozesse zum Incident Management (Störungen), Problem Management, Availibility Management (Verfügbarkeit)	Alle (1-11,13)
13	Wartungsprozesse	• Prozesse zum Change Management (Änderungen), Configuration Management, Release Management (Freigabe)	Alle (1-12)

Tabelle 5-4: ***Serviceelemente der Module „Mailbox/Kalender", „Multiuser-Mailbox", „Öffentlicher Mailordner"***
(Quelle: Eigene Darstellung)

Tabelle 5-5 listet die Serviceelemente des Servicemoduls *Elektronische Verschlüsselung und Signatur* auf. Die Reihenfolge der Serviceelemente ist beliebig und es wird erneut durchnummeriert.

Lfd. Nr.	Name Serviceelement	Kurzbeschreibung Serviceelement	Zulieferung an Nr.
1	Public-Key-Infrastructure-Dienst	• Dienst zur asymmetrischen Verschlüsselung von Mailinhalten durch die Generierung von privaten und öffentlichen Schlüsseln zum Zwecke der Authentizität und Integrität	2-5
2	Trust-Center-Dienst	• Dienst zur Ausstellung von Schlüsselzertifikaten und Verwaltung der öffentlichen Schlüssel zum Zwecke der Authentifikation, Integrität und Vertraulichkeit	1, 3-5
3	Unternehmensweites Authentifizierungs- und Autorisierungsmanagement	• Verwaltung der unternehmensweiten Zugriffs-, Zugangs- und Zutrittsrechte und des unternehmensweiten Adressverzeichnisses zur Identifikation der Benutzer	Alle (1, 2, 4-11)
4	Mailserver-Betrieb	• Betrieb des Mailservers durch Nutzergruppenverwaltung, Verteilermanagement, Software- und Hardware-Administration	1, 2
5	Absicherung des Mail-servers	• Sicherungsmaßnahmen zum Schutz der Mailinfrastruktur vor unerwünschten internen und externen Angriffen	-
6	Speicherplatz	• Aufnahme und Aufbewahrung von Daten durch physikalische Speichermedien/Datenträger	1, 2
7	Netzwerk	• Bereitstellung von Kommunikationsverbindungen (LAN/ MAN/ WAN) zur Übertragung von Maildaten	1, 2
8	Rechenleistung	• Verarbeitungsgeschwindigkeit und Reaktionszeit von Rechnern/ Servern hinsichtlich der Erbringung mailbezogener Dienste	1, 2
9	Rechenzentrumsleistungen	• Bereitstellung von Raumfläche, Strom, Klimatisierung usw. zum Betreiben von mailbezogener Hardware (wie Mailserver, Speichermedien)	1, 2
10	Betriebsprozesse	• Prozesse zum Incident Management (Störungen), Problem Management, Availibility Management (Verfügbarkeit)	1, 2
11	Wartungsprozesse	• Prozesse zum Change Management (Änderungen), Configuration Management, Release Management (Freigabe)	1, 2

Tabelle 5-5: Serviceelemente des Moduls „Elektronische Verschlüsselung und Signatur"
(Quelle: Eigene Darstellung)

Die Zuordnung der Serviceelemente zum fünften Servicemodul *Mobiler Zugriff auf Mail/Kalender-Funktionalitäten mittels tragbarer (Handheld-)Endgeräte* zeigt Tabelle 5-6.

Zu beachten ist das Serviceelement *SPAM-Filter*, das im Falle der Bestellung eines mobilen Zugangs für die Servicemodule 1 bis 3 nur den ersten beiden (*Mailbox/Kalender* und *Multi-user-Mailbox*) zugeordnet ist, nicht aber dem Servicemodul *öffentlicher Mailordner*. Anordnung und Nummerierung der Serviceelemente folgen keinem spezifischen Muster.

5.2 Modellkomponente zur Strukturierung des IT-Serviceangebots

Lfd. Nr.	Name Serviceelement	Kurzbeschreibung Serviceelement	Zulieferung an Nr.
1	Mobiles Endgerät (Handheld)	• Bereitstellung eines mobilen Endgeräts in Form eines Handhelds bzw. PDA, welches einen push-fähigen Maildienst unterstützt	
2	Mailpush-Dienst	• Datenverbindung zwischen Mailserver und mobilen Handheld-Endgerät zur automatischen Übertragung des Mailverkehrs zwischen Server und Gerät	1
3	Unternehmensweites Authentifizierungs- und Autorisierungsmanagement	• Verwaltung der unternehmensweiten Zugriffs-, Zugangs- und Zutrittsrechte und des unternehmensweiten Adressverzeichnisses zur Identifikation der Benutzer	2
4	Virenscan	• Überprüfung des Mailverkehrs und der Mailinhalte auf elektronischen Virenbefall	-
5	SPAM-Filter	• Überprüfung des Mailverkehrs nach unerwünschten (Massen)-Zustellungen aus Werbezwecken	-
6	Mailserver-Betrieb	• Betrieb des Mailservers durch Nutzergruppenverwaltung, Verteilermanagement, Software- und Hardware-Administration	2, 7
7	Absicherung des Mailservers	• Sicherungsmaßnahmen zum Schutz der Mailinfrastruktur vor unerwünschten internen und externen Angriffen	2, 6
8	Speicherplatz	• Aufnahme und Aufbewahrung von Daten durch physikalische Speichermedien/Datenträger	2
9	Netzwerk	• Bereitstellung von Kommunikationsverbindungen (LAN/ MAN/ WAN) zur Übertragung von Maildaten	2
10	Rechenleistung	• Verarbeitungsgeschwindigkeit und Reaktionszeit von Rechnern/ Servern hinsichtlich der Erbringung mailbezogener Dienste	2
11	Rechenzentrumsleistungen	• Bereitstellung von Raumfläche, Strom, Klimatisierung usw. zum Betreiben von mailbezogener Hardware (wie Mailserver, Speichermedien)	2
12	Betriebsprozesse	• Prozesse zum Incident Management (Störungen), Problem Management, Availability Management (Verfügbarkeit)	1, 2
13	Wartungsprozesse	• Prozesse zum Change Management (Änderungen), Configuration Management, Release Management (Freigabe)	1, 2

Tabelle 5-6: Serviceelemente des Moduls „Mobiler Zugang auf Mail/Kalender-Funktionalitäten mittels tragbarer Endgeräte"
(Quelle: Eigene Darstellung)

Exemplarische Ausgestaltung der Strukturierungsebenen des IT-Services „E-Mail"

Zur inhaltlichen Ausgestaltung des exemplarischen IT-Services wurde die formale Gestaltungsstruktur für IT-Services als Beschreibungsgerüst herangezogen. Der IT-Service umfasst fünf Servicemodule, denen insgesamt 17 Serviceelemente zugeordnet sind. Zur deutlichen Unterscheidung der Ausprägungen auf den Strukturierungsebenen wurde eine durchgängige Nomenklatur verwendet, wobei der IT-Service mit A, die Servicemodule mit A.1 bis A.5 und die Serviceelemente mit B.1 bis B.17 nummeriert wurden. Abbildung 5-28 gibt hierzu einen Überblick. Die zuvor verwendete Farbgebung der Strukturierungsebenen wurde fortgeführt.

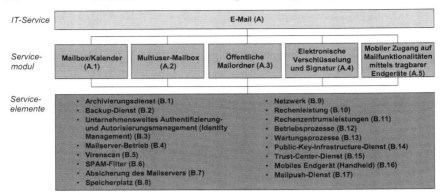

Abbildung 5-28: Ausgestaltete Strukturierungsebenen des IT-Services E-Mail
(Quelle: (Rudolph et al. 2008a))

Zur exemplarischen Beschreibung werden der IT-Service *E-Mail* (A), das Servicemodul *Mailbox/Kalender* (A.1) und das Serviceelement *Speicherplatz* (B.8) erläutert. Die Template-Struktur der drei Strukturierungsebenen wird in Tabellenform dargestellt. Das dient der Vereinfachung der Lesbarkeit und der besseren Orientierung respektive dem schnellen (Wieder)Finden von Beschreibungskriterien auf den einzelnen Ebenen.

Da die inhaltliche Ausgestaltung einen Vorschlagscharakter besitzt, sind einige Formulierungen in eckige Klammern gefasst. Das sind Erklärungen zur Ausgestaltung von Beschreibungskriterien (z.B. in Template A „Zugeordnete Servicemodule") oder konkrete Beispiele (z.B. in Template A „Eskalationsverfahren"). Sofern die Beschreibungskriterien nicht in eckige Klammern eingefasst sind, kann der unternehmensübergreifend gehaltene Vorschlag prinzipiell übernommen werden. Das ist im Einzelnen vom angebotenen Leistungsumfang abhängig. Dazu gehören z.B. Kurzbeschreibungen und Bereitstellungsergebnisse.

Tabelle 5-7 zeigt die inhaltliche Ausgestaltung für die *Ebene der IT-Services*. Im Folgenden werden ausgewählte erklärungsbedürftige Beschreibungskriterien erläutert. Sie sind anhand der zuvor erwähnten Gruppierung der Beschreibungskriterien sortiert (vgl. Kapitel 5.2.2.1).

- Kataloginformationen

Die Angaben wurden bis auf den **Namen des IT-Services** mit Beispielen hinterlegt. Die **Einordnung in übergeordnete Katalogobjekte** entfällt, da der IT-Service die höchste hierarchische Ebene darstellt.

Name IT-Service	E-Mail
Aktueller Stand	[letzte Änderung am TT.MM.JJ]
Gültigkeit	[gültig für folgende Standorte optional: Mindestbereitstellungsfrist ab Bereitstellung bis TT.MM.JJ]
Verantwortlichkeiten für IT-Servicebeschreibung	[Max Mustermann, Abteilung: Muster A, Tel-Durchwahl: -12345, max.mustermann@unternehmensname.de Stellvertreter: Heidi Musterfrau, Abteilung: Muster a, Tel-Durchwahl: -54321, heidi.musterfrau@unternehmensname.de]
IT-Serviceinhalte	
Kurzbeschreibung IT-Service	Bereitstellung von E-Mail-Funktionalitäten: eine Mailbox, [eine] Mailadresse, [MB/ GB] Speicherplatz für Mailbox (Mailboxgröße), Kalender mit Termin- und Ressourcenverwaltung, Adressbuch, Zugang auf ein unternehmensweites Adressverzeichnis für E-Mail und Kalender, Verteilerlisten, [einmonatliche] Archivierung der E-Maildaten, [arbeitstägliche] Backupspeicherung der E-Maildaten mit Wiederherstellungsmöglichkeiten, Bereitstellung eines Berechtigungs- und Rollenkonzepts (z.B. Sekretariatsfunktionen), Absicherung der E-Mail/Kalender-Funktionalitäten hinsichtlich Authentifizierung, Autorisierung und Integrität/Vertraulichkeit, Support/ Helpdesk via Hotline [Durchwahl: -12345], revisionssichere Archivierung der E-Maildaten, Anlegen zusätzlicher Verteilerlisten (optional), Gruppenmailboxen (Multiuser-Mailboxen) mit Verteilerlisten und Kalender-Funktionalitäten (optional), Speicherplatz für öffentliche Mailordner (optional), elektronische Verschlüsselung und Signatur des Mailverkehrs (optional), mobile Zugangsmöglichkeiten via tragbarem Handheld-Endgerät (optional) **Achtung:** Generell sind die Standardfunktionalitäten dargestellt, optionale Funktionalitäten sind zusätzlich in eine gesonderte Servicevereinbarung aufzunehmen. Sie setzen Standardfunktionalitäten als Basisleistungen voraus.
Ergebnis der Servicebereitstellung	Der Mail-Zugang auf Mailbox/Kalender inkl. Standardfunktionalitäten ist bereitgestellt und kann genutzt werden. Ggf. ergänzt durch: Die jeweils gewählten optionalen Funktionalitäten sind bereitgestellt.
Zugeordnete IT-Servicemodule	☑ Mailbox inkl. Kalender (Standard) ☐ Multiuser-Mailbox (optional) ☐ Öffentliche Mailordner (optional) ☐ Elektronische Verschlüsselung und Signatur (optional) ☐ Mobiler Zugang auf Mailfunktionalitäten durch tragbare Handheld-Endgeräte (optional) [Hier ist durch den Servicenehmer eine Auswahl zu treffen.]
Eskalationsverfahren	[Im Falle einer Eskalation zum vorliegenden IT-Service sind folgende Eskalationsstufen zwingend zu durchlaufen: • Eskalationsstufe 1: Max Mustermann, Abteilung: Muster A, Tel-Durchwahl: -12345, max.mustermann@unternehmensname.de • Eskalationsstufe 2: Heidi Musterfrau, Abteilung: Muster A, Tel-Durchwahl: -54321, Heidi.musterfrau@unternehmensname.de usw.]
Reporting	Folgende Berichte werden erstellt: [z.B. • Einmonatlicher Bericht über Bereitstellungsqualität (Service-Level-Bericht) für Fachbereiche, Berichtform gemäß Vorlage • Einmonatlicher Help-Desk-Bericht für Geschäftsführung, ggf. Fachbereiche, Berichtform gemäß Vorlage • Einmonatlicher Bericht für Geschäftsführung über Nutzungszahlen z.B. durchschnittliche Auslastung der Mailboxgrößen, durchschnittliche Nutzung von Mailboxen, Berichtsform gemäß Vorlage...]
Zusammenfassende Preisinformationen	in EUR [Angabe der Preisinformationen pro Mailbox/ Kalender pro Monat, Berechnung aus den Einzelpreisen der ausgewählten Standard- und optionalen Module]

Tabelle 5-7:   *Exemplarische Beschreibung des IT-Services „E-Mail"*
(Quelle: Eigene Darstellung)

- Leistungsbeschreibung

Im Kriterium **Kurzbeschreibung zum IT-Service** wurde der Leistungsumfang erfasst, bei dem Standard- und Optionalleistungen für die Servicenehmer transparent gemacht wurden. Die Angaben wurden aus den zugeordneten Servicemodulen übernommen und zusammengefasst. Die Diskussionen mit den Praxispartnern zeigten, dass die Zusammenfassung im konkreten Anwendungsfall noch stärker erfolgen kann. Das ist in der Regel vom gewünschten Informationsgrad abhängig. Die **zugeordneten Servicemodule** wurden zusammen mit ihrer Bereitstellungsform (Standard- oder Optionalleistung) aufgeführt. Während das Servicemodul *Mailbox/Kalender* als Standardleistung deklariert wurde, stellen die anderen Servicemodule Optionalleistungen dar (veranschaulicht durch ein wählbares Kästchen).

- Organisatorische Regelungen

Für das Kriterium **Reporting** erfolgte eine beispielhafte Auflistung von Berichten. Die Beschränkung auf wenige Berichte zielte darauf, deren Erstellungs- und Pflegeaufwand zu minimieren, da sie von der IT-Organisation zusätzlich zum Tagesgeschäft zu erarbeiten sind. Zudem werden umfangreiche Berichte von den Servicenehmern oftmals gar nicht gewünscht. Mit der Festlegung der Berichtsmodalitäten kann der tatsächliche Informationsumfang für die Servicenehmer bestimmt werden.

Auf der Ebene der Servicemodule wurde exemplarisch *Mailbox/Kalender* herausgegriffen und erläutert (Tabelle 5-8).

- Kataloginformationen

Die Verknüpfung zur Ebene der IT-Services wird mit der Angabe des **übergeordneten Katalogobjekts**, dem IT-Service „E-Mail", hergestellt.

- Leistungsbeschreibung

Die Ausgestaltung der **Kurzbeschreibung** erweist sich durch die Bestimmung und Beschreibung der Service-Levels sowie weiterer Wahlmöglichkeiten als umfangreicher im Vergleich zur IT-Servicebeschreibung. Wählbare Umfänge wurden als Optionalleistungen gekennzeichnet. Diskussionsbedarf bestand bei der Angabe der *Revisionssicheren Archivierung* als optionale oder Standardleistung, wobei für das Beispiel schließlich letzteres bestimmt wurde.

Für die **Service-Level-Parameter** wurden Beispiele definiert, die für den Zweck eines unternehmensübergreifenden Gestaltungsvorschlags von den Praxispartnern als aussagekräftig und ausreichend befunden wurden. Im Falle einer gewünschten Zusammenfassung der Auflistung sollte diese in Bezug auf die Erfahrungen der Praxispartner die Größen Betriebszeit, Supportzeit, Mailboxgröße, Wiederherstellungszeit und Verfügbarkeit umfassen.

5.2 Modellkomponente zur Strukturierung des IT-Serviceangebots

Name Servicemodul	Mailbox/Kalender
Einordnung in übergeordnete Katalogobjekte	Mail
Aktueller Stand	[letzte Änderung am TT.MM.JJ]
Gültigkeit	[gültig für folgende Standorte optional: Mindestbereitstellungsfrist ab Bereitstellung bis TT.MM.JJ]
Verantwortlichkeiten für Servicemodulbeschreibung	[Max Mustermann, Abteilung: Muster A, Tel-Durchwahl: -12345, max.mustermann@unternehmensname.de Stellvertreter: Heidi Musterfrau, Abteilung: Muster a, Tel-Durchwahl: -54321, heidi.musterfrau@unternehmensname.de]
Servicemodul-Inhalte	
Kurzbeschreibung Servicemodul	Bereitstellung eines personalisierten Zugangs auf E-Mail/Kalender-Funktionalitäten mit: eine Mailbox, [eine] Mailadresse, [MB/ GB] Speicherplatz für Mailbox (Mailboxgröße), Kalender-Funktionalität mit Termin- und Ressourcenverwaltung, Zugriff auf ein unternehmensweites Adressverzeichnis für E-Mail und Kalender, ein Adressbuch, [fünf] Mail-Verteilerlisten, [einmonatliche] Archivierung der E-Maildaten, [arbeitstägliche] Backupspeicherung der E-Maildaten mit Wiederherstellungsmöglichkeiten, Bereitstellung eines Berechtigungs- und Rollenkonzepts (z.B. Sekretariatsfunktionen), Absicherung der E-Mail/Kalender-Funktionalitäten hinsichtlich Authentifizierung, Autorisierung und Integrität/Vertraulichkeit, Support/ Helpdesk via Hotline [Durchwahl: -12345], revisionssichere Archivierung der E-Maildaten, Anlegen zusätzlicher Verteilerlisten (optional)
Ergebnis der Servicemodulbereitstellung	Der E-Mail/Kalender-Zugang inkl. der Nutzung aller Standardfunktionalitäten ist möglich.
Einheit Servicemodul	Anzahl Mailbox/Kalender
Service-Level-Parameter	
Service-Level-Klassifizierung	Drei Klassen [Festlegung der Anzahl Service-Level-Klassen] Klasse 1: Basic, Klasse 2: Advanced, Klasse 3: Premium
Name und Kurzbeschreibung Service-Level	[Betriebszeit: Zeitraum, in dem der Servicenehmer das Modul Mailbox/ Kalender grundsätzlich nutzen kann (geplante Verfügbarkeit). Gemessen wird der Zeitraum in Stunden pro Arbeitstage. Mailboxgröße: Maximal zugewiesener Speicherplatz für eine Mailbox auf dem Mailserver. Gemessen wir in Megabyte (MB) oder Gigabyte (GB). E-Mailgröße bei Versand: Maximale Größe einer zu versendenden Email inkl. Anhang. Gemessen wird in Megabyte (MB). Wiederherstellungszeit für Backup: Maximaler Zeitraum, der zur Wiederherstellung des letzten Backups der E-Maildaten auf Grund eines eingetretenen Schadensfalls benötigt wird. Gemessen wird in Arbeitstagen (AT) und Stunden (h). Supportzeit: Zeitraum, in dem der Help-Desk/das Support-Team zur Annahme von Trouble Tickets durch die Hotline unter der Durchwahl -12345 erreichbar ist. Gemessen wird in Arbeitstagen/Stunden. Dabei bedeutet 5x10 (Mo-Fr 08-18 Uhr) 5x11 (Mo-Fr 08-19 Uhr 7x24 (Mo-So 0-24 Uhr)

Tabelle 5-8: ***Exemplarische Beschreibung des Servicemoduls ‚Mailbox/ Kalender'***
(Quelle: Eigene Darstellung)

Name und Kurz-beschreibung Service-Level	Unbediente Supportzeit: Zeitraum, in dem der Help-Desk Tickets der Prioritätsstufe 1 (hoch) außerhalb der Supportzeit annimmt. Gemessen in Tage/Stunden. Dabei bedeutet: A (Mo-Fr 18-08 Uhr, Sa-So 0-24 Uhr) B (Mo-Fr 19-08 Uhr, Sa-So 0-24 Uhr) C (0, keine unbediente Zeit) Verfügbarkeit: Errechnet wird die Verfügbarkeit mittels $$\frac{\text{GesamteVerfügbarkeit} - \text{Ausfallzeit}}{\text{GesamteVerfügbarkeit}} * 100$$ wobei die gesamte Verfügbarkeit den maximalen Zeitraum angibt, in dem das Erreichen des E-Mail/Kalendersystems durch den Servicenehmer in der Betriebszeit zugesichert wird. Ausfallzeit siehe unten. Gemessen wird das Verhältnis in Prozent bezogen auf einen Monat. Definierte Ausfallzeit: zusammenhängender Zeitraum, in dem das E-Mail/Kalendersystem innerhalb der Betriebszeit für den Servicenehmer maximal nicht verfügbar ist. Hierbei werden keine geplanten Ausfallzeiten i.S.v. Wartungszeiten einberechnet. Gemessen wird in Stunden (h). Reaktionszeit: maximaler Zeitraum zwischen Aufnahme des Trouble Tickets durch den Servicenehmer und Beginn der Analysezeit (Annahme des Tickets durch Help-Desk). Gemessen wird in Minuten, Stunden, Arbeitstagen. Darüber hinaus wird zwischen Ticketprioritäten und zwischen Betriebszeit und unbedienter Zeit unterschieden. Findet keine Ticketbearbeitung statt, ist dies mit einem Strich gekennzeichnet. Lösungszeit: maximaler Zeitraum zwischen Öffnen und Schließen eines Trouble Tickets durch den Help-Desk. Gemessen in Stunden und Arbeitstagen. Darüber hinaus wird zwischen Ticketprioritäten und zwischen Betriebszeit und unbedienter Zeit unterschieden. Findet keine Ticketbearbeitung statt, ist dies mit einem Strich gekennzeichnet.]
Service-Level-Ausprägungen	[Beispiele möglicher Service-Level-Ausprägungen]:

Service-Level	Basic	Advanced	Premium
Betriebszeit	7x24	7x24	7x24
Mailboxgröße (max.)	200 MB	600 MB	1 GB
E-Mailgröße bei Versand (max.)	5 MB	5 MB	10 MB
Wiederherstellungszeit für Backup	2 AT	1 AT	4 h
Supportzeit	5x10	5x11	7x24
Unbediente Supportzeit	A	B	C
Verfügbarkeit	95%	98%	99%
Definierte Ausfallzeit	8h	6h	<4h
Reaktionszeit (in Betriebszeit)			
Ticket Priorität 1 (hoch)	<15 min	<10 min	<5 min
Ticket Priorität 2 (mittel)	<8 h	<6h	<5 h
Ticket Priorität 3 (niedrig)	<2 AT	<2 AT	<1 AT
Reaktionszeit (in unbedienter Zeit)			
Ticket Priorität 1 (hoch)	-	<5 h	<3 h
Ticket Priorität 2 (mittel)	-	-	-
Ticket Priorität 3 (niedrig)	-	-	-
Lösungszeit (in Betriebszeit)			
Ticket Priorität 1 (hoch)	<8 h	<6 h	<4 h
Ticket Priorität 2 (mittel)	<2 AT	<2 AT	<1 AT
Ticket Priorität 3 (niedrig)	<5 AT	<4 AT	<2 AT
Lösungszeit (in unbedienter Zeit)			
Ticket Priorität 1 (hoch)	-	-	<2 AT
Ticket Priorität 2 (mittel)	-	-	-
Ticket Priorität 3 (niedrig)	-	-	-

(Fortführung Tabelle 5-8)

5.2 Modellkomponente zur Strukturierung des IT-Serviceangebots

Messmethoden und Messzeitpunkt	[End-2-End-Messung: Definition der Messstrecken Client-Server-Client → Zustellzeit der Mails nach Random-Prinzip, z.B. mit Tool InfraXS möglich]
Rahmen-bedingungen/ Mitwirkungs-pflichten	1 [Unverzügliche Bekanntgabe von Stammdatenänderungen durch die Servicenehmer]
Enthaltene Serviceelemente (nur für IT-Organisation sichtbar)	[Beispiele für abgegrenzte Serviceelemente: 2 Archivierungsdienst 3 Backupdienst 4 Unternehmensweites Authentifizierungs- und Autorisierungsmanagement (Identity Management) 5 Mailserver-Betrieb 6 Virenscan 7 SPAM-Filter 8 Absicherung des Mailservers 9 Speicherplatz (inkl. Sicherung) 10 Netzwerk (inkl. Sicherung) 11 Betriebsprozesse (umfasst Incident Management, Problem Management, Availability Management) 12 Wartungsprozesse (umfasst Change Management, Configuration Management, Release Management) 13 Rechenleistung inkl. Sicherung 14 Rechenzentrumsleistungen (inkl. Sicherung, z.B. Raummiete, Strom, Klimatisierung)]
Informationen zur Verrechnung der Servicemodul-bereitstellung	in EUR [Angabe des Verrechnungskostensatzes bzw. des Verrechnungspreises pro Standard-Mailbox/Kalender pro Monat Zusätzliche Kosten für optionale Leistungen betragen für • revisionssichere Archivierung der E-Maildaten: in EUR pro Monat • Anlegen zusätzlicher Verteilerlisten: in EUR pro Liste]

(Fortführung Tabelle 5-8)

In Ergänzung könnten die Service-Level-Klassen bei Bedarf zunächst auf eine Klasse beschränkt werden, um die Servicenehmer an die Bedeutung und Auswirkungen der Wahlmöglichkeiten und die damit verbundenen Kosten heranzuführen. Das erweist sich vor allem für mittelständische Unternehmen als adäquater Ansatz. Weiterhin kann die Verankerung der Service-Levels innerhalb des Template-Dokumentes herausgelöst und an zentraler Stelle zusammengefasst werden. Das erstreckt sich insbesondere auf gleichlautende Service-Levels.

Die **zugeordneten Serviceelemente** stellen die Verbindung zur darunter liegenden Ebene der technischen Leistungserbringung her. Für das exemplarische Servicemodul wurden die erforderlichen Serviceelemente aufgelistet. Da die Angabe ausschließlich für den Servicegeber relevant ist, wurde das entsprechend gekennzeichnet.

• Organisatorische Regelungen

Für das Kriterium der **Verrechnungspreise** wurde nach Standard- und Optionalleistungen differenziert, die sich somit separat und transparent bepreisen lassen. Das erlaubt eine differenziertere und gezieltere Zusammenstellung des benötigten Leistungsumfangs.

Die Ebene der Serviceelemente wird am Beispiel *Speicherplatz* vorgestellt (Tabelle 5-9).

- Kataloginformationen

Die **übergeordneten Katalogobjekte** listen die Servicemodule auf, in die das Element eingeht. Bei technischen Störungen lässt sich so schnell bestimmen, welche Servicemodule betroffen sind.

- Leistungsbeschreibung

Die Ausgestaltung der **Kurzbeschreibung** orientierte sich an einer hersteller- und plattformunabhängigen Formulierung. Das hat den Vorteil, dass technisch unterschiedlich erbrachte Teilleistungen in einer einheitlichen Beschreibung abgebildet werden. Ansonsten müsste für jede technisch unterschiedlich realisierte Teilleistung ein eigenes Serviceelement beschrieben werden. Das entspricht aber eher dem Aufgabenbereich des *Configuration Managements*.[64]

- Organisatorische Regelungen

Der **Typ der Serviceelementerbringung** differenziert nach unternehmensinterner oder -externer Erbringung. Die Angabe erfolgt durch Ankreuzen, wobei im Falle der externen Erbringung zusätzliche Angaben zu den eingebundenen Dienstleistern zu hinterlegen sind.

Die Festlegung der **Kostenarten** gestaltet sich sehr unternehmensspezifisch. Daher wurden für die exemplarische Ausgestaltung Beispiele gebildet.

Neben Hardware und Software wurden die Personalkosten in Abhängigkeit ihrer Erbringungsform in *interne Kosten* oder *Kosten für externe Dienstleistungen* unterschieden. Letzteres umfasst bspw. Kosten für Berater, Softwareentwickler oder Support-Mitarbeiter, die insbesondere im Mittelstand meist als zusätzliche Kapazitäten zur Überbrückung von zeitlich begrenzten personellen Engpässen eingekauft werden. Hierunter fallen u.a. auch die Kosten für die externen Outsourcing-Dienstleister. Zusätzlich wird nach *Investitionen* unterschieden. Obwohl die Bildung dieser Kostenart betriebswirtschaftlich nicht ganz korrekt ist, wird sie auf Grund ihrer Relevanz für den Mittelstand aufgeführt. Das spiegelt die häufige Praxis in mittelständischen Unternehmen wieder.

---

[64] Zielsetzung des *Configuration Management*s nach ITIL ist die Erfassung und Verwaltung aller IT-Ressourcen (in einem System bzw. einer Datenbank), die zur technischen Erbringung der IT-Services erforderlich sind (vgl. Office of Government Commerce 2007c).

Name Serviceelement	Speicherplatz
Einordnung in übergeordnete Katalogobjekte	1 Mailbox/Kalender 2 Multiuser-Mailbox 3 Öffentlicher Mailordner 4 Elektronische Verschlüsselung und Signatur 5 Mobiler Zugang auf E-Mail/ Kalender-Funktionalitäten über tragbares Handheld-Endgerät
Aktueller Stand	[letzte Änderung am TT.MM.JJ]
Gültigkeit	[gültig für folgende Standorte optional: Mindestbereitstellungsfrist ab Bereitstellung bis TT.MM.JJ]
Verantwortlichkeiten für IT-Service-elementbeschreibung	[Max Mustermann, Abteilung: Muster A, Tel-Durchwahl: -12345, max.mustermann@unternehmensname.de Stellvertreter: Heidi Musterfrau, Abteilung: Muster a, Tel-Durchwahl: -54321, heidi.musterfrau@unternehmensname.de]
Inhalte Serviceelement	
Kurzbeschreibung Serviceelement	Bereitstellung, Betrieb (Incident, Problem, Availibility Management) und Wartung (Change, Configuration, Release Management) einer Speicher-Infrastruktur inkl. Hardware und Software zur Aufnahme und Aufbewahrung von Daten durch physikalische und logische (durch Virtualisierung) Speichermedien/Datenträger. Überwachung der Speicherauslastung.
Ergebnis der Service-elementerbringung	Die sichere Speicherung der Daten aus den verknüpften Serviceelementen und Servicemodulen wird gewährleistet.
Einheit Serviceelement	GB Speicherplatz pro Nutzer (gemäß vereinbarter Service-Level-Parameter)
Typ der Service-elementerbringung (intern/ extern)	▪ Interne Erbringung ▪ Externe Erbringung durch 5.1 Dienstleister 1: [Name Firma] 5.2 Ansprechpartner Dienstleister 1: [Max Musterfrau, Tel. 012/ 123 123, max.musterfrau@unternehmensname.de] 5.3 Erreichbarkeit Dienstleister 1: [Zeiten] 5.4 Link zum Vertrag: [URL, Pfadlink]
Enthaltene Kostenarten	[Angabe der Kostenarten ist abhängig von der jeweiligen Abgrenzung/ Kostenartendefinition, z.B. o Software (inkl. Wartung) o Hardware (inkl. Wartung) o Personalkosten o Kosten für externe Dienstleister (z.B. Berater, Software-Entwickler) o Investition]
Zuleistungen von anderen Serviceelementen	[Archivierungsdienst Backup-Dienst Automatisierung/ Authentifizierung (Identity Management) Virenscan Netzwerk Rechenleistung RZ-Leistungen Betriebsprozesse Wartungsprozesse Trust-Center-Dienst PKI-Dienst]

Tabelle 5-9: *Exemplarische Beschreibung des Serviceelements „Speicherplatz'*
(Quelle: Eigene Darstellung)

5.2.3 Zusammenfassung

Mit der Ausgestaltung der Modellkomponente 1 wurde die **Forschungsfrage 2** beantwortet (vgl. Kapitel 1.2.1), indem für den Anwendungskontext mittelständischer Unternehmen konkrete Gestaltungshilfen zur formalen Strukturierung des IT-Serviceangebots entwickelt und inhaltlich ausgestaltet wurden. Sämtliche der Modellkomponente zugeordneten Anforderungen wurden realisiert. Die folgende Zusammenfassung verdeutlicht das:

Den Ausgangspunkt bildete die Entwicklung eines Reifegradmodells für IT-Service-Kataloge, anhand dessen objektive Bewertungen hinsichtlich des Umsetzungsniveaus der IT-Servicestrukturierung über IT-Service-Kataloge unterstützt werden. Ergänzend wurde neben dem Bewertungsrahmen eine Vorgehensweise erarbeitet, die als Grundlage für eine praktische Umsetzung dienen kann. Die Anwendbarkeit des Bewertungsrahmens für unternehmensübergreifende Vergleiche wurde mit der Darstellung der Ergebnisse eines durchgeführten Benchmarking-Vergleichs mit 16 Unternehmen empirisch bestätigt. Damit wurde *Anforderung 8* umfassend realisiert.

Darauf aufbauend wurde eine formale Gestaltungsstruktur für IT-Services erarbeitet, die eine detaillierte Beschreibung des IT-Serviceangebots unterstützt. Das zielt auf die Erfüllung der *Anforderung 9*. Im Strukturierungsansatz wurden die Sichtweisen von Servicenehmer und Servicegeber, die die Hauptakteure im angenommenen Serviceverhältnis darstellen, integriert.

Hierzu wurden drei Strukturierungsebenen erarbeitet, die miteinander verknüpft sind und eine Grundlage für eine gemeinsame Kommunikationsbasis der Serviceakteure schaffen. Das entspricht der Umsetzung der *Anforderung 6*. Den Schwerpunkt der Ebenengestaltung bildete die Servicenehmersicht, die auf zwei Strukturierungsebenen abgebildet wurde. Das unterstützt eine verständliche Vermittlung der komplexen Zusammenhänge in einem IT-Serviceangebot. Untermauert wurde dies durch die Verortung der Ergebnisse der Leistungsbereitstellung in den Beschreibungskriterien der einzelnen Strukturierungsebenen. Damit wurden *Anforderung 5* und *Anforderung 7* gleichermaßen realisiert.

Die Strukturierungsebenen Servicemodule und Serviceelemente wurden modular aufgebaut, so dass deren Abgrenzung und Beschreibung mehrfach verwendbar ist. Das trägt wesentlich zur Reduktion des Erstellungs- und Pflegeaufwands eines IT-Serviceangebots bei. Der modulare Aufbau setzt sich innerhalb der einzelnen Ebenen fort, indem die formale Gestaltungsstruktur über Templates abgebildet wurde. Die Templates sind flexibel anpassbar und verdeutlichen mit der transparenten Darstellung der Verknüpfungen zwischen den Ebenen und Sichtweisen die Durchgängigkeit der Strukturierung. Das führte zur Umsetzung der *Anforderung 11* und *Anforderung 2*.

Die formale Gestaltungsstruktur für IT-Services wurde vollständig in eine Katalogstruktur integriert, so dass eine durchgängige Anwendung der Ergebnisse der Modellkomponente 1 ermöglicht wird. Der modulare Aufbau wurde ebenfalls übernommen. Die entwickelte IT-Service-Katalog-Struktur fasst alle den Servicenehmern offerierten IT-Services in einem Dokument zusammen. Sie stellt einen zentralen Zugriffspunkt für Servicenehmer und Servicegeber dar, auf dem die gemeinsame Kommunikation im Bereitstellungsprozess von IT-Services aufsetzt. Das ergänzt die Realisierung der *Anforderung 9* und *Anforderung 11*.

Anschließend wurden beide Gestaltungsstrukturen exemplarisch inhaltlich ausgestaltet, womit *Anforderung 10* umgesetzt wurde. Mit der Musterstruktur für IT-Service-Kataloge wurde einerseits eine konkrete Gestaltungshilfe entwickelt, die als Richtlinie und Vorlage für eine praktische Umsetzung herangezogen werden kann. Umfang und Komplexität orientierten sich an der Maßgabe, dass der Erstellungs- und Pflegeaufwand häufig mit sehr begrenzten Ressourcen zusätzlich zum Tagesgeschäft erbracht werden muss. Das entspricht u.a. *Anforderung 3*. Andererseits erfolgte unter Anwendung der formalen Gestaltungsstruktur eine beispielhafte Inhaltsbeschreibung für den IT-Service „*E-Mail*". Damit wurde eine konkrete Umsetzungshilfe für eine praktische Ausgestaltung bereitgestellt.

Die Entwicklung der Gestaltungshilfen erfolgte iterativ. Auf Basis der Analyse des relevanten Schrifttums wurden unter Einbeziehung der Praxispartner die Ergebnisse schrittweise erarbeitet und weiterentwickelt. Dadurch wurde der Praxisbezug der Ergebnisse unter Einbeziehung der *Anforderung 4* sichergestellt.

5.3 Modellkomponente zu servicebasierten Planungs- und Steuerungsprozessen der IT-Infrastruktur

Eine effektive und effiziente Bereitstellung des zuvor strukturierten IT-Serviceangebots erfordert definierte und transparente Prozesse. Hieran knüpft das vorliegende Kapitel zur Entwicklung der Modellkomponente 2 an. Die Zielsetzung besteht in der Bestimmung und konkreten Ausgestaltung zentraler Prozessmodelle zur servicebasierten Planung und Steuerung der IT-Infrastruktur für den Anwendungskontext mittelständischer Unternehmen. Die Kapitelstruktur gliedert sich in fünf Hauptteile.

Im Vorfeld der Prozessgestaltung wird in Kapitel 5.3.1 zunächst der thematische Rahmen festgelegt und das gewählte Vorgehen zur Prozessmodellierung erläutert. Das dient der grundlegenden Verständnisbildung. Ergänzend wird ein methodischer Bezugsrahmen erarbeitet, der ein Gerüst vorgibt, das die Ausgestaltung der Planungs- und Steuerungsprozesse in eine Systematik bringt und zentrale Gestaltungsaspekte bestimmt. Hiermit wird eine Eingrenzung des Wirkungsspektrums der Prozesse vorgenommen.

Das schafft die Voraussetzung für die nachfolgende Strukturierung der Prozesslandschaft, die sich in drei Detaillierungsebenen aufgliedert (Kapitel 5.3.2). Auf der ersten Ebene wird ein Überblick über den gesetzten Betrachtungsfokus mit Erläuterungen zur Zusammensetzung und Abgrenzung der Prozesse gegeben. Auf der zweiten tiefergehenden Ebene werden die Prozessschnittstellen vorgestellt, die zwischen sowie zu angrenzenden Prozessen bestehen und Wirkungsrichtungen aufzeigen. Die dritte Ebene gestaltet die einzelnen Prozesse in ihren Abläufen detailliert aus.

Die auf der dritten Ebene angesiedelte Prozessmodellierung zur servicebasierten Planung und Steuerung erfolgt in den Kapiteln 5.3.4 und 5.3.5. Neben der Darstellung der konkreten Ablaufschritte werden zentrale Prozessinformationen (Input- und Outputfaktoren, Schnittstellen und Rollen) erarbeitet und in ihrer Wirkung beschrieben. Hierbei werden die in Kapitel 4.4 abgeleiteten mittelständischen Besonderheiten der Ablauf- und Aufbauorganisation, wie z.B. die charakteristische Handlungsflexibilität, die starke Ressourcenbegrenzung oder der starke Einfluss der GF auf die Prozessabläufe, einbezogen. Zuvor wird in Kapitel 5.3.3 ein Rollenüberblick aufgezeigt, der rollenbezogene Aufgabenbeschreibungen zur Ausübung der Planungs- und Steuerungsprozesse beinhaltet und mittelstandstypische Aspekte der Funktionshäufung mit der Zusammenlegung von Rollen explizit berücksichtigt.

Abschließend werden die Ergebnisse der Modellkomponente 2 in Kapitel 5.3.6 zusammengefasst, wobei im Besonderen auf die Realisierung der hier zugeordneten Anforderungen an die Gestaltung der Prozessmodelle eingegangen wird.

5.3.1 Vorgehen und methodischer Bezugsrahmen zur Prozessgestaltung

5.3.1.1 Thematischer Hintergrund und Vorgehen

Zur thematischen Verankerung der Planung und Steuerung der IT-Infrastruktur wird der Ansatz nach Zarnekow et al. (2005a) aufgegriffen, der sich mit seiner servicebezogenen Darstellung eines Wertschöpfungsprozesses für die Produktion und Bereitstellung von IT-Leistungen zur Verdeutlichung des Wirkungsgefüges eignet. Da themenfokussierte Ansätze zur servicebasierten Planung und Steuerung der IT-Infrastruktur im Mittelstand fehlen, dient dieser Ansatz der Verständnisbildung und Orientierung im betrachteten Themenbereich. Abbildung 5-29 veranschaulicht anhand der dunkelgrauen Schattierung die Verortung der zu entwickelnden Planungs- und Steuerungsprozesse im aufgezeigten Ansatz. Der Bereitstellungsprozess von IT-Services erfordert die Planung und Steuerung der Mengen und Kosten. Die Planung lässt sich im vorliegenden Ansatz im Teilbereich *Portfolioplanung* verankern. Dessen Schwerpunkt bildet die Planung von Inhaltsumfang, Menge und Qualität der Leistungen und des Leistungsportfolios der IT-Organisation (Zarnekow et al. 2005a, S. 96ff.).

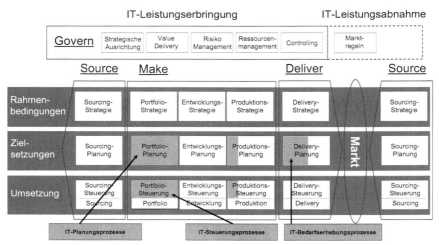

Abbildung 5-29: **Thematische Verortung der Planung und Steuerung der IT-Infrastruktur**
(Quelle: Eigene Darstellung in Anlehnung an (Zarnekow et al. 2005a, S. 70))

Grundlage der Planung sind die angeforderten Bedarfe der Servicenehmer. Deren Erhebung setzt die Interaktion zwischen Servicenehmer und Servicegeber voraus. Im Ansatz von Zarnekow et al. (2005a, S. 90ff.) lässt sich dieser Aspekt im Bereich der *Delivery-Planung* verorten, die die Schnittstelle beider Sichtweisen darstellt. Dort erfolgt die Festlegung von Preisen und Verrechnungsmodalitäten. Das halb eingefärbte Rechteck in Abbildung 5-29 symbolisiert eine partielle Abdeckung des Themenbereichs, der zusätzliche Aspekte aufgreift, die für den Zweck der thematischen Einordnung aber nicht relevant sind. Zudem werden einzelne Aspekte im Bereich der *Produktionsplanung* tangiert, die sich auf die Schnittstelle zwischen Planung und technischer Erbringung der Leistungsumfänge erstrecken (Zarnekow et al. 2005a, S. 109ff.).

Die Verortung der Steuerungsprozesse umfasst die gleichen Themenbereiche wie die Planungsprozesse. In der *Portfoliosteuerung* werden der Verbrauch respektive die Inanspruchnahme der IT-Leistungen nachgehalten, indem Plan-Ist-Vergleiche durchgeführt und Steuerungsmaßnahmen ergriffen werden. In der *Produktionssteuerung* werden Kapazitätsauslastungen und Verfügbarkeiten der Ressourcen überwacht und Beschaffungsmaßnahmen angestoßen (Zarnekow et al. 2005a, S. 100f., 114). Analog zu den Planungsprozessen erfolgt eine teilweise Einordnung.

Der Ansatz erlaubt eine erste Orientierung für die theoretische Verortung der Planungs- und Steuerungsprozesse. Dennoch bietet es für eine konkrete Ausgestaltung wenig Anhaltspunkte (vgl. Kapitel 4.3.3.1). Daher werden weitere Erkenntnisquellen einbezogen, die im Sinne einer eklektischen Betrachtung Gestaltungshinweise für die Prozessentwicklung liefern.[65] Das umfasst das Schrifttum, Erkenntnisse der empirischen Untersuchung sowie eigene Überlegungen. Dieses Vorgehen hat den Vorteil, eine zu einseitige Betrachtungsweise zu vermeiden.

Für die Prozessgestaltung wurde auf Grund der Zielsetzung und der Neuartigkeit des gelegten Betrachtungsfokus eine iterative Vorgehensweise gewählt (vgl. z.B. Schmincke 1997, S. 108).[66] Die Vorgehensschritte orientierten sich im Wesentlichen an den Ausführungen von Becker/Meise (2002, S. 126ff.) und Rosemann et al. (2002, S. 45ff.). Erste Gestaltungshinweise lieferten die Erkenntnisse der empirischen Untersuchung und die daraus abgeleiteten Anforderungen zur Modellkomponente 2.

Im 1. Schritt der Prozessentwicklung erfolgte die Festlegung von Prozesszielen, die die inhaltliche Ausrichtung transparent machten. Damit wurde ein Gestaltungsgerüst für das Design der Prozesse vorgegeben. Anschließend wurden zentrale Rahmenbedingungen, Annahmen und Voraussetzungen erfasst und beschrieben, die auf die Prozesse wirken. Das umschließt unternehmensintern oder -extern begründete Ausgangsereignisse, daraus resultierende Handlungsoptionen oder Schnittstellen. Nach der Festlegung dieser inhaltlichen Eckpunkte erfolgte die Modellierung der Prozesse in iterativen Schritten. Hierbei wurden die in Kapitel 5.1.2.2 vorgestellten elf Praxispartner einbezogen, um den Prozessablauf zu validieren und den Praxisbezug sicherzustellen. Insgesamt wurden die Prozesse über einen Zeitraum von acht Monaten

---

[65] Zur Vorgehensweise eklektisch motivierter Forschung (vgl. z.B. Leimeister 2004; Najda 2001).
[66] Der in dieser Arbeit zu Grunde gelegte Prozessbegriff basiert auf den Ausführungen von Becker/Kahn (2002, S. 6).

erarbeitet und über zwei Iterationen weiterentwickelt. Die Ergebnisse der Iterationen werden im Rahmen der Erläuterung der Prozesse aufgezeigt.

5.3.1.2 Methodischer Bezugsrahmen für die Prozessgestaltung

Anhand des methodischen Bezugsrahmens wird das Wirkungsspektrum der Prozesse übersichtlich und strukturiert verdeutlicht und mit der Ausführung der Gestaltungsaspekte eingegrenzt. Das vermeidet eine überhöhte Komplexität, da die Erfassung aller Einzelaspekte nicht immer zweckdienlich und zielführend ist (vgl. Szyperski/Welters 1976).

Für diese Arbeit wird als methodischer Bezugsrahmen zur Prozessgestaltung der Ansatz von Weber (2000, S. 122) zu Grunde gelegt. Er beschreibt zentrale Gestaltungsbereiche und -parameter, die für eine Entwicklung unternehmensbezogener Planungs- und Kontrollsysteme von Relevanz sind. Der Anwendungskontext erstreckt sich auf mittelständische Unternehmen. Die Gestaltungsparameter des Ansatzes lassen sich sehr gut auf die Entwicklung der Planungs- und Steuerungsprozesse übertragen. Das ist mit dessen thematischer Ausrichtung auf Planungs- und Kontrollaspekte zu begründen. Die Betrachtung des Gesamtunternehmens als Planungsobjekt spielt für den Anwendungszweck eine untergeordnete Rolle. Zudem spricht die Fokussierung auf den Mittelstand ebenfalls für eine Eignung.

Tabelle 5-10 fasst zum einen die Gestaltungsparameter für Planungs- und Kontrollsysteme nach Weber (2000, S. 122-154) mit einer kurzen Beschreibung zusammen. Zum anderen wird deren Anwendung für die inhaltliche Ausgestaltung der Planungs- und Steuerungsprozesse der IT-Infrastruktur dargestellt. Die Umsetzung der Gestaltungsparameter erfolgt unter Einbeziehung der zuvor erwähnten Prozessinformationen.

Gestaltungs-parameter	Kurzbeschreibung der Gestaltungsparameter	Umsetzung der Gestaltungsparameter für Planungs- und Steuerungsprozesse
Institutionali-sierungsgrad	• Organisatorische Verankerung der Verantwortungs- und Entscheidungskompetenzen für Planung und Kontrolle	• Ausgestaltung der Rollen
Zentralisie-rungsgrad	• Aufteilung der Aufgaben und Entscheidungskompetenzen innerhalb der organisatorischen Verankerung auf einzelne Rollen • Festlegung des Interaktionsgrades zwischen den beteiligten Vertretern	• Ausgestaltung der Verantwortlichkeiten und Kompetenzen der Rollen • Festlegung der Schnittstellen zwischen den Prozessen • Input- und Outputdokumente
Formalisiert-heitsgrad	• Bestimmung der Verbindlichkeit in der Einhaltung von Prozessabläufen • Vorgabeumfang von Dokumenten, Formularen, Vorschriften etc. • Festlegung des Abstimmungsumfangs und –bedarfs der beteiligten Vertreter	• Gestaltung der Input- und Outputdokumente • Ausgestaltung von Handlungsalternativen in den Prozessen • Ausgestaltung der Verantwortlichkeiten und Kompetenzen der Rollen

Tabelle 5-10: **Gestaltungsparameter zur Ausgestaltung der Planungs- und Steuerungsprozesse** (Quelle: Eigene Darstellung in Anlehnung an (Weber 2000, S. 122-154))

5.3 Modellkomponente zu servicebasierten Planungs- und Steuerungsprozessen der IT-Infrastruktur

Gestaltungs-parameter	Kurzbeschreibung der Gestaltungsparameter	Umsetzung der Gestaltungsparameter für Planungs- und Steuerungsprozesse
Differenziertheitsgrad	• Festlegung der Planungs- und Kontrollobjekte • Angabe von Fristigkeiten und Geltungsbereichen für festgelegte Planungs- und Kontrollobjekte	• Gestaltung von IT-Services, Servicemodulen, Serviceelementen mit Angabe von Mengeneinheiten und Kostenpositionen als Planungs- und Steuerungsobjekte
Vollständigkeitsgrad	• Geschlossenheit des Planungs- und Kontrollsystems • Abgrenzung des betrachteten Gegenstandsbereichs	• Abgrenzung des Betrachtungsfokus in der Prozessgestaltung auf einer Prozesslandkarte • Festlegung von Schnittstellen zu angrenzenden Prozessen außerhalb des Betrachtungsfokus
Flexibilitätsgrad	• Veränderungs- und Anpassungsfähigkeit des Planungs- und Kontrollsystems (Systemflexibilität) • Vorgabe eines Planungszeitraums und einer Gültigkeit der Planung • Geschwindigkeit der Abstimmungs- und Entscheidungsprozesse	• Gestaltung von Handlungsalternativen respektive -szenarien in Abhängigkeit unterschiedlicher Rahmenbedingungen • Vorgabe von jeweiligen Input- und Outputdokumenten • Festlegung eines Planungshorizonts und Abbildung von Planungsstadien bei der Ausgestaltung der Prozesse • Einbeziehung von Handlungsalternativen in der Ausgestaltung von Abstimmungs- und Entscheidungsbedarfen
Fokussiertheitsgrad	• Festlegung der Zweckgebundenheit der Planungen und der Bedeutung einzelner Planungsaspekte	• Festlegung von Zielsetzungen für jeden Prozess zur Abgrenzung von Bedeutung und Wirkungsgrad • Erläuterung von Wirkungsweisen in der Anwendung der Steuerungsprozesse
Instrumentalisierungsgrad	• Darstellung der Zusammenhänge und Koordinationsfähigkeit des Planungs- und Kontrollsystems	• Gestaltung von Schnittstellen zwischen den Prozessen • Gestaltung von Verknüpfungen zwischen den Prozessen über Input- und Outputdokumente
Intuitionsgrad	• Nachvollziehbarkeit und Prüfbarkeit der Planungen • Strukturiertheit der Planungen	• Ausgestaltung in den Zielsetzungen und den Beschreibungen für die einzelnen Prozesse • Gestaltung von Input- und Outputdokumenten
Standardisierungsgrad	• Festlegung des Überarbeitszyklus und der Überarbeitungshäufigkeit der Planungen	• Ausgestaltung von einzelnen Prozessen, die eine Überarbeitung und Anpassung der Planungen explizit einbeziehen („Rollende Planung") • Ausgestaltung der Überarbeitungsfrequenz sach- nicht zeitpunktbezogen (ausgelöst durch Prozessaktivitäten)
Integrationsgrad	• Konsistenz der Planungen	• Durchgängigkeit in den Prozessen durch einheitliche Planungs- und Steuerungsobjekte und abgestimmte Schnittstellen, Erstellung von Versionen der Geschäftsobjekte

(Fortführung Tabelle 5-10)

Die Ausführung verdeutlicht die Relevanz einer Eingrenzung des Wirkungsspektrums der Prozesse, um die Komplexität der Prozessgestaltung beherrschbar zu machen. Dabei muss die Eingrenzung nicht zwangsläufig mit einer Beschränkung der Handlungsflexibilität in der Prozessausführung verbunden sein. Vielmehr wird ein Handlungskorridor aufgezeigt.

5.3.2 Struktureller Aufbau der Prozesslandschaft

5.3.2.1 Überblick

Im Vorfeld der Prozessmodellierung wird ein Überblick gegeben, der die Prozesse in eine übergeordnete Prozesslandschaft einbettet. Die Prozesslandschaft besteht aus verschiedenen Detailebenen, deren Informationsgehalt mit jeder Ebene zunimmt (vgl. Brocke/Buddendick 2004, S. 30ff.). Die Festlegung der Anzahl der Ebenen sowie deren Ausgestaltung orientiert sich am zu vermittelnden Problemsachverhalt (vgl. Wilhelm 2003, S. 35; Rosemann et al. 2002, S. 80ff.). Es wurden drei Ebenen herausgearbeitet.

Ausgangspunkt bildete die Eingrenzung der Prozessinhalte, die, abhängig von der gewählten Planungsebene, eine strategische, taktische oder operative Ausrichtung aufweisen können (vgl. Alpar et al. 2002, S. 23). Unter Berücksichtigung von Problemstellung und Zielsetzung des zu entwickelnden Modells wurde der Planungshorizont auf ein Geschäftsjahr festgelegt. Das entspricht gemäß des Schrifttums der operativen Planung (vgl. Kapitel 2.2.3.1). Die Planung weist auf dieser Ebene einen sehr ablauf- und handlungsorientierten Charakter auf. Hier erfolgt die konkrete Ausgestaltung von Handlungsaktionen und Handlungsoptionen, die auf Basis strategischer Vorgaben abgleitet werden (vgl. Gälweiler 1986, S. 121f., 316ff.). Die Handlungen erstrecken sich bspw. auf die Planung von Projekten oder Mengen (vgl. Hahn 1974, S. 232ff.). Die strategischen Vorgaben werden hingegen auf der strategischen Planungsebene festgelegt. Die Fristigkeit dieser Planung umfasst einen längeren Zeithorizont (meist drei bis 5 Jahre), was zu anderen, weniger konkreten Planungsinhalten führt (vgl. Hentze et al. 1993, S. 50ff.).

Da die Prozessgestaltung der Arbeit auf einen hohen Detaillierungsgrad und eine konkrete Ausgestaltung zielte (vgl. Kapitel 5.1.2.1), grenzt sie sich von den strategischen Planungsansätzen im Schrifttum ab, die die Entwicklung und Formulierung von IT-Strategien fokussieren. Unterschiede zu Unternehmensplanungsansätzen bestehen im Planungsobjekt, welches das Gesamtunternehmen verkörpert. Unter der operativen Planung werden die FB-bezogenen Ausplanungen subsumiert, die in ihren Aktivitäten aber nicht detaillierter ausgeführt werden (vgl. Kapitel 2.2.3). Das Rahmenwerk ITIL greift u.a. die operative und taktische Planungsebene auf und skizziert themenbezogene Planungs- und Steuerungsaspekte. Es erfolgt dennoch keine zusammenhängende Strukturierung und inhaltliche Ausgestaltung. Das erweist sich für eine praktische Anwendung zu grobgranular. Diese Lücke greift die vorliegende Prozessgestaltung auf.

Zur systematischen Strukturierung wurden die Prozesse zu Prozessgruppen aggregiert, die alle Prozesse beinhalten, die eine gleichartige Zielrichtung aufweisen (vgl. Karer 2007, S. 38, 42f.). Die nachfolgende Herleitung der Prozessgruppen schafft ein erstes Verständnis für den gewählten Betrachtungsfokus.

Ausgehend von der servicebasierten Planung und Steuerung der IT-Infrastruktur wurde zunächst die Planung in die Bedarfserhebung und die eigentliche Planung zerlegt (vgl. Buchta et al. 2004, S. 103f.; Jaeger 2003, S. 211ff.). Die Zielsetzung der Bedarfserhebung besteht in der Ermittlung der IT-Unterstützungsbedarfe für den kommenden Planungszyklus, die aus den Geschäftsanforderungen der Servicenehmer resultieren. Obwohl in der Grundidee Ähnlichkeiten zum Prozessschritt der Ist-Analyse in einigen (strategischen) Planungsansätzen erkennbar sind, unterscheiden sich Zielsetzung und Ergebniserwartung der Planungsinhalte (vgl. z.B. Cassidy 2006, S. 102-119; Ward/Peppard 2003, S. 159, 179-274). Die Bedarfserhebung ist der Planung vorgelagert, so dass ihre Ergebnisse die Planungsgrundlage darstellen.

Die Planungsobjekte sind auf der betrachteten operativen Ebene bereits sehr konkret und beziehen sich in der Regel auf die Mengen und Kosten von Produkten oder Leistungen (vgl.

Dellmann/Pedell 1994, S. 28ff.; Buchta et al. 2004, S. 101). Ihre Ausplanung mündet in eine Planerstellung, die gleichermaßen den Übergang zur Steuerung darstellt (vgl. Gälweiler 1986, S. 48, 226). Die Bedarfserhebung und Planung verfolgen demnach unterschiedliche Zielsetzungen, so dass hieraus zwei Prozessgruppen abgeleitet wurden.

Mit der Steuerung wird die zeitliche Fristigkeit in den Anforderungen der Servicenehmer aus dem Geschäftsumfeld berücksichtigt. Denn die operative Planung ist einer hohen Dynamik unterworfen, die sich in stetig ändernden Anforderungen der Geschäftsprozessunterstützung äußert. Das erfordert Korrekturen respektive Anpassungsmaßnahmen in der Planung, um deren Zielerreichung weiterhin zu gewährleisten (vgl. Gälweiler 1986, S. 327f.). Weber (2000, S. 46) argumentiert in diesem Rahmen für die Entwicklung von sogen. Plankorridoren, die eine Flexibilität durch das Schaffen von Handlungsspielräumen und Szenarien sicherstellen.

Umsetzen lässt sich das bspw. mit der Entwicklung von Handlungsalternativen, die zu unterschiedlichen Auswirkungen führen oder durch die Darstellung von Ausgangsszenarien (vgl. Perich 1993, S. 314ff.; Allweyer 1998, S. 1ff.). Das schafft Handlungsflexibilität und ermöglicht eine iterative Adaption der Prozesse für verschiedene Unternehmenskontexte. Das trägt außerdem der Tatsache Rechnung, dass eine praktische Umsetzung in der Regel nicht mittels „Bing-Bang" (also einer „Stichtagsumstellung") erfolgt, sondern durch schrittweises Anpassen vorhandener Abläufe (vgl. Horvath 1982, S. 258f.). Die Steuerung dient folglich der kontinuierlichen Aktualisierung der Planung, was unter dem Begriff der rollenden Planung erfasst wird (vgl. Gälweiler 1986, S. 400f.).

Unter Heranziehung der Erkenntnisse des analysierten Schrifttums (vgl. Kapitel 2.2.3) und der empirischen Untersuchung (vgl. Kapitel 4.3.3.2) wurde ersichtlich, dass für eine Ausgestaltung der Steuerungsformen insbesondere die Mengen- und Kostensteuerung von hoher Relevanz sind (vgl. Jaspersen 2005, S. 23ff.). Letztere offenbart Verbesserungsbedarfe, die sich vor allem auf eine höhere Durchgängigkeit, Transparenz und Strukturierung der Prozesse beziehen. Daher wurde bei der Prozessgestaltung das Hauptaugenmerk auf diese Steuerungsformen gelegt. Zur Wahrung der Durchgängigkeit der Prozessinhalte wurde es auf die Planungsprozesse erweitert. Die Steuerungsaufgaben umfassen grundsätzlich die Überwachung und Anpassung von Planabweichungen (vgl. Kapitel 2.2.3). Für die Mengen- und Kostensteuerung wurde jeweils eine Prozessgruppe herausgebildet, mit dem Ziel, eine differenziertere Betrachtung einzelner Wirkungsweisen zu erzielen.

Zur Abrundung des Betrachtungsfokus wurde die fachliche Steuerung als weitere Prozessgruppe abgeleitet. Das resultiert aus den Erkenntnissen der empirischen Untersuchung, die von einer guten Durchsetzung der Steuerungsform zeugen. Daher erfolgte keine ganzheitliche Betrachtung. Vielmehr wurden diejenigen Aktivitäten herausgegriffen, die die Planung und Steuerung der Mengen und Kosten in ihren Auswirkungen spürbar tangieren. Das ist mit dem umfassenden Modellansatz der Arbeit begründbar, der u.a. die sinnvolle Abtrennung der Wirkungsbeziehungen berücksichtigt. Der hier einbezogene Ausschnitt erstreckt sich auf die Einhaltung von fachlichen IT-Vorgaben bei der Bestellung von IT-Services. Das umfasst z.B. Richtlinien zur Portfoliogestaltung oder Vorgaben von Ausstattungsvarianten von Rechnern. Das dient der Sicherstellung von Sicherheits-, Standardisierungs- oder Kompatibilitätsanforderungen, die sich aus der Bereitstellung der IT-Unterstützung ergeben.

Eine weitere Eingrenzung wurde zur qualitativen Steuerung gezogen. Die Erkenntnisse der empirischen Untersuchung verdeutlichen eine bisher geringe Bedeutung, da mit dem Einsatz von Service-Level-Parametern ein hoher Aufwand in deren Erstellung und Pflege verbunden wird. Das kann auf Grund der starken Ressourcenbegrenzung in vielen mittelständischen Unternehmen bisher nicht bzw. kaum geleistet werden (vgl. auch Kapitel 4.3.3.2). Aus diesen Gründen wird die Steuerungsform als Fortentwicklung im Rahmen der IT-Serviceausrichtung gesehen und von der weiteren Betrachtung ausgegrenzt. Darüber hinaus finden sich im Schrifttum zum IT-Servicemanagement zahlreiche Ansätze, die zumeist auf ITIL und CobiT aufsetzen und als Anhaltspunkt für praktische Ausgestaltungen herangezogen werden können. Aufgriffen wurde die qualitative Steuerung hinsichtlich der Gestaltung von Kennzahlen und KPI, indem in Modellkomponente 3 ein Set an Schlüsselkenngrößen zusammengestellt wurde, aus denen konkrete Steuerungsbedarfe abgeleitet werden können (Kapitel 5.4). Damit wurde ein Steuerungsinstrument zur Bewertung der Prozess- und Servicequalität erarbeitet.

In Anknüpfung an die Abgrenzung der Prozessgruppen werden sie auf drei Detailebenen ausgestaltet. Den Ausgangspunkt der Prozessgestaltung stellt **Ebene 1** dar, auf welcher der Gesamtzusammenhang und das grundlegende Zusammenwirken der Planungs- und Steuerungsprozesse veranschaulicht werden. Die auf Ebene 1 dargestellten Verknüpfungen werden auf **Ebene 2** aufgegriffen und detaillierter beleuchtet, wobei die Relevanz einer transparenten und durchgängigen Schnittstellenbetrachtung bereits in Kapitel 5.3.1.2 verdeutlicht wird. Die Schnittstellenbetrachtung zeigt einen Gesamtüberblick, der Wirkungen der Planungs- und Steuerungsmechanismen und daraus resultierende Entscheidungen und Maßnahmen transparent macht.

Der Detaillierungsgrad wird soweit heruntergebrochen, dass einzelne Aktivitäten in den Prozessen in Verbindung mit Prozessinformationen abgebildet und in ihren Verknüpfungen beschrieben werden können (**Ebene 3**). Die gewählte Detaillierung trägt der Zielsetzung Rechnung eine konkrete Gestaltungshilfe zu liefern, indem der erforderliche Anpassungsbedarf gering gehalten wird. Daher werden die Ausführungen auf den darüber liegenden Ebenen auf wesentliche Aspekte beschränkt.

Neben der aufgezeigten Prozessstrukturierung wird das Planungsobjekt bestimmt (vgl. Kapitel 2.2.3.1). Im Zuge der Zielsetzung des umfassenden Modellansatzes der Arbeit bilden die Strukturierungsebenen der Modellkomponente 1 den Gegenstand der servicebasierten Planung und Steuerung der IT-Infrastruktur (vgl. Kapitel 5.2.2). Das unterstreicht die Durchgängigkeit in der Anwendung des Modells.

5.3.2.2 Prozesslandkarte (Ebene 1)

Der Analogie von geografischen Landkarten folgend, lassen sich die Planungs- und Steuerungsprozesse in einen thematischen Rahmen einordnen, der die Gestaltungsbereiche inhaltlich in ein Beziehungsgefüge setzt (vgl. Brogli 1996, S. 22). Das wird als Prozesslandkarte bezeichnet, die neben den fünf Prozessgruppen die hierin eingefassten Prozesse aufzeigt.

Entsprechend der Zielsetzung der Modellkomponente 2 wurde die Ausgestaltung der Prozesse schlank gehalten, um die umfassende Herangehensweise des Modellansatzes mit einer Mittelstandspraktikabilität zu vereinen. Zudem wirkt sich der zu Grunde gelegte Soll-Charakter des Modells auf die Prozessgestaltung aus, die somit unternehmensübergreifend ausgerichtet wurde. Dennoch erfordert die Modellierung immer einen gewissen Detaillierungsgrad (vgl. Mertens 2000, S. 23). Diese Vorgaben führten zur Eingrenzung der Prozessgruppen auf zentrale Aktivitäten, die aber wiederum ausführlich dargestellt werden. Die iterative Auswahl und Abgrenzung der Aktivitäten erfolgte in Diskussionen mit den einbezogenen Praxispartnern. Als weitere Erkenntnisquellen dienten das Schrifttum und eigene Überlegungen.

Die grundlegende Ausrichtung der Prozesse orientierte sich vor allem an den Ausführungen von Gälweiler (1986, S. 320ff.) und Buchta et al. (2004). Obwohl beide Ansätze die meisten der genannten Aktivitäten nur kurz aufgreifen, lieferten sie vor allem für die IT-Bedarfserhebung und IT-Planung erste Anhaltspunkte. Das wurde durch Erkenntnisse der empirischen Untersuchung wie die identifizierten Verbesserungsbedarfe sowie den Austausch mit den Praxispartnern ergänzt. Dies präzisierte und erweiterte die anfänglichen Ausführungen und erhöhte gleichsam den Mittelstandsbezug. Abbildung 5-30 veranschaulicht die fünf Prozessgruppen mit ihren Aktivitäten. Die Zusammenhänge sind durch die Pfeile kenntlich gemacht.

Prozessgruppe: IT-Bedarfserhebung

In Anlehnung an Gälweiler (1986, S. 320ff.) besteht der Ausgangspunkt der jährlichen Planung in der Erfassung und Analyse der Ergebnislücken gegenüber der Planung des Vorjahres. Das umschließt Mengen- und Kostenanalysen zur Verbrauchs- und Verlaufsentwicklung. Die Analyseergebnisse fließen in die vorliegende Bedarfserhebung ein. Im Mittelpunkt steht die Ermittlung von Art, Umfang und Menge der benötigten IT-Services (vgl. Jaeger 2003, S. 211ff.). Zur anforderungsgerechten Erfassung sind die Servicenehmer aktiv einzubeziehen (vgl. Böhmann/Krcmar 2004, S. 7ff.).

Für die Prozessgruppe wurden sechs zentrale Prozesse herausgearbeitet, deren Zielsetzung sich in der strukturierten vollständigen Bedarfsermittlung manifestiert. Dabei können in Abhängigkeit des IT-Verständnisses der Servicenehmer Beratungsbedarfe entstehen, z.B. bei Projekten. Um das zu identifizieren, wird mit den Servicenehmern und der IT eine Abstimmungsrunde durchgeführt, in der entschieden wird, welche Beratungsbedarfe bei welchen Servicenehmern erforderlich sind. Außerdem können die Bedarfe, die keine Beratung benötigen, bereits hier erfasst werden. Für die anderen Bedarfe werden im Anschluss Beratungsleistungen erbracht.

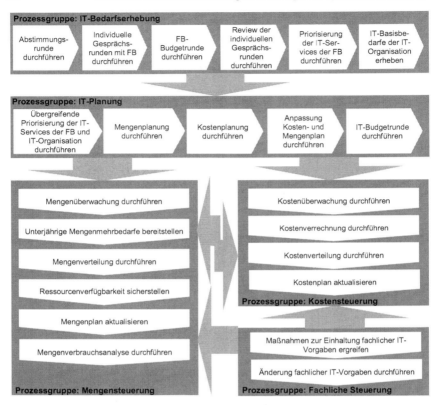

Abbildung 5-30:   *Prozesslandkarte der Planungs- und Steuerungsprozesse*
(Quelle: Eigene Darstellung)

Weiterhin spielt die Priorisierung der Bedarfe eine zentrale Rolle, da sie einen maßgebenden Entscheidungsparameter in der Planung darstellt (vgl. Degener-Böning/Schmid 2000; Ward/ Peppard 2003). Das beeinflusst die Verbindlichkeit, Planungsgenauigkeit sowie die Ermittlung von Abhängigkeiten und Synergien in der Bereitstellung der Bedarfe (vgl. Buchta et al. 2004, S. 103-119). Zur Verortung der Verbindlichkeit in der Bedarfsermittlung wird die FB-Budgetrunde in die Prozessgruppe integriert, um die tatsächlich umzusetzenden Bedarfe inkl. ihrer Priorisierung festzulegen. Das erhöht die Planungssicherheit, vor allem weil diese Bedarfe den Hauptteil der IT-Unterstützung ausmachen. Erst nach der Genehmigung der Einzelbudgets ist die gesamte Priorisierung aller FB-Bedarfe möglich, um übergreifend planen zu können. Eine verbindliche Einbeziehung der Servicenehmer lässt sich durch die Zuweisung klar abgegrenzter Aufgaben und Verantwortungsbereiche erreichen, die die Konsequenzen ihres Handelns transparent machen (vgl. z.B. Ward/Peppard 2003, S. 370-384).

Zur Komplettierung der Bedarfserhebung werden die internen Bedarfe der IT-Organisation erhoben. Das umfasst sämtliche Aspekte, die nicht über das IT-Serviceangebot verrechnet werden, wie z.B. Rechner für die IT-Abteilung oder IT-initiierte Projekte. Obwohl in vielen mittelständischen Unternehmen die verursachungsbezogene Verrechnung angestrebt wird, kann oder soll der mit einer ganzheitlichen Umsetzung verbundene Aufwand zur Erstellung und Pflege ressourcentechnisch gar nicht erbracht werden. Deshalb wird als mittelstandsbezogene Anforderung von der Existenz eines IT-Budgets und einer separaten Bedarfserhebung der IT-Organisation ausgegangen.

Prozessgruppe: IT-Planung

Die ermittelten Bedarfe der FB und der IT sind übergreifend zu priorisieren, da die IT-Organisation die Mengen und Kosten über eine Priorisierungsrangfolge plant. Das besitzt für mittelständische Unternehmen auf Grund der erforderlichen Handlungsflexibilität, die zu unterjährigen Bedarfsänderungen führen kann, eine hohe Relevanz. Denn es wird eine Priorisierungsrangfolge benötigt, die sich auch im Verlauf des Planungszyklus einfach und vor allem konsistent pflegen lässt. Die Größenbegrenzung mittelständischer Unternehmen fördert die Anwendbarkeit eines solchen Vorgehens.

Nach Gälweiler (1986, S. 322ff., 385ff.) umfasst die operative Planung die Festlegung von Mengen und Kosten, die Ermittlung der Kapazitätsauslastung und die Bestimmung von Kontrollpunkten zur Einhaltung der Planung. Das lässt sich präzisieren und ergänzen, indem entsprechend der Bedarfe die Mengeneinheiten und Verrechnungspreise bzw. Kostensätze geplant werden (vgl. Jaeger 2000, S. 464f.). Die Kostenplanung weist eine Verknüpfung zum IT-Controlling auf, das wichtige Vorgaben definiert (vgl. Krcmar/Buresch 2000). Die Mengen- und Kostenplanung münden in die aufeinander abgestimmte Erstellung des Mengen- und Kostenplans. Ein geeignetes Vorgehen zur systematischen Planung stellt das Gegenstromverfahren dar (vgl. Buchta et al. 2004, S. 111f.). Es erlaubt die Einbeziehung von einschränkenden Rahmenbedingungen, wie z.B. eine Budgetvorgabe. Abgeschlossen wird die Mengen- und Kostenplanung mit der Genehmigung des IT-Budgets.

Mit der Strukturierung der Bedarfserhebung und der Planung soll die in mittelständischen Unternehmen häufig noch durchgeführte Planung über Erfahrungswerte sukzessive durch eine transparentere und damit nachvollziehbarere Planung abgelöst werden. Das bedeutet nicht den völligen Verzicht auf Erfahrungswerte, sondern vielmehr deren Strukturierung. Damit wird eine transparente Grundlage für die Kontrolle und Steuerung gelegt. Gleichzeitig wird mit der Konzentration auf zentrale Prozesse der daraus resultierende Planungsaufwand eingegrenzt.

Die Ergebnisse der Planung gehen in den Steuerungskreislauf über (vgl. Rickards 2007, S. 12ff). Der Zeitpunkt des Übergangs ist nach Aussagen der Praxispartner nur schwer bestimmbar, da die IT-Unterstützung der Geschäftsprozesse kontinuierlich, d.h. ohne definierten Anfang und definiertes Ende, erfolgt. Denn viele IT-Ressourcen werden über mehrere Planungszyklen verwendet. Außerdem stimmt die Beschaffung von IT-Ressourcen nicht zwangsläufig mit dem tatsächlichen Einsatzzeitraum überein. Aus diesem Grund wird für die Arbeit bestimmt, dass der Start eines neuen Geschäftsjahres gleichsam den Zeitpunkt des Übergangs von der Planung in die Steuerung markiert.

Die Prozessgruppen in der Steuerung unterliegen keinem sequenziellen Ablauf, wodurch keine bestimmte Reihenfolge von Steuerungsformen vorgegeben wird. Vielmehr wird in Abhängigkeit des auslösenden Steuerungsereignisses eine Steuerungsform angestoßen, die die Durchführung unterschiedlicher Aktivitäten nach sich zieht. Innerhalb einer Prozessgruppe können sie jedoch durchaus einer gewissen Ablauffolge unterliegen (Abbildung 5-31). Da die operative Planung die höchste Dynamik aufweist, ist eine laufende Kontrolle und Steuerung (d.h. Anpassung) der Planungsobjekte erforderlich. Um dem gerecht zu werden, wurden Ausrichtung und Verantwortung der Prozesse auf der Managementebene angesiedelt. Berücksichtigt wurden vor allem unterjährig auftretende Bedarfe, da sich hieraus Anpassungsbedarfe bei Mengen und Kosten ergeben können (vgl. Gälweiler 1986, S. 384-397).

Prozessgruppe: Mengensteuerung

Die Mengensteuerung umfasst die Überwachung des Mengenverbrauchs durch den Abgleich von Plan- und Ist-Werten und dem Aufzeigen von Auswirkungen dieser Abweichungen. Planabweichungen führen in der Regel zu Korrekturmaßnahmen. Die analysierten Planungsansätze im Schrifttum beschränken sich vornehmlich auf diese Angaben, so dass konkrete Ausführungen einzelner Aktivitäten und ihrer Zusammenhänge nicht mehr dargelegt werden (vgl. Kapitel 2.2.3). Dem wurde mit der Ausgestaltung der Prozessgruppe entgegengewirkt, indem bspw. nicht ausschließlich auf die Erarbeitung von Handlungsoptionen verwiesen wird (vgl. z.B. Gälweiler 1986, S. 107-120; Cassidy 2006, S. 296ff.). Vielmehr erfolgt deren konkrete Ausarbeitung im Ablauf und in den Zusammenhängen.

Abweichungen können bspw. auf unterjährigen Mengenmehrbedarfen beruhen, die durch nicht planbare Ereignisse hervorgerufen werden. Das betrifft vor allem die mittelständischen Unternehmen, für die die Wahrung der Flexibilität in der Geschäftsausübung eine hohe Bedeutung besitzt. Im Rahmen der Anpassung werden Handlungsoptionen erarbeitet, wobei die direkte Einflussnahme der GF in die Entscheidungsfindung explizit einbezogen wird. Das erstreckt sich z.B. auf die Mengenverteilung. Ihr wird eine besondere Bedeutung beigemessen, da hier die Ressourcenzuteilung auf die zuvor geplanten IT-Services in Abhängigkeit der Priorisierung und der Verfügbarkeit durchgeführt wird. Daher gehört die Sicherstellung der Ressourcenverfügbarkeit ebenfalls zu den berücksichtigten Managementaktivitäten.

Die erarbeiteten Handlungsoptionen liefern eine Entscheidungsgrundlage. Ihre Umsetzung führt zu einer Planaktualisierung (vgl. Kapitel 2.2.3.1). Zur Erreichung eines effektiven und effizienten Ressourceneinsatzes wird außerdem der Mengenverbrauch analysiert, um hieraus Optimierungspotenziale zu ermitteln (vgl. Prautsch 2000, S. 725).

Prozessgruppe: Kostensteuerung

Mit der Mengensteuerung eng verknüpft ist die Steuerung der Kosten, die es gleichermaßen hinsichtlich möglicher Planabweichungen im Kostenverlauf zu überwachen gilt. Einen weiteren Schwerpunkt bildet die Verrechnung der Kosten auf die Kostenverursacher, was sich wiederum auf die Steuerung der Kostenverteilung auswirkt. Die Koordination der Kostenverrechnung ist ein Instrument im IT-Controlling (vgl. Krcmar/Buresch 2000). Für mittelständische Unternehmen gilt es eine Regelung zu finden, die eine Verrechnung im Rahmen einer umsetzbaren Aufwand-Nutzen-Relation erlaubt. Wie das im Einzelnen erfolgt, liegt nicht mehr im Betrachtungsfokus der Prozessgestaltung. Hier wird auf einschlägige Literatur verwiesen (vgl. z.B. Scherz 1998; Külzer/Krause 2004).

Weitere Anpassungsmaßnahmen, die auf Grund mengen- oder budgetinduzierter Planänderungen erforderlich werden, erstrecken sich auf die Kostenverteilung. Das kann als mittelstandstypisches Merkmal aufgefasst werden, da die hohe Handlungsflexibilität zu unterjährigen Entscheidungsänderungen führt. Vor allem wenn die Entscheidungen aus der wirtschaftlichen Gesamtsituation des Unternehmens heraus erfolgen, was auf Grund der beschränkten Unternehmensgröße durchaus eine zu berücksichtigende Handlungsoption darstellt. Die GF als Unternehmensinhaber besitzt dabei einen direkt wirkenden Stellhebel auf das Budget.

Die Einbeziehung von derartigen Unsicherheiten führt zu flexiblen Budgets (vgl. Steinmann/Schreyögg 2000, S. 363f.). Diese sind in die Prozessgestaltung zu integrieren. Mit den Handlungsalternativen wird zudem ein Entscheidungsspielraum geschaffen, der in Abhängigkeit der vorliegenden Ereignisse ein zielgerichtetes und rasches Agieren unterstützt. Die enge Wechselwirkung zwischen Mengen und Kosten zeigt sich ebenso in der Planaktualisierung, die den letzten Schritt des Durchlaufs der Mengen- und Kostensteuerung darstellt (vgl. Weber 2000, S. 139). In Analogie zur Mengensteuerung kann auf Basis des analysierten Schrifttums eine grundlegende Unterscheidung nach Kontroll- und Korrekturmaßnahmen vorgenommen werden (vgl. z.B. Gälweiler 1986, S. 119ff.). Detaillierte Ausführungen zu Zusammenhängen zwischen Mengen- und Kostensteuerung finden sich vereinzelt, meist ohne konkreten Mittelstandsbezug (vgl. z.B. Elsener 2005).

Prozessgruppe: Fachliche Steuerung

Im Rahmen der Arbeit wird die fachliche Steuerung vor dem Hintergrund ihrer Verknüpfung zur Mengen- und Kostensteuerung betrachtet. Das umschließt Aktivitäten, die die Konformität der IT-Bedarfserhebung sowie der unterjährigen IT-Servicebestellung mit den fachlichen IT-Vorgaben sicherstellen. Darüber hinaus werden Aktivitäten einbezogen, die der Aktualisierung der fachlichen IT-Vorgaben dienen. Denn unterjährige Mengenänderungen können zu dauerhaften Ausnahmeregelungen führen. Diese Anpassungen fließen direkt in die Mengen- und Kostensteuerung zurück.

Nicht im Betrachtungsfokus der Arbeit liegt die initiale Erarbeitung der fachlichen IT-Vorgaben. Denn dies erfolgt in Abstimmung mit den strategischen Überlegungen und Vorgaben der IT-Organisation, was wiederum eine Aufgabe der strategischen IT-Planung darstellt. Hier liefern themenbezogene Literaturquellen zahlreiche Ansätze (vgl. Kapitel 2.2.3.3), auf die zurückgegriffen werden kann.

5.3.2.3 Schnittstellen zwischen Prozessen (Ebene 2)

Die Darstellungsform der Schnittstellen lehnt sich an die Prozessmodellierung mittels ereignisgesteuerter Prozessketten (EPK) an (vgl. Kapitel 5.3.2.4). Es wurde das grafische Element für Funktionen bzw. Aktivitäten übernommen, das auf Ebene 2 und 3 die Prozesse verkörpert. Hierdurch lässt sich eine anschauliche Verknüpfung zwischen den Ebenen herstellen. Abbildung 5-31 zeigt die Schnittstellen im Überblick, wobei die Pfeile die Wirkungsrichtung wiedergeben. Die dargestellten Prozesse unterscheiden sich in ihrem Betrachtungsfokus. Neben den fünf Prozessgruppen sind angrenzende Prozesse erfasst. Sie unterstützen die Einbettung der Prozessgruppen in ein übergreifendes Wirkungsgefüge, so dass damit eine reine „Black-Box-Betrachtung" der Prozessgruppen vermieden wird. Sie werden jedoch im Kontext der Arbeit nicht ausgestaltet.

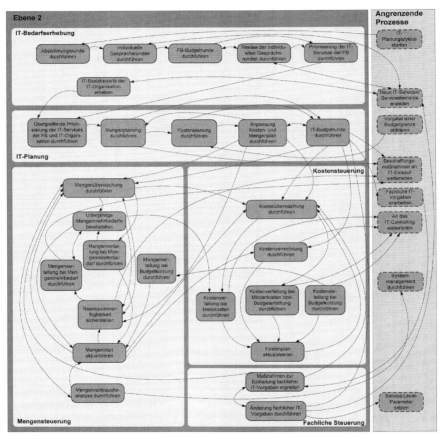

Abbildung 5-31:   *Prozessschnittstellen der Planungs- und Steuerungsprozesse im Überblick*
(Quelle: Eigene Darstellung)

Der Überblick offenbart neben der erkennbaren Komplexität der Planungs- und Steuerungsprozesse der IT-Infrastruktur eine starke Verknüpfung innerhalb wie zwischen den Steuerungsformen. Damit lassen sich Relevanz und Wirkungsweisen der Steuerungsformen transparent machen. Die Schnittstellen bestehen prozessgruppenübergreifend vor allem zwischen Mengen- und Kostensteuerung, IT-Bedarfserhebung und IT-Planung sowie der IT-Planung und der Mengen- bzw. Kostensteuerung. Es verdeutlicht, dass IT-Bedarfserhebung und IT-Planung vorwiegend sequenziell durchlaufen werden. Die Steuerungsformen hingegen werden im Planungszyklus gleich einem Kreislauf mehrfach durchlaufen, mit dem Ziel, die Planung regelmäßig zu aktualisieren.[67] Nachfolgend werden zentrale Schnittstellen aufgegriffen und kurz erläutert.

Prozessgruppe: IT-Bedarfserhebung

Zentrale Schnittstellen bestehen vor allem zu angrenzenden Prozessen. Initiiert durch den Start des jährlichen Planungszyklus werden die Bedarfe der FB und der IT-Organisation erhoben. Dabei können Bedarfe auftreten, die nicht durch das existierende IT-Serviceangebot abgedeckt werden können (vgl. Dreher 2000, S. 414ff.). In diesem Fall wird der angrenzende Prozess *Neue IT-Services/ Serviceelemente erstellen* angestoßen.

Prozessgruppe: IT-Planung

In der Kostenplanung besteht eine Schnittstelle zum angrenzenden Prozess *Vorgabe einer Budgetgrenze abklären*, der eine Obergrenze für Kosten und Mengen der Bedarfe darstellt. Ein weiterer angrenzender Prozess ist *Beschaffungsmaßnahmen an den IT-Einkauf weiterleiten*, der nach der IT-Budgetgenehmigung angestoßen wird und den Einkaufsvorgang auslöst.

Prozessgruppe: Mengensteuerung

Die Mengensteuerung verfügt über eine Vielzahl an Verknüpfungen. Zentrale Schnittstellen zeigen sich vor allem zur Kostensteuerung, da dort hinsichtlich ihrer Zielausrichtung gleichartige Aktivitäten durchgeführt werden. Anpassungsbedarfe bei Mengen führen in der Regel ebenso zu Anpassungen bei der Kostenverteilung. Das funktioniert auch vice versa. Es bestehen zudem Schnittstellen zu angrenzenden Prozessen. So lösen prognostizierte oder vorhandene Engpässe in der Ressourcenverfügbarkeit den angrenzenden Prozess *Beschaffungsmaßnahmen an den IT-Einkauf weiterleiten* aus. Weiterhin werden Ergebnisse der Mengenverbrauchsanalyse an den angrenzenden Prozess *Systemmanagement durchführen* übergeben, um die ermittelten Optimierungspotenziale im Mengenverbrauch technisch umzusetzen. Da die Ausgestaltung des Systemmanagements unternehmensindividuell sehr verschieden ist, erfolgt hier eine Abgrenzung (vgl. Weber 2000, S. 123).

Prozessgruppe: Kostensteuerung

In Ergänzung zur Mengensteuerung verfügt die Kostensteuerung über zentrale Schnittstellen zum angrenzenden IT-Controlling, an das die Ergebnisse der Überwachung, Verrechnung und Verteilung der Kosten weitergeleitet werden. Andersherum erhält die Kostensteuerung zur Ausübung ihrer Aufgaben Vorgaben und Informationen aus dem IT-Controlling, z.B. über Kostenarten, Kostenstellen.

---

[67] Es zeigen sich Analogien zu verschiedenen IT-Controlling-Kreisläufen (vgl. z.B. Brogli 1996; Kütz 2005; Dobschütz et al. 2000).

Prozessgruppe: Fachliche Steuerung

Der Einhaltung fachlicher IT-Vorgaben vorgelagert ist der angrenzende Prozesse *Fachliche IT-Vorgaben festlegen*. Er fokussiert vornehmlich die IT-Strategieplanung und -entwicklung (vgl. z.B. Cassidy 2006; Ward/Peppard 2003). Aus den Änderungen der fachlichen IT-Vorgaben leitet sich eine weitere Schnittstelle zum angrenzenden Prozess *Neue IT-Services/ Serviceelemente erstellen* ab, da die aktuellen fachlichen IT-Vorgaben bei der Ausgestaltung und Pflege des IT-Serviceangebots zu berücksichtigen sind. Damit eng verknüpft sind qualitative Messgrößen in Form von *festzusetzenden Service-Level-Parametern*, die als weiterer angrenzender Prozess nach erfolgter Änderung der fachlichen IT-Vorgaben - zwecks Anpassungsbedarf - zu überprüfen sind. Weitere Erläuterungen zu Schnittstellen finden sich in der Prozessmodellierung (vgl. Kapitel 5.3.4 und 5.3.5).

5.3.2.4 Detaillierte Prozessdarstellung über EPK (Ebene 3)

Das Kapitel gibt einen kurzen Einblick in die EPK-Modellierung und fasst die Beschreibungselemente zusammen, die in der nachfolgenden Prozessmodellierung verwendet werden.

Überblick zur EPK-Modellierung

Zur methodischen Unterstützung der Prozessgestaltung hat sich in Wissenschaft und Praxis die Architektur integrierter Informationssysteme (ARIS) etabliert (Scheer 1998; Scheer 2002; Krcmar 2005, S. 122). ARIS versteht sich als ein Rahmenwerk zur Modellierung von Unternehmensprozessen. Er gliedert sich in fünf Sichten (Organisations-, Daten-, Steuerungs-, Funktions- und Leistungssicht), wobei jede Sicht drei Ebenen (Fachkonzept, DV-Konzept und Implementierung) umfasst. Zwischen den Sichten bestehen Zusammenhänge. In Abhängigkeit des Einsatzzweckes sind den Ebenen auf jeder Sicht unterschiedliche Modellierungsmethoden zugeordnet (Scheer 1997).

Die Abbildung von Unternehmensprozessen ist geeigneterweise mit der Steuerungssicht zu realisieren. Eine passende Modellierungsmethode stellen ereignisgesteuerte Prozessketten (EPK) dar. Hiermit können mehrere logisch und inhaltlich zusammenhängende Einzelaktivitäten mit derselben Zielsetzung zu einer Ablauffolge zusammengefasst werden (Scheer 1997, S. 49; Österle 1995, S. 85), was einem Prozessverständnis gleichkommt. Durch die Prozessabbildung mittels EPK ist es möglich, ein konkretes und transparentes Handlungsbild aufzuzeigen, das gleichermaßen unternehmensindividuelle Ausprägungen ermöglicht.

Die Ausgestaltung eines Prozesses erfolgt über Funktionen, die zeitraumbezogene Aktivitäten darstellen sowie über Ereignisse, die zeitpunktbezogene Ausgangs- und Zielzustände verkörpern. Funktionen und Ereignisse werden über logische Operatoren miteinander verknüpft (Scheer 1997, S. 49ff.). Darüber hinaus kann ein Prozess ergänzende Informationen aufweisen, die weitere Sichten einbinden. Bspw. wird bei der Angabe der ausführenden Organisationseinheiten in den Prozessen zusätzlich die Organisationssicht einbezogen, bei der Darstellung von Informationsobjekten (Input- und Outputfaktoren) erfolgt die Hinzunahme der Datensicht. Der gewählte Detaillierungsgrad kann in Abhängigkeit des Sachverhalts variieren (vgl. Allweyer 1998, S. 65).

5.3 Modellkomponente zu servicebasierten Planungs- und Steuerungsprozessen der IT-Infrastruktur

Verwendete Beschreibungselemente der EPK-Modellierung

Die eindeutige Bestimmung von Regelungen zur Modellierung schafft Transparenz und Einheitlichkeit in den abgebildeten Prozessen (vgl. z.B. Rosemann et al. 2002, S. 47ff.). Daher werden die hier verwendeten Beschreibungselemente für die Prozessmodellierung in Tabelle 5-11 zusammengestellt.

Einer näheren Erläuterung bedürfen die Input- und Outputfaktoren, die auch als Geschäftsobjekte bezeichnet werden. Sie liegen als Output in Form einfach zu pflegender Listen oder als strukturierte Dokumente vor. Während eine Liste meist eine tabellarische Aufstellung mit Beschreibungen einzelner Sachverhalte umfasst (z.B. Auflistung, Checkliste), ist ein Dokument umfangreicher, da es für Entscheidungsfindungen und Abstimmungen verwendet werden kann. Weist eine Funktion keinen Output auf, wurde nach Abschluss der Aktivität (noch) kein weiter verwendbares Ergebnis erstellt. Um der Durchgängigkeit in den Prozessen Rechnung zu tragen, gehen die Outputs der Prozessschritte meist als Input in nachfolgende ein.

Symbol	Bezeichnung des Symbols	Beschreibung
Ereignis	Ereignis	Zeitpunktbezogener Eintritts- oder Zielzustand
Funktion	Funktion	Zeitraumbezogene Aktivität, die in der Ablauffolge vor oder nach einem oder mehreren Ereignissen steht und im Folgenden auch als Prozessschritt bezeichnet wird
Rolle	Rolle	Aufgaben- und verantwortungsbezogene Verrichtung der Aktivitäten durch eine ausführende Einheit, Zuordnung zu einer oder mehreren Organisationseinheiten
Input →	Input einer Funktion mit Übergang in andere Prozesse	In eine oder mehrere Funktionen eingehendes Geschäftsobjekt, das gleichzeitig den Output einer Funktion aus einem anderen Prozess darstellt
← Output	Output einer Funktion mit Übergang in andere Prozesse	Aus einer oder mehreren Funktionen ausgehendes Geschäftsobjekt, das gleichzeitig den Input für eine Funktion eines anderen Prozesses darstellt
Prozess-wegweiser	Prozesswegweiser	Schnittstelle, die den Übergang in einen anderen Prozess darstellt und Ereignisse dieses Prozesses mit Funktionen aus anderen Prozessen verbindet
Thematisch abgegrenzter Prozesswegweiser	Thematisch abgegrenzter Prozesswegweiser	Schnittstelle, die den Übergang in einen anderen Prozess darstellt, der außerhalb des Betrachtungsfokus dieser Arbeit liegt
→	Kontrollfluss	Verknüpfung von Ereignissen und Funktionen
→	Informations-/ Materialfluss	Verknüpfung von Geschäftsobjekten mit Funktionen
—	Zuordnung von Rollen	Verknüpfung von Rollen mit Funktionen

Tabelle 5-11: Verwendete Beschreibungselemente für die Prozessmodellierung
(Quelle: Eigene Darstellung in Anlehnung an (Scheer 1997, S. 49ff.; Österle 1995, S. 86ff.))

Symbol	Bezeichnung des Symbols	Beschreibung
⌵ ⌵	„Oder"-Verknüpfung (Logischer Operator, der mehrere ein- oder ausgehende Funktionen und Ereignisse verknüpft)	Oder-Operator stellt Verzweigungen in der Ablauffolge dar, wobei mehrere Funktionen oder Ereignisse unabhängig voneinander eintreten können
⌃ ⌃	„Und"-Verknüpfung (Logischer Operator, der mehrere ein- oder ausgehende Funktionen und Ereignisse verknüpft)	Und-Operator stellt Parallelitäten in der Ablauffolge dar, wobei mehrere Funktionen oder Ereignisse jeweils eintreten müssen
x x	„Exklusiv-Oder"-Verknüpfung (Logischer Operator, der mehrere ein- oder ausgehende Funktionen und Ereignisse verknüpft)	Exklusiv-Oder-Operator stellt Verzweigungen in der Ablauffolge dar, die eine Entscheidung erfordert, da mehrere Funktionen oder Ereignisse sich gegenseitig ausschließend eintreten
⌃ ⌵	„Und"-Verknüpfung sowie „Oder"-Verknüpfung (Logischer Operator, der mehrere ein- und ausgehende Funktionen und Ereignisse verknüpft)	Und-Operator stellt Parallelitäten in der Ablauffolge dar, wobei mehrere Funktionen und Ereignisse jeweils ein- und ausgehen Oder-Operator stellt Verzweigungen in der Ablauffolge dar, wobei mehrere Funktionen und Ereignisse unabhängig voneinander ein- und ausgehen
⌃/x x/⌃	Eingehende „Und"-Verknüpfung und ausgehende „Exklusiv-Oder"-Verknüpfung Eingehende „Exklusiv-Oder"-Verknüpfung und ausgehende „Und"-Verknüpfung	Logischer Operator, bei dem mehrere Funktionen und Ereignisse abhängig voneinander eingehen und sich gegenseitig ausschließend ausgehen Logischer Operator, bei dem mehrere Funktionen und Ereignisse sich gegenseitig ausschließend eingehen und abhängig voneinander ausgehen
⚭	Hinweis für Schnittstellenübergänge zwischen einzelnen Prozessen	Hinweis dient der besseren Übersichtlichkeit, indem einzelne miteinander verbundene Schnittstellen zwischen den Prozessen eindeutig markiert werden

(Fortführung Tabelle 5-11)

5.3.3 Rollen in den Planungs- und Steuerungsprozessen

Das Kapitel gibt einen Überblick über die ausgestalteten Rollen, die anschließend mit ihren Aufgaben und Verantwortlichkeiten erläutert werden. Die Erarbeitung orientierte sich an zwei Aspekten: Zum einen ist die Arbeitsfähigkeit der Akteure in ihrer Rollenstruktur und ihrem Interaktionsgrad sicherzustellen (Bendixen/Kemmler 1972, S. 107ff.). Aufgaben und Verantwortungsbereiche richten sich deshalb an der Zielsetzung und den Inhalten der Prozesse aus. Zum anderen ist die Mittelstandspraktikabilität zu berücksichtigen. So bedingt z.B. das Kriterium des stark begrenzten Personalressourcenumfangs die Anzahl der zu definierenden Rollen und die Bündelung mehrerer Rollen auf einzelne Mitarbeiter. Damit wird dem „Generalistentum" vieler Mitarbeiter in mittelständischen Unternehmen Rechnung getragen (vgl. Taylor/Macfarlane 2006, S. 4ff.1). Voraussetzung zur effektiven Rollenausübung ist schließlich die Verknüpfung der Verantwortlichkeiten mit den erforderlichen Entscheidungskompetenzen (vgl. Steinmann/Schreyögg 2000, S. 9f.).

Die Rollen lassen sich entsprechend der Ausrichtung der Planungsobjekte nach Servicenehmer- und Servicegebersicht unterscheiden (Kapitel 5.3.2.1). Eine Zusammenstellung aller Rollen zeigt Abbildung 5-32.

5.3 Modellkomponente zu servicebasierten Planungs- und Steuerungsprozessen der IT-Infrastruktur   235

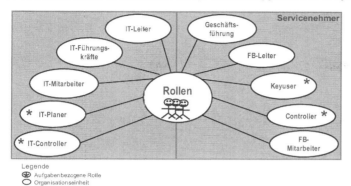

Abbildung 5-32:   *Rollenübersicht*
(Quelle: Eigene Darstellung in Anlehnung an (Rudolph/Krcmar 2008, S. 16))

Eine weitergehende Differenzierung erfolgt nach den Aufgaben und der Verankerung im Organisationsgefüge. Aufgabenbezogene Rollen vereinen festgelegte Kompetenzen und Verantwortlichkeiten, deren Ausgestaltung sich aus dem Aufgabenprofil ergibt. Organisatorische Rollen sind in die Aufbauorganisation des Unternehmens eingebettet und umfassen spezielle disziplinarische und fachliche Weisungsbefugnisse. Die Unterscheidung ist bei der Zuteilung der Rollen zu einzelnen Personen von Bedeutung, vor allem bei Rollenzusammenlegungen auf eine Person (vgl. Buhl 2005, S. 136f.). Das kann insbesondere in mittelständischen Unternehmen mit starker Ressourcenbegrenzung als Regelfall unterstellt werden.

Die Zielsetzung besteht in der Ausschöpfung von Synergien zwischen den Rollen. Das dient der Vermeidung von Doppelarbeiten und der besseren Bewältigung gestiegener Aufgabenumfänge. Die Entscheidung, welche Rollen zusammengelegt werden orientiert sich an deren Aufgaben. Auf Grund der verknüpften Weisungsbefugnisse und Kompetenzen erscheint das bei organisatorischen Rollen untereinander nicht sinnvoll, da es zu Schwierigkeiten in der Kompetenzabgrenzung führt. Die Zusammenlegung konzentriert sich deshalb auf die aufgabenbezogenen Rollen und deren Kombination.

Für die Servicegebersicht lassen sich die aufgabenbezogenen Rollen von IT-Planer und IT-Controller zusammenlegen. Des Weiteren können IT-Führungskräfte und IT-Mitarbeiter die Rolle von IT-Planer und/oder IT-Controller übernehmen. Der IT-Leiter übt die beiden aufgabenbezogenen Rollen auf Grund seines Aufgabenspektrums in der Regel nicht aus. Eine Ausnahme hiervon bilden kleinere IT-Organisationen. Für die Servicenehmersicht ist eine Zusammenlegung der Rolle der Keyuser mit den FB-Mitarbeitern sinnvoll. FB-Leiter und GF übernehmen im Allgemeinen keine Keyuser-Aufgaben. Das ist ggf. in kleineren Unternehmen denkbar (Rudolph/Krcmar 2008, S. 20f.).

Für die Rollen wurden Rollenbeschreibungen entwickelt, die sich an die Prozessinhalte zur servicebasierten Planung und Steuerung der IT-Infrastruktur anlehnen. Daher erstreckt sich das betrachtete Aufgabenspektrum ausschließlich auf diese Prozesse, während weitere Aufgaben ausgeblendet wurden. Zur Beschreibung wurde vor allem das Schrifttum zum IT-Servicemanagement herangezogen (vgl. z.B. Office of Government Commerce 2007c, 2007a, 2007b; Taylor/Macfarlane 2006; Knöpp et al. 2005; Buhl 2005).

Die Rollenbeschreibung des IT-Planers ist in Tabelle 5-12 erfasst.

Aufgabenspektrum des IT-Planers	Verantwortlichkeiten des IT-Planers
<ul><li>Beratung der Servicenehmer bei jährlichen und bei unterjährigen FB-Bedarfserhebungen</li><li>Zusammenstellung der Priorisierung der FB-Bedarfe</li><li>Durchführung der übergreifenden Priorisierung der IT-Services für aller ermittelten Bedarfe</li><li>Erstellung des jährlichen Mengen- und Kostenplans</li><li>Identifikation, Erhebung, Dokumentation von Mengen- und Kostentreibern</li><li>Ermittlung von Planabweichungen im Mengenverbrauch der Serviceelemente</li><li>Zusammenstellung des Plan-Ist-Abgleichs zum Mengenverbrauch und Kostenverlauf</li><li>Erhebung und Zusammenstellung von Kennzahlen zum Mengenverbrauch und Kostenverlauf</li><li>Fristgerechte Erstellung von Monatsberichten zum Mengenverbrauch und Kostenverlauf</li><li>Überwachung der Priorisierungsrangfolge der Mengen- und Kostenpositionen</li><li>Koordination und Abwicklung der Bereitstellung unterjähriger Mengenbedarfe für Servicenehmer</li><li>Ausarbeitung von Umsetzungsempfehlungen bei unterjährigen Bedarfen</li><li>Identifikation, Dokumentation von Entscheidungsparametern bei der Mengenverteilung</li><li>Analyse, Bewertung, Priorisierung von Neuverteilungsalternativen bei Abweichungen der Pläne</li><li>Kommunikation kleinerer Mengenneuverteilungen an betroffene FB</li><li>Anpassung und Aktualisierung der Pläne</li><li>Erstellung von regelmäßigen Übersichten zu Mengenentwicklungen im Zeitverlauf</li><li>Identifikation von Maßnahmen zur Einhaltung der fachlichen IT-Vorgaben</li><li>Prüfung der Umsetzbarkeit von Ausnahmen bei fachlichen IT-Vorgaben</li><li>Dokumentation der umgesetzten Ausnahmeregelungen zu fachlichen IT-Vorgaben</li><li>Identifikation von Effizienz-/ Optimierungspotenzialen im Mengenverbrauch</li><li>Verwaltung prozessbezogener Dokumentationen</li></ul>	<ul><li>Planung, Überwachung, Steuerung des Mengenverbrauchs und Kostenverlaufs</li><li>Überwachung von Mengentreibern</li><li>Planung, Überwachung, Steuerung der Mengen- und Kostenverteilung für Serviceelemente</li><li>Überwachung und Steuerung der mengen- und budget-/kosteninduzierten Planabweichungen</li><li>Umsetzung von unterjährig vorgegebenen Budgetänderungen auf Bereitstellung der IT-Services, Servicemodule, Serviceelemente</li><li>Umsetzung der ermittelten Effizienz-/ Optimierungspotenziale im Mengenverbrauch</li><li>Überwachung von Mengenentwicklungen</li><li>Überwachung von Ausnahmeregelungen zu fachlichen IT-Vorgaben</li><li>Steuerung von Maßnahmen zur Einhaltung der fachlichen IT-Vorgaben</li><li>Umsetzung und Dokumentation des Änderungsprozesses der fachlichen IT-Vorgaben</li></ul>

Tabelle 5-12: *Aufgaben und Verantwortlichkeiten der Rolle IT-Planer*
(Quelle: Eigene Darstellung)

Die Rolle bündelt viele Aufgaben und Verantwortungsbereiche in den fünf Prozessgruppen und bildet die zentrale Schnittstelle zu den anderen Rollen. Sie vereint die Verantwortung für Planerstellung und Planrealisierung, was in mittelständischen Unternehmen auf Grund ihrer

Größeneingrenzung von einer Rolle zu bewältigen ist. Das hat den Vorteil, Zusammenhänge und Abhängigkeiten prozessübergreifend zu überschauen und mögliche Stellhebel in verknüpften Prozessschritten schneller zu identifizieren und einzusetzen. Das führt schließlich zu weniger Abstimmungsbedarf und geringeren Transaktionskosten. Zudem lässt sich somit die Konsistenz in den Geschäftsobjekten sicherstellen (vgl. z.B. Szyperski/Müller-Böling 1984, S. 134f.). Der IT-Planer besitzt eine primär ausübende Rolle, während er in Abstimmungen und Entscheidungen kaum involviert ist. Die Zusammenführung von Aufgaben der Mengenplanung und -steuerung sowie der Kostenverrechnung propagiert auch die mittelstandsbezogene ITIL (Taylor/Macfarlane 2006). Während die Planung und Steuerung der Mengen im Wesentlichen durch den IT-Planer allein erfolgt, ist bei der Planung und insbesondere bei der Steuerung der Kosten der IT-Controller involviert. Seine Rolle wird dabei aus kostenrechnerischer Sicht betrachtet. Tabelle 5-13 fasst den Tätigkeitsumfang zusammen.

Aufgabenspektrum des IT-Controllers	Verantwortlichkeiten des IT-Controllers
- Identifikation, Dokumentation, Erhebung von Kostentreibern - Zusammenstellung des Plan-Ist-Abgleichs zum Kostenverlauf - Erhebung und Zusammenstellung von Kennzahlen zum Kostenverlauf - Fristgerechte Erstellung von Monatsberichten zum Kostenverhalten - Anpassung der Priorisierungsrangfolge der Kostenpositionen - Dokumentation der abgestimmten Verrechnungsformen für einzelne Bedarfe - Dokumentation, Überwachung, Verwaltung von Rahmenbedingungen und Ausnahmeregelungen für Anwendung der Verrechnungsformen, -arten - Regelmäßige Rechnungsstellung an FB zu abgestimmten Verrechnungspositionen - Analyse, Bewertung, Priorisierung von Neuverteilungsalternativen bei Abweichungen und vorgegebenen Budgetänderungen im Kostenplan - Aktualisierung der Kostenverteilung auf Kostenarten, -stellen, -träger bei Planabweichungen - Identifikation, Dokumentation von Entscheidungsparametern bei der Kostenverteilung - Anpassung und Aktualisierung des Kostenplans - Kommunikation kleinerer Kostenabweichungen an betroffene FB - Erstellung von regelmäßigen Übersichten zu Kostenentwicklungen im Zeitverlauf	- Überwachung von Kostentreibern - Überwachung und Steuerung des Kostenverhaltens bei Planabweichungen - Überwachung und Steuerung der budget-/ kosteninduzierten Planabweichungen - Verrechnung der (angefallenen) Kostenpositionen auf Kostenarten, -stellen, -träger der jeweiligen Budgets - Planung, Überwachung, Steuerung der Kostenverteilung und des Kostenverhaltens für Planpositionen - Überwachung von Kostenentwicklungen - Überwachung von umgesetzten Ausnahmen bei fachlichen IT-Vorgaben

Tabelle 5-13: Aufgaben und Verantwortlichkeiten der Rolle IT-Controller
(Quelle: Eigene Darstellung)

Die Zusammenarbeit beider Rollen ist von besonderer Bedeutung, da sich die jeweiligen Fähigkeiten gut ergänzen (vgl. Herold 2006, S. 426). Der IT-Controller besetzt weiterhin die Schnittstelle zum Rechnungswesen bzw. dem Controlling, indem er die Koordination und Weiterleitung vorgegebener Kostenstrukturen und Verrechnungsmodalitäten übernimmt. Hiervon grenzt sich der Tätigkeitsbereich des IT-Planers deutlich ab.

Des Weiteren können in der IT-Organisation zwei Führungsebenen unterschieden werden, die in den Rollen IT-Leiter und IT-Führungskräfte abgebildet werden. Ihre Unterscheidung liegt in der hierarchischen Einordnung, wobei der IT-Leiter Weisungsbefugnis gegenüber den IT-Führungskräften besitzt. Bei Steinmann/Schreyögg (2000, S. 6ff.) findet sich eine Übersicht zu zentralen Managementaufgaben, die sich auf die Führungsebenen der IT übertragen lassen. Tabelle 5-14 zeigt Aufgaben und Verantwortlichkeiten des IT-Leiters, die sich auf die gesamte IT-Organisation erstrecken.

Aufgabenspektrum des IT-Leiters	Verantwortlichkeiten des IT-Leiters
• Initiierung und Koordination der IT-Bedarfserhebung • Initiierung und Koordination der IT-Planung • Bewertung und Entscheidung zum IT-Ressourceneinsatz • Bewertung und Entscheidung zum Mengen- und Kostenplan • Bewertung und Entscheidung von unterjährigen Mengenneuverteilungen bei Mengenmehrbedarf • Abgabe von Umsetzungsempfehlungen bei unterjährigen Bedarfen als Entscheidungsvorlage bei Genehmigung mit GF • Beantragung von zusätzlichem unterjährigem IT-Budget • Unterjährige Kommunikation grundlegender, großer Mengenneuverteilung an FB • Unterjährige Kommunikation grundlegender, großer Kostenabweichung an FB • Freigabe von unterjährigen Änderungen in der Mengenverteilung von IT-Basisbedarfen • Freigabe von unterjährigen Änderungen in der Kostenverteilung von IT-Basisbedarfen • Freigabe der verrechneten Planpositionen an (IT-)Controlling • Genehmigung der IT-Basisbedarfe • Weiterleitung von IT-Beschaffungsmaßnahmen an IT-Einkauf • Genehmigung von unterjährigen Änderungen in der Kostenverteilung von IT-Basisbedarfen • Genehmigung von Maßnahmen zur Einhaltung der fachlichen IT-Vorgaben • Einleitung von Maßnahmen bei Abweichungen von fachlichen IT-Vorgaben	• Management der IT-Bedarfserhebung • Fristgerechte Rückmeldung der IT-Basisbedarfe • Management der IT-Planung • Überwachung und Steuerung des IT-Ressourceneinsatzes • Frist- und qualitätsgerechte Bereitstellung von IT-Services, Servicemodulen • Überwachung und Steuerung der IT-Serviceerbringung • Effektivität und Effizienz im IT-Ressourceneinsatz • Einhaltung des genehmigten Budgets • Verantwortung der getroffenen Entscheidungen zu Mengenverteilungen und IT-Budget • Beauftragung der Entwicklung neuer IT-Services • Einhaltung der fachlichen Vorgaben • Management des Änderungsprozesses der fachlichen IT-Vorgaben • Koordination der Steuerungsmaßnahmen der unternehmensexternen IT-Leistungserbringung • Weisungsbefugnis gegenüber IT-Führungskräften

Tabelle 5-14: Aufgaben und Verantwortlichkeiten der Rolle IT-Leiter
(Quelle: Eigene Darstellung)

Der Verantwortungsbereich der IT-Führungskräfte fokussiert hingegen einen abgegrenzten IT-Bereich, in dem sie Weisungsbefugnis und Entscheidungskompetenzen gegenüber den zugeordneten IT-Mitarbeitern besitzen.

Tabelle 5-15 fasst die Rollenbeschreibung zusammen.

Aufgabenspektrum der IT-Führungskräfte	Verantwortlichkeiten der IT-Führungskräfte
• Erstellung von Projektbeschreibungen und Aufwandsschätzungen zu geplanten IT-Projekten • Unterstützung bei der Aufwandsschätzung von FB- und IT-Basisbedarfen • Lieferung von Inhalten zur Ausgestaltung des IT-Serviceangebots • Einsatzplanung der benötigten technischen Sachressourcen hinsichtlich • Fristgerechte Erstellung von Monatsberichten zu Verbrauch, Verfügbarkeit und Kapazitätsauslastung der IT-Ressourcen der Serviceelemente • Erstellung von Forecasts für erwartete IT-Ressourcenauslastung • Unterstützung bei der Ausarbeitung von Umsetzungsempfehlungen bei unterjährigen Bedarfen • Identifikation von IT-Beschaffungsbedarfen • Erbringung der genehmigten Ausnahmen bei fachlichen IT-Vorgaben • Weiterleitung von IT-Beschaffungsmaßnahmen an IT-Leiter	• Planung, Überwachung, Steuerung der Verfügbarkeit, Kapazitätsauslastung, Verbrauch der IT-Ressourcen aus den angeforderten und bereitgestellten Serviceelementen • Identifikation, Kommunikation, Steuerung von Ressourcenengpässen bei Serviceelementerbringung • Technische Umsetzung der Serviceanforderungen durch die Erbringung der benötigten Serviceelemente entsprechend der vereinbarten Service-Level-Parameter • Überwachung und Steuerung der externen IT-Leistungserbringung durch unternehmensexterne IT-Dienstleister

Tabelle 5-15: **Aufgaben und Verantwortlichkeiten der Rolle IT-Führungskräfte**
(Quelle: Eigene Darstellung)

Die Ausübung der Aufgaben innerhalb der IT-Bereiche obliegt den IT-Mitarbeitern. Tabelle 5-16 veranschaulicht Aufgabenspektrum und Verantwortlichkeiten dieser Rolle.

Aufgabenspektrum der IT-Mitarbeiter	Verantwortlichkeiten der IT-Mitarbeiter
• Unterstützung bei Erstellung von Projektbeschreibungen und Aufwandsschätzungen zu geplanten IT-Projekten • Unterstützung bei Aufwandsschätzung von Bedarfen • Unterstützung bei Ermittlung, Erfassung von IT-Basisbedarfen • Unterstützung bei Beratung der FB • Administration der IT-Ressourcen • Durchführung von Machbarkeitsuntersuchungen	• Umsetzung der technischen Serviceerbringung • Umsetzung der Einsatzplanung der IT-Ressourcen

Tabelle 5-16: **Aufgaben und Verantwortlichkeiten der Rolle IT-Mitarbeiter**
(Quelle: Eigene Darstellung)

In Analogie zur IT-Organisation können für die Servicenehmersicht ebenfalls hierarchische Rollen unterschieden werden, die vor allem in die Prozesse der jährlichen und unterjährigen Bedarfserhebung sowie die Kostenverrechnung einzubeziehen sind (vgl. Peak et al. 2003, S. 622). Die FB-Leiter verantworten dedizierte FB und sind den FB-Mitarbeitern weisungsbefugt. Dazu gehören z.B. Entscheidungen über unterjährige Budgetänderungen in den FB und über die Verwendung von Mengenminderverbräuchen.

Tabelle 5-17 zeigt die Rollenbeschreibung.

Aufgabenspektrum der FB-Leiter	Verantwortlichkeiten der FB-Leiter
• Genehmigung und Freigabe der erhobenen jährlichen und unterjährigen FB-Bedarfe • Genehmigung und Freigabe von unterjährigen Änderungen in der Mengenverteilung von FB-Bedarfen • Genehmigung und Freigabe von unterjährigen Änderungen in der Kostenverteilung von FB-Bedarfen • Freigabe der verrechneten Planpositionen an (IT-)Controlling • Beantragung von zusätzlichem unterjährigem Budget • Überprüfung und Unterzeichnung der angeforderten Servicebestellungen der FB • Weiterleitung der FB-Bedarfe an IT-Organisation • Beantragung von Ausnahmen bei fachlichen IT-Vorgaben	• Fristgerechte, vollständige, verbindliche Rückmeldung der FB-Bedarfe an IT-Organisation • Einhaltung des genehmigten FB-Budgets • Verantwortung der getroffenen Entscheidungen zu Bedarfsentwicklung und FB-Budget • Steuerung des Bestellprozesses für IT-Services in den FB • Einhaltung der fachlichen IT-Vorgaben durch FB-Mitarbeiter • Tragen der Konsequenzen bei Verletzungen der fachlichen IT-Vorgaben

Tabelle 5-17:   *Aufgaben und Verantwortlichkeiten der Rolle FB-Leiter*
(Quelle: Eigene Darstellung)

Zur Kanalisierung des Informationsaustauschs zwischen Servicenehmer- und Servicegebersicht werden Schlüsselpersonen benötigt, die die Kommunikation koordinieren (vgl. Bendixen/Kemmler 1972, S. 107ff.). Das wird von der aufgabenbezogenen Rolle der Keyuser übernommen. Ausgeübt wird die Rolle durch spezialisierte FB-Mitarbeiter, welche die notwendigen technischen Fähigkeiten besitzen (vgl. Kapitel 4.3.2.2). Sie üben entsprechend ihrer Fähigkeiten Aufgaben in der Bedarfserhebung und den drei Steuerungsformen aus, was ihnen eine zentrale Bedeutung im IT-Bereitstellungsprozess verschafft (vgl. Kapitel 5.3.4.1).

Tabelle 5-18 fasst den Tätigkeitsbereich zusammen.

Aufgabenspektrum der Keyuser	Verantwortlichkeiten der Keyuser
• Erstellung von Projektbeschreibungen zu FB-Projekten • Ermittlung der FB-spezifischen und Linienbedarfe und Zusammenstellung in einer vorgegebenen Checkliste • Beratung der FB-Mitarbeiter bei deren Bedarfsermittlung • Weiterleitung der FB-Bedarfe an FB-Leiter zur Genehmigung • Rückmeldung der FB-Bedarfe an FB-Leiter • Bestellung der freigegebenen FB-Bedarfe • Kommunikation mit IT-Organisation im Bedarfserhebungs-, Planungs- und Steuerungsprozess	• Zusammenstellung, Koordination der Bestellung jährlicher und unterjähriger FB-Bedarfe • Koordination des Mengen- und Kostenverbrauchs des jeweiligen FB • Überprüfung der Korrektheit der Abrechnungen der bereitgestellten Planpositionen und Weiterleitung an FB-Leiter zwecks Freigabe

Tabelle 5-18:   *Aufgaben und Verantwortlichkeiten der Rolle Keyuser*
(Quelle: Eigene Darstellung)

Die Rolle der FB-Mitarbeiter konzentriert sich auf unterstützende Aufgaben in der Rückmeldung der IT-Bedarfe und der Beurteilung von Anforderungen an die IT-Unterstützung (Tabelle 5-19).

Aufgabenspektrum der FB-Mitarbeiter	Verantwortlichkeiten der FB-Mitarbeiter
• Unterstützung bei der Erstellung von Projektbeschreibungen zu geplanten FB-Projekten • Unterstützung bei der Ermittlung, Erfassung von FB-Bedarfe • Abstimmung, Kommunikation mit Keyusen hinsichtlich auftretender FB-Bedarfen • Nutzung der angeforderten IT-Services	• Verbindliche Rückmeldung zu jährlichen und unterjährigen FB-Bedarfen

Tabelle 5-19:   *Aufgaben und Verantwortlichkeiten der Rolle FB-Mitarbeiter*
(Quelle: Eigene Darstellung)

Die GF stellt die oberste Führungsebene des Unternehmens dar und besitzt somit absolute Entscheidungskompetenz. Gleichermaßen ist sie höchste Eskalationsinstanz. Einbezogen wird die Rolle bei den jährlichen und unterjährigen Budgetentscheidungen sowie der Abstimmung fachlicher und qualitativer Aspekte in der Planung und Steuerung, jedoch nicht bei der Ausplanung oder Umsetzung der Steuerungsmaßnahmen selbst. Das obliegt den untergeordneten Managementebenen (Steinmann/Schreyögg 2000, S. 149f.). Tabelle 5-20 zeigt den Tätigkeitsumfang der GF.

Aufgabenspektrum der GF	Verantwortlichkeiten der GF
• Entscheidung zu FB- und IT-Budget • Entscheidung zu unterjährigen Budgetanträgen • Entscheidung zu Mengen- und Kostenneuverteilungen • Entscheidung bei der Beantragung von Ausnahmen von fachlichen IT-Vorgaben • Genehmigung zentraler Mengenneuverteilungen • Entscheidung bei Eskalationen in vorgelagerten Entscheidungsprozessen	• Treffen von jährlichen und unterjährigen Budgetentscheidungen • Treffen von Entscheidungen zu Budgetänderungen • Tragen der Auswirkungen auf Grund getroffener Budgetentscheidungen • Tragen der Auswirkungen auf Grund getroffener Entscheidungen

Tabelle 5-20:   *Aufgaben und Verantwortlichkeiten der Rolle GF*
(Quelle: Eigene Darstellung)

Zusammenfassend ist festzuhalten, dass bei der praktischen Umsetzung der Rollen eine Verankerung der Rollenbeschreibungen in den Zielen und Aufgaben der zugeordneten Personen sicherzustellen ist. Verantwortlich für die einzelnen Prozesse sind z.B. Prozesseigner, die sich um die Ausgestaltung, Prozessqualität und Schnittstellen zu anderen Prozessen kümmern (vgl. Buhl 2005, S. 137ff.).

5.3.4 Prozesse zur IT-Bedarfserhebung und IT-Planung

Im Mittelpunkt des Kapitels steht die Modellierung der Planungsprozesse, die sich aus den beiden Prozessgruppen der IT-Bedarfserhebung und IT-Planung zusammensetzen und im

Einzelnen vorgestellt werden. Auf der Grundlage eines vorangestellten Überblicks über die jeweilige Prozessgruppe werden die Prozesse in ihren Abläufen und mit den erforderlichen Prozessinformationen erarbeitet. Dabei wird die Darstellung der Prozessschaubilder um die Erläuterung erklärungsbedürftiger Sachverhalte ergänzt.

5.3.4.1 IT-Bedarfserhebung

Der folgende Überblick stellt für die Prozessgruppe der IT-Bedarfserhebung die Zielsetzung, die in den Prozessen beteiligten Rollen, den Gegenstand sowie zentrale zu berücksichtigende Einflussfaktoren vor.

Zielsetzung und Rollenüberblick

Der Schwerpunkt besteht in der möglichst vollständigen Ermittlung und Priorisierung der Bedarfe von FB und IT-Organisation für den vorliegenden Planungszyklus. Die Zielsetzung besteht deshalb in:

- Schaffung einer transparenten Grundlage zur Planung von Mengen und Kosten.
- Durchführung von gezielteren Beratungsleistungen der IT-Organisation durch vollständige und transparente Erfassung der Bedarfe.
- Verringerung von unterjährig auftretenden Bedarfen, die auf unzureichende und falsch erhobene Bedarfe zurückzuführen sind.
- Umsetzung der Unternehmensziele und der daraus abgeleiteten IT-Ziele durch die Erhebung von Bedarfen aus dem hierauf abgestimmten IT-Serviceangebot.
- Unterstützung einer durchgängigen strukturierten IT-Bedarfserhebung, die neben den Prozessabläufen zu Grunde liegende Rahmenbedingungen für alle Serviceakteure transparent macht.

Hierauf gründet sich in Verbindung mit den Verbesserungsbedarfen aus der empirischen Untersuchung die Zusammenstellung der Prozesse. Der Schwerpunkt liegt auf der systematischeren Erfassung der Bedarfe, da über eine ausschließliche Erhebung mittels Erfahrungswerte kein Verständnis und keine Transparenz erzeugt werden kann.

Einige Unternehmen der empirischen Untersuchung erheben die Bedarfe über Formulare, die den FB-Leitern im Rahmen des jährlichen Planungszyklus zugeschickt werden. In Ermangelung von (fristgerechten) Rückmeldungen werden persönliche Gespräche und Abstimmungsrunden als sehr viel zielführender empfunden, weil mögliche Erhebungsschwierigkeiten sofort geklärt werden können. Es unterstützt zudem die Demonstration der IT-Organisation ein aktiv agierender Servicepartner für die Servicenehmer zu sein. Außerdem fördert eine derartig aktive Kommunikation den Abbau von Distanzen und Verständnisbarrieren (vgl. Kapitel 4.3.3.2). Aus diesen Gründen wurde der Aspekt der persönlichen Gespräche und Abstimmungsrunden aufgegriffen und fortgeführt.

Die beteiligten Rollen der Prozessgruppen sind in Tabelle 5-21 zusammengefasst.

Prozess \ Rollen	IT-Planer	IT-Controller	IT-Leiter	IT-Führungskräfte	IT-Mitarbeiter	Keyuser	FB-Leiter	FB-Mitarbeiter	Geschäftsführung
Abstimmungsrunde	x		x	x		x	x		
Individuelle Gesprächsrunden	x		x	x		x	x	x	
FB-Budgetrunde				x	x		x	x	x
Review der individuellen Gesprächsrunden	x		x				x	x	
Priorisierung der IT-Services der FB	x								
Erhebung IT-Basisbedarfe	x			x	x	x			

Tabelle 5-21: *Rollenverteilung in der IT-Bedarfserhebung*
(Quelle: Eigene Darstellung)

Gegenstand

Bedarfe lassen sich in ihrer Art im Wesentlichen nach Projekten und Bedarfen zur Unterstützung des operativen Geschäfts differenzieren (vgl. Kapitel 4.3.2.2). Zur Herleitung erfolgte die Orientierung an der Abgrenzung von IT-Controllingbereichen nach Krcmar/Buresch (2000). Dabei wurde die Unterscheidung in die Teilbereiche Projekte, Produkte und IT-Infrastruktur übernommen.[68]

Der IT-Infrastrukturbereich beinhaltet die grundlegende technologische IT-Versorgung, während der Bereich der IT-Produkte vornehmlich Tätigkeiten zum Betrieb und zur Aufrechterhaltung der IT-Unterstützung und deren Zusammenfassung in Produkten betrachtet. Die IT-Unterstützung bezieht sich hauptsächlich auf Anforderungen aus dem operativen Geschäft, die einer hohen Kontinuität unterliegen.[69] Diese Bedarfe werden als Linienbedarfe bezeichnet, da sich ihr Leistungsumfang auf dedizierte Unternehmensbereiche bezieht. Unternehmensbereiche werden auf Grund ihrer aufbauorganisatorischen Strukturierung häufig als Linien, Ressorts oder Segmente bezeichnet, die bestimmte Unternehmensfunktionen, wie z.B. Produktion, Marketing oder Forschung und Entwicklung, abbilden (vgl. z.B. Bea et al. 2001, S. 174-192; Hentze et al. 1993, S. 81f.). Daraus leitet sich die Begriffsbezeichnung ab. Projekte schließlich sind durch ihre eindeutige zeitliche, personelle und inhaltliche Abgrenzbarkeit in Zielsetzung und Durchführung charakterisiert.[70]

In Anknüpfung an diese Ausführungen werden drei grundlegende Bedarfsarten abgegrenzt:

---

[68] Das Portfolio-Controlling kann auf Grund seiner Aktivitäten inhaltlich dem Projekt-Controlling zugeordnet werden (Krcmar/Buresch 2000, S. 6ff.). Zudem wurde der Wirkungsbereich des Produkt-Controllings für die Arbeit enger gefasst.

[69] Tulowitzki (2000, S. 528) differenziert nach Projekten und Einzel- bzw. Daueraufträgen. Das kommt der Abgrenzung von Projekten und Linienbedarfen sehr nahe.

[70] Zur ausführlichen Charakterisierung von Projekten (vgl. z.B. Burkhardt 2002; Deutsches Institut für Normung (DIN) 1987).

> *Linienbedarfe sind kontinuierlich (d.h. längerfristig) bestehende meist fachbereichsbezogene IT-Bedarfe, die die Ausübung des (operativen) Tagesgeschäfts unterstützen.*
>
> *Projekte sind durch ihre Einmaligkeit und ihren konkreten Sachbezug gekennzeichnet und weisen oftmals einen strategischen Charakter auf. Die Ergebnisse aus Projekten können in nachfolgenden Planungszyklen in Linienbedarfe umgewandelt werden.*
>
> *Durch die zunehmende Integration und Vernetzung der Schritte innerhalb der betrieblichen Wertschöpfungskette existieren zudem bereichsübergreifende Bedarfe an IT-Basisleistungen, die grundlegende IT-Infrastrukturanforderungen wie z.B. das Unternehmensnetzwerk umfassen.*

Die Bedarfe an IT-Unterstützung entstehen hauptsächlich durch Anforderungen seitens der Servicenehmer. Sie werden im Weiteren als FB-Bedarfe bezeichnet. Als FB gelten alle Unternehmensbereiche, deren Geschäftsprozesse durch IT unterstützt werden. Ergänzend werden auch Bedarfe aus der IT-Organisation berücksichtigt. Projekte können von beiden Serviceakteuren initiiert werden, Linienbedarfe hingegen werden ausschließlich den FB zugeordnet. Sie dienen per definitionem der Unterstützung der Geschäftsprozesse. Die Linienaufgaben der IT werden hiervon abgegrenzt, da sie (in)direkt die Geschäftsprozesse der FB unterstützen. Unter der zuvor angenommenen Existenz eines IT-Budgets (vgl. Kapitel 5.3.2.2), werden diese den IT-Basisleistungen zugeordnet. Das entspricht vielfach der mittelständischen Praxis wie die empirischen Erkenntnisse und die Praxispartner bestätigen. Sämtliche Bedarfe der IT-Organisation werden zwecks deutlicher Abgrenzung als IT-Basisbedarfe zusammengefasst. Abbildung 5-33 veranschaulicht die abgeleiteten Bedarfsarten, die über das Katalogangebot in IT-Services, Servicemodule und Serviceelemente umgewandelt werden (vgl. Kapitel 5.2.2).

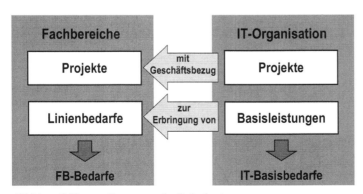

Abbildung 5-33: **Abgrenzung der Bedarfsarten**
(Quelle: Eigene Darstellung)

Einflussfaktoren

Nach der Klärung der Bedarfsarten wird die Rolle der Keyuser näher beleuchtet, da sie einen zentralen Einflussfaktor in der IT-Bedarfserhebung darstellen. Das verdeutlichen die empirischen Erkenntnisse (vgl. Kapitel 4). Keyuser bilden in den befragten Unternehmen ein fest etabliertes Konstrukt an der Schnittstelle zwischen IT und FB, deren Rolle stark in den Aufgaben der IT-Organisation verankert ist. Damit werden Auswirkungen der starken Ressourcenbegrenzung in der IT durch Aufgabenverlagerung kompensiert. Sie werden deshalb in den Ablaufschritten der IT-Bedarfserhebung wie folgt integriert:

- Keyuser koordinieren die Erhebung und Rückmeldung der Bedarfe an die IT-Organisation unter Verwendung des IT-Service-Katalogs.

- Keyuser übernehmen von der IT-Organisation nicht die komplette IT-Bedarfserhebung in den FB, wie in der Praxis vielfach umgesetzt. Vielmehr nimmt die IT-Organisation eine aktive Rolle ein. Daher liegt es in deren Verantwortung, die Vermittlerrolle zwischen IT und FB einzunehmen. Denn es ist originäre Aufgabe der IT, die FB-Anforderungen an die IT-Unterstützung zu verstehen und nicht vice versa.

- Keyuser sind in die IT-Bedarfserhebung nicht jedoch in die eigentliche Ausplanung der Mengen und Kosten involviert. Zielsetzung ist es, langfristig die Rolle der Keyuser sukzessive zu verändern und sie verstärkt den noch häufig übernommenen IT-Aufgaben zu entziehen, um eine klare Regelung über Kompetenzen und Verantwortungsbereiche zu schaffen (vgl. z.B. Ward/Peppard 2003, S. 270-284; Szyperski/Müller-Böling 1984, S. 134f.).

Die Prozessgruppe der IT-Bedarfserhebung umfasst folgende sechs Prozesse, die im Einzelnen erläutert werden:

- Abstimmungsrunde durchführen.
- Individuelle Gesprächsrunden mit FB durchführen.
- FB-Budgetrunde durchführen.
- Review der individuellen Gesprächsrunden durchführen.
- Priorisierung der IT-Services der FB durchführen.
- IT-Basisbedarfe der IT-Organisation erheben.

(1) Prozess: Abstimmungsrunde durchführen

An der IT-Bedarfserhebung sind alle IT-unterstützten FB beteiligt, was im ersten Schritt eine FB-übergreifende Abstimmung zu den unterschiedlichen Bedarfsarten erfordert. Die Zielsetzung der Abstimmungsrunde fokussiert daher:

- Gemeinsames Treffen der zentralen Serviceakteure zum Start des Planungszyklus.
- Bekanntgabe und Abstimmung zu strategischen Änderungen bzw. Neuerungen in den fachlichen IT-Vorgaben.
- Vorstellung und Diskussion zentraler Projektvorhaben.
- Identifikation des Beratungsbedarfs der FB.
- Diskussion und Abstimmung über Bedarfsanforderungen (z.B. aufgetretene und bereits bekannte neue Bedarfe, Rückblick auf Bedarfsentwicklungen).
- Identifikation erwarteter unternehmensexterner oder -interner Einflüsse bzw. Vorhaben mit Auswirkungen auf IT-Unterstützung der Geschäftsabläufe.

246 5 Modell zur servicebasierten Planung und Steuerung der IT-Infrastruktur im Mittelstand

Ein Überblick über die Rollen gibt Tabelle 5-21. Der IT-Planer wird durchgängig in alle Aktivitäten eingebunden, da er die Ergebnisse des Prozesses in eine Planung umsetzt. Die Beteiligung der FB-Leiter und Keyuser erhöht die Verbindlichkeit der Bedarfserhebung und unterstützt eine frühzeitige Ermittlung umfangreicher Bedarfsanforderungen.

Abbildung 5-34 veranschaulicht den Prozessablauf.

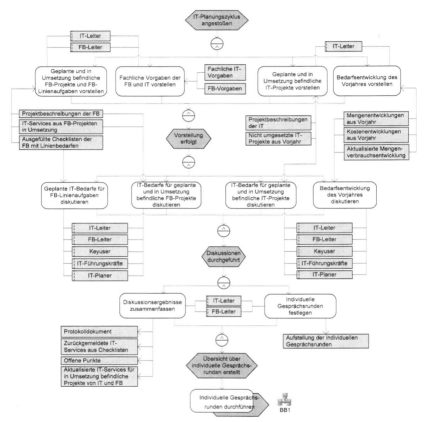

Abbildung 5-34:   *Prozessschaubild „Abstimmungsrunde durchführen"*
(Quelle: Eigene Darstellung)

Das zentrale Ziel der Abstimmungsrunde besteht in der Ermittlung und Abstimmung über die FB-Bedarfe sowie in der Erfassung der von den FB benötigten individuellen Beratungen zu einzelnen Bedarfsanforderungen. Das erfordert bereits im Vorfeld der Abstimmung die Zusammenstellung konkreter Bedarfe und Angaben zu Diskussionspunkten. Dazu gehören folgende Geschäftsobjekte:

- **Ausgefüllte Checklisten der FB mit Linienbedarfen:** Sie dienen der vollständigen und einheitlichen Erhebung der Linienbedarfe. In vielen mittelständischen Unternehmen gestaltet sich ihre Erfassung angesichts des häufig gleichbleibenden Umfangs meist überschaubar, so dass eine Fortschreibung ausreicht. Ihre Nutzung erlaubt eine zentrale Koordination der Linienbedarfe, die den Großteil der Bedarfe umfassen. Die fristgerechte Rückmeldung obliegt der Verantwortung der FB-Leiter. Die Strukturierung der Checkliste ist auf zentrale Angaben zu beschränken, um den Bearbeitungsaufwand zu minimieren. Abgebildet in Formularform umfasst das exemplarisch folgende Punkte:
  - Kopf der Checkliste mit allgemeinen Angaben zu den bestellenden FB, Datum der Erhebung, Name des verantwortlichen FB-Leiters.
  - Auflistung der bereitgestellten IT-Services und Servicemodule mit der Möglichkeit zur Ergänzung (als Formularzeilen).
  - Bereitstellungs- und Verrechnungsangaben mit Mengeneinheiten, Kostenstellen, Bereitstellungszeitpunkten (als Formularspalten).
  - Unterzeichnung der FB-Leiter.
- **Projektbeschreibungen der FB/Projektbeschreibungen der IT:** Für jedes Projekt ist eine kurze Beschreibung zu erstellen, die zentrale Punkte zu Zielsetzung, Inhalt, Umfang, erwarteten Ergebnissen, Nutzen, Ressourcen und Projektauftraggeber sowie Projektnehmer beinhalten. Das dient als Grundlage zur weiteren Ausplanung und vor allem zur Entscheidungsfindung. Der Einsatz von Checklisten oder Formularen unterstützt die einheitliche Erfassung. In den FB sind die Keyuser maßgebend für die Ausarbeitung, da sie das nötige technische Know-how besitzen.
- **IT-Services aus FB-Projekten in Umsetzung/Nicht umgesetzte IT-Projekte aus Vorjahr:** Projekte, die über den Planungszyklus hinausgehen, bedürfen keiner erneuten Bedarfserhebung. Die bekannten Bedarfe sind in IT-Services abgebildet, die für den nächsten Planungszyklus übernommen oder entsprechend des Ressourcenverbrauchs ggf. angepasst werden.
- **Fachliche IT-Vorgaben/FB-Vorgaben:** Die Vorgaben besitzen Richtliniencharakter, die bei der Erhebung der Bedarfe als verbindlich zu beachten sind. Sie legen z.B. Hersteller und Ausstattungsvarianten von Rechnern fest.

Die Rückmeldung der Checklisten und Projektbeschreibungen vor der Abstimmungsrunde ist von zentraler Bedeutung, um die Gesprächs- und Diskussionspunkte zur Bedarfserhebung gezielter vorbereiten zu können.

Kernpunkt der Abstimmungsrunde bildet die Diskussion der Projektvorhaben, da hierdurch Priorisierung und Nutzenbewertung kritisch reflektiert und geschärft werden. Darüber hinaus sind die Projektauftraggeber zwecks Verantwortlichkeitsstruktur und Verrechnungsmodalitäten eindeutig zu benennen. Bestehen auf Grund bereichsübergreifender Nutzenwirkungen Schwierigkeiten in der Abgrenzung, kann die Projektverantwortung auf der nächsthöheren Führungsebene angesiedelt werden. Das kann bei flachen Hierarchien im Einzelfall die GF sein. In diesem Kontext werden auch weiterführende Beratungsbedarfe durch die IT-Organisation identifiziert, die zur Ausgestaltung der Projektbeschreibungen und des Projektauftrags benötigt werden. Denn in Abhängigkeit der Projektkomplexität ist das nicht (ausschließlich) Aufgabe der FB.

Ergänzend werden in der Abstimmungsrunde die Bedarfsentwicklungen des Vorjahres besprochen, mit dem Ziel, Bedarfsanpassungen frühzeitig zu erkennen und somit zur Erhöhung der Plangenauigkeit beizutragen, ohne die Flexibilitätserfordernisse durch eine zu starke Formalisierung einzuschränken (vgl. Weber 2000, S. 46ff.).

Zur besseren Verständnisbildung der Prozessübergänge ist das Verknüpfungssymbol nummeriert (BB1 in Abbildung 5-34). Das Kürzel verdeutlicht zwischen welchen Prozessen die Schnittstelle besteht. Das erste B verkörpert die Prozessgruppe des vorliegenden Prozesses, das zweite B die des verknüpften Prozesses. Demgemäß besteht die Schnittstelle innerhalb der Prozessgruppe IT-Bedarfserhebung. Der jeweils verknüpfte Prozess besitzt das gleiche Kürzel zwecks eindeutiger Zuordnung. Der Zahlenwert entsteht aus der fortlaufenden Nummerierung. In Anhang F findet eine Übersicht mit allen Schnittstellen.

Mit der Durchführung der Abstimmungsrunde wird die Erfassung der tatsächlichen Bedarfe verbindlich gemacht, um mangelhafte Rückmeldungen durch die geschaffene Transparenz unter den Servicenehmern aufzulösen. Die Diskussionen unterstützen den Austausch und das Verständnis für beide Sichtweisen. Neben den Checklisten zu den Linienbedarfen werden als weiteres Ergebnis Beratungsleistungen identifiziert, die zur Ermittlung der IT-Bedarfe erforderlich sind. Dazu wird eine Aufstellung erarbeitet, die alle Beratungsbedarfe mit Angabe des FB, dem Gegenstand des Beratungsbedarfs (z.B. Projekt), einem Terminvorschlag (ggf. mit Frist) und dazu die benötigten Rollen bzw. Personen auflistet.

(2) Prozess: Individuelle Gesprächsrunden mit FB durchführen

Auf Basis des ermittelten Beratungsbedarfs werden individuelle Gesprächsrunden durchgeführt. Die Zielsetzung besteht deshalb in:

- Gezielte Ermittlung der FB-Bedarfe in Form von IT-Services für FB-Projekte und unklare Linienbedarfe.
- Vervollständigung der Erfassung der benötigten IT-Services der FB.

Die beteiligten Rollen zeigt Tabelle 5-21. Erwähnt werden soll die Rolle der FB-Mitarbeiter, die auf Grund ihres spezifischen FB-Wissens in die Bedarfsermittlung einbezogen werden.

Den Prozessablauf zeigt Abbildung 5-35. Das Ausmaß der Beratungsleistungen orientiert sich an Umfang und Komplexität der Bedarfe. Das kann ein Telefonat oder mehrere Gesprächstermine umfassen. Ausgangspunkt der Gespräche sind die Projekt- und Aufgabenbeschreibungen der FB, die unter Berücksichtigung unternehmens- und IT-strategischer Vorgaben ausgearbeitet werden. Die Abbildung der Bedarfe erfolgt über IT-Services, deren Qualitätsparameter (Service-Levels), Leistungsumfänge und Kosten bzw. Preise dem IT-Service-Katalog entnommen werden können (vgl. Kapitel 5.2.2.3). Erfordern die Bedarfe individuell zu vereinbarende Leistungsumfänge ist eine gesonderte Aufwandsermittlung mittels Schätzverfahren durchzuführen (vgl. dazu Krcmar 2005, S. 156-164; Scheeg/Pilgram 2004, S. 226ff.). Das wird typischerweise bei Projekten angewendet. Hierzu kann die Musterstruktur für IT-Service-Kataloge aus der Modellkomponente 1 herangezogen werden. Die geschätzten Aufwände werden getrennt nach Investitionen und laufende Ausgaben (operatives Budget) erfasst (vgl. Steinmann/Schreyögg 2000, S. 361; Herold 2006, S. 432f.). Diese Differenzierung ist vor allem in mittelständischen Unternehmen gängig und wird in der FB-Budgetrunde benötigt. Das untermauern die einbezogenen Praxispartner.

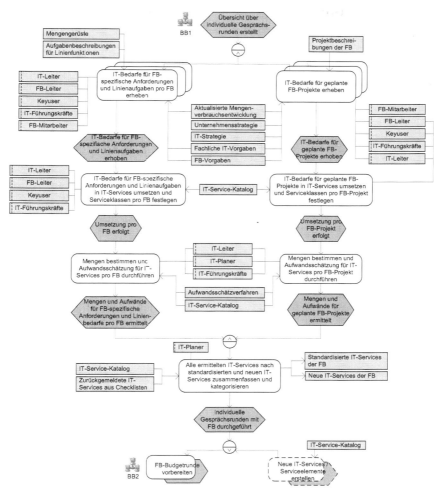

Abbildung 5-35:   *Prozessschaubild „Individuelle Gesprächsrunden mit FB durchführen"*
(Quelle: Eigene Darstellung)

Die erhobenen IT-Services werden nach standardisierten und neuen IT-Services unterschieden. Damit wird erfasst, inwieweit die Bedarfe durch das bestehende Service-Katalogangebot abgedeckt werden und für welche Bedarfe neue IT-Services zu definieren sind (vgl. Jaeger

2003, S. 214ff.). Denn häufig ergeben sich z.b. aus Projekten neue Leistungsumfänge. In diesem Fall erfolgt der Übergang in den angrenzenden Prozess *Neue IT-Services/Serviceelemente erstellen*. Die neu definierten IT-Services werden in den IT-Service-Katalog aufgenommen und stehen im nächsten Planungszyklus als standardisierte IT-Services zur Verfügung. Die Erarbeitung liegt im Verantwortungsbereich des IT-Service-Katalog-Verantwortlichen und wird von der Betrachtung abgegrenzt.

Das Ergebnis des Prozesses liegt in der Aufstellung aller IT-Services inkl. Mengen, Kosten und Bereitstellungszeitpunkten, die in der jährlichen Bedarfserhebung von den FB (ggf. gemeinsam mit der IT) erhoben wurden. Sie gehen anschließend in die FB-Budgetrunde über.

(3) Prozess: FB-Budgetrunde durchführen

Mit dem Budget wird ein Plan fixiert, der den Entscheidungsverantwortlichen unterschiedlich verbindliche Vorgaben für eine festgelegte Zeitperiode vorgibt (vgl. Horvath/Reichmann 2003, S. 97f.). In vielen mittelständischen Unternehmen sind diese Vorgaben an die gesamtwirtschaftliche Entwicklung des Unternehmens gekoppelt, was der Budgetgestaltung eine Flexibilität verleiht. Das führt mitunter zu unterjährigen Entscheidungsänderungen der GF für bereits genehmigte Budgets. Die Durchsetzungsfähigkeit der GF wirkt sich auf Grund der besonderen Konstellation von Unternehmensführung und Unternehmensbesitz meist sehr direkt aus (vgl. Kapitel 4.2.1 und 4.2.2). Das beeinflusst die Verbindlichkeit der Budgetgenehmigungen und ist in der Kostensteuerung von Bedeutung.

Die Zielsetzung der FB-Budgetrunde besteht in der Abstimmung der Priorisierung und Genehmigung der FB-Budgets durch die GF. Die beteiligten Rollen zeigt Tabelle 5-21. Neben den Leitungsebenen auf Servicenehmerseite ist ebenso der IT-Leiter involviert. Das in der mittelständischen Praxis bewährte Vorgehen zielt auf eine gemeinsame Vertretung und Begründung der IT-bezogenen Budgetpositionen. Das unterstützt eine aktive Kommunikation und schafft eine gegenseitige Vertrauensbasis. Weiterhin sind in die Vorbereitung Keyuser und IT-Führungskräfte involviert, um Nutzendarstellungen und -beschreibungen zu erstellen.

Ausgangspunkt des Prozesses bildet die Vorbereitung der FB-Budgetrunde durch die Aufbereitung und Zusammenstellung der erforderlichen Abstimmungs- und Entscheidungsgrundlagen. Dazu werden neben den erhobenen IT-Services der FB vor allem die Projektbeschreibungen herangezogen, um z.B. sogen. Business Cases zu erstellen. Das erweist sich in kleinerem Umfang auch für mittelständische Unternehmen als praktikabel wie die Praxispartner bestätigen. Abbildung 5-36 zeigt das zu Grunde liegende Prozessschaubild.

Die Budgetvorstellung umfasst grundsätzlich die Darstellung von Projekten und zentralen Linienbedarfen. In Ergänzung werden die Budgetpositionen vor allem in Investitionen und laufende Kosten unterteilt und in dieser Form mit der GF diskutiert, da sich hieraus ebenfalls Rückschlüsse auf die Priorisierung und Entscheidungsfindung ziehen lassen. Bspw. kann eine Vorgabe zur prozentualen Verteilung von Investitionsbudget und laufende Kosten vorliegen.

5.3 Modellkomponente zu servicebasierten Planungs- und Steuerungsprozessen der IT-Infrastruktur

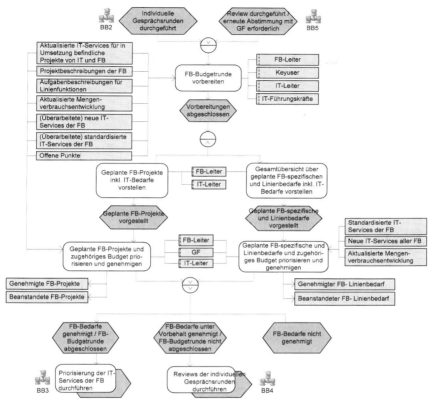

Abbildung 5-36:   *Prozessschaubild „FB-Budgetrunde durchführen"*
(Quelle: Eigene Darstellung)

Einen Schwerpunkt der FB-Budgetrunde bildet die Priorisierung und deren Abstimmung für die Budgetpositionen, die unter Einbeziehung von Kosten-Nutzen-Erwägungen bewertet und in einer Priorisierungskategorie (z.B. geschäftskritisch, hoch, mittel und gering priorisiert) zugeordnet werden (vgl. z.B. Steinmann/Schreyögg 2000, S. 365). Diese Rangfolge fließt in die IT-Planung ein. Anschließend wird das Budget von der GF genehmigt, indem sie den Budgetpositionen zustimmt oder sie ablehnt. Im Falle der eindeutigen Entscheidung gehen die Budgetpositionen in den Prozess zur Zusammenführung der Priorisierungen aller FB-Bedarfe über. Darüber hinaus kann die GF die Überarbeitung einzelner Budgetpositionen einfordern, was eine Anpassung der Bedarfe bedingt. Die beanstandeten Positionen werden im nachfolgenden Prozess überarbeitet.

Zusammengefasst besteht das zentrale Ergebnis der FB-Budgetrunde in der Aufstellung der (nicht) genehmigten und der beanstandeten Budgetpositionen. Die Aufstellung dient als

Grundlage für die weiteren Aktivitäten der IT-Organisation. Sie kann als Formular erarbeitet werden, das leicht zu pflegen und zentral verteilbar ist. Für die Aufstellung ist folgende exemplarische Struktur denkbar:

- Formularkopf mit Angaben zum FB (z.B. FB-Leiter, Ansprechpartner, Datum)
- Zusammengefasste Auflistung der Budgetpositionen in Form von IT-Services und Servicemodulen (als Formularzeile).
- Checkbox zur Angabe des Genehmigungsstatus (genehmigt, nicht genehmigt, beanstandet) (als Formularspalte).
- Art der Beanstandungen ggf. mit Begründung (als Formularspalte).
- Festgelegter Zeitrahmen zur Überarbeitung (als Formularspalte).
- Checkbox mit Angabe, ob eine Wiedervorlage bei der GF erforderlich ist (als Formularspalte).

(4) Prozess: Review der individuellen Gesprächsrunden durchführen

Zielsetzung ist die Überarbeitung der beanstandeten Budgetpositionen entsprechend der Vorgabe der GF. Die Prozessschritte orientieren sich im Wesentlichen am Prozess der individuellen Gesprächsrunden, da die IT-Organisation beratend einbezogen wird. Vielfach erweist sich der Überarbeitungsaufwand in mittelständischen Unternehmen als marginal, der in der Umsetzung bereits klar umrissen ist. Daher lässt sich die Abstimmung meist auf wenige Telefonate eingrenzen. Die Anpassungen nimmt der IT-Planer vor.

Das erklärt ebenso die Beschränkung der beteiligten Rollen auf IT-Leiter, FB-Leiter, einzelne Keyuser und IT-Planer. Der mit der Überarbeitung verbundene Aufwand ist auf Grund der raschen Durchführbarkeit der Prozessschritte und der durchgängigen Einbeziehung der IT-Organisation von den Serviceakteuren auch bei stark begrenzten Ressourcen angemessen zu bewerkstelligen. Das ist insbesondere mit einem reduzierten Abstimmungsaufwand begründbar. Abbildung 5-37 zeigt den Prozessablauf im Überblick.

Nach Abschluss der Überarbeitung erfolgt bei erforderlicher Wiedervorlage die Rückkopplung in die FB-Budgetrunde, um die Budgetpositionen erneut genehmigen zu lassen. Deshalb erstrecken sich die Ausgangsereignisse dieses Prozesses auf eine erstmalige wie auch auf eine überarbeitete Aufstellung der erhobenen IT-Services der FB. Wird keine Wiedervorlage gefordert, gehen die Ergebnisse in den nächsten Prozess zur Priorisierung der FB-Bedarfe über.

Da dieses Vorgehen sehr unternehmensindividuell geprägt ist, werden beide Handlungsoptionen ausgestaltet.

Zentraler Output ist die überarbeitete Version der Aufstellung der IT-Services der FB sortiert nach standardisierten und neuen IT-Services. Die Schnittstelle zum angrenzenden Prozess *Neue IT-Services/ Serviceelemente erstellen* wurde bereits zuvor erläutert (vgl. Prozess 2).

5.3 Modellkomponente zu servicebasierten Planungs- und Steuerungsprozessen der IT-Infrastruktur 253

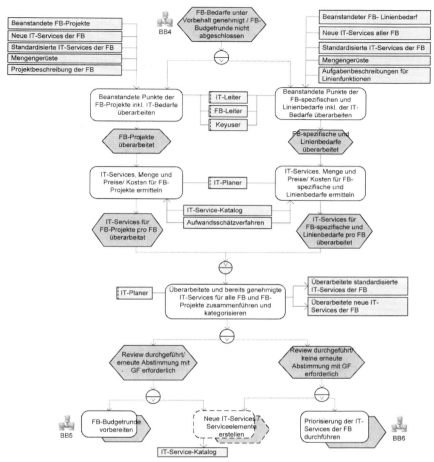

Abbildung 5-37: *Prozessschaubild „Review der individuellen Gesprächsrunden durchführen"*
(Quelle: Eigene Darstellung)

(5) Prozess: Priorisierung der IT-Services der FB durchführen

Die genehmigten Bedarfe der einzelnen FB sind für eine durchgängige Planung zusammenzufassen. Das führt zu folgender Zielsetzung:

- Systematische Zusammenführung der priorisierten Bedarfe der einzelnen FB in ein Dokument.
- Schaffung einer Grundlage für eine strukturierte Planung der Bedarfe.

Federführend bei der Ausübung der Prozessschritte ist der IT-Planer (Abbildung 5-38). Eine Abstimmung ist im Zuge dieser Aktivitäten nicht erforderlich, da die Bedarfe der IT-Organisation noch nicht einbezogen wurden und die Bedarfserhebung somit nicht vollständig ist.

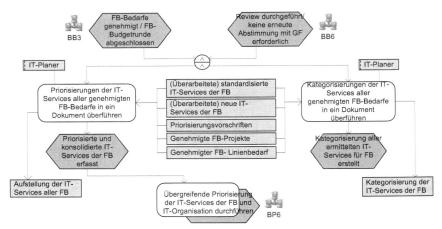

Abbildung 5-38:   *Prozessschaubild „Priorisierung der IT-Services der FB durchführen"*
(Quelle: Eigene Darstellung)

Die Hauptaufgabe besteht in der Zusammenstellung einer Priorisierungsrangfolge für alle erhobenen IT-Services der FB. Dazu sind festgelegte Priorisierungsvorschriften zu berücksichtigen, die Regeln und Kriterien für die Zuordnung zur Priorisierungsrangfolge beinhalten (vgl. z.B. Degener-Böning/Schmid 2000, S. 118ff.). In Analogie erfolgt die Zusammenführung der Kategorisierungen in standardisierte und neue IT-Services.

Hieraus leitet sich der Output des Prozesses ab, der eine Aufstellung der priorisierten und kategorisierten IT-Services inkl. Mengen, Kosten und ggf. Bereitstellungszeitpunkten für alle FB umfasst. Das Ergebnis wird in die Planung übernommen (Schnittstelle BP2).

(6) Prozess: IT-Basisbedarfe der IT-Organisation erheben

Die Zielsetzung des Prozesses besteht in der Ermittlung der IT-Basisbedarfe, die die IT-Organisation zur Aufrechterhaltung und Ausübung der Unterstützungsaufgaben benötigt. Damit wird die Bedarfserhebung vervollständigt. Die beteiligten Rollen zeigt Tabelle 5-21.

Unter Heranziehung von Mengen- und Kostenentwicklungen des Vorjahres, die der Mengen- und Kostensteuerung entstammen, werden IT-Basisleistungen ermittelt (vgl. Elsener 2005, S. 60-66), die in der Regel den Großteil der IT-Basisbedarfe umfassen. Da ihr Leistungsumfang in den Planungszyklen nur wenigen Veränderungen unterliegt, ist eine Fortschreibung möglich. Weiterhin werden Projektvorschläge diskutiert, die von der IT initiiert werden. Das umfasst z.B. Analysen zum Technologieeinsatz. Die Projektbeschreibungen und die Auflistung der IT-Basisleistungen werden anschließend in eine Priorisierungsrangfolge gebracht und in

Servicemodule und vor allem Serviceelemente umgesetzt. Da sich die Bedarfe der IT vornehmlich auf technische Aspekte beziehen, werden keine IT-Services erhoben. Sie gehören wie die Servicemodule zur Servicenehmersicht der Gestaltungsstruktur für IT-Services, die demgemäß auch deren Unterstützungsanforderungen abbildet (vgl. Kapitel 5.2.2.2). Deshalb werden Servicemodule von der IT-Organisation nur bei dedizierten Bedarfen wie z.B. der Bereitstellung von Rechnern oder Telefonen genutzt.

Abbildung 5-39 fasst den Prozessablauf mit den zentralen Prozessinformationen zusammen.

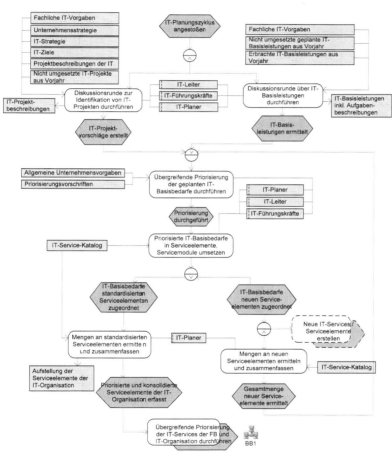

Abbildung 5-39: **Prozessschaubild „IT-Basisbedarfe der IT-Organisation erheben"**
(Quelle: Eigene Darstellung)

In Analogie zu den FB-Bedarfen werden die Serviceelemente nach standardisierten und neuen Serviceelementen kategorisiert, um Anforderungen an die Anpassung des IT-Serviceangebots abzuleiten. Das begründet die Schnittstelle zum angrenzenden Prozess *Neue IT-Services/Serviceelemente erstellen*. Der einzige Unterschied zu den FB-Bedarfen besteht darin, dass die IT-initiierten Bedarfe zu Anpassungen von Serviceelementen führen (vgl. Rudolph/Krcmar 2008, S. 30). Nach ihrer Erarbeitung werden sie als standardisierte Serviceelemente in das Katalogangebot übernommen. Nach der Bestimmung der Mengen und Aufwandsschätzung werden die neu erarbeiteten Serviceelemente abermals in die Priorisierung überführt. Denn sie können neue Aufwände verursachen, die bereits durchgeführte Schätzungen tangieren.

Zentraler Output ist die Aufstellung der benötigten Serviceelemente der IT-Organisation mit Angabe von Mengen und Kosten. Sie wird im Anschluss in den ersten Planungsprozess übernommen, wie Schnittstelle BP1 zeigt.

Zusammenfassung der Ergebnisse der Prozesse zur IT-Bedarfserhebung

Die zentralen Ergebnisse der einzelnen Prozesse werden in Tabelle 5-22 zusammengefasst, um Zielrichtung und Zweckbezug der IT-Bedarfserhebung zu verdeutlichen. In den miteinander verknüpften Prozessen wird der Output eines Prozesses in der Regel als Input für den Folgeprozess übernommen.

Prozess	Zentrale Ergebnisse
Abstimmungsrunde	• Aufstellung der individuellen Gesprächsrunden • Checklisten mit zurückgemeldeten IT-Services der FB
Individuelle Gespräche	• Aufstellung mit standardisierten und neuen IT-Services aus FB-Bedarfen
FB-Budgetrunde	• Genehmigte und beanstandete FB-Projekte • Genehmigte und beanstandete FB-Linienbedarfe
Review der individuellen Gespräche	• Überarbeitete standardisierte IT-Services der FB • Überarbeitete neue IT-Services der FB
Priorisierung aller FB-Bedarfe	• Priorisierte Aufstellung der IT-Services aller FB
IT-Basisbedarfe	• Priorisierte Aufstellung der Serviceelemente der IT-Organisation

Tabelle 5-22:   *Ergebnisse der Prozesse der IT-Bedarfserhebung*
(Quelle: Eigene Darstellung)

5.3.4.2 IT-Planung

Analog zur Erläuterung der IT-Bedarfserhebung wird zunächst ein Überblick zur IT-Planung gegeben. Daran schließt die detaillierte Darstellung der zugehörigen Prozesse an.

Zielsetzung und Rollenüberblick

Auf Grundlage der Ergebnisse der IT-Bedarfserhebung werden diese in der vorliegenden Prozessgruppe ausgeplant.

5.3 Modellkomponente zu servicebasierten Planungs- und Steuerungsprozessen der IT-Infrastruktur

Das führt zu folgender Zielsetzung:

- Schaffung einer transparenten und strukturierten Grundlage für die Steuerung.
- Herstellung der Durchgängigkeit in der IT-Bedarfserhebung und IT-Planung durch die Übernahme der Gestaltungsstruktur für IT-Services als Planungsobjekt.
- Verknüpfung zwischen Bedarfen (Servicenehmersicht) und IT-Ressourcen (Servicegebersicht) im Planungsablauf.

Die empirischen Erkenntnisse aus Kapitel 4 zeigen, dass IT-Planung und IT-Bedarfserhebung häufig separat gehandhabt werden, was eine durchgängige Strukturierung der Ablaufschritte erschwert. Hierdurch entsteht ein Bruch hinsichtlich Granularität und Betrachtungsfokus der Planungsobjekte, so dass sich die schnelle Zuordnung der Ressourcen zu den Bedarfen gleichfalls problematisch erweist. Das schlägt sich vor allem im Aufwand der Mengen- und Kostensteuerung nieder.

Die involvierten Rollen werden aufgeteilt auf die in Tabelle 5-23 veranschaulichten Prozesse. Hierbei unterscheidet die Zuordnung nach direkter und indirekter Beteiligung, wobei letzteres durch die Umklammerung symbolisiert wird. Der IT-Planer besitzt die tragende Rolle in der IT-Planung, da er hauptverantwortlich für Durchführung und Koordination der Aktivitäten ist.

Rollen / Prozess	IT-Planer	IT-Controller	IT-Leiter	IT-Führungskräfte	IT-Mitarbeiter	Keyuser	FB-Leiter	FB-Mitarbeiter	Geschäftsführung
Übergreifende Priorisierung	x		x	x			x		
Mengenplanung	x		x	x					
Kostenplanung	x	x	x	x					(x)
Anpassung von Kosten- und Mengenplanung	x	x	x	x					
IT-Budgetrunde			x	x			x		x

Tabelle 5-23:   *Rollenverteilung in der IT-Planung*
(Quelle: Eigene Darstellung)

Gegenstand

Zur Wahrung der Durchgängigkeit in der Verwendung der Planungsobjekte wird die in der IT-Bedarfserhebung eingeführte Auflösung der Bedarfe in IT-Services, Servicemodule und Serviceelemente in der Planung fortgeführt. Hierfür werden Mengeneinheiten und Kosten respektive Preise der Bereitstellung ermittelt.

Die Gestaltungsstruktur für IT-Services ist in allen Prozessen zur Bedarfserhebung, Planung und Steuerung der IT verwendbar. Mittels Zuordnungsschlüssel lassen sich die Bedarfe ohne Informationsverlust bis zu den IT-Ressourcen aufgliedern. Das ermöglicht eine Reduzierung des damit verbundenen Planungs- und Steuerungsaufwands.

Einflussfaktoren

Für die Planungsprozesse wird die Durchführung der Verrechnung der IT-Services auf die verursachenden Kostenstellen angenommen. Das bedeutet, dass die IT-Services der FB auf ihr genehmigtes Budget verrechnet werden (vgl. Kapitel 5.3.4.1). Weiterhin wird die Existenz eines IT-Budgets zur Deckung IT-bezogener Kosten unterstellt, die nicht über IT-Services respektive Servicemodule an die FB verrechnet werden. Ob die Kosten anschließend z.B. per Umlage weiterverteilt werden ist sehr unternehmensspezifisch und für die Prozessabläufe unerheblich.

Mit dieser Annahme und der Verwendung der Gestaltungsstruktur für IT-Services wird ein für mittelständische Unternehmen realisierbarer Anknüpfungspunkt geschaffen, der eine weitestgehend verursacherbezogene Verrechnung unterstützt, die auch mit starker Resssourcenbegrenzung zu bewältigen ist. Eine differenzierte Verrechnung ist dabei meist keine Zieloption, wie die einbezogenen Praxispartner bestätigen. Ein weiterer Einflussfaktor stellt die Flexibilität in der Budgetanpassung dar, die sich auf die Verbindlichkeit der Planwerte und damit verbundene Steuerungsformen auswirken kann (vgl Kapitel 5.3.5). Das ist in der praktischen Ausgestaltung der Planungsprozesse unbedingt zu berücksichtigen.

Die Prozessgruppe zur Planung umschließt folgende fünf Prozesse, die in ihrem sequenziellen Ablauf eingehender erläutert werden:

- Übergreifende Priorisierung der IT-Services der FB und IT-Organisation durchführen.
- Mengenplanung durchführen.
- Kostenplanung durchführen.
- Anpassung des Kosten- und Mengenplans durchführen.
- IT-Budgetrunde durchführen.

(1) Prozess: Übergreifende Priorisierung der IT-Services für FB und IT-Organisation durchführen

Im Mittelpunkt steht die Zusammenführung der bisher separaten Priorisierungen der Bedarfe für FB und IT in eine Priorisierungsrangfolge. Die Zielsetzung besteht deshalb in:

- Erarbeitung einer durchgängigen Priorisierungsrangfolge für alle Bedarfe der FB und IT-Organisation.
- Erhöhung der Genauigkeit und Transparenz in der Mengen- und Kostenplanung.
- Zusammenstellung von Entscheidungsparametern für die Mengen- und Kostensteuerung bei der Bereitstellung unterjähriger Bedarfen.

Die Rollen sind in Tabelle 5-23 aufgelistet. Hervorzuheben ist die Rolle der FB-Leiter, mit denen die erstellte Priorisierungsrangfolge abgestimmt wird. Das dient der schnellen Klärung von Zuordnungsschwierigkeiten und der Vorbeugung von Priorisierungskonflikten. Flache Hierarchien und kurze Abstimmungswege vereinfachen die Einbeziehung der FB-Leiter.

Abbildung 5-40 visualisiert den Ablauf im Überblick.

5.3 Modellkomponente zu servicebasierten Planungs- und Steuerungsprozessen der IT-Infrastruktur

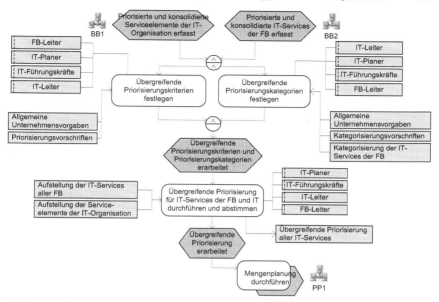

Abbildung 5-40: **Prozessschaubild „Übergreifende Priorisierung der IT-Services für FB und IT-Organisation durchführen"**
(Quelle: Eigene Darstellung)

Die in der Bedarfserhebung erfassten IT-Services werden in eine übergreifende Priorisierungsrangfolge gebracht, um eine einheitliche Planung und Steuerung sicherzustellen. Mit der Zusammenstellung lassen sich zudem gleichartige Leistungen identifizieren, mit dem Ziel, hieraus entstehende Synergiepotenziale in der Bereitstellung abzuleiten (vgl. Buchta et al. 2004, S. 114ff.; Scheeg 2004, S. 27).

Voraussetzung zur Priorisierung ist die Festlegung von Kriterien und Kategorien, die ein eindeutiges Vorgehen der Rangfolgenbildung bestimmen. Daher sind sämtliche Vorgaben und Rahmenbedingungen zu berücksichtigen (vgl. z.B. Degener-Böning/Schmid 2000, S. 118ff.). In Abhängigkeit von Aufwand und Zielsetzung der Priorisierung können bspw. die Priorisierungsvorschriften aus der Bedarfserhebung herangezogen werden. Anschließend wird die Rangfolge gebildet, die dokumentiert und mit den FB-Leitern abgestimmt wird. Denn die übergreifende Priorisierung stellt einen zentralen Entscheidungsparameter in der Steuerung unterjähriger Abweichungen im Mengenverbrauch und Kostenverlauf dar. Sie beeinflusst maßgeblich die Entscheidung, welche Abweichungen zu Anpassungen in der Mengen- und Kostenverteilung führen und inwiefern Restriktionen bestehen.

Die Priorisierungsrangfolge ist zentrales Prozessergebnis und Ausgangspunkt der Mengenplanung (Schnittstelle PP1). Sämtliche zuvor erstellten Auflistungen aus der Bedarfserhebung werden hierin integriert. Die IT-Services der FB und die Serviceelemente der IT-Organisation sind im Outputdokument *Übergreifende Priorisierung aller IT-Services* zusammengefasst.

(2) Prozess: Mengenplanung durchführen

An die Ausplanung der Mengen wird folgende Zielsetzung geknüpft:

- Planung der Soll-Menge der IT-Services auf Basis der Priorisierung.
- Schaffung einer strukturierten transparenten Grundlage für Kostenplanung und Mengensteuerung.
- Identifikation von Beschaffungsmaßnahmen für Serviceelemente und Ressourcen.

Die involvierten Rollen umfassen den IT-Planer, der die Strukturierung des Plandokuments und die Ausplanung übernimmt. Die IT-Führungskräfte unterstützen beim Abgleich der vorhandenen Ressourcenkapazitäten mit der Soll-Menge. Der IT-Leiter schließlich entscheidet gemeinsam mit dem IT-Planer über die Einstellung von Puffer (Tabelle 5-23).

Abbildung 5-41 zeigt den Prozessablauf im Überblick.

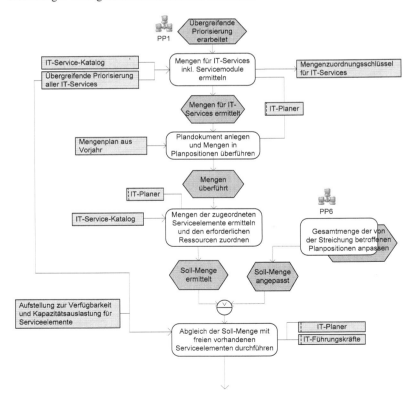

5.3 Modellkomponente zu servicebasierten Planungs- und Steuerungsprozessen der IT-Infrastruktur

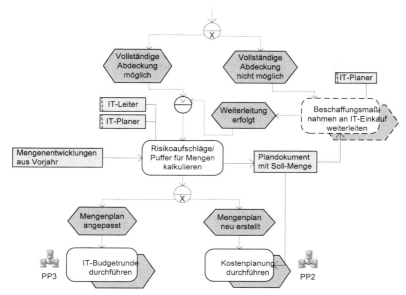

Abbildung 5-41: **Prozessschaubild „Mengenplanung durchführen"**
(Quelle: Eigene Darstellung)

Auf Basis der priorisierten Aufstellung aller IT-Services werden deren Mengen auf den einzelnen Strukturierungsebenen der Planungsobjekte erfasst. Zur Aufschlüsselung der Mengen existieren Zuordnungsschlüssel, die die prozentuale Aufteilung der Leistungsbestandteile mittels unterschiedlicher Ansichten abbilden. Die 1. Ansicht erstreckt sich auf die drei Ebenen der Gestaltungsstruktur für IT-Services, indem den einzelnen Servicemodulen die jeweiligen Serviceelemente mengenabhängig zugeordnet werden.

Eine 2. Ansicht fokussiert die Ressourcenarten, die zur Erbringung der Serviceelemente ebenfalls zu planen und zu steuern sind. Abbildung 5-42 zeigt ein vereinfachtes Beispiel für Mengenzuordnungsschlüssel beider Ansichten für den exemplarischen IT-Service „*E-Mail*" (vgl. Kapitel 5.2.2.4), wobei zur Verständnisbildung einzelne Servicemodule, Serviceelemente und Ressourcenarten herausgegriffen wurden.

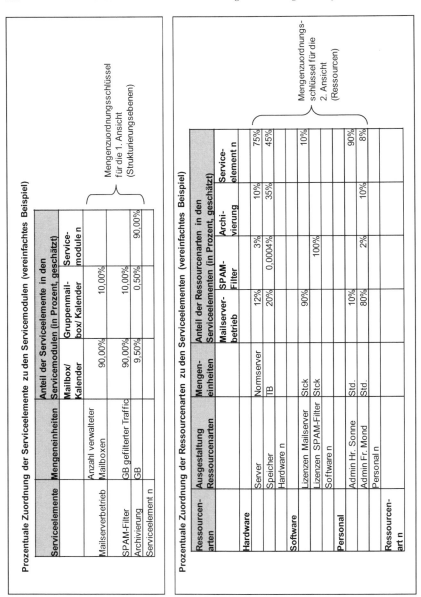

Abbildung 5-42: Mengenzuordnungsschlüssel für Serviceelemente und IT-Ressourcen
(Quelle: Eigene Darstellung in Anlehnung an (Rudolph/Krcmar 2008, S. 38))

5.3 Modellkomponente zu servicebasierten Planungs- und Steuerungsprozessen der IT-Infrastruktur

Die Aufschlüsselung kann in Abhängigkeit von Komplexität und Leistungsumfang der Serviceelemente und Servicemodule beliebig aufwändig sein, so dass ein Rückgriff auf Schätzwerte erfolgen kann. Ausschlaggebend für die Genauigkeit der prozentualen Zuordnung sollte das Ausmaß darstellen, in dem ein Serviceelement in ein Servicemodul eingeht. Das gilt für Ressourcen und Serviceelemente gleichermaßen. Unter Heranziehung des Beispielservices *E-Mail* stellen etwa RZ-Leistungen für das Servicemodul *Mailbox/Kalender* einen sehr geringen Anteil aller zugeordneten Serviceelemente dar, so dass sie in der Mengenzuordnung vernachlässigt werden können. Die Mengenaufschlüsselung kann gleichermaßen über ein Punktesystem erfolgen, in dem für definierte Wertebereiche Punkte verteilt werden (vgl. Rudolph/Krcmar 2008, S. 38ff.).

Mittels der Gestaltungsstruktur für IT-Services lässt sich eine durchgängige Aufschlüsselung der IT-Services bis zu den Ressourcenarten vornehmen. Das erleichtert die Bewertung von Auswirkungen bei Planabweichungen und die Entscheidungsfindung für Handlungsalternativen in der Steuerung, da eine rasche Identifikation der Abhängigkeiten in der IT-Servicebereitstellung erfolgen kann.

In Anknüpfung an die beiden Ansichten der Mengenzuordnungsschlüssel erfolgt die Strukturierung des Plandokuments. Auf der 1. Ansicht wird das Plandokument entsprechend der erfassten IT-Services, Servicemodule und Serviceelemente strukturiert. Dabei werden Priorisierungsrangfolge und anfordernde Kostenstellen direkt zugeordnet, so dass im Falle von Planabweichungen die bestehenden Verknüpfungen auf den einzelnen Ebenen sofort erkennbar sind. Mit Hilfe der Mengenzuordnungsschlüssel lassen sich in der 2. Ansicht die Mengen der Serviceelemente prozentual auf die darunter liegenden Ressourcenarten verteilen. Die Priorisierung auf den Strukturierungsebenen wird dabei übernommen. Abbildung 5-43 zeigt eine beispielhafte Strukturierung für einen Mengenplan. Die mengenabhängige Zuordnung von Serviceelementen ist exemplarisch für die Ressourcenart *Server* veranschaulicht.

Die Einzelmengen werden in einer separaten Spalte des Plandokuments zu einer Plan- oder Soll-Menge zusammengefasst. Die Erfassung der Ist-Werte lässt sich in einer weiteren Spalte abbilden. Das kann bei Bedarf durch eine Spalte mit unterjährig angepassten Planwerten ergänzt werden. Zur besseren Übersichtlichkeit können die Ansichten des Plandokuments gruppiert werden.

In Anknüpfung an die Planstrukturierung erfolgt der Abgleich von Plan-/Soll-Menge mit den verfügbaren Ressourcen (vgl. z.B. Jaeger 2003, S. 214f.). Informationen zur Kapazitätsauslastung und Verfügbarkeit stammen aus der Mengensteuerung. In Abhängigkeit des Abdeckungsgrades werden Beschaffungsmaßnahmen abgeleitet, die nach der IT-Budgetfreigabe bestellt werden. Die Beschaffung selbst erfolgt in einem angrenzenden Prozess. Abschließend dient die Zuweisung von Mengenpuffer der Abfederung unterjähriger Mengenmehrbedarfe (vgl. z.B. Kütz 2005, S. 205f.). Sie können unter Einbeziehung von Mengenentwicklungen des Vorjahres ermittelt werden, die im Rahmen der Steuerung kontinuierlich nachgehalten wurden. Der Aufwand für Erstellung und Pflege des Plandokuments ist auf Grund der Möglichkeit, einen Großteil der IT-Services und Ressourcen aus dem Vorjahr fortzuschreiben, auch bei starker Ressourcenbegrenzung mittelständischer Unternehmen zu bewältigen.

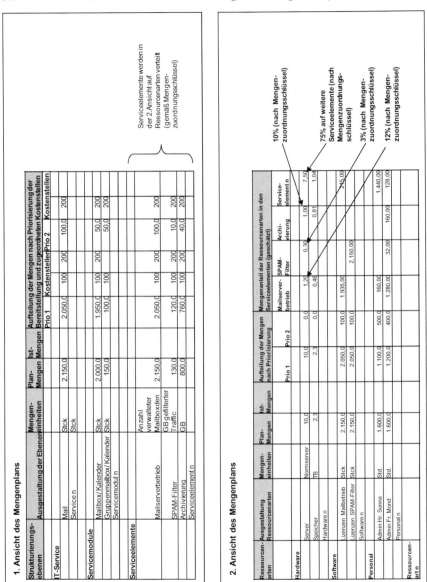

Abbildung 5-43: **Exemplarische Struktur eines Mengenplans**
(Quelle: Eigene Darstellung in Anlehnung an (Rudolph/Krcmar 2008, S. 39))

5.3 Modellkomponente zu servicebasierten Planungs- und Steuerungsprozessen der IT-Infrastruktur 265

Zentrales Ergebnis des Prozesses ist der erstellte Mengenplan, der die Grundlage für die Kostenplanung darstellt (Schnittstelle PP2). Eine weitere Schnittstelle besteht zum Prozess der Anpassung von Kosten- und Mengenplanung (PP6), die im Zuge der Vorstellung dieses Prozesses erläutert wird. Es erfolgt die Anpassung der ursprünglichen Mengenplanung, die auf einer Vorgabe einer Budgetgrenze durch die GF beruht. Eine Kostenplanung hat dann bereits stattgefunden, so dass direkt zur IT-Budgetrunde übergegangen wird (PP3).

(3) Prozess: Kostenplanung durchführen

In Anknüpfung an die Mengenplanung erfolgt die Zuweisung der entsprechenden Kosten. Die Zielsetzung umfasst demgemäß:

- Zuordnung von Geldeinheiten mittels definierter Preise und Kostensätze zu den geplanten Verbrauchsmengen unter Berücksichtigung der Priorisierung (vgl. Joos-Sachse 2002, S. 25).
- Identifikation und Berücksichtigung von Kosteneffekten in Soll-Kosten-Ermittlung.
- Schaffung einer strukturierten und transparenten Grundlage für die Kostensteuerung und insbesondere die Kostenverrechnung.

Tabelle 5-23 gibt einen Überblick über die Rollen. Besondere Bedeutung erhält der IT-Controller, der die Festlegung und Weiterleitung der Kostenstellen, -arten und -träger übernimmt, die Ermittlung von Kosteneffekten durchführt und die Kostenbestandteile den FB-Budgets zuweist. Der IT-Planer koordiniert die korrespondierenden Aktivitäten zum Abdeckungsgrad von Kosten und Budget.

Abbildung 5-44 visualisiert den Prozessablauf.

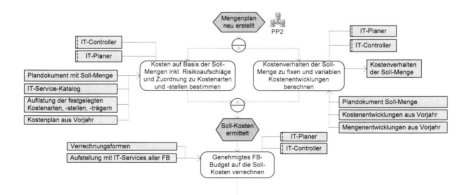

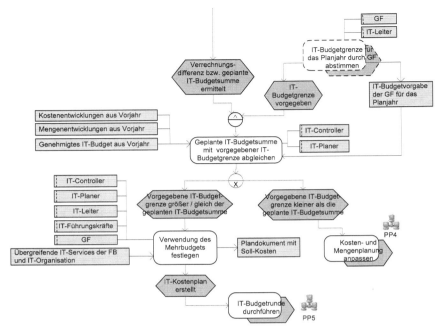

Abbildung 5-44:   *Prozessschaubild „Kostenplanung durchführen"*
(Quelle: Eigene Darstellung)

Das Plandokument wird unter Heranziehung des Mengenplans in gleicher Form strukturiert. Das erscheint vor dem Hintergrund eines einheitlichen Plandokuments, das aus einer Mengensicht und einer Kostensicht besteht, als sinnvoll. Die Strukturierung unterscheidet analog zum Mengenplan die Ansicht der Strukturierungsebenen und die der Ressourcenarten.

Abbildung 5-45 veranschaulicht am selben Beispiel des *E-Mail*-Services die Kostenverteilung für die Ressourcenart *Server*.

In der 1. Ansicht werden den Strukturierungsebenen die Kostenstellen der anfordernden Akteure zugeordnet. Die erforderlichen Angaben liefert der IT-Controller. Anschließend werden die Kosten bzw. Preise der Servicemodule und IT-Services zugeordnet, die dem IT-Service-Katalog entnommen werden. Die Verteilung der Kosten erfolgt unter Anwendung der Mengenzuordnungsschlüssel. Die Gesamtkosten können in übergreifende Kostenarten (z.B. fix, variabel) zerlegt und im Plandokument mitgeführt werden.[71]

---

[71]   Zur Erläuterung der Unterscheidung nach Kostenarten, Kostenstellen und Kostenträger (vgl. z.B. Joos-Sachse 2002, S. 31ff.; Weber 2004)

5.3 Modellkomponente zu servicebasierten Planungs- und Steuerungsprozessen der IT-Infrastruktur   267

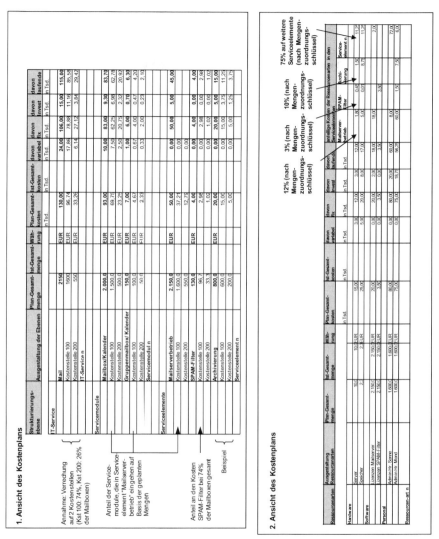

Abbildung 5-45: **Exemplarische Struktur eines Kostenplans**
(Quelle: Eigene Darstellung in Anlehnung an (Rudolph/Krcmar 2008, S. 41))

Die Kostenarten werden in der 2. Ansicht weiter detailliert, indem sie bspw. gleich den Ressourcenarten benannt werden. Die prozentuale Aufschlüsselung der Ressourcenarten auf die jeweiligen Serviceelemente erfolgt unter Einsatz der Mengenzuordnungsschlüssel. Die Struktur des Plandokuments unterstützt eine durchgängige und transparente Zuordnung und Verrechnung der Kosten über alle betrachteten Ebenen hinweg. Das erleichtert eine Verdeutlichung und Verknüpfung von Auswirkungen bei Planabweichungen. Außerdem müssen Informationen auf einzelnen Ebenen, wie z.b. Kostenstellen, nicht redundant in allen Ansichten fortgeführt werden (vgl. Rudolph/Krcmar 2008, S. 40f.). Die ermittelten Plan- bzw. Soll-Kosten werden wie die Ist-Kosten in jeweils einer Spalte hinterlegt. Das erlaubt den direkten Vergleich zur Ermittlung von Planabweichungen in der Kostensteuerung. Um den Mengenbezug beizubehalten, werden die Gesamtsumme der Plan- und Ist-Mengen gleichermaßen in der Kostensicht mitgeführt. Ein Großteil der Kosten kann analog zur Mengenplanung zyklenübergreifend angepasst und fortgeschrieben werden. Das reduziert den Planungsaufwand. Ergänzend können Puffer eingerechnet werden, die nicht beeinflussbare Unsicherheiten in der Aufwandsschätzung kompensieren, indem Anpassungsspielräume eingeplant werden (vgl. Steinmann/Schreyögg 2000, S. 363).

Im Zuge der Kostenzuordnung wird das Kostenverhalten der Soll-Menge analysiert, um Kostenentwicklungen bei Kostenänderungen zu antizipieren (vgl. Tulowitzki 2000, S. 431). In Abhängigkeit bestimmter Kostenverläufe können Abweichungen in den Planmengen zu überproportionalen, also sprunghaften Kostenentwicklungen führen (vgl. Horvath/Reichmann 2003, S. 544ff.). Das verhält sich bspw. bei Preisstaffelungen für Lizenzumfänge dergestalt. Auf Grund des engen Budgetspielraums sind derartige Kosteneffekte insbesondere für mittelständische Unternehmen von hoher Relevanz wie die Praxispartner auf Basis eigener Erfahrungen reflektieren. Zur Bestimmung der Kosteneffekte werden Aufstellungen zu Kosten- und Mengenentwicklungen aus der Steuerung des Vorjahres herangezogen.

Die ermittelten Soll-Kosten sind gemäß der angenommenen Verrechnung auf die genehmigten FB-Budgets zu verteilen. Grundlage bilden die angeforderten IT-Services bzw. Servicemodule der FB, die in der Bedarfserhebung zusammengefasst wurden. Im Falle einer transparenten und verbindlichen IT-Bedarfserhebung wird idealerweise eine Deckung erzielt.

Weiterhin sind in der IT-Planung Restriktionen wie z.B. die Vorgabe einer IT-Budgetgrenze durch die GF zu berücksichtigen (vgl. z.B. Elsner 2005, S. 62), die meist zu einer Überarbeitung der IT-Basisbedarfe führt. Das stellt in vielen mittelständischen Unternehmen durch die Existenz einer starken Ressourcenbegrenzung den Regelfall dar (vgl. Kapitel 4.3.3.2). Da die Vorgabe der IT-Budgetgrenze zeitlich und organisatorisch sehr unternehmensindividuell erfolgen kann, wird der Vorgang als angrenzender vorgelagerter Prozess betrachtet.

Ergibt sich aus der Ermittlung des Abdeckungsgrades eine Überdeckung kann der Übergang zur IT-Budgetrunde erfolgen. Das ggf. vorhandene Mehrbudget ist zuvor für eine mögliche Verwendung zu prüfen. Das kann bspw. eine zeitlich vorgezogene Realisierung von Projekten sein, für die zusätzliche Ressourcen beschafft werden können. Im Falle einer Unterdeckung sind die bisherige Kosten- und Mengenplanung unter Berücksichtigung der Priorisierung anzupassen. Das wird im nachfolgenden Prozess elaboriert.

Zentrales Ergebnis des Prozesses ist der erstellte Kostenplan mit bzw. ohne weiteren Anpassungsbedarf.

Das Planungsvorgehen orientiert sich am Gegenstromverfahren (vgl. z.B. Bea et al. 2001, S. 41-45; Gälweiler 1986). Während die Mengenplanung *bottom-up* durch die Erfassung der Bedarfe und Ausplanung der Mengengerüste erfolgt, werden die Kosten zugeordnet und *top-down* gegen bestehende Vorgaben abgeglichen.

(4) Prozess: Anpassung des Kosten- und Mengenplans durchführen

Die Zielsetzung des Prozesses besteht in:

- Erstellung eines angepassten Kosten- und Mengenplans unter Einbeziehung der vorgegebenen IT-Budgetgrenze.
- Identifikation der (nicht) realisierbaren Mengen und Kosten.
- Analyse und Darstellung der Auswirkungen von Streichungen bei Planpositionen.

Die involvierten Rollen beziehen sich auf die zur Überarbeitung der Mengen und Kosten erforderlichen Akteure IT-Leiter, IT-Führungskräfte, IT-Planer sowie IT-Controller. Den Prozessablauf veranschaulicht Abbildung 5-46.

Das Vorliegen einer IT-Budgetgrenze sollte grundsätzlich keine Auswirkungen auf die Erfassung benötigter Bedarfe haben, die zwar kurz- bis mittelfristig nicht hoch-prioritär sein mögen, jedoch langfristig vorteilhaft wirken. Um derartige Bedarfe prinzipiell nicht auszuschließen, wird erst zu diesem Zeitpunkt der Planung eine IT-Budgetvorgabe berücksichtigt. So kann ihre Realisierung bei Verschiebung oder Wegfall höher priorisierter Bedarfe als Handlungsalternative durch Aktivierung im Plandokument aufgenommen werden (vgl. z.B. Elsener 2005, S. 106ff.). Außerdem lassen sich mit dieser Prozessabfolge die Auswirkungen nicht umsetzbarer IT-Basisbedarfe deutlicher vermitteln.

Da die IT-Budgetgrenze eine zunächst rein monetäre Beschränkung darstellt, wird im ersten Prozessschritt der Kostenplan angepasst. Hierzu werden entsprechend der ermittelten Differenz die realisierbaren und nicht realisierbaren Kostenpositionen identifiziert. Das ist gleichermaßen auf die Mengenplanung zu übertragen. Die nicht realisierbaren Planpositionen werden gestrichen oder in den kommenden Planungszyklus verschoben. Die damit verbundenen Auswirkungen auf die IT-Unterstützung sind zu analysieren und in Formularform zusammenzufassen. Die Auflistung der betroffenen IT-Basisbedarfe sollte folgende Punkte enthalten (vgl. Rudolph/Krcmar 2008, S. 42f.):

- Erwartete und tatsächlich eintretende Nutzeneinbußen.
- Daraus entstehende und bewertete Risiken mit Eintrittswahrscheinlichkeit und Schadenshöhe.
- Handlungsmaßnahmen zur Risikobegegnung unter vorliegenden Umständen.
- Handlungsempfehlungen als Grundlage zur Entscheidungsfindung.

Auf der Grundlage der Realisierungsoptionen ist das Plandokument anzupassen. Hierbei sind ggf. bestehende Mengenabhängigkeiten zwischen den Planpositionen zu berücksichtigen (vgl. Herold 2006, S. 428ff.). Das kann dazu führen, dass auch geringer priorisierte Planpositionen nicht gestrichen werden, da Abhängigkeiten zu hoch-prioritären bestehen. Deshalb erfolgt eine Rückkopplung in die Mengenplanung (Schnittstelle PP6).

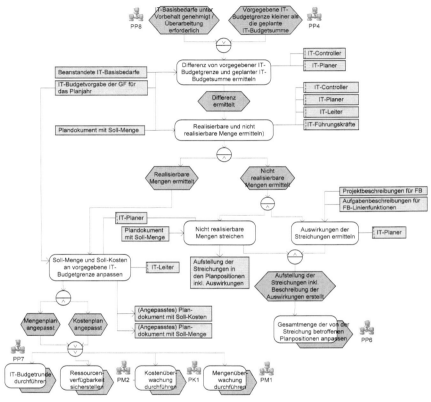

Abbildung 5-46: Prozessschaubild „Anpassung des Kosten- und Mengenplans durchführen"
(Quelle: Eigene Darstellung)

Prozessergebnis ist der angepasste Mengen- und Kostenplan. Er ist Diskussionsgegenstand der IT-Budgetrunde (PP7). Wurde die Plananpassung bereits im Nachgang einer IT-Budgetrunde auf Grund der Überarbeitung beanstandeter Planpositionen durchgeführt, kann ein direkter Übergang in die Mengen- und Kostensteuerung erfolgen (PM1, PM2, PK1), sofern die angepassten Pläne keiner Wiedervorlage bedürfen.

5.3 Modellkomponente zu servicebasierten Planungs- und Steuerungsprozessen der IT-Infrastruktur

(5) Prozess: IT-Budgetrunde durchführen

Die IT-Budgetrunde bildet den abschließenden Prozess der IT-Planung, der folgende Zielsetzung umfasst (vgl. z.B. Szyperski/Müller-Böling 1984, S. 132):

- Abstimmung der Priorisierung und Genehmigung der IT-Budgets durch die GF.
- Abstimmung zum IT-Programm der IT-Organisation hinsichtlich strategischer Ausrichtung der IT.
- Fixierung der Planwerte als Grundlage für die Übergabe in die Steuerung.

Die beteiligten Rollen des Prozesses sind die IT-Leiter, IT-Führungskräfte sowie GF und FB-Leiter. Abbildung 5-47 zeigt das Prozessschaubild.

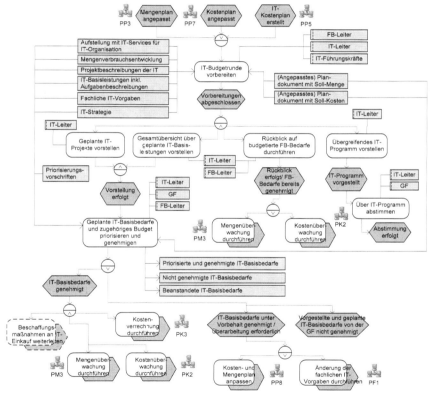

Abbildung 5-47: **Prozessschaubild „IT-Budgetrunde durchführen"**
(Quelle: Eigene Darstellung)

In der Vorbereitung werden die Gesprächspunkte zunächst aufbereitet. Die anschließende Vorstellung und Diskussion der Budgetpositionen umfasst neben der Erläuterung der Mengen- und Kostenstruktur der IT-Basisbedarfe das IT-Programm. Es beinhaltet die strategische Ausrichtung der IT-Organisation und die daraus resultierende Portfoliogestaltung unter Einbeziehung der fachlichen IT-Vorgaben (vgl. z.B. Schönwälder 1997).

Die Vorstellung übernimmt der IT-Leiter, wobei die FB-Leiter bei stark FB-bezogenen Bedarfen unterstützend argumentieren können. Das fördert ein gegenseitiges Verständnis der Serviceakteure. Zur Erklärung einzelner Planpositionen können ebenso Verbrauchsentwicklungen aus der Steuerung herangezogen werden. Das erweist sich zur Darstellung und Diskussion der Auswirkungen der IT-Budgetvorgabe als hilfreich. In Abhängigkeit der Auswirkungen kann die GF trotzdem einzelne Budgetpositionen genehmigen. Der Umfang der Vorstellung der Planpositionen gestaltet sich sehr unternehmensindividuell.

Im Anschluss wird die Priorisierung fixiert und die Planpositionen werden von der GF genehmigt, nicht genehmigt oder beanstandet. Diese Handlungsalternativen stellen gleichzeitig den zentralen Prozessoutput dar. Die Beanstandungen erfordern eine Überarbeitung, die im Prozess der Anpassung von Kosten- und Mengenplanung durchgeführt wird (PP8). Die Überarbeitung kann sich mitunter auch auf fachliche IT-Vorgaben beziehen (Schnittstelle PF1). Mit der Genehmigung der Planpositionen wird die Planung abgeschlossen und die zuvor identifizierten Beschaffungsmaßnahmen werden verbindlich gemacht und an den angrenzenden Prozess des IT-Einkaufs weitergeleitet. Die Planpositionen werden nun in die Mengen- und Kostensteuerung übernommen (Schnittstelle PK3, PK4, PM4).

Die Entscheidungsergebnisse der IT-Budgetrunde können in einem Formular erfasst werden, dessen Struktur sich an der aus der FB-Budgetrunde orientiert.

Zusammenfassung der Ergebnisse aus den Prozessen der IT-Planung

Die zentralen Ergebnisse sind in Tabelle 5-24 zusammengefasst. In den verbundenen Prozessen geht der Output meist als Input in den Folgeprozess ein.

Prozess	Zentrale Ergebnisse
Übergreifende Priorisierung	• Übergreifende Priorisierung aller IT-Services
Mengenplanung	• Mengenplan
Kostenplanung	• Kostenplan mit bzw. ohne Anpassungsbedarf
Anpassung der Kosten- und Mengenplanung	• Angepasster Mengen- und Kostenplan • Aufstellung der Streichungen in den Planpositionen inkl. Auswirkungen
IT-Budgetrunde	• Genehmigte und nicht genehmigte IT-Basisbedarfe • Beanstandete IT-Basisbedarfe

Tabelle 5-24: **Ergebnisse der Prozesse der IT-Planung**
(Quelle: Eigene Darstellung)

5.3.5 Prozesse zur IT-Steuerung

Die Steuerung zielt auf die Überwachung und Anpassung der vorausgegangenen Planung (vgl. Gälweiler 1986, S. 235ff.). Im Mittelpunkt des Kapitels steht die Ausgestaltung der Prozessgruppen der Mengen-, Kosten- und fachlichen Steuerung, indem zunächst ein Überblick über zentrale Eckpunkte der Steuerungsformen gegeben wird. Anschließend werden sie im Detail ausgestaltet. Besondere Bedeutung erhält die Erläuterung der Wirkungsweisen der Steuerungsformen, um Einsatzzweck und -möglichkeiten transparent zu machen. Das soll eine gezielte Anwendung in der mittelständischen Praxis unterstützen.

5.3.5.1 Mengensteuerung

Zielsetzung und Rollenüberblick

- Schaffung von Transparenz und Koordination über den tatsächlichen Mengenverbrauch.
- Steuerung der Mengenverteilung durch Maßnahmen zur bedarfsgerechten Verteilung geplanter und ungeplanter Mengen.
- Verringerung von Risiken einer Fehlallokation von Ressourcen durch die Überwachung von Mengenverbräuchen und die Priorisierung bei der Mengenverteilung.
- Sicherstellung der Ressourcenverfügbarkeit der angeforderten Mengeneinheiten.
- Gezieltere Risikobewältigung durch eine transparente Mengenverteilung.
- Identifikation von Optimierungspotenzialen im IT-Ressourceneinsatz.
- Sicherstellung der Aktualität der Mengenplanung.
- Schaffung von Transparenz in der Bereitstellung von unterjährig angeforderten Mengenmehrbedarfen und deren Auswirkungen auf geplante Mengen.

Die Erkenntnisse der empirischen Untersuchung belegen, dass sich die Mengensteuerung vornehmlich auf die Überwachung der Ressourcenauslastung erstreckt (vgl. Kapitel 4). Damit wird der Wirkungsspielraum der Steuerungsform nur wenig ausgeschöpft. Die Bereitstellung vieler unterjähriger Bedarfe führt zu Änderungen in der Mengenverteilung, die jedoch nur unzureichend nachgehalten und für die Servicenehmer nicht transparent gemacht werden können. Das erschwert zudem den effektiven und effizienten Einsatz der verfügbaren Ressourcen im Planungszyklus und die Ermittlung von Optimierungspotenzialen.

Hierin bestehen in Verbindung mit einer durchgängigen Prozessdokumentation die zentralen Verbesserungspotenziale (vgl. Kapitel 4.3.3.2), die in den Prozessen zur Mengensteuerung aufgegriffen werden. Im Besonderen werden Handlungsalternativen erarbeitet, die der Entscheidungsfindung dienen und in ihren Auswirkungen miteinander verknüpft sind. Das unterstützt eine unternehmensindividuelle praktische Ausgestaltung.

274   5 Modell zur servicebasierten Planung und Steuerung der IT-Infrastruktur im Mittelstand

Die in den Prozessen der Mengensteuerung involvierten Rollen veranschaulicht Tabelle 5-25.

Prozess / Rollen	IT-Planer	IT-Controller	IT-Leiter	IT-Führungskräfte	IT-Mitarbeiter	Keyuser	FB-Leiter	FB-Mitarbeiter	Geschäftsführung
Mengenüberwachung	x		x	x					
Unterjährige Mengenmehrbedarfe	x		x	x		x	x		(x)
Mengenverteilung	x		x			x	x		
Ressourcenverfügbarkeit sicherstellen	x			x					
Mengenplan aktualisieren	x		x	x					
Mengenverbrauchsanalyse	x		x			x	x		

Tabelle 5-25:   ***Rollenverteilung in der Mengensteuerung***
(Quelle: Eigene Darstellung)

Gegenstand

Da die Mengensteuerung auf den Planwerten aufbaut, werden die Planungsobjekte durchgängig übernommen. Dazu gehören die Mengeneinheiten der drei Strukturierungsebenen sowie die zugeordneten Ressourcenarten, auf die die Serviceelemente aufgeschlüsselt werden. Anhand der direkten und eindeutigen mengenabhängigen Verknüpfung der Ebenen und Ansichten lassen sich Auswirkungen von Planabweichungen übersichtlich ermitteln und für alle Serviceakteure verständlich aufzeigen.

Einflussfaktoren

Die Mengensteuerung erfolgt in enger Verknüpfung mit der Kostensteuerung, so dass sich Wirkeffekte gegenseitig beeinflussen (vgl. Kapitel 5.3.2.2). Der entstehende Abstimmungsbedarf bei Entscheidungen über Handlungsalternativen gestaltet sich vor allem in mittelständischen Unternehmen auf Grund des flachen Hierarchiegefüges und der kurzen Wege überschaubar und ist ebenso bei starker Ressourcenbegrenzung zu bewältigen. Ferner werden die Flexibilitätsanforderungen an Budget und unterjährigen Bedarfen explizit berücksichtigt.

Zur Umsetzung der Mengensteuerung wurden folgende sechs Soll-Prozesse erarbeitet, anhand derer die aufgezeigte Zielsetzung erfüllt werden soll:

- Mengenüberwachung durchführen.
- Unterjährige Mengenmehrbedarfe bereitstellen.
- Mengenverteilung durchführen.
- Ressourcenverfügbarkeit sicherstellen.
- Mengenplan aktualisieren.
- Mengenverbrauchsanalyse durchführen.

(1) Prozess: Mengenüberwachung durchführen

Die Mengenüberwachung beinhaltet die Durchführung von Kontrollaktivitäten und die Analyse der Ergebnisse. Die Zielsetzung besteht deshalb in:

- Planeinhaltung und frühzeitiges Erkennen von Planabweichungen als Voraussetzung der Steuerung.
- Nachregelung der Mengenplanung entsprechend des aktuellen Plan-Ist-Standes.
- Identifikation von Steuerungsbedarfen im Mengenverbrauch bei Planabweichungen.
- Schaffung von Entscheidungsgrundlagen für die Bereitstellung und Verteilung von geplanten und unterjährig angeforderten Mengeneinheiten.
- Schaffung einer Grundlage zur Steuerung der Ressourcenverfügbarkeit.

Zu den beteiligten Rollen gehört der IT-Planer, der für sämtliche Aktivitäten hauptverantwortlich ist und diese koordiniert. Die IT-Führungskräfte sind in die Identifikation von Mengentreibern und Toleranzwerten involviert, da sie die benötigten technischen Informationen und Details zu den IT-Ressourcen liefern.

Abbildung 5-48 zeigt das zugehörige Prozessschaubild.

Die Mengenüberwachung wird kontinuierlich durchgeführt, so dass zahlreiche auslösende Ereignisse vorwiegend aus anderen Steuerungsprozessen vorliegen (vgl. Rickards 2007, S. 54f.). Initialer Auslöser ist der genehmigte Mengen- und Kostenplan der IT-Budgetrunde, der in der Steuerung in Abhängigkeit des Mengenverbrauchs fortlaufend aktualisiert wird.

Bevor in der Mengenüberwachung die Planeinhaltung kontrolliert wird, sind Rahmenparameter zu ermitteln und zu dokumentieren, die sich auf die Planabweichungen auswirken. Dazu gehören Mengentreiber und Toleranzbereiche.

- **Mengentreiber** ergeben sich vornehmlich aus Skaleneffekten des Mengenumfangs. Derartige Wirkeffekte sind vor allem für mittelständische Unternehmen hochrelevant, da sie auf Grund ihrer Größeneingrenzung mitunter mengenabhängige Stellhebel nicht ausnutzen können. Das zeigt sich z.B. bei Preisstaffelungen von Lizenzen. Weitere Mengentreiber können auf Abschreibungsmodalitäten oder Ausnahmen standardisierter Vorgaben beruhen (vgl. Kütz 2005, S. 205f.).
- **Toleranzbereiche** dienen der Abgrenzung des Aktionsspielraums bei Planabweichungen. Während die (angepassten) Planwerte als Zielwerte gelten, wird ein Intervall ober- und unterhalb jedes Zielwerts festgelegt, in dem Planabweichungen toleriert werden. Zur eindeutigen Bestimmung der Ober- und Untergrenze werden Schwellwerte definiert, deren Über- bzw. Unterschreiten Anpassungsmaßnahmen auslösen. Diese werden in den nachfolgenden Prozessen beschrieben.

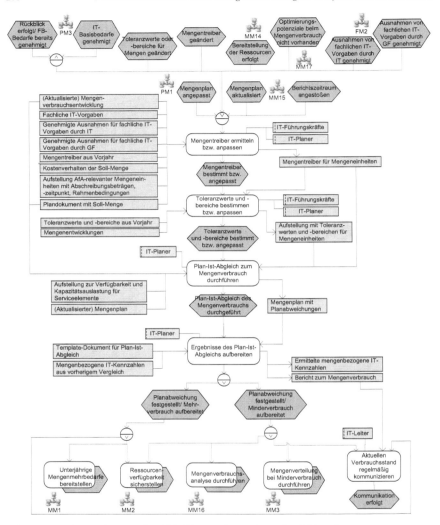

Abbildung 5-48: **Prozessschaubild „Mengenüberwachung durchführen"**
(Quelle: Eigene Darstellung)

Die Rahmenparameter werden im anschließenden Plan-Ist-Abgleich zum Mengenverbrauch einbezogen. Als Vergleichsgrundlage dient der Mengenplan, in dem neben den Plan- auch die Ist-Werte erfasst werden (Abbildung 5-43). Das lässt sich gleichermaßen auf die Kostenüberwachung übertragen, so dass hier eine direkte Schnittstelle besteht. Zur Ermittlung des Mengenverbrauchs werden Aufstellungen zur Auslastung und Verfügbarkeit der Ressourcenarten herangezogen, die dann mengenabhängig auf alle Strukturierungsebenen verteilt werden.

Der so erstellte Mengenplan mit den erfassten Planabweichungen ist ein zentrales Ergebnis des Prozesses. Diese Planversion dient als Grundlage für die Erarbeitung der Handlungsalternativen zur Anpassung der Planwerte.

Die Ergebnisse des Abgleichs sind für mehrere Zielgruppen aufzubereiten, so dass sich hieraus unterschiedliche Informationsbedarfe ergeben. Zur Vermittlung eignet sich ein Bericht, für den Zielsetzung, Zielgruppe, Umfang, Inhalt und Berichtszyklus zu bestimmen ist (vgl. Aurenz/Krcmar 1999, S. 179; Gladen 2003, S. 248ff.). Hieraus wird ein Template erstellt. Eine häufig verwendete Darstellungsform in Berichten sind Ampelsymbole, die anhand ihrer drei Farben die Dringlichkeit von Handlungsbedarfen anschaulich und kognitiv leicht vermittelbar aufzeigen (vgl. z.B. Kütz 2005, S. 185).

Im Rahmen des Plan-Ist-Abgleichs werden IT-Kennzahlen erhoben, die ebenfalls im Bericht kommuniziert werden. Sie dienen als Impulsgeber für mögliche Verlaufsentwicklungen (Hentze et al. 1993, S. 95; Buchta et al. 2004, S. 133ff.). Beispiele für geeignete Kennzahlen zeigt Modellkomponente 3 (vgl. Kapitel 5.4). Der Bericht stellt zusammen mit den mengenbezogenen IT-Kennzahlen ein weiteres Ergebnis der Mengenüberwachung dar.

Der Umfang des Berichts-Templates sollte nachstehende Angaben beinhalten, die von der IT-Organisation für die unterschiedlichsten Zielgruppen herangezogen werden können (vgl. z.B. Gladen 2003, S. 248ff.):

- Kopfzeile mit Datum, Ersteller, Zeitraum, Empfänger des Berichts.
- Aufstellung des Berichtsgegenstands z.B. Services, Servicemodule, Serviceelemente, Ressourcen, Projekte (als Zeile).
- Aufstellung der Planwerte, Ist-Werte, der Bewertung von Planabweichungen mit Signalisierung von Handlungsbedarf (als Spalten).
- Kurzbegründung der Abweichungen, ggf. geplante Maßnahmen, Checkbox zwecks Auswirkungen von Mengeneffekten.
- Darstellung zentraler mengenbezogener IT-Kennzahlen.

Wirkungsweise des Steuerungsprozesses

Das kontinuierliche Nachhalten und Dokumentieren des Mengenverbrauchs erlaubt die frühzeitige Erkennung von Engpässen in der Ressourcenverfügbarkeit. Zudem lassen sich mit der Aufstellung der Plan- und Ist-Werte sowie der IT-Kennzahlen Stellhebel im Mengenverbrauch ermitteln und auf Grund der verknüpften Ebenen im Mengenplan für die Servicenehmer verständlich kommunizieren (vgl. z.B. Tulowitzki 2000, S. 431). Das stellt den ersten zentralen Schritt zu einer transparenten Mengensteuerung und der Auswahl von Handlungsalternativen dar. Mit der Dokumentation der Mengentreiber werden hierfür wichtige Einflussfaktoren identifiziert.

(2) Prozess: Unterjährige Mengenmehrbedarfe bereitstellen

Unterjährige Mengenmehrbedarfe wurden in der Planung nicht berücksichtigt, da sie ad-hoc im Verlauf des Planungszyklus auftreten. Unter Heranziehung der empirischen Erkenntnisse dieser Arbeit lassen sich folgende vermeidbare und nicht vermeidbare Gründe identifizieren, die einen Mengenmehrbedarf auslösen können:

- **Unvorhersehbare unternehmensexterne Vorgaben** an die IT-Unterstützung z.B. durch Anforderungen der Unternehmenskunden, des Marktes oder gesetzlicher Vorgaben. Diese Bedarfe lassen sich in der Regel nicht beeinflussen bzw. vermeiden.
- **Unvorhersehbare unternehmensinterne Vorgaben** an die IT-Unterstützung, die die GF z.B. auf Grund organisatorischer, strategischer oder wirtschaftlicher Auswirkungen im bzw. auf das Unternehmen ergreift. Sie sind ebenfalls schwierig vermeidbar.
- **Mengenmehrbedarf durch Überbeanspruchung von Serviceelementen** gegenüber geplanter Mengen. Das kann bspw. auf eine ungenaue Bedarfserhebung und Planung oder auf Anforderungsänderungen zurückgeführt werden. Ersteres kann mit der Anwendung der Prozesse zur Bedarfserhebung und Planung vermieden werden.
- **Mengenmehrbedarf auf Grund nicht bzw. falsch erhobener Bedarfe der FB**. Mit der strukturierten und verbindlichen Einbindung der Servicenehmer in die Bedarfserhebung (vgl. Kapitel 5.3.4.1) sind derartige Bedarfe in jedem Fall vermeidbar. Hier ist die IT-Organisation und insbesondere die GF gefordert, die Umsetzung und Einhaltung der Prozesse sicherzustellen. Das erweist sich in der Praxis vielfach als problembehaftet wie auch die Praxispartner bestätigen.
- **Fehlplanungen in der Ausplanung der Mengen** verursacht durch die IT-Organisation. Das begründet sich vornehmlich aus einer unstrukturierten Bedarfserhebung. Das kann mittels Anwendung der vorangegangenen Prozesse vermieden werden.

Hieraus ergibt sich folgende Zielsetzung des Prozesses:

- Bedarfsgerechte und flexible Bereitstellung von nicht vorhersehbaren (hoch-prioritären) unterjährigen Bedarfen.
- Verringerung vermeidbarer unterjähriger Bedarfe durch transparente Darstellung der Auswirkungen auf die Planwerte.
- Schaffung von Transparenz durch Dokumentation der Begründungen unterjähriger Bedarfe.

Tabelle 5-25 zeigt die beteiligten Rollen.

Die Zielerreichung manifestiert sich nicht darin, die unterjährigen Bedarfe, die durch hohe Flexibilitätsanforderungen vieler mittelständischer Unternehmen entstehen, zu vermeiden. Vielmehr soll deren systematische Steuerung unterstützt werden, um Auswirkungen und Handlungsoptionen für die Bereitstellung der geplanten Bedarfe möglichst frühzeitig zu antizipieren. Abbildung 5-49 zeigt den Prozessablauf im Überblick.

Zunächst sind die unterjährigen Bedarfe von den anfordernden Akteuren kurz zu begründen und es ist zu klären, welche Bedarfsart vorliegt. Hieraus wird auf die Priorisierung geschlossen und die Bedarfe werden in IT-Services umgesetzt. Die FB werden zur Festlegung des Be-

5.3 Modellkomponente zu servicebasierten Planungs- und Steuerungsprozessen der IT-Infrastruktur

darfsumfangs und der Qualitätsparameter involviert. Bevor die Bedarfe bereitgestellt werden, ist in der Mengenverteilung zu prüfen, inwieweit eine Neuverteilung der Mengen unter Berücksichtigung der Priorisierung durchgeführt werden kann und welche Auswirkungen auf die geplanten Mengen entstehen. In Abhängigkeit der möglichen Handlungsalternativen wird von der IT-Organisation eine Umsetzungsempfehlung erarbeitet. Diese sollte über die Hintergründe informieren. Dazu eigenen sich folgende Gestaltungspunkte:

- Auflistung der Bedarfe, für die die Umsetzungsempfehlung erarbeitet wird.
- Kurze Begründung der Ursache der Bedarfe inkl. Priorisierung und Darstellung der zentralen Nutzenaspekte.
- Kurzaufstellung der benötigten IT-Services, Servicemodule, Mengeneinheiten, Kosten.
- Verrechnungsform der Kosten bzw. Preise.
- Empfehlung durch Bewertung.

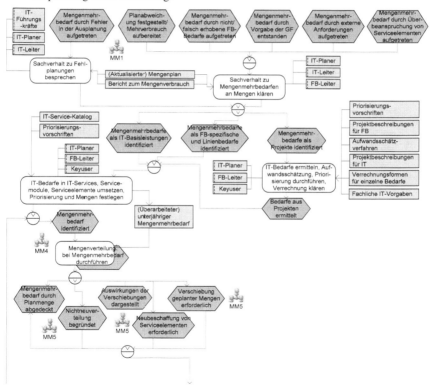

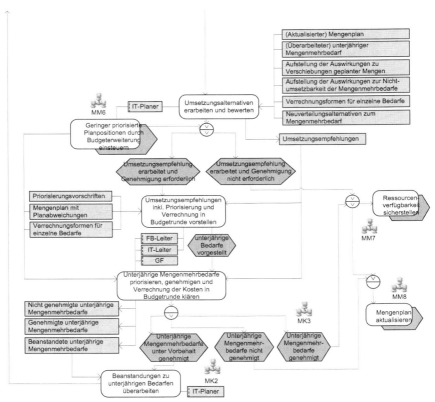

Abbildung 5-49:   *Prozessschaubild „Unterjährige Mengenmehrbedarfe bereitstellen"*
(Quelle: Eigene Darstellung)

Eine Umsetzungsempfehlung kann ebenfalls für geringer priorisierte Planpositionen erarbeitet werden, die auf Grund von budgetinduzierten Einflüssen (z.B. durch eine Budgeterhöhung) zusätzlich eingesteuert werden können (Schnittstelle MM6). Eine Verschiebung geplanter Mengen erfolgt demgemäß nicht.

Die Umsetzungsempfehlung dient als Entscheidungsgrundlage bei der Genehmigung der unterjährigen Bedarfe. In der Regel wird die Entscheidung durch die GF getroffen, bei geringerem Umfang kann das gleichermaßen durch die FB-Leiter in Abstimmung mit der IT erfolgen. Die kontinuierliche Involvierung der GF in die Entscheidungsprozesse stellt dabei ein typisches mittelstandsbezogenes Merkmal dar (vgl. z.B. Weber 2000, S. 45f.). Im Rahmen der Genehmigung wird die Priorisierung fixiert und die Verrechnung abgestimmt.

5.3 Modellkomponente zu servicebasierten Planungs- und Steuerungsprozessen der IT-Infrastruktur

Das Ergebnis des Prozesses besteht aus den Alternativen der genehmigten, nicht genehmigten und beanstandeten Mengenmehrbedarfe. Letztere bedürfen der Überarbeitung und der erneuten Freigabe. Ein weiteres Ergebnis sind die Umsetzungsempfehlungen. Mit dem zuvor erwähnten Plandokument lassen sich die Handlungsalternativen durchdenken, indem die Ist-Werte entsprechend angepasst werden. Im Falle der Genehmigung wird die Ressourcenverfügbarkeit geprüft und die Werte werden aktualisiert (Schnittstelle MM8).

Wirkungsweise des Steuerungsprozesses

Der Prozess unterstützt mit der Begründung der unterjährigen Bedarfe die Dokumentation der Ursachen. Hieraus können Optimierungspotenziale abgeleitet werden. Des Weiteren lassen sich Umfang und Auswirkungen auf Mengen- und Kostenverteilung transparent machen. Damit lassen sich insbesondere vermeidbare unterjährige Bedarfe gezielter koordinieren und der Transaktionsaufwand weiter reduzieren. Diese Wirkeffekte können z.B. durch die Erhebung entsprechender IT-Kennzahlen untermauert werden (vgl. Kapitel 5.4).

Die Umsetzungsempfehlungen liefern Entscheidungsgrundlagen, die eine gezieltere und schnellere Auswahl von Handlungsalternativen unterstützen (vgl. Dreher 2000). Derartige Empfehlungen stellen ein geeignetes Instrument zur verbindlichen Einbeziehung der IT-Organisation in die Entscheidungsfindung dar, was in mittelständischen Unternehmen häufiger auftritt, wie die Praxispartner und die empirischen Erkenntnisse der Arbeit bestätigen. Das bewusste Transparentmachen der Wirkeffekte zielt auf eine schnelle Adaption der Steuerungsform, was in mittelständischen Unternehmen auf Grund kurzer Informationswege gut realisierbar ist. Zur frühzeitigen Identifikation unterjähriger Bedarfe eignen sich regelmäßige Treffen der Führungsebenen von FB, IT und GF, die in eine bereits bestehende Regelkreiskommunikation eingebettet werden können.

(3) Prozess: Mengenverteilung durchführen

Die Mengenverteilung erhält in der Steuerung eine besondere Bedeutung, da sie Handlungsalternativen für die Korrektur von Planabweichungen aufzeigt (vgl. Szyperski/Müller-Böling 1984, S. 132). Auslösendes Ereignis sind mengeninduzierte (Mehrverbrauch oder Minderverbrauch an Mengen) oder budgetinduzierte (Budgetkürzung, -erhöhung, Mehrkosten, Minderkosten) Änderungen der Planwerte.

Zu berücksichtigende Einflussfaktoren bei der Verteilbarkeit der Mengen sind einerseits die Abhängigkeiten, die zwischen einzelnen Serviceelementen, Servicemodulen und IT-Services bestehen können. Das kann sich mitunter auf Bedarfe in unterschiedlichen FB erstrecken. Andererseits unterliegen einige Ressourcen Restriktionen hinsichtlich ihrer Einsatzmöglichkeiten. Das verdeutlicht sich insbesondere bei Personalressourcen, die auf Grund ihrer Qualifikationen und Fähigkeiten sowie arbeitsrechtlicher Vorgaben nicht beliebig verteilbar sind (vgl. Elsener 2005, S. 53ff.).

Für das Durchdenken einzelner Handlungsalternativen kann das strukturierte Plandokument herangezogen werden. Durch die direkte Verknüpfung der Strukturierungsebenen und Ansichten können die Auswirkungen und Abhängigkeiten der Neuverteilung von Mengen für alle Serviceakteure verständlich vermittelt werden (Rudolph/Krcmar 2008, S. 53).

Die Zielsetzung der Mengenverteilung umfasst:

- Sicherstellung eines effizienten Ressourceneinsatzes durch eine systematische Steuerung der Mengenverteilung (vgl. Prautsch 2000, S. 725).
- Schaffung einer Entscheidungsgrundlage für die Realisierung unterjähriger Bedarfe.
- Steuerung der Mengenbereitstellung unter Berücksichtigung der Priorisierung und bestehender Abhängigkeiten.
- Vermittlung der Auswirkungen der Handlungsalternativen.

Die einbezogenen Rollen zeigt Tabelle 5-25.

In Abhängigkeit des auslösenden Ereignisses lassen sich drei Handlungsoptionen ableiten, die nachfolgend erläutert werden:

(1)   Mengenverteilung bei Mengenmehrbedarf.

(2)   Mengenverteilung bei Mengenminderbedarf.

(3)   Mengenverteilung bei Budgetkürzung.

Option 1: Mengenverteilung bei Mengenmehrbedarf durchführen

Auslösendes Ereignis sind angeforderte unterjährige Bedarfe, deren Bereitstellung vor ihrer Genehmigung zu prüfen ist. Unter Einbeziehung der FB-Leiter wird zunächst festgestellt, welchen Restriktionen die Neuverteilung unterliegt. Es ergeben sich folgende Alternativen:

- Neuverteilung bei bestehendem Budgetrahmen.
- Neuverteilung bei Erhöhung des Budgetrahmens.
- Keine Neuverteilung möglich.

Bei bestehendem Budgetrahmen wird der Mengenmehrbedarf auf die vorhandenen Budgetpositionen verteilt (vgl. Elsener 2005, S. 100ff.). Auf Grund möglicher Abhängigkeiten zu freigewordenen Mengen sind diese in die Neuverteilung einzubeziehen (Schnittstelle MM5). Dennoch kann in der Regel eine bestimmte Teilmenge nicht mehr realisiert werden. Entsprechend der Priorisierung führt das zur Streichung oder Verschiebung von Planwerten. Deren Auswirkungen sind transparent zu machen und zu dokumentieren. Denn entsprechend des Wirkungsgrades kann die Entscheidung bei der Alternativenauswahl beeinflussen.

Ein flexibler Budgetrahmen hingegen ermöglicht auf Grund eines genehmigten unterjährigen Zusatz-Budgets die Neubeschaffung von Serviceelementen, sofern der Mehrbedarf nicht durch bestehende Mengen gedeckt werden kann (vgl. z.B. Elsener 2005, S. 97f., 114f.). Die Beschaffungsmaßnahmen werden in den angrenzenden Prozess weitergeleitet. Die finale Freigabe für den IT-Einkauf erfolgt jedoch erst nach der Genehmigung der unterjährigen Mengenmehrbedarfe im gleichnamigen Prozess. In einer weiteren Alternative erfolgt auf Grund von Restriktionen oder Entscheidungsvorgaben keine Neuverteilung der Mengen. Die

5.3 Modellkomponente zu servicebasierten Planungs- und Steuerungsprozessen der IT-Infrastruktur 283

Begründungen und Auswirkungen sind zu dokumentieren, um die Nachvollziehbarkeit daraus resultierender Entscheidungen zu erhöhen.

Der Output des Prozesses umfasst die Neuverteilungsalternativen zum Mengenmehrbedarf sowie ggf. Aufstellungen zu den Auswirkungen von Verschiebungen oder Streichungen geplanter Mengen. Sie werden in den Prozess der unterjährigen Mengenmehrbedarfe zurückgespiegelt, in dem auf Basis der Neuverteilungsalternativen eine Umsetzungsempfehlung erarbeitet wird (Schnittstelle MM5, MM9). Abbildung 5-50 veranschaulicht den Prozessablauf der Option 1.

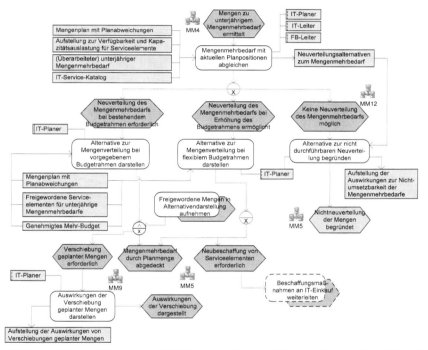

Abbildung 5-50: Prozessschaubild „Mengenverteilung bei Mengenmehrbedarf durchführen"
(Quelle: Eigene Darstellung)

Wirkungsweise

Mit den Ergebnissen des Prozesses lassen sich Auswirkungen der Neuverteilungsalternativen umfassend veranschaulichen, indem Anzahl und Umfang der verschobenen Mengen transparent gemacht und dokumentiert werden können. Das soll zur Verständnisbildung bei den Servicenehmern über die durchgeführten Handlungsalternativen und die damit verknüpften Einschränkungen wegen nicht realisierter Mengenbedarfe beitragen. Derartige Aufstellungen stellen für viele mittelständische Unternehmen einen deutlichen Mehrgewinn dar, wie die einbezogenen Praxispartner bestätigen.

Option 2: Mengenverteilung bei Mengenminderbedarf durchführen

Ausgangspunkt ist ein in der Mengenüberwachung identifizierter geringerer Mengenverbrauch. Die Ursachen können im Wegfall geplanter Mengen durch Änderungen von Rahmenbedingungen oder bestehende Abhängigkeiten zu verschobenen bzw. gestrichenen Planpositionen begründet liegen. Weiterhin führt ein effizienterer Verbrauch der Mengen zu einem faktischen Minderverbrauch (vgl. z.B. Jaeger 2003, S. 216; Elsener 2005, S. 70). Abbildung 5-51 zeigt den Prozessablauf für Option 2.

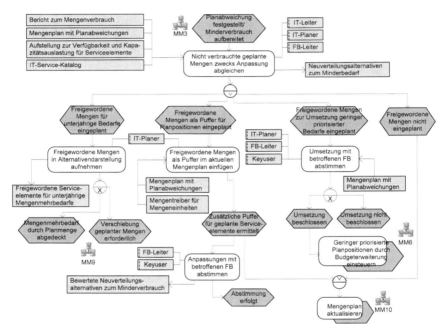

Abbildung 5-51:   Prozessschaubild „Mengenverteilung bei Mengenminderbedarf durchführen"
(Quelle: Eigene Darstellung)

Im 1. Schritt ist zu analysieren, welche Mengeneinheiten in welchem Umfang und für welche Bereitstellungszeitpunkte nicht verbraucht wurden. Daran anknüpfend werden in Abstimmung mit den FB-Leitern für die „freigewordenen" Mengen der Serviceelemente Neuverteilungsalternativen erarbeitet:

5.3 Modellkomponente zu servicebasierten Planungs- und Steuerungsprozessen der IT-Infrastruktur   285

- Neuverteilung auf unterjährige Mengenmehrbedarfe.
- Neuverteilung durch Einstellung von Puffer.
- Neuverteilung zur Umsetzung geringer priorisierte Bedarfe.
- Keine Neuverteilung der freigewordenen Mengen.

Die Verwendung zur Realisierung unterjähriger Bedarfe soll der Verschiebung und Streichung geplanter Mengen entgegenwirken (vgl. z.B. Elsener 2005, S. 68). Den Übergang in den Prozess der Mengenverteilung bei Mengenmehrbedarfen zeigt Schnittstelle MM9. Eine weitere Verwendung ist die Einstellung von zusätzlichen Mengenpuffern für ausgewählte Mengeneinheiten. Das dient der Antizipation potenzieller Mengenentwicklungen.

Die freigewordenen Mengen lassen sich weiterhin zur Realisierung geringer priorisierter Bedarfe verwenden, die im Rahmen der Bedarfserhebung respektive Planung (vgl. Kapitel 5.3.4) auf Grund einer vorgegebenen Budgetgrenze zurückgestellt wurden. Sie werden als unterjährige Mengenmehrbedarfe in dem gleichnamigen Prozess eingesetzt, wobei die Deckung der Kosten bereits sichergestellt wurde (Schnittstelle MM6). Eine letzte Alternative bestimmt, dass die freigewordenen Mengen nicht neuverteilt werden können oder sollen. Nach Aussagen der Praxispartner wird das vor allem zur Entlastung von Personalressourcen angewendet.

Die Ergebnisse des Prozesses umfassen die mit den FB bewerteten Neuverteilungsalternativen zum Mengenminderverbrauch sowie die Aufstellung über die freigewordenen Serviceelemente für unterjährige Mengenmehrbedarfe.

Wirkungsweise

Die Steuerungsmöglichkeiten aus dem Minderverbrauch werden nach den empirischen Erkenntnissen bisher kaum genutzt, um die ohnehin sehr knappen Ressourcen effizienter einzusetzen. Durch das Nachhalten und die Verwendung freigewordener Mengen können Freiräume für zusätzliche Aktivitäten, die bspw. dem Aufbau einer Serviceausrichtung der IT-Organisation dienen, geschaffen werden. Das stellt vor allem für mittelständische Unternehmen einen wirksamen Stellhebel dar. Das bestärken die einbezogenen Praxispartner.

Option 3: Mengenverteilung bei Budgetkürzung durchführen

Auslöser zur Neuverteilung der Mengen ist die Vorgabe einer unterjährigen Budgetkürzung, die in der Kostenverteilung initiiert wurde (Schnittstelle KM1). Die Auswirkungen auf die Mengenverteilung zeigt das Prozessschaubild in Abbildung 5-52.

Durch die Budgetkürzung wurden die Kosten in Abhängigkeit der Priorisierung in einen realisierbaren und einen nicht realisierbaren Teil abgegrenzt. Demzufolge werden die Mengen angepasst. Die Auswirkungen der gestrichenen bzw. verschobenen Mengen werden dokumentiert und kommuniziert.

Der Output umfasst die bewertete Neuverteilungsalternative auf Grund der Budgetkürzung, die mit den betroffenen Akteuren abgestimmt wurde sowie eine Aufstellung zu den Auswirkungen der nicht realisierbaren Mengen.

286   5 Modell zur servicebasierten Planung und Steuerung der IT-Infrastruktur im Mittelstand

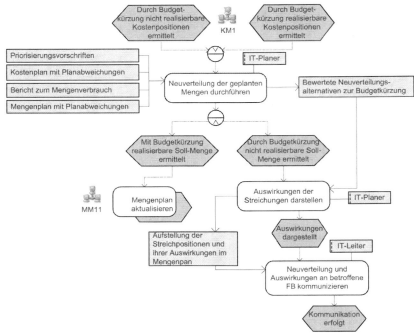

Abbildung 5-52: *Prozessschaubild „Mengenverteilung bei Budgetkürzung durchführen"*
(Quelle: Eigene Darstellung)

Wirkungsweise

Die Aufstellung der Auswirkungen zur Budgetkürzung vermitteln die entstehenden Konsequenzen anschaulich und transparent. Das stärkt das Verständnis der FB über die getroffenen Entscheidungen. Das Fehlen dieser Transparenz stellt bei den einbezogenen Praxispartnern einen zentralen Grund für die Unzufriedenheit der Servicenehmer wegen nicht realisierter Bedarfe dar.

(4) Prozess: Ressourcenverfügbarkeit sicherstellen

Die Sicherstellung der Ressourcenverfügbarkeit ist ein zentraler Inputfaktor für die Mengenverteilung. Die Zielsetzung besteht in:

- Sicherstellung der Verfügbarkeit der IT-Ressourcen durch kontinuierliche Überwachung von Ressourcenauslastung und -verfügbarkeit.
- Effizienter und wirtschaftlicher Ressourceneinsatz durch transparente Verknüpfung der IT-Ressourcen mit den benötigten Serviceelementen.

5.3 Modellkomponente zu servicebasierten Planungs- und Steuerungsprozessen der IT-Infrastruktur

Die involvierten Rollen umfassen den IT-Planer, der die Verknüpfung zwischen Ressourcen und Serviceelementen herstellt, überwacht und steuert sowie die IT-Führungskräfte, deren Aufgabe in der Überwachung und Steuerung der technischen und personellen IT-Ressourcen liegt. Abbildung 5-53 zeigt den Prozessablauf.

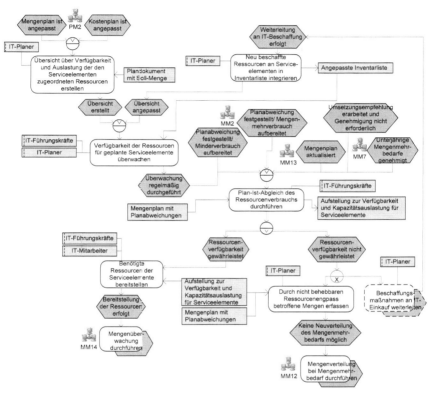

Abbildung 5-53:   *Prozessschaubild „Ressourcenverfügbarkeit sicherstellen"*
(Quelle: Eigene Darstellung)

Im Anschluss an die Planung werden für die genehmigten Planpositionen von FB und IT die Verfügbarkeiten und Auslastungen der zugehörigen Ressourcen ermittelt. Dabei werden bestehende Restriktionen definiert, die Verteilungseinschränkungen aufzeigen. Das können z.B. die Vorbereitungsdauer der Ressourcen auf den Einsatzzweck, die Beschaffungsdauer, der maximale Auslastungsgrad oder die (verbleibende) Nutzungsdauer der Ressourcen sein (vgl. Buhl 2005, S. 61; Dreher 2000, S. 421). Die erfassten Werte können als Planwerte bezeichnet werden, die in der Steuerung kontinuierlich überwacht werden.

Auslösende Ereignisse für Anpassungsmaßnahmen sind identifizierte Planabweichungen und unterjährige Mengenmehrbedarfe. Die Planwerte der Ressourcen werden regelmäßig mit aktuellen Verfügbarkeits- und Auslastungsmessungen abgeglichen. Sie stammen aus dem Systemmanagement, das vor allen die technischen Daten erhebt, sowie aus den Stundenerfassungen der IT-Personalressourcen. Die Ist-Werte werden auf Serviceelementebene aggregiert. Anhand des Plandokuments lassen sich Verfügbarkeiten der Ressourcenarten bis auf die IT-Serviceebene zuordnen, was eine zielgruppenindividuelle Vermittlung der Auswirkungen vereinfacht.

Die Ergebnisse des Abgleichs werden in einer Aufstellung zusammengefasst, aus der Handlungsalternativen abgeleitet werden können und die Eingang in die Prozesse der Mengenverteilung, unterjährigen Mengenmehrbedarfe und Mengenüberwachung findet. Es können zwei Alternativen unterschieden werden:

- Sicherstellung der Ressourcenverfügbarkeit ermöglicht.
- Sicherstellung der Ressourcenverfügbarkeit nicht ermöglicht.

Während erstere zur Bereitstellung der Ressourcen führt (MM14), bestehen bei der zweiten Alternative Ressourcenengpässe. Zu deren Auflösung sind neue Ressourcen zu beschaffen, was im angrenzenden Prozess des IT-Einkaufs erfolgt. Nach der Beschaffung werden sie inventarisiert und in die Überwachung integriert. Sind die Engpässe nicht zu beheben, erfolgt die Rückkopplung in die Mengenverteilung (MM12).

Die Outputs des Prozesses umfassen die Aufstellung zur Verfügbarkeit und Kapazitätsauslastung der Serviceelemente sowie eine (angepasste) Inventarliste, auf der alle zu überwachenden Ressourcen dokumentiert sind.

Wirkungsweise des Steuerungsprozesses:

Mit der Überwachung der Ressourcenverfügbarkeit wird die Bereitstellung der IT-Unterstützung im Verlauf des Planungszyklus sichergestellt. Neben vergangenheitsbezogenen Analysen (Plan-Ist-Abgleich) können Prognosewerte ermittelt werden, um frühzeitig mögliche Anpassungsbedarfe zu identifizieren (vgl. Taylor/Macfarlane 2006, S. 23f.). Das präzisiert die bisherigen Analysen mittels Extrapolationen, die mittelständische Unternehmen häufiger einsetzen (vgl. Kapitel 4.3.3.2). Die in diesem Prozess erzeugte Aufstellung unterstützt das Nachhalten von Verlaufsentwicklungen, was die Verwendung von Prognoseanalysen erleichtern kann. Das findet sich in den Aussagen der Praxispartner wieder. Vorteile werden vor allem in der genaueren Erfassung und bedarfsübergreifenden Zuordnenbarkeit der Arbeitszeiten der Personalressourcen zu Servicemodulen und Serviceelementen gesehen. Das erlaubt den gezielteren Einsatz in Projekten und im Tagesgeschäft.

(5) Prozess: Mengenplan aktualisieren

Mit der Aktualisierung des Mengenplans werden die in Abhängigkeit der Planabweichungen und bestehenden Rahmenbedingungen ausgewählten Handlungsalternativen verbindlich gemacht (Abbildung 5-54).

5.3 Modellkomponente zu servicebasierten Planungs- und Steuerungsprozessen der IT-Infrastruktur 289

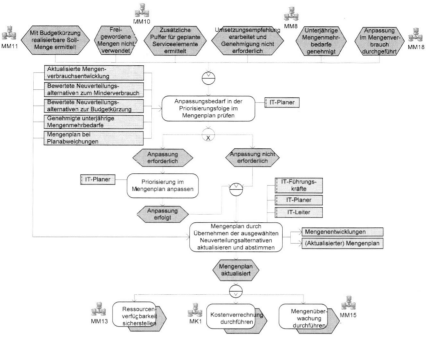

Abbildung 5-54: ***Prozessschaubild „Mengenplan aktualisieren"***
(Quelle: Eigene Darstellung)

Die Zielsetzung umfasst deshalb:

- Transparente Darstellung des aktuellen Mengenverbrauchsstands in der Mengensteuerung.
- Schaffung einer aktuellen Grundlage zur Verrechnung der Kosten.

Die beteiligten Rollen zeigt Tabelle 5-25.

Vor der Aktualisierung des Mengenplans ist die Anpassung der Priorisierung zu überprüfen und ggf. umzusetzen. Die Versionsstände der Aktualisierungen dienen als Grundlage zur Ableitung von Mengenentwicklungen im Verlauf des Planungszyklus.

Ergebnis des Prozesses ist der aktualisierte Mengenplan, in dem in der Regel die Ist-Werte als Planwerte übernommen wurden. Das funktioniert, obgleich etwas aufwändiger, in der Durchsetzung auch vice versa.

Wirkungsweise des Steuerungsprozesses

Die Wirkungsweise resultiert aus der kontinuierlichen Dokumentation der Planänderungen, die die Analyse von Entwicklungsverläufen der Mengen in einem oder mehreren Planungszyklen unterstützen. Das schafft eine Basis zur Identifikation von Optimierungspotenzialen im Mengenverbrauch und verdeutlicht die Auswirkungen von Planabweichungen. Das dient ebenso als Argumentationsgrundlage für unterjährige Budgetanforderungen. Die Wirkeffekte können mittels IT-Kennzahlen faktisch belegt werden (vgl. Kapitel 5.4).

(6) Prozess: Mengenverbrauchsanalyse durchführen

Zur gezielten Mengensteuerung gehört neben den aufgezeigten Prozessen die Analyse zur Effizienzsteigerung der eingesetzten Mengen. Die empirischen Erkenntnisse und die einbezogenen Praxispartner verdeutlichen, dass vielfach bestehende Synergien nicht erkannt und genutzt werden.

Die Zielsetzung umfasst daher (vgl. Scheeg/Pilgram 2004, S. 233f.; Prautsch 2000, S. 725):

- Identifikation von Optimierungspotenzialen im Mengenverbrauch und Ressourceneinsatz.
- Schaffung einer Entscheidungsgrundlage zur Optimierung des Ressourceneinsatzes.
- Schaffung von Transparenz über Mengenverbrauch und Mengenverursacher.
- Ermittlung von Mengentreibern.

Durchgeführt werden die Aufgaben vom IT-Planer. Zur Abstimmung werden IT-Leiter, FB-Leiter und einzelne Keyuser hinzugezogen. Abbildung 5-55 visualisiert den Prozessablauf.

Zunächst werden Auffälligkeiten im Mengenverbrauch identifiziert und detaillierter analysiert. Betreffen sie zuordenbare FB-spezifische Bedarfe sind die jeweiligen FB-Leiter und Keyuser einzubeziehen, um die Auffälligkeiten zu begründen. Werden Optimierungspotenziale entdeckt und ihre Umsetzung beschlossen, fließen die Ergebnisse in die Mengenplanaktualisierung oder in den angrenzenden Prozess zum Systemmanagement, der nicht mehr im Betrachtungsfokus der Arbeit liegt.

Das Ergebnis ist eine (ggf. aktualisierte) Aufstellung über die Mengenverbrauchsentwicklung, die als Input in weitere Prozesse der Mengensteuerung Eingang findet.

Wirkungsweise des Steuerungsprozesses

Neben der Ermittlung und Analyse von Optimierungspotenzialen werden in diesem Prozess die Gründe und die Verursacher transparent gemacht. Somit lassen sich die Auswirkungen und Zusammenhänge zu anderen Mengen nachvollziehbar vermitteln. Das kann mit dem Einsatz von IT-Kennzahlen wertbezogen untermauert werden. Das Ausmaß der Identifikation von Optimierungspotenzialen ist teils mit dem Durchsetzungsgrad einer strukturierten und verbindlichen IT-Bedarfserhebung und IT-Planung verknüpft, die mit zunehmender Durchsetzung den Umfang vermeidbarer unterjähriger Mengenmehrbedarfe reduzieren kann. Das führt z.B. zu geringeren Kapitalbindungskosten der IT.

5.3 Modellkomponente zu servicebasierten Planungs- und Steuerungsprozessen der IT-Infrastruktur

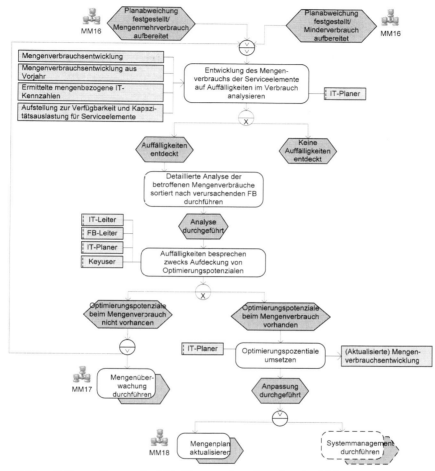

Abbildung 5-55: *Prozessschaubild „Mengenverbrauchsanalyse durchführen"*
(Quelle: Eigene Darstellung)

Zusammenfassung der zentralen Ergebnisse aus den Prozessen der Mengensteuerung

Die Ergebnisse aus den Prozessen der Mengensteuerung sind in Tabelle 5-26 erfasst. Auf Grund der starken Verknüpfung gehen die Ergebnisse einzelner Prozesse als Inputfaktoren in angrenzende Prozesse ein. Bspw. dient der Mengenplan mit Planabweichungen als Grundlage für die Erstellung der Neuverteilungsalternativen der Mengenverteilung.

Prozess	Zentrale Ergebnisse
Mengenüberwachung	• Mengenplan mit Planabweichungen • Bericht zum Mengenverbrauch • Ermittelte mengenbezogene IT-Kennzahlen
Unterjährige Mengenmehrbedarfe bereitstellen	• Genehmigte, nicht genehmigte und beanstandete Mengenmehrbedarfe • Umsetzungsempfehlungen
Mengenverteilung	• Neuverteilungsalternativen zum Mengenmehrbedarf • Aufstellung der Auswirkungen von Verschiebungen oder Streichungen geplanter Mengen • Bewertete Neuverteilungsalternativen zum Minderverbrauch • Aufstellung der freigewordenen Serviceelemente für unterjährige Mengenmehrbedarfe • Bewertete Neuverteilungsalternative zur Budgetkürzung • Aufstellung der Auswirkungen der nicht realisierbaren Mengen bei Budgetkürzung
Ressourcenverfügbarkeit sicherstellen	• Aufstellung zur Verfügbarkeit und Kapazitätsauslastung der Serviceelemente
Mengenplan aktualisieren	• (Aktualisierter) Mengenplan • Mengenentwicklungen
Mengenverbrauchsanalyse	• (Aktualisierte) Mengenverbrauchsentwicklung

Tabelle 5-26:   ***Ergebnisse der Prozesse der Mengensteuerung***
(Quelle: Eigene Darstellung)

5.3.5.2 Kostensteuerung

Den Ausgangspunkt der Kostensteuerung bildet der Kostenplan, dessen Planpositionen im Verlauf des Planungszyklus überwacht, verrechnet und bei Planabweichungen anzupassen sind. Auf Grund der engen Verknüpfung zur Mengensteuerung spielen Wechselwirkungen vor allem bei Anpassungsmaßnahmen eine bedeutende Rolle.

Zielsetzung und Rollenüberblick

- Schaffung von Transparenz in der Kostenverrechnung mit der Vorgabe von Verrechnungsformen.
- Sicherstellung der Einhaltung der Budgetvorgaben durch eine transparente Nachverfolgbarkeit der Kostenentwicklung.
- Schaffung von Transparenz im Kostenverhalten dedizierter Mengeneinheiten und in der Darstellung von Kosteneffekten.
- Identifikation von Finanzierungslücken und Vorhersage möglicher Budgetunterdeckungen.
- Sicherstellung der Aktualität in der Kostenplanung.
- Gezieltere Risikobewältigung durch eine transparente Kostenverteilung.
- Schaffung von Kostenbewusstsein bei den Servicenehmern durch Verrechnung der Kosten (vgl. Tulowitzki 2000, S. 431).

5.3 Modellkomponente zu servicebasierten Planungs- und Steuerungsprozessen der IT-Infrastruktur

Die Kostensteuerung verfügt über eine hohe Steuerungswirkung, sofern sie gezielt eingesetzt wird. Die Erkenntnisse der empirischen Untersuchung zeigen, dass dies bisher nicht durchgängig oder gar nicht ausgeschöpft wurde (vgl. Kapitel 4). Das liegt bereits im Fehlen hierfür notwendiger Grundlagen zur Dokumentation des IT-Serviceangebots begründet. Daher besteht wenig durchgängige Kostentransparenz über die Kostenentwicklungen im Verlauf der Steuerung, vor allem bei unterjährigen Budget- und Mengenänderungen und ihren Auswirkungen auf die Planpositionen. Das steht im Gegensatz zur Kostensensibilität der Servicenehmer, denen auf Grund der unzureichenden Transparenz ein Verständnis über die gewählten Handlungsalternativen fehlt (vgl. Kapitel 4.3.3.2).

Die in der Kostensteuerung beteiligten Rollen sind in Tabelle 5-27 zusammengefasst.

Rollen / Prozess	IT-Planer	IT-Controller	IT-Leiter	IT-Führungskräfte	IT-Mitarbeiter	Keyuser	FB-Leiter	FB-Mitarbeiter	Geschäftsführung
Kostenüberwachung	x	x	x	x					
Kostenverrechnung	x	x	x			x			
Kostenverteilung	x	x	x					x	x
Kostenplan aktualisieren	x	x	x						

Tabelle 5-27:   *Rollenüberblick in der Kostensteuerung*
(Quelle: Eigene Darstellung)

Gegenstand

Durch die enge Verknüpfung von Planung und Steuerung wird die im Prozess der Kostenplanung eingeführte Differenzierung der Kosten fortgeführt.[72] Demnach werden die Kosten, die auf Basis der bereitgestellten Mengeneinheiten entstehen, sowie das Budget überwacht und gesteuert. Die Kosten werden für die Strukturierungsebenen IT-Services und Servicemodule ermittelt, für die im IT-Service-Katalog Preise hinterlegt sind. Für die Serviceelemente werden die Kosten erfasst, die dann auf Kostenarten aufgeschlüsselt werden. Letztere werden ebenso für die Ressourcenarten verwendet. Die Verrechnung der Kosten erfolgt über Kostenstellen.

Einflussfaktoren

Die enge Wechselwirkung zwischen Kosten- und Mengensteuerung ist in der Prozessgestaltung zu berücksichtigen. Weiterhin gilt die in der Kostenplanung getroffene Annahme des Vorliegens einer Kostenverrechnung gleichermaßen für diese Prozessgruppe.

---

[72] Auf die Berücksichtigung unterschiedlicher Währungen, die bei der Bereitstellung von IT-Services außerhalb des europäischen Währungsraums entstehen, wird abgesehen. Das erstreckt sich ebenso auf Auswirkungen von Währungskursunterschieden.

Darüber hinaus wird der kostenrelevante Einflussfaktor der Abschreibungen für Abnutzung von Sachgütern (AfA) einbezogen, da hieraus Kosteneffekte entstehen können (vgl. Elsener 2005, S. 68), die sich bspw. auf Entscheidungen über Handlungsalternativen in der Kostenverteilung auswirken können.

Zur Kostensteuerung wurden vier zentrale Soll-Prozesse erarbeitet, die der Erreichung der dargelegten Zielsetzung dienen und nachfolgend vorgestellt werden:

- Kostenüberwachung durchführen.
- Kostenverrechnung durchführen.
- Kostenverteilung durchführen.
- Kostenplan aktualisieren.

(1) Prozess: Kostenüberwachung durchführen

Die Prozessschritte zur Kostenüberwachung stimmen im Wesentlichen mit denen aus der Mengenüberwachung überein, so dass insbesondere die kostenspezifischen Aspekte näher erläutert werden. Im Mittelpunkt des Prozesses steht die Überwachung des Kostenverlaufs unter Einbeziehung relevanter Kosteneffekte.

Die Zielsetzung umfasst:

- Ermittlung der Planeinhaltung und frühzeitiges Erkennen von Planabweichungen.
- Nachregelung der Kostenplanung entsprechend des aktuellen Plan-Ist-Standes.
- Identifikation von Steuerungsbedarfen im Kostenverlauf bei Planabweichungen.
- Schaffung von Entscheidungsgrundlagen für die Bereitstellung und Verteilung von geplanten und unterjährigen Kosten.
- Schaffung einer Grundlage zur Steuerung der Kostenverrechnung.

Die zentralen beteiligten Rollen sind der IT-Planer, der mit dem IT-Controller für die Ausführung der Aktivitäten hauptverantwortlich ist. Der IT-Controller verfügt über die erforderlichen Kompetenzen zur Bewertung von Auswirkungen bei Budget- oder Kostenänderungen und koordiniert die Zuordnung von Kostenarten, -trägern und -stellen. Tabelle 5-27 gibt einen Überblick über die weiteren Rollen.

Abbildung 5-56 zeigt das Prozessschaubild.

Die Identifikation bzw. Anpassung von Kostentreibern liefert Aussagen und Begründungen zu möglichen Kostenentwicklungen auf Grund unterjähriger Kosten-, Budget- oder mengeninduzierten Änderungen (vgl. z.B. Elsener 2005, S. 379ff.). In die Betrachtung einbezogen werden außerdem AfA-relevante Angaben, Wirkeffekte zum Soll-Kostenverhalten (vgl. auch Kapitel 5.3.3.2) sowie Auswirkungen von Ausnahmen fachlicher IT-Vorgaben. Daran anknüpfend werden die Toleranzbereiche und Schwellwerte festgelegt, um den Aktionsrahmen bei Planabweichungen abzustecken.

5.3 Modellkomponente zu servicebasierten Planungs- und Steuerungsprozessen der IT-Infrastruktur 295

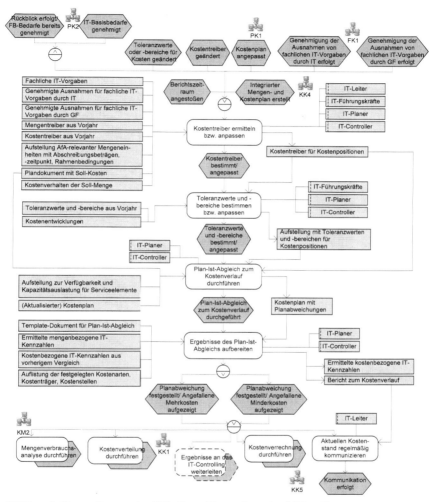

Abbildung 5-56: **Prozessschaubild „Kostenüberwachung durchführen"**
(Quelle: Eigene Darstellung)

Mit der Durchführung des Plan-Ist-Abgleichs werden Planabweichungen erfasst. Hierzu kann das Plandokument aus der Kostenplanung herangezogen und um die Spalte „Ist-Werte" erweitert werden. Anhand der einheitlichen Planstrukur erfolgt das für alle hinterlegten Ansichten in gleicher Form. Das Ergebnis des Abgleichs sind die identifizierten Planabweichungen im Kostenplan. Der Plan ist wiederum zentraler Inputfaktor zur Erarbeitung der Neuverteilungsalternativen in der Kostenverteilung.

Außerdem dient er als Grundlage für die Zusammenstellung eines Berichts zum Kostenverlauf (vgl. z.B. Gladen 2003, S. 248ff.). Die Struktur und die Darstellungsform orientieren sich an dem in der Mengenüberwachung vorgestellten Aufbau. Die mengenbezogenen Abfragen werden demgemäß durch kostenbezogene ersetzt. Das umfasst die Kosten selbst, die auf Kostenarten und Kostenstellen abgebildet werden sowie die Auswirkungen von Kostentreibern und Kosteneffekten. Weiterhin werden Kostenkennzahlen integriert, die einzelne Erläuterungen im Bericht faktisch belegen. Der Bericht stellt zusammen mit den Kostenkennzahlen ein weiteres Ergebnis des Prozesses dar. Die Berichte zum Mengenverbrauch und zum Kostenverlauf lassen sich dabei in einem Bericht vereinen.

Wirkungsweise des Steuerungsprozesses

Mit der kontinuierlichen Überwachung des Kostenverlaufs besitzt die IT-Organisation ein wichtiges Instrument, um den Mengenverbrauch, die Effizienz der erbrachten IT-Services oder die Auswirkungen von unterjährigen Mengenmehrbedarfen aus Kostensicht transparent zu machen und die Erarbeitung von Handlungsalternativen anzustoßen (vgl. Brogli 1996). Durch den Prozess wird die Dokumentation der Ergebnisse der Plan-Ist-Abgleiche forciert. Das unterstützt die Erfassung von Entwicklungsverläufen zum Budgeteinhaltungsgrad, mit dem Ziel, Verbesserungspotenziale in den Prozessabläufen zu ermitteln.

Die Darstellung der Auswirkungen von Planabweichungen ermöglicht eine direkte Verknüpfung der Bedarfe mit den darunterliegenden Ressourcen, was in der Vermittlung die Verständnisbildung und das Kostenbewusstsein vor allem für Servicenehmer fördert. Die empirischen Erkenntnisse der Arbeit verdeutlichen, dass ein derartiger Bezug häufig nicht hergestellt werden kann. Zur Kommunikation der Ergebnisse der Kostenüberwachung werden Kostenkennzahlen erhoben, die Steuerungsbedarfe konkret benennen und Handlungsmaßnahmen aufzeigen (vgl. Kapitel 5.4).

(2) Prozess: Kostenverrechnung durchführen

Die Verrechnung von Kosten auf die verursachenden Organisationseinheiten versteht sich als klassische IT-Controlling-Aufgabe (vgl. Maicher/Schwarze 2003, S. 252f.; Buresch 2000, S. 146). Die Beeinflussbarkeit von Zusammensetzung und Höhe der Verrechnungspreise bzw. -kosten stellt eine zentrale Voraussetzung für deren Akzeptanz dar (vgl. Dobschütz 1999, S. 11f.; Scherz 1998). Mit der Gestaltungsstruktur für IT-Services wurde hierfür eine Grundlage erarbeitet (vgl. Kapitel 5.2.2.1). Den Mittelpunkt des Prozesses bildet aber nicht die Darstellung der Verrechnung selbst, sondern die Aktivitäten, die in Zusammenhang mit der Durchführung der betrachteten Mengen- und Kostensteuerung stehen.

Die Zielsetzung umfasst (vgl. z.B. Külzer/Krause 2004, S. 175f.; Jaeger 2000, S. 464):

- Schaffung von Transparenz und Kostenbewusstsein über die Kostenbestandteile im IT-Serviceangebot durch Verrechnungspreise bzw. -kosten.
- Unterstützung einer genaueren IT-Bedarfserhebung der Servicenehmer durch eine transparente Preisgestaltung und Verrechnung.
- Schaffung von Steuerungsmöglichkeiten im Mengenverbrauch der Servicenehmer.

5.3 Modellkomponente zu servicebasierten Planungs- und Steuerungsprozessen der IT-Infrastruktur

Zu den involvierten Rollen gehören IT-Planer und IT-Controller, die für die Ausführung der Aktivitäten verantwortlich sind. Zudem werden IT-Leiter und FB-Leiter zur Entscheidung über Verrechnungsformen, Verrechnungsmodalitäten und ihrer Rahmenbedingungen sowie zur Klärung der Verrechnung bei Budgetüberschreitungen einbezogen (Tabelle 5-27).

Abbildung 5-57 veranschaulicht den Prozessablauf.

Den Ausgangspunkt bildet die Festlegung der Verrechnungsform und der Verrechnungsmodalitäten für den Planungszyklus, die für Plankosten und unterjährige Kosten unterschiedlich definiert werden können. Hier entscheidet vor allem die Verrechnungsform über das Ausmaß und die Wirkungsweisen der Verrechnung. Die Verrechnung erfolgt entweder auf das IT-Budget, das FB-Budget (verursachungsbezogen) oder auf eine Kombination beider (vgl. z.B. Elsener 2005, S. 140ff.; Scherz 1998; Scheeg/Pilgram 2004).

Für mittelständische Unternehmen eignet sich insbesondere die kombinierte Verrechnung (vgl. Kapitel 5.3.2.2). Das begründet sich einerseits mit dem hohen Aufwand, der mit der Entwicklung und Aufrechterhaltung einer verursachungsbezogenen Verrechnung verbunden ist und der mit einer starken Ressourcenbegrenzung und -einbindung meist nicht durchgängig erbracht werden kann. Andererseits wird mit der Kostenverrechnung keine Gewinnerzielung oder vollständige Kostenverlagerung verfolgt, sondern die Schaffung von Kostentransparenz und Kostenbewusstsein in der Auswahl und Bereitstellung von IT-Services. Diese Wirkung ließe sich bspw. bei der Verrechnung auf das IT-Budget nicht erreichen. Da die Entscheidung über die Verrechnungsform in der Praxis oftmals unternehmenspolitisch getroffen wird, werden im Prozessschaubild alle drei Formen abgebildet.

In der Steuerung werden die Plankosten gemäß der vereinbarten Modalitäten verrechnet. Im Falle von Planabweichungen sind die Auswirkungen auf die Verrechnung zu ermitteln, da sie die Auswahl von Neuverteilungsalternativen beeinflussen. Liegen Mehrkosten vor, ist in Abhängigkeit des Umfangs zu überprüfen, ob eine Budgetanpassung erforderlich ist. Bei Genehmigung der Budgetanpassung können die Mehrkosten ohne Einschränkung verrechnet werden (Schnittstelle KK7). Erfolgt keine Genehmigung sind die Mehrkosten auf das vorhandene Budget zu verteilen (KK6). In diese Schritte werden die FB-Leiter einbezogen, da ihnen die Beantragung des Mehrbudgets obliegt. Wenn keine Budgetanpassung erforderlich ist oder Minderkosten vorliegen, erfolgt der Übergang zur Aktualisierung des Kostenplans (KK8). Die verrechneten Kosten werden an den angrenzenden Prozess des IT-Controllings übergeben. Im Kostenplan können sie bspw. in der separaten Spalte *verrechnete Summe* hinterlegt werden.

Der Output des Prozesses umfasst den Kostenplan nach erfolgter Verrechnung, wobei neben den Plankosten die Mehr- und Minderkosten verrechnet werden.

298 5 Modell zur servicebasierten Planung und Steuerung der IT-Infrastruktur im Mittelstand

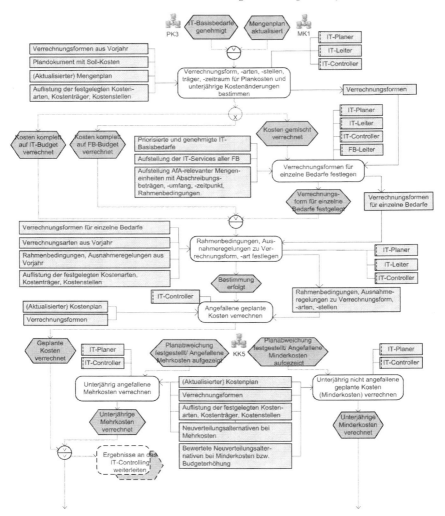

5.3 Modellkomponente zu servicebasierten Planungs- und Steuerungsprozessen der IT-Infrastruktur

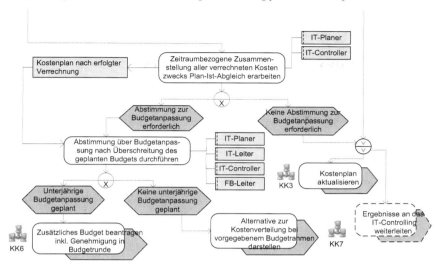

Abbildung 5-57: **Prozessschaubild „Kostenverrechnung durchführen"**
(Quelle: Eigene Darstellung)

Wirkungsweise des Steuerungsprozesses

Die Wirkungsweise erstreckt sich auf die Kostensteuerung und indirekt auf die Mengensteuerung, da sich aus den finanziellen Anreizen Auswirkungen auf Mengenbedarf und -verbrauch ergeben. Die Wahl der Verrechnungsform und Verrechnungsmodalitäten beeinflusst den Einsatz von Maßnahmen und deren Wirkungsgrad. Werden bspw. für Plankosten und unterjährige Mehrkosten verschiedene Verrechnungsformen eingesetzt, ist dies ein Stellhebel, um die Auswirkungen vermeidbarer unterjähriger Bedarfe zu steuern.

Außerdem wird ein höheres Kostenbewusstsein vor allem bei den Servicenehmern erzeugt, indem für die Wahlmöglichkeiten der IT-Services Preis- bzw. Kostensätze transparent gemacht werden. Das führt meist zu einer genaueren Abwägung und Erhebung der Bedarfe (vgl. z.B. Dobschütz 2000, S. 549). Die Gestaltungsstruktur für IT-Services unterstützt diese Maßnahmen (vgl. Kapitel 5.2.2.1).

Mit der Verwendung der kombinierten Verrechnungsform wird ein Handlungsspielraum hinsichtlich der Aufteilung der Verrechnung auf IT- und FB-Budget geschaffen (vgl. z.B. Ennemoser 2000, S. 520). Das erweist sich auf Grund des Vorliegens unterjähriger Bedarfe, die aus hohen Flexibilitätsanforderungen resultieren, als geeigneter Weg, die Servicenehmer an ein Verständnis der Kostenverrechnung heranzuführen. Das bestätigen die einbezogenen Praxispartner.

(3) Prozess: Kostenverteilung durchführen

Auslösende Ereignisse sind unterjährige budget- bzw. kosteninduzierte oder mengeninduzierte Änderungen gegenüber den Planwerten (vgl. Elsener 2005). Die Auswirkungen offenbaren sich durch die enge Verknüpfung in der Kosten- wie in der Mengenverteilung. Die budgetinduzierten Änderungen können das FB-Budget und/oder das IT-Budget betreffen, so dass im Folgenden keine dedizierte Unterscheidung erfolgt.

Unter Heranziehung der empirischen Erkenntnisse der Arbeit und des Schrifttums lassen sich hieraus folgende Gründe einer Neuverteilung der Kosten ableiten, die unterschiedlich beeinflussbar sind (vgl. z.B. Elsener 2005; Gälweiler 1986):

- **Vorgabe einer unterjährigen Budgetkürzung durch die GF:** Der in mittelständischen Unternehmen häufige Auslöser begründet sich aus der kurzfristigen Budgetanpassung an die wirtschaftliche Gesamtsituation des Unternehmens. Die GF besitzt durch die Verschmelzung von Führung und Kapitalbesitz eine direktere und raschere Durchsetzungsmöglichkeit derartiger Maßnahmen. Das ist selten beeinflussbar.
- **Beantragung einer unterjährigen Budgeterhöhung:** Ein ebenfalls in mittelständischen Unternehmen häufiges Vorgehen mit dem Ziel, unterjährige Mehrkosten oder Auswirkungen von verschobenen bzw. gestrichenen Planpositionen abzufedern. Eine Beeinflussbarkeit ist in Abhängigkeit des Beantragungszweckes gegeben.
- **Preisänderungen bei geplanten Mengeneinheiten von Serviceelementen**: Nicht planbare Preiserhöhungen, die sich ähnlich einer Budgetkürzung auswirken. Das verhält sich bei Preisverfall vice versa. Die Auswirkungen dieser Änderungen wurden von den Praxispartnern jedoch als gering eingestuft.
- **Vorliegen von Mehrkosten:** Der vornehmlich mengeninduzierte Grund resultiert z.B. aus unvollständigen Bedarfsrückmeldungen der FB, einer Überbeanspruchung von Ressourcen oder nicht planbaren extern motivierten Bedarfen. Während ersteres mit einer strukturierten Bedarfserhebung zu vermeiden ist, sind der zweite und vor allem der dritte Grund stets mit gewissen Planungsunsicherheiten behaftet.
- **Vorliegen von Minderkosten:** Ausgangspunkt sind unterjährige Minderverbräuche, die z.B. durch Abhängigkeiten mit gestrichenen oder verschobenen Planpositionen nicht mehr umgesetzt werden. Dieses Mittel wird von mittelständischen Unternehmen vielfach zur Kompensation von Mehrbedarfen eingesetzt. In Ergänzung können Minderkosten aus einem effizienteren Mengenverbrauch resultieren.

Neben den auslösenden Ereignissen sind Einflussfaktoren zu berücksichtigen, die eine Verteilung einschränken können. Das umschließt insbesondere die Kosteneffekte (z.B. AfA) und das Kostenverhalten (z.B. Fixkosten, sprungfixe Kosten), die in der Kostenplanung ermittelt wurden.

Die Zielsetzung der Kostenverteilung besteht demnach in:

- Schaffung von Transparenz in der Kostenverteilung.
- Schaffung einer Grundlage zur Entscheidungsfindung über Handlungsalternativen zur Realisierung unterjähriger Kostenänderungen.

5.3 Modellkomponente zu servicebasierten Planungs- und Steuerungsprozessen der IT-Infrastruktur

- Steuerung der Budgeteinhaltung unter Berücksichtigung der Priorisierung.
- Dokumentation und Vermittlung der Gründe und Auswirkungen von Handlungsalternativen und Kostenwirkungen.

Die beteiligten Rollen umfassen IT-Planer und IT-Controller, die für die Durchführung der Prozessschritte hauptverantwortlich sind. IT-Leiter, FB-Leiter und Keyuser werden bei der Entscheidungsfindung zur Weiterverwendung unterjährig freigewordenen Budgets einbezogen (Tabelle 5-27).

Das strukturierte Plandokument eignet sich, um die Überlegungen zu den Handlungsalternativen und daraus resultierenden Auswirkungen zu veranschaulichen. Da es Mengen- und Kostensicht integriert, lassen sich gleichermaßen Auswirkungen auf die Mengenverteilung ergänzen. Dazu kann z.B. eine neue Version des Plandokuments angelegt werden. Ausgangspunkt der Neuverteilung ist der Kostenplan mit Planabweichungen aus der Kostenüberwachung.

Gemäß den verschiedenen auslösenden Ereignissen lassen sich in der Kostenverteilung drei Handlungsoptionen ableiten, die anschließend erläutert werden:

(1) Kostenverteilung bei Mehrkosten.
(2) Kostenverteilung bei Minderkosten oder bei Budgeterhöhung.
(3) Kostenverteilung bei Budgetkürzung.

Option 1: Kostenverteilung bei Mehrkosten durchführen

Ausgangspunkt ist das Vorliegen von Mehrkosten, die aus unterjährigen Mengenmehrbedarfen resultieren. Die Zielsetzung des Prozesses besteht in der Klärung der Kostenzuordnung und der Budgetdeckung. Abbildung 5-58 zeigt das Prozessschaubild.

Zunächst wird in Abhängigkeit des Umfangs an Mehrkosten die Einwirkung von Kosteneffekten und Kostenverhalten analysiert, indem die Ergebnisse der Kostenüberwachung herangezogen werden (KK1). Als ein Ergebnis werden folgende bewertete Neuverteilungsalternativen erarbeitet, die mit den FB-Leitern abgestimmt werden:

- Neuverteilung der Kosten bei festem Budgetrahmen.
- Neuverteilung der Kosten bei flexiblem Budgetrahmen.
- Keine Neuverteilung der Kosten möglich.

Im Falle der Neuverteilung ist die Verrechnung der Mehrkosten zwecks Budgetanpassung zu klären, wobei die Verrechnungsformen aus dem Prozess der Kosteneinverrechnung ausschlaggebend sind (Schnittstelle KK6, KK7).

302   5 Modell zur servicebasierten Planung und Steuerung der IT-Infrastruktur im Mittelstand

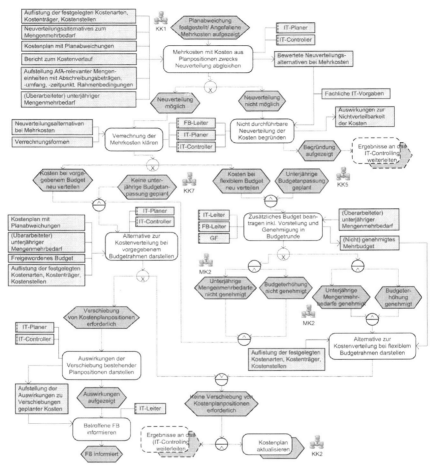

Abbildung 5-58:   *Prozessschaubild „Kostenverteilung bei Mehrkosten durchführen"*
                      (Quelle: Eigene Darstellung)

Bei festem Budgetrahmen sind die Mehrkosten auf das vorhandene Budget zu verteilen, was in der Regel zur Verschiebung bzw. Streichung von geplanten Kostenpositionen führt (vgl. z.B. Elsener 2005, S. 97f., 114f.). Dabei ist möglicherweise freigewordenes Budget einzubeziehen, da es die Deckungssumme verringert. Die Auswirkungen der Verteilung sind zu dokumentieren und die betroffenen FB zu informieren. Sie stellen ein weiteres Ergebnis des Prozesses dar.

Liegt ein flexibler Budgetrahmen vor, entscheiden sich die FB-Leiter zu einer unterjährigen Budgetbeantragung, die zusammen mit den Mengenmehrbedarfen angefordert werden kann. Im Vorfeld ist eine Entscheidungsvorlage mit der Kurzbeschreibung und Begründung des Budgetantrags zu erstellen (vgl. z.B. Steinmann/Schreyögg 2000, S. 363). Im Falle der Genehmigung durch die GF können die unterjährigen Mengenmehrbedarfe, ohne eine Beeinträchtigung der bestehenden Planpositionen, erbracht werden (Schnittstelle MK3). In mittelständischen Unternehmen wird ein derartiges Vorgehen als Instrument zum Ausgleich von falschen Bedarfserhebungen und Planungen und vor allem von nicht beeinflussbaren Anforderungen verwendet. Die Ergebnisse gehen in die Planaktualisierung ein (KK2) und werden an das IT-Controlling weitergeleitet. Wird der Budgetantrag abgelehnt (MK3), erfolgt die Neuverteilung bei festem Budgetrahmen. Das wirkt sich auf die Mengenverteilung aus, indem Planpositionen ebenfalls verschoben oder gestrichen werden müssen. Das (nicht) genehmigte Mehrbudget ist bei Auswahl dieser Alternative ein weiterer Output des Prozesses.

Erweist sich eine Neuverteilung der Kosten als unmöglich, sind die Gründe und Auswirkungen zu ermitteln und zu dokumentieren (vgl. z.B. Weber 2004, S. 338). Die Ergebnisse werden an das IT-Controlling überführt.

Wirkungsweise des Steuerungsprozesses

Die Dokumentation und Strukturierung des Prozesses schafft eine Transparenz in der Nachverfolgbarkeit und Begründung der getroffenen Entscheidungen und gewählten Verteilungsalternativen, die an die Servicenehmer vermittelt werden. Der Prozess fordert die Einbeziehung der FB-Leiter in die Klärung der Kostenverrechnung. Damit wird ihnen eine direkte Einflussmöglichkeit bezüglich Priorisierung, Leistungsumfang und Alternativenauswahl gegeben. Die IT-Organisation erhält hiermit einen wirksamen Stellhebel, der die Entscheidungsfindung und das Tragen der Konsequenzen auf die FB verlagert und das Zustandekommen der Entscheidungen jederzeit transparent macht. Die direkte und kontinuierliche Verknüpfung zum IT-Controlling stellt eine direkte Verrechnung sicher.

Die Wirkungsweisen lassen sich in mittelständischen Unternehmen auf Grund der bestehenden Besonderheiten wie flacher Hierarchien und kurzer Informations- und Entscheidungswege gut umsetzen. Das kann zur Reduktion der entstehenden Transaktionskosten beitragen (vgl. z.B. Peters 1993, S. 101).

Option 2: Kostenverteilung bei Minderkosten oder bei Budgeterhöhung durchführen

Minderkosten basieren auf einem geringeren Mengenverbrauch, so dass ursprünglich eingeplantes Budget freigesetzt und für andere Zwecke einsetzbar wird. Eine Budgeterhöhung führt zu gleichen Wirkungen, indem der verfügbare Budgetrahmen erweitert wird. Das dient der Realisierung unterjähriger Mengenmehrbedarfe, verschobener oder geringer priorisierter Bedarfe. Da die Prozessschritte im Wesentlichen übereinstimmen, werden sie in diesem Prozess zusammengefasst. Abbildung 5-59 illustriert den Prozessablauf.

304   5 Modell zur servicebasierten Planung und Steuerung der IT-Infrastruktur im Mittelstand

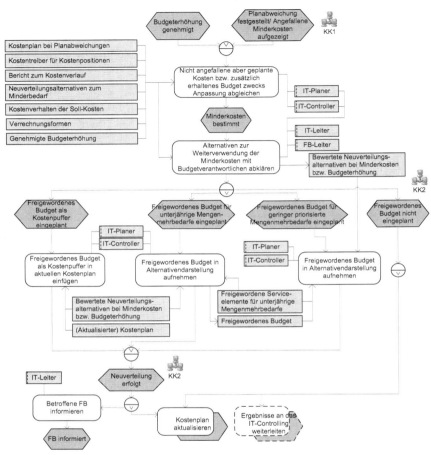

Abbildung 5-59:   *Prozessschaubild „Kostenverteilung bei Minderkosten oder bei Budgeterhöhung durchführen"*
(Quelle: Eigene Darstellung)

Auf Basis der festgestellten Planabweichungen bzw. der Genehmigung der Budgeterhöhung wird die freigewordene oder zusätzliche Summe ermittelt. Anschließend werden mit den betroffenen FB-Leitern und dem IT-Leiter und unter Berücksichtigung von Priorisierung, Kosteneffekten, Kostenverhalten und Verrechnungsformen folgende Neuverteilungsalternativen erarbeitet und bewertet:

- Neuverteilung durch Einstellung von Kostenpuffer.
- Neuverteilung für unterjährige Mengenmehrbedarfe.

5.3 Modellkomponente zu servicebasierten Planungs- und Steuerungsprozessen der IT-Infrastruktur

- Neuverteilung zur Umsetzung geringer priorisierter Bedarfe.
- Keine Neuverteilung der freigewordenen Kosten.

Die Einstellung von Kostenpuffer zielt auf den Ausgleich von Unsicherheiten im Kostenverlauf und damit im Mengenverbrauch sowie auf die Vermeidung von Verschiebungen oder Streichungen durch unterjährige Mengenmehrbedarfe. Sie werden gemäß Abstimmung in den Kostenplan übernommen und wirken gleichermaßen auf die Mengen.

Die Verwendung für unterjährige Mengenmehrbedarfe deckt in Abhängigkeit des Kostenumfangs einen Teil der oder ggf. alle Bereitstellungskosten. Das steht in direkter Verknüpfung mit der Abstimmung zur Neuverteilung von Mehrkosten und der Entscheidung über eine Budgetanpassung. Weiterhin werden mögliche freigewordene Mengen an Serviceelementen in die Betrachtung aufgenommen, da sie die Neuverteilung beschränken können.

Das freigewordene Budget kann ebenso zur Umsetzung geringer priorisierter Bedarfe eingesetzt werden. Da sie bei der Budgetbestimmung in der Bedarfserhebung zwar erhoben, aber bei der Budgetgenehmigung nicht berücksichtigt wurden, stellen sie in der Steuerung faktisch Mehrkosten dar. Hier offenbart sich die Vorteilhaftigkeit einer umfassenden Kosten- und Mengenplanung, da neben den genehmigten Kostenpositionen der ursprünglich erhobene Umfang integriert werden kann.

Eine letzte Alternative legt fest, das freigewordene Budget nicht zu verwenden, indem es bspw. zurückgegeben wird. Die empirischen Erkenntnisse dieser Arbeit zeigen auch, dass dies in mittelständischen Unternehmen praktiziert wird. Abschließend erfolgt die Weiterleitung an das IT-Controlling. Die Ergebnisse des Prozesses sind die bewerteten Neuverteilungsalternativen bei Minderkosten oder bei Budgeterhöhung sowie die Aufstellung über das freigewordene Budget. Sie fließen anschließend in die Planaktualisierung ein.

Wirkungsweise des Steuerungsprozesses

Die Wirkungsweise zeigt sich in der Verfügbarkeit eines zusätzlichen Budgetumfangs, der Handlungsalternativen ermöglicht, die bisher nicht realisiert werden konnten. So lassen sich z.B. Mehrkosten abfedern bzw. vollständig kompensieren oder aber geplante wie auch geringer priorisierte Bedarfe schneller umsetzen. Die IT-Organisation erhält in Abhängigkeit der Verwendbarkeit des Mehrbudgets Steuerungsmöglichkeiten im Ressourceneinsatz.

Der offene Umgang mit benötigtem und nicht benötigtem Budget basiert in vielen mittelständischen Unternehmen vornehmlich auf dem engen Vertrauensverhältnis zwischen den GF und den Führungsebenen sowie auf der Vorbildfunktion der GF. In Großunternehmen sind derartige Verhaltensweisen auf Grund komplexerer Interessenslagen häufig nicht durchsetzbar.

Option 3: Kostenverteilung bei Budgetkürzung durchführen

Die empirischen Erkenntnisse dieser Arbeit belegen, dass der Umfang der Budgetkürzungen meist deutlich spürbar ist und mitunter 40 bis 50% betragen kann. Mögliche Handlungsmaßnahmen, wie ein effizienterer Mengenverbrauch oder der Einsatz eingestellter Puffer, bieten nur wenig Spielraum. Daher wird die Neuverteilung der Kosten entsprechend eines reduzierten Budgetrahmens durchgeführt. Abbildung 5-60 zeigt das Prozessschaubild im Überblick.

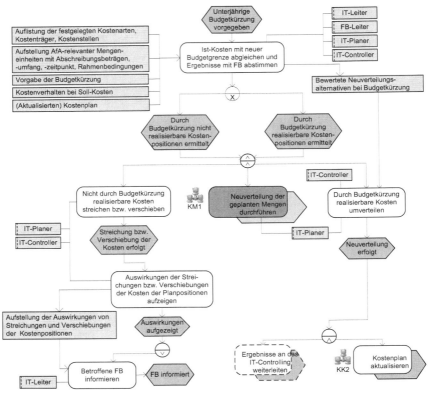

Abbildung 5-60:   *Prozessschaubild „Kostenverteilung bei Budgetkürzung durchführen"*
                        (Quelle: Eigene Darstellung)

Auf Basis des Abgleichs der Ist-Kosten mit der neuen Budgetgrenze werden unter Berücksichtigung von Kosteneffekten und Kostenverhalten mit den FB-Leitern und dem IT-Leiter Alternativen zur Abgrenzung der Neuverteilung der Planpositionen abgestimmt. Dabei werden gemäß Priorisierung und ausgewählter Alternative die realisierbaren und nicht realisierbaren Kostenpositionen ermittelt, die zu weiteren Anpassungsaktivitäten führen. In Anknüpfung an die Neuverteilung der Kosten werden im Prozess der Mengenverteilung die Mengen angepasst (Schnittstelle KM1). Nach erfolgter Neuverteilung wird der Kostenplan aktualisiert und die Ergebnisse zwecks Verteilung auf Kostenarten, -stellen und -träger an das IT-Controlling weitergeleitet.

Die Ergebnisse des Prozesses bestehen aus den bewerteten Neuverteilungsalternativen bei Budgetkürzung und der Aufstellung über die Auswirkungen der Streichungen und Verschiebungen von geplanten Kostenpositionen.

Wirkungsweise des Steuerungsprozesses

Da eine Budgetkürzung stets einen Einschnitt in den verfügbaren IT-Serviceumfang bedeutet, ist zur Nachvollziehbarkeit der getroffenen Entscheidungen die Alternativenauswahl transparent zu machen. Der Prozess unterstützt die gezielte Einbindung der betroffenen Akteure in den relevanten Entscheidungsvorgang. Das dient der Erhöhung der Akzeptanz und der Nivellierung der Erwartungshaltung, um die aus den Entscheidungen resultierenden Konsequenzen zu verstehen (vgl. z.B. Herold 2006, S. 427f.). Gleichzeitig lässt sich der Koordinationsaufwand verringern, indem nachgelagerte Erklärungsmaßnahmen und Zuwiderhandlungen ausbleiben.

Mit der Prozessstrukturierung wird das Transparentmachen der Auswirkungen, wie z.B. Nutzeneinbußen oder ggf. entstehende Risiken forciert. Somit kann der GF, vor allem bei geschäftskritischen Bedarfen, eine nachvollziehbare Abstimmungsgrundlage vorgelegt werden, die zur Abschwächung der geplanten Budgetkürzung führen kann. Die Zugänglichkeit der GF, derartige Anliegen zu berücksichtigen und zu diskutieren, ist insbesondere in mittelständischen Unternehmen gegeben. Verstärkt wird es durch den Umstand flacher Hierarchien und kurzer Entscheidungswege.

(4) Prozess: Kostenplan aktualisieren

Die Zielsetzung des Prozesses umfasst:

- Schaffung einer transparenten Grundlage zum aktuellen Kostenverlauf in der Kostensteuerung.
- Schaffung einer aktuellen Grundlage für die Verrechnung.

Die involvierten Rollen sind IT-Planer und IT-Controller, die die zentralen Aktivitäten ausführen sowie der IT-Leiter, der für die erforderlichen Abstimmungen verantwortlich ist.

In Abbildung 5-61 wird der Prozessablauf veranschaulicht.

Die ausgewählten Handlungsalternativen und die Verrechnung der Kosten, die zuvor im Kostenplan durchgespielt wurden, werden in diesem Prozess verbindlich übernommen. Zuvor ist die Priorisierungsrangfolge hinsichtlich eines Anpassungsbedarfs zu überprüfen und die Änderungen sind entsprechend vorzunehmen. Die Aktualisierung des Kostenplans wirkt sich zugleich auf den Mengenplan aus. Durch die Kombination beider Sichten im strukturierten Plandokument kann dessen Aufbau und Pflege erleichtert werden. Das lässt sich z.B. in einem Tabellenkalkulationsprogramm hinterlegen. Da beide Sichten in der Prozessgestaltung dieser Arbeit zur besseren Verständnisbildung sowie zu Darstellungszwecken der Wirkungsweisen und Prozessabläufe bisher separat betrachtet wurden, erfolgt im letzten Schritte deren Integration.

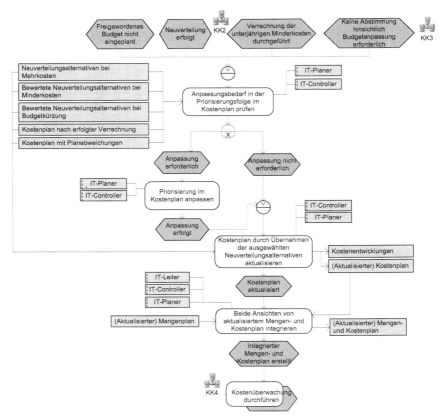

Abbildung 5-61: ***Prozessschaubild „Kostenplan aktualisieren"***
(Quelle: Eigene Darstellung)

Das Ergebnis des Prozesses ist der aktualisierte Kostenplan sowie eine Aufstellung mit den Kostenentwicklungen, die aus den verschiedenen Planversionen abgeleitet werden können und Eingang in die Bedarfserhebung des kommenden Planungszyklus finden.

Wirkungsweise des Steuerungsprozesses

Die Wirkungsweise liegt in der Dokumentation der verschiedenen Planversionen begründet, die ein Nachhalten von Kostenentwicklungen im Zeitverlauf unterstützt. Die IT-Organisation erhält somit ein Prognoseinstrument, um Entwicklungen von Budgetverbrauch und in der Bedarfsentwicklung zu antizipieren (vgl. z.B. Szyperski/Müller-Böling 1984, S. 132). Hieraus lassen sich mögliche Budgetentwicklungen erkennen, die Steuerungsbedarfe für das vorliegende Budget aufzeigen.

5.3 Modellkomponente zu servicebasierten Planungs- und Steuerungsprozessen der IT-Infrastruktur

Das ermöglicht eine frühzeitige Kommunikation und Einbindung der betroffenen Akteure, um gemeinsam über realisierbare Handlungen abzustimmen. Anhand dieser aktiven Beratung und Kommunikation fördert die IT-Organisation das wahrgenommene Verständnis der Servicenehmer über die Leistungsfähigkeit und die Rolle der IT.

Zusammenfassung der zentralen Ergebnisse der Prozesse der Kostensteuerung

Tabelle 5-28 gibt einen Überblick über die Ergebnisse der Kostensteuerung, die eng miteinander verknüpft sind und in einzelne Prozesse als Inputfaktoren eingehen. Das gilt vor allem für den Kostenplan aus der Kostenüberwachung.

Prozess	Zentrale Ergebnisse
Kostenüberwachung	• Kostenplan mit Planabweichungen • Bericht zum Kostenverlauf • Ermittelte kostenbezogene IT-Kennzahlen
Kostenverrechnung	• Verrechnungsformen • Kostenplan nach erfolgter Verrechnung
Kostenverteilung	• Bewertete Neuverteilungsalternativen bei Mehrkosten • Aufstellung der Auswirkungen zu Verschiebungen oder Streichungen geplanter Kosten • Bewertete Neuverteilungsalternativen bei Minderkosten bzw. bei Budgeterhöhung • Aufstellung des freigewordenen Budgets • Bewertete Neuverteilungsalternativen bei Budgetkürzung • Aufstellung der Auswirkungen von Streichungen und Verschiebungen der Kostenpositionen
Kostenplan aktualisieren	• (Aktualisierter) Kostenplan • Kostenentwicklungen

Tabelle 5-28: **Ergebnisse der Prozesse der Kostensteuerung**
(Quelle: Eigene Darstellung)

5.3.5.3 Fachliche Steuerung

Die fachliche Steuerung zielt auf die Einhaltung der fachlichen IT-Vorgaben bei der Bestellung und Bereitstellung von IT-Services. Das kann mit der Definition und Umsetzung geeigneter Maßnahmen erfolgen, die in Abhängigkeit der Anforderungen an die Geschäftsprozessunterstützung eventuell anzupassen sind.

Zielsetzung und Rollenüberblick

Fachliche IT-Vorgaben stellen mit der Definition von Richtlinien und Standards das möglichst reibungslose Funktionieren der IT-Landschaft sicher. Die Zielsetzung umfasst daher:

- Definition und Überwachung der Einhaltung von fachlichen IT-Vorgaben.
- Schaffung eines standardisierten IT-Serviceangebots zur Sicherstellung der Kompatibilität und Konformität der IT-Landschaft.
- Steuerung des Technologieeinsatzes im IT-Serviceangebot.
- Schaffung einer Handlungsgrundlage bei Abweichungen von fachlichen IT-Vorgaben.

- Realisierung der aus Unternehmenszielen abgeleiteten IT-Ziele durch Festlegung darauf abgestimmter fachlicher IT-Vorgaben.

Die empirischen Erkenntnisse dieser Arbeit zeigen, dass das Verständnis über Bedeutung und Wirkungsweise der fachlichen Steuerung bei den Servicenehmern vielfach nicht vorhanden ist. Ausnahmen von diesen Vorgaben werden vornehmlich auf Wunsch der GF und FB-Leiter durchgeführt, was die Steuerungsmöglichkeiten der IT-Organisation aushebelt. Mit der Prozessgestaltung soll das zu Steuerungszwecken stärker formuliert werden.

Die beteiligten Rollen sind in Tabelle 5-29 zusammengefasst.

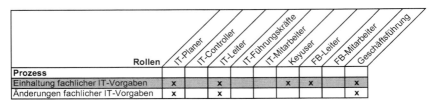

Tabelle 5-29: ***Rollenüberblick in der fachlichen Steuerung***
(Quelle: Eigene Darstellung)

Gegenstand

Zur Wahrung der Durchgängigkeit der verwendeten Planungsobjekte in der Arbeit bilden die IT-Services, Servicemodule und Serviceelemente den Gegenstand der fachlichen Steuerung.

Einflussfaktoren

Zentrale Einflussfaktoren stellen die IT-Ziele und die IT-Strategie dar, die es bei der Ausübung der Prozesse zu berücksichtigen gilt.

Auf Grund des eingegrenzten Betrachtungsfokus der fachlichen Steuerung (vgl. dazu Kapitel 5.3.2.1) wurden folgende zwei Prozesse erarbeitet, die nachfolgend beschrieben werden:

- Maßnahmen zur Einhaltung der fachlichen IT-Vorgaben ergreifen.
- Änderungen der fachlichen IT-Vorgaben durchführen.

(1) Prozess: Maßnahmen zur Einhaltung der fachlichen IT-Vorgaben ergreifen

Die Zielsetzung besteht deshalb in:

- Einhaltung der fachlichen IT-Vorgaben bei der Bereitstellung von IT-Services und Servicemodulen.
- Schaffung einer Entscheidungsgrundlage für die Genehmigung von Ausnahmen zu fachlichen IT-Vorgaben.
- Identifikation von Abweichungen von den fachlichen IT-Vorgaben.
- Definition von Handlungsmaßnahmen bei Abweichungen von fachlichen IT-Vorgaben.

5.3 Modellkomponente zu servicebasierten Planungs- und Steuerungsprozessen der IT-Infrastruktur 311

Die involvierten Rollen umfassen den IT-Planer, der die Aktivitäten hauptsächlich ausführt, die Keyuser, die zur Begründung aufgetretener Abweichungen hinzugezogen werden sowie den IT-Leiter, die FB-Leiter und die GF. Sie verantworten die Entscheidung zur Umsetzung von Ausnahmen fachlicher IT-Vorgaben. Abbildung 5-62 veranschaulicht den Prozessablauf.

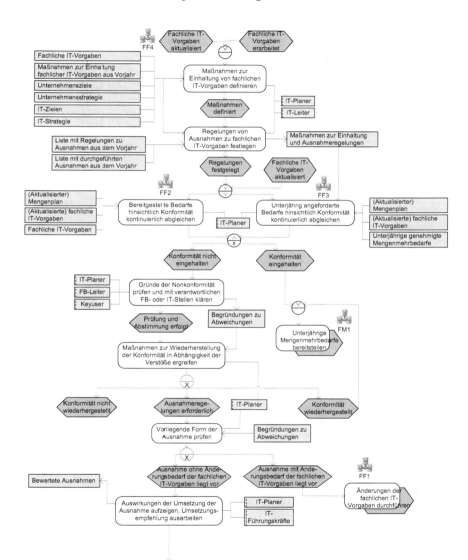

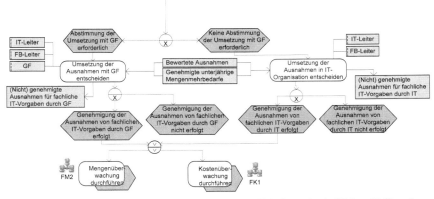

Abbildung 5-62: **Prozessschaubild „Maßnahmen zur Einhaltung der fachlichen IT-Vorgaben ergreifen"**
(Quelle: Eigene Darstellung)

Die enge Verknüpfung des Prozesses mit der Mengensteuerung zeigt sich durch die bereitgestellten Bedarfe, die auf die Einhaltung der fachlichen IT-Vorgaben zu überprüfen sind. Das dient der Standardisierung des IT-Serviceangebots und der Berücksichtigung der strategischen Ausrichtung und Ziele der IT (vgl. z.B. Elsener 2005, S. 105). Zunächst werden die Maßnahmen definiert. Dazu gehört insbesondere die Erfassung und Dokumentation der Ausnahmeregelungen, die ein für alle Serviceakteure transparentes und abgestimmtes Vorgehen zur Umsetzung der Maßnahmen erlauben. Die Überprüfung der bereitgestellten Bedarfe konzentriert sich vornehmlich auf unterjährige Mengenmehrbedarfe, da die geplanten Bedarfe im IT-Service-Katalog hinterlegt sind, der grundsätzlich mit den fachlichen IT-Vorgaben übereinstimmt. Ist das bei den unterjährigen Bedarfen gleichermaßen sichergestellt, kann der Genehmigungsprozess in der Mengensteuerung erfolgen (Schnittstelle FM1). Demgegenüber sind bei festgestellten Abweichungen zusammen mit FB-Leitern und IT-Leiter die Gründe zu erfassen und zu diskutieren. Das zielt auf die Bewertung von Relevanz, Auswirkungen und möglichen Folgeaktivitäten, die der Wiederherstellung der Konformität mit den IT-Vorgaben dienen.

Handelt es sich um Ausnahmeregelungen, ist deren Fristigkeit zu bestimmen. Dabei werden Änderungsanforderungen an die fachlichen IT-Vorgaben abgeleitet, sofern die Ausnahmen dauerhaft bereitgestellt werden sollen (Schnittstelle FF1). Bei einmaligen Ausnahmen (z.B. persönlicher Wunsch eines FB-Leiters das private mobile Endgerät in das Unternehmensnetzwerk zu integrieren) werden Umsetzungsempfehlungen erarbeitet, die die Auswirkungen auf die bestehende IT-Unterstützung beschreiben. Hierfür kann ein Formular verwendet werden, um die erforderlichen Angaben zu vereinheitlichen und transparent zu machen. Es beinhaltet exemplarisch folgende Punkte:

- Auflistung der IT-Services, Servicemodule, Serviceelemente, für die eine Ausnahmegenehmigung beantragt wird (als Formularzeile).

- Bezeichnung der Ausnahme, beantragende Kostenstelle, kurze Begründung der Ausnahme (als Formularspalte).
- Auswirkungen bei der Umsetzung der Ausnahme (Risiken, Nutzenaspekte), Ergebnis der Genehmigung (als Formularzeile).

Die Empfehlungen dienen als Grundlage für ein separates Genehmigungsverfahren. Die Entscheidungen werden in Abhängigkeit des Ausmaßes der Auswirkungen entweder durch die GF oder durch den IT-Leiter genehmigt.

Die Ergebnisse umfassen in Abhängigkeit der Entscheidung genehmigte oder nicht genehmigte Ausnahmen für fachliche IT-Vorgaben. Weiterhin ist eine Aufstellung mit den bewerteten Ausnahmen erarbeitet worden. Sie gehen als Inputfaktoren in die Mengen- und Kostenüberwachung ein (Schnittstelle FM2, FK1).

Wirkungsweise des Steuerungsprozesses

Mit dem Prozess wird die Vorgehensweise zur Einhaltung fachlicher IT-Vorgaben dokumentiert. Das zielt darauf, die Heterogenität der IT-Landschaft zu beschränken. Besonders für mittelständische Unternehmen ist dies auf Grund ihrer starken Ressourcenbegrenzung von hoher Relevanz. Mit der Standardisierung durch fachliche IT-Vorgaben können Optimierungspotenziale bei den Mengen und Kosten ausgeschöpft werden.

Mit den im Prozess angeforderten Begründungen werden die beantragenden Servicenehmer einbezogen und die Relevanz der Ausnahmen nachvollziehbar gemacht. Das erleichtert zusammen mit der Umsetzungsempfehlung die Entscheidungsfindung im Genehmigungsprozess. Die Einflussmöglichkeit der IT auf die Umsetzung von Ausnahmen ist sehr unternehmensspezifisch gestaltet, da neben rationalen Begründungen sehr oft unternehmenspolitische Vorgaben die ausschlaggebend sind. Das erklärt sich durch die Verschmelzung von Kapitalbesitz und Unternehmensleitung, die der GF eine direktere Durchsetzungsmöglichkeit verleiht als bspw. einem Fremdmanager in einem Großunternehmen. Das führt mitunter auch zu suboptimalen Entscheidungen.

Dennoch wird mit den Umsetzungsempfehlungen die Schaffung einer Dokumentationsbasis unterstützt, die Transparenz über die Auswirkungen verdeutlicht und bei den Servicenehmern zur Verständnisbildung beiträgt. Denn gerade für diese ist das Ausmaß der Auswirkungen oftmals nicht begreifbar. Verbunden mit dem separaten Genehmigungsprozess sollen vor allem einmalige Ausnahmen eingeschränkt werden. Die Einhaltung der fachlichen IT-Vorgaben wird mit der Verwendung von IT-Service-Katalogen erleichtert (vgl. Kapitel 5.2.2.3), indem die offerierten IT-Services mit den fachlichen IT-Vorgaben abgestimmt sind.

(2) Prozess: Änderungen der fachlichen IT-Vorgaben durchführen

Änderungsbedarfe an fachlichen IT-Vorgaben entstehen bereits in der Planung, indem sie in der Regel von der GF beschlossen werden (PF1). Das kann z.B. auf Erfahrungen mit einmaligen Ausnahmen aus dem letzten Planungszyklus resultieren. Ein weiteres auslösendes Ereignis sind die in der Steuerung auftretenden Änderungsanforderungen im Zuge der Überprüfung unterjähriger Mengenmehrbedarfe hinsichtlich deren Einhaltung fachlicher IT-Vorgaben.

314   5 Modell zur servicebasierten Planung und Steuerung der IT-Infrastruktur im Mittelstand

Das führt zu folgender Zielsetzung:

- Sicherstellung der Aktualität der fachlichen IT-Vorgaben.
- Anpassung der fachlichen IT-Vorgaben bei dauerhaft bereitzustellenden Ausnahmen.

Die einbezogenen Rollen zeigt Tabelle 5-29. Das Prozessschaubild in Abbildung 5-63 veranschaulicht den Prozessablauf im Überblick.

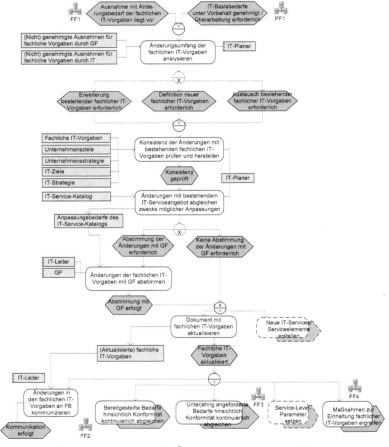

Abbildung 5-63:   *Prozessschaubild „Änderungen der fachlichen IT-Vorgaben durchführen"*
(Quelle: Eigene Darstellung)

Ausgehend von den eintretenden Ereignissen ist zunächst der Änderungsumfang zu analysieren und dessen Konformität mit bestehenden Vorgaben sicherzustellen. Anschließend werden die Auswirkungen auf das Katalogangebot ermittelt. Als Ergebnis werden die Anpassungsbedarfe des IT-Service-Katalogs zusammengefasst. Ist die Erstellung neuer IT-Services oder Serviceelemente erforderlich, erfolgt deren Erarbeitung im angrenzenden gleichnamigen Prozess. Abschließend werden, nach der Abstimmung und Freigabe der Änderungen durch die GF, die fachlichen IT-Vorgaben aktualisiert und kommuniziert.

Die (aktualisierten) fachlichen IT-Vorgaben als weiteres Ergebnis des Prozesses fließen wiederum als Input in den vorherigen Prozess ein (Schnittstellen FF2, FF3, FF4). Weiterhin dienen sie als Grundlage für den angrenzenden Prozess der Definition respektive Anpassung von Service-Level-Parametern.

Wirkungsweise des Steuerungsprozesses

Der Prozess unterstützt die Schaffung von Transparenz, indem das Vorgehen zur Änderung fachlicher IT-Vorgaben festgeschrieben wird und Auswirkungen auf Änderungen im IT-Service-Katalog nachgehalten werden. Die systematische Erfassung und Durchführung der Änderungen erlaubt es, im Zeitverlauf Rückschlüsse auf die Flexibilitätsanforderungen an die IT-Unterstützung und den Wirkungsgrad der Vorgaben zu ziehen.

Die Aktualisierung der fachlichen IT-Vorgaben stellt für den Bereitstellungsprozess der IT-Services einen zentralen Einflussfaktor dar, um das IT-Serviceangebot an den aktuellsten Anforderungen, die an die Geschäftsprozessunterstützung gestellt werden, auszurichten. Hier offenbart sich die Relevanz für und die direkte Verknüpfung mit den anderen Prozessgruppen. Die Ergebnisse der beiden Prozesse veranschaulicht Tabelle 5-30. Sie gehen als Inputfaktoren vor allem in die Mengen- und Kostenüberwachung und -verteilung ein.

Prozess	Zentrale Ergebnisse
Maßnahmen zur Einhaltung fachlicher IT-Vorgaben	• (Nicht) genehmigte Ausnahmen für fachliche IT-Vorgaben durch GF • (Nicht) genehmigte Ausnahmen für fachliche IT-Vorgaben durch IT
Änderungen der fachlichen IT-Vorgaben	• (Aktualisierte) fachliche IT-Vorgaben • Anpassungsbedarfe des IT-Service-Katalogs

Tabelle 5-30:   ***Ergebnisse der Prozesse der fachlichen Steuerung***
(Quelle: Eigene Darstellung)

5.3.6 Zusammenfassung

Der Schwerpunkt der Modellkomponente 2 bestand in der Entwicklung aufeinander abgestimmter Prozessmodelle zur servicebasierten Planung und Steuerung der IT-Infrastruktur für den Anwendungskontext mittelständischer Unternehmen. Damit wurde **Forschungsfrage 3** beantwortet. Zudem wurden die der Modellkomponente zugeordneten Anforderungen gesamthaft umgesetzt.

Den Gegenstand der Planung- und Steuerungsprozesse bildete die in Modellkomponente 1 erarbeitete Gestaltungsstruktur für IT-Services, welche in allen Prozessen durchgängig zu Grunde gelegt wurde. Die Aufschlüsselung der Strukturierungsebenen erlaubte eine akteurspezifische Darstellung der Auswirkungen von Planungs- und Steuerungsaktivitäten. Hierdurch wurde *Anforderung 12* realisiert.

Die durchgängige Verwendung der Gestaltungsstruktur lieferte gleichermaßen einen ersten Aspekt zur integrierten Betrachtung der Prozesse (*Anforderung 13*). Das wurde mit der Gestaltung aufeinander aufbauender und verknüpfter Abläufe und Ergebnisse der Planungs- und Steuerungsprozesse erweitert. Besonderes Augenmerk wurde auf die systematische Servicenehmerintegration in alle Aktivitäten gelegt, die für eine umfassende anforderungsgerechte Bedarfserhebung und Planung erforderlich sind. Das reduziert den Abstimmungsaufwand nachträglicher Replanungen und stärkt die Verbindlichkeit definierter Prozessabläufe. Vor allem letzteres erweist sich in vielen mittelständischen Unternehmen als problembehaftet.

Mit der Strukturierung und Beschreibung der Prozesse ist stets ein Anstieg an Formalisierung verbunden, der sich im Umfang jedoch sehr unternehmensspezifisch gestaltet. Die Prozessgestaltung orientierte sich deshalb an einer modularen Aufbaustruktur, die eine kontextsensitive Anpassung unterstützt. Das wurde z.B. mit der transparenten Abgrenzung der Prozesse und ihrer Schnittstellen sowie mit den eingebundenen Rollen und erzeugten Prozessoutputs umgesetzt. Auf Grund der berücksichtigten Anpassungsflexibilität in Umfang und Fokus wird trotz der großen Heterogenität mittelständischer Unternehmen eine praktische Anwendung der Prozesse in unterschiedlichsten Verfahrens- und Ablaufkontexten ermöglicht. Damit wurde dem Vorbehalt begegnet, durch die Prozesse eine allzu fixierte Ablauforganisation vorzugeben (*Anforderung 15*).

Die geforderte Handlungsflexibilität mittelständischer Unternehmen wurde ebenso in den Prozessabläufen verankert (*Anforderung 2*). Das manifestiert sich bspw. in der Berücksichtigung von unterjährigen Anforderungsänderungen in der IT-Unterstützung und Budgetentwicklung. Darüber hinaus wurden Handlungsalternativen entwickelt, die einen kontextbezogenen Handlungsspielraum vor allem in den Steuerungsprozessen liefern.

Eine zentrale Bedeutung für die Akzeptanz und Verbindlichkeit neuer Strukturen und Prozesse in mittelständischen Unternehmen erhält auf Grund ihrer Vorbildfunktion die Inhaberperson. Daher wurde sie kontinuierlich in die Planungs- und Steuerungsprozesse integriert, was der Umsetzung von *Anforderung 1* gleichkommt.

Die in *Anforderung 14* geforderte Einbindung zentraler Prozessinformationen wurde in der Prozessgestaltung umgesetzt. Damit wurde eine Grundlage für ein einheitliches Verständnis über die Bedeutung und Zusammenhänge in den Abläufen geschaffen. Maßgeblich für den gewählten Detailgrad war es, eine praktische Anwendbarkeit bei starker Ressourcenbegrenzung mit einer unternehmensübergreifenden Ausgestaltung zu verquicken. In den Prozessen wurden deshalb konkrete Dokumentations- und Strukturierungsvorlagen erstellt, die Zielsetzung, Zusammenhänge und Abhängigkeiten in den Abläufen, die Aufgaben und Einbindung der Rollen sowie Inputfaktoren und Ergebnisse der Prozesse beinhalten. Des Weiteren wurden für die Steuerungsformen Wirkungsweisen erläutert, die Bedeutung und Einsatzmöglichkeiten für eine gezieltere Verwendung aufzeigen.

Die Prozessgestaltung erfolgte in iterativen Schritten auf Basis des analysierten Schrifttums sowie der empirischen Erkenntnisse der Arbeit (*Anforderung 4*).

5.4 Modellkomponente zu Schlüsselkenngrößen der servicebasierten Planung und Steuerung

Im Mittelpunkt des Kapitels steht die Zusammenstellung geeigneter Schlüsselkenngrößen, die die Bewertung der Modellkomponenten 1 und 2 unterstützen und mittelständischen Unternehmen Ansatzpunkte zu konkreten Steuerungsmöglichkeiten liefern. Die Zusammenstellung umfasst gezielt ausgewählte Kenngrößen, um den Betrachtungsumfang einzugrenzen und die praktische Anwendbarkeit zu erhöhen.

Ausgehend von einer thematischen Verankerung der Modellkomponente 3 wird das Vorgehen zur Strukturierung und Zusammenfassung der Schlüsselkenngrößen vorgestellt (Kapitel 5.4.1). Das dient der Verständnisbildung und Festlegung zentraler Rahmenbedingungen in der Ausgestaltung. Darauf aufbauend werden in Kapitel 5.4.2 die konkreten Schlüsselkenngrößen über eine schrittweise Zerlegung erarbeitet. Zunächst erfolgt unter Einbindung der Modellkomponenten 1 und 2 die Aufschlüsselung der Steuerungsobjekte in thematische Steuerungsfelder, die in ihren Zusammenhängen beschrieben werden (Kapitel 5.4.2.1).

Anschließend werden ihnen Schlüsselkenngrößen zugeordnet, die sich aus IT-Kennzahlen zusammensetzen. Neben der Darstellung und Erläuterung der Kenngrößen werden Steuerungsmöglichkeiten abgeleitet, die sodann entsprechend ihrer Wirkungsweise einzelnen Planungs- und Steuerungsprozessen zugeordnet werden (Kapitel 5.4.2.2 und 5.4.2.3). Das verdeutlicht einmal mehr die enge Verknüpfung der Modellkomponenten. Mit der Zusammenfassung in Kapitel 5.4.3 werden die Ausführungen abgeschlossen, indem die Ergebnisse aus dem Blickwinkel der für Modellkomponente 3 abgeleiteten Anforderungen in ihrer Umsetzung aufgezeigt werden.

5.4.1 Thematische Eingrenzung und Vorgehen

Mit der zunehmenden Auflösung tradierter Sichtweisen wurde der Zeithorizont einer ausschließlich vergangenheitsbezogenen Bewertung um eine kontinuierliche zukunftsbezogene Betrachtung erweitert (vgl. Klingenbiel 1999, S. 13ff.). Damit verbunden werden neben klassischen monetären Kennzahlen verstärkt nicht-monetäre erhoben, mit dem Ziel, Leistung und Leistungsfähigkeit zu beurteilen und vor allem steuernd zu beeinflussen (vgl. Hórvath 2003, S. 562; Kaplan/Norton 1992, S. 71ff.).

Das wirkt sich auf die Darstellung von Zusammenhängen und Abhängigkeiten im abgebildeten Wirkungsgefüge aus. Die Kennzahlen leiten sich nicht mehr vorrangig deduktiv aus einer Spitzenkennzahl ab, sondern werden auf der Grundlage definierter Ziele und Aufgaben, die es zu steuern gilt, zusammengestellt (vgl. Gladen 2003, S. 128; Lachnit 1976, S. 227f.). Das erweitert die Aussagemöglichkeiten und die Ausrichtung der zu erfassenden Kennzahlen.[73] Zur Steuerung der Kennzahlen werden Zielwerte bestimmt, die einen Orientierungspunkt in der

---

[73] Die Zusammenfassung von zielgeleiteten Kennzahlen erfolgt über Zielhierarchien, die eine direkte Beeinflussung des gemessenen Objekts unterstützen. Sie dienen als Steuerungsinstrument im Kontext des Managementkonzepts *Management by Objectives* (vgl. vertiefend Steinmann/Schreyögg 2000; Macharzina 2003; Wöhe 2002)

Bewertung darstellen und eine Positionierung der Ist-Werte in einem definierten Zielbereich erlauben (vgl. Gleich 2001, S. 11ff.).

Die Erarbeitung der Modellkomponente 3 wird in den Kontext der Leistungsbewertung eingebettet. Das begründet sich mit der Zielsetzung, die Schlüsselkenngrößen über den gesamten Planungszyklus hinweg zu erheben, so dass neben vergangenheitsbezogenen IT-Kennzahlen vor allem beeinflussbare zukunftsbezogene Größen betrachtet werden. Andererseits sollen die Kostenkennzahlen, die in mittelständischen Unternehmen mit stark begrenzten Ressourcen und einem hohen Kostendruck immer noch eine zentrale Rolle spielen, um Leistungsgrößen ergänzt werden.

Die Steuerungsobjekte dieser Arbeit erstrecken sich auf die Bewertung der IT-Servicestrukturierung (Modellkomponente 1) und insbesondere der Planungs- und Steuerungsprozesse (Modellkomponente 2). Zur Zusammenstellung geeigneter Schlüsselkenngrößen werden die Steuerungsobjekte in verschiedene Bereiche oder Felder zerlegt (vgl. Kütz 2006, S. 29). Damit kann ein konkreter Aufgaben- oder Zielbezug und die Auswirkung der Einflussnahme festgelegt werden. Des Weiteren lässt sich der erforderliche Umfang gezielter und anwendungsbezogener bestimmen, so dass für mittelständische Unternehmen hiermit ein flexibler Aktionsspielraum geschaffen wird.

Die Festlegung der Ziele und Zielgrößen stellt eine Managementaufgabe dar, die die Verantwortung und Steuerung auf der Führungsebene verankert. Das lässt sich gleichermaßen auf die IT-Organisation übertragen, die ebenfalls mit stark verdichteten Informationen arbeitet (vgl. Kütz 2006, S. 37f.; Buchta et al. 2004, S. 122). Zur Abbildung eines derartigen Informationsbedarfs eignen sich KPI, die komplexe Sachverhalte vermittelbar darstellen. Sie sind ein Steuerungsinstrument, aus dem konkrete Handlungen zur Beeinflussung der Zielwerte abgeleitet werden können.

Die Entwicklung der Modellkomponente 3 erfolgte in drei iterativ durchlaufenen Schritten, in welche die Praxispartner des WITAMIN-Projekts und ein Fachexperte einbezogen wurden. Basierend auf der Literaturanalyse wurden die Steuerungsobjekte in fünf Steuerungsfelder zerlegt. Die inhaltliche Ausrichtung orientierte sich an den vier Perspektiven der Balanced Scorecard, die unter Heranziehung bestehender Ansätze auf den vorliegenden Sachverhalt angepasst wurden. Die Bewertung der Steuerungsfelder erfolgte anhand von KPI, die sich auf Grund ihres Zielbezugs und ihrer Handlungsorientierung besonders eigneten.

Die Operationalisierung der KPI erfolgte über IT-Kennzahlen, die steuerungsrelevante Informationen für eine Bewertung der KPI und damit der Steuerungsfelder umfassen. Für die Zusammenstellung diente das Schrifttum als Grundlage. Dies wurde anschließend in drei Workshops mit Praxispartnern und Fachexperten diskutiert und fortentwickelt. Anhaltspunkte für die Festlegung geeigneter Größen lieferten die Kriterien *Zielbezug zur Bewertung der Steuerungsobjekte, Erhebbarkeit und Messbarkeit, Erfahrungen in der Erhebung* und *Relevanz in der Managementkommunikation*.

Die Zielsetzung der Zusammenstellung bestand nicht in der Enumeration, sondern in der fokussierten Auswahl der KPI und IT-Kennzahlen, die sich zur Bewertung und Steuerung beider Steuerungsobjekte eigneten. Da die praktische Anwendbarkeit jedoch stark vom gegenwärtigen ablauf- und aufbauorganisatorischen Reifegrad der IT-Organisation abhängt, wurden neben grundlegenden IT-Kennzahlen, die den Themeneinstieg erlauben, ebenso aufwändiger zu ermittelnde KPI einbezogen.

Der Umfang der Aufstellung adäquater Größen wurde im Rahmen der Iterationen mit der einbezogenen Praxis diskutiert. Insgesamt wurden für die KPI zwischen einer und acht IT-Kennzahlen definiert. Einem Steuerungsfeld wurden schließlich drei bis sechs KPI zugeordnet. Mit der Aufstellung wurde ein Gestaltungsvorschlag erarbeitet, der zu einer Zielhierarchie respektive einem Steuerungskennzahlensystem erweitert werden kann.

5.4.2 Zusammenstellung ausgewählter Schlüsselkenngrößen

5.4.2.1 Strukturierung der Steuerungsfelder

Die Festlegung der Steuerungsfelder für die vorliegenden Steuerungsobjekte orientiert sich an der Strukturierung von Buchta et al. (2004) und Kütz (2007). Beide basieren auf den vier Perspektiven der Balanced Scorecard (Kaplan/Norton 1992), die auf den IT-Kontext angepasst und erweitert wurden. Erstere differenzieren nach den sechs Perspektiven *Finanzen und Kosten, Operations (IT-Betrieb), Kunden und Markt, Projekte, Personalwesen* sowie *Infrastruktur* (Buchta et al. 2004, S. 123ff.). Kütz (2007, S. 69ff.) unterscheidet ähnlich nach *Management von Kunden, Prozessen bzw. Produkten, Innovationen, Finanzen, Mitarbeiter* sowie *Lieferanten*.

Unter Einbeziehung der Steuerungsobjekte wurden die Perspektiven der Strukturierung von Buchta et al. (2004, S. 123ff.) in ihrer Ausrichtung übernommen, wobei *Infrastruktur* und *Personalwesen* zu einer Perspektive zusammengefasst wurden. Das verschlankt die Struktur ohne Informationsverlust für den Anwendungskontext mittelständischer Unternehmen. Die explizite Berücksichtigung dieser Perspektive gewinnt vor allem vor dem Hintergrund der starken Ressourcenbegrenzung und dem steigenden Qualifikationsbedarf der IT-Mitarbeiter zur Sicherung des Unternehmenswissens an Bedeutung (vgl. Vohl 2004, S. 40ff.).[74] Die Perspektiven von Kütz (2007, S. 69ff.) lassen sich gleichermaßen übertragen. Von der Betrachtung ausgeklammert wurde die Perspektive *Lieferantenmanagement*, die für die Bewertung der Steuerungsobjekte zunächst keine Rolle spielt (vgl. Kapitel 5.1.2).

Die Bezeichnung und konkrete Ausgestaltung der Perspektiven und Ausrichtung wurde entsprechend der Zielsetzung der Modellkomponente 3 und den Rahmenbedingungen der Arbeit angepasst. Abbildung 5-64 veranschaulicht die herausgearbeiteten fünf Steuerungsfelder (als Perspektiven) und ihre Wirkungszusammenhänge, die nachfolgend erläutert werden (vgl. dazu auch Rudolph et al. 2008b, S. 33ff.).

---

[74] Zur Bedeutung der vier ursprünglichen Perspektiven der Balanced Scorecard (vgl. Kaplan/Norton 1992; Kaplan/Norton 1997).

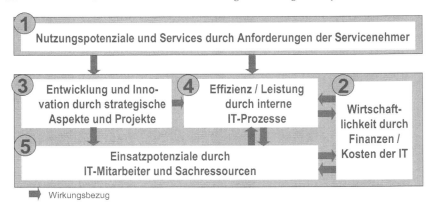

Abbildung 5-64: **Steuerungsfelder zur Ableitung geeigneter Schlüsselkenngrößen**
(Quelle: Eigene Darstellung in Anlehnung (Rudolph et al. 2008b, S. 33))

Steuerungsfeld 1 entspricht der Kundenperspektive und fokussiert die Schnittstelle von FB und IT-Organisation, indem die von den Servicenehmern wahrgenommene Qualität und Leistungsfähigkeit in der Bereitstellung der IT-Services bewertet wird. Des Weiteren wird der Abdeckungsgrad des IT-Serviceangebots mit den angeforderten Bedarfen analysiert. Damit soll die gezielte IT-Unterstützung der FB und die Nutzung des IT-Service-Katalogs gefördert werden.

Die Betrachtung von Kosten respektive Finanzen zielt auf die Sicherstellung einer Wirtschaftlichkeit in der IT-Servicebereitstellung, indem zentrale Aspekte zur Struktur und zum Verlauf von Kosten und Budget bewertet werden (Steuerungsfeld 2). Die somit geschaffene Transparenz ermöglicht die Ermittlung von Einspar-, Effizienz- und Innovationspotenzialen. Das kommt der Finanzperspektive in der Balanced Scorecard gleich.

Die ablauf- und aufbauorganisatorischen Prozesse der IT-Servicebereitstellung und die IT-Unterstützung bedürfen einer zielbezogenen Weiterentwicklung, um die komplexer werdenden Anforderungen der FB effektiv und effizient erbringen zu können (Steuerungsfeld 3). Das umschließt z.B. Analysen zum Technologieeinsatz, das Erkennen von Projektideen oder die Ausgestaltung strategischer Entwicklungen. Die Zielsetzung besteht in der Effizienzsteigerung und damit in der Erhöhung des Wertbeitrags der IT. Das Steuerungsfeld zeigt Ähnlichkeiten zur Perspektive der Projekte bzw. dem Management von Innovationen.

Steuerungsfeld 4 bewertet die Prozesseffizienz und Prozessleistung in der IT-Servicebereitstellung, mit dem Ziel der effektiveren Ausübung der internen IT-Prozesse im laufenden Betrieb. Das kann zu Einsparpotenzialen im Ressourceneinsatz und damit in den Kosten führen. Das Steuerungsfeld ist mit der zuvor aufgezeigten Perspektive des IT-Betriebs respektive des Prozessmanagements gleichzusetzen.

Das letzte Steuerungsfeld 5 analysiert Einsparpotenziale bei IT-Mitarbeitern und Sachressourcen, um hieraus Steuerungsbedarfe in der Arbeitsverteilung, Arbeitsproduktivität und Ressourcenauslastung zu ermitteln. Das zielt auf eine mögliche Entlastung der ohnehin stark begrenzten Ressourcen in vielen mittelständischen Unternehmen. Das Steuerungsfeld vereint die Perspektiven Infrastruktur und Personalwesen bzw. entspricht dem Management von Mitarbeitern.

5.4.2.2 Zuordnung von KPI und Zielen zu den Steuerungsfeldern

Zur Operationalisierung der fünf Steuerungsfelder wurden KPI herangezogen. Sie setzen sich aus einer oder mehreren Inputgrößen zusammen, die Angaben zur Entwicklung der Zielrichtung und dem gegenwärtigen Stand im Zielbereich der KPI liefern (vgl. Kapitel 2.2.4.1). Die Inputgrößen wurden über IT-Kennzahlen abgebildet (vgl. Rudolph et al. 2008b, S. 10).

Wesentliche Grundlage für die Zusammenstellung der KPI und die Zuordnung geeigneter IT-Kennzahlen bildete das themenbezogene Schrifttum.[75] Ergänzungen wurden im Rahmen der iterativen Entwicklung mit Praxispartnern und Fachexperten vorgenommen. Um die Zusammenstellung der KPI ausgewogener zu gestalten, wurden in Anlehnung an Wies *et al.* (1997) die Managementzielsetzungen Qualität, Flexibilität und Produktivität (im Sinne von Effizienz) als Zuordnungsraster herangezogen. Die inhaltliche Auswahl der KPI orientierte sich an den Steuerungsobjekten.

Für die KPI wurden Ziele hinterlegt, die die Steuerungsrichtung und den Zweckbezug determinieren. Anregungen zur Ermittlung der Zielsetzungen lieferten vor allem Van der Zee (2002; 1996), Brogli (1996) und Wies *et al.* (Wies et al. 1997).

Tabelle 5-31 erfasst die zusammengestellten KPI für die fünf Steuerungsfelder mit ihren Zielen. Ergänzend wurden die Einsatzmöglichkeiten der KPI in den Planungs- und Steuerungsprozessen der Arbeit aufgezeigt, die im nachstehenden Kapitel erläutert werden.

---

[75] (vgl. z.B. ISACA 2005; Office of Government Commerce 2007a, 2007b; Kütz 2007; van der Zee 2002; Brogli 1996; Wies et al. 1997).

Steuerungsfeld	Aufstellung der KPI	Ziele zur Steuerung der KPI	Zuordnung der KPI zu Prozessgruppen				
			B	P	M	K	F
1 (Nutzenpotenziale und Services durch Anforderungen der Servicenehmer)	Qualität der Bereitstellung von IT-Services	• Kundenorientiert agieren • Qualität liefern • Leistungsfähigkeit der IT erhöhen • Qualität der Prozessdurchläufe verbessern	X				
	Anpassungsfähigkeit/ Flexibilität des IT-Serviceangebots	• Flexibel und bedarfsgerecht agieren • Effizient agieren • Änderungsdynamik erkennen		(X)	(X)		
	Anpassungsgrad der geplanten Bedarfe durch unterjährige Bedarfe	• Prozesstransparenz fördern • Wahrgenommener Servicepartner sein • Aktive Kommunikation fördern	X				
	Anwendungsgrad des IT-Service-Katalogs	• Nutzungsgrad und Akzeptanz erhöhen • Anwenderzufriedenheit erhöhen	X			X	
	Einhaltung fachlicher IT-Vorgaben	• Einheitliche Standards und Richtlinien durchsetzen • Ausnahmen transparent machen	X				X
2 (Wirtschaftlichkeit durch Finanzen/ Kosten der IT)	Budgetentwicklung	• Budgeteinhaltung sicherstellen • Planungsgenauigkeit erhöhen • Trends aus der Budgetentwicklung ableiten		X		X	
	Kapitalbindung der IT	• Kosteneffizient agieren • Umfang der Kapitalbindung der IT verringern		X	X	X	
	Kosten aus unterjährigen Bedarfen	• Prozesstransparenz schaffen • Prozessdurchläufe optimieren		X		X	X
	Kosten für externe IT-Unterstützung	• Fachexpertise zukaufen • IT-Personalressourcen entlasten		X	X	X	
	Kosten für intern erbrachte IT-Unterstützung	• Kostengünstig sein • Transparenz in Kostenstrukturen erhöhen • Optimierungspotenziale erkennen		X	X	X	
	Kosten zu fachlichen IT-Vorgaben	• Kostentransparenz schaffen • Verständnis bei Servicenehmern erhöhen		X		X	X
3 (Entwicklung und Innovation durch strategische Aspekte und Projekte)	Durchführungsqualität vom Projekten	• IT-Innovationen fördern • Planungsgenauigkeit und -zuverlässigkeit erhöhen • Qualität der Projektdurchführung erhöhen	X	X	X	X	
	Qualität von Business Cases	• Planungsgenauigkeit erhöhen • Qualität von Business Cases erhöhen • Durchführungsqualität transparent machen	X	X	X	X	
	Marktreife von IT-Services	• IT-Leistungsfähigkeit transparent machen • Schneller und flexibler reagieren	X		X		

Tabelle 5-31: **Zusammenstellung von KPI zu den Steuerungsfeldern**
(Quelle: Eigene Darstellung)[76]

---

[76] Unter Einbeziehung der zuvor genannten Quellen (Fußnote 75).

4 (Effizienz/ Leistung durch interne IT-Prozesse)	Prozessreife der IT-Servicebereitstellung	• Schlanke Prozessorganisation erreichen • Qualität und Qualitätsbewusstsein in der IT-Unterstützung fördern • Prozessreife erhöhen		X		X		
	Prozessreife der Planung und Steuerung	• Schlanke Prozessorganisation erreichen • Änderungsdynamik der Prozesse erkennen • Prozesstransparenz erhöhen	X	X	X	X	X	
	Leistungsgrad der IT-Landschaft	• Effizienzpotenziale der IT-Bereitstellung ausschöpfen • Standardisierungsgrad erhöhen			X	X		
	Risikowerte in Prozessen der IT-Servicebereitstellung	• Prozesstransparenz und Planungssicherheit erhöhen • Risikobewusstsein aktiv fördern	X	X	X	X	X	
5 (Einsparpotenziale durch IT-Mitarbeiter und Sachressourcen)	Arbeitsproduktivität der IT-Mitarbeiter	• Optimierungspotenziale erkennen • Ressourcenengpässe steuern • Qualifizierung der IT-Mitarbeiter fördern		X	X	X		
	Zufriedenheit der IT-Mitarbeiter	• Gutes Arbeitsklima fördern • Innovation/ Kreativität der IT-Mitarbeiter fördern				X		
	Qualität/ Effizienz der technischen Erbringung durch Sachressourcen	• Optimierungspotenziale erkennen • Leistungsfähig sein • Verfügbar sein			X	X	X	

(Fortführung Tabelle 5-31)

5.4.2.3 Aufschlüsselung der KPI über IT-Kennzahlen

Die IT-Kennzahlen verkörpern die Inputwerte der KPI, die vornehmlich als beeinflussbare Steuerungskennzahlen definiert wurden. Zur tiefergehenden Erläuterung wurden vereinzelt Informationskennzahlen ergänzt, um die Zielrichtung der Steuerungskennzahlen transparenter zu gestalten. Weitere Informationskennzahlen wurden jedoch nicht aufgenommen, da ihre Zusammenstellung meist sehr unternehmensindividuell erfolgt (vgl. z.B. Gladen 2003, S. 18-22).

Die Tabellen 5-32 bis 5-36 bilden für jedes Steuerungsfeld die Ausrichtung der KPI anhand der ihnen zugeordneten IT-Kennzahlen ab.[77] Sofern Informationskennzahlen angegeben wurden, sind sie unter der jeweiligen Steuerungskennzahl erfasst. Darüber hinaus wird erläutert, wie die KPI unter Einbeziehung des Zuordnungsrasters zur Bewertung der Steuerungsfelder beitragen. Die Erhebungsform der IT-Kennzahlen fokussiert vornehmlich quantitativ messbare IT-Kennzahlen. Das begründet sich mit dem Erhebungsaufwand, der für den Anwendungskontext mittelständischer Unternehmen besonderen Restriktionen bspw. stark begrenzter zeitlicher und personeller Ressourcen, unterliegt.

Steuerungsfeld 1

Tabelle 5-32 fasst die IT-Kennzahlen zum Steuerungsfeld 1 zusammen.

---

[77] Unter Einbeziehung der zuvor genannten Quellen (in Fußnote 75).

Die KPI 1, 2 und 4 bewerten die Qualität und Flexibilität der IT-Servicebereitstellung und des IT-Serviceangebots, wobei neben den überwiegend objektiv erfassbaren Daten einzelne subjektiv wahrgenommene Eindrücke der Servicenehmer ermittelt werden. Aus den ersten beiden KPI lassen sich ergänzend Aussagen zur Prozesseffizienz bei der Durchführung von Anforderungsänderungen der IT-Services ableiten. Sie können in regelmäßigen Berichten zur Leistungsfähigkeit der IT-Organisation kommuniziert und zur Prozessverbesserung herangezogen werden. KPI 3 analysiert die Handlungsflexibilität der IT im Prozess zur Bereitstellung unterjähriger Mengenmehrbedarfe, wobei explizit nach vermeidbaren und nicht vermeidbaren Bedarfen differenziert wird. Das zielt zusammen mit den KPI 4, 5 und teils mit KPI 2 auf die Erhöhung der Verbindlichkeit einer gezielten und strukturierten Bedarfserhebung und die Durchsetzung von IT-Vorgaben.

KPI	IT-Kennzahlen
Qualitätsgrad der Bereitstellung von IT-Services	Anzahl der Ausfälle geschäftskritischer Systeme / Gesamtanzahl der Ausfälle
	Durchschnittliche Wiederherstellungszeit (von Störung bis Wiedereinsatzfähigkeit des IT-Services)
	Reaktionszeit (Ticketeingang bis Bearbeitungsbeginn) <ul><li>Anzahl betreuter IT-Nutzer/ Anzahl Service-Desk-Mitarbeiter</li><li>Anzahl Störmeldungen/ Anzahl betreuter IT-Nutzer</li></ul>
	Eskalationsrate der IT-Services (von 1st auf 2nd, von 2nd auf 3rd Level Support)
	Erreichbarkeit im Servicefenster (Annahmezeit von Anrufen)
	Reopenquote bei Störungen (Incidents) / Anzahl gelöster Störungen (Incidents)
	Abdeckungsgrad der angeforderten IT-Services zum Gesamtangebot an IT-Services
	Anzahl der Verletzungen von vereinbarten Service-Levels mit FB / Monat <ul><li>Anzahl IT-Services mit abgeschlossenem SLA</li></ul>
Anpassungsfähigkeit/ Flexibilität des IT-Serviceangebots	Änderungsrate von Services (Anzahl realisierter Anforderungsänderungen / Gesamtanzahl Anforderungsänderungen für IT-Services)
	Abstimmungsaufwand bei Anforderungsänderungen (Anzahl der Abstimmungsrunden bis zur Genehmigung und Realisierung der Änderungen)
Anpassungsgrad der geplanten Bedarfe durch unterjährige Bedarfe	Anteil ungeplanter unterjähriger Bedarfe / Gesamtanzahl umgesetzer unterjähriger Bedarfe
	Anzahl vermeidbarer unterjähriger Bedarfe / Gesamtanzahl ungeplanter unterjähriger Bedarfe
Anwendungsgrad des IT-Service-Katalogs	Anwendung IT-Service-Katalog durch betreute IT-Nutzer (Ex-post-Befragung)
	Klickrate auf IT-Service-Katalog / Anzahl betreuter IT-Nutzer
Einhaltung fachlicher IT-Vorgaben	Anzahl realisierter begründeter Ausnahmen / Anzahl angeforderter Ausnahmen
	Anzahl der Verletzungen der fachlichen IT-Vorgaben

Tabelle 5-32: ***IT-Kennzahlen zum Steuerungsfeld 1***
(Quelle: Eigene Darstellung in Anlehnung an (Rudolph et al. 2008b, S. 36))

Steuerungsfeld 2

Im Mittelpunkt des Steuerungsfeldes steht die Bewertung von Kosten- und Budgetstrukturen. Die zugeordneten IT-Kennzahlen besitzen in der Regel eine hohe Managementrelevanz, vor allem bei der GF (vgl. z.B. Buchta et al. 2004, S. 120f.). Tabelle 5-33 listet zentrale IT-Kennzahlen auf.

Generell stellen die KPI insbesondere für die Prozesse der Kostenverrechnung und Kostenüberwachung zentrale Inputgrößen dar. KPI 1 und der Budgetausschöpfungsgrad in KPI 2 bewerten die Qualität der Kostenplanung und Kostensteuerung. KPI 2 hingegen erlaubt Aussagen zur Flexibilität in der Kapitalverwendung der IT. Das fließt in die Sicherstellung der Ressourcenverfügbarkeit, die Kostenverteilung (z.B. bei Abschreibungen) und die Mengenverteilung ein. Zudem geben KPI 2, 4 und 5 Auskunft zu bestehenden Restriktionen in der Neuverteilung wie in der originären Planung der Kosten.

KPI	IT-Kennzahlen
Budgetentwicklung	Eingehaltenes IT-Budget (Ist-Budget/ Plan-Budget)
	Anteil IT-Investitionsbudget / Gesamtbudget IT
	Summe der Neugenehmigungen an IT-Investitionen
	Anteil IT-Budget für laufende Kosten / Gesamtbudget IT
	Anteil des IT-Budgets, das auf FB verrechnet wird / Gesamtbudget IT
Kapitalbindung der IT	Kosten aus Überlizenzierungen / Jahr
	Kosten aus Unterlizenzierungen / Jahr
	Anteil gekaufter HW und SW / Gesamtkosten HW und SW
	Anzahl der Tauschzyklen für Hardware und Software / Jahr
	Summe der IT-Neuinvestitionen / Monat oder Quartal
	Summe der IT-Abschreibungen / Monat oder Quartal
	Budgetausschöpfungsgrad der IT-Investitionen (Anteil der angefallenen Aufwände für IT-Investitionen / Gesamtausgaben für IT-Investitionen)
Kosten aus unterjährigen Bedarfen	Anteil der IT-Kosten aus nicht budgetierten Kostenpositionen (durch unterjährige Bedarfe) / Gesamtkosten IT
	Anteil der IT-Kosten für vermeidbare unterjährige Bedarfe / Gesamtkosten IT
Kosten für externe IT-Unterstützung	Anteil IT-Kosten für externe Beratung / Gesamtkosten IT
	Kosten IT-Outsourcing / Gesamtkosten IT
	Monatliche Kostenverteilung auf externe Beratertage in IT
Kosten für intern erbrachte IT-Unterstützung	Kostenanteile nach Ressourcenarten sortiert
	Kostenanteile nach IT-Services sortiert
Kosten zu fachlichen IT-Vorgaben	Summe der (zusätzlichen) IT-Kosten für die Realisierung von Ausnahmen zu fachlichen IT-Vorgaben

Tabelle 5-33:   *IT-Kennzahlen zum Steuerungsfeld 2*
(Quelle: Eigene Darstellung in Anlehnung an (Rudolph et al. 2008b, S. 40))

KPI 3, 4 und 5 verdeutlichen Effizienz- und Optimierungspotenziale in der IT-Servicebereitstellung. Ergänzend bewertet KPI 3 die Durchführungsqualität der Bedarfserhebung, indem die Kosten und Auswirkungen vermeidbarer unterjähriger Bedarfe transparent gemacht werden. Das gilt gleichermaßen für Ausnahmen von den fachlichen IT-Vorgaben durch KPI 6. Hieraus lassen sich Verbesserungspotenziale zur Steuerung zukünftiger Planungen ableiten.

Steuerungsfeld 3

KPI 1 vermittelt den Stellenwert von Innovation und Entwicklung, in dem die Qualität der Projektdurchführung und das Ausmaß realisierter (strategischer) Projekte bewertet werden. Während die IT-Kennzahlen zu Projekterfolg und aufgetretenen Ressourcen- und Finanzierungskonflikten Einschränkungen in der Mengen- und Kostenverteilung aufzeigen, lassen sich aus den übrigen IT-Kennzahlen indirekte Aussagen zur Reaktionsfähigkeit auf und zu Auswirkungen von Flexibilitätsanforderungen in mittelständischen Unternehmen ableiten. Das umschließt z.B. Verschiebungen auf Grund nicht beeinflussbarer unterjähriger Bedarfe. Tabelle 5-34 umfasst die IT-Kennzahlen zum Steuerungsfeld 3.

KPI 2 bewertet Business Cases hinsichtlich der Treffsicherheit der Projektnutzenbewertung. Das beeinflusst die Qualität der Bedarfserhebung, vor allem bei der Beratung der FB durch die IT-Organisation. Die Erstellung von Business Cases erweist sich auch in mittelständischen Unternehmen als essenziell, da diese den Wertbeitrag der IT zu betrieblichen Innovationen transparent machen (vgl. Buchta et al. 2004, S. 121f.). Deshalb stellen KPI 1 und insbesondere KPI 2 bei der Genehmigung von FB- und IT-Budget sowie bei der Beantragung unterjähriger Mengenmehrbedarfe respektive Budgetänderungen zentrale Entscheidungsparameter dar.

KPI	IT-Kennzahlen
Durchführungs-qualität vom Projekten	Anzahl erfolgreich abgeschlossener Projekte (mit Termin-, Kosten-, Qualitätstreue)
	Anzahl verschobener bzw. nicht umgesetzter Projekte der FB / Gesamtanzahl FB-Projekte • Anzahl der unternehmensinternen FB-Projekte, die durch unterjährige unternehmensexterne Anforderungen nicht realisiert werden konnten
	Anzahl verschobener bzw. nicht umgesetzter Projekte der IT / Gesamtanzahl IT-Projekte • Anzahl der unternehmensinternen IT-Projekte, die durch unterjährige unternehmensexterne Anforderungen nicht realisiert werden konnten
	Anteil der Projekte, bei denen nach Genehmigung Ressourcen- und bzw. oder Finanzierungskonflikte aufgetreten sind / Gesamtanzahl Projekte
	Anteil der strategischen FB- und IT-Projekte / Gesamtanzahl Projekte
Qualität von Business Cases	Kapitalwertmethode
	Kostenvergleich
	Nachkalkulation der Projekte (Abgleich geplante Kosten mit Ist-Kosten des Projekts)
	Anzahl erreichter und nicht erreichter Business Cases an Projekten
	Anteil der FB- und IT-Projekte, die erwarteten Nutzen übertreffen / Gesamtanzahl Projekte
	Wahrgenommener Projektnutzen der Anwender (Befragung)
Marktreife von IT-Services	Dauer bis zur produktiven Bereitstellung eines neuen IT-Services (Zeitraum der schriftlichen Fixierung der Anforderungsänderung bis zur Veröffentlichung im IT-Service-Katalog

Tabelle 5-34:   *IT-Kennzahlen zum Steuerungsfeld 3*
(Quelle: Eigene Darstellung in Anlehnung an (Rudolph et al. 2008b, S. 37))

KPI 3 gibt Aufschluss über die Qualität der IT-Serviceentwicklungsprozesse respektive über die Prozessreife zur Erstellung neuer IT-Services. Denn die Aktualität des IT-Service-Katalogs wirkt sich bei der Auswahl der IT-Services in den Prozessen der Bedarfserhebung sowie der Bereitstellung unterjähriger Mengenmehrbedarfe aus.

Steuerungsfeld 4

Die KPI im Steuerungsfeld 4 dienen der Steuerung der IT-internen Prozessreife und Prozesstransparenz, die bspw. auf Grund von Veränderungen in der Kreditvergabe (Basel II) für mittelständische Unternehmen und die dazu erforderliche Transparenz und langfristige Planung der Unternehmenssicherung gefordert werden (vgl. Vohl 2004, S. 40ff.). Tabelle 5-35 zeigt die zugeordneten IT-Kennzahlen.

Die Qualität und Effizienz in den Prozessdurchläufen zur IT-Servicebereitstellung und deren Planung und Steuerung werden in KPI 1 und 2 erfasst. Während KPI 1 vor allem in den Pro-

5.4 Modellkomponente zu Schlüsselkenngrößen der servicebasierten Planung und Steuerung

zessen zur Bedarfserhebung, der Bereitstellung unterjähriger Mengenmehrbedarfe und der Mengenüberwachung Eingang findet, lassen sich vor allem mit KPI 2 Optimierungspotenziale in der Prozessdurchführung der Planung und Steuerung ableiten. Darüber hinaus verdeutlicht KPI 1 ebenso die Qualität und Aktualität der IT-Servicedokumentation. Hierzu wird zur objektiveren Beurteilung bewusst ein externes Vergleichsmaß einbezogen. Weiterhin sind KPI 1 und KPI 3 zentrale Inputfaktoren zu Ressourceneinsatz und Ressourcenverfügbarkeit. KPI 3 bewertet die Prozesseffizienz und zeigt Synergiepotenziale, wie z.B. mit dem Systemintegrationsgrad. Die Werte dieser drei KPI lassen sich mit Umsetzung von Modellkomponente 2 positiv beeinflussen.

KPI	IT-Kennzahlen
Prozessreife der IT-Servicebereitstellung	Anzahl der Anforderungsänderungen im IT-Service-Katalog durch neue IT-Services (Anzahl der Service Requests)
	Vollständigkeit IT-Service-Katalog (Anteil der definierten IT-Services / Gesamtanzahl der FB-Bedarfe)
	Anteil der IT-Services und IT-Serviceprozesse, die einem Benchmarking unterworfen werden
	Durchschnittliche Ausfallzeit (auf Grund unzureichender IT-Kapazität und / oder IT-Leistung) / Gesamtbetriebszeit IT-Systeme
	Überschreitungsgrad der vereinbarten Servicezeit (vom Anforderungseingang bis zur Bereitstellung von IT-Services)
Prozessreife der Planung und Steuerung	Änderungshäufigkeit der Planungs- und Steuerungsprozesse • Anzahl der Verbesserungsvorschläge pro Quartal
	Dokumentationsgrad der Planungs- und Steuerungsprozesse
	Dokumentationsgrad der Rollen in Planungs- und Steuerungsprozessen
	Zufriedenheit der Prozessbeteiligten mit Prozessen (Befragung)
Leistungsgrad der IT-Landschaft	Anzahl an Lizenzen aus Überlizenzierungen / Jahr
	Anteil der IT-Systeme mit durchgehender Einbettung bzw. Integration in Geschäftsprozesse / Gesamtanzahl an Systemen
	Anzahl der automatisierten Belege / Gesamtanzahl Belege im IT-System
Risikowerte in Prozessen der IT-Servicebereitstellung	Anzahl der hochpriorisierten (Prio 1-) Risiken in der IT / Gesamtanzahl priorisierter Risiken
	Anzahl an Lizenzen aus Unterlizenzierungen / Jahr
	Anzahl festgestellter Sicherheitsvorkommnisse
	Anzahl offener nicht umgesetzter Sicherheitsmaßnahmen / Anzahl Sicherheitsvorkommnisse
	Anzahl nicht erledigter Maßnahmen, die von interner und externer Revision gefordert werden
	Anzahl von nicht geplanten Änderungen wegen drohender Risiken / Gesamtanzahl durchgeführter Änderungen

Tabelle 5-35:   *IT-Kennzahlen zum Steuerungsfeld 4*
(Quelle: Eigene Darstellung in Anlehnung an (Rudolph et al. 2008b, S. 38))

KPI 4 zeigt die Qualität der umgesetzten Risikobeherrschung. Die Aussagen sind für sämtliche Planungs- und Steuerungsprozesse von Relevanz. Ein hoher Dokumentationsgrad stellt dabei eine gute Voraussetzung dar. Die identifizierten Risikoaspekte fließen als zentrale Entscheidungsparameter vor allem in Budgetgenehmigungen der FB und IT sowie bei unterjährigen Budgetänderungen ein.

Steuerungsfeld 5

Die aufgezeigten KPI und IT-Kennzahlen zielen auf einen effektiven und effizienten Ressourceneinsatz (Tabelle 5-36).

KPI 1 und KPI 3 geben Input für die Sicherstellung der Ressourcenverfügbarkeit und die Ermittlung der Planabweichungen in der Mengenüberwachung. KPI 1 bewertet die Arbeitsproduktivität, Aufgabenverteilung und Arbeitseffizienz der IT-Personalressourcen. Zusammen mit KPI 3 vermitteln beide darüber hinaus Restriktionen und daraus entstehende Auswirkungen auf Grund von Flexibilitätsanforderungen an die IT-Unterstützung. Diese Anforderungen sind insbesondere in den Prozessen der Planung, Mengen- und Kostenverteilung zu berücksichtigen. Abschließend werden alle drei KPI bei der Ermittlung von Optimierungspotenzialen im Mengenverbrauch herangezogen.

KPI	IT-Kennzahlen
Arbeitsproduktivität der IT-Mitarbeiter	Anzahl IT-Mitarbeitertage für strategische Projekte / Gesamtanzahl IT-Mitarbeitertage in Projekten
	Anzahl IT-Mitarbeitertage für operative Aufgaben (Tagesgeschäft) / Gesamtanzahl IT-Mitarbeitertage
	Anzahl IT-Mitarbeitertage für Projekte / Gesamtanzahl IT-Mitarbeitertage
	Anzahl IT-Mitarbeitertage für Qualifikationen und Weiterbildung / Gesamtanzahl IT-Mitarbeiter
	Anzahl externe Beratertage in IT / Monat
	Erfasste Arbeitsstunden der IT-Mitarbeiter (Ist) / Gesamtanzahl Arbeitsstunden der IT-Mitarbeiter
	Anteil der Überstunden der IT-Mitarbeiter / Gesamtanzahl Ist-Arbeitzeit der IT-Mitarbeiter
Zufriedenheit der IT-Mitarbeiter	Anzahl Verbesserungsvorschläge der IT-Mitarbeiter / Monat
	Zufriedenheit der IT-Mitarbeiter (Befragung)
	• Krankheitsquote IT-Mitarbeiter / Monat
Qualität/ Effizienz der technischen Erbringung durch Sachressourcen	Verfügbarkeit der Systeme
	Antwortzeiten der Server
	Auslastungsgrad kritischer Server
	Ausfallzeit der Server
	Wachstumsrate Speicherplatzbedarf
	Anzahl Desktopanwendungen / Anzahl betreuter IT-Nutzer

Tabelle 5-36:   *IT-Kennzahlen zum Steuerungsfeld 5*
(Quelle: Eigene Darstellung in Anlehnung an (Rudolph et al. 2008b, S. 39))

Hinweise für ein Bewertungsschema

Die Bewertung der Steuerungsfelder ergibt sich aus der zusammengefassten Bewertung der Einzelwerte der jeweils zugeordneten KPI. Gleichermaßen werden die Ausprägungen der IT-Kennzahlen eines KPI zu einem Aussagewert aggregiert.

Die Positionierung gegenüber den festgelegten Zielwerten kann bspw. über die Zuordnung zu den drei Ampelfarben oder definierte Punktebereiche erfolgen. Damit lassen ebenso Gewichtungen einzelner KPI oder IT-Kennzahlen berücksichtigen (vgl. Rudolph et al. 2008b, S. 41). Die Abgrenzung der Bewertungsbereiche kann auf Erfahrungswerten aufbauen. Sofern hierzu keine existieren, ist deren Bestimmung ebenfalls zu einem späteren Zeitpunkt möglich. Um die Einführung eines solchen Bewertungsschemas zu erleichtern, soll bereits im Rahmen erster KPI-Zusammenstellungen eine transparente Regelung beschrieben und dokumentiert werden. Denn hiermit wird eine wesentliche Grundlage für Umfang und Ausmaß der abzuleitenden Steuerungsbedarfe gelegt.

5.4.3 Zusammenfassung

In Modellkomponente 3 wurde ein Set an Schlüsselkenngrößen erarbeitet, die unter Berücksichtigung des Anwendungskontextes auf die Bewertung der Strukturierung des IT-Serviceangebots und der Planungs- und Steuerungsprozesse dieser Arbeit abgestimmt sind. Damit wurde abschließend **Forschungsfrage 4** beantwortet und gleichermaßen die der Modellkomponente 3 zugeordneten Anforderungen realisiert.

Mit der Ausgestaltung der Schlüsselkenngrößen als KPI wurde eine Darstellungsform gewählt, die komplexe Sachverhalte verständlich und kompakt vermittelt sowie konkrete Steuerungsbedarfe aufzeigt. Das unterstützt eine direkte Einflussnahme auf die Entwicklung der Kenngrößen im Verlauf des Planungszyklus. Die einzelnen KPI wurden anhand ihnen zugeordneter IT-Kennzahlen operationalisiert. Aus ihren Einzelbewertungen ergibt sich, in Abhängigkeit der Ausprägung, die Gesamtbewertung der KPI. Als Referenzpunkt der Bewertung wurden für jeden KPI Ziele definiert, um Positionierungen in einem abgegrenzten Zielbereich vornehmen zu können. Das unterstützt bspw. das Nachhalten des Umsetzungsfortschritts bei einer praktischen Anwendung der Modellkomponenten 1 und 2. Zur differenzierteren Zuordnung von KPI wurden die Steuerungsobjekte zuvor thematisch in fünf Steuerungsfelder zerlegt. *Anforderung 16* wurde hiermit umfassend realisiert.

Mit der mehrstufigen Strukturierung der Schlüsselkenngrößen wurden das Vorgehen und die Bedeutung der Kenngrößen transparent und nachvollziehbar gemacht. Das erleichtert eine modulare und kontextbezogene Anpassbarkeit in Umfang und Inhalt. Ergänzend wurden Restriktionen hinsichtlich des realisierbaren Erhebungsaufwands einbezogen, die bei einer praktischen Anwendung in mittelständischen Unternehmen eine zentrale Rolle spielen. Der Großteil der IT-Kennzahlen wurde deshalb mittels quantitativ erfassbarer Größen definiert, die meist mit einem erheblich geringeren zeitlichen und personellen Aufwand ermittelbar sind wie z.B. Zufriedenheitsumfragen. *Anforderung 2* und *Anforderung 15* konnten hierdurch gleichermaßen umgesetzt werden.

Für die Zusammenstellung der Kenngrößen wurde die geeignete Literatur einbezogen, die bereits zahlreiche Auf- und Ausarbeitungen umfasst, welche sich für den vorliegenden Kontext eignen (*Anforderung 4*). Die Diskussionen mit den Praxispartnern zeigten, dass vor allem die Auswirkungen vermeidbarer unterjähriger Bedarfe und die daraus entstehenden Kosten in der Bewertung zu berücksichtigen sind. Dazu liefert das Schrifttum bisher wenig Anhaltspunkte.

6 Fazit und Ausblick

Die zentrale Zielsetzung der Dissertation bestand in der Entwicklung eines umfassenden Modellansatzes zur servicebasierten Planung und Steuerung der IT-Infrastruktur für den Anwendungskontext mittelständischer Unternehmen. Er beinhaltet drei durchgängig verknüpfte Modellkomponenten, die jeweils eine Forschungsfrage beantworten. Der Neuigkeitsgehalt begründet sich aus der Kombination dieser Modellkomponenten, verbunden mit einer mittelstandsbezogenen Betrachtung. Die erarbeiteten Ergebnisse werden im Folgenden zusammengefasst.

Im einleitenden **Kapitel 1** wurde auf Grundlage der erläuterten Problemstellung die Zielsetzung der Arbeit anhand von vier Forschungsfragen festgelegt. Daran anknüpfend wurde die wissenschaftstheoretische Grundposition in Verbindung mit der Forschungsstrategie und den Forschungsmethoden bestimmt, nach denen das entwickelte Modell mittels eines explorativen Forschungsansatzes im Kontext der gestaltungsorientierten Forschung aufsetzt. Damit wurde die notwendige Voraussetzung zur Verständnisbildung über den Aufbau und die Vorgehensweise der Dissertation gelegt.

Darauf aufbauend wurden in **Kapitel 2** die theoretischen Grundlagen zur Zielsetzung der Arbeit aufbereitet und kritisch reflektiert. Das umfasste die Festschreibung grundlegender Begriffsdefinitionen, die strukturierte Ein- und Abgrenzung der relevanten Themenbereiche zur servicebasierten Planung und Steuerung der IT-Infrastruktur sowie das Herausstellen deren Bedeutung als zentrale Managementaufgabe der IT.

Kapitel 3 widmete sich dem Anwendungskontext mittelständischer Unternehmen, indem die heterogenen Mittelstandsdefinitionen im Schrifttum aufgezeigt und die Schwierigkeit der eindeutigen Begriffsabgrenzung verdeutlicht wurden. Das führte zur Festlegung des für die Arbeit geltenden Mittelstandsverständnisses. Anschließend wurde die Rolle der IT im Mittelstand erläutert und die Bedeutung seiner gesonderten Betrachtung für die zu Grunde liegende Zielsetzung herausgestellt. Denn bisher existierten im Schrifttum nur wenige Ansätze, die zudem für eine praktische Anwendung unzureichend detailliert waren.

Doch gerade hier lag ein Kernpunkt des Modellansatzes der Arbeit begründet. Außerdem bot die Literatur kaum konkrete Anhaltspunkte zu damit verbundenen Anforderungen der mittelständischen Praxis. Diese Lücke wurde in **Kapitel 4** mit der Durchführung der empirischen Untersuchung aufgegriffen und bearbeitet. Unter Anwendung adäquater qualitativer Forschungsmethoden wurden 13 Unternehmen aus den sehr mittelstandsdurchzogenen Industriezweigen „Automobilzulieferer" und „Maschinen- und Anlagenbau" in einer Interviewserie befragt. Es wurden zwei Fragestellungen analysiert.

Die erste Fragestellung zielte auf die Ermittlung des Ist-Standes zur servicebasierten Planung und Steuerung der IT-Infrastruktur, indem Vorgehensweisen der Planung und Steuerung, die Etablierung von IT-Servicestrukturierungen oder eingesetzte Kennzahlen analysiert wurden. Hieraus wurden Stärken, Schwächen und vor allem Verbesserungsbedarfe identifiziert, die Gestaltungsvorgaben für die Entwicklung des Modells lieferten. Die zweite Fragestellung erstreckte sich auf die Ermittlung der mittelständischen Besonderheiten, die sich in den befragten Unternehmen auf die Themen der ersten Fragestellung auswirkten. Außerdem wurde anhand der Erkenntnisse eine Präzisierung des in Kapitel 3 erarbeiteten Mittelstandsverständnisses vorgenommen. Zur Objektivierung der Aussagen und Erhöhung der Validität wurden neben den Unternehmen drei Personen aus dem mittelstandsbezogenen Beratungsumfeld befragt. Die Ergebnisse wurden darüber hinaus ebenfalls mit drei Beraterpersonen zwecks kritischer Reflexion diskutiert, wobei die Ergebnisse bestätigt wurden.

Der theoretische Beitrag liegt insbesondere im Vergleich des zuvor analysierten Schrifttums hinsichtlich dessen Anwendung und Relevanz in der befragten Praxis. Die Zielsetzung bestand in der Identifikation und Begründung von Überschneidungen und Lücken zwischen Literatur und den empirisch ermittelten Unterstützungsbedarfen. Es wurde festgestellt, dass in der IT-Servicestrukturierung vor allem aber in den Planungs- und Steuerungsprozessen deutliche Unterschiede bestehen. Das ist mit dem unzureichend berücksichtigten Mittelstandsbezug der Ansätze und der damit erforderlichen Detaillierung für eine praktische Anwendbarkeit begründbar. Die Erkenntnisse zeigen, dass die Flexibilität, die Einflussnahme der GF, der Betrachtungsumfang, die starke Ressourcenbegrenzung und aufbauorganisatorische Aspekte eine zentrale Rolle spielen.

Die wenig gestaltungsbezogenen Ausführungen in der Literatur erwiesen sich meist als zu komplex und es fehlten umfassende Anknüpfungspunkte. Aus dem Vergleich wurden 16 strukturelle Anforderungen an die Modellgestaltung abgeleitet, welche die Grundlage für die Ausarbeitung der Modellkomponenten in Kapitel 5 darstellten. Damit wurde in diesem Kapitel die **Forschungsfrage 1** beantwortet.

Zur Realisierung der Anforderungen wurde der übergreifende Betrachtungsumfang des entwickelten Modells bewusst eingegrenzt und „schlank" gehalten, während die Ausgestaltung der Modellkomponenten zugleich sehr detailliert erfolgte (**Kapitel 5**). Das zielte auf die Reduzierung des erforderlichen Anpassungsaufwandes, um die praktische Anwendbarkeit in Aufbau und Pflege, auch bei starker Ressourcenbegrenzung, zu unterstützen. In Verbindung mit den zuvor aufgezeigten Aspekten grenzt sich das Modell somit von Ansätzen und Rahmenwerken wie bspw. ITIL oder CobiT ab und liefert gleichermaßen einen wissenschaftlichen Beitrag. Aus Gründen des neuartigen Betrachtungswinkels des Modells basierte der Entwicklungsprozess auf einer iterativen Vorgehensweise, die die empirischen Erkenntnisse aus der Interviewserie und aus der kontinuierlichen Einbindung der Praxispartner reflektierte und berücksichtigte. Das führte zu einem hohen Praxisbezug der Ergebnisse.

Kernpunkt der **Modellkomponente 1** bildete die Entwicklung von Gestaltungshilfen zur Strukturierung und Beschreibung des IT-Serviceangebots. Zunächst wurde ein Reifegradmodell für IT-Service-Kataloge erarbeitet, das den Umsetzungsgrad der IT-Servicestrukturierung und -dokumentation anhand eines qualitativen Bewertungsrahmens beurteilt. Das ist zentrale Voraussetzung, um die Anknüpfungspunkte zur Erfassung des IT-Serviceangebots zu fixieren. Das Schrifttum bot bisher keine dedizierten mittelstandsbezogenen Ansätze, so dass mit dem Reifegradmodell ein weiterer wissenschaftlicher Beitrag geleistet wurde.

6 Fazit und Ausblick

Daran anknüpfend wurden formale Gestaltungsstrukturen für IT-Services und für IT-Service-Kataloge unter Einbeziehung des Schrifttums und der analysierten mittelstandsbezogenen Besonderheiten entwickelt. Der wissenschaftliche und praktische Neuigkeitsgehalt begründet sich in der konkreten formalen wie in der exemplarischen inhaltlichen Ausgestaltung der Strukturen. Sie unterstützen zum einen eine durchgängige zentral verankerte Strukturierung und Beschreibung des IT-Serviceangebots, die für alle Serviceakteure verständlich gestaltet ist. Zum anderen berücksichtigen sie in Komplexität, Umfang und Zweckbezug mittelstandsbezogene Besonderheiten wie bspw. eine flexible Anwendung und Anpassbarkeit oder eine starke Ressourcenbegrenzung.

Aus diesem Grund wurden die Strukturen modular aufgebaut, was eine mehrfache Verwendung von IT-Servicebestandteilen und deren Beschreibungen in einem Dokument unterstützt. Damit lässt sich der Erstellungs- und Pflegeaufwand erheblich reduzieren. Mit der inhaltlichen Ausgestaltung wurden die formalen Gestaltungshilfen konkretisiert, indem ein vollständig beschriebener IT-Service und eine Musterstruktur für IT-Service-Kataloge erarbeitet wurden.

Mit der Erarbeitung der formalen Gestaltungsstrukturen und ihrer inhaltlichen Beschreibung wurde **Forschungsfrage 2** vollständig beantwortet.

Gemäß der engen Verzahnung der Modellkomponenten diente die formale Gestaltungsstruktur als Grundlage für die anschließende Planung und Steuerung. Die drei Strukturierungsebenen bildeten den durchgängig verwendeten Gegenstand für alle Planungs- und Steuerungsaktivitäten. Damit wird die integrierte Betrachtung von Planungs- und Steuerungsbedarfen sichergestellt, was ebenfalls die Verständnisbildung, vor allem bei den Servicenehmern, fördert.

Im Mittelpunkt von **Modellkomponente 2** lag die Modellierung von ausgewählten Prozessen zur Planung und Steuerung der IT-Infrastruktur mit den zugehörigen Prozessinformationen. Letzteres umfasste den Prozessablauf, Interdependenzen und Schnittstellen sowie die involvierten Rollen und die zentralen Input- und Outputfaktoren. Entsprechend des Betrachtungsfokus des Modells wurde der Gesamtumfang der Prozesse eingegrenzt. Gleichzeitig wurden die modellierten Prozesse sodann sehr detailliert ausgestaltet und in ihren Abhängigkeiten und Wirkungsweisen aufeinander abgestimmt. Das erleichtert die notwendige Anpassbarkeit bei einer praktischen Umsetzung.

Mit den Prozessen wurde eine detaillierte Strukturierungs- und Dokumentationsvorlage entwickelt, die für viele mittelständische Unternehmen bereits einen Mehrwert darstellt. Denn durch die Vorlagen wird eine systematische Einbeziehung der Serviceakteure unterstützt, was eine strukturierte Bedarfserhebung und somit die Reduzierung vermeidbarer unterjähriger Bedarfe, die Erhöhung der Planungsgenauigkeit oder das Transparentmachen von Abläufen und Rollenbeteiligungen konsequent einfordert.

Ferner wurde in der Prozessmodellierung die Wirkung von Flexibilitätsanforderungen durch die Erarbeitung von Handlungsalternativen und ihren Auswirkungen explizit berücksichtigt. Mit der Vorgabe der Alternativen wird eine raschere Entscheidungsfindung unterstützt. Eine weitere mittelstandsbezogene Besonderheit stellt die Einflussnahme der GF auf operative

Prozessabläufe dar, die zusammen mit den daraus entstehenden Auswirkungen ebenfalls in die Prozessmodellierung einbezogen wurde.

Auf Grund der großen Heterogenität mittelständischer Unternehmen sollte insbesondere die Anwendung in unterschiedlichsten Verfahrens- und Ablaufkontexten ermöglicht werden. Das lässt sich über einen modularen Aufbau erreichen, der eine individuelle Zusammenstellung der benötigten Prozesse und Prozessinformationen ermöglicht. Damit wird dem Vorbehalt begegnet, durch die Prozesse eine zu stark fixierte Ablauforganisation vorzugeben.

In die Ausgestaltung der Modellkomponente 2 wurden die relevanten Ansatzpunkte in der Literatur berücksichtigt. Sie konnten jedoch den in der Arbeit zu Grunde gelegten Detaillierungsgrad der Planungs- und Steuerungsprozesse sowie die Fülle an Prozessinformationen verbunden mit der durchgängigen IT-Servicestruktur nicht dergestalt abbilden. Im Rahmen der praktischen Umsetzung können die modellierten Prozesse deshalb als Strukturgerüst mit Soll-Charakter herangezogen werden.

Entsprechend den ausgeführten Ergebnissen wurde die **Forschungsfrage 3** beantwortet.

Die **Modellkomponente 3** beinhaltet ein Set an Schlüsselkenngrößen, die zur Bewertung der IT-Servicestrukturierung und der Planung und Steuerung der IT-Infrastruktur zusammengestellt und aufeinander abgestimmt wurden. Die Zusammensetzung der Schlüsselkenngrößen wurde erläutert und begründet, so dass hieran anknüpfend eine flexible kontextspezifische Anpassbarkeit unterstützt wird. In die Erarbeitung wurde das relevante Schrifttum, das bereits umfangreiche Auflistungen umfasste, einbezogen und ergänzt. Gemäß der engen Verzahnung der Modellkomponenten wurden anschließend adäquate Einsatzmöglichkeiten der Schlüsselkenngrößen in den beiden Modellkomponenten 1 und 2 aufgezeigt. **Forschungsfrage 4** wurde hierdurch abschließend beantwortet.

Die Ausführungen haben gezeigt, dass das in der Arbeit entwickelte Modell einen Ansatzpunkt zur Umsetzung der servicebasierten Ausrichtung der IT-Organisation in mittelständischen Unternehmen bietet. Hierzu wurde ein aufeinander abgestimmtes Set an praxisorientierten Gestaltungshilfen, Prozessmodellen und Schlüsselkenngrößen erarbeitet. Damit wurde ein Beitrag zur konkreten Ausgestaltung der servicebasierten Planung und Steuerung der IT-Infrastruktur für den Anwendungskontext mittelständischer Unternehmen geleistet, der die Lücke zu existierenden Ansätzen, die bisher zu komplex, zu wenig detailliert oder anders fokussiert sind, aufgreift und bearbeitet hat.

Auf der Grundlage der zusammengefassten Ergebnisse der Dissertation wird im Folgenden ein Ausblick zum weiteren Ausbau und zur operativen Umsetzung gegeben. Abschließend werden weitere Forschungsbedarfe aufgezeigt.

Um den Praxisbezug und die Validität der Ergebnisse zu erhöhen, kann der Modellansatz in seiner Gesamtheit im mittelständischen Anwendungskontext empirisch erprobt werden. Ausgewählte Bestandteile der Modellkomponenten, wie z.B. die Gestaltungsstrukturen für IT-Services und für IT-Service-Kataloge sowie einzelne Schlüsselkenngrößen, befinden sich

6 Fazit und Ausblick

gegenwärtig bei einigen der einbezogenen Praxispartner in Umsetzung. Aus der Begleitung dieser Unternehmen könnten z.b. praktisch fundierte Umsetzungskonzepte erarbeitet werden.

Ein Ausbau der Gestaltungsstrukturen ließe sich mit der Entwicklung einer Software erreichen, welches das komplette IT-Serviceangebot webbasiert abbildet. Dabei unterstützen die drei Strukturierungsebenen einerseits eine einfache rollenspezifische Trennung der Akteurssichten von Servicenehmer und Servicegeber, so dass eine gezielte Freischaltung erfolgen kann. Andererseits lassen sich die auf der Ebene der Servicemodule verankerten Wahlmöglichkeiten, wie z.B. Leistungsbestandteile, Qualitätsparameter, Mengen oder Preise, in einem solchen Werkzeug zentral anlegen und anschließend kontextspezifisch zusammenstellen. Auf Grund dieser Mehrfachkombinationen von Bestandteilen (bspw. Serviceelemente, Service-Level-Klassen) kann das IT-Serviceangebot einfach gepflegt werden. Das ist für mittelständische Unternehmen mit einer starken Ressourcenbegrenzung von großer Bedeutung.

Darüber hinaus unterstützt eine softwarebasierte Abbildung das Transparentmachen von Statusangaben zum Bestellvorgang oder zum Genehmigungsprozess der angeforderten IT-Services. Das ist vor allem bei unterjährigen Bedarfen oder bei größeren Budgetpositionen sehr sinnvoll, die in mittelständischen Unternehmen oftmals separat von der GF genehmigt werden. Die Entwicklung einer derartigen Software wird von der einbezogenen Praxis sehr begrüßt.

Eine softwaregestützte Umsetzung ist ebenso für die Planung und Steuerung denkbar. Bekannte Planungswerkzeuge, wie z.B. Alfabet, eignen sich auf Grund ihrer Komplexität und ihres Betrachtungsfokus bisher nicht, um die in der Arbeit modellierten Prozesse abzubilden. Dennoch könnte die bisher häufig mittels einfacher Tabellenkalkulationsprogrammen durchgeführte Planung und Steuerung der Mengen und Kostenpositionen durch eine integrierte werkzeugbasierte Darstellung ersetzt werden. Ein weiterer Mehrgewinn würde darin bestehen, die in den Planungs- und Steuerungsprozessen erzeugten bzw. bearbeiteten Formulare gleichermaßen einbinden zu können.

Aufbauend auf diesen Ausbaumöglichkeiten zu den Ergebnissen der Arbeit wurden im Rahmen der Forschungstätigkeit Lücken auf der Wissenschaftslandkarte entdeckt, die es in weiteren Forschungsvorhaben zu schließen gilt.

IT-Services sind, entsprechend ihrer begrifflichen Abgrenzung in der Arbeit, als virtuelles Konstrukt aus Hardware, Software, Netzwerk und Dienstleistungen zu verstehen, die zweckgerichtet zur Unterstützung von Geschäftsprozessen inhaltlich als Cluster zusammengefasst sind. Sie sind über die Strukturierungsebenen IT-Services und Servicemodule FB-kompatibel beschrieben und verknüpfen diese Sichtweise unmittelbar mit der technischen Erbringung (Ebene der Serviceelemente).

Hieraus ergeben sich nun weitere Forschungsbedarfe, die den aktuellen Entwicklungen der IT Rechnung tragen. Sie lassen sich in zwei zentralen Stoßrichtungen erfassen:

1. Der Ansatz der SOA ist aus der Welt der IT-Applikationen respektive Softwarearchitekturen nicht mehr wegzudenken. Dabei stellt ein SOA-Service eine Softwarekomponente dar, die über definierte Standards und Schnittstellen eine oder mehrere Funktionen bereitstellt und mittels des Prinzips der losen Kopplung mit anderen SOA-Services zusammenarbeitet.

   Der weitere Forschungsbedarf erstreckt sich auf die inhaltliche und semantisch-eindeutige Verknüpfung von IT-Services und SOA-Services. Dieser Entwicklungsschritt würde die verschiedenen Betrachtungsweisen in den Bereichen Softwaretechnologie, Verankerung der Geschäftslogik, gemeinsame Sprache aller Prozessbeteiligten sowie Planung und Steuerung zusammenbringen. Hierdurch könnte sodann die gesamte Bandbreite von der Geschäftsprozessmodellierung mit z.B. BPEL über die Softwareerstellung und Softwarebereitstellung bis zur Auslieferung beim Servicenehmer abgedeckt werden. Das würde bspw. schneller durchführbare Geschäftsprozessunterstützungen oder -anpassungen mittels IT erlauben.

2. In Analogie zur Darstellung der Softwareumfänge mit SOA müssen insbesondere die IT-Infrastrukturressourcen, die im Modell über die Serviceelemente erbracht werden, neuartigen Liefermodellen angepasst werden. Hierzu zählen vor allem die Themen Cloud und Utility Computing. Sie greifen das Prinzip der leistungsinduzierten Betrachtung der IT-Infrastrukturressourcen auf und verlassen das heute teils noch gültige Verständnis rein hardware-bezogener Angaben wie z.B. die Anzahl CPUs. Das birgt ein großes Potenzial hinsichtlich der Aufwandskostensteuerung sowie der Ressourcenqualität und -quantität bei Rechenleistung, Speicherplatz und Netztransportleistungen etc.

Abschließend sei als letzter Teil des Ausblicks auf die Verbreiterung der Ansätze der Arbeit verwiesen. Das manifestiert sich vor allem in der Prozessgestaltung der Planung und Steuerung der IT-Infrastruktur. So können die Schnittstellen zu den angrenzenden Prozessen, wie z.B. der Erstellung neuer IT-Services, die in der Arbeit nicht mehr betrachtet wurden, aufgegriffen und ausgestaltet werden. Die analysierten mittelstandsbezogenen Besonderheiten sind dabei explizit einzubeziehen und umzusetzen. Das umfasst bspw. Themenbereiche zur Softwareentwicklung sowie zum Service-Level-Management, Kapazitätsmanagement oder Verfügbarkeitsmanagement.

Literaturverzeichnis

Ahlemann, F.; Schroeder, C.; Teuteberg, F. (2005): Kompetenz- und Reifegradmodelle für das Projektmanagement: Grundlagen, Vergleich und Einsatz. ISPRI-Arbeitsbericht Nr. 01/2005, Osnabrück 2005.

Allweyer, T. (1998): Adaptive Geschäftsprozesse: Rahmenkonzept und Informationssysteme. Gabler, Wiesbaden 1998.

Alpar, P.; Gob, H.L.; Weimann, P.; Winter, R. (2002): Anwendungsorientierte Wirtschaftsinformatik. (2. Aufl.), Vieweg, Wiesbaden 2002.

Anderson, R.J. (2001): Security engineering: a guide to building dependable distributed systems. Wiley, New York u.a. 2001.

APQC (1993): The Benchmarking Management Guide. Maple-Vail 1993.

Atlas.ti (2006): http://www.atlasti.de, zugegriffen am 28.08.2006.

Atteslander, P. (2003): Methoden der empirischen Sozialforschung. (10., neu bearb. und erw. Aufl.), de Gruyter, Berlin u.a. 2003.

Aufenanger, S. (1991): Qualitative Analyse semi-struktureller Interviews: Ein Werkstattbericht. In: Qualitativ-empirische Sozialforschung: Konzepte, Methoden, Analysen. Hrsg.: Garz, D.; Kraimer, K., Westdeutscher Verlag, Opladen 1991, S. 35-59.

Aurenz, H.; Krcmar, H. (1999): Controlling verteilter Informationssysteme. In: IV-Controlling aktuell. Hrsg.: Dobschütz, L. v.; Baumöl, U.; Jung, R., Gabler, Wiesbaden 1999, S. 175-197.

Bayerisches Landesamt für Statistik und Datenverarbeitung (2006): Aktive Unternehmen nach WZ-2-Steller: Unternehmensregister - System 95. München 2006.

BCG (2004): Produktionsstandort Deutschland - quo vadis? Fertigungsverlagerungen - warum es sie gibt, wie sie sich entwickeln werden und was wir dagegen tun können. Boston Consulting Group, 2004.

Bea, F.X.; Dichtl, E.; Schweitzer, M. (2001): Allgemeine Betriebswirtschaftslehre, Bd. 2: Führung. (8., neu bearbeitete und erweiterte Aufl.), Lucius & Lucius, Stuttgart 2001.

Becker, J.; Delfmann, P.; Knackstedt, R.; Kuropka, D. (2002): Konfigurative Referenzmodellierung. In: Wissensmanagement mit Referenzmodellen: Konzepte für die Anwendungssystem- und Organisationsgestaltung. Hrsg.: Becker, J.; Knackstedt, R., Physica, Heidelberg 2002.

Becker, J.; Kahn, D. (2002): Der Prozess im Fokus. In: Prozessmanagement: Ein Leitfaden zur prozessorientierten Organisationsgestaltung. (3. Aufl.), Hrsg.: Becker, J.; Kugeler, M.; Rosemann, M., Springer, Berlin u.a.. 2002, S. 1-16.

Becker, J.; Meise, V. (2002): Strategie und Ordnungsrahmen. In: Prozessmanagement: Ein Leitfaden zur prozessorientierten Organisationsgestaltung. (3. Aufl.), Hrsg.: Becker, J.; Kugeler, M.; Rosemann, M., Springer, Berlin u.a. 2002, S. 105-154.

Becker, J.; Niehaves, B.; Knackstedt, R. (2004): Bezugsrahmen zur epistemologischen Positionierung der Referenzmodellierung. In: Referenzmodellierung: Grundlagen Techniken und domänenbezogene Anwendung. Hrsg.: Becker, J.; Delfmann, P., Physica, Heidelberg 2004, S. 1-17.

Bendixen, P.; Kemmler, H.W. (1972): Planung, Organisation und Methodik innovativer Entscheidungsprozesse. de Gruyter, Berlin, New York 1972.

Berger, K.-H. (1968): Unternehmensgröße und Leistungsaufbau. de Gruyter, Berlin 1968.

Berger, T. (2005): Konzeption und Management von Service-Level-Agreements für IT-Dienstleistungen. Dissertation, Technische Universität Darmstadt 2005.

Bernhard, M. (2002a): Die IT und ihre neue Kernkompetenz - Vom Verwalter zum serviceorientierten Dienstleister. In: Service-Level-Management in der IT: Wie man erfolgskritische Leistungen definiert und steuert. Hrsg.: Bernhard, M.G.; Lewandowski, W.; Mann, H., Symposion, Düsseldorf 2002a, S. 257-266.

Bernhard, M. (2002b): Schritt für Schritt zum Servicekönig - Anwendungsmöglichkeiten und ihre Facetten. In: Service-Level-Management in der IT - Wie man erfolgskritische Leistungen definiert und steuert. Hrsg.: Bernhard, M.G.; Lewandowski, W.; Mann, H., Symposion, Düsseldorf 2002b, S. 27-42.

Bernhard, M.; Blomer, R.; Bonn, J. (2004): Strategisches IT-Management: Band 1: Organisation - Prozesse - Referenzmodelle. Symposion, Düsseldorf 2004.

Bernhard, M.; Mann, H.; Lewandowski, W.; Schrey, J. (Hrsg.) (2003): Praxishandbuch Service-Level-Management. Symposion, Düsseldorf 2003.

Bertleff, C. (2001): Einführung einer IT-Leistungsverrechnung zur Unterstützung des strategischen IT-Controllings. In: Strategisches IT-Controlling, HMD Praxis der Wirtschaftsinformatik Heft 217. Hrsg.: Heilmann, H., dpunkt, Heidelberg 2001, S. 57-66.

Bickel, W. (1962): Das unbestrittene Feld kleiner und mittlerer Wirtschaftseinheiten in der gewerblichen Wirtschaft der Bundesrepublik Deutschland. Ein Beitrag zur Frage der Existenzberechtigung des gewerblichen Mittelstandes. Wirtschaftshochschule Mannheim 1962.

Biethahn, J.; Hummeltenberg, W.; Schmidt, B.; Stähly, P.; Witte, T. (1999): Simulation als betriebliche Entscheidungshilfe: State of the Art und neuere Entwicklungen. Physica, Heidelberg 1999.

Biethahn, J.; Mucksch, H.; Ruf, W. (2004): Ganzheitliches Informationsmanagement - Band 1: Grundlagen. (6. vollst. überarb. und neu gefasste Aufl.), Oldenbourg, München, Wien 2004.

Bleicher, K. (1992): Führung. In: Enzyklopädie der Betriebswirtschaftslehre, Band 2: Handwörterbuch der Organisation. Hrsg.: Frese, E., Poeschel, Stuttgart 1992, S. 1270-1284.

Blomer, R. (2002): Die zukünftige Rolle der IT im Unternehmen - Motor für Veränderungen. In: Service-Level-Management in der IT: Wie man erfolgskritische Leistungen definiert und steuert. Hrsg.: Bernhard, M.G.; Lewandowski, W.; Mann, H., Symposion, Düsseldorf 2002, S. 17-25.

Blomer, R. (2003): Das IT-Prozessmodell. In: Strategisches IT-Management. Band 1: Organisation, Prozesse, Referenzmodelle. Hrsg.: Bernhard, M.G.; Blomer, R.; Bonn, J., Symposion, Düsseldorf 2003, S. 93-114.

Blomer, R.; Bernhard, M. (2003): Balanced Scorecard in der IT. (2. Aufl.), Symposion, Düsseldorf 2003.

Blomer, R.; Mann, H.; Bernhard, M. (2006): Praktisches IT-Management. Symposion, Düsseldorf 2006.

Bogan, C.; English, M. (1994): Benchmarking for best practices: winning through innovative adaption. Donnelley & Sons, 1994.

Böhmann, T. (2004): Modularisierung von IT-Dienstleistungen: Eine Methode für das Service Engineering. DUV, Wiesbaden 2004.

Böhmann, T.; Krcmar, H. (2002): Modulare Servicearchitekturen. In: Service Engineering: Entwicklung und Gestaltung innovativer Dienstleistungen. Hrsg.: Bullinger, H.-J.; Scheer, A.W., Springer, Berlin u.a. 2002, S. 391-415.

Böhmann, T.; Krcmar, H. (2004): Grundlagen und Entwicklungstrends im IT-Servicemanagement. In: IT-Servicemanagement. HMD Praxis der Wirtschaftsinformatik Heft 237. Hrsg.: Meier, A.; Myrach, T., dpunkt, Heidelberg 2004, S. 7-21.

Böhmann, T.; Krcmar, H. (2005a): Einfach besser? Zur Anwendbarkeit des industriellen Komplexitätsmanagements auf variantenreiche IT-Dienstleistungen. Konferenzbeitrag zur 7. Internationalen Tagung Wirtschaftsinformatik, Bamberg 2005.

Böhmann, T.; Krcmar, H. (2005b): Modularisierung: Grundlagen und Anwendung bei IT-Dienstleistungen. In: Konzepte für das Service Engineering - Modularisierung, Prozessgestaltung und Produktivitätsmanagement. Hrsg.: Hermann, T.; Krcmar, H.; Kleinbeck, U., Physica, Heidelberg 2005b, S. 45-81.

Böhmann, T.; Krcmar, H. (2005c): Service Data Management: Potenziale einer integrierten Informationslogistik für Entwicklung und Management industrialisierter IT-Dienstleistungen. In: IM - Information Management & Consulting, Vol. 20 (2005c) Nr. Sonderausgabe 2005, S. 13-20.

Böhmann, T.; Schermann, M.; Krcmar, H. (2005): CDM-RM v1 - A Reference Model for Contract Data Management. Projektbericht. Lehrstuhl für Wirtschaftsinformatik, Technische Universität München 2005.

Böhmann, T.; Winkler, T.; Fogl, F.; Krcmar, H. (2004): Servicedatenmanagement für IT-Dienstleistungen: Ansatzpunkte für ein fachkonzeptionelles Referenzmodell. In: Referenzmodellierung: Grundlagen, Techniken und domänenbezogene Anwendung. Hrsg.: Becker, J.; Delfmann, P., Physica, Heidelberg 2004, S. 99-124.

Böni, T.; Britzelmaier, B.; Schlegel, M. (1999): Ein IT-Produktkatalog als Basis für die Verrechnung von IV-Leistungen im Client-Server-Umfeld. In: controller magazin, Vol. 6 (1999), S. 485-492.

Bontrup, H.-J. (2002): Personalwirtschaftliche Überlegungen zur Definition eines mittelständischen Unternehmens. http://www.memo.uni-bremen.de/docs/m9902.pdf, zugegriffen am 2007.01.06.

Bortz, J.; Döring, N. (2005): Forschungsmethoden und Evaluation: für Human- und Sozialwissenschaftler. (3. Aufl.), Springer, Berlin et al. 2005.

Botta, V. (1997): Kennzahlensysteme als Führungsinstrumente: Planung, Steuerung und Kontrolle der Rentabilität im Unternehmen. (5. neu bearb. Aufl.), Erich Schmidt, Berlin 1997.

Boynton, A.; Zmud, R. (1984): An Assessment of Critical Success Factors. In: Sloan Management Review, Vol. 25 (1984) Summer 1984, S. 17-27.

Boynton, A.; Zmud, R. (1987): IT Planning in the 90s: Directions for Practice and Research. In: MISQ, Vol. 11 (1987) Nr. 1, S. 58-71.

Brenner, W.; Meier, A.; Zarnekow, R. (2003): Strategisches IT-Management. HMD - Praxis der Wirtschaftsinformatik, Heft 232, dpunkt, Heidelberg 2003.

Broadbent, M.; Weill, P. (1997): Management by Maxim: how business and IT managers can create IT infrastructures. In: Sloan Management Review, Vol. 38 (1997), S. 77-92.

Broadbent, M.; Weill, P.; St. Clair, D. (1999): The implications of information technology infrastructure for business process redesign. In: MIS Quarterly, Vol. 23 (1999) Nr. 2, S. 159-182.

Brocke, J.v.; Buddendick, C. (2004): Konstruktionstechniken für die Referenzmodellierung. In: Referenzmodellierung: Grundlagen Techniken und domänenbezogene Anwendung. Hrsg.: Becker, J.; Delfmann, P., Physica, Heidelberg 2004, S. 19-49.

Brogli, M. (1996): Steigerung der Performance von Informatikprozessen: Führungsgrößen, Leistungsmessung und Effizienz im IT-Bereich. Vieweg, Wiesbaden 1996.

Bruhn, M. (1997): Qualitätsmanagement für Dienstleistungen - Grundlagen, Konzepte, Methoden. (2. Aufl.), Springer, Berlin u.a. 1997.

Brüsemeister, T. (2000): Qualitative Forschung - Ein Überblick. Westdeutscher Verlag, Wiesbaden 2000.

BSI (2005): IT-Sicherheitsmanagement und IT-Grundschutz: BSI-Standards zur IT-Sicherheit. Bundesamt für Sicherheit in der Informationstechnik, Bonn 2005.

Buchta, D.; Eul, M.; Schulte-Croonenberg, H. (2004): Strategisches IT-Management: Wert steigern, Leistung steuern, Kosten senken. Gabler, Wiesbaden 2004.

Buhl, U. (2005): ITIL-Praxishandbuch: Beispiele und Tipps für die erfolgreiche Prozessoptimierung. mitp, Heidelberg 2005.

Buresch, A. (2000): IV-Organisation und IV-Controlling. In: IV-Controlling auf dem Prüfstand. Konzept - Benchmarking – Erfahrungsberichte. Hrsg.: Krcmar, H.; Buresch, A.; Reb, M., Gabler, Wiesbaden 2000, S. 135-154.

Burkhardt, M. (2002): Einführung in Projektmanagement: Definition, Planung, Kontrolle und Abschluss. (4. Aufl.), Publicis, Erlangen 2002.

Burr, W. (2002): Service Engineering bei technischen Dienstleistungen: eine ökonomische Analyse der Modularisierung, Leistungstiefengestaltung und Systembündelung. DUV, Wiesbaden 2002.

Burr, W. (2003): Service-Level-Agreements: Arten, Funktionen und strategische Bedeutung. In: Praxishandbuch Service-Level-Management: Die IT als Dienstleistung organisieren. Hrsg.: Bernhard, M.; Mann, H.; Lewandowski, W.; Schrey, J., Symposion, Düsseldorf 2003, S. 33-44.

Busse von Colbe, W. (1964): Die Planung der Betriebsgröße. In: Betriebswirtschaftliche Beiträge (Vol. 7), Hrsg.: Münstermann, H., Gabler, Wiesbaden 1964.

Byrd, T.; Sambamurthy, V.; Zmud, R. (1995): An examination of IT planning in a large diversified public organization. In: Decision Sciences, Vol. 26 (1995) Nr. 1, S. 49-73.

Byrd, T.; Turner, D.E. (2000): Measuring the flexibility of information technology infrastructure: Exploratory analysis of a construct. In: Journal of Management Information Systems, Vol. 17 (2000) Nr. 2, S. 167-208.

Camp, R. (1989): Benchmarking: The search for industry best practices that lead to superior performance. Quality Press, Milwaukee, Wis. 1989.

Capgemini (2005): IT-Trends 2005 - Paradigmenwechsel in Sicht. Capgemini Consulting 2005.

Capgemini (2006a): Studie Transaktionskosten in der Automobilzulieferindustrie. Capgemini Consulting 2006a.

Capgemini (2006b): Manufacturing Industry Excellence: Leveraging Information Technology to Improve Business Operations. Capgemini Consulting 2006b.

Cassidy, A. (2006): A practical guide to information systems strategic planning. (2. Aufl.), Auerbach, Boca Raton 2006.

Chmielewicz, K. (1994): Forschungskonzeptionen der Wirtschaftswissenschaft. (3. Aufl.), Schäffer-Pöschel, Stuttgart 1994.

Churchman, C.W. (1971): The design of inquiring systems: Basic concepts of systems and organization. Basic Books, New York 1971.

Cicourel, A.V. (1974): Theory and Method in a Study of Argentine Fertility. Wiley, New York 1974.

CMMI Product Team (2002a): Capability Maturity Model® Integration (CMMISM), Version 1.1: CMMISM for Software Engineering: (CMMI-SW, V1.1): Continuous Representation. Carnegie Mellon University/ Software Engineering Institute. In:

http://www.sei.cmu.edu/pub/documents/02.reports//pdf/02tr029.pdf, zugegriffen am 17.01.2006.

CMMI Product Team (2002b): Capability Maturity Model® Integration (CMMISM), Version 1.1: CMMISM for Software Engineering: (CMMI-SW, V1.1): Staged Representation. Carnegie Mellon University/ Software Engineering Institute. In: http://www.sei.cmu.edu/pub/documents/02.reports//pdf/02tr029.pdf, zugegriffen am 17.01.2006.

Coester, U.; Hein, M. (2005): IT-Sicherheit für den Mittelstand. Datakontext, Frechen 2005.

Corsten, H. (2001): Dienstleistungsmanagement. Oldenburg, München, Wien 2001.

De, D. (2005): Entrepreneurship: Gründung und Wachstum von kleinen und mittleren Unternehmen. Pearson Studium, München 2005.

Degener-Böning, M.; Schmid, B. (2000): Strategische Anwendungsplanung. In: IV-Controlling: Konzepte - Umsetzungen - Erfahrungen. Hrsg.: von Dobschütz, L.v.; Barth, M.; Jäger-Goy, H.; Kütz, M.; Möller, H.-P., Gabler, Wiesbaden 2000, S. 97-134.

Dellmann, K.; Pedell, K.L. (1994): Controlling von Produktivität, Wirtschaftlichkeit und Ergebnis. Schäffer-Poeschel, Stuttgart 1994.

Dernbach, W. (2003): IT-Strategie und Geschäftsstrategie. In: Strategisches IT-Management, Band 1: Organisation, Prozesse, Referenzmodelle. Hrsg.: Bernhard, M.; Blomer, R.; Bonn, J., Symposion, Düsseldorf 2003, S. 15-39.

Deutsches Institut für Normung (DIN) (1987): DIN 69901: Projektmanagement, Begriffe. o.V., Berlin 1987.

Dibbern, J.; Heinzl, A. (2001): Outsourcing der Informationsverarbeitung im Mittelstand: Test eines multitheoretischen Kausalmodells. In: Wirtschaftsinformatik, Vol. 43 (2001) Nr. 4, S. 339-350.

Diedrichsweiler, M. (2004): Kostensenkung in der dezentralen IT-Infrastruktur. In: IT im Unternehmen. Hrsg.: Dietrich, L.; Schirra, W., Springer, Berlin u.a. 2004, S. 139-155.

Diekmann, A. (2004): Empirische Sozialforschung: Grundlagen, Methoden, Anwendungen. (12 Aufl.), Rowohlt, Reinbek 2004.

Diez, W. (2001): Das Automobil als Verkehrsträger und Wirtschaftsfaktor. In: Grundlagen der Automobilwirtschaft. Hrsg.: Diez, W.; Brachat, H., Auto Business, Ottobrunn 2001, S. 23-50.

DIHT (1999): Mittelstand 2000plus. Deutscher Industrie- und Handelstag (DIHT), Berlin 1999.

Dobschütz, L. v. (1999): Eine Schlankheitskur für die IV. In: IV-Controlling aktuell. Hrsg.: Dobschütz, L.v.; Baumöl, U.; Jung, R., Gabler, Wiesbaden 1999, S. 3-22.

Dobschütz, L. v. (2000): Wirtschaftlicher IV-Einsatz durch Leistungsabrechnung. In: IV-Controlling: Konzepte, Umsetzungen, Erfahrungen. Hrsg.: Dobschütz, L.v.; Barth, M.; Jäger-Goy, H.; Kütz, M.; Möller, H.-P., Gabler, Wiesbaden 2000, S. 539-550.

Literaturverzeichnis

Dobschütz, L.v.; Barth, M.; Jäger-Goy, H.; Kütz, M.; Möller, H.-P. (2000): IV-Controlling: Konzepte, Umsetzungen, Erfahrungen. Gabler, Wiesbaden 2000.

Dörner, F.; Exner, D. (2006): IT-Wertmanagement: Die IT Wert-schätzen lernen. In: Handbuch IT-Management. Hrsg.: Mauch, C.; Wildemann, H., TCW Transfer-Centrum, München 2006, S. 157-186.

Dreher, C. (2000): Controlling und Qualitätssicherung von IV-Serviceprozessen. In: IV-Controlling: Konzepte, Umsetzungen, Erfahrungen. Hrsg.: Dobschütz, L.v.; Barth, M.; Jäger-Goy, H.; Kütz, M.; Möller, H.-P., Gabler, Wiesbaden 2000, S. 409-427.

Dreo Rodosek, G.; Hegering, H.-G. (2004): IT-Dienstmanagement: Herausforderungen und Lösungsansätze. In: Praxis der Informationsverarbeitung und Kommunikation, Vol. 27 (2004) Nr. 2, S. 85-92.

Dresbach, S. (1999): Epistemologische Überlegungen zu Modellen in der Wirtschaftsinformatik. In: Wirtschaftsinformatik und Wissenschaftstheorie: Bestandsaufnahme und Perspektiven. Hrsg.: Becker, J.; König, W.; Schütte, R.; Wendt, O.; Zelewski, S., Gabler, Wiesbaden 1999, S. 71-94.

Duncan, N.B. (1995): Capturing flexibility of information technology infrastructure: A study of resource characteristics and their measure. In: Journal of Management Information Systems, Vol. 12 (1995) Nr. 2, S. 37-57.

Dutton, J.E.; Duncan, R.B. (1987): The influence of the strategic planning process on strategic change. In: Strategic Management Journal, Vol. 8 (1987) Nr. 2, S. 103-116.

Earl, M.J. (1993): Experiences in strategic information systems planning. In: MIS Quarterly, Vol. 17 (1993) Nr. 1, S. 1-24.

Earl, M.J.; Vivian, P. (1999): The New CIO - A Study of the Changing Role of the IT Director. Centurion 1999.

Ebel, B.; Hofer, M.; Al-Sibai, J. (2003): Herausforderungen für die Automobilindustrie. In: Automotive Management: Strategie und Marketing in der Automobilwirtschaft. Hrsg.: Ebel, B.; Hofer, M.; Al-Sibai, J., Springer, Berlin u.a. 2003.

Elsässer, W. (2005): ITIL einführen und umsetzen: Leitfaden für effizientes IT-Management durch Prozessorientierung. Hanser, München, Wien 2005.

Elsener, M. (2005): Kostenmanagement in der IT - Leistungssteigerung und Kostenoptimierung. mitp-Verl., Bonn 2005.

Ennemoser, H. (2000): Der IV-Dienstleistungskatalog - Kommunikationsmedium und Abbild der Komplexität im IV-Betrieb. In: IV-Controlling: Konzepte - Umsetzungen - Erfahrungen. Hrsg.: Dobschütz, L.v.; Barth, M.; Jäger-Goy, H.; Kütz, M.; Möller, H.-P., Gabler, Wiesbaden 2000, S. 513-524.

Eul, M.; Kannegießer (2006): Konsequenter Einsatz von IT steigert den Geschäftswert. In: IT - Kostenfaktor oder strategische Waffe? Geschäftsziele und IT in Einklang bringen. Hrsg.: Herzwurm, G., Lemmens, Bonn u.a. 2006.

Fähnrich, K.-P.; Grawe, T. (2003): Systematisches Entwickeln von IT-Dienstleistungsprodukten. In: Strategisches IT-Management. Band 2: Fallbeispiele und praktische Umsetzung. Hrsg.: Bernhard, M.G.; Blomer, R.; Bonn, J., Symposion, Düsseldorf 2003, S. 137-153.

Feridun, M.; Dreo Rodosek, G. (2003): Management of IT services. In: Computer Networks, Vol. 43 (2003), S. 1-2.

Ferstl, O.K.; Sinz, E.J. (2001): Grundlagen der Wirtschaftsinformatik: Band 1. (4. überarb. und erw. Aufl.), Oldenbourg, München, Wien 2001.

Flick, U. (2005): Qualitative Sozialforschung - Eine Einführung. (3 Aufl.), Rowohlt, Reinbek 2005.

Flick, U.; Kardoff, E.v.; Steinke, I. (2000): Qualitative Forschung. Rowohlt, Reinbek bei Hamburg 2000.

Franken, R.; Fuchs, H. (1974): Grundbegriffe zur Allgemeinen Systemtheorie. In: Systemtheorie und Betrieb, Zeitschrift für betriebswirtschaftliche Forschung (ZfbF), Sonderheft 3. Hrsg.: Grochla, E.; Fuehs, H.; Lehmann, H., Westdeutscher Verlag, Opladen 1974, S. 23-50.

Fredrickson, J.W. (1986): The strategic decision process and organizational structure. In: Academic of Management Review, Vol. 11 (1986) Nr. 2, S. 280-297.

Friedmann, K. (2004): Mittelstand braucht Nachhilfe in Sachen ITIL. In: Computerwoche, 50/2004, 06.12.2004, S. 34-35.

Friedrichs, J. (1990): Methoden der empirischen Sozialforschung. (14 Aufl.), Westdeutscher Verlag, Opladen 1990.

Gadatsch, A.; Mayer, E. (2004): Grundkurs IT-Controlling: Grundlagen - Strategischer Stellenwert - Kosten- und Leistungsrechnung in der Praxis. Vieweg, Wiesbaden 2004.

Gaitanides, M. (1979): Praktische Probleme der Verwendung von Kennzahlen für Entscheidungen. In: Zeitschrift für Betriebswirtschaftslehre (ZfB), Vol. 49 (1979) Nr. 1, S. 57-64.

Gälweiler, A. (1986): Unternehmensplanung: Grundlagen und Praxis. Campus, Frankfurt/Main, New York 1986.

Gammel, R. (2005): Stiefkind IT-Controlling. In: Computerwoche. In: http://www.computerwoche.de/index.cfm?pageid=256&artid=71702&type=detail&kw=Stiefkind%20IT-Controlling&rc=1, zugegriffen am 29.07.2005.

Gantzel, K.-J. (1962): Wesen und Begriff der mittelständischen Unternehmung. Westdeutscher Verlag, Opladen 1962.

Garschhammer, M.; Hauck, R.; Kempter, B.; Radisic, I.; Rölle, H.; Schmidt, H. (2001): The MNM Service Model: Refined Views on Generic Service Management. In: Journal of Communications and Networks, Vol. 3 (2001) Nr. 4, S. 297-306.

Gaßner, S. (2004): Der Mittelstand gibt seine Sicherheit in fremde Hände. http://www.silicon.de/cpo/_cfg/print.php?nr=16748, zugegriffen am 30.08.2005.

Gehr, F. (2007): Netzwerkübergreifende Logistiklösungen entwickeln und realisieren - Die Zielsetzung des Projektes LiNet. In: Logistik in der Automobilindustrie - Innovatives Supply Chain Management für wettbewerbsfähige Zulieferstrukturen. Hrsg.: Gehr, F.; Hellingrath, B., Springer, Berlin u.a. 2007, S. 23-41.

Gerberich, C.; Schäfer, T. (2005): Der Weg und die Bausteine zu einem integrierten All-in-one-Management-Konzept. In: Praxishandbuch Controlling: Trends, Konzepte, Instrumente. Hrsg.: Gerberich, C., Gabler, Wiesbaden 2005, S. 57-77.

Gillmann, W. (2006): Domäne der Mittelständler. In: http://www.handelsblatt.com/news/Default.aspx?p=301291&_t=ft&_b=1028889, zugegriffen am 03.02.2006.

Gladen, W. (2003): Kennzahlen- und Berichtssysteme: Grundlagen zum Performance Measurement. (2. überarb. Aufl.), Gabler, Wiesbaden 2003.

Glaser, B. (1992): Basics of Grounded Theory Analysis: Emergence v. Forcing. The Sociology Press, Mill Valley 1992.

Glaser, B.; Strauss, A. (2005): Grounded Theory: Strategien qualitativer Forschung. (2. Aufl.), Hans Huber, Bern 2005.

Gleich, R. (2001): Das System des Performance Measurement. Vahlen, München 2001.

Goulding, C. (2001): Grounded Theory: A Magical Formula or a Potential Nightmare. In: The Marketing Review, Vol. 2 (2001), S. 21-34.

Grochla, E. (1975): Betriebliche Planungs- und Informationssysteme. Rowohlt, Reinbek 1975.

Grover, V.; Segars, A. (2005): An empirical evaluation of stages of Strategic IS Planning: patterns of process design and effectiveness. In: Information & Management, Vol. 42 (2005) Nr. 5, S. 761-779.

Gruhn, V.; Wolff-Marting, V.; Köhler, A.; Haase, C.; Kresse, T. (2007): Elektronische Signaturen in modernen Geschäftsprozessen. Vieweg, Wiesbaden 2007.

Gümbel, H. (2000): ERP implementiert - was nun? In: Entwicklung und Nutzung der Informationstechnik im Mittelstand. Hrsg.: Steeb, H., o.V., Heilbronn 2000, S. 101-104.

Günterberg, B.; Kayser, G. (2004): SMEs in Germany – Facts and Figures 2004. In: IfM-Materialien Nr. 161. Hrsg.: Institut für Mittelstandsforschung Bonn, Bonn 2004.

Günterberg, B.; Wolter, H.-J. (2002): Unternehmensgrößenstatistik 2001/02 - Daten und Fakten. In: IfM-Materialien Nr. 157. Hrsg.: Institut für Mittelstandsforschung Bonn, Bonn 2002.

Haas, M. (2005): IDC: Der Kostendruck bleibt bestehen. In: Computerwoche, 51-52/2005, 23.12.2005, S. 22.

Hackney, R.; Little, S. (1999): Opportunistic strategy formulation for IT/IS planning. In: European Journal of Information Systems, Vol. 8 (1999) Nr. 2, S. 119-126.

Hafner, M.; Schelp, J.; Winter, R. (2004): Architekturmanagement als Basis effizienter und effektiver Produktion von IT-Services. In: IT-Servicemanagement - HMD Praxis der Wirtschaftsinformatik Heft 237. Hrsg.: Meier, A.; Myrach, T., dpunkt, Heidelberg 2004, S. 54-66.

Hahn, D. (1974): Planungs- und Kontrollrechnung: PuK - integrierte ergebnis- und liquiditätsorientierte Planungs- und Kontrollrechnung als Führungsinstrument in Industrieunternehmungen mit Massen- und Serienfertigung; mit Beispielen aus der Unternehmungspraxis. Gabler, Wiesbaden 1974.

Hahn, D. (1987): Controlling - Stand und Entwicklungstendenzen unter besonderer Berücksichtigung des CIM-Konzeptes. In: Rechnungswesen und EDV, 8. Saarbrücker Arbeitstagung. Hrsg.: Scheer, A., Physica, Heidelberg 1987, S. 3-39.

Haller, S. (1998): Beurteilung von Dienstleistungsqualität. (2. Aufl.), Gabler, Wiesbaden 1998.

Hamer, E. (1987): Das mittelständische Unternehmen: Eigenarten, Bedeutung, Risiken und Chancen. Schäffer-Poeschel, Stuttgart 1987.

Hamer, E. (1990): Mittelständische Unternehmen: Gründung, Führung, Chancen, Risiken. Poller, Landsberg 1990.

Hammer, R. (1998): Unternehmensplanung. (7 Aufl.), Oldenburg, München, Wien 1998.

Hansen, H.; Neumann, G. (2001): Wirtschaftsinformatik: Grundlagen der Betrieblichen Informationsverarbeitung. (8. Aufl.), Lucius & Lucius, Stuttgart 2001.

Hanseth, O.; Monteiro, E. (1998): Understanding Information Infrastructure. In: http://heim.ifi.uio.no/~oleha/Publications/bok.html, zugegriffen am 01.01.2008.

Hars, A.; Scheer, A.-W. (1994): Paradigmenwechsel im IM. In: Information Management, (1994) Nr. 2, S. 6-11.

Hausch, K. (2004): Corporate Governance im deutschen Mittelstand. DUV, Wiesbaden 2004.

Heckman, R. (2003): Strategic Information Technology Planning and the Line Manager's Role. In: Information Systems Management, Vol. 20 (2003) Nr. 4, S. 16-21.

Hegering, H.-G.; Abeck, S. (1993): Integriertes Netz- und Systemmanagement. Addison-Wesley, Bonn u.a. 1993.

Heinen, E. (1976): Grundfragen der entscheidungsorientierten Betriebswirtschaftslehre. Goldmann, München 1976.

Heinrich, C.; Bernhard, M. (2002): Die ALBA EDV Beratungs und Service GmbH. In: Service-Level-Management in der IT - Wie man erfolgskritische Leistungen definiert und steuert. Hrsg.: Bernhard, M.; Lewandowski, W.; Mann, H., Symposon, Düsseldorf 2002, S. 105-118.

Literaturverzeichnis

Heinrich, L. (2002): Informationsmanagement: Planung, Überwachung und Steuerung der Informationsinfrastruktur. (7. vollst. überarb. und erg. Aufl.), Oldenbourg, München, Wien 2002.

Heinze, T. (2001): Qualitative Sozialforschung. Oldenburg, München, Wien 2001.

Heinzl, A.; König, W.; Hack, J. (2001): Erkenntnisziele der Wirtschaftsinformatik in den nächsten drei und zehn Jahren. In: Wirtschaftsinformatik, Vol. 43 (2001) Nr. 3, S. 223-233.

Henderson, J.C.; Venkatraman, N. (1993): Strategic Alignment: Leveraging Information technology for transforming organizations. In: IBM Systems Journal, Vol. 32 (1993) Nr. 1, S. 472-484.

Hennerkes, B.-H.; Pleister, C. (1999): Erfolgsmodell Mittelstand: 12 Unternehmer geben Einblicke in ihr Denken und Handeln. Gabler, Wiesbaden 1999.

Hentze, J.; Brose, P.; Kammel, A. (1993): Unternehmensplanung: eine Einführung. (2. Aufl.), Bernd Haupt, Bern u.a. 1993.

Herold, U. (2006): Aktivitätenbasiertes IT-Controlling als Führungsinstrument. In: Innovationen durch IT: Erfolgsbeispiele aus der Praxis. Hrsg.: Dietrich, L.; Schirra, W., Springer, Berlin u.a. 2006, S. 425-434.

Herz, C. (2006): Schlüsselindustrie der Volkswirtschaft. In: http://www.handelsblatt.com/news/Default.aspx?p=301291&_t=ft&_b=1028870, zugegriffen am 03.02.2006.

Herzwurm, G. (2006): IT - Kostenfaktor oder strategische Waffe? Geschäftsziele und IT in Einklang bringen. Lemmens, Bonn u.a. 2006.

Hevner, A.R.; March, S.T.; Park, J.; Ram, S. (2004): Design Science in Information Systems Research. In: MIS Quarterly, Vol. 28 (2004) Nr. 1, S. 75-106.

Hildebrand, K. (2001): Informationsmanagement: Wettbewerbsorientierte Informationsverarbeitung mit Standard-Software und Internet. (2., erw. Aufl.), Oldenbourg, München, Wien 2001.

Hill, W.; Ulrich, H. (1979): Wissenschaftstheoretische Aspekte ausgewählter betriebswirtschaftlicher Konzeptionen. In: Wissenschaftstheoretische Grundfragen der Wirtschaftswissenschaften. Hrsg.: Raffee, H.; Abel, B., Vahlen, München 1979, S. S. 161-190.

Hirte, H. (2003): Das Transparenz- und Publizitätsgesetz Beck Juristische Texte. München 2003.

Hoch, M. (1989): Strategische Planung in mittelständischen Unternehmungen. Centaurus, Pfaffenweiler 1989.

Hochstein, A.; Brenner, W. (2006): Grundlagen des IT-Servicemanagement. In: itService-Management, Vol. 1 (2006), S. 3-7.

Hochstein, A.; Wetzel, Y.; Brenner, W. (2004a): Fallstudie: ITIL-konformer Service-Desk bei T-Mobile Deutschland. In: IT-Servicemanagement - HMD Praxis der Wirtschaftsinformatik Heft 237. Hrsg.: Meier, A.; Myrach, T., dpunkt, Heidelberg 2004a.

Hochstein, A.; Zarnekow, R.; Brenner, W. (2004b): Serviceorientiertes IT-Management nach ITIL: Möglichkeiten und Grenzen. In: Wettbewerbsvorteile durch IT - HMD Praxis der Wirtschaftsinformatik Heft 239. Hrsg.: Fröschle, H.-P., dpunkt, Heidelberg 2004b.

Holl, A. (1999): Empirische Wirtschaftsinformatik und evolutionäre Erkenntnistheorie. In: Wirtschaftsinformatik und Wissenschaftstheorie: Bestandsaufnahme und Perspektiven. Hrsg.: Becker, J.; König, W.; Schütte, R.; Wendt, O.; Zelewski, S., Gabler, Wiesbaden 1999.

Holst, H.; Holst, J. (1998): IT-Produkt- und Klientenmanagement. In: Information Management, (1998) Nr. 2, S. 56-65.

Holtz, B.; Gadatsch, A. (2004): Key Performance Indicators (KPI) als Werkzeuge im IT-Controlling-Konzept. Band 10, Schriftenreihe des Fachbereichs Wirtschaft Sankt Augustin, Fachhochschule Bonn-Rhein-Sieg, 2004.

Hönicke, I. (2006): Mittelstand garantiert Abwechslung. In: Computerwoche 25/2006, 36-37.

Hörmann, K.; Dittmann, L.; Hindel, B.; Müller, M. (2006): SPICE in der Praxis - Interpretationshilfe für Anwender und Assessoren. dpunkt, Heidelberg 2006.

Horvath, P. (1982): Controlling in der "organisierten Anarchie": Zur Gestaltung von Budgetierungssystemen. In: Zeitschrift für Betriebswirtschaftslehre (ZfB), Vol. 52 (1982) Nr. 3, S. 250-260.

Horváth, P. (1998): Controlling. (7. Aufl.), Vahlen, München 1998.

Hórvath, P. (2006): Controlling. (10. vollst. überarb. Aufl.), Vahlen, München 2006.

Horvath, P.; Reichmann, T. (2003): Vahlens Großes Controlling-Lexikon. (2. neu bearb. und erw. Aufl.), Vahlen, München 2003.

Horvath, P.; Rieg, R. (2001): Grundlagen des strategischen IT-Controllings. In: Strategisches IT-Controlling, Praxis der Wirtschaftsinformatik Heft 217. Hrsg.: Heilmann, H., dpunkt, Heidelberg 2001, S. 9-17.

Höschl, M. (1994): Diversifizierungsprojekte mittelständischer Unternehmen: eine empirische Analyse in der Automobilzulieferindustrie. Peter Lang, Frankfurt/Main 1994.

IfM (2007): Institut für Mittelstandsforschung. In: http://www.ifm-bonn.de/, zugegriffen am 01.06.2007.

Institut der Deutschen Wirtschaft (2006): Deutschland in Zahlen. Deutscher Instituts-Verlag, Köln 2006.

Institut der Deutschen Wirtschaft (2007): Deutschland in Zahlen 2007. Deutscher Instituts-Verlag, Köln 2007.

ISACA (2000): CobiT Management Guidelines, Information Systems Audit and Control Foundation. Rolling Meadows, IL 2000.

ISACA (2000a): CobiT Control Objectives, Information Systems Audit and Control Foundation. Rolling Meadows, IL 2000a.

ISACA (2000b): CobiT Management Guidelines, Information Systems Audit and Control Foundation. Rolling Meadows, IL 2000b.

ISACA (2001a): Board Briefing on IT Governance. Rolling Meadows, IL 2005.

ISACA (2001b): CobiT 3rd Edition, Executive Summary. Rolling Meadows, IL 2005.

ISACA (2005): CobiT 4.0: Control Objectives, Management Guidelines, Maturity Models. ISACA (Information Systems Audit and Control Foundation). Rolling Meadows, IL 2005.

ISO (2005): ISO/IEC 20000-2:2005: Information technology - Service management - Part 2: Code of practice, International Organization for Standardization (ISO). British Standard Institute 2005.

Jaeger, F. (2000): Total Costs of Ownership (TCO). In: IV-Controlling. Konzepte, Umsetzungen, Erfahrungen. Hrsg.: Dobschütz, L.v.; Barth, M.; Jäger-Goy, H.; Kütz, M.; Möller, H.-P., Gabler, Wiesbaden 2000, S. 451-477.

Jaeger, F. (2003): IT-Controlling und IT-Planungsprozess. In: Strategisches IT-Management, Band 1: Organisation, Prozesse, Referenzmodelle. Hrsg.: Bernhard, M.; Blomer, R.; Bonn, J., Symposion, Düsseldorf 2003, S. 201-221.

Jäger-Goy, H. (2000): Instrumente des IV-Controlling. In: IV-Controlling: Konzepte - Umsetzungen - Erfahrungen. Hrsg.: Dobschütz, L.v.; Barth, M.; Jäger-Goy, H.; Kütz, M.; Möller, H.-P., Gabler, Wiesbaden 2000, S. 23-36.

Jaspersen, T. (2005): IT-Controlling für Mittel- und Kleinbetriebe: Leitfaden für die Praxis. Erich Schmidt, Berlin 2005.

Joos-Sachse, T. (2002): Controlling, Kostenrechnung und Kostenmanagement. (3. überarb. Aufl.), Gabler, Wiesbaden 2002.

Jouanne-Diedrich, H.; Zarnekow, R.; Brenner, W. (2005): Industrialisierung des IT-Sourcing. In: Outsourcing - HMD Praxis der Wirtschaftsinformatik Heft 245. Hrsg.: Strahringer, S., dpunkt, Heidelberg 2005, S. 18-27.

Junginger, M. (2005): Wertorientierte Steuerung von Risiken im Informationsmanagement. DUV, Wiesbaden 2005.

Kaplan, R.S.; Norton, D. (1992): The Balanced Scorecard - Measures that drive performance. In: Harvard Business Review, Vol. 77 (1992) Nr. 2, S. 133-141.

Kaplan, R.S.; Norton, D.P. (1993): Putting the Balanced Scorecard to Work. In: Harvard Business Review, Vol. 71 (1993) Nr. 5, S. 134-147.

Kaplan, R.S.; Norton, D.P. (1996): Using the Balanced Scorecard as a Strategic Management System. In: Harvard Business Review, Vol. 74 (1996) Nr. 1, S. 75-85.

Kaplan, R.S.; Norton, D.P. (1997): Strategien erfolgreich umsetzen. Schäffer-Poeschel, Stuttgart 1997.

Karer, A. (2007): Optimale Prozessorganisation im IT-Management: Ein Prozessreferenzmodell für die Praxis. Springer, Berlin u.a. 2007.

Kargl, H. (2000): IV-Strategie. In: IV-Controlling: Konzepte - Umsetzungen - Erfahrungen. Hrsg.: Dobschütz, L.v.; Barth, M.; Jäger-Goy, H.; Kütz, M.; Möller, H.-P., Gabler, Wiesbaden 2000, S. 39-74.

Kargl, H.; Kütz, M. (2007): IV-Controlling. (5. vollst. überarb. und erw. Aufl.), Oldenbourg, München, Wien 2007.

Kauffmann, T.; Schlitt, M. (2007): Industrielle Konzepte bei der Entwicklung und Produktion von IT-Services. In: IT-Industrialisierung - HMD Praxis der Wirtschaftsinformatik. Hrsg.: Fröschle, H.-P.; Strahringer, S., dpunkt, Heidelberg 2007, S. 77-84.

Kayser, G. (2006): Daten und Fakten: Wie ist der Mittelstand strukturiert. In: Praxishandbuch des Mittelstands: Leitfaden für das Management mittelständischer Unternehmen. Hrsg.: Krüger, W.; Klippstein, G.; Merk, R.; Wittberg, V., Gabler, Wiesbaden 2006, S. 33-48.

Kayser, G.; Wallau, F. (2003): Der industrielle Mittelstand: ein Erfolgsmodell. Eine Untersuchung im Auftrag des Bundesverbandes der Deutschen Industrie e.V. (BDI) und der Ernst & Young AG Wirtschaftsprüfungsgesellschaft,. Berlin. In: http://www.ifm-bonn.org/index.php?id=494, zugegriffen am 01.08.2007.

Kemper, H.-G.; Hadjicharalambous, E.; Paschke:, J. (2004): IT-Service-Management in deutschen Unternehmen: Ergebnisse einer empirischen Studie zu ITIL. In: IT-Servicemanagement - HMD Praxis der Wirtschaftsinformatik Heft 237. Hrsg.: Meier, A.; Myrach, T., dpunkt, Heidelberg 2004, S. 22-31.

Kern, H.; Johnson, R. (1996): Rightsizing The New Enterprise: The Proof, Not the Hype. Prentice Hall Upper Saddle River 1996.

Kern, T. (1997): The 'gestalt' of an information technology outsourcing relationship: an exploratory analysis. Konferenzbeitrag zur Eighteenth International Conference on Information Systems, Atlanta, GA, S. 37-58.

Kesten, R.; Müller, A.; Schröder, H. (2007): IT-Controlling. Messung und Steuerung des Wertbeitrags der IT. Vahlen, München 2007.

Khadjavi, K. (2005): Wertmanagement im Mittelstand. Dissertation, St. Gallen 2005.

King, W.R. (1988): How effective is your information systems planning? In: Long Range Planning, Vol. 21 (1988) Nr. 5, S. 103-112.

Kleinaltenkamp, M. (2001): Begriffsabgrenzungen und Erscheinungsformen von Dienstleistungen. In: Handbuch Dienstleistungsmanagement. Hrsg.: Bruhn, M.; Meffert, H., Gabler, Wiesbaden 2001, S. 27-50.

Klingenbiel, N. (1999): Performance Measurement: Grundlagen - Ansätze - Fallstudien. Gabler, Wiesbaden 1999.

Klotz, M. (2007): Basel II als Treiber des IT-Sicherheitsmanagements - eine Klarstellung. In: IT-Industrialisierung - HMD Praxis der Wirtschaftsinformatik Heft 256. Hrsg.: Fröschle, H.-P.; Strahringer, S., dpunkt, Heidelberg 2007, S. 93-104.

Kneuper, R. (2006): CMMI: Verbesserung von Softwareprozessen mit Capability Maturity Model Integration. (2. überarb. und erw. Aufl.), dpunkt, Heidelberg 2006.

Knöpp, M.; Diercks, H.-J.; Altwasser, V. (2005): ITIL im Mittelstand einfach erfolgreich umsetzen. (1. Aufl. Aufl.), WEKA MEDIA, Kissing 2005.

Köhler, P. (2005): ITIL - Das IT-Servicemanagement Framework. Springer, Berlin u.a. 2005.

Kopp, H.; Olguin, C.; Tan, X.; Jauch, A.; Jochen, R. (2006): Trend Survey "Service Trends - in Industrial Machinery 2011" on Behalf of SAP AG: Documentation. Hochschule Furtwangen University, 2006.

Kopperger, D.; Kunsmann, J.; Weisbecker, A. (2006): IT-Servicemanagement. In: Handbuch IT-Management: Konzepte, Methoden, Lösungen und Arbeitshilfen für die Praxis. Hrsg.: Tiemeyer, E., Hanser, München, Wien 2006, S. 115-132.

Kramer, K.-H. (2000): Die Börseneinführung als Finanzierungsinstrument deutscher mittelständischer Unternehmen - Ein praxisnahes Handlungskonzept. DUV, Wiesbaden 2000.

Krämer, N. (2001): Konzeption von Kernnetzknoten: Referenzmodelle für Design und Implementierung. DUV, Wiesbaden 2001.

Krcmar, H. (1990a): Informationsmanagement. Zum Problembewusstsein deutscher DV-Leiter. Arbeitspapier Nr. 16. Lehrstuhl für Wirtschaftsinformatik, Universität Hohenheim, 1990a.

Krcmar, H. (1990b): Informationsmanagement: zum Problembewußtsein deutscher DV-Leiter. In: Wirtschaftsinformatik, Vol. 32 (1990b) Nr. 2, S. 127-135.

Krcmar, H. (1991): Das Aufgabenspektrum im Informationsmanagement. Ein Meinungsbild in deutschen Unternehmen. Arbeitspapier Nr. 19. Lehrstuhl für Wirtschaftsinformatik, Universität Hohenheim, 1991.

Krcmar, H. (2005): Informationsmanagement. (4. Aufl.), Springer, Berlin u.a. 2005.

Krcmar, H.; Buresch, A. (2000): IV-Controlling - Ein Rahmenkonzept. In: IV-Controlling auf dem Prüfstand: Konzept - Benchmarking - Erfahrungsberichte. Hrsg.: Krcmar, H.; Buresch, A.; Reb, M., Gabler, Wiesbaden 2000, S. 1-19.

Krcmar, H.; Buresch, A.; Reb, M. (2000): IV-Controlling auf dem Prüfstand: Konzept - Benchmarking - Erfahrungsberichte. Gabler, Wiesbaden 2000.

Krcmar, H.; Federmann, C. (1990): Informationsmanagement in der Bundesrepublik Deutschland - Zum Problembewusstsein der DV-Leiter in Großunternehmen. Arbeitspapier Nr. 17. Lehrstuhl für Wirtschaftsinformatik, Universität Hohenheim, 1990.

Krcmar, H.; Junginger, M.; Häberle, O. (2006): Wertorientiertes IT-Risk Management. In: Handbuch IT-Management. Hrsg.: Mauch, C.; Wildemann, H., TCW Transfer-Centrum, München 2006, S. 187-209.

Krcmar, H.; Wolf, P. (2003): IT-Infrastrukturen und Informationsgesellschaft. In: Next Generation Information Society. Hrsg.: Klumpp, D.; Kubicek, H.; Rossvogel, A., Talheimer, Massingen/ Talheim 2003.

Kromrey, H. (2002): Empirische Sozialforschung: Modelle und Methoden der standardisierten Datenerhebung und Datenauswertung. (10 Aufl.), Leske & Budrich, Opladen 2002.

Külzer, W.; Krause, T. (2004): Innovative Preis- und Verrechnungsmodelle für IT-Leistungen. In: Informationsmanagement: Konzepte und Strategien für die Praxis. Hrsg.: Zarnekow, R.; Brenner, W.; Grohmann, H., dpunkt, Heidelberg 2004, S. 169-176.

Kumar, R. (2004): A Framework for Assessing the Business Value of Information Technology Infrastructure. In: Journal of Management Information Systems, Vol. 21 (2004) Nr. 2, S. 11-32.

Küpper, H.-U. (2001): Controlling: Konzeption, Aufgaben und Instrumente. Schäffer-Poeschel, Stuttgart 2001.

Kurbel, K.; Strunz, H. (1990): Wirtschaftsinformatik - eine Einführung. In: Handbuch der Wirtschaftsinformatik. Hrsg.: Kurbel, K.; Strunz, H., Poeschel, Stuttgart 1990, S. 1-25.

Kußmaul, H. (1990): Aktuelle Aspekte mittelständischer Unternehmen. In: Finanzwirtschaftliche und steuerliche Aspekte mittelständischer Unternehmen. Hrsg.: Kußmaul, H., DIE Verlag Schäfer, Bad Homburg 1990, S. 11-58.

Küting, K. (1983): Grundsatzfragen von Kennzahlen als Instrument der Unternehmensführung. In: Wirtschaftsstudium (WiSt), Vol. 12 (1983) Nr. 5, S. 237-241.

Kütz, M. (2005): IT-Controlling für die Praxis. dpunkt, Heidelberg 2005.

Kütz, M. (2006): IT-Steuerung mit Kennzahlensystemen. dpunkt, Heidelberg 2006.

Kütz, M. (2007): Kennzahlen in der IT: Werkzeuge für Controlling und Management. (2. Aufl.), dpunkt, Heidelberg 2007.

Lachnit, L. (1976): Zur Weiterentwicklung betriebswirtschaftlicher Kennzahlensysteme. In: Zeitschrift für betriebswirtschaftliche Forschung (ZfbF), Vol. 28 (1976) Nr. 4, S. 216-230.

Lacity, M.; Willcocks, L. (1998): An Empirical Investigation Of Information Technology Sourcing Practices: Lessons From Experience. In: MIS Quarterly, Vol. 22 (1998) Nr. 3, S. 363-408.

Lamnek, S. (2005): Qualitative Sozialforschung. (4 Aufl.), Beltz, Weinheim 2005.

Laudon, K.C.; Laudon, J.P. (2004): Management Information Systems: Managing the Digital Firm. Prentice Hall, Upper Saddle River, N.J. 2004.

Lederer, A.; Sethi, V. (1988): The Implementation of Strategic Information Systems Planning Methodologies. In: MIS Quarterly, Vol. 12 (1988) Nr. 3, S. 444-461.

Legner, C. (1999): Benchmarking informationssytemgestützter Geschäftsprozesse. Gabler, Wiesbaden 1999.

Leibfried, K.; McNair, C. (1996): Benchmarking: von der Konkurrenz lernen, die Konkurrenz überholen. (2. Aufl.), Haufe, Freiburg i. Br. 1996.

Leimeister, J.M. (2004): Pilotierung virtueller Communities im Gesundheitsbereich - Bedarfsgerechte Entwicklung, Einführung und Betrieb. Gabler, Wiesbaden 2004.

Lewandowski, W.; Mann, H. (2002a): Die AgrEvo GmbH und ihr Service-Projekt - Drei Phasen für eine optimale IT. In: Service-Level-Management in der IT: Wie man erfolgskritische Leistungen definiert und steuert. Hrsg.: Bernhard, M.; Lewandowski, W.; Mann, H., Symposion, Düsseldorf 2002a, S. 45-59.

Lewandowski, W.; Mann, H. (2002b): Erfolgreiches Outsourcing - Eine gute Prozesssteuerung ist die halbe Miete. In: Service-Level-Management in der IT: Wie man erfolgskritische Leistungen definiert und steuert. Hrsg.: Bernhard, M.; Lewandowski, W.; Mann, H., Symposion, Düsseldorf 2002b, S. 219-238.

Liu, S. (2002): A Practical Framework for Discussing IT Infrastructure. In: IT Professional (M-ITPro), Vol. 4 (2002) Nr. 4, S. 14-21.

Loh, L.; Venkatraman, N. (1992): Determinants of Information Technology Outsourcing: A Cross-Sectional Analysis. In: Journal of Management Information Systems, Vol. 9 (1992) Nr. 1, S. 7-24.

Macfarlane, I.; Rudd, C. (2001): IT Service Management: Ein Begleitband zur IT Infrastructure Library. The Stationery Office Books Norwich, St Crispins 2001.

Macharzina, K. (2003): Unternehmensführung: das internationale Managementwissen: Konzepte - Methoden - Praxis. (4 Aufl.), Gabler, Wiesbaden 2003.

Maicher, M.; Schwarze, J. (2003): IT-Governance - Koordinationsinstrumente, Probleme, Standards. In: Strategisches IT-Management - Band 1: Organisation, Prozesse, Referenzmodelle. Hrsg.: Bernhard, M.; Blomer, R.; Bonn, J., Symposion, Düsseldorf 2003, S. 231-296.

Mauch, C.; Wildemann, H. (2006): Handbuch IT-Management. TCW Transfer-Centrum, München 2006.

Mayer, H. (2004): Interview und schriftliche Befragung: Entwicklung, Durchführung und Auswertung. (2 Aufl.), Oldenbourg, München, Wien 2004.

Mayerl, C.; Abeck, S.; Becker, M.; Köppel, A.; Link, S.; Mehl, O.; Pauze, B. (2003): Dienstbeschreibung und -modellierung für ein SLA-fähiges Service-Management. Konferenzbeitrag zu Kommunikation in verteilten Systemen (KIVS'2003), Leipzig, 2003.

Mayerl, C.; Link, S.; Racke, M.; Popescu, S.; Vogel, T.; Mehl, O.; Abeck, S. (2005): Methode für das Design von SLA-fähigen IT-Services. Konferenzbeitrag zu Kommunikation in verteilten Systemen (KIVS'2005), Kaiserslautern, 2005.

Mayring, P. (1995): Qualitative Inhaltsanalyse: Grundlagen und Techniken. (5. Aufl.), Dt. Studien-Verlag, Weinheim 1995.

Mayring, P. (2002): Einführung in die qualitative Sozialforschung. (5. überarb. und neu ausgestattete Aufl.), Beltz, Weinheim, Basel 2002.

Mayring, P. (2003): Qualitative Sozialforschung: Grundlagen und Techniken. (8. Aufl.), Beltz, Weinheim 2003.

McFarlan, W.F. (1984): Information Technology Changes the Way You Compete. In: Harvard Business Review, Vol. 62 (1984) Nr. 3, S. 98-103.

McKay, D.T.; Brockway, D.W. (1989): Building IT infrastructure for the 1990s. In: Stage by Stage, Vol. 9 (1989) Nr. 3, S. 1-11.

McKeen, J.D.; Smith, H.A. (2003): Making IT Happen: Critical Issues in Managing Information Technology. Wiley & Sons, Chichester u.a. 2003.

Meffert, H.; Bruhn, M. (2000): Dienstleistungsmanagement. (3 Aufl.), Gabler, Wiesbaden 2000.

Meffert, H.; Bruhn, M. (2003): Dienstleistungsmarketing: Grundlagen, Konzepte, Methoden. (4. vollst. überarb. und erw. Aufl.), Gabler, Wiesbaden 2003.

Meffert, H.; Bruhn, M. (2006): Dienstleistungsmarketing: Grundlagen, Konzepte, Methoden - Mit Fallstudien. (5 Aufl.), Gabler, Wiesbaden 2006.

Meier, A.; Myrach, T. (2004): IT-Servicemanagement - HMD Praxis der Wirtschaftsinformatik Heft 237. dpunkt, Heidelberg 2004.

Meinhardt, S. (2004): IT im Mittelstand - HMD Praxis der Wirtschaftsinformatik Heft 240. dpunkt, Heidelberg 2004.

Mertens, P. (2000): Integrierte Informationsverarbeitung 1. (13 Aufl.), Gabler, Wiesbaden 2000.

Mertins, K.; Spath, D. (2004): IT-Services: Neue Wege zur professionellen Dienstleistungsentwicklung. Fraunhofer IRB, Stuttgart 2004.

Merton, R.K.; Kendall, P.L. (1979): Das fokussierte Interview. In: Qualitative Sozialforschung. Hrsg.: Hopf, C.; Weingarten, E., Klett, Stuttgart 1979, S. 171-204.

Mosch, T. (2004): Trends in der IT-Nutzung im Mittelstand. In: IT im Mittelstand - HMD Praxis der Wirtschaftsinformatik Heft 240. Hrsg.: Meinhardt, S., dpunkt, Heidelberg 2004, S. 13-22.

Mugler, J. (1995): Betriebswirtschaftslehre der Klein- und Mittelbetriebe. (2. überarb. Aufl.), Springer, Berlin u.a. 1995.

Mugler, J. (2005): Grundlagen der BWL der Klein- und Mittelbetriebe. Facultas, Wien 2005.

Najda (2001): Informations- und Kommunikationstechnologie in der Unternehmensberatung: Möglichkeiten, Wirkungen und Gestaltung des Einsatzes. Gabler, Wiesbaden 2001.

Naujoks, W. (1975): Unternehmensgrößenbezogene Strukturpolitik und gewerblicher Mittelstand. Schriften zur Mittelstandsforschung Nr. 68, Göttingen 1975.

Neely, A.; Gregory, M.; Platts, K. (1995): Performance measurement system design - A literature review and research agenda. In: International Journal of Operations and Production Management, Vol. 15 (1995) Nr. 4, S. 80-116.

Niessink, F.; Clerc, V.; Tijdink, T.; van Vliet, H. (2005): The IT Service Capability Maturity Model. Amsterdam u.a. 2005.

o.V. (2003): Empfehlung der Kommission vom 6. Mai 2003 betreffend die Definition der Kleinstunternehmen sowie der kleinen und mittleren Unternehmen. IN: http://europa.eu.int/eur-lex/pri/de/oj/dat/2003/l_124/l_12420030520de00360041.pdf., zugegriffen am 25.08.2007.

o.V. (2005a): Da gibt es noch etwas zu tun. In: KMUplus, Vol. 05/06 (2005), S. 26-29.

o.V. (2005b): Mittelstand geizt mit IT-Investionen. In: Computerwoche, 03/2005, 21.01.2005, S. 1,4.

o.V. (2005c): Viel Geld für IT. In: Computerwoche, 31/2005, 2005.

o.V. (2005d): Wenn der Betriebsprüfer kommt. In: KMUplus, Vol. 05/06 (2005), S. 12-13.

o.V. (2006a): Der Mittelstand will wieder in IT investieren. In: Computerzeitung, 37/2006, 2006.

o.V. (2006b): IT-Services in Firmen sind mangelhaft. In: CIO: IT-Strategie für Manager, 16.01.2006, http://www.cio.de/strategien/methoden/816722/index.html, zugegriffen am 28.01.2006.

o.V. (2006c): Mittelstandsbericht 2005. Hrsg.: Bayrisches Staatsministerium für Wirtschaft; Infrastruktur; Verkehr und Technologie. In: http://www.stmwivt.bayern.de/pdf/wirtschaft/Mittelstandsbericht.pdf, zugegriffen am 30.10.2006.

OASIS (2006): Reference Model for Service Oriented Architecture 1.0: Committee Specification 1, 2 August 2006. Hrsg.: MacKenzie, M.; Laskey, K.; McCabe, F.; Brown, P.; Metz, R., In: http://www.oasis-open.org/committees/download.php/19679/soa-rm-cs.pdf, zugegriffen am 31.01.2008.

O'Brien, J.A. (2003): Introduction to Information Systems - Essentials for the e-Business Enterprise. (11. Aufl.), McGraw-Hill, Maidenhead, Berkshire 2003.

Office of Government Commerce (2001): Service Delivery: ITIL Managing IT Services. (6. Aufl.), TSO (The Stationery Office), London 2001.

Office of Government Commerce (2007a): Service Design. TSO (The Stationery Office), London 2007a.

Office of Government Commerce (2007b): Service Strategy. TSO (The Stationery Office), London 2007b.

Office of Government Commerce (2007c): Service Transition. TSO (The Stationery Office), London 2007c.

Olbrich, A. (2004): ITIL kompakt und verständlich: Effizientes IT-Service Management - den Standard für IT-Prozesse kennenlernen, verstehen und erfolgreich in der Praxis umsetzen. (2. verb. Aufl.), Vieweg, Wiesbaden 2004.

Österle, H. (1995): Business Engineering - Prozeß- und Systementwicklung. Springer, Berlin u.a. 1995.

Parker, M.M.; Trainor, H.E.; Benson, R.J. (1989): Information Strategy and Economics. Prentice Hall, Englwood Cliffs, New Jersey 1989.

Paulk, M.C.; Curtis, B.; Chrissis, M.B.; Weber, C.V. (1993): Capability Maturity Model for Software. Carnegie Mellon University, Software Engineering Institute, 1993.

Peak, D.; Guynes, C.S. (2003): Improving Information Quality through IT Alignment Planning: A Case Study. In: Information Systems Management, Vol. 20 (2003) Nr. 4, S. 1-22.

Peak, D.; Gyunes, S.; Kroon, V. (2003): Information Technology Alignment Planning - a case study. In: Information & Management, Vol. 42 (2003) Nr. 4, S. 619-634.

Perich, R. (1993): Unternehmensdynamik: Zur Entwicklungsfähigkeit von Organisationen aus zeitlich-dynamischer Sicht. St. Galler Beiträge zum Integrierten Management Bd. 3, Bern 1993.

Peters, T. (1993): Big ist out - Wie groß darf ein marktnahes Unternehmen sein? In: Harvard Business Manager, Vol. 15 (1993) Nr. 3, S. 93-104.

Pfohl, H.-C. (1997): Abgrenzung der Klein- und Mittelbetriebe von Großunternehmen. In: Betriebswirtschaftslehre der Klein- und Mittelbetriebe. Hrsg.: Pfohl, H.-C., (3. neubearb. Aufl.), Ernst Schmidt, Berlin 1997, S. 1-26.

Pietsch, T.; Martiny, L.; Klotz, M. (2004): Strategisches Informationsmanagement: Bedeutung, Konzeption und Umsetzung. (4. vollst. neu bearb. und erw. Aufl.), Ernst Schmidt, Berlin 2004.

Pietsch, W. (2006): Kundenorientierte Positionierung von IT-Services. In: IT - Kostenfaktor oder strategische Waffe? Geschäftsziele und IT in Einklang bringen. Hrsg.: Herzwurm, G., Lemmens, Bonn u.a. 2006.

Pleister, C. (1999): Die Rolle des Unternehmers in der Gesellschaft. In: Erfolgsmodell Mittelstand: 12 Unternehmer geben Einblicke in ihr Denken und Handeln. Hrsg.: Hennerkes, B.-H.; Pleister, C., Gabler, Wiesbaden 1999, S. 47-69.

Pletschen, W.; Böckmann, F.-J. (2004): Infrastrukturmanagement als Erfolgsfaktor. In: IT im Unternehmen. Hrsg.: Dietrich, L.; Schirra, W., Springer, Berlin u.a. 2004, S. 103-137.

Popper, K.R. (1994): Logik der Forschung. (10. Aufl.), Mohr/Paul Siebeck, Tübingen 1994.

Porter, M.E. (2000): Wettbewerbsvorteile. (6. Aufl.), Campus, Frankfurt, New York 2000.

Prautsch, W. (2000): IV-Controlling in kleinen und mittleren Unternehmen (KMU). In: IV-Controlling: Konzepte, Umsetzungen, Erfahrungen. Hrsg.: Dobschütz, L.v.; Barth, M.; Jäger-Goy, H.; Kütz, M.; Möller, H.-P., Gabler, Wiesbaden 2000, S. 723-746.

Raghunathan, B.; Raghunathan, T.S. (1994): Adaption of a Planning System Success Model to Information Systems Planning. In: Information Systems Research, Vol. 6 (1994) Nr. 3, S. 326-340.

Rehäuser, J. (1999): Prozessorientiertes Benchmarking im Informationsmanagement. DUV, Wiesbaden 1999.

Rehkugler, H. (1989): Erfolgsfaktoren mittelständischer Unternehmen. In: Das Wirtschaftsstudium (WiSt), Vol. 18 (1989) Nr. 11, S. 626-632.

Reichmann, T. (2003): Controlling mit Kennzahlen und Managementberichten. Grundlagen einer systemgestützten Controlling-Konzeption. (6. überarb. und erw. Aufl.), Vahlen, München 2003.

Reichmann, T. (2006): Controlling mit Kennzahlen und Management-Tools - Die systemgestützte Controlling-Konzeption. (7. überarb. und erw. Aufl.), Vahlen, München 2006.

Reiß, M. (1998): Der Neue Mittelstand: Eine Herausforderung an Management, Politik und Wirtschaft. In: Der Neue Mittelstand: Start-up-Unternehmer in agilen Netzwerken. Hrsg.: Reiß, M., FAZ-Wirtschaftsbücher, Frankfurt/Main 1998, S. 11-95.

Remmert, J. (2002): Referenzmodellierung von Prozessketten als Instrument des Supply Chain Managements. Konferenzbeitrag zu Modelle im E-Business - Paderborner Frühjahrstagung, Paderborn 2002.

Resch, A.; Neumann, M. (2006): Serviceorientierte Gestaltung des IT-Managements. In: Handbuch IT-Management. Hrsg.: Mauch, C.; Wildemann, H., TCW Transfer-Centrum, München 2006, S. 265-285.

Rickards, R. (2007): Budgetplanung kompakt. Oldenbourg, München, Wien 2007.

Robertson, B.; Sribar, V. (2002): The Adaptive Enterprise: IT Infrastructure Strategies to Manage Change and Enable Growth. Addison-Wesley, Boston, Mass. 2002.

Rockart, J.F. (1979): Chief Executives define their own data needs. In: Harvard Business Review, Vol. 14 (1979) Nr. 2, S. 81-93.

Rohloff, M. (2007): Ein Referenzmodell für die Prozesse der IT-Organisation. In: IT-Industrialisierung - HMD Praxis der Wirtschaftsinformatik Heft 256. Hrsg.: Fröschle, H.-P.; Strahringer, S., dpunkt, Heidelberg 2007, S. 27-36.

Römer, M. (1997): Strategisches IT-Management in internationalen Unternehmungen. Gabler, Wiesbaden 1997.

Rosemann, M.; Schütte, R. (1997): Grundsätze ordnungsgemäßer Referenzmodellierung. In: Entwicklungsstand und Entwicklungsperspektiven der Referenzmodellierung. Arbeitsberichte des Instituts für Wirtschaftsinformatik Nr. 52. Hrsg.: Hrsg.: Becker, J.; Rosemann, M.; Schütte, R., Institut für Wirtschaftsinformatik der Westfälischen Wilhelms-Universität Münster, 1997, S. 6-33.

Rosemann, M.; Schwegmann, A.; Delfmann, P. (2002): Vorbereitung der Prozessmodellierung. In: Prozessmanagement: Ein Leitfaden zur prozessorientierten Organisationsgestaltung. Hrsg.: Becker, J.; Kugeler, M.; Rosemann, M., (3. Aufl.), Springer, Berlin u.a. 2002, S. 45-103.

Rudolph, S.; Böhmann, T.; Krcmar, H. (2008a): Struktur von IT-Servicekatalogen: Ein praxisorientierter Gestaltungsvorschlag für die Dokumentation des IT-Leistungsangebots. Konferenzband zur Multikonferenz Wirtschaftsinformatik (MKWI). Hrsg.: Bichler, M.; Hess, T.; Krcmar, H.; Lechner, U.; Matthes, F.; Picot, A.; Speitkamp, B.; Wolf, P., GITO, Berlin, S. 145-146.

Rudolph, S.; Krcmar, H. (2008): Prozessleitfaden zur Planung und Steuerung der IT-Servicebereitstellung für mittelständische Unternehmen. Lehrstuhl für Wirtschaftsinformatik, Technische Universität München, 2008.

Rudolph, S.; Kütz, M.; Krcmar, H. (2008b): Handlungsleitfaden "IT-Kennzahlen und IT-Kennzahlensysteme für mittelständische Unternehmen". Lehrstuhl für Wirtschaftsinformatik, Technische Universität München, 2008b.

Rudolph, S.; Schwarzer, B.; Krcmar, H. (2008c): Handlungsleitfaden "IT-Services und IT-Servicekataloge für mittelständische Unternehmen". Lehrstuhl für Wirtschaftsinformatik, Technische Universität München, 2008c.

Rudolph, S.; Zimmermann, T.; Tag, A.; Krcmar, H. (2005): Benchmarking der Wiederverwendung von organisatorischem Wissen am Beispiel wissensintensiver Dienstleistungen: Konferenzband zur 7. Konferenz zum Einsatz von Knowledge Management in Wirtschaft und Verwaltung. In: Wissensmanagement: Motivation, Organisation, Integration. Hrsg.: Gronau, N.; Pawloswky, P.; Schildhauer, T.; Schütt, P., Weka, München 2005, S. 151-163.

Salmela, H.; Lederer, A.; Reponen, T. (2000): IS Planning in a turbulent environment. In: European Journal of Information Systems, Vol. 9 (2000), S. 3-15.

Sambamurthy, V.; Zmud, R.W. (1999): Arrangements for information technology governance: A theory of multiple contingencies. In: MIS Quarterly, Vol. 23 (1999) Nr. 2, S. 261-290.

Sambamurthy, V.; Zmud, R.W.; Byrd, T.A. (1994): The comprehensiveness of IT planning processes: a contingency approach. In: Journal of Information Technology Management, Vol. 5 (1994) Nr. 1, S. 1-10.

Sandt, J. (2004): Management mit Kennzahlen und Kenzahlensystemen: Bestandaufnahme, Determinanten und Erfolgsauswirkung. DUV, Wiesbaden 2004.

Scheeg, J. (2004): Management der IT-Planung, Entwicklung und Produktion: Status quo und Herausforderungen. In: Informationsmanagement: Konzepte und Strategien für die Praxis. Hrsg.: Zarnekow, R.; Brenner, W.; Grohmann, H., dpunkt, Heidelberg 2004, S. 25-40.

Scheeg, J.; Pilgram, U. (2004): Integriertes Kostenmanagement für IT-Produkte. In: Informationsmanagement: Konzepte und Strategien für die Praxis. Hrsg.: Zarnekow, R.; Brenner, W.; Grohmann, H., dpunkt, Heidelberg 2004, S. 225-238.

Scheer, A.-W. (1997): Wirtschaftsinformatik: Referenzmodelle für industrielle Geschäftsprozesse. (7 Aufl.), Springer, Berlin u.a. 1997.

Scheer, A.-W. (1998): ARIS - Modellierungsmethoden, Metamodelle, Anwendungen. Springer, Berlin u.a. 1998.

Scheer, A.-W. (2002): ARIS - Vom Geschäftsprozess zum Anwendungssystem. Springer, Berlin u.a. 2002.

Scheibeler, A. (2003): Balanced Scorecard für KMU: Kennzahlenermittlung mit ISO 9001: 20000 leicht gemacht. (3. neu bearb. Aufl.), Springer, Berlin u.a. 2003.

Scherz, E. (1998): Verrechnungspreise für unternehmensinterne Dienstleistungen. DUV, Wiesbaden 1998.

Schlögl, C. (2001): Bestandsaufnahme Informationsmanagement. Gabler, Wiesbaden 2001.

Schmidt, R. (2004): IT-Service-Management: Aktueller Stand und Perspektiven für die Zukunft. Konferenzbeitrag zum 4. itSMF Kongress, Hamburg 2004.

Schmincke, M. (1997): Ganzheitliche und prozeßorientierte Unternehmensgestaltung auf Basis von Vorgehens- und Referenzmodellen. In: Entwicklungsstand und Entwicklungsperspektiven der Referenzmodellierung. Arbeitsberichte des Instituts für Wirtschaftsinformatik, Nr. 52. Hrsg.: Becker, J.; Rosemann, M.; Schütte, R., Institut für Wirtschaftsinformatik der Westfälischen Wilhelms-Universität Münster, 1997, S. 96-113.

Schnell, R.; Hill, P.; Esser, E. (1999): Methoden der empirischen Sozialforschung. (6. völlig überarb. und erw. Aufl.), Oldenbourg, München, Wien 1999.

Schoepp, O.; Horchler, H. (2002): Qualität messbar machen - IT-Standards und IT-Standardisierungen aus Sicht eines Outsourcing-Dienstleisters. In: Service-Level-Management in der IT: Wie man erfolgskritische Leistungen definiert und steuert. Hrsg.: Bernhard, M.; Lewandowski, W.; Mann, H., Symposion, Düsseldorf 2002, S. 61-77.

Schöne, K. (1997): Controlling der Informationsinfrastruktur: Entwicklungsstand - Gestaltungskonzeption - Perspektiven. DUV, Wiesbaden 1997.

Schönwälder, S. (1997): Portfoliomanagement für betriebliche Informationssysteme: Ein computergestützter Ansatz zur partizipativen Einführung und Gestaltung. DUV, Wiesbaden 1997.

Schulz-Mehrin, O. (1960): Betriebswirtschaftliche Kennzahlen als Mittel zur Betriebskontrolle und Betriebsführung. Dt. Gesellschaft f. Betriebswirtschaft, Berlin 1960.

Schütte, R. (1999): Basispositionen in der Wirtschaftsinformatik - ein gemäßigt-konstruktivistisches Programm. In: Wirtschaftsinformatik und Wissenschaftstheorie: Bestandsaufnahme und Perspektiven. Hrsg.: Becker, J.; König, W.; Schütte, R.; Wendt, O.; Zelewski, S., Gabler, Wiesbaden 1999, S. 211-242.

Schwarze, J. (1998): Informationsmanagement: Planung, Steuerung, Koordination und Kontrolle der Informationsversorgung im Unternehmen. Verl. Neue Wirtschafts-Briefe, Herne, Berlin 1998.

Schwarzer, B.; Krcmar, H. (2004): Wirtschaftsinformatik: Grundzüge der betrieblichen Datenverarbeitung. (3. Aufl.), Schäffer-Poeschel, Stuttgart 2004.

Schweitzer, M. (2001): Gegenstand und Methoden der Betriebswirtschaftslehre. In: Allgemeine Betriebswirtschaftslehre, Bd. 1: Grundfragen. Hrsg.: Bea, F.X.; Dichtl, E.; Schweitzer, M., (8. neu bearb. und erw. Aufl.), Lucius & Lucius, Stuttgart 2001, S. 23-79.

Schwertsik, A.; Rudolph, S.; Krcmar, H. (2007): Empirische Untersuchung zur Ist-Situation der Planung und Steuerung der IT in großen mittelständischen Unternehmen. Arbeitspapier Nr. 31. Lehrstuhl für Wirtschaftsinformatik, Technische Universität München, 2007.

Segars, A.; Grover, V. (1998): Strategic IS Planning Success: An Investigation of the Construct and its Measurement. In: MISQ, Vol. 22 (1998) Nr. 2, S. 139-163.

Segars, A.; Grover, V. (1999): Profiles of Strategic IS Planning. In: Information Systems Research, Vol. 10 (1999) Nr. 3, S. 199-232.

SEI (2007): Software Engineering Institute. In: http://www.sei.com/cmu.edu/cmm/cmms/cmms.html, zugegriffen am 25.08.2007.

Simon, H. (1996): The Sciences of the Artificial. (3 Aufl.), mitp, Cambridge/Mass. 1996.

Simon, H. (1998): Die heimlichen Gewinner (Hidden Champions): Die Erfolgsstrategien unbekannter Weltmarktführer. (5. Aufl.), Campus, Frankfurt/Main 1998.

Simon, H. (2000): Das große Handbuch der Strategiekonzepte: Ideen, die die Businesswelt verändert haben. (2. Aufl.), Campus, Frankfurt/Main 2000.

Sirkemaa, S. (2002): IT infrastructure management and standards. Konferenzband zur International Conference on Information Technology, Coding and Computing. Las Vegas, 2002, S. 201-206.

Sommer, J. (2004): IT-Servicemanagement mit ITIL und MOF. mitp, Bonn 2004.

Staehle, W.H. (1969): Kennzahlen und Kennzahlensysteme als Mittel der Organisation und Führung von Unternehmen. Gabler, Wiesbaden 1969.

Stahlknecht, P.; Hasenkamp, U. (2005): Einführung in die Wirtschaftsinformatik. (11. vollst. überarb. Aufl.), Springer, Berlin u.a. 2005.

Literaturverzeichnis 361

Statistisches Bundesamt (2005): Statistisches Jahrbuch 2005 - Für die Bundesrepublik Deutschland. Hrsg.: Statisches Bundesamt, Wiesbaden 2005.

Statistisches Landesamt Baden-Württemberg (2006): Unternehmen in Baden-Württemberg nach Wirtschaftsabteilungen und Beschäftigtengrößenklassen. Stuttgart, 2006.

Steeb, H. (2000): Entwicklung und Nutzung der Informationstechnik im Mittelstand. o.V., Heilbronn 2000.

Steinhardt, T. (2001): Kennzahlen im Mittelstand: Umsetzung und Vorgehensweise. In: Controlling, Vol. 13 (2001) Nr. 4-5, S. 249-255.

Steinle, C.; Bruch, H. (2003): Controlling - Kompendium für Ausbildung und Praxis. (3 Aufl.), Schäffer-Poeschel, Stuttgart 2003.

Steinmann, H.; Schreyögg, G. (2000): Management: Grundlagen der Unternehmensführung: Konzepte – Funktonen - Fallstudien (5., überarb. Aufl.), Gabler, Wiesbaden 2000.

Steinmüller, W. (1993): Informationstechnologie und Gesellschaft: Einführung in die Angewandte Informatik. Wissenschaftliche Buchgesellschaft, Darmstadt 1993.

Strauss, A.; Corbin, J. (1996): Grounded Theory: Grundlagen qualitativer Sozialforschung. Psychologie Verlags Union, Weinheim 1996.

Strauss, A.; Glaser, B. (1967): The Discovery of Grounded Theory. Aldine, Chicago 1967.

Sturm, R.; Morris, W.; Jander, M. (2000): Foundations of Service Level Management. Sams, Indianapolis, IN 2000.

Szyperski, N.; Müller-Böling, D. (1984): Aufgabenspezialisierung in Planungssystemen - Eine konzeptionelle und empirische Analyse. In: Zeitschrift für betriebswirtschaftliche Forschung (ZfbF), Vol. 36 (1984) Nr. 2, S. 124-147.

Szyperski, N.; Welters, K. (1976): Grenzen und Zweckmäßigkeit der Planung. Eine Diskussion der Argumente aus betriebswirtschaftlicher Sicht. In: Die Unternehmung, Vol. 30 (1976) Nr. 4, S. 265-273.

Szyperski, N.; Winand, U. (1989): Informationsmanagement und informationstechnische Perspektiven. In: Organisation: evolutionäre Interdependenzen von Kultur und Struktur der Unternehmung. Hrsg.: Seibt, D.; Wagner, H., Wiesbaden 1989, S. 133-150.

Tardugno, A.; DiPasquale, T.; Matthews, R. (2000): IT Services: Cost, Metrics, Benchmarking and Marketing. Prentice Hall, Upper Saddle River 2000.

Taylor, S.; Macfarlane, I. (2006): ITIL Small Scale-Implementation. The Stationery Office Books, Norwich, St Crispins 2006.

Tewald, C. (2000): Die Balanced Scorecard für die IV. In: IV-Controlling: Konzepte - Umsetzungen - Erfahrungen. Hrsg.: Dobschütz, L.v.; Barth, M.; Jäger-Goy, H.; Kütz, M.; Möller, H.-P., Gabler, Wiesbaden 2000, S. 513-524.

Thürbach, R.-P.; Menzenwerth, H.-H. (1975): Die Entwicklung der Unternehmensgröße in der BRD von 1962 bis 1972. Mittelstandsstatistik, Göttingen 1975.

Tiemeyer, E. (2005): IT-Controlling kompakt. Elsevier, München 2005.

Tiemeyer, E. (2006): Handbuch IT-Management: Konzepten, Methoden, Lösungen und Arbeitshilfen für die Praxis. Hanser, München, Wien 2006.

Traugott, M. (2007): Praxisbericht: IT-Industrialisierung mit Servicebäumen. In: IT-Industrialisierung - HMD Praxis der Wirtschaftsinformatik Heft 256. Hrsg.: Fröschle, H.-P.; Strahringer, S., dpunkt, Heidelberg 2007, S. 85-92.

Trojan, A. (2007): ... und die Auswirkungen auf den 1st-Tier-Lieferanten. In: Logistik in der Automobilindustrie. Innovatives Supply Chain Management für wettbewerbsfähige Zulieferstrukturen. Hrsg.: Gehr, F.; Hellingrath, B., Springer, Berlin u.a. 2007, S. 12-15.

Tucher von Simmelsdorf, F.W. (2000): Benchmarking von Wissensmanagement: eine Methode des ressourcenorientierten strategischen Managements. Gabler, Wiesbaden 2000.

Tulowitzki (2000): IV als internes Geschäftsfeld - Centerbildung und Leistungsverrechnung. In: IV-Controlling. Konzepte, Umsetzungen, Erfahrungen. Hrsg.: Dobschütz, L.v.; Barth, M.; Jäger-Goy, H.; Kütz, M.; Möller, H.-P., Gabler, Wiesbaden 2000, S. 525-537.

Uebernickel, F.; Bravo-Sanchez, C.; Zarnekow, R.; Brenner, W. (2006): Eine Vorgehensmethodik für das IT-Produktengineering. Konferenzband zur Multikonferenz Wirtschaftsinformatik (MKWI). Hrsg.: Lehner, F.; Nösekabel, H.; Kleinschmidt, P., GITO, Berlin 2006, S. 199-210.

Vaishnavi, V.; Kuechler, B. (2004): Design Research in Information Systems. In: http://www.isworld.org/Researchdesign/drisISworld.htm, zugegriffen am 06.09.2004.

van Bon, J.; van der Veen, A.; Pieper, M. (2006): IT Service Management: Eine Einführung basierend auf ITIL. Van Haren, Zaltbommel u.a. 2006.

van der Zee, H. (1996): In Search of the Value of Information Technology. Dissertation, Katholische Universität Brabant, Driebergen 1996.

van der Zee, H. (2002): Measuring the Value of Information Technology. Idea Group, Hershey, London 2002.

Van Grembergen, W. (2004): Strategies on Information Technologies Governance. Idea Group, Hershey, London 2004.

Van Grembergen, W.; De Haes, S.; Guldentops, E. (2004): Structures, Processes and Relational Mechanisms for IT Governance. In: Strategies for Information Technology Governance. Hrsg.: Van Grembergen, W., Idea Group, Hershey, London 2004.

van Loon, H. (2007): Process Assessment and Improvement: A Practical Guide for Managers, Quality Professionals, and Assessors. Springer, Berlin u.a. 2007.

Varughese, R.T. (1998): Handbuch IT-Management. mitp, Bonn 1998.

VDA (2008): Verband der Automobilindustrie. In: http://www.vda.de, zugegriffen am 31.01.2008.

VDMA (2007): VDMA Maschinenbau in Zahl und Bild 2007. Verband Deutscher Maschinen- und Anlagenbau, o.O. 2007.

VDMA (2008): Verband Deutscher Maschinen- und Anlagenbau. In: http://www.vdma.org, zugegriffen am 31.01.2008.

Victor, F.; Günther, H. (2005): Optimiertes IT-Management mit ITIL: So steigern Sie die Leistung Ihrer IT-Organisation - Einführung, Vorgehen, Beispiele. (2. durchges. Aufl.), Vieweg, Wiesbaden 2005.

Vogt, W. (2002): FIT for benefit: IT Services kundenorientiert planen und steuern. Perseo Consult, Basel 2002.

Vohl, H.-J. (2004): Balanced Scorecard im Mittelstand. Murmann, Hamburg 2004.

Voß, S.; Gutenschwager, K. (2001): Informationsmanagement. Springer, Berlin u.a. 2001.

Wallau, F. (2006): Mittelständische Unternehmen in Deutschland: das Rückgrat der Wirtschaft. In: Unternehmensführung im Mittelstand: Rollenwandel kleiner und mittlerer Unternehmen in der Globalisierung. Hrsg.: Schauf, M., Rainer Hampp, München, Mering 2006, S. 9-33.

Wallmüller, E. (2007): SPI - Software Process Improvement mit CMMI und ISO 15504. Hanser, München, Wien 2007.

Walter, S.; Böhmann, T.; Krcmar, H. (2007): Industrialisierung der IT - Grundlagen, Merkmale und Ausprägungen eines Trends. In: IT-Industrialisierung - HMD Praxis der Wirtschaftsinformatik Heft 256. Hrsg.: Fröschle, H.-P.; Strahringer, S., dpunkt, Heidelberg 2007.

Ward, J.; Peppard, J. (2003): Strategic Planning for Information Systems. (3. Aufl.), Wiley & Sons Ltd, Chichester 2003.

Watson, G. (1993): Strategic Benchmarking: How to Rate Your Company's Performance against the World's Best. Wiley & Sons, Hoboken, N.J. u.a. 1993.

Weber, I. (2000): Das Planungs- und Kontrollsystem der mittelständischen Unternehmen. Peter Lang, Frankfurt am Main 2000.

Weber, J. (2004): Einführung in das Controlling. (10 Aufl.), Schäffer-Poeschel, Stuttgart 2004.

Weill, P.; Broadbent, M. (1997): Management by maxim: How business and IT managers can create IT infrastructures. In: Sloan Management Review, Vol. 38 (1997) Nr. 3, S. 77-92.

Weill, P.; Broadbent, M. (1998): Leveraging the new infrastructure: How market leaders capitalise on information technology. Harvard Business School Press, Boston, Mass. 1998.

Weill, P.; Ross, J.W. (2004): IT Governance - How Top Performers Manage IT Decision Rights for Superior Results. (2. Aufl.), Harvard Business School Press, Boston 2004.

Weill, P.; Subramani, M.; Broadbent, M. (2002a): Building IT Infrastructure for Strategic Agility. In: MIT Sloan Management Review, Vol. 44 (2002a) Nr. 1, S. 57-65.

Weill, P.; Subramani, M.; Broadbent, M. (2002b): IT Infrastructure for Strategic Agility (329). CISR Working Paper Nr. 329, MIT, Sloan School of Management, 2002b.

Weisbecker, A.; Kopperger, D. (2006): IT-Servicemanagement als Beitrag zur Unternehmensstrategie. In: IT - Kostenfaktor oder strategische Waffe? Geschäftsziele und IT in Einklang bringen. Hrsg.: Herzwurm, G., Lemmens, Bonn u.a. 2006.

Wengorz, J. (2004): Service-Level-Management: Ein strategisches Planungs- und Steuerungsinstrument. In: Praxishandbuch Service-Level-Management: Die IT als Dienstleistung organisieren. Hrsg.: Bernhard, M.; Lewandowski, W.; Mann, H.; Schrey, J., Symposion, Düsseldorf 2004, S. 47-62.

Weseloh, F. (2004): Strategisches Verhalten kleiner und mittlerer Unternehmen der deutschen Ernährungsindustrie. (Vol. Diss.), Kiel 2004.

Whitman, M.; Mattord, H. (2003): Principles of Information Security. Thomson Course Technology, Boston u.a. 2003.

Wies, R.; Lohmann, J.; Picot, A. (1997): Technische Kennzahlen für das IV- und Service-Controlling. In: IM Information Management & Consulting (1997) Nr. 2, S. 49-58.

Wildemann, H. (2004): Entwicklungstrends in der Automobil- und Zuliefererindustrie. TCW Transfer-Centrum, München 2004.

Wilhelm, R. (2003): Prozessorganisation. Oldenbourg, München, Wien 2003.

Willcocks, L.P.; Kern, T. (1998): IT outsourcing as strategic partnering: The case of the UK Inland Revenue. In: European Journal of Information Systems, Vol. 7 (1998) Nr. 1, S. 29-45.

Wittenburg, A. (2007): Softwarekartographie: Modelle und Methoden zur systematischen Visualisierung von Anwendungslandschaften. Dissertation, Technische Universität München 2007.

Witzel, A. (1982): Verfahren der qualitativen Sozialforschung: Überblick und Alternativen. Campus, Frankfurt am Main 1982.

Witzel, A. (1985): Das problemzentrierte Interview. In: Qualitative Forschung in der Psychologie. Grundfragen, Verfahrensweisen, Anwendungsfelder. Hrsg.: Jüttemann, G., Beltz, Weinheim 1985, S. 227-255.

WKWI (2007): Mitteilungen der Wissenschaftlichen Kommission Wirtschaftsinformatik und des GI-Fachbereichs Wirtschaftsinformatik: Rahmenempfehlung für die Universitätsausbildung in der Wirtschaftsinformatik. In: Wirtschaftsinformatik, Vol. 49 (2007) Nr. 4, S. 318-325.

Wöhe, G. (2002): Einführung in die Allgemeine Betriebswirtschaftslehre. (21. neu bearb. Aufl.), Vahlen, München 2002.

Wollnik, M. (1988): Ein Referenzmodell des Informationsmanagements. In: Information Management, Vol. 3 (1988) Nr. 3, S. 34-43.

Wolter, H.-J.; Hauser, H.-E. (2001): Die Bedeutung des Eigentümerunternehmens in Deutschland – Eine Auseinandersetzung mit der qualitativen und quantitativen Definition des Mittelstands. In: Jahrbuch zur Mittelstandsforschung, (2001) Nr. 1.

Wossidlo, P.R. (1993): Mittelständische Unternehmungen. In: Handwörterbuch der Betriebswirtschaftslehre. Hrsg.: Wittmann, W.v., (5. Aufl.), Schaeffer-Poeschel, Stuttgart 1993, Sp. 2889-2896.

Zangemeister, C. (1976): Nutzwertanalyse in der Systemtechnik: Eine Methodik zur multidimensionalen Bewertung und Auswahl von Projektalternativen. (4. Aufl.), Wittemann, München 1976.

Zarnekow, R. (2004): Produktorientiertes Informationsmanagement. In: Informationsmanagement: Konzepte und Strategien für die Praxis. Hrsg.: Zarnekow, R.; Brenner, W.; Grohmann, H., dpunkt, Heidelberg 2004, S. 41-56.

Zarnekow, R.; Brenner, W.; Grohmann, H. (2004): Informationsmanagement: Konzepte und Strategien für die Praxis. dpunkt, Heidelberg 2004.

Zarnekow, R.; Brenner, W.; Pilgram, U. (2005a): Integriertes Informationsmanagement. Springer, Berlin u.a. 2005a.

Zarnekow, R.; Hochstein, A.; Brenner, W. (2005b): Service-orientiertes IT-Management: ITIL-Best-Practices und Fallstudien. Springer, Berlin u.a. 2005b.

Zilch, A.; Burau, A. (2005): Experton: Alignment treibt IT-Ausgaben. In: Computerwoche, 51-52/2005, 23.12.2005, S. 20.

Zimmermann, T. (2006): Konzeption eines Benchmarking-Modells zur Analyse von IT-Service-Katalogen und exemplarische Ausarbeitung eines Musterkatalogs für IT-Services. Masterarbeit, Technische Universität München, Lehrstuhl für Wirtschaftsinformatik 2006.

Anhang

(A) Interviewleitfaden

Interviewleitfaden	Nr.:

Name des Interviewten:	
Name des Unternehmens:	
Datum Interview:	
Dauer Interview:	

Grundlegende Fragen:	
Branche des Unternehmens	
Größe des Unternehmens (in Mitarbeiter)	
Unternehmensstruktur	
Größe IT-Organisation (in IT-Mitarbeiter)	
Position des Interviewten im Unternehmen	
Organisatorische Verankerung der IT-Organisation im Unternehmen	
Struktur der IT-Organisation	
Höhe des IT-Budgets pro Jahr	

Teil A: Besonderheiten / Anforderungen des Mittelstands allgemein und der IT:

Was zeichnet Ihr Unternehmen an Besonderheiten / Spezifika aus? An welchen Kriterien machen Sie den Begriff Mittelstand fest und warum?

Was sind Besonderheiten / Anforderungen des Mittelstands unabhängig von Ihrem Unternehmen? Was ist „Mittelstand" nach Ihrer Meinung und warum?

Was sind Besonderheiten / Anforderungen der IT in Ihrem Unternehmen und welche Bedeutung hat sie? Gibt es Gründe dafür?

Was sind Besonderheiten / Anforderungen der IT im Mittelstand generell, unabhängig von Ihrem Unternehmen und warum?

Wie sehen Sie die Abgrenzung des Mittelstands und speziell Ihres Unternehmens zu Großunternehmen? Bei welchen Aspekten und warum?

Teil B: Rolle und Bedeutung der IT:

Was sind Aufgaben Ihrer IT? Werden Teile der IT ausgelagert? Wenn ja welche?

Wie dynamisch ist Ihre Branche / Ihr Umfeld? Welche Rolle spielt die IT in Ihrer Branche? Wo liegen Schwerpunkte in der IT-Unterstützung Ihrer Branche? Welche Auswirkungen hat das auf die IT?

Wie wichtig ist die IT für die Aufrechterhaltung des Geschäftsbetriebs in Ihrem Unternehmen? Beispiel: Das Rechenzentrum brennt ab. Können Sie trotzdem Ihr Geschäft weiterführen? Wie bewerten Sie die Bedeutung und welche Bewertung würde Ihre GF geben und warum? Einordnen auf Skala von 1-5:	
Sehr wichtig (1)	
Wichtig (2)	
Teilweise wichtig (3)	
Wenig wichtig (4)	
Unwichtig (5)	

Wie ist das Verständnis der FB über die Leistungsfähigkeit der IT und warum?

Wie funktioniert die Kommunikation mit den FB und GF? Wie bewerten Sie das? Gibt es Verbesserungsbedarfe und warum?

Wie werden die Geschäftsprozesse dokumentiert? Gibt es ein Prozessmanagement im Unternehmen oder werden die Prozesse bspw. aus Referenzvorgaben von Standard-Software-Lösungen übernommen? Werden Prozesse zentral abgenommen? Wie sieht das ganze bei IT-Prozessen aus?

Teil C: IT-Services und IT-Service-Katalog:

Was sind häufige Serviceleistungen, die die IT-Organisation bereitstellt bzw. die nachgefragt werden?

Gibt es einen IT-Servicekatalog? Wenn ja, wie sieht er aus? Wie ist er strukturiert? Nach technischen Aspekten oder nach geschäftsprozessbezogen? Wenn nein, warum nicht?

Wie ist das IT-Serviceangebot dokumentiert? Verstehen die Servicenehmer diese Struktur? Wo liegen Stärken und Schwächen? Was sind konkrete Verbesserungsbedarfe?

Wie versteht sich die IT-Organisation in ihrer Rolle im Unternehmen? Wird eine ablauf- und aufbauorganisatorische IT-Serviceausrichtung angestrebt oder wurde sie umgesetzt? Warum (nicht)? Gibt es dadurch Änderungen im Serviceverhalten?

Wie und wie oft wird der IT-Service-Katalog aktualisiert und warum?

Wer ist verantwortlich für den IT-Service-Katalog und warum?

Was sind Anforderungen, die an die Gestaltung und vor allem an die Umsetzung von IT-Services und eines Service-Katalogs aus Ihrer Sicht zu stellen sind und warum?

Teil D: Planung und Steuerung der IT-Infrastruktur:

Welche Bedeutung hat die Planung und Steuerung der IT-Infrastruktur in Ihrem Unternehmen?

Wie erfolgt die Bedarfserhebung der IT mit den FB? Welche Größen werden erhoben? Welche Schritte werden durchgeführt? Wie funktionieren die Abläufe (Aufgaben, Abstimmungen) und wie werden sie durch FB, IT und GF gelebt? Sind sie für die Servicenehmer transparent? Welche mittelständischen Besonderheiten wirken auf die Bedarfserhebung?

Anhang

Wie erfolgt die anknüpfende IT-Planung? Welche Größen beplanen Sie? Welche Schritte werden durchgeführt? Wie funktionieren die Abläufe (Aufgaben, Abstimmungen) und wie werden sie durch FB, IT und GF gelebt? Sind sie für die Servicenehmer transparent? Welche mittelständischen Besonderheiten wirken auf die Planung?

Welche Steuerungsformen werden eingesetzt? Was wird gesteuert und welche Schritte werden durchgeführt? Wie funktionieren die Abläufe (Aufgaben, Abstimmungen) und wie werden sie durch FB, IT und GF gelebt? Sind sie für die Servicenehmer transparent? Welche mittelständischen Besonderheiten wirken auf die Steuerung?

Wie erfolgt der Durchgriff / die Durchsetzung der Steuerungsformen? Wo liegen Stärken und Schwächen?

Was sind Anforderungen, die Sie an die (Ausgestaltung der) Prozessmodellierung zur Planung und Steuerung stellen? Gibt es konkrete Verbesserungsbedarfe?

Teil E: IT-Kennzahlen:

Inwieweit erheben Sie Kennzahlen, um das IT-Serviceangebot und die Prozesse der Planung und Steuerung zu überwachen und zu bewerten? Welche Kennzahlen erheben Sie und für welche Zielgruppe?

Was sind Anforderungen, die Sie an die Gestaltung / Aussagekraft von IT-Kennzahlen stellen?

(B) Entstehungssituation der Interviews

Nr.	Anonymisierter Unternehmensname	Datum des Interviews
1	M1	09.06.2006
2	M2	29.06.2006
3	M3	02.02.2006
4	M4	24.03.2006
5	M5	21.04.2006
6	M6	09.06.2006
7	M7	21.12.2006
8	A1	20.01.2006
9	A2	31.05.2006
10	A3	30.06.2006
11	A4	20.04.2006
12	A5	29.06.2006
13	A6	30.06.2006
14	B1	18.11.2006
15	B1	09.02.2007
16	B2	09.02.2006
17	B3	24.03.2006
18	B4	12.01.2007
19	B5	31.10.2007

Anhang

(C) Reifegrade der KEF im Reifegradmodell für IT-Service-Kataloge

KEF	Reife-grad	Führungsgrößen	Ausprägungen der Führungsgrößen
Wahr-nehmung des IT-Service-Katalogs durch den Service-nehmer	1	Transparenz der Leistungs-fähigkeit der IT-Organisation	Es besteht keine Transparenz über die IT-Leistungsfähigkeit bei den Servicenehmern.
		Nutzungsgrad des IT-Service-Katalogs	Ein IT-Service-Katalog wird von den Servicenehmern nicht genutzt und akzeptiert.
		Servicenehmerverhalten bei der Bedarfsäußerung	Der Servicenehmer ordert die IT-Services bedarfsabhängig ohne Kenntnis und Nutzung eines IT-Service-Katalogs.
		Vorgehen im Bedarfsäuße-rungsprozess	Der Servicegeber stellt alle angeforderten IT-Services unabhängig vom bestehenden IT-Serviceangebot bereit.
		Ausprägung von Angebots-varianten	Es sind keine Angebotsvarianten für IT-Services vorhanden.
		Integration der Servicenehmer in den Änderungspro-zess des IT-Service-Katalogs	Die Servicenehmer sind nicht in den Änderungsprozess einbezogen. Der Servicegeber führt alle Änderungen selbständig ohne Rückspra-che mit den Servicenehmern durch. Der Änderungsprozess ist den Servicenehmern nicht transparent.
	2	Transparenz der Leistungs-fähigkeit der IT-Organisation	Die Leistungsfähigkeit der IT ist ausschließlich dem Servicegeber und einzelnen Keyusern weitestgehend transparent.
		Nutzungsgrad des IT-Service-Katalogs	Der IT-Service-Katalog wir von den Servicenehmern kaum akzeptiert und selten zur IT-Servicebestellung genutzt.
		Servicenehmerverhalten bei der Bedarfsäußerung	Es werden nur einzelne IT-Services aus dem Katalog bestellt. Das umfasst vor allem neue IT-Services. Ansonsten erfolgt das wird be-darfsabhängig.
		Vorgehen im Bedarfsäuße-rungsprozess	Der Servicegeber stellt die meisten der angeforderten IT-Services aus dem bestehenden IT-Serviceangebot bereit. Nur in Einzelfällen erfolgt eine Abweichung.
		Ausprägung von Angebots-varianten	Angebotsvarianten existieren für wenige IT-Services, die meist nicht mit den aktuellen Bedarfen der Servicenehmer abgestimmt sind.
		Integration der Servicenehmer in den Änderungspro-zess des IT-Service-Katalogs	Die Servicenehmer sind nur in vorheriger Abstimmung mit dem Servi-cegeber in den Änderungsprozess involviert. Initiator von Änderungen ist der Servicegeber und in Einzelfällen der Keyuser.
	3	Transparenz der Leistungs-fähigkeit der IT-Organisation	Die IT-Leistungsfähigkeit ist den Keyusern und dem Servicegeber transparent. Den Servicenehmern besitzen verschließt sich dies jedoch.
		Nutzungsgrad des IT-Service-Katalogs	Der IT-Service-Katalog wird von Servicenehmern bei der Bestellung von standardisierten IT-Services genutzt. Ansonsten findet er wenig Anwendung und Akzeptanz.
		Servicenehmerverhalten bei der Bedarfsäußerung	Standardisierte IT-Services werden meist aus dem IT-Service-Katalog bestellt. Nicht standardisierte IT-Services werden bedarfsabhängig ohne Katalognutzung direkt bei der IT-Organisation bestellt.
		Vorgehen im Bedarfsäuße-rungsprozess	Es werden nur die Bedarfe bereitgestellt, die im IT-Service-Katalog hinterlegt sind.
		Ausprägung von Angebots-varianten	Angebotsvarianten sind für standardisierte IT-Services formuliert. Teils sind diese nicht immer mit den aktuellen Bedarfen der Service-nehmer abgestimmt.
		Integration der Servicenehmer in den Änderungspro-zess des IT-Service-Katalogs	Die Servicenehmer sind formell in den Änderungsprozess involviert, nehmen diese Rolle aber nur passiv wahr und besitzen deshalb meist keine Transparenz über den Ablauf.

372 Anhang

Wahr-nehmung des IT-Service-Katalogs durch den Servicenehmer		Transparenz der Leistungsfähigkeit der IT-Organisation	Die IT-Leistungsfähigkeit ist bei den Serviceakteuren größtenteils vorhanden.
	4	Nutzungsgrad des IT-Service-Katalogs	Der IT-Service-Katalog wird vom Servicegeber vollständig und von den Servicenehmern größtenteils zur Bestellung von IT-Services genutzt.
		Servicenehmerverhalten bei der Bedarfsäußerung	Der Servicenehmer bestellt größtenteils aus dem IT-Service-Katalog. Ausnahmen werden im Einzelfall mittels Eskalation durchgesetzt.
		Vorgehen im Bedarfsäußerungsprozess	Der Servicegeber stellt nur aus dem IT-Service-Katalog bereit. Ausnahmen sind im Einzelfall möglich, bedürfen der separaten Begründung und Genehmigung.
		Ausprägung von Angebotsvarianten	Angebotsvarianten werden für die IT-Services hinterlegt. Sie sind größtenteils auf die Bedarfe der Servicenehmer abgestimmt, sind aber mitunter nicht trennscharf formuliert.
		Integration der Servicenehmer in den Änderungsprozess des IT-Service-Katalogs	Der Servicenehmer ist in den Änderungsprozess involviert und nimmt diese Rolle meistens wahr. Initiiert werden Änderungen teils von Servicegeber, teils von Servicenehmern. Das Vorgehen ist den Servicenehmern transparent.
	5	Transparenz der Leistungsfähigkeit der IT-Organisation	Die IT-Leistungsfähigkeit ist allen Serviceakteuren transparent.
		Nutzungsgrad des IT-Service-Katalogs	Der IT-Service-Katalog findet eine flächendeckende Anwendung und Akzeptanz.
		Servicenehmerverhalten bei der Bedarfsäußerung	Der Servicenehmer ordert bedarfsabhängig aus dem IT-Service-Katalog. Die Durchsetzung von Ausnahmen stößt meist einen Änderungsprozess im Katalogangebot an.
		Vorgehen im Bedarfsäußerungsprozess	Die IT-Services werden ausschließlich aus dem IT-Service-Katalog bereitgestellt. Ausnahmen werden gesondert genehmigt und verrechnet. Dauerhafte Ausnahmen stoßen einen Änderungsprozess an.
		Ausprägung von Angebotsvarianten	Es werden viele Angebotsvarianten für IT-Services angeboten, die auf den aktuellen Bedarf der Servicenehmer abgestimmt sind. Die Angebotsvarianten sind klar voneinander abgegrenzt.
		Integration der Servicenehmer in den Änderungsprozess des IT-Service-Katalogs	Alle Serviceakteure sind aktiv in den Änderungsprozess involviert. Änderungen werden überwiegend von Servicenehmern in enger Abstimmung mit dem Servicegeber initiiert.

KEF	Reifestufe	Führungsgröße	Ausprägung
IT-Service-ausrichtung des IT-Service-Katalogs durch den Servicegeber	1	Ausprägung von Service-Levels	Es werden keine Service-Levels im IT-Service-Katalog angeboten.
		Kundenperspektive in den IT-Servicebeschreibungen	Das IT-Serviceangebot ist nicht beschrieben. Den Servicenehmern ist das Katalogangebot nicht transparent.
		IT-Business Alignment	Die IT-Services sind nicht dokumentiert, so dass das Angebot keine Geschäftsprozessorientierung aufweist.
		Vorgehen im Bedarfsäußerungsprozess	Der Servicegeber stellt alle angeforderten IT-Services unabhängig vom bestehenden IT-Serviceangebot bereit.
		Ausprägung von Angebotsvarianten	Es sind keine Angebotsvarianten für IT-Services vorhanden.
		Integration der Servicenehmer in den Änderungsprozess des IT-Serviceangebots	Die Servicenehmer sind nicht in den Änderungsprozess einbezogen. Der Servicegeber führt alle Änderungen selbständig ohne Rücksprache mit den Servicenehmern durch. Der Änderungsprozess ist den Servicenehmern nicht transparent.

Anhang

IT-Service-ausrichtung des IT-Service-Katalogs durch den Servicegeber	2	Ausprägung von Service-Levels	Einzelne IT-Services umfassen Service-Levels, die aber nur in einer Service-Level-Klasse angeboten. Teils sind die Service-Levels nicht trennscharf und messbar definiert.
		Kundenperspektive in den IT-Servicebeschreibungen	Es liegen nur rudimentäre häufig technisch-orientierte IT-Servicebeschreibungen vor. Sie sind für den Servicenehmer nicht verständlich.
		IT-Business Alignment	Die angebotenen IT-Services richten sich an zentralen IT-Zielen aus, sind aber anhand von technischen Aspekten strukturiert.
		Vorgehen im Bedarfsäußerungsprozess	Der Servicegeber stellt die meisten der angeforderten IT-Services aus dem bestehenden IT-Serviceangebot bereit. Nur in Einzelfällen erfolgt eine Abweichung.
		Ausprägung von Angebotsvarianten	Angebotsvarianten existieren für wenige IT-Services, die meist nicht mit den aktuellen Bedarfen der Servicenehmer abgestimmt sind.
		Integration der Servicenehmer in den Änderungsprozess des IT-Serviceangebots	Die Servicenehmer sind nur in vorheriger Abstimmung mit dem Servicegeber in den Änderungsprozess involviert. Initiator von Änderungen ist der Servicegeber und in Einzelfällen der Keyuser.
	3	Ausprägung von Service-Levels	Für standardisierte IT-Services sind einzelne Service-Level-Klassen definiert. Die Abgrenzung der Service-Levels ist überwiegend trennscharf und messbar beschrieben.
		Kundenperspektive in den IT-Servicebeschreibungen	Für die standardisierten IT-Services sind vornehmlich technisch-orientierte IT-Servicebeschreibungen vorhanden. Ein Verständnis zeigt sich häufig ausschließlich bei Keyusern und Servicegeber.
		IT-Business Alignment	Die IT-Services sind auf die IT-Ziele abgestimmt. Ihre Strukturierung erfolgt teils nach technischen Aspekten und teils geschäftsprozessorientiert.
		Vorgehen im Bedarfsäußerungsprozess	Es werden nur die Bedarfe bereitgestellt, die im IT-Service-Katalog hinterlegt sind.
		Ausprägung von Angebotsvarianten	Angebotsvarianten sind für standardisierte IT-Services formuliert. Teils sind diese nicht immer mit den aktuellen Bedarfen der Servicenehmer abgestimmt.
		Integration der Servicenehmer in den Änderungsprozess des IT-Serviceangebots	Die Servicenehmer sind formell in den Änderungsprozess involviert, nehmen diese Rolle aber nur passiv wahr und besitzen deshalb meist keine Transparenz über den Ablauf.
	4	Ausprägung von Service-Levels	Für die meisten IT-Services werden Service-Levels mehrere Service-Level-Klassen angeboten. Sie sind überwiegend trennscharf und messbar formuliert.
		Kundenperspektive in den IT-Servicebeschreibungen	Die IT-Services sind in einem separaten IT-Service-Katalog eingebunden. Er ist verständlich strukturiert. Die IT-Servicebeschreibungen sind den Servicenehmern größtenteils verständlich.
		IT-Business Alignment	Die IT-Services sind auf die IT-Ziele und die zentralen Geschäftsziele abgestimmt. Ihre Strukturierung orientiert sich größtenteils an den unterstützten Geschäftsprozessen.
		Vorgehen im Bedarfsäußerungsprozess	Der Servicegeber stellt nur aus dem IT-Service-Katalog bereit. Ausnahmen sind im Einzelfall möglich, bedürfen der separaten Begründung und Genehmigung.
		Ausprägung von Angebotsvarianten	Angebotsvarianten werden für die IT-Services hinterlegt. Sie sind größtenteils auf die Bedarfe der Servicenehmer abgestimmt, sind aber mitunter nicht trennscharf formuliert.
		Integration der Servicenehmer in den Änderungsprozess des IT-Serviceangebots	Der Servicenehmer ist in den Änderungsprozess involviert und nimmt diese Rolle meistens wahr. Initiiert werden Änderungen teils von Servicegeber, teils vom Servicenehmer. Das Vorgehen ist den Servicenehmern transparent.

IT-Service-ausrichtung des IT-Service-Katalogs durch den Servicegeber	5	Ausprägung von Service-Levels	Für alle IT-Services sind Service-Levels und differenzierte Service-Level-Klassen definiert und im IT-Service-Katalog hinterlegt. Sie sind trennscharf, kundenorientiert und messbar formuliert.
		Kundenperspektive in den IT-Servicebeschreibungen	Der Service Katalog ist klar strukturiert. Die IT-Servicebeschreibungen sind allesamt für die Servicenehmer wie auch für den Servicegeber verständlich formuliert.
		IT-Business Alignment	Die IT-Services sind umfassend auf die Geschäfts- und IT-Ziele abgestimmt. Ihre Strukturierung orientiert sich vollständig an den unterstützten Geschäftsprozessen.
		Vorgehen im Bedarfsäußerungsprozess	Die IT-Services werden ausschließlich aus dem IT-Service-Katalog bereitgestellt. Ausnahmen werden gesondert genehmigt und verrechnet. Dauerhafte Ausnahmen stoßen einen Änderungsprozess an.
		Ausprägung von Angebotsvarianten	Es werden viele Angebotsvarianten für IT-Services angeboten, die auf den aktuellen Bedarf der Servicenehmer abgestimmt sind. Die Angebotsvarianten sind klar voneinander abgegrenzt.
		Integration der Servicenehmer in den Änderungsprozess des IT-Serviceangebots	Alle Serviceakteure sind aktiv in den Änderungsprozess involviert. Änderungen werden überwiegend von Servicenehmern in enger Abstimmung mit dem Servicegeber initiiert.

KEF	Reifegrad	Führungsgröße	Ausprägungen der Führungsgrößen
Transparenz des IT-Serviceangebots	1	Klare, eindeutige Messbarkeit der Einheit des IT-Services	Es sind keine abgrenzbaren und damit messbaren Einheiten für die IT-Services definiert.
		Verursachungsgerechte Verbrauchsermittlung	Es erfolgt keine verursachungsgerechte Verbrauchsermittlung der bereitgestellten IT-Services während des Planungszyklus.
		Kommunikation des IT-Serviceangebots	Es erfolgt keinerlei Kommunikation an die Servicenehmer.
		Transparenz der IT-Leistungsfähigkeit	Es besteht keine Transparenz und kein Verständnis über die IT-Leistungsfähigkeit bei den Servicenehmern.
	2	Klare, eindeutige Messbarkeit der Einheit des IT-Services	Es sind Einheiten für einzelne IT-Services definiert, die aber noch nicht eindeutig abgrenzbar sind.
		Verursachungsgerechte Verbrauchsermittlung	Vereinzelt erfolgt eine Verbrauchsermittlung, die sich aber auf zentrale IT-Services und / oder einzelne Servicenehmer bezieht.
		Kommunikation des IT-Serviceangebots	Die Kommunikation erfolgt ausschließlich auf Anfrage einzelner Servicenehmer (Key User). Änderungen werden nicht kommuniziert. Das IT-Serviceangebot wird nicht über einen zentralen Zugriffpunkt bereitgestellt.
		Transparenz der IT-Leistungsfähigkeit	Die Leistungsfähigkeit der IT ist dem Servicegeber und einzelnen Keyusern transparent. Ein IT-Serviceverständnis ist kaum vorhanden.
	3	Klare, eindeutige Messbarkeit der Einheit des IT-Services	Für den Großteil der dokumentierten IT-Services sind Einheiten definiert. Diese sind meist noch nicht eindeutig formuliert und abgegrenzt.
		Verursachungsgerechte Verbrauchsermittlung	Eine verursachungsgerechte Verbrauchsermittlung kann bei zentralen IT-Services für alle Servicenehmer umgesetzt werden. Das erstreckt sich vor allem auf applikations- und projektbezogene IT-Services.
		Kommunikation des IT-Serviceangebots	Die Kommunikation erfolgt auf Nachfrage an einzelne Servicenehmer (wie Keyuser). Teils wird das Katalogangebot an einem zentralen Zugriffpunkt bereitgestellt. Änderungen werden nicht kommuniziert.
		Transparenz der IT-Leistungsfähigkeit	Transparenz besitzen alle Keyuser und der Servicegeber. Das erstreckt sich nicht auf die FB. Ein IT-Serviceverständnis ist größtenteils vorhanden.

Anhang

		Führungsgröße	Ausprägungen
Transparenz des IT-Serviceangebots	4	Klare, eindeutige Messbarkeit der Einheit des IT-Services	Es sind für alle dokumentierten IT-Services Einheiten definiert, die aber teils noch nicht trennscharf sind.
		Verursachungsgerechte Verbrauchsermittlung	Für den Großteil der IT-Services erfolgt eine verursachungsgerechte Verbrauchsermittlung an alle Servicenehmer.
		Kommunikation des IT-Serviceangebots	Die Kommunikation erfolgt auf Anfrage an alle Servicenehmer. Teils wird in regelmäßigen Abständen kommuniziert. Das IT-Serviceangebot wird an einem zentralen Zugriffpunkt bereitgestellt. Änderungen werden über die Regelkommunikation bekannt gemacht.
		Transparenz der IT-Leistungsfähigkeit	Den meisten Servicenehmern sowie dem Servicegeber ist die Leistungsfähigkeit der IT transparent. Es ist ein ausgeprägtes IT-Serviceverständnis vorhanden.
	5	Klare, eindeutige Messbarkeit der Einheit des IT-Services	Für alle IT-Services sind klare und eindeutig messbare Einheiten definiert, die in der Planung und Steuerung fortgeführt werden.
		Verursachungsgerechte Verbrauchsermittlung	Es wird eine vollständig verursachungsgerechte Verbrauchsermittlung über alle bereitgestellten IT-Services durchgeführt.
		Kommunikation des IT-Serviceangebots	Es erfolgt eine aktive Kommunikation des IT-Serviceangebots an die Servicenehmer. Das umschließt auch durchgeführte Änderungen.
		Transparenz der IT-Leistungsfähigkeit	Die Leistungsfähigkeit der IT ist allen Serviceakteuren gleichermaßen transparent. Es ist ein sehr hohes IT-Serviceverständnis vorhanden.

KEF	Reifegrad	Führungsgröße	Ausprägungen der Führungsgrößen
Qualität der Dokumentation des IT-Service-Katalogs und der IT-Servicebereitstellung	1	Verantwortlichketen für IT-Service-Katalog-Erstellung	Es sind keine dedizierten Verantwortlichkeiten benannt und beschrieben.
		Klare Beschreibung des IT-Serviceergebnisses	Die Ergebnisse der IT-Servicebereitstellung sind nicht definiert.
		Formale Struktur, Granularität und Vollständigkeit	Der IT-Service-Katalog besitzt keine erkennbare formale Struktur, die IT-Services sind nicht systematisch erfasst und beschrieben.
		Inhaltliche Struktur, Konsistenz und Detaillierungsgrad	Der IT-Service-Katalog besitzt keine erkennbare inhaltliche Struktur. Es erfolgt keine dedizierte Abgrenzung der IT-Services.
		Transparenz über IT-Service-Katalog	Es besteht keine Transparenz über die Dokumentation des IT-Service-Katalogs in Struktur und Umfang.
		Verständlichkeit der IT-Servicebeschreibung	Die dokumentierten IT-Servicebeschreibungen sind für die Servicenehmer nicht verständlich erfasst.
	2	Verantwortlichketen für IT-Service-Katalog-Erstellung	Die Verantwortlichkeiten sind unvollständig erfasst. Diese sind meist sehr einseitig definiert. Bspw. wird in den Erstellungsprozess nur die IT-Organisation involviert.
		Klare Beschreibung des IT-Serviceergebnisses	Vereinzelt sind für die dokumentierten IT-Services die Ergebnisse definiert. Sie erschließen sich für die Servicenehmer in ihrer Beschreibung jedoch nicht immer.
		Formale Struktur, Granularität und Vollständigkeit	Die formale Struktur orientiert sich an technischen Aspekten der IT-Serviceerbringung. Es fehlen dedizierte Beschreibungskriterien. Es erfolgt keine Unterscheidung in Standard- und Optionalleistungen.
		Inhaltliche Struktur, Konsistenz und Detaillierungsgrad	Die inhaltliche Struktur orientiert sich an technischen Aspekten. Deshalb werden einzelne geschäftsprozessbezogene IT-Services nicht erfasst. IT-Servicebeschreibungen sind in Eckpunkten vorhanden.
		Transparenz über IT-Service-Katalog	Die IT-Services sind unvollständig dokumentiert, so dass kaum Transparenz besteht. Teilweise ist den Keyusern das Angebot in Teilen transparent.
		Verständlichkeit der IT-Servicebeschreibung	Die IT-Servicebeschreibungen sind häufig sehr technisch, so dass sie dem Servicegeber und einzelnen Keyusern nicht aber den FB verständlich ist.

Qualität der Dokumentation des IT-Service-Katalogs und der IT-Servicebereitstellung	3	Verantwortlichkeiten für IT-Service-Katalog-Erstellung	Es sind die zentralen verantwortlichen Stellen in FB und IT benannt. Es fehlen aber Angaben zu Kontaktdaten. Vereinzelt sind FB in den Erstellungsprozess eingebunden.
		Klare Beschreibung des IT-Serviceergebnisses	Für die dokumentierten IT-Services sind Ergebnisse definiert. Diese sind meist auch kundenorientiert erfasst.
		Formale Struktur, Granularität und Vollständigkeit	Es existiert eine grundlegende Strukturierung, es sind zentrale formale Beschreibungskriterien definiert, die aber noch grobgranular sind. Es wird zwischen Standard- und Optionalleistungen unterschieden.
		Inhaltliche Struktur, Konsistenz und Detaillierungsgrad	Es sind teils bereits kundenorientierte IT-Servicebeschreibungen vorhanden. Der Großteil der Dokumentation ist aber weiterhin technisch ausgerichtet.
		Transparenz über IT-Service-Katalog	Die zunehmend kundenorientiertere Dokumentation der IT-Services macht das Katalogangebot teilweise transparenter. Das bezieht sich vor allem auf standardisierte IT-Services.
		Verständlichkeit der IT-Servicebeschreibung	Die IT-Services sind vor allem bei standardisierten IT-Services bereits kundenorientierter beschrieben. Bei diesen IT-Services ist das Verständnis weitestgehend vorhanden.
	4	Verantwortlichkeiten für IT-Service-Katalog-Erstellung	Die Verantwortlichkeiten sind klar geregelt. Das umschließt auch die Einbeziehung der Servicenehmer. Das wird in der Praxis aber noch nicht durchgängig umgesetzt ("gelebt").
		Klare Beschreibung des IT-Serviceergebnisses	Der Großteil der dokumentierten IT-Services hat die Ergebnisse der IT-Servicebereitstellung kundenorientiert definiert.
		Formale Struktur, Granularität und Vollständigkeit	Die formale Struktur ist verständlich und über Beschreibungskriterien ausreichend granular. Der Großteil der angebotenen IT-Services ist hierin abgebildet.
		Inhaltliche Struktur, Konsistenz und Detaillierungsgrad	Die inhaltliche Struktur orientiert sich größtenteils an den unterstützten Geschäftsprozessen. Die IT-Services für die Servicenehmer verständlich und weitestgehend detailliert beschrieben.
		Transparenz über IT-Service-Katalog	Der IT-Service-Katalog ist für Keyuser, Servicegeber und den Großteil der Servicenehmer transparent.
		Verständlichkeit der IT-Servicebeschreibung	Die Verständlichkeit der IT-Servicebeschreibungen erstreckt sich auf den Großteil der dokumentierten IT-Services.
	5	Verantwortlichkeiten für IT-Service-Katalog-Erstellung	Der IT-Service-Katalog wird aktiv von IT und Servicenehmern gemeinsam erstellt. Die Verantwortlichkeiten sind klar geregelt und werden durchgängig umgesetzt.
		Klare Beschreibung des IT-Serviceergebnisses	Es sind für alle IT-Services die jeweiligen Ergebnisse klar und nachvollziehbar definiert.
		Formale Struktur, Granularität und Vollständigkeit	Die formale Struktur ist vollständig und sehr granular. Die Beschreibungskriterien für die Servicenehmer klar und abgrenzbar.
		Inhaltliche Struktur, Konsistenz und Detaillierungsgrad	Die inhaltliche Struktur bildet alle angebotenen IT-Services ab und ist für die Servicenehmer verständlich. Die IT-Services sind umfassend und konsistent beschrieben.
		Transparenz über IT-Service-Katalog	Der IT-Service-Katalog ist den Servicenehmern vollständig in Struktur und Umfang transparent.
		Verständlichkeit der IT-Servicebeschreibung	Auf Grund der klaren formalen und inhaltlichen Struktur sind die IT-Servicebeschreibungen für alle Serviceakteure gleichermaßen verständlich.

KEF	Reifegrad	Führungsgröße	Ausprägungen der Führungsgrößen
Anwendungsgrad des IT-Service-Katalogs	1	Umsetzung / Durchsetzung von fachlichen bzw. strategischen Vorgaben der IT	Die von der IT-Organisation festgelegten fachlichen und strategischen IT-Vorgaben werden nicht durchgesetzt, da sie von den Servicenehmern nicht akzeptiert und demnach nicht eingehalten werden.
		Verbindlichkeit der IT-Vorgaben und organisatorische Verankerung der Servicestruktur in der IT	Die IT-Servicestruktur ist nicht explizit in der Aufbauorganisation der IT verankert. Meist ist auch kein IT-Service-Katalog vorhanden, der dementsprechend keine Anwendung findet.
	2	Umsetzung / Durchsetzung von fachlichen bzw. strategischen Vorgaben der IT	Die fachlichen und strategischen IT-Vorgaben werden teils umgesetzt. Dennoch werden von den Servicenehmern häufig Ausnahmen gefordert, die größtenteils umgesetzt werden
		Verbindlichkeit der IT-Vorgaben und organisatorische Verankerung der Servicestruktur in der IT	Die IT-Servicestruktur ist ansatzweise in den Organisationsstrukturen verankert. Der IT-Service-Katalog besitzt wenig Anwendung und Akzeptanz bei den Servicenehmern. Fachliche IT-Vorgaben sind nicht verbindlich, da sie von den Servicenehmern teilweise überstimmt werden können.
	3	Umsetzung / Durchsetzung von fachlichen bzw. strategischen Vorgaben der IT	Eine Durchsetzung der fachlichen und strategischen IT-Vorgaben erfolgt. Die IT-Organisation besitzt ein Mitspracherecht bei der Bewertung von Ausnahmen.
		Verbindlichkeit der IT-Vorgaben und organisatorische Verankerung der Servicestruktur in der IT	Die IT-Servicestruktur ist in der IT überwiegend verankert. Der IT-Service-Katalog wird von den Servicenehmern meist verwendet, aber noch nicht vollständig akzeptiert ("gelebt").
	4	Umsetzung / Durchsetzung von fachlichen bzw. strategischen Vorgaben der IT	Die Durchsetzung erfolgt umfassend. Die fachlichen und strategischen IT-Vorgaben sind verbindlich. Ausnahmen sind separat mit Begründung von der GF zu genehmigen. Die IT besitzt ein umfassendes Mitspracherecht.
		Verbindlichkeit der IT-Vorgaben und organisatorische Verankerung der Servicestruktur in der IT	Die IT-Servicestruktur ist umfassend in der IT verankert. Der IT-Service-Katalog wird von den Servicenehmern akzeptiert und für alle Bedarfe verbindlich angewendet.

(D) Fragebogen zur Umfeldanalyse im Reifegradmodell für IT-Service-Kataloge

Analyse der IT-Service-Kataloge Template zur Erfassung relevanter Rahmendaten	Nr.: (durch TUM)

Zielsetzung des Templates:
- Ermittlung von Rahmendaten und Informationen, die für die Analyse der IT-Service-Kataloge von Bedeutung sind
- Ziel: Verlässlichere Interpretation und Entwickeln eines besseren Verständnisses über Ihre IT-Service-Kataloge

Name, Vorname:	
Unternehmen:	
Ihre Position:	
Organisatorische Verankerung der IT-Organisation:	
Größe der IT- Organisation (Mitarbeiterzahl):	
Datum:	

War / Ist die Leistungserbringung Ihrer IT-Organisation bereits durch definierte IT-Services strukturiert?

Sind die bisher von Ihrer IT-Organisation bereitgestellten IT-Services beschrieben und dokumentiert? (Zutreffendes bitte ankreuzen)

Bisher nicht dokumentiert	
Teilweise (ca. 50%) dokumentiert und in zentralen Eckpunkten beschrieben	
Teilweise (ca. 50%) dokumentiert und ausführlich beschrieben	
Vollständig (100%) dokumentiert und in zentralen Eckpunkten beschrieben	
Vollständig (100%) dokumentiert und ausführlich beschrieben	
Sonstiges (angeben)	

Mit welchen der folgenden Merkmale haben Sie Ihre IT-Services beschrieben? (Zutreffendes bitte ankreuzen)

Name IT-Service	
Verantwortlichkeiten für IT-Services	
Lieferergebnis der IT-Services	
IT-Servicebeschreibung (Leistungsinhalt im Detail)	
Service-Levels	
Messmethoden für Service-Levels	
Reporting	
Verrechnung der IT-Services	
Sonstiges (angeben)	

Welche IT-Servicemanagement-Rahmenwerke setzen Sie in Ihrer IT-Abteilung ein?

Anhand welcher Kriterien ist Ihr Service-Katalog / sind Ihre IT-Services strukturiert? (Beispiel: Applikationsservices, IT-Infrastrukturservices, Beratungsleistungen)

Ist die IT-Serviceplanung und -erbringung Ihrer IT-Organisation auch an den IT-Services ausgerichtet? (d.h. wird die vorgegebene IT-Servicestruktur tatsächlich gelebt / umgesetzt?)

Wer hat die (operative) Verantwortung für den IT-Service-Katalog / für die IT-Services und warum?

Wer war an der Erstellung des IT-Service-Katalogs / der IT-Services beteiligt? (z.B. IT, Fachabteilung)

Ist ein Änderungsprozess (Genehmigungsprozess bei Änderungen) für den Service-Katalog / die IT-Services definiert und kommuniziert? (kurze Beschreibung)

Wer (IT / Fachabteilung) hat Zugriff auf die Beschreibungen des IT-Service-Katalogs / der IT-Services und wo sind die Beschreibungen abgelegt?

Wie äußert der Kunde seine IT-Bedarfe? (Zutreffendes bitte ankreuzen)

Kunde (z.B. Fachabteilung) ordert abhängig vom IT-Bedarf direkt bei der IT-Organisation ohne Kenntnis der angebotenen IT-Services	
Kunde ordert nur aus IT-Service-Katalog (Individualleistungen separat vereinbart)	
Sonstiges (angeben)	

Wie erfolgt die Bereitstellung der IT-Services durch Ihre IT-Organisation? (Zutreffendes bitte ankreuzen)

IT-Organisation stellt den Kunden sämtliche angeforderte IT-Services bereit unabhängig vom Angebot des IT-Service-Katalogs	
IT-Abteilung stellt nur IT-Services aus dem Katalog bereit, bei Individualwünschen erfolgt separater Genehmigungsprozess	
Sonstiges (angeben)	

Wie erfolgt die Verrechnung der erbrachten IT-Services? (Zutreffendes bitte ankreuzen)

Keine Verrechnung (generell über IT-Budget abgedeckt)	
Verursachungsgerechte Verrechnungspreise (direkte Verrechnung auf den einzelnen Kunden)	
Verteilte Kostenentstehung und Kostenträger (z.B. gemischte Verrechnung über Projektbudget sowie IT-Budget)	
Sonstiges (angeben)	

Wir bedanken uns recht herzlich für das Ausfüllen des Templates.

(E) Servicemodule und Serviceelemente zum exemplarischen IT-Services E-Mail

Servicemodul Multiuser-Mailbox (A.2)

Name Servicemodul	Multiuser-Mailbox
Einordnung in übergeordnete Katalogobjekte	E-Mail
Aktueller Stand	[letzte Änderung am TT.MM.JJ]
Gültigkeit	[gültig für folgende Standorte optional: Mindestbereitstellungsfrist ab Bereitstellung bis TT.MM.JJ]
Verantwortlichkeiten für Servicemodulbeschreibung	[Max Mustermann, Abteilung: Muster A, Tel-Durchwahl: -12345, max.mustermann@unternehmensname.de Stellvertreter: Heidi Musterfrau, Abteilung: Muster a, Tel-Durchwahl: -54321, heidi.musterfrau@unternehmensname.de]
Servicemodul-Inhalte	
Kurzbeschreibung Servicemodul	Bereitstellung eines Zugangs auf E-Mail/Kalender-Funktionalitäten für eine definierte Nutzergruppe mit folgendem Umfang: eine Gruppen-Mailbox, [eine] Mailadresse, [MB/GB] Speicherplatz für Mailbox (Mailboxgröße), Kalender-Funktionalität mit Termin- und Ressourcenverwaltung, Zugriff auf ein unternehmensweites Adressverzeichnis für E-Mail und Kalender, ein Adressbuch, Verwaltung (Anlegen, Ändern, Löschen, Zugriffsrechte) der Nutzergruppe, [fünf] Verteilerlisten, [einmonatliche] Archivierung der E-Maildaten, [arbeitstägliches] Backup der E-Maildaten mit Wiederherstellungsmöglichkeiten, Bereitstellung eines Berechtigungs- und Rollenkonzepts (z.B. Sekretariatsfunktionen), Absicherung der E-Mail/Kalender-Funktionalitäten hinsichtlich Authentifizierung, Autorisierung und Integrität/Vertraulichkeit, Support/Helpdesk via Hotline [Durchwahl: -12345], revisionssichere Archivierung der E-Maildaten (optional), Anlegen zusätzlicher Verteilerlisten (optional)
Enthaltene Serviceelemente (nur für IT-Organisation sichtbar)	[Beispiele für abgegrenzte Serviceelemente: • Archivierungsdienst • Backupdienst • Unternehmensweites Authentifizierungs- und Autorisierungsmanagement (Identity Management) • Mailserver-Betrieb • Virenscan • SPAM-Filter • Absicherung des Mailservers • Speicherplatz (inkl. Sicherung) • Netzwerk (inkl. Sicherung) • Betriebsprozesse (umfasst Incident Management, Problem Management, Availability Management) • Wartungsprozesse (umfasst Change Management, Configuration Management, Release Management) • Rechenleistung (inkl. Sicherung) • Rechenzentrumsleistungen (inkl. Sicherung, z.B. Raummiete, Strom, Klimatisierung)]
Ergebnis der Servicemodulbereitstellung	Der E-Mail/Kalender-Zugang auf eine Gruppen-Mailbox inkl. deren Funktionalitäten ist bereitgestellt.
Einheit Servicemodul	Anzahl Gruppen-Mailbox/Kalender
Service-Level-Parameter	
Service-Level-Klassifizierung	Drei Klassen [Festlegung der Service-Level-Klassen] Klasse 1: Basic, Klasse 2: Advanced, Klasse 3: Premium
Name und Kurzbeschreibung Service-Level	Betriebszeit: Zeitraum, in dem der Servicenehmer das Modul Gruppen-Mailbox grundsätzlich nutzen kann (geplante Verfügbarkeit). Gemessen wird der Zeitraum in Stunden pro Arbeitstage.

Name und Kurzbeschreibung Service-Level	Mailboxgröße: Maximal zugewiesener Speicherplatz für eine Gruppen-Mailbox/Kalenderfunktionalität auf dem Mailserver. Gemessen wird in Megabyte (MB), Gigabyte (GB) Mailgröße bei Versand: Maximale Größe einer zu versendenden E-Mail inkl. Anhang. Gemessen wird in Megabyte (MB). Anzahl freigeschalteter Nutzer-Accounts: Maximale Anzahl an definierten Nutzern, die Zugang auf die Gruppen-Mailbox/Kalenderfunktionalität erhalten. Gemessen wird in Anzahl der angelegten Nutzer-Accounts. Wiederherstellungszeit für Backup: Maximaler Zeitraum, der zur Wiederherstellung des letzten Backups der E-Maildaten auf Grund eines eingetretenen Schadensfalls benötigt wird. Gemessen wird in Arbeitstagen (AT) und Stunden (h). Supportzeit: Zeitraum, in dem der Help-Desk/das Support-Team zur Annahme von Trouble Tickets durch eine Hotline unter der Durchwahl -12345 erreichbar ist. Gemessen wird in Arbeitstage/Stunden. Dabei bedeutet 5x10 (Mo-Fr 08-18 Uhr) 5x11 (Mo-Fr 08-19 Uhr) 7x24 (Mo-So 0-24 Uhr) Unbediente Supportzeit: Zeitraum, in dem der Help-Desk Tickets der Prioritätsstufe 1 (hoch) außerhalb der Supportzeit annimmt. Gemessen in Tage/Stunden. Dabei bedeutet: A (Mo-Fr 18-08 Uhr, Sa-So 0-24 Uhr) B (Mo-Fr 19-08 Uhr, Sa-So 0-24 Uhr) C (0, keine unbediente Zeit) Verfügbarkeit: Errechnet wird die Verfügbarkeit mittels $$\frac{GesamteVerfügbarkeit - Ausfallzeit}{GesamteVerfügbarkeit} * 100$$ wobei die gesamte Verfügbarkeit den maximalen Zeitraum angibt, in dem das Erreichen des E-Mail/Kalendersystems durch den Servicenehmer in der Betriebszeit zugesichert wird. Ausfallzeit siehe unten. Gemessen wird das Verhältnis in Prozent bezogen auf einen Monat. Definierte Ausfallzeit: zusammenhängender Zeitraum, in dem das Gruppen-E-Mail/Kalendersystem innerhalb der Betriebszeit für den Servicenehmer maximal nicht verfügbar ist. Hierbei werden keine geplanten Ausfallzeiten i.S.v. Wartungszeiten einberechnet. Gemessen wird in Stunden (h). Reaktionszeit: maximaler Zeitraum zwischen Aufnahme des Trouble Tickets durch den Servicenehmer und Beginn der Analysezeit (Annahme des Tickets durch den Help-Desk). Gemessen wird in Minuten, Stunden, Arbeitstagen. Darüber hinaus wird zwischen Ticketprioritäten und zwischen Betriebszeit und unbedienter Zeit unterschieden. Findet keine Ticketbearbeitung statt, ist dies mit einem Strich gekennzeichnet. Lösungszeit: maximaler Zeitraum zwischen Öffnen und Schließen eines Trouble Tickets durch den Help-Desk. Gemessen in Stunden und Arbeitstagen. Darüber hinaus wird zwischen Ticketprioritäten und zwischen Betriebszeit und unbedienter Zeit unterschieden. Findet keine Ticketbearbeitung statt, ist dies mit einem Strich gekennzeichnet.

Service-Level-Ausprägungen	[Beispiele möglicher Service-Level-Ausprägungen]:			
	Service-Level	Basic	Advanced	Premium
	Betriebszeit	7x24	7x24	7x24
	Mailboxgröße (max.)	200 MB	600 MB	1 GB
	Mailgröße bei Versand (max.)	5 MB	5 MB	10 MB
	Anzahl Nutzer-Accounts (max.)	20	50	100
	Wiederherstellungszeit für Backup	2 AT	1 AT	4 h
	Supportzeit	5x10	5x11	7x24
	Unbediente Supportzeit	A	B	C
	Verfügbarkeit	95%	98%	99%
	Definierte Ausfallzeit	8h	6h	<4h
	Reaktionszeit (in Betriebszeit)			
	Ticket Priorität 1 (hoch)	<15 min	<10 min	<5 min
	Ticket Priorität 2 (mittel)	<8 h	<6h	<5 h
	Ticket Priorität 3 (niedrig)	<2 AT	<2 AT	<1 AT
	Reaktionszeit (in unbedienter Zeit)			
	Ticket Priorität 1 (hoch)	-	<5 h	<3 h
	Ticket Priorität 2 (mittel)	-	-	-
	Ticket Priorität 3 (niedrig)	-	-	-
	Lösungszeit (in Betriebszeit)			
	Ticket Priorität 1 (hoch)	<8 h	<6 h	<4 h
	Ticket Priorität 2 (mittel)	<2 AT	<2 AT	<1 AT
	Ticket Priorität 3 (niedrig)	<5 AT	<4 AT	<2 AT
	Lösungszeit (in unbedienter Zeit)			
	Ticket Priorität 1 (hoch)	-	-	<2 AT
	Ticket Priorität 2 (mittel)	-	-	-
	Ticket Priorität 3 (niedrig)	-	-	-
Messmethoden und Messzeitpunkt	[End-2-End-Messung: Definition der Messstrecken Client-Server-Client → Zustellzeit der Mails nach Random-Prinzip, z.B. mit Tool InfraXS möglich]			
Rahmenbedingungen /Mitwirkungs-pflichten	• [Unverzügliche Bekanntgabe von Stammdatenänderungen durch die Servicenehmer]			
Informationen zur Verrechnung der Servicemodul-bereitstellung	in EUR [Angabe des Verrechnungskostensatzes bzw. des Verrechnungspreises pro Gruppen-Mailbox/Kalender pro Monat Zusätzliche Kosten für optionale Leistungen betragen für - revisionssichere Archivierung der E-Maildaten: in EUR pro Monat - Anlegen zusätzlicher Verteilerlisten: in EUR pro Liste]			

Servicemodul Öffentliche E-Mailordner (A.3)

Name Servicemodul	Öffentliche E-Mailordner
Einordnung in übergeordnete Katalogobjekte	E-Mail
Aktueller Stand	[letzte Änderung am TT.MM.JJ]
Gültigkeit	[gültig für folgende Standorte optional: Mindestbereitstellungsfrist ab Bereitstellung bis TT.MM.JJ]
Verantwortlich-keiten für Service-modulbeschreibung	[Max Mustermann, Abteilung: Muster A, Tel-Durchwahl: -12345, max.mustermann@unternehmensname.de Stellvertreter: Heidi Musterfrau, Abteilung: Muster a, Tel-Durchwahl: -54321, heidi.musterfrau@unternehmensname.de]

Anhang

Servicemodul-Inhalte	
Kurzbeschreibung Servicemodul	Bereitstellung eines Zugangs zu einem öffentlichen E-Mailordner mit folgenden Funktionalitäten: ein E-Mailordner, [MB/GB] Speicherplatz für E-Mailordner (E-Mailordnergröße), Zugriff auf ein unternehmensweites Adressverzeichnis, Verwaltung (Anlegen, Ändern, Löschen, Zugriffsrechte) der Nutzergruppe, [einmonatliche] Archivierung der E-Maildaten, [arbeitstägliche] Backupspeicherung der E-Mailordner mit Wiederherstellungsmöglichkeiten, Bereitstellung eines Berechtigungs- und Rollenkonzepts (z.B. Sekretariatsfunktionen), Absicherung der öffentlichen E-Mailordner-Funktionalitäten hinsichtlich Authentifizierung, Autorisierung und Integrität/Vertraulichkeit, Support/Helpdesk via Hotline [Durchwahl: -12345], revisionssichere Archivierung der E-Maildaten (optional)
Enthaltene Serviceelemente (nur für IT-Organisation sichtbar)	[Beispiele für abgegrenzte Serviceelemente: 1 Archivierungsdienst 2 Backupdienst 3 Unternehmensweites Authentifizierungs- und Autorisierungsmanagement (Identity Management) 4 Mailserver-Betrieb 5 Virenscan 6 Absicherung des Mailservers 7 Speicherplatz (inkl. Sicherung) 8 Netzwerk (inkl. Sicherung) 9 Betriebsprozesse (umfasst Incident Management, Problem Management, Availability Management) 10 Wartungsprozesse (umfasst Change Management, Configuration Management, Release Management) 11 Rechenleistung (inkl. Sicherung) 12 Rechenzentrumsleistungen (inkl. Sicherung, z.B. Raummiete, Strom, Klimatisierung)]
Ergebnis der Servicemodulbereitstellung	Der Zugang zu E-Mailordner/n inkl. der Funktionalitäten ist bereitgestellt.
Einheit Servicemodul	MB/GB
Service-Level-Parameter	
Service-Level-Klassifizierung	Drei Klassen [Festlegung der Service-Level-Klassen] Klasse 1: Basic, Klasse 2: Advanced, Klasse 3: Premium
Name und Kurzbeschreibung Service-Level	Betriebszeit: Zeitraum, in dem der Servicenehmer das Modul Öffentlicher E-Mailordner grundsätzlich nutzen kann (geplante Verfügbarkeit). Gemessen wird der Zeitraum in Stunden pro Arbeitstage. E-Mailordnergröße: Maximal zugewiesener Speicherplatz für einen E-Mailordner auf dem Mailserver. Gemessen wird in Gigabyte (GB) Anzahl freigeschalteter Nutzer-Accounts: Maximale Anzahl an definierten Nutzern, die Zugang auf den öffentlichen E-Mailordner erhalten. Gemessen wird in Anzahl der angelegten Nutzer-Accounts. Wiederherstellungszeit für Backup: Maximaler Zeitraum, der zur Wiederherstellung des letzten Backups des öffentlichen E-Mailordners auf Grund eines eingetretenen Schadenfalls benötigt wird. Gemessen wird in Arbeitstagen (AT) und Stunden (h). Supportzeit: Zeitraum, in dem der Help-Desk/das Support-Team zur Annahme von Trouble Tickets durch eine Hotline unter der Durchwahl -12345 erreichbar ist. Gemessen wird in Arbeitstage/Stunden. Dabei bedeutet 5x10 (Mo-Fr 08-18 Uhr) 5x11 (Mo-Fr 08-19 Uhr) 7x24 (Mo-So 0-24 Uhr)

Name und Kurz-beschreibung Service-Level	Verfügbarkeit: Errechnet wird die Verfügbarkeit mittels $$\frac{GesamteVerfügbarkeit - Ausfallzeit}{GesamteVerfügbarkeit} * 100$$ wobei die gesamte Verfügbarkeit den maximalen Zeitraum angibt, in dem das Erreichen des öffentlichen E-Mailordners durch den Servicenehmer in der Betriebszeit zugesichert wird. Ausfallzeit siehe unten. Gemessen wird das Verhältnis in Prozent bezogen auf einen Monat. Definierte Ausfallzeit: zusammenhängender Zeitraum, in dem der öffentliche E-Mailordner innerhalb der Betriebszeit für den Servicenehmer maximal nicht verfügbar ist. Hierbei werden keine geplanten Ausfallzeiten i.S.v. Wartungszeiten einberechnet. Gemessen wird in Stunden (h). Reaktionszeit: maximaler Zeitraum zwischen Aufnahme des Trouble Tickets durch den Servicenehmer und Beginn der Analysezeit (Annahme des Tickets durch den Help-Desk). Gemessen wird in Minuten, Stunden, Arbeitstagen. Darüber hinaus wird zwischen Ticketprioritäten und zwischen Betriebszeit und unbedienter Zeit unterschieden. Findet keine Ticketbearbeitung statt, ist dies mit einem Strich gekennzeichnet. Lösungszeit: maximaler Zeitraum zwischen Öffnen und Schließen eines Trouble Tickets durch den Help-Desk. Gemessen in Stunden und Arbeitstagen. Darüber hinaus wird zwischen Ticketprioritäten und zwischen Betriebszeit und unbedienter Zeit unterschieden. Findet keine Ticketbearbeitung statt, ist dies mit einem Strich gekennzeichnet.
Service-Level-Ausprägungen	[Beispiele möglicher Service-Level-Ausprägungen]: | Service-Level	Basic	Advanced	Premium
---	---	---	---
Betriebszeit	7x24	7x24	7x24
E-Mailordnergröße (max.)	1 GB	5 GB	8 GB
Anzahl Nutzer-Accounts (max.)	20	50	100
Wiederherstellungzeit für Backup	2 AT	1 AT	4 h
Supportzeit	5x10	5x11	7x24
Unbediente Supportzeit	A	B	C
Verfügbarkeit	95%	98%	99%
Definierte Ausfallzeit	8h	6h	<4h
Reaktionszeit (in Betriebszeit)			
Ticket Priorität 1 (hoch)	<15 min	<10 min	<5 min
Ticket Priorität 2 (mittel)	<8 h	<6h	<5 h
Ticket Priorität 3 (niedrig)	<2 AT	<2 AT	<1 AT
Reaktionszeit (in unbedienter Zeit)			
Ticket Priorität 1 (hoch)	-	<5 h	<3 h
Ticket Priorität 2 (mittel)	-	-	-
Ticket Priorität 3 (niedrig)	-	-	-
Lösungszeit (in Betriebszeit)			
Ticket Priorität 1 (hoch)	<8 h	<6 h	<4 h
Ticket Priorität 2 (mittel)	<2 AT	<2 AT	<1 AT
Ticket Priorität 3 (niedrig)	<5 AT	<4 AT	<2 AT
Lösungszeit (in unbedienter Zeit)			
Ticket Priorität 1 (hoch)	-	-	<2 AT
Ticket Priorität 2 (mittel)	-	-	-
Ticket Priorität 3 (niedrig)	-	-	-	
Messmethoden und Messzeitpunkt	[Bsp. Messung der Verfügbarkeit in Prozent in Verbindung mit Perfomance-Messung bei Schreib- und Leserechten in MB/Sek]
Rahmenbedingungen /Mitwirkungs-pflichten	• [Unverzügliche Bekanntgabe von Stammdatenänderungen durch die Servicenehmer]

Anhang   385

Informationen zur Verrechnung der Servicemodul-bereitstellung	in EUR [Angabe des Verrechnungskostensatzes bzw. des Verrechnungspreises für festgelegte MB/GB pro öffentlichem E-Mailordner pro Monat Zusätzliche Kosten für optionale Leistungen betragen für - Erhöhung des Speicherplatzes um [500 MB]: in EUR pro [500 MB] pro Monat - revisionssichere Archivierung der E-Maildaten: in EUR pro Monat]

Servicemodul Elektronische Verschlüsselung und Signatur (A.4)

Name Servicemodul	Elektronische Verschlüsselung und Signatur
Einordnung in übergeordnete Katalogobjekte	E-Mail
Aktueller Stand	[letzte Änderung am TT.MM.JJ]
Gültigkeit	[gültig für folgende Standorte optional: Mindestbereitstellungsfrist ab Bereitstellung bis TT.MM.JJ]
Verantwortlichkeiten für Servicemodul-beschreibung	[Max Mustermann, Abteilung: Muster A, Tel-Durchwahl: -12345, max.mustermann@unternehmensname.de Stellvertreter: Heidi Musterfrau, Abteilung: Muster a, Tel-Durchwahl: -54321, heidi.musterfrau@unternehmensname.de]
Servicemodul-Inhalte	
Kurzbeschreibung Servicemodul	Bereitstellung eines Dienstes zur elektronischen Verschlüsselung und Signatur von E-Mails und deren Anhängen mit folgendem Umfang: Zugriff auf Verschlüsselungsverfahren Public-Key-Infrastructure, Zugriff auf eine elektronische Zertifizierungsstelle (Trust Center) bei elektronischer Signatur, Sicherstellung der Authentifikation und Datenintegrität des verschlüsselten bzw. signierten Mailverkehrs durch die elektronische Zertifizierungsstelle, Sicherstellung der Abdeckung der Anforderungen an eine qualifizierte digitale Signatur, Support/Helpdesk via Hotline [Durchwahl: -12345]
Enthaltene Serviceelemente (nur für IT-Organisation sichtbar)	[Beispiele für abgegrenzte Serviceelemente: • Public-Key-Infrastructure-Dienst • Trust-Center-Dienst • Unternehmensweites Authentifizierungs- und Autorisierungsmanagement (Identity Management) • Netzwerk (inkl. Sicherung) • Betriebsprozesse (umfasst Incident Management, Problem Management, Availability Management) • Wartungsprozesse (umfasst Change Management, Configuration Management, Release Management) • Rechenzentrumsleistungen (inkl. Sicherheit, z.B. Raummiete, Strom, Klimatisierung) • Absicherung Mailserver • Mailserver-Betrieb • Rechenleistung (inkl. Sicherung) • Speicherplatz (inkl. Sicherung)]
Ergebnis der Service-modulbereitstellung	Der Mailverkehr kann zur Sicherung der Integrität und Vertraulichkeit der Daten sowie der Authentifikation elektronisch verschlüsselt und signiert werden.
Einheit Servicemodul	Anzahl der Verschlüsselungen oder MB/GB verschlüsselter Traffic
Service-Level-Parameter	
Service-Level-Klassifizierung	Drei Klassen [Festlegung der Service-Level-Klassen] Klasse 1: Basic, Klasse 2: Advanced, Klasse 3: Premium
Name und Kurzbeschreibung Service-Level	Betriebszeit: Zeitraum, in dem der Servicenehmer die Funktionalitäten der elektronischen Verschlüsselung und Signatur grundsätzlich nutzen kann (geplante Verfügbarkeit). Gemessen wird der Zeitraum in Stunden pro Arbeitstage.

Name und Kurz-beschreibung Service-Level	**Supportzeit:** Zeitraum, in dem der Help-Desk/das Support-Team zur Annahme von Trouble Tickets durch eine Hotline unter der Durchwahl -12345 erreichbar ist. Gemessen wird in Arbeitstage/Stunden. Dabei bedeutet 5x10 (Mo-Fr 08-18 Uhr) 5x11 (Mo-Fr 08-19 Uhr 7x24 (Mo-So 0-24 Uhr)
	Unbediente Supportzeit: Zeitraum, in dem der Help-Desk Tickets der Prioritätsstufe 1 (hoch) außerhalb der Supportzeit annimmt. Gemessen in Tage/Stunden. Dabei bedeutet: A (Mo-Fr 18-08 Uhr, Sa-So 0-24 Uhr) B (Mo-Fr 19-08 Uhr, Sa-So 0-24 Uhr) C (0, keine unbediente Zeit)
	Verfügbarkeit: Errechnet wird die Verfügbarkeit mittels $$\frac{GesamteVerfügbarkeit - Ausfallzeit}{GesamteVerfügbarkeit} * 100$$ wobei die gesamte Verfügbarkeit den maximalen Zeitraum angibt, in dem das Erreichen des elektronischen Verschlüsselungs- und Signaturdienstes durch den Servicenehmer in der Betriebszeit zugesichert wird. Ausfallzeit siehe unten. Gemessen wird das Verhältnis in Prozent bezogen auf einen Monat.
	Definierte Ausfallzeit: zusammenhängender Zeitraum, in dem die Funktionalitäten der elektronischen Verschlüsselung und Signatur innerhalb der Betriebszeit für den Servicenehmer maximal nicht verfügbar ist. Hierbei werden keine geplanten Ausfallzeiten i.S.v. Wartungszeiten einberechnet. Gemessen wird in Stunden (h).
	Reaktionszeit: maximaler Zeitraum zwischen Aufnahme des Trouble Tickets durch den Servicenehmer und Beginn der Analysezeit (Annahme des Tickets durch den Help-Desk). Gemessen wird in Minuten, Stunden, Arbeitstagen. Darüber hinaus wird zwischen Ticketprioritäten und zwischen Betriebszeit und unbedienter Zeit unterschieden. Findet keine Ticketbearbeitung statt, ist dies mit einem Strich gekennzeichnet.
	Lösungszeit: maximaler Zeitraum zwischen Öffnen und Schließen eines Trouble Tickets durch den Help-Desk. Gemessen in Stunden und Arbeitstagen. Darüber hinaus wird zwischen Ticketprioritäten und zwischen Betriebszeit und unbedienter Zeit unterschieden. Findet keine Ticketbearbeitung statt, ist dies mit einem Strich gekennzeichnet.
Service-Level-Ausprägungen	[Beispiele möglicher Service-Level-Ausprägungen]:

Service-Level	Basic	Advanced	Premium
Betriebszeit	7x24	7x24	7x24
Supportzeit	5x10	5x11	7x24
Unbediente Supportzeit	A	B	C
Verfügbarkeit	95%	98%	99%
Definierte Ausfallzeit	8h	6h	<4h
Reaktionszeit (in Betriebszeit) Ticket Priorität 1 (hoch) Ticket Priorität 2 (mittel) Ticket Priorität 3 (niedrig)	<15 min <8 h <2 AT	<10 min <6h <2 AT	<5 min <5 h <1 AT
Reaktionszeit (in unbedienter Zeit) Ticket Priorität 1 (hoch) Ticket Priorität 2 (mittel) Ticket Priorität 3 (niedrig)	- - -	<5 h - -	<3 h - -

Anhang

Service-Level-Ausprägungen	Lösungszeit (in Betriebszeit)			
	Ticket Priorität 1 (hoch)	<8 h	<6 h	<4 h
	Ticket Priorität 2 (mittel)	<2 AT	<2 AT	<1 AT
	Ticket Priorität 3 (niedrig)	<5 AT	<4 AT	<2 AT
	Lösungszeit (in unbedienter Zeit)			
	Ticket Priorität 1 (hoch)	-	-	<2 AT
	Ticket Priorität 2 (mittel)	-	-	-
	Ticket Priorität 3 (niedrig)	-	-	-
Messmethoden und Messzeitpunkt	[Messung der Verfügbarkeit in Prozent in Verbindung mit End-2-End-Messung: Definition der Messstrecken Client-Server-Client → Zustellzeit der verschlüsselten Mails nach Random-Prinzip, z.B. mit Tool InfraXS möglich]			
Rahmenbedingungen /Mitwirkungspflichten	• [Unverzügliche Bekanntgabe von Stammdatenänderungen durch die Servicenehmer]			
Informationen zur Verrechnung der Servicemodulbereitstellung	in EUR [Angabe des Verrechnungskostensatzes bzw. des Verrechnungspreises pro Freischaltung für ein Modul pro Monat]			

Servicemodul Mobiler Zugang auf E-Mailfunktionalitäten mittels tragbarer Endgeräte (A.5)

Name Servicemodul	Mobiler Zugang auf E-Mail-Funktionalitäten über tragbares Handheld-Endgeräte
Einordnung in übergeordnete Katalogobjekte	E-Mail
Aktueller Stand	[letzte Änderung am TT.MM.JJ]
Gültigkeit	[gültig für folgende Standorte optional: Mindestbereitstellungsfrist ab Bereitstellung bis TT.MM.JJ]
Verantwortlichkeiten für Servicemodulbeschreibung	[Max Mustermann, Abteilung: Muster A, Tel-Durchwahl: -12345, max.mustermann@unternehmensname.de Stellvertreter: Heidi Musterfrau, Abteilung: Muster a, Tel-Durchwahl: -54321, heidi.musterfrau@unternehmensname.de]
Servicemodul-Inhalte	
Kurzbeschreibung Servicemodul	Bereitstellung eines mobilen Zugangs auf E-Mail-Funktionalitäten mit folgendem Umfang: mobiler E-Maildaten-Zugang (Mailpush-Dienst), Datenverbindung zwischen mobilem Handheld-Endgerät und Mailserver, tragbares Handheld-Endgerät (PDA), Bereitstellung der Funktionalitäten hinsichtlich Authentifizierung, Autorisierung und Integrität/Vertraulichkeit, Support/Helpdesk via Hotline [Durchwahl: -12345]
Überblick über erbrachte Serviceelemente (nur für IT-Organisation sichtbar)	[Beispiele für abgegrenzte Serviceelemente: • Mobiles Endgerät (Handheld) • Mail-Push-Dienst • Unternehmensweites Authentifizierungs- und Autorisierungsmanagement (Identity Management) • Netzwerk (inkl. Sicherung) • Betriebsprozesse (umfasst Incident Management, Problem Management, Availability Management) • Wartungsprozesse (umfasst Change Management, Configuration Management, Release Management) • Rechenzentrumsleistungen (inkl. Sicherung, z.B. Raummiete, Strom, Klimatisierung) • Absicherung Mailserver • Mailserver-Betrieb • Rechenleistung (inkl. Sicherung) • Speicherplatz (inkl. Sicherung)]

Ergebnis der Service-modulbereitstellung	Der mobile Zugang auf die persönliche Mailbox/Kalender durch ein mobiles Handheld-Endgerät ist verschlüsselt möglich. Ggf. ergänzt durch optionale Module: Der mobile Zugang auf die Multiuser-Mailboxen bzw. öffentlichen E-Mailordner durch ein mobiles Handheld-Endgerät ist verschlüsselt möglich.
Einheit Servicemodul	Anzahl Mailboxen/Kalender mit Mobilzugang ggf. bei Bestellung: Anzahl Gruppen-Mailboxen/Kalender mit Mobilzugang, Anzahl Nutzer mit Mobilzugang zu öffentlichen E-Mailordnern
Service-Level-Parameter	
Service-Level-Klassifizierung	Drei Klassen [Festlegung der Service-Level-Klassen] Klasse 1: Basic, Klasse 2: Advanced, Klasse 3: Premium
Name und Kurzbeschreibung Service-Level	Betriebszeit: Zeitraum, in dem der Servicenehmer das Modul Mobiler Zugang auf E-Mail/Kalender-Funktionalitäten via mobiles Handheld-Endgerät grundsätzlich nutzen kann (geplante Verfügbarkeit). Gemessen wird der Zeitraum in Stunden pro Arbeitstage. Bereitstellungsdauer eines Ersatzgeräts Maximale Bereitstellungsdauer für ein mobiles Überbrückungsgerät, das dem Servicenehmer bei Reparatur oder Verlust zur Verfügung gestellt wird. Gemessen wird in Arbeitstage und Stunden. Wird kein Ersatzgerät bereitgestellt, ist das mit einem Strich gekennzeichnet. Supportzeit: Zeitraum, in dem der Help-Desk/das Support-Team zur Annahme von Trouble Tickets durch eine Hotline unter der Durchwahl -12345 erreichbar ist. Gemessen wird in Arbeitstage/Stunden. Dabei bedeutet 5x10 (Mo-Fr 08-18 Uhr) 5x11 (Mo-Fr 08-19 Uhr) 7x24 (Mo-So 0-24 Uhr) Unbediente Supportzeit: Zeitraum, in dem der Help-Desk Tickets der Prioritätsstufe 1 (hoch) außerhalb der Supportzeit annimmt. Gemessen in Tage/Stunden. Dabei bedeutet: A (Mo-Fr 18-08 Uhr, Sa-So 0-24 Uhr) B (Mo-Fr 19-08 Uhr, Sa-So 0-24 Uhr) C (keine unbediente Zeit) Verfügbarkeit: Errechnet wird die Verfügbarkeit mittels $$\frac{GesamteVerfügbarkeit - Ausfallzeit}{GesamteVerfügbarkeit} * 100$$ wobei die gesamte Verfügbarkeit den maximalen Zeitraum angibt, in dem der mobile Zugang auf das E-Mail/Kalendersystem via mobiles Handheld-Endgerät durch den Servicenehmer in der Betriebszeit zugesichert wird. Ausfallzeit siehe unten. Gemessen wird das Verhältnis in Prozent bezogen auf einen Monat. Definierte Ausfallzeit: zusammenhängender Zeitraum, in dem der mobile Zugang auf E-Mail/Kalendersystem via mobilem Handheld-Endgerät innerhalb der Betriebszeit für den Servicenehmer maximal nicht verfügbar ist. Hierbei werden keine geplanten Ausfallzeiten i.S.v. Wartungszeiten einberechnet. Gemessen wird in Stunden (h). Reaktionszeit: maximaler Zeitraum zwischen Aufnahme des Trouble Tickets durch den Servicenehmer und Beginn der Analysezeit (Annahme des Tickets durch den Help-Desk). Gemessen wird in Minuten, Stunden, Arbeitstagen. Darüber hinaus wird zwischen Ticketprioritäten und zwischen Betriebszeit und unbedienter Zeit unterschieden. Findet keine Ticketbearbeitung statt, ist dies mit einem Strich gekennzeichnet.

Anhang

Name und Kurzbeschreibung Service-Level	Lösungszeit: maximaler Zeitraum zwischen Öffnen und Schließen eines Trouble Tickets durch den Help-Desk. Gemessen in Stunden und Arbeitstagen. Darüber hinaus wird zwischen Ticketprioritäten und zwischen Betriebszeit und unbedienter Zeit unterschieden. Findet keine Ticketbearbeitung statt, ist dies mit einem Strich gekennzeichnet.			
Service-Level-Ausprägungen (Beispiele)	[Beispiele möglicher Service-Level-Ausprägungen]:			
	Service-Level	**Basic**	**Advanced**	**Premium**
	Betriebszeit	7x24	7x24	7x24
	Bereitstellungsdauer Ersatzgerät	-	1 AT	<6 h
	Wiederherstellungszeit für Backup	2 AT	1 AT	4 h
	Supportzeit	5x10	5x11	7x24
	Unbediente Supportzeit	A	B	C
	Verfügbarkeit	95%	98%	99%
	Definierte Ausfallzeit	8h	6h	<4h
	Reaktionszeit (in Betriebszeit)			
	Ticket Priorität 1 (hoch)	<15 min	<10 min	<5 min
	Ticket Priorität 2 (mittel)	<8 h	<6h	<5 h
	Ticket Priorität 3 (niedrig)	<2 AT	<2 AT	<1 AT
	Reaktionszeit (in unbedienter Zeit)			
	Ticket Priorität 1 (hoch)	-	<5 h	<3 h
	Ticket Priorität 2 (mittel)	-	-	-
	Ticket Priorität 3 (niedrig)	-	-	-
	Lösungszeit (in Betriebszeit)			
	Ticket Priorität 1 (hoch)	<8 h	<6 h	<4 h
	Ticket Priorität 2 (mittel)	<2 AT	<2 AT	<1 AT
	Ticket Priorität 3 (niedrig)	<5 AT	<4 AT	<2 AT
	Lösungszeit (in unbedienter Zeit)			
	Ticket Priorität 1 (hoch)	-	-	<2 AT
	Ticket Priorität 2 (mittel)	-	-	-
	Ticket Priorität 3 (niedrig)	-	-	-
Messmethoden und Messzeitpunkt	[Messung der Verfügbarkeit in Prozent in Verbindung mit End-2-End-Messung: Definition der Messstrecken Client-Server-Client → Zustellzeit der verschlüsselten Mails nach Random-Prinzip, z.B. mit Tool InfraXS möglich]			
Rahmenbedingungen /Mitwirkungs-pflichten	• [Unverzügliche Bekanntgabe von Stammdatenänderungen durch die Servicenehmer]			
Informationen zur Verrechnung der Servicemodul-bereitstellung	in EUR [Angabe des Verrechnungskostensatzes bzw. des Verrechnungspreises pro Freischaltung des mobilen Zugangs für ein Modul pro Monat]			

Serviceelement Archivierungsdienst (B.1)

Name Serviceelement	Archivierungsdienst
Einordnung in übergeordnete Katalogobjekte	<ul><li>Mailbox/Kalender</li><li>Multiuser-Mailbox</li><li>Öffentlicher E-Mailordner</li></ul>
Aktueller Stand	[letzte Änderung am TT.MM.JJ]
Gültigkeit	[gültig für folgende Standorte optional: Mindestbereitstellungsfrist ab Bereitstellung bis TT.MM.JJ]
Verantwortlichkeiten für IT-Service-elementbeschreibung	[Max Mustermann, Abteilung: Muster A, Tel-Durchwahl: -12345, max.mustermann@unternehmensname.de Stellvertreter: Heidi Musterfrau, Abteilung: Muster a, Tel-Durchwahl: -54321, heidi.musterfrau@unternehmensname.de]
Inhalte Serviceelement	
Kurzbeschreibung Serviceelement	Bereitstellung der Archivierungsfunktionalität zur Speicherung der Mailinhalte zu Zwecken der dauerhaften Aufbewahrung auf einem separaten Speicherplatz. [Automatisierte einmonatliche Speicherung des aktuellsten Backups in das Archiv.] Betrieb (Incident, Problem, Availability Management) des Archivierungsdienstes auf einem separaten Server im Rechenzentrum inkl. Wartung (Change, Configuration, Release Management). Regelmäßige Überwachung der Speichersituation.
Ergebnis der Serviceelement-erbringung	Der Archivdienst ist für die zugeordneten Servicemodule verfügbar.
Einheit Serviceelement	Anzahl MB/GB Speicherplatz (gemäß der vereinbarten Service-Level-Parameter in den Modulen)
Typ der Service-elementerbringung (intern/extern)	☐ Interne Erbringung ☐ Externe Erbringung durch<ul><li>Dienstleister 1: [Name Firma]</li><li>Ansprechpartner Dienstleister 1: [Max Musterfrau, Tel. 012/123 123, max.musterfrau@unternehmensname.de]</li><li>Erreichbarkeit Dienstleister 1: [Zeiten]</li><li>Link zum Dienstleister 1-Vertrag: [URL, Pfadlink]</li></ul>
Enthaltene Kostenarten	[Angabe der Kostenarten ist abhängig von der jeweiligen Abgrenzung/Kostenartendefinition, z.B.<ul><li>Software (inkl. Wartung)</li><li>Hardware (inkl. Wartung)</li><li>Personalkosten</li><li>Kosten für externe Dienstleister (z.B. Berater, Software-Entwickler)</li><li>Investition]</li></ul>
Zuleistungen von anderen Serviceelementen	<ul><li>[Backup-Dienst</li><li>Automatisierung/Authentifizierung (Identity Management)</li><li>Speicherplatz</li><li>Netzwerk</li><li>Betriebsprozesse</li><li>Wartungsprozesse</li><li>Rechenleistung</li><li>RZ-Leistung]</li></ul>

Anhang

Serviceelement Backupdienst (B.2)

Name Serviceelement	Backup-Dienst
Einordnung in übergeordnete Katalogobjekte	• Mailbox/Kalender • Multiuser-Mailbox • Öffentlicher E-Mailordner
Aktueller Stand	[letzte Änderung am TT.MM.JJ]
Gültigkeit	[gültig für folgende Standorte optional: Mindestbereitstellungsfrist ab Bereitstellung bis TT.MM.JJ]
Verantwortlichkeiten für IT-Serviceelementbeschreibung	[Max Mustermann, Abteilung: Muster A, Tel-Durchwahl: -12345, max.mustermann@unternehmensname.de Stellvertreter: Heidi Musterfrau, Abteilung: Muster a, Tel-Durchwahl: -54321, heidi.musterfrau@unternehmensname.de]
Inhalte Serviceelement	
Kurzbeschreibung Serviceelement	Bereitstellung eines Backup-Dienstes zur regelmäßigen Sicherung der aktuellen Mailinhalte auf einem separaten Speicherplatz zu Zwecken der Wiederherstellung bei Datenverlust, [Automatisierte tägliche Speicherung der Mailbox- und E-Mailordnerinhalte in das Backup.] Betrieb (Incident, Problem, Availability Management) des Backup-Dienstes auf einem separaten Server im Rechenzentrum inkl. Wartung (Change, Configuration, Release Management). Regelmäßige Überwachung der Speichersituation.
Ergebnis der Serviceelementerbringung	Der Backup-Dienst ist für die zugeordneten Servicemodule verfügbar.
Einheit Serviceelement	Anzahl MB/GB Speicherplatz (gemäß der vereinbarten Service-Level-Parameter in den Modulen)

Typ der Serviceelementerbringung (intern/extern)	☐ Interne Erbringung
	☐ Externe Erbringung durch
	    ▪ Dienstleister 1: [Name Firma]
	    ▪ Ansprechpartner Dienstleister 1: [Max Musterfrau, Tel. 012/123 123, max.musterfrau@unternehmensname.de]
	    ▪ Erreichbarkeit Dienstleister 1: [Zeiten]
	    ▪ Link zum Vertrag: [URL, Pfadlink]

Enthaltene Kostenarten	[Angabe der Kostenarten ist abhängig von der jeweiligen Abgrenzung/Kostenartendefinition, z.B. • Software (inkl. Wartung) • Hardware (inkl. Wartung) • Personalkosten • Kosten für externe Dienstleister (z.B. Berater, Software-Entwickler) • Investition]
Zuleistungen von anderen Serviceelementen	• [Automatisierung/Authentifizierung (Identity Management) • Speicherplatz • Netzwerk • Betriebsprozesse • Wartungsprozesse • Rechenleistung • RZ-Leistung]

Serviceelement Unternehmensweites Authentifizierungs- und Autorisierungsmanagement (Identity Management) (B.3)

Name Serviceelement	Unternehmensweites Authentifizierungs- und Autorisierungsmanagement (Identity Management)
Einordnung in übergeordnete Katalogobjekte	<ul><li>Mailbox/Kalender</li><li>Multiuser-Mailbox</li><li>Öffentlicher E-Mailordner</li><li>Elektronische Verschlüsselung und Signatur</li><li>Mobiler Zugang auf E-Mail/Kalender-Funktionalitäten über tragbares Handheld-Endgerät</li></ul>
Aktueller Stand	[letzte Änderung am TT.MM.JJ]
Gültigkeit	[gültig für folgende Standorte optional: Mindestbereitstellungsfrist ab Bereitstellung bis TT.MM.JJ]
Verantwortlichkeiten für IT-Service-elementbeschreibung	[Max Mustermann, Abteilung: Muster A, Tel-Durchwahl: -12345, max.mustermann@unternehmensname.de Stellvertreter: Heidi Musterfrau, Abteilung: Muster a, Tel-Durchwahl: -54321, heidi.musterfrau@unternehmensname.de]
Inhalte Serviceelement	
Kurzbeschreibung Serviceelement	Bereitstellung, Administration (Anlegen, Ändern, Löschen), Betrieb (Incident, Problem, Availability Management) und Wartung (Change, Configuration, Release Management) eines unternehmensweiten Verzeichnisdienstes für Nutzer, Nutzergruppen, IT-Sachressourcen und eines unternehmensnehmenweiten Dienstes zur Rechteverwaltung (Authentifizierung, Autorisierung) von Nutzern, IT-Sachressourcen und Nutzung
Ergebnis der Service-elementerbringung	Die fehlerfrei funktionierende Authentifizierung und Autorisierung für die damit verbundenen Serviceelemente ist sichergestellt.
Einheit Serviceelement	Anzahl verwalteter Nutzer und Systeme
Typ der Service-elementerbringung (intern/extern)	☐ Interne Erbringung ☐ Externe Erbringung durch<ul><li>Dienstleister 1: [Name Firma]</li><li>Ansprechpartner Dienstleister 1: [Max Musterfrau, Tel. 012/123 123, max.musterfrau@unternehmensname.de]</li><li>Erreichbarkeit Dienstleister 1: [Zeiten]</li><li>Link zum Vertrag: [URL, Pfadlink]</li></ul>
Enthaltene Kostenarten	[Angabe der Kostenarten ist abhängig von der jeweiligen Abgrenzung/Kostenartendefinition, z.B.<ul><li>Software (inkl. Wartung)</li><li>Hardware (inkl. Wartung)</li><li>Personalkosten</li><li>Kosten für externe Dienstleister (z.B. Berater, Software-Entwickler)</li><li>Investition]</li></ul>
Zuleistungen von anderen Serviceelementen	<ul><li>[Archivierungsdienst</li><li>Backup-Dienst</li><li>Mailserver-Betrieb</li><li>Speicherplatz</li><li>Netzwerk</li><li>Rechenleistung</li><li>RZ-Leistung</li><li>Betriebsprozesse</li><li>Wartungsprozesse</li><li>Trust-Center-Dienst</li><li>PKI-Dienst]</li></ul>

Anhang

Serviceelement Mailserver-Betrieb (B.4)

Name Serviceelement	Mailserver-Betrieb
Einordnung in übergeordnete Katalogobjekte	• Mailbox/Kalender • Multiuser-Mailbox • Öffentlicher Mailordner • Elektronische Verschlüsselung und Signatur • Mobiler Zugang auf Mail/ Kalender-Funktionalitäten über tragbares Handheld-Endgerät
Aktueller Stand	[letzte Änderung am TT.MM.JJ]
Gültigkeit	[gültig für folgende Standorte optional: Mindestbereitstellungsfrist ab Bereitstellung bis TT.MM.JJ]
Verantwortlichkeiten für IT-Service-elementbeschreibung	[Max Mustermann, Abteilung: Muster A, Tel-Durchwahl: -12345, max.mustermann@unternehmensname.de Stellvertreter: Heidi Musterfrau, Abteilung: Muster a, Tel-Durchwahl: -54321, Heidi.musterfrau@unternehmensname.de]
Inhalte Serviceelement	
Kurzbeschreibung Serviceelement	Bereitstellung, Betrieb (Incident, Problem, Availibility Management) und Wartung (Change, Configuration, Release Management) einer Mailserverinfrastruktur inkl. Hardware und Software mit folgendem Umfang: Nutzergruppenverwaltung, Verteilermanagement, Software- und Hardware-Administration der Mailserverinfrastruktur, Support.
Ergebnis der Service-elementerbringung	Der fehlerfrei funktionierende und gesicherte Betrieb des Mailservers ist sichergestellt (gemäß vereinbarten Service-Level-Parametern in den Modulen).
Einheit Serviceelement	Anzahl verwalteter Mailboxen (gemäß der vereinbarten Service-Level-Parameter in den Modulen)

Typ der Service-elementerbringung (intern/ extern)	☐ Interne Erbringung
	☐ Externe Erbringung durch
	    ▪ Dienstleister 1: [Name Firma]
	    ▪ Ansprechpartner Dienstleister 1: [Max Musterfrau, Tel. 012/ 123 123, max.musterfrau@unternehmensname.de]
	    ▪ Erreichbarkeit Dienstleister 1: [Zeiten]
	    ▪ Link zum Vertrag: [URL, Pfadlink]

Enthaltene Kostenarten	[Angabe der Kostenarten ist abhängig von der jeweiligen Abgrenzung/ Kostenartendefinition, z.B.
	    • Software (inkl. Wartung)
	    • Hardware (inkl. Wartung)
	    • Personalkosten
	    • Kosten für externe Dienstleister (z.B. Berater, Software-Entwickler)
	    • Investition]

Zuleistungen von anderen Serviceelementen	• [Automatisierung/ Authentifizierung (Identity Management) • Absicherung Mailserver • Speicher • Netzwerk • Rechenleistung • Betriebsprozesse • Wartungsprozesse • Trust-Center-Dienst • PKI-Dienst]

Serviceelement Virenscan (B.5)

Name Serviceelement	Virenscan
Einordnung in übergeordnete Katalogobjekte	• Mailbox/Kalender • Multiuser-Mailbox • Öffentlicher Mailordner • Mobiler Zugang auf Mail/Kalender-Funktionalitäten über tragbares Handheld-Endgerät
Aktueller Stand	[letzte Änderung am TT.MM.JJ]
Gültigkeit	[gültig für folgende Standorte optional: Mindestbereitstellungsfrist ab Bereitstellung bis TT.MM.JJ]
Verantwortlichkeiten für IT-Service-elementbeschreibung	[Max Mustermann, Abteilung: Muster A, Tel-Durchwahl: -12345, max.mustermann@unternehmensname.de Stellvertreter: Heidi Musterfrau, Abteilung: Muster a, Tel-Durchwahl: -54321, heidi.musterfrau@unternehmensname.de]
Inhalte Serviceelement	
Kurzbeschreibung Serviceelement	Überprüfung des Mailverkehrs und der Mail(ordner)inhalte auf elektronischen Virenbefall, Malware, Malicious Code usw. durch eine Virenschutzsoftware, Bereitstellung, Betrieb (Incident, Problem, Availibility Management) und Wartung (Change, Configuration, Release Management) einer Virenschutz-Infrastruktur inkl. Hardware und Software, Überwachung der Systemmeldungen.
Ergebnis der Service-elementerbringung	Für alle angebundenen Serviceelemente und Servicemodule ist ein aktueller Virenschutz sichergestellt/ verfügbar.
Einheit Serviceelement	GB gescannter Traffic

Typ der Service-elementerbringung (intern/ extern)	☐ Interne Erbringung
	☐ Externe Erbringung durch
	  ▪ Dienstleister 1: [Name Firma]
	  ▪ Ansprechpartner Dienstleister 1: [Max Musterfrau, Tel. 012/ 123 123, max.musterfrau@unternehmensname.de]
	  ▪ Erreichbarkeit Dienstleister 1: [Zeiten]
	  ▪ Link zum Vertrag: [URL, Pfadlink]

Enthaltene Kostenarten	[Angabe der Kostenarten ist abhängig von der jeweiligen Abgrenzung/ Kostenartendefinition, z.B. • Software (inkl. Wartung) • Hardware (inkl. Wartung) • Personalkosten • Kosten für externe Dienstleister (z.B. Berater, Software-Entwickler) • Investition]
Zuleistungen von anderen Serviceelementen	• [Automatisierung/ Authentifizierung (Identity Management) • Speicherplatz • Netzwerk • Rechenleistung • RZ-Leistung • Betriebsprozesse • Wartungsprozesse]

Anhang

Serviceelement SPAM-Filter (B.6)

Name Serviceelement	SPAM-Filter
Einordnung in übergeordnete Katalogobjekte	• Mailbox/Kalender • Multiuser-Mailbox • Mobiler Zugang auf E-Mail/Kalender-Funktionalitäten über tragbares Handheld-Endgerät
Aktueller Stand	[letzte Änderung am TT.MM.JJ]
Gültigkeit	[gültig für folgende Standorte optional: Mindestbereitstellungsfrist ab Bereitstellung bis TT.MM.JJ]
Verantwortlichkeiten für IT-Service-elementbeschreibung	[Max Mustermann, Abteilung: Muster A, Tel-Durchwahl: -12345, max.mustermann@unternehmensname.de Stellvertreter: Heidi Musterfrau, Abteilung: Muster a, Tel-Durchwahl: -54321, heidi.musterfrau@unternehmensname.de]
Inhalte Serviceelement	
Kurzbeschreibung Serviceelement	Überprüfung des Mailverkehrs nach erwünschten (Massen)-Zustellungen aus Werbezwecken durch eine SPAM-Filter-Software, Bereitstellung, Betrieb (Incident, Problem, Availability Management) und Wartung (Change, Configuration, Release Management) einer SPAM-Filter-Infrastruktur inkl. Hardware und Software, Verwaltung von Filtermethoden und -regelungen, Überwachung der Systemmeldungen
Ergebnis der Service-elementerbringung	Alle angebundenen Serviceelemente und Servicemodule verfügen über einen aktuellen SPAM-Filter.
Einheit Serviceelement	GB gefilterter Traffic

Typ der Service-elementerbringung (intern/extern)	☐ Interne Erbringung
	☐ Externe Erbringung durch
	   ▪ Dienstleister 1: [Name Firma]
	   ▪ Ansprechpartner Dienstleister 1: [Max Musterfrau, Tel. 012/123 123, max.musterfrau@unternehmensname.de]
	   ▪ Erreichbarkeit Dienstleister 1: [Zeiten]
	   ▪ Link zum Vertrag: [URL, Pfadlink]

Enthaltene Kostenarten	[Angabe der Kostenarten ist abhängig von der jeweiligen Abgrenzung/Kostenartendefinition, z.B. • Software (inkl. Wartung) • Hardware (inkl. Wartung) • Personalkosten • Kosten für externe Dienstleister (z.B. Berater, Software-Entwickler) • Investition]
Zuleistungen von anderen Serviceelementen	• [Automatisierung/Authentifizierung (Identity Management) • Speicherplatz • Netzwerk • Rechenleistung • RZ-Leistung • Betriebsprozesse • Wartungsprozesse]

Serviceelement Absicherung des Mailservers (B.7)

Name Serviceelement	Absicherung des Mailservers
Einordnung in übergeordnete Katalogobjekte	• Mailbox/Kalender • Multiuser-Mailbox • Öffentlicher E-Mailordner • Elektronische Verschlüsselung und Signatur • Mobiler Zugang auf E-Mail/Kalender-Funktionalitäten über tragbares Handheld-Endgerät
Aktueller Stand	[letzte Änderung am TT.MM.JJ]
Gültigkeit	[gültig für folgende Standorte optional: Mindestbereitstellungsfrist ab Bereitstellung bis TT.MM.JJ]
Verantwortlichkeiten für IT-Service-elementbeschreibung	[Max Mustermann, Abteilung: Muster A, Tel-Durchwahl: -12345, max.mustermann@unternehmensname.de Stellvertreter: Heidi Musterfrau, Abteilung: Muster a, Tel-Durchwahl: -54321, heidi.musterfrau@unternehmensname.de]
Inhalte Serviceelement	
Kurzbeschreibung Serviceelement	Sicherungsmaßnahmen zum Schutz der Mailinfrastruktur vor unerwünschten internen und externen Angriffen. Bereitstellung, Betrieb (Incident, Problem, Availability Management) und Wartung (Change, Configuration, Release Management) einer Sicherheitsinfrastruktur inkl. Hardware und Software mit folgendem Umfang: Intrusion Detection-, Intrusion Prevention-Software, Mailgateway, Patchmanagement, Überwachung der Systemmeldungen.
Ergebnis der Service-elementerbringung	Die Mailinfrastruktur ist vor unerwünschten internen und externen Angriffen abgesichert.
Einheit Serviceelement	Anzahl abgesicherter Instanzen des Mailservers

Typ der Service-elementerbringung (intern/extern)	☐ Interne Erbringung
	☐ Externe Erbringung durch
	    ▪ Dienstleister 1: [Name Firma]
	    ▪ Ansprechpartner Dienstleister 1: [Max Musterfrau, Tel. 012/123 123, max.musterfrau@unternehmensname.de]
	    ▪ Erreichbarkeit Dienstleister 1: [Zeiten]
	    ▪ Link zum Vertrag: [URL, Pfadlink]

Enthaltene Kostenarten	[Angabe der Kostenarten ist abhängig von der jeweiligen Abgrenzung/Kostenartendefinition, z.B. • Software (inkl. Wartung) • Hardware (inkl. Wartung) • Personalkosten • Kosten für externe Dienstleister (z.B. Berater, Software-Entwickler) • Investition]
Zuleistungen von anderen Serviceelementen	• [Automatisierung/Authentifizierung (Identity Management) • Mailserver-Betrieb • Virenscan • SPAM-Filter • Speicherplatz • Netzwerk • Rechenleistung • RZ-Leistung • Betriebsprozesse • Wartungsprozesse • Trust-Center-Dienst • PKI-Dienst • Mailpush-Dienst]

Anhang 397

Serviceelement Netzwerk (B.9)

Name Serviceelement	Netzwerk
Einordnung in übergeordnete Katalogobjekte	• Mailbox/Kalender • Multiuser-Mailbox • Öffentlicher E-Mailordner • Elektronische Verschlüsselung und Signatur • Mobiler Zugang auf E-Mail-Funktionalitäten über tragbares Handheld-Endgerät
Aktueller Stand	[letzte Änderung am TT.MM.JJ]
Gültigkeit	[gültig für folgende Standorte optional: Mindestbereitstellungsfrist ab Bereitstellung bis TT.MM.JJ]
Verantwortlichkeiten für IT-Service-elementbeschreibung	[Max Mustermann, Abteilung: Muster A, Tel-Durchwahl: -12345, max.mustermann@unternehmensname.de Stellvertreter: Heidi Musterfrau, Abteilung: Muster a, Tel-Durchwahl: -54321, heidi.musterfrau@unternehmensname.de]
Inhalte Serviceelement	
Kurzbeschreibung Serviceelement	Bereitstellung, Betrieb (Incident, Problem, Availability Management), Verwaltung und Wartung (Change, Configuration, Release Management) einer Netzwerk-Infrastruktur inkl. Hardware und Software zur Datenübertragung. Überwachung und Sicherung der Datenleitungen.
Ergebnis der Service-elementerbringung	Die angebundenen Serviceelemente und Servicemodule verfügen über ein/e funktionierende/s und sicheres Netzwerk/Datenverbindung.
Einheit Serviceelement	Anzahl der Anschlüsse, NSI (Network Service Interfaces)

Typ der Service-elementerbringung (intern/extern)	☐ Interne Erbringung
	☐ Externe Erbringung durch
	    ▪ Dienstleister 1: [Name Firma]
	    ▪ Ansprechpartner Dienstleister 1: [Max Musterfrau, Tel. 012/123 123, max.musterfrau@unternehmensname.de]
	    ▪ Erreichbarkeit Dienstleister 1: [Zeiten]
	    ▪ Link zum Vertrag: [URL, Pfadlink]

Enthaltene Kostenarten	[Angabe der Kostenarten ist abhängig von der jeweiligen Abgrenzung/Kostenartendefinition, z.B. • Software (inkl. Wartung) • Hardware (inkl. Wartung) • Personalkosten • Kosten für externe Dienstleister (z.B. Berater, Software-Entwickler) • Datenleitung • Investition]
Zuleistungen von anderen Serviceelementen	• [Automatisierung/Authentifizierung (Identity Management) • Mailserver-Betrieb • Speicherplatz • Rechenleistung • RZ-Leistung • Betriebsprozesse • Wartungsprozesse • Trust-Center-Dienst • PKI-Dienst]

Serviceelement Rechenleistung (B.10)

Name Serviceelement	Rechenleistung
Einordnung in übergeordnete Katalogobjekte	- Mailbox/Kalender - Multiuser-Mailbox - Öffentlicher E-Mailordner - Elektronische Verschlüsselung und Signatur - Mobiler Zugang auf E-Mail-Funktionalitäten über tragbares Handheld-Endgerät
Aktueller Stand	[letzte Änderung am TT.MM.JJ]
Gültigkeit	[gültig für folgende Standorte optional: Mindestbereitstellungsfrist ab Bereitstellung bis TT.MM.JJ]
Verantwortlichkeiten für IT-Service-elementbeschreibung	[Max Mustermann, Abteilung: Muster A, Tel-Durchwahl: -12345, max.mustermann@unternehmensname.de Stellvertreter: Heidi Musterfrau, Abteilung: Muster a, Tel-Durchwahl: -54321, heidi.musterfrau@unternehmensname.de]
Inhalte Serviceelement	
Kurzbeschreibung Serviceelement	Bereitstellung, Betrieb (Incident, Problem, Availability Management) und Wartung (Change, Configuration, Release Management) der zur Serviceelementerbringung erforderlichen Rechnerkapazität inkl. Hardware und Software. Überwachung der Verfügbarkeit von Rechenleistung. Hier erfolgt nur die Bereitstellung der Rechenleistung ohne Betrieb der angebundenen Applikationen.
Ergebnis der Service-elementerbringung	Die Zurverfügungstellung der für die Serviceelementerbringung erforderlichen Rechenleistung ist termingerecht erfolgt.
Einheit Serviceelement	MIPS/Anzahl Normserver

Typ der Service-elementerbringung (intern/extern)	☐ Interne Erbringung
	☐ Externe Erbringung durch
	    - Dienstleister 1: [Name Firma]
	    - Ansprechpartner Dienstleister 1: [Max Musterfrau, Tel. 012/123 123, max.musterfrau@unternehmensname.de]
	    - Erreichbarkeit Dienstleister 1: [Zeiten]
	    - Link zum Vertrag: [URL, Pfadlink]

Enthaltene Kostenarten	[Angabe der Kostenarten ist abhängig von der jeweiligen Abgrenzung/Kostenartendefinition, z.B.
	    - Software (inkl. Wartung)
	    - Hardware (inkl. Wartung)
	    - Personalkosten
	    - Kosten für externe Dienstleister (z.B. Berater, Software-Entwickler)
	    - Investition]

Zuleistungen von anderen Serviceelementen	- [Backup-Dienst - Automatisierung/Authentifizierung (Identity Management) - Speicherplatz - RZ-Leistung - Betriebsprozesse - Wartungsprozesse - Trust-Center-Dienst - PKI-Dienst]

Anhang

Serviceelement RZ-Leistungen (B.11)

Name Serviceelement	Rechenzentrumsleistungen
Einordnung in übergeordnete Katalogobjekte	• Mailbox/Kalender • Multiuser-Mailbox • Öffentlicher E-Mailordner • Elektronische Verschlüsselung und Signatur • Mobiler Zugang auf E-Mail-Funktionalitäten über tragbares Handheld-Endgerät
Aktueller Stand	[letzte Änderung am TT.MM.JJ]
Gültigkeit	[gültig für folgende Standorte optional: Mindestbereitstellungsfrist ab Bereitstellung bis TT.MM.JJ]
Verantwortlichkeiten für IT-Service-elementbeschreibung	[Max Mustermann, Abteilung: Muster A, Tel-Durchwahl: -12345, max.mustermann@unternehmensname.de Stellvertreter: Heidi Musterfrau, Abteilung: Muster a, Tel-Durchwahl: -54321, heidi.musterfrau@unternehmensname.de]
Inhalte Serviceelement	
Kurzbeschreibung Serviceelement	Bereitstellung, Betrieb (Incident, Problem, Availability Management) und Wartung von Raumfläche, Strom, Klimatisierung, Verkabelung zum Betreiben von Hardware (z.B. Server, Speicher). Physische und elektronische Sicherung der Rechenzentrums-Infrastruktur vor internen und externen Angriffen, Beschädigungen. Überwachung der Einhaltung der einzelnen RZ-Leistungen.
Ergebnis der Service-elementerbringung	Die im Rechenzentrum befindliche Hardware (inkl. Software) ist physisch aufgestellt, bereitgestellt und (ab)gesichert.
Einheit Serviceelement	Anzahl qm RZ-Fläche

Typ der Service-elementerbringung (intern/extern)	☐ Interne Erbringung
	☐ Externe Erbringung durch
	    ▪ Dienstleister 1: [Name Firma]
	    ▪ Ansprechpartner Dienstleister 1: [Max Musterfrau, Tel. 012/123 123, max.musterfrau@unternehmensname.de]
	    ▪ Erreichbarkeit Dienstleister 1: [Zeiten]
	    ▪ Link zum Vertrag: [URL, Pfadlink]

Enthaltene Kostenarten	[Angabe der Kostenarten ist abhängig von der jeweiligen Abgrenzung/Kostenartendefinition, z.B. • Software (inkl. Wartung) • Hardware (inkl. Wartung) • Personalkosten • Kosten für externe Dienstleister (für RZ-Ausstattung, RZ-Betrieb) • Roh-, Hilfs- und Betriebsstoffe (z.B. Energie) • Kalkulatorische Miete/Gebäudeaufwendungen • Investition]
Zuleistungen von anderen Serviceelementen	• [Backup-Dienst • Automatisierung/Authentifizierung (Identity Management) • Speicherplatz • Netzwerk • Rechenleistung • Betriebsprozesse • Wartungsprozesse]

Serviceelement Betriebsprozesse (B.12)

Name Serviceelement	Betriebsprozesse
Einordnung in übergeordnete Katalogobjekte	- Mailbox/Kalender - Multiuser-Mailbox - Öffentlicher E-Mailordner - Elektronische Verschlüsselung und Signatur - Mobiler Zugang auf E-Mail-Funktionalitäten über tragbares Handheld-Endgerät
Aktueller Stand	[letzte Änderung am TT.MM.JJ]
Gültigkeit	[gültig für folgende Standorte optional: Mindestbereitstellungsfrist ab Bereitstellung bis TT.MM.JJ]
Verantwortlichkeiten für IT-Serviceelementbeschreibung	[Max Mustermann, Abteilung: Muster A, Tel-Durchwahl: -12345, max.mustermann@unternehmensname.de Stellvertreter: Heidi Musterfrau, Abteilung: Muster a, Tel-Durchwahl: -54321, heidi.musterfrau@unternehmensname.de]
Inhalte Serviceelement	
Kurzbeschreibung Serviceelement	Ausführung; Überwachung und Steuerung von Prozessen zum Incident Management (Störungen), Problem Management, Availability Management (Verfügbarkeit) für die angebundenen Serviceelemente und Servicemodule. Enthalten sind hier auch Anteile vom Service-Level-Management (Überwachung der Service-Level-Erfüllung) und die Erfassung der Verbrauchsdaten. Incident und Problem Management umfassen die Supportleistungen. Availability Management stellt die Verfügbarkeit der bereitgestellten Systeme sicher.
Ergebnis der Serviceelementerbringung	Für alle angebundenen Serviceelemente und Servicemodule wird ein Incident und Problem Management (Supportleistungen) bereitgestellt sowie die Verfügbarkeit der jeweiligen Systeme sichergestellt.
Einheit Serviceelement	Anzahl Tickets

Typ der Serviceelementerbringung (intern/extern)	☐ Interne Erbringung
	☐ Externe Erbringung durch
	    - Dienstleister 1: [Name Firma]
	    - Ansprechpartner Dienstleister 1: [Max Musterfrau, Tel. 012/123 123, max.musterfrau@unternehmensname.de]
	    - Erreichbarkeit Dienstleister 1: [Zeiten]
	    - Link zum Vertrag: [URL, Pfadlink]

Enthaltene Kostenarten	[Angabe der Kostenarten ist abhängig von der jeweiligen Abgrenzung/Kostenartendefinition, z.B. - Software (inkl. Wartung) - Hardware (inkl. Wartung) - Personalkosten - Kosten für externe Dienstleister (z.B. Berater, Help-Desk) - Investition]
Zuleistungen von anderen Serviceelementen	- [Backup-Dienst - Automatisierung/Authentifizierung (Identity Management) - Speicherplatz - Netzwerk - Wartungsprozesse - Rechenleistung]

Serviceelement Wartungsprozesse (B.13)

Name Serviceelement	Wartungsprozesse
Einordnung in übergeordnete Katalogobjekte	<ul><li>Mailbox/Kalender</li><li>Multiuser-Mailbox</li><li>Öffentlicher E-Mailordner</li><li>Elektronische Verschlüsselung und Signatur</li><li>Mobiler Zugang auf E-Mail-Funktionalitäten über tragbares Handheld-Endgerät</li></ul>
Aktueller Stand	[letzte Änderung am TT.MM.JJ]
Gültigkeit	[gültig für folgende Standorte optional: Mindestbereitstellungsfrist ab Bereitstellung bis TT.MM.JJ]
Verantwortlichkeiten für IT-Service-elementbeschreibung	[Max Mustermann, Abteilung: Muster A, Tel-Durchwahl: -12345, max.mustermann@unternehmensname.de Stellvertreter: Heidi Musterfrau, Abteilung: Muster a, Tel-Durchwahl: -54321, heidi.musterfrau@unternehmensname.de]
Inhalte Serviceelement	
Kurzbeschreibung Serviceelement	Ausführung; Überwachung und Steuerung von Prozessen zum Change Management (Änderungen), Configuration Management, Release Management (Freigabe) für die angebundenen Serviceelemente und Servicemodule. Enthalten sind hier auch Anteile vom Service-Level-Management (Überwachung der Service-Level-Erfüllung) und die Erfassung der Verbrauchsdaten. Im Change Management erfolgt die Aufnahme, Genehmigung, Durchführung von Änderungen. Das Configuration Management erfasst, katalogisiert und verwaltet alle IT-Ressourcen der IT-Organisation in einem System. Im Release Management werden abgeschlossene Änderungen freigegeben und deren Umsetzung in der bestehenden IT-Landschaft geplant und durchgeführt.
Ergebnis der Service-elementerbringung	Für alle angebundenen Serviceelemente und Servicemodule ist ein Change Management und Release Management definiert und die vollständige Erfassung und Abbildung der IT-Ressourcen im Configuration Management ist sichergestellt.
Einheit Serviceelement	Anzahl verwalteter Configuration Items (CI)
Typ der Service-elementerbringung (intern/extern)	☐ Interne Erbringung ☐ Externe Erbringung durch<ul><li>Dienstleister 1: [Name Firma]</li><li>Ansprechpartner Dienstleister 1: [Max Musterfrau, Tel. 012/123 123, max.musterfrau@unternehmensname.de]</li><li>Erreichbarkeit Dienstleister 1: [Zeiten]</li><li>Link zum Vertrag: [URL, Pfadlink]</li></ul>
Enthaltene Kostenarten	[Angabe der Kostenarten ist abhängig von der jeweiligen Abgrenzung/Kostenartendefinition, z.B.<ul><li>Software (inkl. Wartung)</li><li>Hardware (inkl. Wartung)</li><li>Personalkosten</li><li>Kosten für externe Dienstleister (z.B. Berater, SW-Entwickler)</li><li>Investition]</li></ul>
Zuleistungen von anderen Serviceelementen	<ul><li>[Backup-Dienst</li><li>Automatisierung/Authentifizierung (Identity Management)</li><li>Speicherplatz</li><li>Netzwerk</li><li>Rechenleistung</li><li>RZ-Leistung</li><li>Betriebsprozesse]</li></ul>

Serviceelement PKI-Dienst (B.14)

Name Serviceelement	Public-Key-Infrastructure-Dienst
Einordnung in übergeordnete Katalogobjekte	• Elektronische Verschlüsselung und Signatur
Aktueller Stand	[letzte Änderung am TT.MM.JJ]
Gültigkeit	[gültig für folgende Standorte optional: Mindestbereitstellungsfrist ab Bereitstellung bis TT.MM.JJ]
Verantwortlichkeiten für IT-Serviceelementbeschreibung	[Max Mustermann, Abteilung: Muster A, Tel-Durchwahl: -12345, max.mustermann@unternehmensname.de Stellvertreter: Heidi Musterfrau, Abteilung: Muster a, Tel-Durchwahl: -54321, heidi.musterfrau@unternehmensname.de]
Inhalte Serviceelement	
Kurzbeschreibung Serviceelement	Bereitstellung, Betrieb (Incident, Problem, Availability Management) und Wartung (Change, Configuration, Release Management) eines PKI-Dienstes und einer PKI-Infrastruktur inkl. Hardware und Software. Überwachung und Sicherung der PKI-Infrastruktur. Überwachung und Verwaltung der Zertifikate.
Ergebnis der Serviceelementerbringung	Der PKI-Dienst und die zugehörige PKI-Infrastruktur sind bereitgestellt und werden betrieben.
Einheit Serviceelement	Anzahl ausgestellter/verwalteter öffentlicher und privater Schlüssel
Typ der Serviceelementerbringung (intern/extern)	☐ Interne Erbringung ☐ Externe Erbringung durch ▪ Dienstleister 1: [Name Firma] ▪ Ansprechpartner Dienstleister 1: [Max Musterfrau, Tel. 012/123 123, max.musterfrau@unternehmensname.de] ▪ Erreichbarkeit Dienstleister 1: [Zeiten] ▪ Link zum Vertrag: [URL, Pfadlink]
Enthaltene Kostenarten	[Angabe der Kostenarten ist abhängig von der jeweiligen Abgrenzung/Kostenartendefinition, z.B. • Software (inkl. Wartung) • Hardware (inkl. Wartung) • Personalkosten • Kosten für externe Dienstleister (z.B. Berater, SW-Entwickler) • Investition]
Zuleistungen von anderen Serviceelementen	• [Automatisierung/Authentifizierung (Identity Management) • Speicherplatz • Netzwerk • Rechenleistung • RZ-Leistung • Betriebsprozesse • Wartungsprozesse • Trust-Center-Dienst]

Serviceelement Trust-Center-Dienst (B.15)

Name Serviceelement	Trust-Center-Dienst
Einordnung in übergeordnete Katalogobjekte	• Elektronische Verschlüsselung und Signatur
Aktueller Stand	[letzte Änderung am TT.MM.JJ]
Gültigkeit	[gültig für folgende Standorte optional: Mindestbereitstellungsfrist ab Bereitstellung bis TT.MM.JJ]
Verantwortlichkeiten für IT-Service-elementbeschreibung	[Max Mustermann, Abteilung: Muster A, Tel-Durchwahl: -12345, max.mustermann@unternehmensname.de Stellvertreter: Heidi Musterfrau, Abteilung: Muster a, Tel-Durchwahl: -54321, heidi.musterfrau@unternehmensname.de]
Inhalte Serviceelement	
Kurzbeschreibung Serviceelement	Bereitstellung, Betrieb (Incident, Problem, Availability Management) und Wartung (Change, Configuration, Release Management) einer Trust-Center-Infrastruktur inkl. Hardware und Software zur Ausstellung von Schlüsselzertifikaten und Verwaltung der öffentlichen Schlüssel zum Zwecke der Authentifikation, Integrität und Vertraulichkeit. Überwachung und Sicherung der Trust-Center-Infrastruktur.
Ergebnis der Service-elementerbringung	Für alle angebundenen Serviceelemente und Servicemodule ist ein aktueller Virenschutz sichergestellt/verfügbar.
Einheit Serviceelement	Anzahl verwalteter/ausgestellter Zertifikate

Typ der Service-elementerbringung (intern/extern)	☐ Interne Erbringung
	☐ Externe Erbringung durch
	    ▪ Dienstleister 1: [Name Firma]
	    ▪ Ansprechpartner Dienstleister 1: [Max Musterfrau, Tel. 012/123 123, max.musterfrau@unternehmensname.de]
	    ▪ Erreichbarkeit Dienstleister 1: [Zeiten]
	    ▪ Link zum Vertrag: [URL, Pfadlink]

Enthaltene Kostenarten	[Angabe der Kostenarten ist abhängig von der jeweiligen Abgrenzung/Kostenartendefinition, z.B.
	    • Software (inkl. Wartung)
	    • Hardware (inkl. Wartung)
	    • Personalkosten
	    • Kosten für externe Dienstleister (z.B. Berater, SW-Entwickler)
	    • Investition]

Zuleistungen von anderen Serviceelementen	• [Automatisierung/Authentifizierung (Identity Management) • Speicherplatz • Netzwerk • Rechenleistung • RZ-Leistung • Betriebsprozesse • Wartungsprozesse • PKI-Dienst]

Serviceelement Mobiles Endgerät (Handheld) (B.16)

Name Serviceelement	Mobiles Endgerät (Handheld)
Einordnung in übergeordnete Katalogobjekte	• Mobiler Zugang auf E-Mail-Funktionalitäten über tragbares Handheld-Endgerät
Aktueller Stand	[letzte Änderung am TT.MM.JJ]
Gültigkeit	[gültig für folgende Standorte optional: Mindestbereitstellungsfrist ab Bereitstellung bis TT.MM.JJ]
Verantwortlichkeiten für IT-Service-elementbeschreibung	[Max Mustermann, Abteilung: Muster A, Tel-Durchwahl: -12345, max.mustermann@unternehmensname.de Stellvertreter: Heidi Musterfrau, Abteilung: Muster a, Tel-Durchwahl: -54321, heidi.musterfrau@unternehmensname.de]
Inhalte Serviceelement	
Kurzbeschreibung Serviceelement	Bereitstellung, Betrieb (Incident, Problem, Availability Management) und Wartung (Change, Configuration, Release Management) eines mobilen Endgeräts in Form eines Handhelds bzw. PDA, welches einen push-fähigen Maildienst unterstützt.
Ergebnis der Service-elementerbringung	Ein funktionsfähiges mobiles IT-Endgerät in Form eines Handhelds bzw. PDAs, das einen push-fähigen Maildienst unterstützt, ist bereitgestellt, konfiguriert und installiert.
Einheit Serviceelement	Anzahl mobiler Endgeräte (Handhelds, PDAs)

Typ der Service-elementerbringung (intern/extern)	☐ Interne Erbringung
	☐ Externe Erbringung durch
	   ▪ Dienstleister 1: [Name Firma]
	   ▪ Ansprechpartner Dienstleister 1: [Max Musterfrau, Tel. 012/123 123, max.musterfrau@unternehmensname.de]
	   ▪ Erreichbarkeit Dienstleister 1: [Zeiten]
	   ▪ Link zum Vertrag: [URL, Pfadlink]

Enthaltene Kostenarten	[Angabe der Kostenarten ist abhängig von der jeweiligen Abgrenzung/Kostenartendefinition, z.B. • Software (inkl. Wartung) • Hardware (inkl. Wartung) • Personalkosten • Kosten für externe Dienstleister (z.B. Hersteller, Systemhaus) • Investition]
Zuleistungen von anderen Serviceelementen	• Betriebsprozesse • Wartungsprozesse • Mailpush-Dienst

Anhang

Serviceelement Mailpush-Dienst (B.17)

Name Serviceelement	Mailpush-Dienst
Einordnung in übergeordnete Katalogobjekte	• Mobiler Zugang auf E-Mail-Funktionalitäten über tragbares Handheld-Endgerät
Aktueller Stand	[letzte Änderung am TT.MM.JJ]
Gültigkeit	[gültig für folgende Standorte optional: Mindestbereitstellungsfrist ab Bereitstellung bis TT.MM.JJ]
Verantwortlichkeiten für IT-Service-elementbeschreibung	[Max Mustermann, Abteilung: Muster A, Tel-Durchwahl: -12345, max.mustermann@unternehmensname.de Stellvertreter: Heidi Musterfrau, Abteilung: Muster a, Tel-Durchwahl: -54321, heidi.musterfrau@unternehmensname.de]
Inhalte Serviceelement	
Kurzbeschreibung Serviceelement	Bereitstellung, Betrieb (Incident, Problem, Availability Management), und Wartung (Change, Configuration, Release Management) einer Datenverbindung zwischen Mailserver und mobilem Handheld-Endgerät zur automatischen Übertragung des Mailverkehrs zwischen Server und Gerät (inkl. Hardware und Software). Überwachung und Sicherung der Datenverbindung.
Ergebnis der Service-elementerbringung	Die mobilen Endgeräte (Handhelds, PDAs) verfügen über eine Datenverbindung zwischen Server und Gerät zur automatischen Übertragung des Mailverkehrs.
Einheit Serviceelement	GB Mail-Traffic

Typ der Service-elementerbringung (intern/extern)	☐ Interne Erbringung
	☐ Externe Erbringung durch
	   ▪ Dienstleister 1: [Name Firma]
	   ▪ Ansprechpartner Dienstleister 1: [Max Musterfrau, Tel. 012/123 123, max.musterfrau@unternehmensname.de]
	   ▪ Erreichbarkeit Dienstleister 1: [Zeiten]
	   ▪ Link zum Vertrag: [URL, Pfadlink]

Enthaltene Kostenarten	[Angabe der Kostenarten ist abhängig von der jeweiligen Abgrenzung/Kostenartendefinition, z.B. • Software (inkl. Wartung) • Hardware (inkl. Wartung) • Personalkosten • Kosten für externe Dienstleister (z.B. Berater, SW-Entwickler) • Investition]
Zuleistungen von anderen Serviceelementen	• [Automatisierung/Authentifizierung (Identity Management) • Mailserver-Betrieb • Absicherung Mailserver • Speicher • Netzwerk • Rechenleistung • RZ-Leistung • Betriebsprozesse • Wartungsprozesse]

(F) Überblick über die Schnittstellenbezeichnungen aus den Prozessmodellen

Schnittstelle	Schnittstelle von Prozess	Schnittstelle zu Prozess
BB1	Abstimmungsrunde durchführen	Individuelle Gesprächsrunden für FB durchführen
BB2	Individuelle Gesprächsrunden mit FB durchführen	FB Budgetrunde durchführen
BB3	FB Budgetrunde durchführen	Priorisierung der IT-Services der FB durchführen
BB4	FB Budgetrunde durchführen	Review der individuellen Gesprächsrunden durchführen
BB5	Review der individuellen Gesprächsrunden durchführen	FB Budgetrunde durchführen
BB6	FB Budgetrunde durchführen	Priorisierung der IT-Services der FB durchführen
BP1	IT-Basisbedarfe der IT-Organisation erheben	Übergreifende Priorisierung der IT-Services für FB und IT-Organisation durchführen
BP2	Priorisierung der IT-Services der FB durchführen	Übergreifende Priorisierung der IT-Services für FB und IT-Organisation durchführen
FF1	Maßnahmen zur Einhaltung fachlicher IT-Vorgaben ergreifen	Änderungen der fachlichen IT-Vorgaben durchführen
FF2	Maßnahmen zur Einhaltung fachlicher IT-Vorgaben ergreifen	Änderungen der fachlichen IT-Vorgaben durchführen
FF3	Maßnahmen zur Einhaltung fachlicher IT-Vorgaben ergreifen	Änderungen der fachlichen IT-Vorgaben durchführen
FF4	Änderungen der fachlichen IT-Vorgaben durchführen	Maßnahmen zur Einhaltung fachlicher IT-Vorgaben ergreifen
FK1	Maßnahmen zur Einhaltung fachlicher IT-Vorgaben ergreifen	Kostenüberwachung durchführen
FM1	Maßnahmen zur Einhaltung fachlicher IT-Vorgaben ergreifen	Unterjährige Mengenmehrbedarfe bereitstellen
FM2	Maßnahmen zur Einhaltung fachlicher IT-Vorgaben ergreifen	Mengenüberwachung durchführen
KK1	Kostenüberwachung durchführen	Kostenverteilung durchführen
KK2	Kostenverteilung durchführen	Kostenplan aktualisieren
KK3	Kostenverrechnung durchführen	Kostenplan aktualisieren
KK4	Kostenplan aktualisieren	Kostenüberwachung durchführen
KK5	Kostenüberwachung durchführen	Kostenverrechnung durchführen
KK6	Kostenverrechnung durchführen	Kostenverteilung bei Mehrkosten durchführen
KK7	Kostenverrechnung durchführen	Kostenverteilung bei Mehrkosten durchführen
KM1	Kostenverteilung bei Budgetkürzung durchführen	Mengenverteilung bei Budgetkürzung durchführen
KM2	Mengenverteilung bei Budgetkürzung durchführen	Mengenverbrauchsanalyse durchführen
MK1	Mengenplan aktualisieren	Kostenverrechnung durchführen
MK2	Unterjährige Mengenmehrbedarfe bereitstellen	Kostenverteilung bei Mehrkostendurchführen
MM1	Mengenüberwachung durchführen	Unterjährige Mengenmehrbedarfe bereitstellen
MM10	Mengenverteilung bei Minderverbrauch durchführen	Mengenplan aktualisieren
MM11	Mengenverteilung bei Budgetkürzung durchführen	Mengenplan aktualisieren
MM12	Ressourcenverfügbarkeit sicherstellen	Mengenverteilung bei Mengenmehrbedarf durchführen
MM13	Mengenplan aktualisieren	Ressourcenverfügbarkeit sicherstellen
MM14	Ressourcenverfügbarkeit sicherstellen	Mengenüberwachung durchführen
MM15	Mengenplan aktualisieren	Mengenüberwachung durchführen
MM16	Mengenüberwachung durchführen	Mengenverbrauchsanalyse durchführen
MM17	Mengenverbrauchsanalyse durchführen	Mengenüberwachung durchführen
MM18	Mengenverbrauchsanalyse durchführen	Mengenplan aktualisieren
MM2	Mengenüberwachung durchführen	Ressourcenverfügbarkeit sicherstellen
MM3	Mengenüberwachung durchführen	Mengenverteilung bei Minderverbrauch durchführen
MM4	Unterjährige Mengenmehrbedarfe bereitstellen	Mengenverteilung bei Mengenmehrbedarf durchführen

Anhang

MM5	Mengenverteilung bei Mengenmehrbedarf durchführen	Unterjährige Mengenmehrbedarfe bereitstellen
MM6	Mengenverteilung bei Minderverbrauch durchführen	Unterjährige Mengenmehrbedarfe bereitstellen
MM7	Unterjährige Mengenmehrbedarfe bereitstellen	Ressourcenverfügbarkeit sicherstellen
MM8	Unterjährige Mengenmehrbedarfe bereitstellen	Mengenplan aktualisieren
MM9	Mengenverteilung bei Minderverbrauch durchführen	Mengenverteilung bei Mengenmehrbedarf durchführen, Unterjährige Mengenmehrbedarfe bereitstellen
PF1	IT-Budgetrunde durchführen	Änderung der fachlichen IT-Vorgaben durchführen
PK1	Kosten- und Mengenplanung anpassen	Kostenüberwachung durchführen
PK2	IT-Budgetrunde durchführen	Kostenüberwachung durchführen
PK3	IT-Budgetrunde durchführen	Kostenverrechnung durchführen
PM1	Kosten- und Mengenplanung anpassen	Mengenüberwachung durchführen
PM2	Kosten- und Mengenplanung anpassen	Ressourcenverfügbarkeit sicherstellen
PM3	IT-Budgetrunde durchführen	Mengenüberwachung durchführen
PP1	Übergreifende Priorisierung der IT-Services für FB und IT-Organisation durchführen	Mengenplanung durchführen
PP2	Mengenplanung durchführen	Kostenplanung durchführen
PP3	Mengenplanung durchführen	IT-Budgetrunde durchführen
PP4	Kostenplanung durchführen	Kosten- und Mengenplanung anpassen
PP5	Kostenplanung durchführen	IT-Budgetrunde durchführen
PP6	Kosten- und Mengenplanung anpassen	Mengenplanung durchführen
PP7	Kosten- und Mengenplanung anpassen	IT-Budgetrunde durchführen
PP8	IT-Budgetrunde durchführen	Kosten- und Mengenplanung anpassen

B: Prozessgruppe Bedarfserhebung

F: Prozessgruppe fachliche Steuerung

K: Prozessgruppe Kostensteuerung

M: Prozessgruppe Mengensteuerung

P: Prozessgruppe Planung